陈桥驿先生（1923—2015）

国家出版基金项目
NATIONAL PUBLICATION FOUNDATION

中国国家历史地理

陈桥驿全集

【第十四卷】

陈桥驿 著

人民出版社

目　录

我的老师

八十逆旅

附 录

我的老师

引　言

因为书名作《我的老师》，所以首先得说明几句。现在学生对老师的称呼都作"老师"。但"老师"是个不见于经传的词汇，[①]"老师"这种称呼，也是在近半个世纪中流行起来的。由于已经在大、中、小学中普遍使用，所以我也只好把书名称为《我的老师》。

《论语》论及："三人行，必有我师焉。""师"无疑是个值得尊敬的词汇。但不能作为一种学生对教师的称呼。我们从小对教师的称呼都作"先生"。"先生"这个词汇，自古为许多经传载及。[②]韩愈在《师说》中说："师者，所以传道、授业、解惑也。"按此，则我的第一位老师应该是我的祖父。但现在的观点却又不是这样，家庭长辈对后辈的"传道、解惑、释疑"，其性质属于"家教"，并不是师生关系。

所以我在此书中所写的，都是我在课堂中聆听教诲，值得我回忆、感谢的人：我的老师。其中有些事在拙著《八十逆旅》[③]中已经提到过，所以难免会有一些重复，我当尽量设法避免。因为此书是写我应该尊敬的人物，而《八十逆旅》主要是写以我个人为中心的事。在此书中引及时，简称《逆旅》。

注释：

① "老师"不见于经传。《左传》僖公三十三年有"老师费财"之语。此"师"字指的是军旅。

② "先生"一词，在《礼记》、《诗经》、《孟子》、《论语》等经传上均有记及。

③ 中华书局 2011 年版。

魏俊扬

　　《逆旅》中已经论及我虚龄7岁被"关书房"的事。名义上"关"了两年,而其实,祖父常因要教我功课而不到公司去,所以细算起来,或许连一年都不到。被"关"的这年,正是祖父教我读《四书》的时候。到这年吃年夜饭时(农历),我已经把《四书》背熟了。但祖父不在家的日子,父亲还是一早就逼着我"关书房"。

　　我家状元台门坐落在一条东西向的称为车水坊的街道上,街的东端与五马坊口相连,其间有一条不见水的稍为高起称为车水桥的过水涵洞,但完全是封闭的。西端是一条通大郎桥或小郎桥的横街,通常称为"行牌头",因状元张元忭在车水桥的西端,为他的父亲张天复造了两座雕刻精致的石牌坊。东端因为有五马坊口和车水桥的地名,西段没有其他地名,但是在石牌坊上,绍兴人称石牌坊为"行牌",所以就称为"行牌头"了。此街全长约300米,状元府第坐北朝南,在此街中段。从此出门朝东经过吴氏大夫府第约10米,有一个多户杂居的台门,门口有"俊扬学塾"牌子。当时的私塾,都称"学塾",塾师是一位年过半百的老人,全名叫魏俊扬。他的家庭成员是一位与他年龄相当的老婆婆,学生叫她"师娘",很慈祥;还有一位年龄比我大四五岁的名叫美英的女儿。

　　我进这所私塾是出于家里的不得已(见《逆旅》)。塾中约有学生20多人,年龄大概都比我大,坐在几排长条桌前,塾中称为"书桌"。砚台是各人自备,都放在桌上,桌下有一块木板,是放各人书包的。坐凳是绍兴人所称的"长凳",每凳坐2—3人。我是家里佣人事前拿去的一张三斗书桌和一张绍兴人称为"骨牌凳"的坐凳，而且事前讲明，是不许有学生来与我拼坐的。我称塾师为"先生"，他对我当然直呼其名，但师娘和美英都叫我"陈老太爷的长孙"，说明我在俊扬学塾中的不同身份。

这是以后才晓得的事。县教育局早两年已经把这些挂牌私塾的塾师都召去"集训"过两三天，作过一些"革新"。凡正式挂"俊扬学塾"一类牌子的私塾，在县里都作为"代用小学"。教材不得再用《三字经》、《百家姓》、《幼学琼林》之类，必须用商务印书馆或中华书局的初小国语课本，1—8 册，然后是那个书局"白话尺牍"两册，对一般学生来说，大概要花 3 年时间。学完这些就算在这个"代用小学"里"毕业"了。所以学生到此上学，先生就先向家长嘱咐，如果有意在这个"代用小学"读完全程的，就去大街越州书局或是墨润堂等买下这一套。国语教科书是新式的平装本子，和我在家里看到的当年我五叔和六叔在第二县校读过的线装本"共和国教科书"相比已经更高档了。

我父亲为了省事，把 8 册教科书都买来了，但是没有买"白话尺牍"。因为他知道，我到这里是来"关一关"的。我把他买来的第一册翻开来，第一课是"手，手巾"，并且配有各种图画。但当时，我在家里已经在念"大学之道，在明明德"了。父亲那天送我进俊扬学塾，要我叫一声"先生"，并向他拜一拜。我的书桌正在先生坐案对面，所以是与先生面向而坐。先生的坐案是一张三斗书桌，桌上摊了不少文具，而且坐的是一张藤椅。父亲要我摊出"手，手巾"的这本教科书，但同时也摊出《四书》。与我隔近的同学，似乎都有些莫名其妙。

私塾里的每天过程是：早上，先生叫学生的名，一个个上去，拿了教科书，由先生"上书"，也就是教新的一课。先生读一句，学生跟读一句，读完全课，这个学生的"上书"就完成了，于是另呼一人。20 来个学生，"上书"完毕是要花一点时间的。"上书"完毕，就听到满房间的朗朗书声。快到中午时，先生就说"写字了"（他的原话是"好写字哉"）。于是大家磨墨濡笔，动手写字。写字的档次是不同的。最低档的是"描红"，是从一种文具店买来的"描红"底本（约 32 开本），按其原来印好的红字，用毛笔描上去。第二档称为"影格"（就是影写）。影写的底本（约 16 开本）也是文具店买得到的。但也有家庭中是请人用正楷写的。学生就用一种同样大小的纸张，蒙在底本上写一张，所以就不像"描红"一样，这个"影格"的底本是可以长期使用的。最高档的是"随手"（"随"绍兴人读作 can），有的还临帖，如柳公权《玄秘塔》之类，这自然是最年长的学生，已经念到"白话尺牍"阶段，快要"毕业"的一辈了。写好后，陆续交到先生桌上。先生随即用朱红笔画圈。凡他认为写得好的都在字上画一个红圈。写字的节目完成后就放午学。但并不是一哄而散，因先生知道学生的住家路程，所以是叫名散学的，每一次叫两三人,直到学生走完。

学生回家吃过中饭再上学,还是一片朗朗书声。到下午约 4 点光景(绍兴人叫"半下昼"),先生就叫各"背书"。也是由他叫名,一个个地上去,把课本交给先生,面背先生,摇摇摆摆地站着背出这天早晨"上书"的全文。全部学生先后背完,就像中午一样的叫名放学。也有背书有错误或背不出的,再留下来读到背出才得放学,这种情况,称为"关学堂",但毕竟是很少数。

我"关书房"的事,事前是由我父亲去与先生说明原委的,而且讲好不是天天上学,不参加早晨"上书"和下午"背书"这两项节目。但中午的这张字却必须照写不误。因为我确实有此必要。《逆旅》中已经写过,我家中有很好的习字环境,而我的长辈都写得一手好字,但我却因贪玩(那是以后进了正规小学后的事),所以一直没有把书法学好。我在私塾中还是属于"描红"一档,因为"描红"需要每天一张,所以父亲都是成叠地买来,有时候晚上睡觉前还要我在书房里描一张。"描红"底本上写的是:王子去求仙丹成十九天山中方七日世上已千年。共 20 字,字间没有标点。先生或许是为了照顾"陈老太爷的长孙",我每天交上去的"描红",他也要为我画几个红圈。为此应该感谢先生,我确实是在进了私塾以后才正规地写字的,到第二年,我已经从"描红"发展到"影格"。"影格"的底是祖父写的。这或许是我祖父的疏忽,他很早就叫我背唐诗,但没有注意我的识字与写字,只是满足于我的"小和尚念经——有口无心"。直到我上了正规的小学,才要我练习书法。

这是我以后才知道的事。进这些被政府定为"代用小学"的私塾读书的学生,大部分都是读完 8 册初小国语课本和两册"白话尺牍"以后到一家什么商店或其他地方去做学徒(绍兴人称为"学生意")的。这个过程大概要花 3 年时间,比上正规初小划算。而且正规初小中没有念"尺牍"的课程,又有礼拜天和寒暑假,比私塾读书的时间少得多。私塾中除了农历过年放假 10 多天以外,是没有其他假期的。

但其间也有一些是只上一年甚至半年,绍兴人称为来学点"走路眼"(有的瞎子能自己走路,即所谓"走路眼",意思是让这些孩童学会几个字,他们的父辈当然都是文盲)的。我当时知道的就有两位:一位叫李宗灏,是经常在我家做泥水工(如补屋瓦、修屋漏之类)的李万生(我们叫他万生师傅)的儿子。另一位名叫孟荣全,是一位裁缝的儿子。我家因各房多有一些缝纫工作,到时会请一位大家称他"四一师傅"的裁缝上门做几天。李万生和孟四一都是文盲,他们的儿子能学几个字,将来在接班当泥水匠和裁缝时,肯定会比父辈方便些。因为他们在这半年中学得了"走路眼"。

读私塾要花多少钱? 也是我后来才知道的。学费是按节算的,一年四节:年节、清明、端午、中秋。我的学费是每节 1 块银元。但过年要放十几天年假。所以农历过年后去上学，一个房间里顶多只有十几个学生。但一过清明，学生就一下子多起来了，多到满座 20 几人。因为这样做，家长可以少付一节的学费，绍兴人称为"赖清明"，据说各私塾都这样。这样计算一下，这位老塾师的收入，以 25 个学生计算，扣除"赖清明"的，他一年的收入不过百元。按当时大米每石（80 公斤）要 6 元多点，先生一家 3 口，生活是非常清苦的。

我必须感谢他，尽管我没有要"上书"和"背书"的负担，一个月中最多也只上学 10 多天。但是我的书法，从"描红"到"影格"，也就是正式使用砚台、墨和毛笔写字，是在他这个"学塾"中开始的。他都在我的每张纸字上，打上几个红圈。祖父只是要我背古书，直到我进入小学后才管我的写字。所以我用毛笔写字，这位魏俊扬老塾师实在是我的入门老师。

戴淑慧

我的堂兄阿骦，其实是我祖父第二个儿子陈望赛的儿子。因为我的三叔祖20多岁就去世，当时很重视一房香火的事，陈望赛立刻过继到年轻的三叔祖母房下，成为老三房的人了。我的这位二伯是随祖父在敬敷学堂毕业的，据说功课甚佳（但我只看到他留着的一手好书法），他的婚事之类都是我三叔祖母经管的。他生有一子一女，自己在莲花桥的"四区小学"执教，是个优秀的教师，但30多岁就去世了。所以阿骦虽然与二伯母都住在老三房的一套房子里，在以三叔祖母为主的一套炉灶下生活，但和我们如同两家人。三叔祖母虽然也有曾祖父分下的几亩田产，而且她的娘家（也是城里人）颇有资产，但毕竟自家财力有限，所以我后来知道，阿骦读小学的学费，还是我祖父支付的。

当时的绍兴人，每人一般有3个名氏：在家的叫"小名"，上学时的叫"学名"，离学去学生意（做商店之类的学徒）时的叫"号名"。阿骦是小名（他长我5年，属马，故小名以马为偏旁），也在那个"俊扬私塾"中读过两年，学名叫陈鉴。后来进了五中附小。最后到杭州一家钱庄当学徒，号名叫陈建章。我"关书房"时，他已经进了附小，是他常常与我谈谈话，告诉我一些他在小学里知道的事情的。也是他教会我唱第一首他在小学学来的歌："打倒列强，打倒列强，救中国，救中国。国民革命成功，国民革命成功，齐欢唱，齐欢唱。"当时只是随声随调而唱，并不知道是什么意思。

我在私塾里的最后半年，他告诉我，日本帝国主义突然侵占了中国的东三省。当时我正在背读祖父教我的《四书》。对这类消息，阿骝似乎很重视，但我并无多大异感。但这年农历年前，祖父忽然躺倒在他的躺椅（绍兴人叫"马达椅"）上，整天长吁短叹，也不教我读书了（其实当时我已背熟《四书》，但并不识字句）。只是简单地与我说："上海也打仗了，你的四爹和小爹不知道怎样了？"当时，我四叔在江南银行，四叔母和堂妹妹也在上海。六叔则在同顺公丝店学生意。也是阿骝告诉我，日本帝国主义在上海也发动了战争，但我们的十九路军很勇敢，打了不少胜仗。祖父为两个儿子担心，几乎是茶饭不思，又叫五叔去打了电报。幸亏在阴历过年前两三天收到了四叔来信，他们都搬进了租界。祖父就霍然而起，其实，按阳历，这已经是1932年了。

是祖父与父亲一起出的主意，要我结束"关书房"，去阿骝就读的五中附小读书。私塾放年假，他们要佣人去搬回了我的桌凳。父亲就去报了名，要我去考二下级，当时大家都不曾考虑到，假使考不取怎么办？我自然很高兴，一点不曾想到考不考得取的问题。

这年，阿骝在附小已经读到五下级，考试那天，是他陪我去的。附小在龙山山麓下，距我家也不到1公里。那天，二下级的考生坐满一个教室。有一位后来知道叫王维岳的教师来主考。一个上午考3门，算术、常识都是油印的试卷。算术很容易，我在家里老早就做过了。常识是用的后来才知道的所谓"是非法"，由他按试卷一条条地念，我在每条后的括弧里填"＋"或"－"。国语是三堂中的最后一堂，只发一张白纸，王先生在黑板上写了一个题目：《昨天的日记》。我就写了一些，大概100多字放在桌上，但看看旁边的几位考生，有的写两三行，有的还是白纸。最后王先生通知大家，不要忘记写上自己的名氏。他宣布上午考试完毕，下午仍到这里口试。于是大家就离座散场。我还是由等在外面的阿骝陪我一起回家。

回家吃了中饭后，我独自上附小，因为这条路很容易走。到教室时里面已经坐了不少人，陆续还有人来，仍像上午一样坐满了一个教室。过了好久，上午这位先生才来了。他说，下午是口试，点到谁的姓名，谁就上来。王先生在案上坐定，翻开他随身带的一个讲义夹，随即说"现在口试开始"。却料不到，第一个就点了我的名。我有点惊慌失措，应声上去，也不懂得向他鞠躬之类，只是站在他身边。他立刻问："你过去是什么地方念书的？"我不敢说私塾的事，因为我想到"关书房"是因家里人怕我闯祸，这是不体面的。所以只好说，是我祖父教的。你祖父叫什么名氏？我就告诉了他。"噢！你是质夫老先生的孙子。他现在身体仍很好吧？"以后就没有再问什么，而是示意我的口试结束了，于是我就退下来坐在原位。接着点到名的是一对姐弟：曹国月、曹国桢。先点曹国月，也是问的她原来在什么地方读书。因为双方的话大家都听到，这对姐弟原来在章家桥小学念书的。我听到曹国月说，她已经14岁了。因为附小设备好,老师好,所以他们父亲要他们报考附小。她弟弟接着上去。主要是问他和姐姐是否同级,回答是一直同级。以后又点了两个人,一共点了5个人。我们还等他继续点名,他却整了整讲义夹就站起来,向大家宣布口试不再继续了,因为每个人报名单上都写了口试要问的事。他要有家长陪同来的和自己单独来的都马上回家,他说学校范围很大,到处玩容易出事。他离开教室,全场就散了。确实有些人(多数是有人陪的)留在校内参观。但我不敢这样,立刻就回家了。

回家后不久,祖父也回来了。他详细地问了我这天的考试情况,而且言语中很责怪下午的口试阿骊为什么不陪我去。我告诉了他:考二下级的大概有30多人;国语是写一篇《昨天的日记》;下午口试只问了5个人,我被第一个叫到,主试的王先生还知道你"质夫老先生"。因为问得很简单,要问的事,报名单上都有了,所以不再点名续问,我就回家了。这时,阿骊也来了,他告诉祖父,主试的王先生是中段(附小分低、中、高三段。一、二年级为低段,三、四年级为中段,五、六年级为高段。他那学期五下级,是高段生了)级任教师王维岳。

第二天是发榜的日子。吃过早饭,父亲就与我一同去学校看榜。临走时,祖父曾对父亲说,听说报考二下级的人很多,假使阿均榜上无名,能不能和他们商量一下,读二上级甚或一下级呢。这话其实是多余的,附小不是私塾,这事找谁商量呢?两人走到附小,榜还没贴出,但好几张榜(因为班级多)已经摊在办公室桌上了,从办公室窗外父亲就看到了,我是二下级的第一名。全段一共只录取5名,其实就是昨日点到名的5人。除我以外,还有曹国月、曹国桢、卢伦藻,还有1人,因为虽然榜上有名,但是他没有来入学,所以我忘记了。这样,我就成为正规的小学生。按学校规定,这天发榜后大概只过了3天就开学。我是背了一只空书包上学的,但这天是阿骊陪我去的,因为他也要到校上学。

附小有两座教学楼,阿骊帮我找到较小的一幢,门上挂了"二下级的机关"(当时各级门口都是挂的"级机关"牌子),我就进去。因为我是新的插班生,坐着的已有10多人,都是老学生。他们有人告诉我,随便坐个位置好了,等下戴先生来了要重新排过座位的。这是我第一次听到戴先生的称呼。就是我的第一位小学老师戴淑慧。

教室分成两排,8张桌子,样子很像以后看到的大菜桌,但很低矮。每张两旁各坐1人(小木椅),中间坐3人,假使满座的话,可坐40人。学生们陆续到了,他们都能互打招呼,但我是新插班生,不认识任何人。因为是开学第一天,大家都是随意坐一个位子。每一桌都有人坐了,只是没有坐满。他们有的互相热烈地谈话,谈的多是这年家里过年的事。我没有一个熟人,也就呆坐着。但不久就听到了打钟的声音。附小的钟后来看到是第五师范留下的,上面还刻了"第五师范"字样,专门有一位工友江贤祥按时用边上挂的木锤敲打。打钟了以后,教室里就静下来,戴先生也随即到了。大家立刻起来同声叫"戴先生好"。她就回答"小朋友好"。我反正是跟着大家做。

戴先生大概是一位 20 多岁的女教师。她首先说,过了一年,大家升到二下级,是低段的最高班了。立刻让大家都到走廊上排队,按个子高矮排好队,然后分配座位。每两桌由她指定一位桌长,我坐在右排第二桌,我们这两桌的桌长叫潘国良。后来知道,每天放晚学的一节课中,每桌桌长要向她报告,两桌之中有谁不按规矩和吵吵闹闹的,所以桌长是很有权的。但整个班级并没有级长。

座位分配好以后,大家就座。下课的钟声响了,于是她说"下课"。大家一齐站起说"戴先生好",她也说"小朋友好"。她一出教室门,同学们也都随即出教室玩了。因为全校各级都是听钟声的,所以操场上、岭路上、游戏场上的人很多。关于附小的校舍,我在《逆旅》中已经专篇写了。它是接收了原第五师范的全部校舍,确实很大。我的感觉是,小学和私塾真不相同,有上课,有下课,下课的时间虽不长,但可以自由地玩。

上课钟声响了。我们都回到教室,按第一节课排定的座位坐下。戴先生随即就到,手上拎了一大包捆扎好的本子,在教室里解开来,发给每个学生,一人一本。封面很讲究,印了"浙江省立第五中学附属小学"字样。这一行字较小,下面是较大的"日记簿"3 个字,最下面是"姓名"。这是专供低段学生用的。老学生都知道,她也不做什么解释,我是回家问阿骥才知道的。戴先生在发本子的时候只说过一句"今天开始就记"。封面上印的是自左至右的横格式,但日记簿内印好的是直格,每天晚上用铅笔写一天的日记。阿骥告诉我,写日记是从二上级开始的,一年级不写日记。日记簿的格式比 32 开本要小,后来我看到,不少同学每天只能写几行,但我却往往能写满一页。所以戴先生常常因此而在教室里称赞我。每天的日记都评分,附小对这类作业的评分采用五级记分制:上、中上、中、中下、下。我往往能得"上"或"中上"。这些都是后来的事。

开学第一天下午的第一节课,戴先生又拎了一包书进来,发给大家每人一册,是 32 开本的正式教科书——《算术》第四册。另外又有一本算术练习簿,这和上午的日记簿一样,是学校自己印的。我因为都是初次遇到这类事,随即放入书包,但下课后,听到几位年岁较大的同学在议论:今年的算术很难了,还有应用题呢。

发过书以后,戴先生对大家说了一些话,说今天不是正式上课,正式上课从后天开始(因第二天是礼拜天假期),全校都是一样,现在大家可以回家了。于是我就背上书包回家。我没有熟悉的同学,三三两两地结伴同行,也没有看到阿骥。我只是独个儿回家。按习惯,我要把这一天的经过告诉祖父和父亲。但祖父每天总要到 4 点钟才回家,父亲则要到晚上 9 点钟回家。阿骧也不在家,我还是到后园和几个比我年幼的堂兄弟姐妹玩。

祖父回家了,我就在他的书房里(是大厅西侧的一间房,有一张很大的两面都有抽斗的写字台,我一直都在此与祖父面对面地做功课)告诉他这一天的经过,并把上下午戴先生发的书簿都让他看。正说着,阿骧也到了。他当时已经是附小五下级的高年级生了,什么都懂。他看了看教科书和练习簿,就告诉祖父(我们叫祖父按绍兴称谓叫"爷爷",他因为是过继给老三房的,所以叫"大爷爷",叫我们称"三娘娘"的为"娘娘",我们则叫自己的祖母为"娘娘"),教科书按例还有《国语》和《常识》两本。但附小的低段,照规定是实行"单元教育"的,一个学期分"单元"上课,一个单元可上几个礼拜。国语和常识课都包括在每个单元中了。每个单元都发些讲义,所以一定要有一个讲义夹。祖父和我父亲都不懂得什么是"单元"。反正既然顺利地在这么多考生中录取了第一名,附小又是全县第一所名校,一切按学校的规定读书就是了。

这天晚上,我仍然在煤油灯下,和祖父面对面地做功课。但首先是按戴先生上午吩咐的用铅笔在日记簿上写日记。祖父还拿过去看看有没有写错字。接着祖父照样教我读古书,直到父亲回来,又向我父亲说了这天的事,并要他买一个讲义夹。父亲因为祖父一直包揽了我读书的事,并不十分重视。但对于我能第一名考上附小二下级,他在钱庄里(当时他是鲍景泰钱庄的店员)也是面上沾光的。他也在书房坐了一会儿,随即就和我一起上楼,也把此事简单地与我继母说了一下。她是文盲,但理解我是第一名考取附小的,也感到在妯娌间很有光彩。

礼拜一早上,我背了书包,书包内多了一个父亲买来的讲义夹。到校进教室,我的桌长潘国良比我先到了,立刻叫我交日记簿。原来日记簿是由桌长收齐,最后是四叠整齐地叠在戴先生的桌上。同时我又发现,大黑板旁边有一块小黑板,上面已经写上了"打倒日本帝国主义"字样,这大概是戴先生在礼拜天写好的,原来就是"单元教育"的"单元"名称,说明这学期的第一个"单元"主题是"打倒日本帝国主义"。

钟声响了,老同学都知道,这是每天早上的"预备钟"。而戴先生随即到了,她进教室把桌案上由四位桌长叠好的四叠日记簿叠成一叠,然后说:"我们还是早一点排队上去。"原来这天是正式开学,老同学都知道,第一节课要去大礼堂举行"始业式",用现在的话说就是"开学典礼"。于是大家出教室到走廊上排队,楼上楼下的不少同学也正在排队了。各级队伍从一条上山的宽阔而有台阶的石路(后来知道称为"岭路")上分两列上去。其实早一两年前,阿骧就领我到这里玩过了。岭路顶端的东侧是一个很大的运动场,称为"上操场",两侧是教师和寄宿生(住校的学生)的宿舍区。最后一幢是大礼堂,好大! 附小有四五百名学生,从低段到高段,都坐在两列木条背的长椅上。

最前边是一个很大的台,只有一位先生坐在台上。我边上的同级同学告诉我,这是附小主任祝先生。附小没有校长,主任实在就是校长。到这时候,我们才听到岭路下敲上课钟了。随即,我生平第一次经历的事开始了。台下有一位先生(值日教师)作为司仪,他高声说:"全体肃立!"大家就都站起来"唱党歌"!"三民主义,吾党所宗"的这首党歌,我在私塾里,大概是因为"代用小学"的缘故,魏先生已经写在一块小黑板上教过了。但没有调子,只是像念书一样地念。现在是有调子地唱,我只能含糊地跟着唱。"向总理遗像行致敬礼:一鞠躬,再鞠躬,三鞠躬。"这很方便,我也跟着做。"主席恭读总理遗嘱,全体循声朗读"。于是台上的祝先生就在总理遗像下一句句地念:"余致力国民革命……"他念一句,我们就跟着念一句。"总理遗嘱"私塾里没有念过,但我已在家背熟的,而且懂得每一句的意义,想不到学校里开会,要这样一句句地循声朗读。念完后,大家坐下,就由祝先生讲话。这天,祝先生所说的,大概是:沈校长因为到杭州开会去了,所以今天没有能亲自来。说明附小的始业式,中学校长是要亲自到的(以后有九学期确实如此)。他的话不多,重点是国难当头,日本帝国主义在侵占了东三省以后,寒假期中又在上海发动了战争。但我们不像在东三省那样地"不抵抗",勇敢的第十九路军打了很多胜仗。现在上海的战争虽然已经停止,但日本鬼子的侵略是得寸进尺的。所以现在是国难临头,要大家好好用功读书。他讲了话以后,没有另外教师上台讲话。值日教师就喊:"礼成,散会!"于是大家排队下岭路各回教室。在教室稍坐后才听到打下课钟,说明这次始业式还没有用上一节课时间。我觉得很新奇。

第二节上课时,戴先生就说了我们这学期的第一单元就是"打倒日本帝国主义",正是小黑板上所写的。她首先说了始业式上祝先生所说的话,然后发表她自己的意见。她说这个单元起码要学两个星期。她首先强调,刚才祝先生说的上海的十九路军打胜仗的事,但其实我们还是吃了大亏。因为上海有英、美租界,这是日本人不好打进去的,但我们政府管的地方,被他们的飞机轰炸,炸毁了许多地方。她手拿起教科书,说我国最大的商务印书馆也被他们完全炸毁了。十九路军当然勇敢,但也有很大的伤亡。假使我们不能打倒日本帝国主义,中华民国就要灭亡,我们都要做亡国奴。她的话和大礼堂上祝先生讲的不同,因为是面对面的,而且说得很沉痛恳切,我们确实都深受感动,真正有"国难临头"之感。接着响了下课钟,附小的制度:上午第二节下课和第三节上课之间的休息时间特别长。我和同桌的同学也逐渐熟了,所以在那个称为"三民游戏场"的地方,我们玩得很愉快。

第三节课开始,戴先生拿了《算术》教科书来教算术。因为这一门不包含在"单元"之内,是独立的。不过内容实在很容易,在家里时阿骦已经看过的这本教科书,我都能做得出,但说不出名称,阿骦告诉我,这些都叫"整数四则"。"应用题"也是老同学在这个学期中第一次遇着,其实无非因为是用了文字,要把文字内容看懂,然后再演算,同样是"整数四则"。举个我还记得的例子:一家有 4 个孩子,爸爸买回来 6 个橘子,平均分吃,但最小的妹妹还在妈妈怀中吃奶,还吃不了橘子,其他孩子平均可以分到几个橘子?但这样一类所谓"应用题",有些老同学却认为很难。戴先生和大家讲了好些演算的事,第四节课就叫我们演示第一二页上的习题,写在簿子上,她就不到教室来。我很快就算好写好了,但直到下课钟响了的时候,还有不少同学不曾算完写好。这次钟声对低段学生来说也就是上午的散学钟。中午不必带回书包。我们已经写好的就一起出教室回家了。

　　下午第一节课时,戴先生带了上午各位桌长交给她的日记簿来。在发还之前,她先讲了不少话。大概是,这学期的日记比上学期有了进步,我们到底是低段的最高班了。有好几位(她点出了姓名)都能写得比较端正,并且能多写了好几句。但最后抽出我的一本,她说:"陈庆均是这学期新到的小朋友,全班以他的日记写得最好,而且写得多。两天的日记,每天都接近写满一页,而且没有错别字,记的内容也比较好。"除了字迹应写得再端正一些外,其他的都让她满意。接着她念了一篇礼拜六的日记,我在上面写了我第一次成为附小学生的高兴情况。戴先生扬了扬我的日记簿,要其他小朋友向我学习。因为我是新同学,戴先生讲话时,许多小朋友都盯着我,我也感到很得意,回家时还告诉了祖父。但祖父也说我的字写得欠端正,要多用卷笔刀卷卷铅笔,让字的粗细也均匀一些。

　　下午的第二节是"游唱课",由一位姓王的女先生来上课。她也指了指小黑板上"单元"名称,向我们讲了始业式上祝先生讲过的话。随即把她带着的一个纸卷摊开来挂在黑板上,她说这是我们这学期唱的第一首歌:"打倒日本,打倒日本,杀矮鬼,杀矮鬼。大家团结起来,救中国,救中国。"接着向我们讲解,日本人个子都比较矮,所以我们叫他们"日本矮鬼"。但是他们侵略我们,侵占了我们的土地,还说我们是"一盘散沙",而我们自己国内的确不够团结。现在如祝先生说的"国难临头",所以大家必须团结起来,抵抗日本矮鬼的侵略,才能救我们中国。她先唱了一遍,歌调其实就是早已流行的,阿骦也教过我的"打倒列强"那一首,所以只要懂得歌词的意思,大家实在都是能唱的。于是她要我们出教室排队,走到这幢小教学楼边上的这块称为"小操场"的地方,那里已经放好了一架很小的风琴。老同学都晓得,队伍在小操场边上停住,她就在那风琴上弹起来(后来知道这叫"进行曲"),小朋友们就一边拍手一边靠近她的风琴边上,围成一个圈子,仍然拍手踏步。她的曲子停止,小朋友们也停止拍手和踏步。接着就是边弹风琴边唱，一句一句地唱，我们也一句一句地学："打倒日本……"唱了几次，大家都会背了，因为这实在是老曲子。退课钟响了，老同学都知道：当她弹 1、3、5、1(4)时，小朋友一边向她鞠躬，一边唱"王先生好"；于是她弹 1(4)、5、3、1，一边唱"小朋友好"。下午的课就这样结束了，但我都是第一次经历。

小操场边上有一排 5 间平房，其中一间就是王先生的办公室，于是她就把这小风琴捧进这间房子，又有一位老同学帮她端进她的凳子。时间还很早，也是老同学告诉我，接下来的一节课时间是我们低段的"课外活动"，但大家都要参加，不能回家去。

附小有专门的音乐教室，还有另外不少场地，但低段学生不在音乐教室上游唱课，课外活动也只是在这小操场上。小操场的面积实在并不小，"小"是和其他两个大操场对比而言。边上 5 间房子中，有一间就是为课外活动派用场的。到这时候，有一位低段的级任教师在那里主持出借低段小朋友的游戏器具，花样也不少：铁环、毽子、跳绳（与一般绳子不同，两端都有木柄）、豆囊等。还有必须几个人合玩的木球，二下级有五六位小朋友结成一帮，每天都玩这种有比赛性的木球。用"∩"形的铁圈五六个插入土中，每人用一个有柄的木锤击打一个木球，看谁能首先让木球通过全部位置不同的"∩"形铁圈，所以小操场有一个特设地方让这些爱好这种游戏的小朋友玩。我因为感到毽子、跳绳等都是女孩子的玩意儿，豆囊是一个装了细沙的布囊，抛来抛去练习接手，这是一年级小朋友玩的游戏，所以我只好借了铁环玩。一个圈的较大铁环，又有一条有钩子的铁杆，在操场上推着滚。玩铁环需要一定的技巧，才能滚而不倒。其实，我对此也没有多大兴趣，但因为规定每天都有这样一节课时的课外活动，所以也只好以滚铁环度过这一学期。

现在回到戴先生的本题。进校门右侧校办公室门口有一块活动（可按需要装卸）的全校教职员名牌。第一位是沈金相，因为他是五中校长，附小是五中的附属小学。第二位就是祝先生，他名叫祝志学，是附小主任。戴先生名牌排在较后，因为她是低段级任，名叫戴淑慧。这是我上学好几天后才注意到的。而且低段的"单元教育"，虽然下午的"游唱课"也配合，其实仍是级任教师的独角戏。例如有一次她拿了一张挂图（实际是中高段用的），是世界地图，挂在黑板上，指给我们看日本的地理位置。她告诉我们，日本是个岛国，我们常称它"三岛国"，但其实它有四个岛，她用教鞭一个个地指给我们看，并说明因为最北边的这个称为"北海道"的岛很荒芜落后，南面的 3 个岛发达，所以称为"三岛国"，全国土地面积，也抵不上我们的四川一个省。这实际就是讲的日本地理。

又有一次讲中日关系，她说日本原来是个文化落后的地方，过去非常尊重中国，许多东西都是从中国学去的，在唐朝时候就派了许多留学生到中国留学。后来大概在中国清朝后期,他们的皇帝明治天皇,看到英、美各国强盛,改向英、美学习,进行了"明治维新",这个小国就强大起来了。它打败了当时很腐败的清政府,又打败了俄国,成了一个帝国主义国家。去年侵占了我们的东三省,今年寒假期间又在上海进攻我们,我们损失很大。这些实际是给我们讲日本的历史。

以上这些都是没有讲义的,但作为语文课的内容。我记得她给我们发了几页油印的 16 开本的讲义:《爱国的胡阿毛》。胡阿毛是一位汽车司机(驾驶员),在上海作战时被日寇俘虏,逼他开一辆装满攻打我们的枪炮的车,车上也有好几个日寇,要他开车到作战前线。胡阿毛非常爱国,他抱定牺牲的决心,在黄浦江边上用最快的速度,载着满车的枪炮连同车上的日本鬼子一齐冲入了黄浦江,他自己也为国牺牲了。这是她从什么报刊上选来的,或许在文字上做过一点化深为浅的修润。但胡阿毛的事迹是确实的,因为后来我到初中时还读过《胡阿毛谏》的一篇文言文。

每个单元都用的这种类似的教育办法。附小校舍大,设备完整,而且确实重视教学质量。从低段二上级起,每个班级都有一个畜养场。二下级的畜养场是一个铁栅门的小园子,里面饲养了 4 只羊(其实学校专门有一位工友照顾这些畜养场),所以有一个单元是"羊的饲养"。戴先生给我们讲了许多有关羊的知识,例如羊和牛一样,是以草为饲料的"反刍动物"。反刍动物有 4 个胃室,因为它们吃了大量草,必须反刍。而作为国语课,她发给我们的是《苏武牧羊的故事》讲义,当然也是选来的,有四五页之多。

我由于家庭的关系,从小就由祖父从唐诗启蒙,以后一直学的是"诗曰子云"之类。在"关书房"的时期,其实多数日子还是在家里让祖父教这些东西。但进了附小以后,每天都要上学,可是对这些单元里讲的东西,包括算术,我感到都太简单。无非每天晚上写一篇日记,尽管都得高分,而且让戴先生经常称赞,我总感到缺乏兴趣。"诗曰子云",虽然很多都不懂,比起来却较这些单元里的东西有意思。

不过在这年 4 月,也让我得到了一个兴趣盎然的单元——"春季远足"。附小经费宽裕,每个班级在春、秋两季都有一次为期一天的旅游,当时称为"远足"。老同学很早就在盼望了:今年我们到哪里去远足?但我却并无这种经历。4 月份的一个星期一早上,踏进教室就看到小黑板上写的一个单元名称"春季远足"。同学们多在议论,因为他们去年去了禹王庙(禹陵),看得并不满意(禹陵在秋季是不热闹的)。他们希望今年能到远一点的地方去。因为虽然称为远足,其实都是一个班级一艘乌篷船的旅行。

戴先生在第一节课中就告诉我们,今年二下级(后来才知道另外还有两三个班级)的远足地点是吼山,比东湖(也是学生常去的名胜地)要远得多,是绍兴很有名的

风景胜地。又告诉我们关于吼山的其他知识：这是古代越王句践养犬的地方，所以也
有人称为"犬山"。下午的游唱课也就配合"吼山风景好，桃花朵朵红；堤边杨柳
飘……"。这个"单元"确实让我精神一振。下午祖父回家时我立刻告诉了他，但他的
回答主要是"要小心"。

第二天下午确实是我进了附小以后很快乐的一次。这天不上游唱课，为了配合吼
山远足，戴先生带我们上岭路到"上操场"，开了"上操场"最北的小门，没有走几步，就
是龙山（绍兴人一般称为"府山"）的石阶路。也不是很远，我们就到了龙山顶上的望
海亭。我在家中园里天天看到望海亭，但从来没有想到能到这里来。戴先生在望海亭
为我们讲解（其实就是后来所谓的"现场教学"），因为在这里，可以看到绍兴全城和乡
间。她先让我们认清东南西北的方位，告诉我们城内的另外两座山，南面有一个塔的
是塔山，西南面的一座是戢山。南面远处有很多山，其中香炉峰和秦望山是在家里就
由祖父与我说过了的。但戴先生说这许多山就是会稽山。她又向东边给我们指了远
足的地点吼山，虽然没有看到，但让我们知道了方位。我那天特别注意我们这个状元
府第的后园和五楼五底的状元第楼房，因为距龙山不远，我们的后园和屋舍又相当宽
敞高大，所以一望就能看见。我就用手指点，告诉了我当时已经熟悉的一些同学。

这天下山回家，我实在非常兴奋，作为一个正规的小学生，今天才从这种毫无兴趣
的单元中解脱出来，出乎意外地登上了观看已久的龙山望海亭，在全山之巅观看全县
城乡，又观看了我们自己的家园。我在这天下午就把此事告诉了祖父，也告诉了祖母
及叔父母，甚至我家的老嬷嬷（女佣），也与阿骝说了，他已有几次登山的经历了。

这个礼拜六，学校按例除了一年级两班以外，从二上级到六下级，各级级任教师带
领，出校不远，在府桥侧旁的一条称为观前的沿河街道上，每级登上一艘乌篷船，出发
远足。后来知道，到吼山的是二上、二下两级，二上级由他们的级任教师鲁晚霞先生带
领，是另外一艘乌篷船。因为河道很宽（绍兴人叫"大河港"）。两船往往平行，我们常
在船窗口互打招呼。但事前宣布过纪律，不许站到船头上去。在出城门不久以后，经
过东湖，戴先生就给我们讲了东湖的知识。她说这是离城很近的名胜，以后我们总是
有机会到这里玩玩的。

吼山确实相当远，沿途要经过一个沿河的称为皋埠的大镇，戴先生也向我们做了
介绍。她说这是绍兴城东水村埭（水乡）的大镇，城里人吃的两枚铜板一只的"咸甜烧
饼"（又称"小烧饼"）是这里的特产。河港（绍兴方言称河流为"河港"）虽然很宽，但
有几次经过用竹笆拦住的整条河道，只留中间可以行船的缺口，绍兴人称为"箔"，边
上河中还常有盖上像船篷一样的河中小屋，戴先生也告诉我们，河港也是分段有业主
的，这是河中养鱼的分界线，河中的这些竹篷小房，就是养鱼的人晚上住宿的。不过对

于这方面,因为我是从"关书房"的年代就参加我家清明节等每年三次的扫墓,祖父已经告诉过我了。但对于不少小朋友,戴先生所说的还是很新奇的知识。

到吼山埠头停稳了船,两位船工,一位站在船头,一位站在岸上,帮助全船小朋友登岸,由戴先生带领游览。吼山是一座并不很高但很长的山,我们首先是在上山不远的地方观看两块极高的顶上又有另一块大石的奇景,称为"棋盘石"。我们坐在山路边上,观赏了很久。戴先生告诉我们,这是吼山最著名的风景。但她并没有告诉我们"棋盘石"的成因,恐怕她自己也不知道,我也是在很久以后读了地质学和史地学一类的书才知道的。看了"棋盘石"以后,又下山让我们游了一处称为"烟萝洞"的风景,也是一处由岩石构成的景点。在烟萝洞坐下来,船工送上来为我们蒸熟的肉包子(绍兴人称为"肉馒头"),每人2只,这是学校为我们准备的远足午餐。但以后知道,中高段学生是要自带干粮参加远足的,学校只给低段两班预备了这顿午餐。吃过肉包子,戴先生又领我们沿山走了一段路,桃花确实很多,所以游唱课唱的"桃花朵朵红",真唱出了吼山的特色。而且到此时才知道,教游唱课的王先生是坐在二上级船上也到吼山来了。她到烟萝洞看了我们,又领我们唱了《吼山风景好》这首歌。

吃过肉包子后玩了不久,我们就登船回城,在观前原来的出发处上岸,又排队到小操场,点过人数,然后散学回家。这天我回到家中时,已经快到上灯时间了,祖父已经要五叔在状元台门口等我。我平安回家,他们也都放心了。我向祖父说了这天远足的情况。因为经过这一次的春季远足,我对低段的这种"单元教育"的厌烦情绪开始有了转变。以后又有几个单元,5月份的一个单元主题是"报仇雪耻"。通过戴先生的讲解,我才知道了5月份是我们"国耻日"很多的月份,说1928年5月3日日本帝国主义在山东残杀了我们的官员蔡公时。她还讲了5月份以外的3月份的国耻,称为"三一八"。在这个单元,她发给我们好几页题目叫《越王句践的故事》的讲义。并且开始就告诉我们,"句践"是古代绍兴越国的一位成功"报仇雪耻"的国王,这个"句"字,也是她告诉我们,要读作"勾"的发音。这件历史经过,祖父已经早一两年就与我说过了。

以后还有"夏令卫生"等单元,接着学期结束,暑假以后我就是中段学生了。但当我一跨入中段后,暑假前几位低段教师包括戴先生在内都不在附小了。附小的教师阵容尤其低段是极不稳定的。年纪大起来以后才理解到,低段的这些女教师,按年龄都是在"女大当嫁"的当口上,她们都是因为结了婚才离校的,而且从此音讯全无。不过有一位斯霞先生,是我在三年级时才到附小做低段教师的,因为她几次在礼拜六的周会中作过表演(教师也常在周会上演出一个什么话剧的),演得很出色,后来知道她是全国有名的小学教师,原来是在南京的什么小学任教的。

　　戴淑慧先生是我上小学后的第一位老师，虽然我对附小当年的这种单元教育相当厌烦，但是她教学很负责，又常常表扬我。所以我以后常常想念她，她是我进入正规学校以后的第一位好老师。

杨芝轩

    10岁这年,过了暑假,我是附小三上级的中段学生了。级任教师名叫杨芝轩,是一位女教师,也是中段唯一的一位女教师。三上级教室也在附小的这幢小教学楼上,楼下是二上、二下,楼上是三上、三下。

    开学第一天照样是始业式,沈校长没有来,还是祝志学先生主持。他在简单讲话中提到:"又过了一个学期,大家都升了一级(也有若干留级的),你们都是更上一层楼了。"结束后回到教室,我想到了祝先生的话,在教室门口随口说了一句:欲穷千里目,更上一层楼。我说这一句,并不是表示我背过唐诗,而是因为三上级的教室正在二下级教室楼上的感触。却刚刚被我身后的杨芝轩先生听到了。她马上问我:"你刚才说什么? 是不是诗?"我只好告诉她,这是唐诗里的话,我把全诗念给她听。她或许不知道这首唐诗。但她与低段的女教师不同,是一直在附小的,年纪也较大了,有一个名叫杨麟书的女儿,这学期也已二下级,一直跟着她在附小读书。她也叫得出我祖父的名氏,向我询问了一些情况。这个星期六周会以后,她要我到她宿舍,女儿杨麟书在房内,她要杨麟书叫我陈哥哥,告诉她我读过不少书,很用功,要她向我学习,绍兴人叫做"看好样"。我回家曾把此事与祖父谈起过。祖父说,一个女人家能在附小教书,肯定是个读书人;女儿也姓杨,这是一家"进舍女婿"(绍兴人称"入赘"为"进舍")人家,必然是有钱人家。

    始业式那天杨先生就分两节课向学生发教科书和作业簿。日记簿比低段的大得多,随即知道,以后每天要用毛笔写日记了。教科书有4册,《国语》、《算术》、《社会》、《自然》,都是商务印书馆出版的。封面上都印有"复兴"的字样,叫做"复兴课本"。以后才知道,商务印书馆在"一二八"日寇进攻上海时被完全炸毁,现在又建造起来出书了,所以称为"复兴"。《国语》课本是写的"第五册"的,我全书翻了一次,感到很浅,全书都读得出,并且懂得。其中有一篇题目是"黄香"的,说黄香是很孝顺父母的孩子,其中有一句称赞他的话"江夏黄香,天下无双"。我不懂"江夏黄香"的意义,回家就把教科书让祖父看,并问他"江夏黄香"是什么意思? 祖父告诉我:"江夏"是地名,说的是黄香是"江夏"人,大概就是现在的湖北或湖南两省一带吧。这样,国语课我实在就可以不必念了。

自从第一天"欲穷千里目,更上一层楼"的唐诗事件以后,杨先生一直很器重我。例如作日记,中高段也是每天早上国语课的时候,大家主动地交到她的坐案上(课桌是直排的,没有桌长),由一位级长去堆叠好,国语课总是每天的第一课。她进来时,由级长叫"起"(大家在座位上起立)、"礼"(大家一鞠躬)、"坐"(大家坐下)。她总是看一看窗角下她坐案上的日记是否已叠好,然后开始讲课。每天下午她都把日记簿放回在她的案头上,每人自己去取回。我的日记上,她也经常用红笔写了"上"或"中上"的成绩。而且也常常在国语课中称赞我的日记写得好。不过也批评过我,字要写得端正。而且在有一天的日记上,除了"中上"以外,边上还用红笔写了"字欠端正"4字。引起了祖父的注意。我记得或许就是她的这4个字,祖父开始要我每晚在作日记以后,用当时称为"十行纸"的一种纸张,临《星录小楷》习字,每晚要写100个字。但惭愧的是,我仍然没有把书法练好,在《逆旅》中已经写了。

国语课是各门课中课时最多的一门,一个礼拜有6节,其中有一天是两节连续的,这两节是为做作文安排的。当时,每个学生的桌上都放着各式各样的砚台,抽斗里还有一块墨和一支毛笔,这是开学后就带去,平日并不带回家的。目的实在是为了两项:第一项是午后上课前有15分钟的"书法训练",一天写大字,一天写小字;第二项就是在两节国语课相连的这一天做作文。作文就要在这两节课上用毛笔写好,下课时就交给她。当时都是按她在黑板上出的题目,思索一下,落笔就写,还不懂得什么打草稿的事。我记得三上级时,她在黑板上出过一个《我的妈妈》的题目,但她知道有些人是没有妈妈的,所以当时说明,也可以写我的爸爸、我的爷爷、我的外婆等。那一次我是写了《我的祖父》,后来得到她高度的称赞。在下一周两节相连国语课上,宣读了我的这篇作文。这一学期的秋季远足,好几个班级是到城北的三江口看潮(钱江大潮也有一小部分进入三江口),她的作文题是《三江看潮记》,我的那一篇也被她向全班宣读。后来,我在四下级时的一篇《植树节记》(当时规定4月12日为全国的"植树节"),获得了中高段作文比赛的第一名,在大礼堂得到奖品,也是在她的指导下写成,并在她督促下认真誊抄上交的。

级任教师按规定教国语、算术两课,但杨先生不教算术课,因为中高段有一门"家事课",是教的缝纫和烹调之事,这门课每周一节,由她担任,所以我们在中段 4 个学期中,她都不教算术课,由另外一位教师担任。不过在整个中段两年中,国语和算术我都感到太浅薄,有学如不学的感想。但记得四上级(国语课本第七册)有一篇饲养春蚕的课文,其中有一首诗:"晨鸡啼时采桑还,采来桑叶露未干。细心揩抹细心剪,只望喂得好春蚕。"杨先生告诉我们"采桑还"的这个"还"字,应该读作"旋"字的发音。其实,我在家里读唐诗时,祖父早已告诉过我了。但我还是在回家后把这事向祖父说了。祖父说:你们这位杨先生有点学问的。也给了她一点较高的评价。

四下级是初小的最高班级,读完这一级,就算是初小毕业生了。记得在学期结束以前,最后有一次国语中,她提了两包书来上课,当场拆开包装,都是本子还不到 32 开本的新书,是同一个什么出版社出版的,每本书的开头都是"小"字,如"小故事"、"小发明"、"小游记"之类。她告诉我们:中段结束,也就是初小毕业了。大家有的要读五上级,就是读高小,有的要去学生意了。这些小书,是她自己买来送给我们留个纪念的,结果是每人各得一册,我得的是《小游记》。全班大概有一半同学升到了附小五上级,另外有不少是去学生意了。不过杨先生在这年暑假以后也离开了附小,中段教师中不见了她。消息灵通的同学说,她带了女儿回余姚去了。原来她送我们书,是向我们告别的。

这里要插入一段多年后的题外话。时至 1956 年,我执教于杭州六和塔附近原之江大学校址的浙江师范学院地理系,并且担任了经济地理教研室主任。这是新办的学校,地理系要到 1957 年才有本科四年学生。按当时教育部的规定,地理系本科四年级有为时约 5 个星期的经济地理和城市地理野外实习。我们的实习基地是我与系主任商量好的宁绍平原和舟山群岛。而当时已归属慈溪的庵东盐场是我们必须要去参观的。所以 1956 年冬季,我带了教研室的多数教师,先到这个地区去预习一次。我们在一起考察了宁波市区和郊区后,就分头查勘以节省时间,我与林国铮君两人转向五洞闸以至庵东(当时已属慈溪县),考察了盐场。此时,我立刻回忆起,杨芝轩先生是庵东人。事情还是我们三上级的那次秋季远足以后,随即秋雨绵绵,一连下了四五天,同学们都感到幸运,因为假使这场淫雨早出现一天,我们的秋季远足或许就不能进行了。在作文《三江看潮记》,几位同学都说了这样的话。所以她在批改后发还时,在黑板上写了"天有不测风云"这个成语(她常常教我们学习成语),告诉我们,秋雨连绵,这不算"不测风云",无非是今年多了些。今年暑假中的一天一晚狂风暴雨(或许就是一次台风,但当时没有这类预报),那真是"不测风云"。她说她们家在余姚庵东,是经营晒盐的,她家的盐板和其他设备,在那次猝不及防的狂风暴雨中,损失就达五六百元。这个数字在当时是一笔大钱。我祖母说她是"有钱人家",祖父说她是"有点学问的"。她曾是认认真真教过我两年的级任教师,而且经常称赞我,是我少年时代的一位好老师,我想既然到了庵东,按中国人尊师重道的传统礼貌,我应该去拜访她。按年龄估计,因为我的父亲和继母当时都还健在,想必她健在无疑。特别是她的女儿杨麟书,我是熟悉的。在庵东这条不长的街上,必然可以查问得到她的家。但是后来考虑到,她家必然是个大户,现在时代不同了。"运动"已经经过了好几次,她的家很可能在任何一个事件上消失了呢。我冒昧地去查询,不是自取其咎吗?但因为我自己毕竟是从一个儒学家庭中长养出来的人,杨先生是我的一位老师,我经过了她在20几年前就告诉我们的她的家,不仅没有去拜访她,而且连查询一下都不敢。回忆我童年之时,我祖父的学生经常络绎不绝地上门拜访。像孙福元(伏园)先生那样,从欧洲回来就随即登门访师。绍兴是个大城,庵东是条小街。我竟不得已放弃这样的访师机遇,想起来真是我毕生的极大失礼和遗憾!

董先振

因为杨先生要教中高段的家事课，所以不担任自己班级的算术课，而由另一位董先振先生教我们的算术。董先生同时也教中高段各级的"党义课"，也是各班每周一节。不过后来发现，在每次月考和期末考试的"成绩报告单"上，"家事"和"党义"都没有项目。我的街上邻居有一位念锡麟小学，也是规模较大的完全小学，但他们都没有这两课。我们之所以有此两课，或许是因为省立中学的附小之故吧。

且不说他讲的党义课，每周一节，也没有教科书和讲义，只是讲的孙中山先生和什么是"三民主义"。有时是讲故事，曾经讲过"空城计"和"草船借箭"之类，同学们听得津津有味，但当时我早已看过《三国演义》了，他又添油加醋，我感到真是胡诌。

但他教我们的算术课两年，却是很认真的。而且在批改本子和考试方面都很严格。其实初小这两年的算术，从第五册到第八册，都是不同形式的整数四则，无非是应用题多了一些，四上级起又有了一些"小数点"的题目，打破了"整数"的概念。但实在都是很容易的。可是在成绩报告单上，"不及格"的多出在这门课上。有的因算术不及格，再搭上另外一门不及格，按附小的规定，就要被定为"留级"，每学期都有几位"留级生"，而主要的问题都出在董先生的这门课上。这决不能怪董先生，他的讲课和批改都是认真而仔细的。责任显然是这些同学自己的素质，另外是，不少同学缺乏家庭教育。

凑巧的是他和我父亲熟悉。父亲告诉过我，他教"党义"是一种搭配，和当时的官场如县党部没有关系。我父亲在鲍景泰钱庄出师后，因为文笔通顺，又写得一笔好字，所以当了"信房"的职务。所以在全店的两席饭桌中，他坐的是"里间"，也就是大副（绍兴人称经理为"大副"，协理为"二副"）、二副和几位高级职员的一桌，因为摆在里边一间，所以称为"里间"。遇着有"户头"（钱庄的客人）来的时候，有时就要外面菜馆加一两个菜以示招待。在那个时代，即使来的是"大户头"，陪他到外面菜馆的事是没有的，这也是当时的社会风气。鲍景泰算是绍兴钱庄中的"大同行"（即资金充裕的大钱庄），但也不过是加几个菜而已，也就是里间的待遇。董先生或许是和此处的大副张惠杨或二副范德方熟悉，所以经常上门去享受一顿免费的午餐，因而也就和我父亲熟悉。自从得知我们的父子关系，他和我父亲的话语就很多了。但说的都是对我的称赞，说的都是我聪明，作业从来没有错误之类。作业不错是确实的，他改作业很仔细，但并不计分，只是在每道题后打上"√"或"×"的记号。我的本子上，从来不曾出现过"×"的记号。

至于这个"√"的符号，我一直要到高中时代一次与欣赏我的周有之先生一起逃难（日寇侵犯）时，才由周先生告诉我，"√"实际上是英文字母"R"的误写，因"R"亦可写作"Y"，是 right 的意思，也就是以后美国人常说的"OK"，但中国人不懂这种原委，把"Y"写作"√"。

不过我三上级那年，一天晚上，我正在祖父书房中作日记，我父亲就回来当着祖父的面说，董先生今天说我"不读正书"。祖父当时以为我把那些"诗曰子云"之类的书带到学校里去，让董先生发现了。所以立刻替我作了辩解，说"不读正书"并没有什么不好，现在学校里教的东西太浅薄了。

但事实其实并不是这样，因为在两三天以前，董先生在把我们的作业本放入他的手包时，发现缺了一本，其实后来证实是他自己点数时的错误。正是因为我平时听课不专心，常常偷看其他书册，当时他认为缺的一定是我的，过来看我的书包，恰巧在书包里有一册《绣像三国演义》。这是我五叔祖借给我的，我是为了看看此书中的绣像与我父亲当时抽的"天桥牌"香烟中每盒内的三国人物小画片（绍兴人称为"洋片"）是否相同，所以才带着的。"不读正书"大概就是说的这次事件。不过，说老实话，我从小学念到高中，上课都不专心，"不读正书"是一贯的。虽然董先生说的那一次属于误会，但事实确是这样，这是不能怪他的。

董先生的教书和批改都很认真，当时确实有些同学背后责怪他，因为"不及格"和"留级"，主要都是他的这门课造成的。但实际情况是，即使这门课由级任杨先生教，"不及格"和"留级"照样也会因这门课造成。董先生讲课，在疑难处往往多讲一两遍，批改作业也是每一道题都看过，并打上符号。所以他应该是一位附小的好老师。

吴文钦

吴文钦先生是我们的社会课教师,不过我们在二下级时就听到他的名氏,是附小里的一位有名教师。我们升到三上级,杨先生发课本时,有社会课本和自然课本,但三下级就没有这两种课本了。据说以后各级都不再有这两种课本,但不知是书局不出,还是学校不用。其实,在三上级,吴先生就不照课本讲课了。

因为同学们都知道他是附小的有名教师,都希望听他的课。他一进教室,级长的"起"、"礼"、"坐"也叫得特别响亮。他开始说,他不是绍兴、诸暨一带人,是海宁人,他的话是否能听懂? 那个时代,由于还没有什么电视、广播之类的东西,连20世纪60年代不少人家有的收音机,我们也不曾接触过,所以一般人听语言的能力确实比后来要差得多。但附小的教师,都是说的南方的普通话,在教室里没有讲自己本地方言的。所以大家立刻回答:懂,懂! 于是他随即开腔了,说他是社会课教师,就要让同学们晓得社会上发生的大事。中国社会上当前的头等大事就是日本帝国主义对我们的侵略,"九一八"、"一二八",你们在低段就已经讲了。除了中国社会上的大事外,社会课也要讲世界上发生的大事。

接着他就讲美国,他说美国是现在世界上一等富强大国,最近他们社会上的头等大事就是竞选总统。他在黑板上写了罗斯福和胡佛两个名氏。他说这两个人都是老百姓选出来的全国威望最高的人物。但谁当总统,还得再竞选一次。他们两人为了向老百姓宣读自己的主张,在国内各地跑了上万里路(他说了具体数字),但选举的最后结果,罗斯福的票数比胡佛多,所以罗斯福不久前刚刚当上总统。

他讲的都是我们闻所未闻的知识,加上他的讲课很生动,所以同学们都很佩服他。他说话的腔调,和附小里最多的绍兴教师和诸暨教师稍有不同,但大家都听得懂。这一堂课,主要就讲了美国竞选总统的事。晚上,我把这位海宁人教师吴文钦先生的讲课告诉了祖父。祖父说,海宁离杭州不远,是钱塘江看潮的地方(当时海宁县城在今盐官镇,现在已迁到硖石)。至于美国竞选总统的事,我家里订有上海《新闻报》,祖父说,《新闻报》都登过了。祖父要我以后也看看报,而我的看报习惯,也确实是从听了吴先生这堂课以后开始的。

吴先生不重视课本,只是简单地讲一点,所以到今天,这本社会教科书上说了些什么,我实在记不起了。但他常常讲时事,当时为了反对日本鬼子的侵略,他经常讲东北义勇军的事。他每次都在黑板上画一个简图,从黑龙江画到渤海湾,整个东北就在图上了。他在图上的东北地区按方位写上义勇军领导人的名氏:南部是朱霁青、唐聚五,中部是丁超、李杜,北部是马占山。他有意识地讲义勇军打击日本鬼子的胜利,我们听了都很高兴。他也说了因为义勇军利用"青纱帐"打仗,所以日本鬼子防不胜防。对于这个"青纱帐",我们原来是不懂的,他给我们作了解释,他说:南方人种稻,北方人种麦,稻和麦都是低矮的农作物。但东北人种高粱,样子很像这里的玉蜀黍,但比玉蜀黍长得更高。东三省的农村里遍地都是这种农作物,义勇军便在其间躲藏和作战。所以整片的高粱地,就成了义勇军的"青纱帐"。他所讲的这些,不仅让我们鼓舞,而且也都是我以前不懂的知识。譬如南方人以米为主食,北方人以麦为主食,而东北人以高粱为主食。这些事,过去我们都是既不理解,也不重视的。

社会课的第一次月考我得了90分,全班第一,所以吴先生很早就叫得出我的姓名。恰逢学校要利用一次周会的时间举行中高段的"时事演讲比赛会"。每级一位代表参加,我当然成为三上级的代表,是级任教师杨先生提的名,全班都赞成。但我仍是中高段的最低班级,所以杨先生鼓励我,给我壮胆,因为她知道社会课月考我全班第一。

这次的时事演讲比赛是由学校先出了5个题目:"四川问题"、"山东问题"、"东三省问题"、"中国与日本"、"中国与国联"。在学校进大门的大学楼左侧有个"应接室"(当年称"会客室"为"应接室"),里面张贴着这5个题目的内容,内容多,而且都是剪报资料。阅读起来实在困难。大致的情况是:东三省问题,是因为日寇占领后,又把清朝退位的宣统皇帝送到那里,成立了一个"伪满洲国";中国与日本的问题范围很大,主要当然是日寇最近对我们的侵略;中国与国联的问题是因为第一次世界大战后,在瑞士的日内瓦建立了一个称为"国际联盟"的国际组织,性质如同现在的联合国,但远无现在联合国的权力。为了日寇侵占东三省和成立"伪满洲国"问题,国际联盟曾派了一个"李顿调查团"前来调查,在报告中否定了日本的作为,提出了所谓"不承认主义",要世界都不承认这个"伪满洲国"。

学校宣布的这次比赛办法是抽签制,参赛代表当场抽签,抽到 5 个题目中的哪一个,就讲哪一个。也就是参赛代表事前都必须懂得这 5 个题目的内容。在附小,各类全校性的比赛是较多的,但这次的比赛,吴文钦先生是重要的策划者。我是最低班级的代表,人微言轻没有发言权,但高段的代表提出,请吴先生事前就这 5 个题目和我们讲解一下,让大家心中有数。吴先生同意了,就利用一次课外活动时间(两节课时),在三上级和三下级两间教室之间的一间称为"荣誉室"(因墙上挂着一些外来的奖状之类,其实是中高段课外活动的弈棋室,内有各种棋类)内用一块小黑板简述一次,让 8 位代表参加听讲。他不带稿子,就用粉笔一题一题地讲。当时我很佩服他的记忆力。因为讲到东三省时,他说,中央军北伐胜利,但其实没有进军到东三省,而是张学良在民国十七年 12 月 29 日在东北通电拥护中央、实行三民主义的。他还说,张学良的父亲张作霖原来是个土匪,后来做了东北王,是日本特务把他炸死在皇姑屯的(他用粉笔写出这些人的名和地名)。张学良不记父仇而作出"不抵抗"的行为,逃进关内来。他最后评价张学良是腐败的"坏东西"。听了他的这次讲话,我们心中对这 5 个问题都比较清楚了。但他都是凭记忆随口讲的,包括许多年月时代和其他数字。我们听讲的这 8 个参赛代表(另外还有好几位高段学生)都赞扬他:吴先生真有学问。

星期六下午是不排课的,大家排队到大礼堂。我们 8 位立刻抽签,是抽的演讲的次序。我记得抽到第四人。因为规定,每人演讲都不能超过 10 分钟(其实没有一个人能讲到 10 分钟),所以在开讲前 10 分钟让排名第一位的抽第二次签,这是抽的讲题。让他有 10 分钟的准备时间。第一位登台演讲时,就让排名第二位的抽签。因为每个人讲的都不过五六分钟,所以除了第一位以外,以后每人的准备时间都不过五六分钟。我抽到的是"山东问题",因为已经有过一点准备,知道这是山东省长韩复榘与当地一个带兵的军阀刘珍年打内战的问题。后来中央出面,把刘珍年及其部队调出山东到浙江温州一带。我在家里准备时,五叔祖曾和我说过一句:中央北伐胜利,在南京建立了国民政府,但全国仍没有完全统一。五叔祖说这句话,在好几个讲题中都用得上。所以我在"山东问题"中,最后也讲了这句话,事后杨芝轩先生对这句话很称赞。演讲会最后由祝志学先生收场,赠送每位代表两本书,一本是《绍兴名胜》,一本是《绍兴风俗》,都是附小教师编写,但没有正式出版的。不过在 20 世纪 80 年代,我在孤山浙江图书馆古籍部的目录卡上,也都看过这两本书的目录,写的是绍中附小编印,说明省图书馆也有收藏。

　　全校师生是都参加这次时事演讲会的，多数同学在参加了会以后才知道这些事，所以都很佩服我们，这也是我在附小第一次的出头露面。不过我虽然有些沾沾自喜，但是又想到，8 位代表，都能在讲台上讲上那么五六分钟，其实都是吴文钦先生指导的结果。

　　三下级和四上级都是他教的社会课，虽然以后没有了教科书（他本来就不重视教科书），但讲课生动丰富，是我们最满意的教师。因为我的社会考试常常全级第一，所以他老早就熟悉我，课堂上提问题，叫了几位同学都答不出，最后总是叫我回答。有时我实在也答得不完全，但他作了补充以后，仍然称赞我。

　　他讲的课，知识面确实很广。在国内，像万里长城和南北大运河，他都讲得很仔细动听。他告诉我们，中国历史上最强盛的是汉、唐两朝。清朝的康熙、乾隆两代也很强盛，但后来就日渐腐败，鸦片战争（他讲了战争始末）以后，就成为一个世界帝国主义都可以侵略的弱国了。他也为我们讲世界上的知识，讲"地理大发现"的经过，所以有了"新大陆"，有了美国。

　　他非常佩服美国，与我们讲了华盛顿怎样解放"黑奴"，也讲了林肯总统"民有、民治、民享"的演说。美国就是这样一个民主富强的国家。也联系到中国，他说孙中山先生的"三民主义"，最后的目的就是林肯总统所说和所做的"民有、民治、民享"。他也给我们讲第一次世界大战的情况：中国也是胜利一方的，但没有得到胜利的好处。他讲的东西，不仅方面广，而且讲得清楚、生动，所以我们都记得牢。

　　到了四上级，在学期结束前的最后几堂课中，他告诉了我们，因为四川省有朋友邀请他，他学期结束后回海宁去过年，过了年就从上海坐轮船到四川去，从此要离开附小了。我是去过他在附小的宿舍的，有师母和一个孩子。他大概是和杨芝轩先生年龄相仿的教师。四川省当时在我们的思想上是很远的地方。特别像我这样早已经在唐诗中读过《蜀道难》的人。消息灵通的同学（也许是猜想）说他到四川去，是因为那边有当中学教师的位置。在当时，像绍兴这样的东南地方，中学教师的社会地位是极高的。所以这或许是真的。

　　吴文钦先生确实是一位好老师，我以后在历史、地理等方面的兴趣，显然是受了他的影响。所以对于这位好老师，我一直很怀念他。

王汤诰

三上级的另一门大家喜欢的课是自然课,开始也是有教科书的。由诸暨人王汤诰先生担任这门课。与吴先生一样,他也并不硬按课本讲课。因为他给我们上课时,附小里正是到处"知了"吱吱叫的时候,所以他开头就专门讲了几节课的"秋虫"。我们都很欢迎。

他从"知了"讲起,他说,绍兴人都称"知了",实际名称是"蝉"。这个季节,白天整天听蝉鸣,到了晚上,山上教师宿舍外面也听到整晚鸣叫,那主要是"纺织娘",还有蟋蟀之类。这些在这个季节鸣叫的虫类很多,都属于昆虫类。它们身上都有一种鸣叫器,例如蝉,它是以胸部一对鸣叫器整天不绝地鸣叫的。但能鸣叫的都是雄的,雌的就不会鸣叫。雄的昆虫为什么鸣叫?目的是为了求配偶,因为鸣叫,雌的就会循雄的鸣叫而来,就可以达到交配以繁衍后代的目的。天生万物,都是有繁殖后代的性能的。到了秋季,我们就能听到这些秋虫的叫声。

在大教学楼的中段部分有一间科学仪器室(楼下正是"应接室"),这是属于他的专用房间。里面有一些科学仪器,还有不少标本,也有现成的书局里出版的挂图。以后的课中,他拿了昆虫标本给我们看,与我们讲解,昆虫的繁殖与哺乳类等高级动物不同。狗生小狗,猫生小猫。鸟类的繁殖则要孵化,假如你们家里有养鸡的,小鸡就是鸡蛋孵化出来的。昆虫类的繁殖,他用标本和挂图指点,有从蛹、幼虫到成虫的过程。我们从标本中看到蝉的幼虫,好像一条小的蚕宝宝。他说,这种幼虫在地下泥土中生长,一只在树上鸣叫的蝉,是幼虫在泥土下经过好几年才长成的,所以我们都感到这种知识既好奇,又动听,许多同学都喜欢听这门自然课。

对于这方面,我也深感兴趣。因为我在"关书房"不久以后,就在我五叔的指引下(他有这爱好)喜欢在后园捉蟋蟀,绍兴人称"蛐蛐"。因为公蟋蟀(尾部有两根触刺,我们叫"二枪"),能够打斗。我们捉来以后养在一种特别的瓦盆里,每天喂一粒米饭;用一种后园在秋季生长很多的成为"蛐蛐草"的青草,用手修理一下,就会在草的头上形成一丛白羽毛,用这草拨拨蛐蛐的嘴,它就会张牙,并且振起双翼,(口瞿口瞿)地鸣叫。两只"二枪"放在一个盆子,它们就立刻打斗。有的时间打得长,有的很短,结果总是一胜一负。当时,我们的堂兄弟之间、邻居之间,常常用自己喂养的这种蛐蛐打斗,也算是一种比赛,很有乐趣。我们当然都是知其然而不知其所以然。听了王先生的自然课,大家就都知道了。当打斗胜利以后,我们照例都要取一只雌的(我们称为"三枪"),放进盆中去慰劳得胜者,这两只蛐蛐就会在盆中轻声地叫,原来这就是这种昆虫繁殖后代的过程。过了不久,雌的尾上就会有一粒白色的很小的籽,这就是它们的后代,假使在泥土里,第二年这粒籽就会成为幼虫,成长为蟋蟀。

听了吴先生的社会课和王先生的自然课,我才感到正规的学校确实有些意思。因为国语和算术我实在都觉得太浅薄,没有什么好学的,但王汤诰先生一上课就讲秋虫,而且恰恰我已玩了两年的蟋蟀也正是他讲的秋虫。过去只知道让它们打斗,五叔也从来不曾讲过这种道理。听了王先生的课,又看了标本和挂图,让我增长许多知识。所以上了中段三年级,我才明白,从"关书房"到进了小学,确实是一种很大的改变。

王汤诰先生一直教我们自然课,直到六上级,他才离开附小。这期间,他为附小增办了好些关于自然课的设施,增长了我们的知识,一种是"喷泉",那是我们四上级的时候,他在我们教室外走廊栏杆上用铁索吊了一只很大的马口铁箱,箱下的管子直通楼下地面,又掘开地面,把管子用其他管子接起来埋在地下,埋得很长,直到游戏场边上,又用铁管接出来,套上一个用皮管连接的口子很细的玻璃管。他要工友挑水倒在马口铁箱里,远处游戏场边上的一股很细的水就喷出来了。可以喷一米多高。挑一担水,喷泉就可以喷上半小时。这是和他对几个班级的讲课相结合的,而且也替游戏场增加了一种景致。

另一项是他在游戏场边上的一块空旷地方建了一只白色的百叶箱,箱内放了两支寒暑表,当时还没有什么天气预报之类的事,王先生告诉我们,真正的温度统计,都是看室外的这种百叶箱的。在百叶箱旁,他又用马口铁制了一只圆筒状的称为雨量计,是每次下雨后测算雨量的。他也告诉我们,各地一年下多少雨,都是用这种雨量计测算出来的。

　　王汤诰先生是附小的一位好老师，他不仅给了我们许多自然课的知识，还给学校设制了几种与自然课有关的设施。可惜到我们读完六上级，离高小毕业还有一个学期，他就离开附小到别处去了。

孙礼成

省立第五中学在我们四上级的时候改了校名。原来，全省 11 所(旧的府城，每城一所)中学，是按杭、嘉、湖、宁、绍、台、金、衢、严、温、处的次序排名的，所以在绍兴的是第五中学。但这学期起，省教育厅下文改名，取消原来的番号，改以所在城市命名；省立第五中学就改成省立绍兴中学，我们附小也就相应地从五中附小改为绍中附小。

这一学期的始业式是沈金相校长亲自来主持的，除了宣布校名更改外，还有人事变化。原来是附小主任祝志学先生离开附小到省教育厅去工作了，所以沈校长在始业式说明了理由，并宣布从这学期起，附小的主任改请孙礼成先生担任。孙先生随即上台，向全校师生点头示意。我们在升到中段时就已经在学校里看到这位先生，没有教我们的课，也不知他是教什么课的，所以也就并不在意，却想不到从这个学期起要当绍中附小的主任。

始业式结束后，我们在办公室门口的牌子上果然看到校长沈金相以后的第二块就是主任孙礼成了。大家才注意到这个名氏。杨芝轩先生接着为我们讲国语课，因为是开学第一天，总有一些其他的话要说一下。她告诉我们，教室现在已经搬到了学校的大教学楼，楼下是一年级，要我们更安静一点。又告诉我们，这学期中高段增加了一份"卫生公约"，共有 10 条，用道林纸印的，每人一份，也用夹子挂在她案桌边上的木条上。至于公约的内容，因为中高段增了"卫生"一课，这门课就由刚才沈校长宣布的新的主任孙先生担任的，孙先生会向同学们讲解的。下课后，我们立刻去看了这"卫生公约"。级任教师案头后面墙上有一条木条,点名册和学生守则等,都是挂在这木条上的。确实多了一种"卫生公约",也是填好姓名的每人一份,每周在卫生课时,自己填一次,做到的填"＋",没有做到的填"－"。"公约"的条目大概是:不随地吐痰,不在肮脏的石阶上坐(附小因为有岭路,这类石阶很多),早晨洗脸时用牙膏牙粉刷牙(这是大家当时都没有做到的),男生每月理发两次,女生每周洗发一次。最让大家感到奇怪的一条是:每晚右侧身体,"开窗"卧 8 小时。这里的"开窗"两字,当时正是夏季,可以做到。但到冬季,哪一家能这样做呢,不是让大家都生病吗?

　　第二天恰恰就有卫生课,孙先生来上课了。后来知道,这门课是这学期新增的,没有教科书,也不上成绩单的,如同"党义"和"家事"一样。孙先生一开始就讲"卫生"的重要性,中国人长期不注意卫生,所以体质差,被外国人称为"东亚病夫"。接着他解释"卫生公约"。对于"刷牙"这一条,他说他对附小的 20 几个"寄宿生"调查过,没有一个人做到的,其实,20 几个铜元(约是当时的七八分钱,当时是 3 个铜元为 1 分)的一根牙刷已经很不错了,至少可以用 1 年。6 个铜元一包的胡蝶牌(当时只此一种,牙膏更提不上日程)牙粉,也可用个把月。同学们早上一开口说话,就是一股口气,刷了牙就好了。对于"开窗睡觉"这一条,他也解释,到了冬天,也不是像现在的窗门大开,但不要完全关实。"靠右侧睡",因为左侧是胃,右侧睡可以免让胃部受到挤压。至于"睡八小时",指的是我们的年龄,他们当教师的就不需要 8 小时,可以缩短些了。在这堂第一次的卫生课中,我觉得他对我们说的最有意义而让大家都记得牢的是,他告诉我们一句古人的话,一个人最好的姿势是:立如松,坐如钟,卧如弓。

　　下课钟敲过以后,他忽然叫我的名氏,把我拉到东边的五年级廊上靠栏杆与我说话,我很奇怪他为什么认识我。他告诉我,他是我祖父在第二县校的学生,到附小已经一年多了,本来早应该去拜访老师,但一到附小妻子就得病,治病还来不及,没有情绪去拜访。暑假前妻子病故(我们确曾看到当时从岭路上下来的出殡行列),料理了一些后事,现在应该去拜访他老人家了。他约定这天在"降旗"以后,与我一同到我家里去。

　　这里穿插几句,附小规章,中高段学生,早上在上课预备钟打过后,各级要自动在办公室门前的篮球场按级排队,背向办公室,面对篮球场北校园中的一根旗杆,一起立正,由高段的两位值日生把一面国旗用绳子拉上旗杆。然后各级排队回各自的教室,正好是上课钟打响的时间,开始上第一节课,这叫"升旗仪式",是自由的。下午两级课后,都必须参加分门别类的但都是自己签名的"课外活动"。活动结束的钟声以后,又要集中到篮球场举行"降旗仪式",然后可以回家。所以我一上中段以后,每天回家总比我祖父要晚。

这天"降旗"后,他进办公室去拿了一个小包,就出来与我一起出校门上我家。好在这天卫生课在上午,中午回家时我已把此事告诉过祖母了。祖父回家后已经知道。从附小到我家状元台门,不过十分钟路程。孙先生走到大明堂,祖父已在大堂前迎接他了。他执礼甚恭,两人就座,老嬷嬷来上了一杯茶,他把随带的这个小包送给祖父。后来才知道,是一小块一小块黑块,称为"阿胶"的东西,是冬天进补的补品。我一直依偎在祖父身边。他向祖父说了一些他从县二校以后的经历。附小请他去原来是请他当教务主任的,但妻子一直生病(后来我五叔母知道,说这种病叫"红斑痧"),直到亡故。所以一直失礼,没有来拜访先生。

我实际上也是从他们师生的这次谈话中,才明白祖父为什么从第二县校去到电话公司的。原来是极端佩服祖父的富商马谟臣,他的儿子马世燨当时也就读于该校(后来入上海法政学校成了绍兴有名的律师),马谟臣曾到第二县校看儿子,也去听了祖父的讲课。他认为整堂课又讲又写,摆了座椅根本没有坐的机会。上午两堂国文,下午两堂历史,这碗饭不是我祖父吃的。其实,祖父当时不过50稍多,而且也不是每天都是4堂课。不过那个时代对人的年龄观与后来不同,50岁就算高龄了。恰巧他当时正在筹划"绍兴电话公司",所以硬是把祖父拉到电话公司,给他两间房子,一间作卧室,外间算是客堂。名义称为"文牍",其实就让他休息,早晚用"包车"(形如黄包车,但里面比较大,坐得很舒服)接送,每月致送50银元。祖父是这样才离开第二县校的。

以后,孙先生又与我到我家去过几次,这是因为当了附小主任后有些应做的事。有时是请祖父写个挂轴,有时是拟副楹联。我记得直到1940年暑假省立中学统一招生,我考上绍中高一公费生。因为敌机轰炸,学校都迁到乡下。但发榜是登在《东南日报》上的。附小当时已迁到城西龙尾山村,但他还拿了两打较好的练习簿来祝贺我。我听他告诉祖父:附小与中学不同,中学迁到诸暨枫桥(花明泉),但学生照样跟去。附小迁到龙尾山,离城不过20里,但学生跟去的很少,很难再办下去,绍中虽然还给经费,而学校实在难以为继,教师只好自谋生计,附小看来是要停办了。

孙礼成先生从我四上级起到高小毕业,一直是附小主任。这一段时间也是附小办得很出色的时期,在绍兴城里,当然是头块牌子的小学,要进附小读书是相当困难的,说明他的办学能力很好。我们之间的这种特殊关系,直到六下级毕业前的最后一次惜别"同乐会"中,他才向同学和应邀到会的教师,说了我祖父与他的师生关系(其实许多教师和某些同学早已知道),既说了不少尊敬我祖父的话,也称赞我读书很好。孙礼成先生也是我值得怀念的一位好老师。

金锡三

　　我从四下级升到五上级，算是高段学生了，级任教师是兰溪人金锡三先生，也是附小的教务主任，是孙先生当了附小主任后请来的。在学校，他的威信很高。但高段与中段不同，虽然级任教师也是跟班的，但因为教务主任、训育主任、研究部主任都在高段任教，所以高段级任是只教国语，不教算术的。高段的算术由研究部主任担任。

　　金先生是带了师母和一个孩子住在学校宿舍区的。当时，岭路上边的教师宿舍区很大，绍中校长沈金相先生一家也住在那里。金师母，据说在兰溪时也当过小学老师，但在附小她只是在家管孩子了。附小有好几位师母都读过书有文化的，但都不工作。教师当时的待遇很高。我在孙礼成先生第一次造访我家时就听到，附小里的中段级任，每月薪水就有 32 块银元，购买力或许与当前的大学教授相当。高段教师的薪水，比中段更高。而且当时作为像附小这样的一所小学，教师的社会地位也很高，何况金先生是教务主任，连我祖父都曾说：教务主任当你们的级任教师！言下之意是我能有这样一位级任教师真是难得。我在《逆旅》也曾写到，1948 年初我到新昌县立中学当教务主任，到新昌后在校长室里谈话没有多久，新昌县教育局长张图先生就亲自到校里看候我，说了好些客气话，而我那时虚龄还只有 26 岁。金锡三先生在附小当教务主任时，已是 30 开外的年龄了。

　　在班上，金锡三先生很早就叫得出我的姓名，并且很看重我，这或许是孙礼成先生与他说过什么，也或许是我每天写日记起过一点作用。因他讲课不久，曾有几次读日记的事,并且几次说从内容和文笔来看,我的日记写得最好,只是字写得还欠端正。我还是这个老毛病,没有把书法练好。

开学不久,我就因一篇作文受到了他很高的评价和称赞。当时写作文,也和中段时一样,是在两节国语相连的那天,当场写好交稿,没有什么打草稿之类的过程,而且也没有这样的时间。因为那些年头,教师在黑板上命的题目,常常与打倒日本帝国主义有关。那次我忘记了是一个什么题目,但总是斥骂日本的。我在文内用了一个"敌忾同仇"的成语。他大概在那天晚上就看了我们的作文簿,所以第二天的国语课上就专门向全级宣读了我的这篇作文,而且拿"敌忾同仇"这个成语问几个同学:怎么解释? 结果大家都说不出。我记得当时他曾自言自语(但大家都听到)地说过一句话:在同一个班级里,为什么程度有这样大的差距? 说明孙礼成先生并没有把我的全部情况告诉过他。因为到了第二个学期(五下级),有一天我们在楼梯边的走廊上相遇,我礼貌地叫了他一声"金先生",他忽然问我:你是很小年纪时就让你祖父教你念唐诗和读古书的? 我当然只好承认。说明我从小接受祖父家庭教育的事,他开始并不知道。其实,当他在五下级问我此事时,我的兴趣已经转到每晚上那位寿先生教我念"开明英语课本"上了。因为祖父教我的,我确如祖父当年说的,不全懂甚至全不懂。但那位寿先生教我的,我基本都懂,而且背熟得很快。当时,我已经读到"开明英语课本"第二册了。我记得安徒生写的《卖火柴的女孩》(经过林语堂的改写)就在这一册,我至今仍背诵得出来。

金锡三先生作了我们的级任教师以后,还给我另一种不轻的负担。附小的传统是每周六下午不上课,除了偶尔穿插的某种比赛(也是演讲比赛之类,在大礼堂举行的)外,都是作剧本表演的周会。每次都是最高年级与最低年级两个班级搭配。低的一级就是唱唱歌,跳跳舞,高的一级则是演一出话剧。所以高的这一个班级的级任教师是主要负责人。这件事,我在四年级杨艺轩先生时就已露了头面,每次都当剧本中的主角。但杨先生选的剧本比较浅,背台词和做动作都比较简单。而金先生选的剧本显得相当高档,台词很长,动作也难做。恐怕是六上级那年,他选了一出《苏武牧羊》,指定要我演苏武。不仅是台词长难背,而且从学校畜养场牵出一只真羊,要我在台上牵着表演。我当时实在相当害怕,台下这么多师生,假使这只羊在台上蹦跳起来,我牵不住,事情将怎样收场。幸亏后来演出得还顺利,得到大片掌声。而且事后又知道,虽然他没有告诉过我,他在后台要了班上两位年长力大的同学作准备,万一我牵着的羊不听话,我无法控制时,这两位就出来把羊拉回去。我在演出以前曾经好几天心神不安,连我祖父也为我担心。

六下级是毕业班,他抓得很紧。从五上到六上,留级生就出了五六人。但因为他是教务主任,据说他要算术教师抓紧的。国语课从来不曾见过不及格的同学,但在五下级时,就有一位女同学因算术不及格,又加上国语也不及格,就被留级了。

六下级高小毕业前夕,班级举行了一次规模相当大的毕业留念同乐会,其实是一次颇为丰盛的茶话会。每个同学出了几角钱,而他自己则出了两块银圆。茶点是他与班上几位年长的同学去大街采购的。教室作了布置,同学们坐在周围沿窗和沿墙的一圈,中间排齐位置,从学校食堂借来盘子,放了不少招待应邀教师的茶点。同学则 1 人分装 1 包拿在自己手上。茶话会的内容是他设计的,的确很有意思。是让多位应邀教师向同学简单介绍他(她)们自己年轻时上学的过程。附小的教师在当时绍兴的小学中都是第一流的,所以他们介绍自己当年上学的过程,对我们确实很有教育意义。这次的留念会开得非常成功。主任孙礼成先生这天也就完全公开了。

则又说了他在第二县校念书时有关我祖父的事。我们的关系,到不过在那个年代,继续升学的风气还不盛。全班 52 位同学,女同学有 12 人,那不必说了,男同学中升学的也不到 10 人,其余的都去做学徒了,即绍兴人所说的,去学生意了。

我们毕业以后,金锡三先生也离开了绍兴,带了家属回兰溪去了。消息或许是确实的,他回兰溪当了中学教师。金锡三先生是让我们受益不浅的值得怀念的好老师。

周　汉

　　周汉先生是我升到五上级时才到附小的,年龄看来也比较轻。他担任高小的各级的算术课。在学校办公室中,他的座位上有一块类同"教务主任"、"训育主任"一样的"研究部主任"的牌子,说明他也是附小的重要教师。但大家都不知道他的来历。"研究部主任"这个称号,我们也是第一次听到,不知道"研究"什么。

　　和金锡三先生同年进附小的体育教师姚砚农先生,也是兰溪人,平时喜欢说话,特别是下雨天,体育课改为自修时,他有时也来教室看看大家是否确实在自修。有时就坐下来和我们聊几句。有一次他说起,高段的教师要数周汉先生最年轻了。但他也要结婚了,金锡三先生对他是有功的。因为这位未婚妻就是金先生上一届六下级的毕业生沈素兰女士。那个时候结婚没有什么大排场,在教师间开个茶话会就算是结婚仪式了。所以过了不久,我们就在校里看到沈素兰了。她只比我们高两年,所以我们都认得她。五下级以后新学年开始,我们到校早一点的同学,都看到沈素兰一身童子军服装从岭路上教师宿舍下来走出校门去。又是这位姚砚农先生告诉我们,周先生要他的新婚妻子投考省立绍中简师,将来也可以当教师,简师是全部免费的,所以读书也没有负担。我们同学们议论,周汉先生的这个主意是不错的。

　　至于周汉先生的来历,我们到六下级那一次毕业留念的茶话会中,也就完全知道了,因为按金锡三先生的意见,是要多位先生谈谈自己求学的经历,周汉先生也谈了。原来他就是绍兴五师毕业的,五师是初师,因他成绩不差,毕业那年,五师已明确要停办改为附小,校长与他说,附小成立,"要请他帮帮忙"。这样,也就是毕业后的职业有着落了,所以他很高兴,在附小教书3年。但在工作之中,他感到自己的功底不够,于是请求辞职,考入金华师范(高师),继续求学3年,金华师范毕业后又第二次应聘到附小了。"研究部主任"这个名义,恐怕就是这样挂上去的。

他自己介绍后,金锡三先生又为之作了补充。金先生从他自己的包中取出一本书来说:附小的教师编了好几本书了(即前面已说的《绍兴名胜》之类),现在绍兴的儿家书店也卖我们的书。但这些书都是附小的教师编写的,附小自己花钱印刷,而不是书局正式出版的。正式出版的只有这一本。他边说边晃了晃书,这就是周汉先生刚刚在大书局中华书局出版的《问题儿童》,周先生已经送给金先生了,看样子大概有100多页,32开本。金先生说到这里,我们这批行将毕业的同学,都鼓了一阵掌。实际上,一位小学教师能够在中华书局出书,恐怕在全国也是很少有的。孙礼成先生当然也得到周先生的赠书了。在大家鼓掌以后,他又鼓了三次掌,主要是向同学们说:你们要以周先生为榜样,附小聘请到这样一位先生,也是不容易的。最后这句话,未免带有他自己的表功之意。

到此,我们才知道,他作为上面的"研究部主任"这个附小从来没有过的头衔,或许是他在做《问题儿童》这种研究而来的。周先生自己在当时这种场面中,倒是显得比较尴尬,只是站起来向师生们点头致意,口中连说:没有什么,没有什么。

我们离开附小的这个学期,他也离开了,从绍兴去了萧山。或许就是出了这本《问题儿童》,他受聘到有名的湘湖师范去执教了。

邢爱鹤

附小在低段是没有音乐课的，前面已说过只有下午的游唱课。一架一个人就搬得动的小风琴，一面拍手，一面绕成一个圈子，唱那些既无歌纸又并不好听的儿童歌。正规的歌大概就是春季远足前的《吼山风景好》一首，没有歌纸，所以我也忘了。

学校有正规的音乐教室，在大教学楼的最偏东一间，即六下级的楼下。内有两架大风琴，中间最大的一架是锁着专供上课用的。此外在墙上装满木架，有除了琵琶以外的许多管弦乐器，但低段学生是不能到这个专用教室去的。到了三上级，我们就有资格到这里上音乐课了，初次进这个教室时，大家都有一种新鲜感，也有一种满足感。

音乐教师是一位戴眼镜的男先生，名叫邢爱鹤，这是我们早已在教师名牌上看到过，而且也经常见到他在校园中散步的。第一次上音乐课，大家都很高兴，而且同学们都已懂得上音乐课的规矩。尽管这门课都是排在下午的，而且一礼拜只有一节，但规矩倒是严格的。上课以前，同学们都自觉地在教室外走廊上排好队，一听到上课钟敲响，邢先生就在教室内风琴上弹一种后来知道称为"进行曲"的调子，同学就按着调子走进教室去。室内是靠墙的一圈小椅子。当邢先生看到大家都站在小椅子边上时，他就停止这种"进行曲"，而是弹四个音符 i、3、5、i，同学们就站着按这四个音符，一边鞠躬一边唱"邢先生好"。他又再弹四个音符 i、5、3、i，并随着唱"小朋友好"。这个过程就是中高段其他课上级长叫的"起"、"礼"、"坐"。师生唱过这两句后，邢先生就弹一个长音，意思是要大家坐下。音乐课有这样一套，我是比较陌生的，但不少同学早已在前辈同学中学到了。

　　大家坐定,邢先生就发歌纸(也就是音乐课的讲义)。用传递的方式,等大家都得到一张以后,他先作讲解。他说:"音乐课的歌词音符有两种,一种是用阿拉伯数字的,这叫作'简谱'(我们在低段时虽然没发过,但看到过),是低档的。正规的就像我们今天发的,称为'五线谱'。"于是他伸出一只手来,以手指作譬喻:五个手指就是"五线",手指中的空隙有四个,这就叫"四间"。他用一只手讲解"五线四间",这倒是一种很好的讲解方法。但是他又说,这里面还有许多其他道理,一时也讲不清楚,你们以后慢慢会懂的。

　　这一天所发的歌纸,是用五线谱的,但是很简单,所以我还记得歌词:亮晶晶,满天星,好像青石板上钉银钉。就是这么3句。于是他一边弹琴,一边先教歌谱,嘱咐大家看好五线谱。无非3句,他边弹边教一句,我们跟着唱一句。唱过几次以后,他就教歌词,也是这样一句一句地唱。唱过几遍,就要大家连起来唱,因为不过3句,大家就不但能唱,而且能背了。

　　当时是一个大家都痛恨日本帝国主义侵占东三省和其他地区的时代,音乐课唱的歌,多数都是反日的和其他勇敢战斗的内容。但此外也有一些歌是中高段都唱的。如《运动会歌》《远足歌》,高段时的《中国童子军歌》《毕业歌》等等。后来我感到奇怪的是一首《礼运》的儒学歌,也是中高段都唱。因为我是在家里念过的,但其他同学都不曾念过。歌词是:"大道之行也,天下为公,选贤与能,讲信修睦,……是为大同。"特别是中段学生,都不懂歌词的意义,为什么每级都唱,或许是政府规定的。我是因为早已在家中读过一些有关文字的书,所以在附小的音乐课中,我很欣赏《远足歌》:"三春好光阴,物华天地新,今朝结伴去旅行。青山深,淡如云,绿水清,明如镜,最好是,婉转鸟歌悦心灵。前进,前进! 鼓舞,欢欣!"我感到歌词很好,曲调也美,我也拿回家让我祖父看了,祖父也说这首歌的歌词写得不错。或许是四上级那学期,我因为一句歌词的问题曾经和邢先生闹过一点别扭。但他没有责怪我,我们的关系还是很好,待下面再说。

　　对于唱歌,附小不仅邢先生注意,其他教师也注意,就是一个当时称为"靡靡之音"的问题。其实就是指的当时认为不正派的歌。虽然,与今天相比,这类歌并没有什么,但时代不同,这就不好说了。其实,当时所谓靡靡之音的歌,有的同学,也是从他们家里或街上听来的,偶然在学校哼一两句,让教师听到,那就是要受斥责的。例如有一首歌叫《毛毛雨》的:"毛毛雨,下个不停……"又有一首叫《桃花江》的:"桃花江是美人窝……"绍兴章家桥小学毕业的有一位名叫高天栖的,他和我父亲熟识,后来去了上海,大概是在电影界工作,又懂文学,又懂曲谱,曾编过一首《燕双飞》的歌曲。讲的都是燕子的事："燕双飞，画栏人静晚风微。记得去年门巷，风景依稀。绿芜庭院，细雨湿苍苔，雕梁尘冷春如梦，且衔得芹泥，重筑新巢傍翠帏。栖香稳，软语呢喃话夕晖。差池双剪，掠水穿帘去复回。魂萦杨柳弱，梦逗杏花肥。天涯草色正芳菲。楼台静，帘幕垂，烟似织，月如眉，岂奈流光速，莺花老，雨风摧，景物全非，杜宇声声唤道：不如归！"因为编歌词和曲谱的高天栖与我父亲相熟，所以我很欣赏，曾拿去给邢先生看，但邢先生说，此歌他当然知道，属于靡靡之音。这是因为第一，在全国声讨日本鬼子的时候，此人却拿小小的燕子作歌；第二，曲谱也是软绵绵的，不符合时代精神，假使全校学生都唱起来，就不成体统。

什么是"靡靡之音"？在我当时的记忆中，好像以任光所写的《渔光曲》为界。因为三上级时我的邻座有一位叫宋吉子的女同学，后来因为留级，比我低了。但好像在我五年级的时候，她曾在周会上一边跳舞，一边唱这首歌："云儿飘在海空，鱼儿藏在水中……鱼儿难捕租税重，捕鱼人儿世世穷，……"但邢先生说，曲谱也是软绵绵的，但"鱼儿难捕租税重"，说出了时代之弊，所以不算"靡靡之音"。当时的风气如此，所以现在也不必说了。

我和邢先生的关系很好，那是通过"课外活动"建立起来的。低段的"课外活动"已经说了，实在是散学前的一种小玩意。但中高段的"课外活动"，学校却视作正课，每人必须参加，而且都有指导教师。每天午后上课前，办公室外窗沿上放了衬着马粪纸的表格，有好几叠，每个同学都必须在其这天参加的项目签上名氏。在活动进行时，有的指导教师还要按签名的表格点名。"课外活动"的项目有足球、篮球、乒乓球、跳高、跳远、弈棋、音乐等等。我不会去参加足球、篮球、跳高之类的剧烈运动。往往在乒乓球、弈棋和音乐等项下签名。后来又多次在"音乐"项下签名。当时，音乐教室开门，两架风琴都让学生练习，特别是挂在墙上的各种管弦乐器，都可以随取随学，而邢先生则是天天到场。

我在家也有学管弦乐器的条件，那是我的五叔祖，拉胡琴就是他教我的。但我只能拉他们老一辈爱好的绍兴平调（也称平湖调）中的序曲即所谓的"簑衣谱"的一种曲调，而且五叔祖只懂得"公尺谱"，不懂得 i、2、3、4，所以效果不很好。但邢先生看到我拉胡琴，而且拉出了调子，就过来很认真地教我。他也懂得平调，但他说这是老年人玩玩的曲调，他教我"梅花三弄"以及其他曲调，并教我几种常用的"指法"。我在家里也学过吹洞箫，但总吹不出洪亮的声音。邢先生教我手执洞箫的位置和角度，确实吹得洪亮起来了。

当时，签名上音乐教室的同学相当不少，他要东奔西跑地指导。但或许认为我有点根基，所以每次都在我身上多花时间指导，《梅花三弄》的曲谱也是他给我的。我以后在拉胡琴和吹洞箫方面都有一点成绩,到中学后甚至上台表演过合奏,这些实际上都是当年邢先生认真指导的成果。邢爱鹤先生是一位好老师。

杜瑞苊

    我们自然课教师王汤诰先生在教完我们六上级以后就离开附小。自然课是学校不可缺少的课程,孙礼成先生就聘请了一位名叫杜瑞苊的先生来接此课。虽然只教了我们六下级一个学期,我们就毕业离校了,但他教课认真,而且有才华,所以我们都很喜欢。

    他比较重视教科书,常常使讲课内容与课本相结合,例如六下级课本中开始讲的是"电报"方面的事。电报是那个时代最快捷的通讯方法。他就以孙先生发给他的电报(他从江苏来,迟到了好几天)现场作例:"颂南已开学速来孙礼成",一共是 10 个字(我们才知道他的号名叫颂南)。他在教室中展示电报原件,所以这是最好的现场教学。他解释,电报也像电话一样,通过电线传送的,但可以远程传送,从绍兴打电报到广州也可以,但打得越远,价格就越高。他又解说,这 10 个文字,在发送时,每个字都由 4 个阿拉伯数字代替,绍兴的在发这个电报时,首先要把这 10 个字每个字都转写成阿拉伯数字,接收的电报局,就把这些数码再转化为这 10 个字,然后送给接电报者。他说,所以电报局里有一本专门的书,就同字典一样,可以把这些数码转写为这 10 个字,让接收者懂得。这种专用的书,市上有时也可以买到。所以他以轻松的口气说,这本书,就叫它"电报字典"吧。最后他又说,表面上看,每个字都有数码,似乎挺麻烦的,但电报局里专管这一行的人,对于一般常用字,他们用不着翻所谓"电报字典",因为他们都是背熟了的。他又举孙先生给他的这个电报作例子。他说在这个电报中,恐怕只有第一个"颂"字不是常用字,其他的都是常用字,我们那边电报局里的人根本用不着翻书,可以直接写出来。

杜先生讲的最后这几句话,有许多同学感到难以相信,下课后有些议论纷纷。但是我完全相信。因为我家里老早就装了电话,杜先生讲电报课的时候,绍兴的电话已经从要摇两次铃的"磁石式"改进为只要摇一次铃的"共电式"。电话公司也有全城(包括有电话的集镇)的电话号码簿,但我们从来不用。譬如我父亲当时在祥和钱庄,我在家打电话给他,摇过一次铃以后,电话公司里称为"接线生"的人就开口问"哪里",我总是说"祥和钱庄",电话就通了。我知道,当时绍兴装电话的共有600多门(主要是机关和商店),这600多处的号码,公司的"接线生"是完全背熟的。因祖父的关系,我早已去看过了。接线间坐了一排6位称为"接线生"的工作人员,挂着耳机,忙着把插头插来插去。他们是轮班工作的,据说到晚上半夜里,只要两位"接线生"就够了。当时,我就以电话公司的例子告诉那些将信将疑的同学,吃这一行的,背熟号码是必然的。

杜先生接下去的课文就讲杠杆作用的滑轮。他在课堂上说,讲自然课的内容,你们已是高小就要毕业的人了,应该既给你们一种知识,又给你们一种实用的技能。不少同学都佩服他的这种意思。对于讲滑轮这件事,他想到了利用自行车(绍兴人叫"脚踏车")。但问题是,在那个时代,用自行车代步的人还很少,附小这样一个大学校,几十位教师中没有哪一位有自行车的。当时要用自行车来讲课,只有依靠城里有几家出租自行车的车行。于是他就请一位工友到靠近轩亭口,也是离学校最近的一家车行去租了一辆。这位工友当然不会骑自行车的,他是把车推到附小的。好在附小不比其他小学,出得起租费,租半天、一天也不成问题。

杜先生把车倒置在教室内的讲台上,先讲滑轮的道理。小工具如老虎钳、螺丝刀之类学校里都有,他又把这些部件及车的链条拆下来,再进一步讲解。这个过程中又出了个问题,他旋开车轮上的一个螺门,放出了车胎里的气,为的是在技术上告诉大家,用自行车必须让轮胎充气很足,否则勉强用的话,就要损坏车轮。但做了这道工序以后,要给轮胎充气,学校里当然没有打气筒。所以他又急着要工友到车行把打气筒也去租来,当时,下课钟也打了,他就到办公室与讲下一课的应惠济先生商量调换一节课时,下一节仍是自然课。打气筒也拿来了,他就把车转过来,给我们讲一些为自行车打气的窍门。最后他说,绍兴街上用自行车的人还很少,但在上海,自行车已经很多了,绍兴将来也要多起来,这是势所必然的,年轻人尽管有钱,总不能出门坐黄包车。于是他推了车带我们下楼入篮球场,自己骑上车给我们作现场表演。而且教我们怎样上车,怎样下车,怎样使用车闸。他的骑车技术不错,可以只用一只手握住车把行驶。后来我们称为"单放手"。当时办公室里的好几位教师也都出来看他的自行车表演。

既给我们知识,也给我们技术,他的讲课一直采用这种方式。自行车必然要多起来,这句话也是很符合实际的。我自己是初中一年级下学期就与几位同学,也是通过向车行租车学会了骑自行车,这显然是杜先生的这次讲课所促成的。

杜瑞苐先生虽然只教了我们一个学期的课,但他是一位既给知识,又给技术的好老师。

应惠济

　　应惠济先生是附小的老教师,我们在低段时就看到这位戴了墨镜、个子不高的教师了。因为他不教我们的课,戴了这样的眼镜又见不到他的真面目,所以我们完全不了解他,偶然见面时也不叫他。但自从四上级以后吴文钦先生离开了附小,吴先生的课就由他接上,他不像吴先生那样能说会道,也不在黑板上画地图,但讲课还是有条不紊的。只是因为他戴了墨镜(据说因为一只眼睛上有一个大疤),从来见不到他的笑容,所以虽然接了吴先生的课,但同学们对他是比较冷淡的。

　　到我们升到五上级,成了高段生,虽然课程名称和成绩单上写的都是"社会",但教科书却有薄薄的两册,一册是历史,另一册是地理,都是相同的封面和同一个书局出版的。

　　应先生是一位老教师,也是一个多面手。记得我升到三上级后,课程里除了音乐外,还有美术一门,美术实在就是图画。当时的美术教师是张纯惠先生,能随手用粉笔在黑板上画出狗、兔、鸡之类,画得极好,我们都很钦佩。因为他在第一课就说我们要画水彩画,我父亲还特地去街上文具店买了当时只此一种的"马头牌"水彩画颜料。但张先生上课不过仅一个月,美术课又是一个礼拜才一节,没有讲过几次课,他就离开附小了。而接他课的就是应惠济先生,叫我们继续画水彩画,他自己也能在黑板上画些东西,画得也很好。但他给我们上课不过两三次。级任杨先生告诉我们,应先生因为太忙,三上级的美术课以后他不能来上了,但他仍算是我们这一级的美术教师。学校已经商量好,到学期结束前,每人交一张水彩画,由他批分,就算这学期的美术成绩。所以我们只知道应先生能画,实际上他只给我们上过很少课。

他确实很忙,因为他还是附小的劳作课教师。这是每周两节,而且是上成绩单的课程。并不是什么掘地种菜,而是手工劳动,例如用马粪纸再包上彩色纸做一个笔筒之类。劳作教室在两幢教学楼以外,是一座有三四间房间组合而成的大房子,里面放着各种工具和材料,中高段都有这门课。我们六下级毕业以前,他曾指导我们做一个讲究的存放毕业文凭的"文凭筒",也算作我们劳作课的毕业成绩。

当年他的中段美术课,也正是因为他任课太多,学校才用了这种办法让他缓解一下的,但高段的美术课他仍然照讲不误,而且我也曾因这门课而受过一次挫折。记得大概是五上级吧,美术课学期考试,他却空手进来。发了画纸以后,他把他的座椅提起来放在讲台上,说这学期的学期考试画铅笔画,就画这把椅子。我的图画也和书法一样,而且比书法更差。我在教室的每一个角度观察这把讲台上的椅子时,动作快的同学都已经快画成了,但我却还是无法落笔。最后虽被迫画了一点,但自己看看,也是一种劣等品。交卷的时候就遭到他的批评:你怎么画出这样一个东西,你不怕美术课不及格吗?我一直都是受称赞的人,此时虽然自知确实画得不成样子,但当着众人,嘴巴还是硬的:不及格就不及格好了。结果这学期的成绩报告单上,美术项下,我吃了一个"中下"。这也是我唯一一次在成绩单或作业上得"中下"的记录。父亲看到这张期末成绩单时,感到很不快,在祖父的书房里说:阿均的美术最多就是"中",这一次连"中下"都出来了。但祖父却仍然庇护我,他说,图画的事是不好勉强的,反正将来不会去当"丹青师傅"(绍兴人称替死人画遗像的职业为"丹青师傅")。而"中下"也还算是及格的。

应先生因为眼睛的问题,加上他的个性,从来没有说说笑笑的时候,不仅对学生,对同事也是这样,所以同学们一般对他的口碑并不好。甚至有人叫他"应瞎子"。不过我在当时就没有这样的看法。美术课得了"中下",我虽然很丧气,但也不怪他,何况他曾经多次称赞过我的社会课成绩好。他能教社会、劳作、美术,在教师之中,他因为是多面手,任课很多,甚至连学校也不得不设法减轻他的负担。所以平心静气地评论,应惠济先生是位好老师。

姚砚农

　　从二下级升到三上级，我们再不必在"小操场"上游戏课，而是从岭路到"上操场"（龙山之麓上附近是最大运动场，一般却称之为"上操场"，因为附近的位置高，所以称"上"）上体育课了。体育与美术不同，一个礼拜有两节，都排在下午。

　　体育教师是一位名叫许超的先生，身体很壮实，名声也很好。但因为我们班级是刚有到"上操场"资格的，得学习许多基本动作，所以他长时期教我们如"立正"、"稍息"、"向左转"、"向后转"、"起步走"、"跑步走"（必须叫"跑步走"，不能叫"跑步跑"）、"左转弯起步走"等等动作。三下级时才教我们足球和篮球的性质和球规，附小没有后来在中学里的排球，但对足球和篮球讲了很久，实际只是打过几场。所以同学们感到厌烦，对他是印象也不深。实际上他的这种教学方法是很不错的。

　　我堂兄阿骊（学校的名氏叫陈鉴）是我读完三下级那年在附小六下级毕业的。他们高年级消息灵通，是他告诉我，许先生和低段新来的斯霞先生感情很好。我升到四上级时，听说他们两人都去了南京，许超先生考上了中央大学，斯霞先生则在南京当小学教师，并支持许先生上大学。这也是阿骊告诉我而学校也这样流传的。这当然是件好事。很久以后，从报上看到斯霞先生成了全国名教师，但许超先生的情况则不知道。

　　四上级时，孙礼成先生当了附小主任，他聘了兰溪人金锡三先生当附小教务主任，同时也聘请了另一位兰溪人姚砚农先生当中高段体育教师。姚先生的特点是声音洪亮,他叫的"立正"口号,有时连我们这个状元府第的北窗也可以听到。他上课是很刻板的,开始做"稍息"、"立正"、"向右看齐"、"报数"这几个基本动作后,就叫"向右转"、"左转弯起步走",全级在上操场走过一圈后,随即叫"立定"。然后说"打篮球"的向前一步。班级里有一帮约十几人喜欢篮球,就抱起篮球下岭路到篮球场打篮球去了。留下来的是踢足球,因为足球场就在上操场。打篮球的一帮都是班级里年龄较大的几位,我既无兴趣,也轧不上。每次都留在上操场踢足球这一伙里,实在也没有兴趣,只是这样混到下课。下课时是不用集合的,听到钟声,大家就散场回到教室去,有时还有音乐课,有时就是"课外活动"。

也有几次,在做过基本动作后,他教我们跳高、跳远、推铅球等,也都是一节课的时间,但这类时间不多,每学期中不过四五次而已,同学对这类也缺乏兴趣,感到还不如打篮球和踢足球好。但他曾经告诉过我们,不要看轻跳高、跳远这类运动。将来总有同学升入中学,在中学里,这些都是体育课的正规项目。

凡遇到下雨天,体育课规定改为自修,他也时常到教室里来看看我们。有时同学们彼此谈天,他也要阻止,甚至说,体育课在下雨天是改为自修课,不是改为聊天课。大家还应做自己的功课。所以体育课虽然不像其他课那样有课程进度,总是很刻板的,但从他在下雨天也到教室来的情况看,他的态度是认真的。

他的性格与应惠济先生恰恰相反,是很开朗的,而且记忆力也不错,上课不久,就叫得出多数学生的姓名。在路上遇见,他常先开口打招呼。他讲话也很直率,在一次因下雨改自修课时,他曾在教室与我们谈到:按附小规定(其实当时绍兴各校都如此),女同学不参加体育课(由杨先生布置她们做刺绣工作之类)是不好的,女同学难道就不要锻炼身体吗?

他和金锡三先生的关系很好,都是兰溪人,或许原来就熟悉的。所以六下级的惜别茶话会他很早就到场,还帮助布置会场。直到金先生请应邀教师介绍自己经历时,我们才知道了他的经历。他说,他到附小当体育教师,不少人说他吃亏,但他自己没有这种感觉,因为附小与其他小学不同,是绍兴最大规模的小学。他说,论学历资格,他在附小是最高的,因为他毕业于上海东亚体专,他的许多同学都当了中学体育教师。但他在附小几年了,是相当安心的。也有一些小字号中学请过他,而他并没有应聘,愿意留在这个环境很好而待遇也不差的附小里。

到这时候,我们才知道他是专科学校的毕业生。东亚体专当时也很有名,后来我进了省立绍中,学校里有好几位体育教师(因为还有童子军教师),其中除了体育主任屠镇川先生是中央大学体育系毕业的以外,其余几位都是东亚体专的。

　　姚砚农先生虽然是位教课刻板和同学们并不重视的体育课的教师,但他应该说是位好老师。不过在我们高小毕业后,他和金锡三先生同时离开了附小,有人说,他回兰溪当中学教师去了。

俞宝山

在绍中附小六下级毕业以后,升学的同学不到 10 人。按我的成绩,考入省立绍兴中学不仅是必能录取的,也是顺理成章的。

考试前一天下午,要到绍中去看自己的座号。绍中是名校,不仅是绍兴人,包括诸暨、嵊县(今嵊州)、上虞等各县学生都来报考。人数很多,要用大礼堂、膳厅和其他几个教室才能容纳得了,所以必须事前去看好明天自己是在哪个考场,哪个座号。这天下午,我们就看到公布名单上有两个"金迪民",大家都认为是学校弄错了,但不久就有一位职员拿了毛笔出来,在一个"金迪民"名氏旁写上"诸暨"二字,说明两人是同姓同名,不是学校的错误。说明考生之多。

附小同级毕业的几位同学也都到那里看座号,他们大家都说我是"笃定泰山"能考取的,我只看不说,但心里是感到被录取是必然的。这天下午烈日当空,天气极热,能够名正言顺地进入绍中看座位号码(因为平时不好进来的),看到这样大的校舍,而自己在暑假后就可以到这里上学,心里很高兴,所以就在校内到处参观,跑来跑去地玩,玩了整个下午。

在家里,我祖父是每到夏季就在大堂前搭了一张临时铺,晚上就在此睡,因为这里凉快。我从五年级起,父亲也为我在大堂前祖父的临时铺旁搭了一张临时铺。我们住在楼上,夏季更热,大堂前比楼上凉快多了。所以已经两个夏季都与祖父睡在这里了。用芭蕉扇赶净蚊帐内的蚊子,封实蚊帐,就可以安睡了。

　　这天晚上，由于次日要上考场，睡得比平时早一点。但到了半夜，祖父就听到我的呻吟之声。起来拉开我的蚊帐看我，摸摸我的额头，说我发烧了，而且发得很高。他立刻把我父亲从楼上叫下来。当时，绍兴有一位名叫王家乐的名医，是我祖母的内侄，当晚就由我五叔把他请来，他看了后即说这就是绍兴人所说的"发痧"，是夏天的常见病。必定是上绍中看座时玩得过头了，所以当晚发作，其实就是中暑。他开了方子，也是半夜敲药店门购药，煎了就服。但王家乐也说，这毛病恐怕要三四天才得恢复，绍中的考试想必是要耽误了。事情果然如此，第二天早上发烧仍然不退，而且头昏，连站起来走路都感到困难。父亲是斥骂我，祖父只是说运气不好，而我则是失去了上绍中参加入学考试的机会。虽然是附小毕业的优等生，却进不了省立绍中了。

　　这样就遇上了我题目上写的俞宝山先生，从以后的经历回忆，这实在是我的一次很值得称道的机遇，对我毕生具有重要意义。

　　我读书的事还是祖父管的。他的意思是，在绍兴，按我的学业成绩，应该进省立绍中，何况我就是这个中学的附小毕业的。所以他要我五叔亲自去跑一下，城内哪一所中学距我家最近，我就去那一所。因为他知道，省立绍中是春、秋两季招生的，我在离家最近的其他中学读半年，到明春再去考绍中的插班生。到另外一个中学读半年，就算是过个渡。当时绍兴城内另外还有稽山、越光、承天3所中学，五叔都去跑，无疑是承天中学距我家最近。此校在城内和畅堂承天桥。虽然最近，但比从我家到省立绍中几乎要多走一倍路。就这样，我立刻报名投考承天（其实这3所私立中学的考期都比较晚，因为他们知道，许多考绍中的落第者都要再投考别校），结果很顺利地录取了。因而才能遇上俞宝山先生。录取以后，我父亲陪我去缴费入学，作为一个在校内吃中饭的"午膳生"，早出晚归。

　　因为此校是教会学校，所以后来就改为绍兴文理学院附中。2007年是此校的建校100周年，文理学院附中还到杭州邀我返校请我参加庆典，并为他们所出的《百年华诞》一书写了长篇序言（2008年出版）。此序言后来又为这年出版的绍兴市政协《绍兴文史资料》第22辑全文转载。文中记叙当年承天中学甚详。这里只谈我的这位恩师与我的关系。

　　俞先生是一年级级任，后来知道，他是嘉兴秀州中学毕业，在承天已多年，中年丧偶，没有子女，后未续娶，一心放在学校的工作上。因为学校规模小，3个班级（从一年级到三年级，都是秋季班），住校的常任教师只有5位，所以每一位的工作量都很大。俞先生担任一年级动物学，全校的劳作，因为是教会学校，而他又是虔诚的基督徒，所以还为这三个班级每周一节讲《圣经》课。一年级学生最多，早上交日记簿，午后就发下来，他是利用午休时间阅看的。看得很仔细，除了修改错别字以外，还用甲乙丙丁的数码打上成绩，或许是我的日记写得较好（当时的字迹已较工整），他常为我写上"甲"的成绩，而且很早就认识了我。

开始时，我对每周一节的《圣经》课比较反感，但是后来发现，他是专门讲《圣经》内容，绝无向学生传教的意思。我因为读书较多，但从未读过《圣经》，所以我也在学校里找了一本《新旧约全书》阅读。感觉的确是部有价值的好书。但我在虚龄 14 岁那年，也是我进入承天的第一学期，就开始宗奉基督，并且懂得怎样做祷告，但是此中过程与俞先生无关，我也没有告诉过他。但我宗奉基督，从那时开始，毕生矢志不渝。

正因为教师少，承天的图书馆规模虽小，但下午 3 点钟起要打开窗口办出纳，书目卡就在馆外。而图书馆管理员也由俞先生担任。所以每天下午 3 点钟起，他都准时坐在图书馆的小窗口办理同学借书的事务。

我感到中学里的功课也很轻松。同班同学花最大力气的是英语。当时各校用的都是林语堂编的"开明英语课本"，经常听到同学读英语、拼单词的声音，但我很早已全册都背熟了。一年级仍学算术，与六下级相比，就是多了一个"开方"的项目，应用题也比较繁杂一些，但也都没有什么大不了。国语课到中学里称为国文。教科书上开始选入了几篇文言文，但也都是很肤浅的。同学们要对付这类他们认为"确实与小学不同"的功课，实在没有再上图书馆的时间。但我却是去了，第一天是在馆外那只书目卡柜里看书目，但也看到俞先生坐在馆内窗口，也在看一本什么书，没有留意到我。中间隔了一天假期，第三天我再去时，他看到了我，他在窗内问我，先叫了我的名氏，接着说：你来过没有？我就告诉他，我已经在柜里看过书目卡了。他忽然起来开了门，把我拉入馆内，一面说："倪先生告诉我（教务主任倪向辰先生，教我们英语），你在英语课背得出课文，你根底好，下午就在这里看书吧。"图书馆是两间房子，他坐的窗口是外面一小间的，里边一间是书库，也有桌案。他将我引进书库说：你随意挑选，在这桌案上看吧。

俞先生对我是一种特殊的优惠，而对我的读书经历，实在是一种很大的转变。可以这样说，我从线装书世界，进入了平装书（包括精装书）世界。在以前，我曾在小学五六年级在绍兴县立图书馆（即古越藏书楼原址），也是通过祖父的关系（负责人是祖父的学生）借阅过《胡适文存》和日本汉学家盐谷温著（孙俍工译）的《中国文学概论讲话》等几种新书，感到获益很大。在附小六年级时，我曾担任过学生自治会的图书馆馆长。当时，高段教室中都有一个书柜，我看过三种译本，《鲁宾逊漂流记》、《木偶奇遇记》、《苦儿努力记》，每本都上下两册的。其中只有《苦儿努力记》（章依萍译）有价值，让我颇受感动，此外两种，我都觉得没有什么大意思。承天的书库，我后来知道藏书实在不多，但当代作家如茅盾、冰心、鲁迅的书，我都是第一次看到。初进这个书库,我确实喜出望外,有些眼花缭乱、饥不择食的感受。俞先生特别厚待我,因为我在室内看书,他其实是延长了开馆时间,每天都要听到宿舍学生(此校的寄宿生比通学生多得多)敲打碗盏上饭厅吃完饭时,才让我离馆回家。过了那么个把礼拜,他又问我家庭情况,晚上有没读书的可能。从此,他又允许我每天离馆时可以借走两册,次日下午归还,但嘱咐我不要给人知道。其实,承天同学即使是二三年级的,到图书馆借书的人很少,我在室内听得很清楚,他每天接受出纳的人物很少,有好几天,整个下午都无人出入。但我确实读了许多书,梁启超的《饮冰室文集》,就是在这里读完的。

　　因为祖父原来是要我寒假后到绍中插班的。第一学期结束后的寒假里,还是附小的孙礼成先生到我家告诉我祖父。孙先生告诉祖父说,因为绍中校长沈金相先生也住在附小宿舍区,所以他已知道,全省的11所省立中学,虽然都有春、秋两季的招生,但都是只招新生,不招插班生的。因为省立中学各级学生都很稳定,没有招插班生的需要。祖父对这个消息非常懊恼,但我则因为俞先生为我开了这种方便之门,却感到愉快,因为一下级我仍可在承天,仍可得到俞先生的这种额外优待和培养。所以过了寒假(我因在寒假生了一场病,延迟上学),我仍然每天下午到图书馆看书,而且仍然每天在离馆时带回家两册书。这两学期在图书馆的收获,实际上比在学校听课的收获更多,真要感激俞宝山先生。

　　这年暑假中,日本帝国主义开始了在卢沟桥的侵略战争,因为这是在北方,我们还感觉不到战争的威胁,但接着,“八一三”的上海战事也开始了。不过绍兴的学校包括承天在内,还是照样开学,我也仍然上学,我已经是二上级了。俞先生不再当我们的级任,也没有我们班的课了。但是图书馆照样开,我还是每天下午都进去看书。不过由于上海发生战事以后,日寇的飞机几次飞过绍兴,当时,中国空军在笕桥的基地实力还颇强,绍兴城郊上空还发生过空战。绍兴人生怕炸弹临头,因为城内河港多,交通便利,城里人用船往乡下逃难的事情开始了,而且互相效仿,往来船只比清明节的扫墓船还多。终于,我们这个大家庭也挡不牢了。祖父是由电话公司包定了的,祖母则跟着五叔一家逃到东郊吼山附近的王墩泾,因为二伯母娘家在那里,房子容易找到。小叔一家则回娘家漓渚。我家和四叔一家算是走得最晚的。四叔当时在丽水浙江地方银行,他从丽水赶回绍兴,因为四叔母在里山双港溪有亲戚,就去了那里。我后母娘家在瓜沥附近的后盛陵,那边人也在设法逃难,我们当然不能到那里去,结果还是靠父亲祥和钱庄的安排,让我们到会稽山南麓的坡塘(又称盛塘)。在我们这个大家庭中,我们这一房算是走得最晚了。

　　但多数学校包括承天在内还是按兵不动。虽然学生不断减少,像承天这样,宿舍几乎完全没有学生了(因原来的寄宿生多为诸暨人),通学生也只剩了 20 人光景。但我每天下午还是受到俞先生的接待,在图书馆看书。我记得我们这一房是在当时的所谓国庆节(10 月 10 日)后几天才走的。临走前两天我才不上学。最后一天我在图书馆向俞先生告别,实在感到依依不舍。

从此以后,特别是因为过了逃难这个风潮以后,我转入了省立绍兴中学,所以一直没有机会再和他见面。但我的确一直怀念俞宝山先生这位勤勤恳恳,而且给予我额外培养的好老师。

倪向辰

倪向辰先生是承天中学的教务主任,萧山义桥人。他和校长是之江大学同届毕业的,冯先生是理学院,他是文学院。他是虔诚地宗奉基督,人品高尚。由于冯先生在校内授课不少,二三年级的数学、物理、化学由他独揽,还教一年级的植物,作为校长外界事务特别是与教会方面(承天是一位爱尔兰人贝道先生负责的,也挂承天教师的名)的事务相当多,所以对于学校一切事务,倪先生实在担当了校长的责任。从我们早晨到校进办公室挂名牌(承天的制度,每人有名牌,晚上回家自取挂到校门口传达室,早晨到校取回挂到教务处)时,他就坐在他的位置上,并且说一句"Good morning",我们回答"Good morning,Sir"。此外,除了上课时间,他总是不离座位的。

他包揽 3 个年级的英语,已经有 15 个课时了,英语课是有作业的,他改得很仔细。一年级的错误多在单词的拼法上,他都仔细加以改正。对于一个单词中有几个字母错误的,他常用一条红杠拉出来,在练习簿角为你端端正正的另写一个,而且加上一个惊叹号! 即是提醒你要当心。此外,他还兼教三个年级的地理课,所以作为一位实际上管理几乎全校事务的教务主任,他还有 21 个课时的课业负担。

在英文课,他发现我的英文字母写得好,所以知道必然在进初中以前学习过,但这样的同学班上不只有我 1 人,他带来住宿在校的儿子倪寿荪,也是由他补习过的。在地理课,当时是用的葛绥成编的教科书(中华书局出版,各校多用此书),首先教中国的"四至",也就是东南西北的国界点。那时,中国最北是外蒙古北端的"萨彦岭",南端是南沙群岛的"曾母暗沙",东端是黑龙江与乌苏里江交汇处的"耶字碑",西端是昆仑山的"乌兹别里山口"。第一次作业就要我们在练习本上画一个方形,写上这"四至",我全部写对了,他给了我100分。所以他讲的这两门课,他都很欣赏我。但他看我的学历是绍中附小毕业的,曾有一次我在早上进办公室挂名牌时问过我,为什么不上绍中而到承天。我答得比较含糊,他或是想到我没有考取绍中。所以当时就说了一句,我们这里对学习是抓得很紧的,你功底不错,好好用功,不会比在绍中差。不过在课堂上,他还是常常表扬我。但他当然不知道,"开明英语课本"的最后一册(三年级的),当时我也快要背熟了。

承天每个早上有一次在最大的教室(名为中山厅,每人有一个大抽斗的座位,其实就是自修室)中举行的早会。这是各校都有的,但承天因为是教会中学,几位教师都宗奉基督,所以开始时要唱一首赞美诗(每个学生由学校借给一本厚厚的称为《普天颂赞》的赞美诗集),由三级的唯一学生,即绍兴早期的著名音乐教师张光耀先生的女儿张锡媛同学弹风琴。轮到倪先生主持早会时,他常选《普天颂赞》中的一首《我爱中华》(此书是世界一律的,"中华"两字是因为此书在中国,若此书在日本,此两字就作"日本")。歌词是:"我爱中华美地,万古千秋卓立,中华我国。历代迭生圣贤,物产裕后光前。感谢上帝保全,中华我国,阿门。"说明他既是一位宗奉基督的信徒,也是一位非常热爱祖国的爱国主义者。

我在前面《俞宝山》一篇中已经记过,我因为一上级寒假生病,一下级是延迟到校的。这年寒假我生的是绍兴人称为"出痧子"(就是麻疹)的病,当时还没有什么免疫的预防,绍兴人认为此病是每人毕生一定要生一次的(患过后就终生免疫),但是以孩儿时代患上为好,年龄愈大愈难医治。而且也和每年的疫情有关,疫情不好的年份,患者的死亡率很高,但因患者多是婴儿和儿童,当时的儿童能养活成长,是相当不易的。我在放假以前就感到有微热,当时认为是感冒。放假后,体温骤然增高。我父亲是全家族中唯一买了一支华氏体温表的,正常体温是98.6°F,此处有一条红线,而我的体温已到100°F。确诊是"出痧子"。我当时已不省人事。据说这一年的疫情很险恶,即使是孩子,死亡的也很不少,我家的邻居中就有几人。还是依靠祖父的声名,请到了当时应接不暇的麻疹最有名医生赵能毅(中医),由于他的悉心治疗,我才死里逃生。我当时已经崇奉基督,但因为完全昏迷,所以连平时常作的祷告也未曾进行。据说当时连年老的祖父也为我流泪,这些经过都是二伯母后来告诉我的。

所以这一学期延迟上学近一个月,恢复上学前,父亲为了缴费等事(因当时认为我能不能活下来,要不要再缴费上学等已经很渺茫了),去承天与倪先生说过一次。我上学那天,恰逢倪先生值日主持早会。我完全记得这天唱的赞美诗是:"耶稣耶稣爱小孩,一见小孩笑颜开,叮咛吩咐众门徒,让小孩子到跟前来……"然后又由他讲话。他说:今天我们的早会中,又来了一位"失而复得"的好学生。他在寒假中生了极重的病,因上帝的恩典,终于保住了生命,今天又来上学了。他讲话时,同学们都盯着眼看我,因为他们都知道,倪先生说的就是我。早会结束后出教室门,俞宝山先生就来抚慰我,并说:下午还是到图书馆吧。当时,我们这一辈多不懂礼貌,连一声谢谢的话也没有说。

接下来第一课就是倪先生的英语课。他在教室里又重复了早会上的话。接着专指我说,缺课近一个月,功课得补一补了,但生过大病,身体需要恢复,所以也不要太着急。好在我的基础不错,慢慢地可以补起来。他又立刻翻开英语课本,告诉我,他们正读完《跛子与瞎子》(A Lame Man and A Blind Man)这一篇,很有趣味,今天在上新课以前,你是不是把前面这一篇念一念,看看有哪些生词,以后慢慢地补。我当时年轻气盛,也有些想出风头的情绪。竟站起来,不打开课本,把这一课全部流利地背出来。而且还画蛇添足地说了一句,这一课中的"each other"这个短语是很有用的。这一下让倪先生和全级同学都大吃一惊。同学们都认为我虽然在家养病,但一定也在补习。其实,这本"开明英语"第一册,我在小学五年级就背熟了,那是在寿先生指导下背熟的。

倪先生是从一上级时就重视和厚待我的,但从这一次起,全级同学,也都对我刮目相看,甚至连"天才"的话也在一些同学的口中说出来了。这天下午回家,我忍不住把这病后第一天上学的事情告诉了祖父。祖父却仍然训诫我,说他不是多次教我"谦受益,满招损"的话吗?而确实,我在附小时代是牢记祖父经常教训的这句话,努力克制自己的。但这次在承天实在是忽然间萌发了出风头的思想。对一个宗奉基督的人来说,这是魔鬼的驱使。我告诉祖父,以后多注意就是了。

到二上级时,由于上海的战争开始,学生骤然减少。当时,倪先生还想留住我,甚至希望我能搬到学校当寄宿生。他说,学校正楼上摊了大面的英国旗(当时的绍兴的教会为越光中学和几个教堂屋顶上都摊了大面积的英国旗或美国旗,这是政府允许的),对防止敌机的空袭是有保障的,学校的同学虽已大大减少,但我们是教会学校,在这方面比其他学校有利,总要千方百计地撑下去。但当年在我们这个家庭里,我们这一房已经是最后下乡避难的了,倪先生的盛情我知道,但是一个虚龄15岁的孩子,怎能承载他的盛情呢?

1942年暑假,我在壶镇见到了倪先生的儿子倪寿荪同学,他因为一直跟着父亲留在承天,没有损失因避难下乡的学业时间,当时,他刚刚在壶镇安定中学(也是杭州迁去的)高商毕业,老同学相逢,显得很亲热。我当时已在省立绍中,但时间损失了一年。他告诉我,承天中学后来迁校到诸暨唐仁镇。他是按他父亲的指示念高商的。这次决定要找工作了（以后知道他在上海）。当时，我已经知道一点礼貌，请他向倪先生问好。

　　以后，抗战胜利，而不久又全国解放，教会学校被一律停办，承天中学据说先是改为绍兴第四中学，后来又成为绍兴文理学院附中。倪先生自然不会留在此校，不知道他的下落怎样。

　　但在我的记忆中，倪向辰先生是位学问很好，又勤勤恳恳教书育人的中学教务主任，是我值得怀念的好老师。

周有之

当绍兴城里人纷纷避难下乡的 1937 年下半年,整个浙西的主要城市都在日寇的铁蹄之下了。1938 年上半年,看到日寇占领了杭州以后尚无新的动向,敌机也没有来轰炸,城里人到底过不惯乡下生活,大家又都纷纷回城了。我家在坡塘半年,也于这年 4 月份回到城里。我因为祖父的关系,后来又有了寿先生的英语家教,所以即使避难在坡塘的时候,读书的事也不曾间断过。

这年暑假以前,附小主任孙礼成先生又到我家向我祖父报告了好消息。大意是,省立中学原来是只招新生不招插班生的,但教育厅命令,今年要招插班生了。原因是,浙西沦陷,有很多学生奔到浙东。虽然杭、嘉、湖 3 所省立中学在丽水合并建立了"联高"和"联初",但远远不够浙西许多学生需要。另外,浙东各校的学生,也有与家长举家迁往内地的,省立中学的学生也不像过去那样稳定了,所以理应酌量招收插班生,但一个原则是,尽量照顾浙西学生。

我实际上已在承天中学念过一个月的秋二年级。但是按祖父的意见,决不能放弃这次插班到省立绍中的机会,所以只好报考初秋二插班生,损失了一年时间。不过我自己清楚,按我在坡塘避难和回城后读的书,不会比在学校里少,对此,我在《逆旅》中,特别是《旧地重游》一篇中已经详叙了。

他们就催促我温课,这一年,我四叔祖的小儿子(庶出)陈品瑞和二叔祖的长孙陈谟,也都避难后回家,他们都决定去报考绍中初秋一新生,这样,我们台门里就有 3 个人决定要报考省立绍中了。父亲的祥和钱庄(在新河弄)到绍中不过一市里,等到报名开始之日,他立刻去报了名,把报名单拿回来。另外两位也都一起去报了名。父亲告诉我,也告诉祖父说,初秋一有甲乙两班,要招100人,但插班生是很少的,而且规定要照顾浙西学生,录取是很困难的。主要是要祖父敦促我努力温课,因为我的学习还是由祖父包揽的。

不过我也有自己的想法,考秋二插班,考题总是秋一的内容,何况我已经读过了一个月的秋二,这些内容我都已掌握,要我温课,温什么呢?当时,我的兴趣正在《资治通鉴》和《诗经》的《国风》上面。父亲是斥责我,而且话说得厉害,说我假使考不取的话,就不再回承天,而是由他介绍一家钱庄当学徒去。祖父虽然温和,但这一次对我的不温教科书也表示不满。总是以"学而时习之"和"有备无患"等话来提醒我,并且常常在我父亲与我之间作一点调和。

我虽照样不温什么课,但有一点教训是吸取的。因为临考前的下午仍须去看座号位置,也是大热天,这一次我在家中安坐,而是托他们两位报考初一的代看了。

因为考生的座号是分散的,当时不知道插班秋二的考生有多少。但后来我父亲问过教务处的职员阮昌华先生,他查了名册,说有50多人。这是临考前晚上他回家时告诉祖父的,同时又埋怨我,没有好好温课,这一次是很难考上的。

考试这天我一早去了。知道新生的座位都在大礼堂和膳厅,插班生都安排在教室里,但由于春、秋两季的插班生都有,所以在同一个教室里,座位也是各级穿插的。另外一个特点是,原来全省的11所省立中学,除了杭州有高中外,其余均是初中。但从这年起,绍中也招高秋一了。学校的主要力量都放在高秋一这一班中,他们的座位,据说都在大礼堂。

考试的题目仍是国文、算术、英语、史地4科,上下午各考两场,而国文只是写一篇作文:《抗战一年的回忆》。这天倒是父亲照顾我,避免我多走路,他在校门口等着,午饭是在祥和钱庄吃的。他也没有多说话,因为我估计他的思想:我是考不取的。

我自己认为是考得较好的,虽然已经知道了插班秋二的有50多人,而且还必须照顾浙西学生。但我认为,像绍中这样的名校,成绩总是录取的重要依据。所以两天以后的发榜,我准备自己去看。发榜的这天下午,吃过中饭就下雷阵雨,而且雨势很大,我想等雨停以后出去,但这天的雨却下得较久,我也等了较久。不到3点钟时,电话铃响了,我接听,原来是祖父从公司挂来的。他开口就说:"一个好消息。"原来父亲已经冒雨去看过榜了,但只挂电话给祖父。初秋二插班生录取了5人,我是第一名。接着,台门里考初一的两位也提了伞回来了,他们两个都没有考取,但也告诉我,我是初秋二第一名。我当然也为这个好消息而感到兴奋。特别是因此而结识了我这一篇标题上的恩师周有之先生。

这一年,学校的重中之重放在高秋一。正是因为这一班级,学校的全名也从原来的"浙江省立绍兴初级中学"改为了"浙江省立绍兴中学"。其实,据说高秋一原来招一班,定额为50人,但当时因为读书的风气在绍兴还没有敞开,初中毕业后多数人都去干工作了。报名考高中的不过100多人。绍中是个严格的学校,宁缺毋滥,所以录取的其实不到40人。不过这毕竟是高中,是绍中有史以来的第一次。所以为这个班配备的教师都是学校久负名声的和众望所归的。而且凡在这个班级讲课的,工作量都可适当减轻。英语无疑是周有之先生,而为了让他有更多备课的时间,所以只搭配他另一年级较低的班级。两个班级的英语,课时不过10节,当时的高秋一教师都得到这种照顾。算是我们的幸运,学校为周先生搭配教的另一个班级正是我们初秋二。

这是我们后来才知道的,周先生不仅有学问,是讲究教学方法的名师,而且是个非常讲义气的人。他是中央大学外语系的高才生,虽然要比校长沈金相先生晚好几届,但沈先生早就知道外语系的这一位杰出人才,想方设法,在他毕业后请他到绍中。为此,周先生其实也住在附小家属宿舍里,周师母孙亚斐先生,与斯霞先生是同年到附小任低段级任的,而当时我刚升到中段。孙亚斐先生的父亲,是杭州老牌子的安定中学校长孙信先生,按例,女婿应该在丈人的学校执教,何况安定中学也是杭州的名校。但是由于他早年曾经答应过中央大学的前辈沈金相先生,为了讲究信义,他就没留杭州而赶到绍兴来。特别是在杭嘉湖地区沦于日寇以后,安定中学迁到浙南壶镇,附小实际停办,孙亚斐先生带了孩子到壶镇的什么小学任教。壶镇在浙南缙云县,比诸暨枫桥要安全得多。但他有感于沈金相先生的至诚聘请,仍然每学期单枪匹马地从浙南赶到诸暨实际上已属抗战前线的绍中来。一直要到1941年暑期,沈金相先生离开绍中,他才也离开绍中而回到壶镇安定中学执教。他的这种讲究信义的品质,也为后来知道此事的师生所传颂。

还是说他的讲课吧,学校搭配给他初秋二的原因是为了当时创办的高中课程这个重点。对于我们这班课,从我们来说是一种碰巧的幸运,对他来说则是现在大学生所说的"小儿科"性质。但他却决不因"小儿科"而有所放松,而是非常认真和严格的。当时用的是"开明英语课本"第二册,我由于已经背熟了全册,所以并不认真阅读,但对全班其他同学来说,课文是相当困难的,而且按照周先生的教学方法,大家不得不在课后努力学习课文,否则在下一节课中就要碰钉子。周先生讲一节课分成三个部分。第一部分按他自己的叫法叫作"做练习"。实际上是由他说一句中文,要学生翻译。而他所说的中文词句,都与以前讲过的课文有关的,只是改动一些词汇,而这些词汇也都是以前的课文里学过的。例如:一个可怜的孩子在大雪天光着脚板上街,昨天晚上月亮光明亮得像白天一样,他穿了他爸爸的拖鞋实在太大了,如此等等,一共五六条。他讲了后,就指定一位同学站起来把译成的英语说出来。其实这中间如"大雪天"、"光脚板"、"拖鞋"等等,包括词句的结构,都是在课本上《卖火柴的女孩》这一篇里学过的。第二部分是提问题。他用英语提问,被指定回答的同学也要用英语回答。例如:什么日子是大年夜? 因为课本上读过"eve"这个词汇,他问的时候也用这个词汇。这个问题也是在不久前读过的《卖火柴的女孩》课文上,这类提问也有五六个。最后一部分才是讲新课。在前面的两个部分中,常常指到的几位同学都说不出,或者说错。后来他发现我总能回答正确,所以常常在遇到较难的问题时,最后总是指到我,而我也每次(包括翻译的问题)都能正确回答,符合他的要求。他不知我是新来的插班生,也不知道我在家里学习的经历,特别是我在《逆旅》的《旧地重游》一篇中记叙的,在1937年下半年的逃难中,我已生吞活剥地把莎士比亚的几个名篇和其他如《最后的一课》、《女士或老虎》等,都在会稽山麓的一个小山坡上背熟了。当时实在不懂,但还是按我祖父的训诫,不管"不全懂",或者"全不懂",只要背得滚瓜烂熟,将来年纪大起来都会懂的。

周先生显然认为我是初秋二班级中英语特别优异的学生,所以十分看重我,我们的关系就很密切了。

绍中原来是初中和简师二部(简师没有英语),现在办了高中。初中和简师当时都是童子军编制,我们大家都是穿童子军装的。但高中是军事训练,是有专门军事教官的。学校里的一切教职员都是由校长聘用的,唯独军事教官,是由当时一个称为军管处的政府机构派遣的,军阶都是少校。绍中办了高中以后,军管处遂派来一位少校军事教官,名叫华正浩。因为军事训练与童子军编制完全不同,童子军教练在绍中倒是专职的,但有时也教体育,都是属于校长管辖之下的;但军事教官的事,如野外行军、实弹射击之类,则要受命于派遣他的军管处,有时甚至会与学校的时间相冲突,但华正浩教官还是注意节制的。尽管如此,他与其他教师之间总似乎有一层隔膜。绍中原来很重视德智体的全面提高,所以除了勤教勤学以外,其他活动也较多。高一由于军事训练的原因,任课教师虽然都是名流,但在各科活动中,他们多不愿与军事教官共事。周先生因也教初秋二的课,所以他就一直参加我们班级的活动,让我们有幸增加了与这位名师接触的机会。

我在附小时,春、秋两季都有一次远足,名为远足,但实际上就是乘乌篷船旅游。但到了中学,知道绍中并没有这种以"远足"为名的旅游,而每学期有一次真需两条腿走路的野外行军活动。时间定在礼拜六,上午只讲3节课,住校生和午膳生提前吃饭,通学生也要回家提前吃饭(一般都是自己吃一点干粮),每级各自行动,由级任教师率领,任课的其他教师也可参加。当时,秋二的临时级任是一位代课的地理教师赵倬云先生。他知道我家1937年避难时去过坡塘,特来与我商量走哪一条路。我因为在附小时就玩熟了这些地方。我说大半天时间走坡塘太划不来了,是不是还是走"山阴道上",因为我从小玩时知道过河山桥不远有一个叫"揉渡桥"的地方,让大家分批过渡,可以到南门外的一处有一个"水天一色"亭子的地方,然后再走一段路,从大路回来过南渡桥回城。我也告诉赵先生,因为周有之先生早就说过与我们班级同行,路太远了,恐怕他吃不消。赵先生完全同意我的意见,并且在班上宣布,那天要我带队。

　　赵倬云先生因为是代课教师,相应地也代了级任,但平时也很少说话,只是跟在队伍的最后,恐怕有人落队。周先生还是着了皮鞋,与我走在一起,常常和我说话。而就在这一天,让我领悟到,他不仅精通英语,对中国的古文、古诗,也是非常熟练的。当我们走过偏门外不远的跨湖桥到河山桥路上,我告诉他这就是"山阴道上"(我是从徐孙楠等著作《龙山梦痕》中读到的),他立刻说:"山阴道上行,如在镜中游。"又说,绍兴的水乡风光很好,我家杭县(到此我才知道他是杭县人)除了现在的杭州西湖外,可就没有这种水乡风光了(当年杭县的中心是今临平)。"揉渡船"的事,我也是在绍兴乡贤平步青的一本什么书上读到过的。这是绍兴的特色,但其实班级里大部分都是绍兴人,都是有此经验的。第一趟由我拉绳,周先生也同在这只方舟中。赵先生在最后。原来必须来回约五次,才能全班过岸,却来了个摇绍兴人所谓的"田庄船"的农民,他一次就把全班同学渡过来了。那只原来专供自己拉渡的方舟仍停在对岸。周先生指指它说:"野渡无人舟自横。"这是我早已背熟了的唐诗中的一句。但当时因为要和赵先生说话,我没有与周先生说这首唐诗,周先生应景生情地自言自语。不久就到了那个"水天一色"的亭子上,同学们坐在亭外石路上稍歇一下,周先生和少数几位坐在亭内。周先生瞭望四周,接着说,可惜今天阴沉沉的,否则在这里,的确可以欣赏"落霞与孤鹜齐飞,秋水共长天一色"的景致,他指指亭上"水天一色"的匾额,感到很高兴。这一下因为我们坐在一起,我就耐不住了。我说,这是初唐四杰王勃《滕王阁序》中的名句,绍兴人是选定了地点在此建亭的。他不胜惊奇地拍了我一下肩膀:你也知道这篇文章? 我只好告诉他,这是我幼时背熟的。他则连声说:了不起,了不起。这一天最后还遇上了一个有趣的插曲。我因为看到他还是穿了经常穿的皮鞋,不能多走路,反正野外行军的目的也已达到了,赵倬云先生也不会有意见,所以想急于走上从平水到南渡桥的这条大道,但这一带我不熟,恰见一座长满松树的小山头下坐着几位在那里小憩的农民。我就过去问路,实在很近,向南侧转一段,过一条小桥就是。我问清后回来,周先生笑着和我说,说我当时的情况就像唐诗中的"松下问童子"。我颇吃惊,这正是我祖父为我启蒙的第一首诗,却在这个场合中遇上了。于是我也就把这全诗四句念完。接着，周先生对周围的同学说，唐诗中的五言诗真是一种极好的文学。有的诗，就明朗得像人与人之间的对话一样。刚才他（指我）念的这四句就是很好的例子。你们学英文，英文中也有许多诗，但或许由于语言文字的关系，像唐诗的五言诗是没有的。接着，我又熬不住自己的好胜心了。我竟对周先生把这四句诗翻成了英语。他虽然表示满意，当场称赞，但加了一句，"采药"的"药"翻成"medicine"就错了。他是到山上去，不是到药店去。所以这个"药"字，不能译作"medicine"，应译成"herb"。当时我还没有念过"herb"这个单词，他要我回去查查字典。但是他一面又向周围的同学大大地赞扬了我，并且说我是一个特殊的人才，要同学们向我学习。

走上大路，不久就到了南渡桥，过桥就是南门口，他的确走不动路，尽管我们这次野外行军的路程较短，而且时间也还早，但是还是与我们告别，跳上一辆黄包车径自回校了。

从这次野外行军以后，周先生和我的关系就特别密切，他常常让我读一些额外的英语小册子，实在是在我原来的基础上为我"进补"。他也问起我的家庭环境和幼年的学习情况，并且知道了我祖父的事，这是他在家属宿舍中向附小主任孙礼成先生询问来的。孙先生有一次到我家来，是为了向祖父请教一轴寿联的事。当了附小主任，这些应酬总是有的。当时我不在场，他告诉祖父，说绍中里的著名英语教师对我高度称赞。

我早就听到了一种称为《密勒氏译论报》（The China Weekly Review）的英文周报，但承天中学没有。一到绍中，立刻进图书馆，与承天相比，绍中图书馆真是大极了。《万有文库》《丛书集成》……真是让人眼花缭乱。馆内外室还用一个铁架装了《韦勃斯脱大辞典》，让大家随意翻阅。后来在20世纪70年代中国还没有复制外文书的"知识产权"时，大连的一家名叫光华书店的，专门复制外文书，我当时也买了这一大本，至今还特别安置在一个书架上。我在绍中图书馆阅览室中立刻看到《密勒氏译论报》，但当时是个二年级学生，虽然背熟了不少英语名篇，但对此报，尽管查字典，却仍然看不懂。去问周先生，也感到问不胜问。

承天中学每日早上有一次早会。绍中也一样，但是并不在礼堂举行，而是让各级排队在操场上听一位教师演讲的，名称叫"精神讲话"。例如潘之赓先生讲"葛壮节公"（葛云飞），是鼓舞大家抗日救国的。沈梓培先生讲"遗传知识"，是给大家讲一种新的科学知识。周有之先生的讲题很特别，"捷克斯洛伐克在上帝眼皮下灭亡了"。他讲的是法西斯德国侵略捷克的事，先占领了捷克的"苏台德区"，最后侵占了全国，因为当时英国首相张伯伦实行的一种委曲求全的"绥靖政策"，实际上助长了希特勒的野心。他的讲题这样长，当时同学们都感到不解。但后来我就在《密勒氏译论报》

看到这个题目,与周先生演讲一对照,他就是讲的这篇,既斥责希特勒,又批评张伯伦。听了周先生的演讲,这一篇我就大致看懂了。

初秋二下学期,日寇开始对浙东的这些"不设防城市"开始骚扰性的轰炸,学校迁到诸暨枫桥花明泉村,又在嵊县崇仁廿八都村设了分部。但周先生还是随校到诸暨,所以真是十分荣幸,我的初秋三两个学期,英语课还是他教的,的确得益匪浅。虽然"开明课本"第三、四册我也早已背熟,但从他的教学中,仍学得不少知识,而且从这个学期起,我开始背诵平海澜编《标准英汉字典》(没有告诉周先生),词汇量也大大增加了。

到了高中一年级,因为高中部比我们年级高的班级多起来,他不再担任我们的英语课。不过他和我的关系仍然很密切。高秋一下学期的春假以后,敌寇突然侵占绍兴县城,枫桥及花明泉村成了抗战前线,不少师生是漏夜就奔避到嵊州分部去(要走两天)。我则与周先生商量停当,到第二天早上再走。他没有力气带什么东西,只是一个替换内衣的小包袱,我则带了一条薄棉被,他的小包袱也由我背负。这天,从早晨我到他房间去背负他的小包袱时用英语互道"早安"开始,我们一路都是用英语交谈。他没有布鞋,还是着皮鞋走路。

这是会稽山崇山峻岭中的一条崎岖难行的小路。从枫桥花明泉村到崇仁廿八都的两地路程中,只有两个村子,却有 3 条大岭。学校连夜要几位职员、工友并厨工,在中途一个称为"严家山头"的村庄(那两个村子之一)里设了一个站,供给饭食,在几家楼板上铺了稻草以供夜宿。

诸暨同学都径自回家了。不少绍兴同学由于吃过逃难的苦头,又舍不得丢掉行李,搬到花明泉村附近的小山村(因花明泉村舍太大)暂住,预备回到绍兴沦陷区去。也有几批同学,他们不愿意连夜走,早上走的,而且比我们出发得晚。但因周先生步履维艰,我特意走得很慢,到严家山头时在那里的学校职员,早已从先到的同学中,知道后边有周先生,就给我们找了一处较好的楼板,多铺了稻草。吃了有酱菜佐餐的晚餐,和衣而睡,盖上了我的这条薄棉被。次日早上,他们特意给我们两人送了较稠的稀饭。周先生虽然很疲倦,但还是称赞我,说我的英语词汇量真大,甚至说比他们中央大学同班毕业的有些同学还大,他当时已经知道我从小由祖父教读古文,但不知道我的英语是怎样学到的。而我还是没有把初秋三时背诵《标准英汉字典》的事告诉他。

第二天的路比第一天更难走。我只有增加沿路休息的次数,过岭的时候,在道路险峻之处,我虽背了较重的包袱,但还是去搀扶他。幸亏早有同学在廿八都报告了周先生与高中的陈某人走在后边的事,所以在离廿八都近 10 里路时,就有学校职员和同学迎候,总算大家都在傍晚安抵绍中分部。

　　我住在一个祠堂里,两三天后他要一位同学找到我,让我到他的临时宿舍谈话。到此时,我才知道安定中学的事。他说他不留在那里,他岳父和师母都是既责怪他,但也谅解他,他是因为沈金相先生的至诚才到这前线地方来的。同时他也告诉我,沈校长暑假后决定离开绍中了,所以他也可以到壶镇安定中学去教书了。因为过几天他就要雇轿子从东阳回壶镇,所以在临别前与我谈这些话。他高度评价我的学业,特别是英语能学得这样好,鼓励我继续在英语上下功夫,将来做一位英语专家。有关这些,我在拙著《逆旅》中已有较详记叙,这里从简。

　　周有之先生,的确是我在中学时代一位让我在为人、为学方面都获益匪浅而且非常器重我的教师,是我以后常常怀念的好老师。

仇维焘

仇先生也是中央大学毕业的,但他是学历史的。我插班进入绍中初秋二时,他是高秋一的历史教师,但历史课课时少,所以也教我们这一级。

老同学常常怀念一年级时教地理课的阙先生,说他教地理真好。可是因为是战时,据说他已经到很远的内地去了。仇先生也是老同学十分赞赏的,当时他仍然留在绍中教我们的课。

沈金相先生聘请教师,要求是很严格的,在没有他满意的人选之时,课不能缺,但他临时请代课教师,而且公开向学生说明,某某几位是代课教师。所以前面说到的赵倬云先生是地理课的代课教师。

仇维焘先生也是沈先生聘请来的好教师,是中央大学中的后辈。本来,在初秋二时,我自己已阅读《资治通鉴》两次,我起初认为是不会专心听历史课的。但仇先生教课确实有一套。他是完全按照教科书的章节的,但在课堂上,他并不翻阅教科书,他是像讲故事一样地讲历史,讲得很生动,有时则有不少诙谐的语言。所以我虽然熟悉历史,但也专心听他的课了。当时他正按课本讲到明朝,特别讲到了这个朝廷后期的腐败。他讲崇祯皇帝杀袁崇焕的事,说崇祯昏庸,所以真是该死。他并无批判封建制度的意识,并且承认历史上也有好皇帝。举了唐太宗的例子。但又说"智者千虑,必有一失"。所以他认为,尽管有好皇帝,但"一个人说了算"的制度,总不是好事。所以后来到了清末就有辛亥革命。但他接着就诙谐地说,革命算是成功了,皇帝推翻了,民国成立了,但"一个人说了算"的事好像仍然存在,这或许是中国人的命吧,说得同学们都笑了。

初秋二下学期,仍然是仇先生的课,已经讲到清史,因为中国史必须在二年级讲完,三年级是讲世界史了。他提出一种观点,他说明朝这样腐败,改朝换代是大势所趋。所以当时为官的人应该识时务,保护老百姓最重要。清兵在扬州和嘉定等地大屠杀,就是因为当政带兵的人不识时务,还想保住这个腐败的明朝,与进攻的清军拼死抵抗,却不管当地老百姓的死活。像你们绍兴(他是象山人),为官的识时务,清兵到时,开门迎敌,老百姓就安逸了。当然也有"殉节"自杀的(后来知道是状元余煌),那是他自己的事,清兵也不会计较。

仇先生有学问,讲课又生动,是一位好老师。可惜这学期春假以后,敌寇轰炸绍兴,学校迁乡了,他也就离开了绍中,据说是回到家乡象山去了。

虞尔昌

　　我是初秋三上(1939年)随校迁移到诸暨枫桥以西十里的花明泉村的。当时,仇维焘先生走了,而由新来的虞尔昌先生教我们世界史课。中国史我很熟悉,但世界史没有知道多少,所以还是专心地听。虞尔昌先生是周有之先生在中央大学外语系的同班同学,教英语,还兼我们这一班的世界史。他与周先生是好朋友,想必是周先生告诉他我们这一级的情况,所以在不久以后就认识了我,叫得出我的名氏,曾点着我说:"你的英语很好!"

　　虞先生是个不便行走的人,而且跛得相当厉害,能够到这山区(是坐轿子)来执教,实在是难得的事,估计沈金相先生和周有之先生都做了工作。虞先生教高春一的英语,又教初秋三和初春三的世界史,世界史是每周两节,所以在绍中教师中,他的工作量是相当轻的。这一方面是因为他教高中英语,另一方面想必也是照顾他的残疾身体。

　　他讲世界史不用教科书,依靠在黑板上板书,他的板书非常清楚,很有条理。对我来说,在初秋三听了他两个学期的世界史以后,再没有学过世界史,我的世界史知识,全是从虞先生的课上得到的。另外,显然是周有之先生的关系,他也很器重我,我们的关系很好。他是一位好老师。

　　我念高中仍在省立绍中,高秋一仍在花明泉,但虞先生已经离开了。抗战胜利以后,或是1948年吧,我曾在什么报上看到台湾省的哪一所大学里有他的名氏。估计在收复台湾后他就去了那里,在那边的大学执教。祝他平安顺利。

徐缓甫

徐缓甫先生是绍中的数学教师，除了初秋二的代数以外，还教其他好几个班的代数和几何，工作量是较大的。在绍中，一般教师工作量都较大。校长沈金相先生，虽然是中央大学文学院出身，但他在绍中任上，一直担任一班初中一年级的数学五个学时，长期坚持，或者就是作表率吧。

我在 1937 年抗战开始以后，在举家下乡避难以前，实际上已在承天学过 1 个月的代数。初中代数，一般人也称"小代数"，是一门困难的学科。徐先生课时多，我看他每天上午几乎是连续讲课的。省立绍中是一座很大的马蹄形二层教学大楼，容得了初中和简师全部，加上新办的高中一年级，用不着在学校迁乡以后那样在各个祠堂中跑来跑去。或许是城市的有利条件，当时对教育确实是重视的。我进绍中不久，沈金相先生在一次"纪念周"（全国各校每周一都有称为"纪念周"的机会）中报告，因为办了高中，省教育厅已同意拨款，择地（学校已选定在龙山北麓）再造一幢校舍。后因战局变化而不果。

徐先生整个上午往来于这座教学楼的楼上楼下，但他讲课很认真，改作业本也很仔细。他是嘉兴一带人，满口说的都是嘉兴腔。但在涉及专业词汇时，他却都用英语。包括阿拉伯数字及加减乘除等，都是这样，这在那个时代是不会受到批评的，而且他已经习惯了。比如"三分之一"，他就说 one over three。像解二次方程的公式 $x = \dfrac{-b \pm \sqrt{b^2 - 4ac}}{2a}$，我直到今天，还能记住他当年用英语的说法。

在第一次月考时,我就碰了一个大钉子。5 道试题(实际上是 4 道),每题 20 分。第一道是解四元一次联立方程,就是繁一点。第二题是什么买牛肉打折扣,要将 1 元及 2 元各演一次,所以作为两道题算,三、四两道也都是解方程的应用题。我把一、三、四 3 道做出后,对作为两道题的"买牛肉打折扣"问题,或许是由于我平时疏忽,也或许是因为看不懂题目意义,一直解不出。心里焦急,而愈焦急就愈看不懂题意。时间大概已过去了一大半。我后座的姚祖芳同学,在徐先生巡回走到身边时,问徐先生一点题意的问题。徐先生俯身一看,大声说:哟,你到现在还一个试题都没有做出来。我听到这话,绝不是幸灾乐祸,但心里稍感放心,知道今天这场考试恐怕有不少同学要碰大钉子了。

大家都是听到了下课铃才交卷的,也正是说明这场考试的形势不佳。结果确实如此。过了两天,徐先生在上课时发回批阅过的试卷,他是叫一个姓名,上去一个领取的。而且在叫姓名时,也把分数报出来。全班 40 余人,吃 0 分的有一半,但他都给 15 分。所以他叫到某人,15 分,这一位实际上就是 0 分,我后座的那位姚同学就是这样。大约有十多人是 45 分,说明除了"买牛肉打折扣"这以一作二的这道没有做出,而其余 3 道都是对的,所以当时我估计也应是 45 分。但当他叫到我时,拿起试卷,却用他的家乡话说是"塌塌交 59 分"。原来我在第一道四元联立方程题,写法上有些错误,被他扣了 6 分。但全班有一位叫罗昌谷的同学,得了满分 100 分。得 65 分的十几位,包括我这个 59 分的,都是因为"买牛肉"这道以一作二的题目做不出来。这些同学在下课后埋怨,说他的题目没有写清楚,让人看不懂。也有人说,成绩这么差,这是教师自己的错,让他去向校长交待吧。不过平心静气地想一下,也有罗昌谷得满分的呢。

我当时很懊恼。0 分都给 15 分,我就是一点写法上的错误只要少扣一分,我就是及格了,却为什么偏要扣 6 分,不给我一点面子呢。把试卷塞在书包里(有几位 15 分者,下课后徐先生离教室还不远就当场撕毁试卷),回家也不敢告诉祖父。记得在附小时,美术课曾吃过"中下",但"中下"仍是及格分数。这一次是我上学过程中第一次遇到的"不及格"。不过当时我已经宗奉基督,也常常自我忏悔。以后听徐先生课的过程中,看到他上课如此认真,凡是一个比较疑难的问题,他都要讲几次,而且一再问:大家都懂了吧,不懂尽管问,不要怕难为情。对在那次吃 15 分者,他也毫无歧视的态度。所以我就得到感悟,想到他当时要多扣我一分,让我得不及格的分数,这应该是故意给我的一种刺激和督促,让我以后不仅要努力学习,并且书写也要小心谨慎。想到了这一层,我倒是应该感激他了。因为一直还有不少同学,事后很久还在责怪他。说他"一辈子教初中的料儿","放洋屁"等等。对这些同学,我也没有以我的觉悟去劝导他们,因为当时我自己实际上还很幼稚。

　　这一学期,由于以后对这门课的重视努力,我期末考试得了满分。秋二下学期开学时,在第一节代数课中,他特地对上学期期末考试中得满分的 3 位同学(包括那次的罗昌谷在内),都点名作了表扬。我就想到,当时的 59 分,确实是他对我的一种鞭策。

　　徐缓甫先生是一位好老师。可惜初秋二下只念到一半,由于敌机轰炸而迁乡,以后就没再见到他了。

俞　鹏

　　初秋三开学时,我们已经迁校到诸暨枫桥的花明泉村了。这是一个大村庄。有一个很大的新祠堂,称为怿善堂,隔墙就是老祠堂,叫做达德堂。新祠堂作为校本部,校长室和其他处室以及高中部教室都在那里。老祠堂的正厅,上面悬着清末状元张謇用柳体字写的"达德堂"匾额。我们就在这正厅听课。因为初秋三是初中毕业班,也受到学校的重视。老祠堂隔壁是一所停办的丝厂,学校对此是租用的,楼上做寝室,楼下就做膳厅。

　　我们的级任教师是数学教师俞鹏。用的课本是《初中新几何》,世界书局出版,编者是石超、俞鹏。石先生是绍中老教师,当时教高中的课,而俞先生则是这学期新来的,他们都是诸暨人。他的宿舍就在厅前天井的楼上,所以很方便。第一天讲课,因为他是级任教师,是带了点名册来点了名的(绍中此前从无课前点名的形式)。他介绍了"几何学"这门课。他说这门课其实应该称为"形学","几何"是英语的译名。他也介绍了石先生与他合编的这本教科书《初中新几何》。据他所知,由于石先生的关系,绍中三年级是一直用这本教科书的。他说这本书编得很粗浅。到了高中,几何学仍然还要学,那就是比较高深了。

　　第二天上课时他仍然带了点名册,但他已经把全班姓名都背熟了,所以并不看点名册,而是一个一个叫出姓名。估计他昨晚花了一些工夫的,因为后排有一位年龄较大的名叫朱世镠的同学,他大概查不出这个"镠"字的发音,昨天点名时混过去了,但今天他要弄清楚,他问朱世谬关于这个"谬"字的发音,朱告诉他,这字读"琉",不读"胶"。①从此不到几天,他不仅叫得出全班姓名,而且姓名和本人都认得清楚了。作为级任教师,这是很重要的。

他担任我们班的级任和几何课老师,也教初春三的课和一班简师的课,因为数学课本子多,工作量是不轻的。不过第二天上午我们就有一节自修课,他恰也无课,从楼上下来和我们谈了一些,大意是,你们原来都在绍兴城内的高楼大厦读书。他查过资料,一半以上是城里人,是午膳生或通学生。在家里吃得好,住得好,特别是有父母照顾。现在到了诸暨乡下,要独立生活,这方面他最为我们担心。他指出,最重要的是注意身体,不要生病。山区比城里要凉,尤其是早晚,一定要随时增减衣服,不要伤风感冒等等,他说了不少。作为级任教师,他是很关心我们的。

我念高秋一时,学校仍在花明泉,因为高中班级多起来了,他调出教高二的课,而换了一位并不得力的数学教师。课名称为"平面几何学",有教科书。有几位同学因为对教师调动不满,从《温特华斯几何学》中找到一个貌似简单的题问这位老师:三角形两底角平分线相等,求证此三角形为二等边三角形。这位教师立刻在黑板上画了一个三角形,加上一条"辅助线"来做,但这样那样,都证不出来。原来这道题只用直接证法是证不出来的,这位教师就因此而挂了一节课的黑板。到第二天才用间接证法证出来,写了满满一黑板。于是不少同学就在背后说,要是俞先生仍然教我们的课,就不会这样了。

我们念高秋二时,由于敌寇的侵略路线针对诸暨,花明泉校本部撤销,大家都在嵊州崇仁镇廿八都上课。这一次,俞鹏先生又来教我们的代数课,用的课本是陈建功、毛路真合编的《高中代数》。当时,不少学校的高中代数都用《范氏大代数》,但绍中却用这个陈、毛合编的本子(开明书店出版),所以他在第一课就解释了课本的问题。他说,《范氏大代数》是译本,不完全适合中国学生。绍中从办高中以后,就用陈、毛合编本。这一本中,已经吸取了《范氏大代数》的优点,而且适宜于中国高中学生使用。你们如想看看《范氏大代数》,学校图书馆和他个人都有,你们就借来看好了。讲解得非常详细和诚恳。这以前,不少同学都听到过《范氏大代数》这本书,经过俞先生的解释,大家就完全明白了。

高中代数确实不同于初中时代徐缓甫先生教的所谓"小代数"。俞鹏先生的讲解非常仔细深入,力求要做到人人皆懂。特别是改作业,当练习簿发回来的时候,你会发现一个纸条。因为练习簿格子太小,在他认为某位同学对这一题错得很不当时,他就用另一个纸条给重演一遍,夹在练习簿中,让你按他的纸条重温一遍。

俞鹏先生确实是一位好老师。可惜到我们高秋二的下学期,刚刚才在廿八都放过春假,占领绍兴的敌寇就发动了侵占浙南的所谓"浙赣战役",学校被迫解散(1 年后才在天台街头镇复校),我们也就失去他的教导了。

注释:

① "胶"的繁体为"膠"。

李鸿梁

　　绍中是在 1939 年暑假在枫桥花明泉开学的,同时在崇仁廿八都设了一个分部。大量校具都要这个假期中运到诸暨和嵊县,虽然地方政府帮了大忙,但作为一校之长的沈金相先生在这段时期的确是焦头烂额的。

　　我因为听课一直不认真,却非常重视图书馆。一到花明泉,看到两个祠堂这么大,加上连在一起的旧丝厂,足够容纳全校。但立刻想到图书馆在哪里呢? 一打听,因为绍中图书馆藏书多,校本部容纳不了,在村内距校本部约一华里的另一个称为承先堂的大祠堂。我立刻问路跑去看,果然在那里,管理员何志斌先生和专职工友裘顺田还在那里整理,而铁架上的《韦勃斯脱大字典》已经放好了,所以我甚感满意。

　　正在这时,我忽然听到了弹钢琴的声音,循声走入另一个大厅,看到费璟瑚这位女先生正在弹钢琴,而且大厅上已经挂了"音乐教室"的牌子。费先生也是老教师,但因为她和丈夫徐则敏先生都是中央大学教育系出来的,在绍中都是教简师的课。绍中的中学部学生有一种实在是很不好的传统,他们看不起简师部,因为简师部是全部免费,包括制装费和膳费,都由国家供给,学制 4 年。按规定在毕业后必须服从分配到各地任小学教师,这实在是当时提高小学师资地位的一种好政策。所以中学部学生看不起简师部同学甚至简师的专职教师,这实在是很错误的。这一天我是因一个人进入这间大厅,见她在弹钢琴,所以规规矩矩地叫了她一声:费先生。她问我是哪里的,我告诉她我是高秋二的,今天到图书馆来,听到钢琴声,所以也过来看看。费先生看到一位高中生这样有礼貌地叫她，也很高兴。所以停下来和我多说了几句。她说她和则敏都是中央大学教育系的，所以沈校长请他们到绍中教简师的课。这架钢琴据说是五中时代方豪先生当校长时就买的。李鸿梁先生已经弹了十多年了。李先生是弘一法师的学生，绍兴人都是知道的。他在绍兴（他本人就是绍兴人）很有名气，有不少机构请他去担任名誉职务，但他都谢绝，一心一意地在绍中弹这架钢琴。这次迁校，沈校长请李先生当嵊县分部主任。但李先生坚持钢琴必须搬到校本部，他那边就用风琴好了。费先生是因为在中大时学过，所以这里请她当音乐教师，但她不弹钢琴已经10多年了，手指也硬了。既然要她教音乐，她得先来重温一下。

她的这番话，让我想起了绍中在绍兴城内时的李鸿梁先生。音乐教室在接近图书馆的地方，因为免得琴声和歌声影响教学楼的上课。李先生是当时绍中的唯一音乐教师。初中六班，每周一节，简师四班（简师无春季班），每周二节，还有高中和其他集会等等，工作量也是不小的。

我是插班生，第一次听音乐课的情景是这样的。大家入室行礼后，他先发油印的课纸，当然是五线谱的。没讲什么话，就开始弹琴，一遍又一遍。学生则看了歌纸，听琴声而默默地唱："你种田，我织布，他造房子给人住。哼哼嗬嗬，嗬嗬哼哼！工作八小时，休息八小时，读书八小时，我们要有教育才劳动。"他不声不响地一遍又一遍地弹。我们的声音随着他的多遍琴声，逐渐大起来了，甚至高声地唱了。这时才听到他在整节课中唯一的一句话："再唱三遍要背哉！"他接着就重复地弹3遍，同学也都听话，都把歌纸折起来，大家都试着背唱。这样就一遍一遍地背着唱，直到退课铃声响了以后散场。他选唱歌曲，总是全校一律的，到这首歌全校各班都唱会后，再另选一首。在城里绍中时代，他每天都是这样地弹琴，全节课中也总是一句话："再唱三遍要背哉！"

在战时，那种请他去担任一个什么名誉职位，如什么主任、主席之类的邀请是不少的，虽然没有经济收入，也不用实际去做工作，只要在会场露一露面就行了。因为大家都知道他是弘一法师的学生，所以他在绍兴的声名也颇不小，但他都一概谢绝。只是在他的音乐教室里这样一遍又一遍弹钢琴。

有时遇着自修课，我到图书馆去看点什么，会走过这个音乐教室。他总在上课，一遍一遍地弹着钢琴。当时我曾有这样的感觉，这样的教书生活实在太枯燥了，人弄得像机器人一般。凭他弘一法师学生的身份，到外边其他地方走一走不很好吗？

但这次在花明泉听到费璟瑚先生和我说的这一席话，我的思想改变了。像李鸿梁先生这种刻板的音乐教学，应该佩服他的敬业乐业精神，一位声名不小的教师能够这样地敬业乐业，而我也有幸得到他的这种教学一个多学期，是很难得的。李鸿梁先生也是我们的一位好老师。

何植三

　　何植三先生原来是省立嘉兴中学的老教师,杭嘉湖地区陷入敌手以后,嘉兴和湖州两所省立中学与杭州高级中学及杭州初级中学在丽水附近的碧湖镇办了"联高"和"联初"。按他原来的情况,他可以到"联初"去,但他没有去。

　　他是花明泉附近的人。花明泉村坐落在一块富庶的山间盆地上,在这不到10平方公里的盆地内有3个村子:花明泉、赵家、泉阪,都是大村庄,最大的要数赵家,何先生则是泉阪村人。他从浙西返回后,与赵家的潘锡九先生(日本留学生)一同受聘于省立衢州中学,当时的衢州中学也因避免敌机轰炸而迁校到衢州乡下的石梁村,他与潘先生每学期都是一起赴校,一起返乡,因为要买车票,看管行李,有两个人就比较方便。

　　绍中搬到花明泉以后,潘锡九先生因为他的声名,沈金相先生立刻聘请了他,他是生物专业的,可任高中的生物及初中的植物课。但何先生起初没有得到绍中的聘书,他在家里等待了几天,终于也得到了绍中的聘书。因为他原来就是省立中学的老教师,这聘书得到后,他当然欣然接受,从泉阪村到花明泉只有3华里路,他可以不要学校什么宿舍,过早出晚归的日子。

　　沈金相先生聘用教师是很慎重的。他曾在潘锡九先生处了解过何植三先生的情况,因而请他担任初中毕业班即我们这一班的国文,另外还有其他班级的课。他到我们班上第一次讲课时,首先就说:"我在这学期做了一件不道义的事。"我们都感到突然,怎么一位新教师第一次上课就说自己"不道义"。接着他告诉了我们经过情况,就是衢州中学已为他排了课,但他因最终得到了绍中的聘书而放弃了衢中,他觉得这样必然给衢中造成困难。这就是他的"不道义"。

他不用课本而用油印讲义。第一篇讲《五人墓碑记》,这是借古讽今,斥责当时包括周作人(他是指名道姓的)在内的汉奸的。但他知道国文课总是要讲文学的,他是老国文教师,所以接着就讲《词选》。讲义是他自编,选的都是宋词。"唐诗、宋词、汉文章",他选了宋词五六十阕作为《词选》,油印成讲义,一次一次地发给我们,然后由他在课上讲解。先讲清什么是"词",有哪些名人和名篇,然后一阕又一阕地给我们讲解。

我祖父从小教我唐诗、《千家诗》直到《诗经》,但实在没有教过我宋词。宋词的概念是我高小五年级在绍兴县立图书馆借阅的日本盐谷温的《中国文学概论讲话》(孙俍工译)中才得到的。此书还提到过宋词中的"二李"(李后主和李清照)。所以我曾上街搜索,在锦文堂这家一折七折的书店中买到《漱玉词》,并背熟过其中一些名句如"莫道不销魂,帘卷西风,人比黄花瘦"以及"惟有楼前流水,应念我终日凝眸"之类,一知半解地吟诵过一番。所以何先生教他自己编选的《词选》,对我实在是大有裨益的。而且竟因此在图书馆借到薄薄的一册《李后主词》(我记得编者好像名叫戴景素[①])。因为廿八都分部分去一些书,所以图书馆的书减少了一些。我立刻用当时称为"十行纸"的直格纸,用毛笔把全书抄了下来,因为数量不多(我不抄注释),所以工作量不大。虽然当时我正背诵英文字典和其他英文语法书的摘录,但还是不顾一切地抄录了这本薄薄的《李后主词》。直到今天,我还多数能背诵出来,而且在当时就能分辨真伪,如《破阵子》("四十年来家国,三千里地山河……")这阕显然是后人的伪作。我以后对词很感兴趣,而且稍有心得。这与当年何先生在课堂的专门教导关系密切,是应该感谢他的。

初三上的寒假中(1940年初),因杭州敌寇渡江侵占萧山,前锋到达绍兴柯桥、诸暨店口,虽随即撤回萧山,但一时时局大乱,绍中的不少教师纷纷离校去浙南或其他更远的内地。学校延迟开学近一个月,教师一时失散,沈金相先生陷入很大困难。何植三先生调往高中,直到我高秋二上学期,又得何先生任教半年,而且在第一次发还作文时,在课堂专门讲解我的一篇议论抗日战争的文章,认为此文写得极好。我虽然十分感谢他的赏识,但我自知此文无非是适应时代,多是套语。

何植三先生在高二上教我们一学期后,因为当时校址已在嵊县崇仁廿八都,祠堂分散,虽仍在绍中,但已经很难再见到他了。何植三先生当然是我的好老师。

注释:

① 编者按《李后主词》(戴景素辑注)。

杨鉴吾

　　在何植三先生篇中,已经提及了因抗战形势在绍兴地区的骤变而发生了教师纷纷走离的情况,弄得沈金相先生因此而一筹莫展。而我们是初中毕业班,仍然必须在师资上加以照顾。幸亏绍中老教师阮法道先生,在他念书时曾受过一位国文教师杨鉴吾先生的教导。杨先生是诸暨人,家离花明泉村10里,即五婆岭上的全堂村,当时已年逾花甲,在家养老。阮先生专程拜谒,告以当时实况,务请他体谅当时学校处境,请他下山专教我们这一班的国文6节课时,并把他的卧室安排在老祠堂正厅达德堂楼上,置备了一切老年人的生活用具,尽量让他生活方便。如此竟蒙他俯允。学校预备择日以山轿接他来校。他却婉拒,仅要接他的人为他背负被舖书籍之类。并说:山里人走十里路算得了什么? 坚持与去接他的职员及轿工等步行来校。而且精神矍铄,不像是一位年近古稀的老人。

　　阮法道先生曾于他来校前夕和我们简介过一番,说这位老先生是多年前阮先生在江苏读书时教过国文的教师,并曾在大学执教过(但非教授)。我们是初中毕业班,所以请到了他。他也只允诺在绍中任教这一个学期,且须对他十分尊敬等等。他选用的教材及缮刻油印等事,学校都派定职员负责,让他避免走动。

　　他来到以后,我们所见的,不仅精神旺盛,而且举止温祥。最后一学期得此名师,我们也感到不胜欣慰,而且也感谢沈金相校长确是为高中部及我们初中毕业班费尽心机。只是,我们班的国画、劳作仍无教师,其他低班还有缺乏主课教师。但在这个突如其来的战局剧变中,花明泉仍能开学,已算十分幸运,也就不必计较了。

杨先生的教材,开始以摘录的《四书》如"不义而富且贵,于我如浮云"等和唐诗五言诗如"林暗草惊风,将军夜引弓"为主。学校为他缮刻油印好的讲义无注释,他就利用下课时间,在黑板上写满一黑板的注释。譬如在"单于夜遁逃"句下,他对"单于"的注释就写得很多。有同学认为国文虽是主课,但毕竟与英语、数学不同,所以在案头上装个样子,其实并不抄录。对于这些章篇,我其实都是很熟的,但我认为杨先生实在年高德重,所以还是在讲义边角上抄录无遗。

第一次作文,他命了一个《理想中的庭园》的题目,一位老先生命这样的文题,后来才知道,他在家养老,家里也有一个小小的庭园,他在那里养殖垦种。我实在并不专心于课业,对这样的文题,两节课中要完成,想到《阿房宫赋》我早已背熟的,我来个改动词句的"填充法"塞责好了。于是我就以"三岛灭,四海一,万邦协,庭园出"为发端,把"覆压三百余里,隔离天日"改为"绵绵数十余步,和风丽日",把"骊山北构而西折"改为"假山北构而西折",把"二川溶溶,流入宫墙"改为"小溪淙淙,迂回园墙",如此等等。有的地方"填充"得很勉强。在第二节上课后(因按例国文课每周有一次是两节连续的),我就把这篇"填充法"作文交给了他。多数同学都还在埋头写作,他则在坐案上看我的本子。到下课铃响,大家纷纷交上本子以后,他站起扬扬我的本子,高声地说:"陈庆均同学写出了这等文章,你们到底来自绍兴,有人才,有人才。"说着,有一位同学帮他捧本子,他就上楼去了。

从此他认识了我,而且非常推崇我。他因为教五言诗,也请人从何植三先生那里要来了何先生上学期教过我们的"词选"讲义。有一次在课堂中,一边教五言诗,一边手执何先生的"词选",在讲解一阕《浪淘沙》"独自莫凭栏,无限江山,别时容易见时难"时,他叹息说,当今的时势就是这样。他过去在江苏教过书,现在这些地方都被日寇占领了,真是"别时容易见时难"了。我由于去年受何先生讲"词选"的启发,也读了诸如《绝妙好辞》及其他成书的《词选》,在胡适所点校的一本《词选》中,我读到了他认为"独自莫凭栏"的"莫"字,可作"暮"字解,全词就更合情理。下课后,我把这事告诉了他,他没有读过胡适的《词选》,听了我的话,他一面称赞我的"博览",一面又说,胡适到底是大学者,他的这种对"莫"字的解释确实不错。同学们当时都离座要走散了,他又回头把我的这话与同学们说了一遍。

某一天早上,他到我们寝室(因为很近)找我,问我下午是否有空,请我到他房中去一下。下午一般都是空的,我就去了。原来是这么一件事。学生会举行全校作文比赛,应征的有20多篇,学生会慕他的名,筛选了10多篇,请他决定3篇。他倒是很认真地选出了六七篇,特地请我去看一下,确定当选的3篇及名次。他真客气,我看文章时，他为我冲泡了两杯茶，并说明了茶叶的不同名称，我才知道他是一位嗜茶的人。我倒确实花了一个下午时间，提出了入选的3篇的建议。每篇都是抗日文章。第一名是当年高一的沈守愚同学的文章。他完全信任我，就按我的意见向学生自治会交了卷。附带一提的是，20世纪90年代，省立绍中在原校址仓桥即今绍兴初级中学举行"绍中百年纪念"。由于对当年学校的怀念，当年的同学有从美国回来参加的，港台同学也来了好几位。沈守愚同学也来了，他当时已是南京农业大学的教授。我曾问了他，当年在花明泉时他得了征文比赛的第一名，他立刻说记得此事。他问我是怎样知道的，时间已隔了这么久了。我回答他是当年一位老先生杨鉴吾先生告诉我们的，因为他担任我们初秋三的国文课。

杨老先生以后对我的作文十分看重。在读过了《李陵答苏武书》后，他命了一个《拟致友人书》的题目，要我们拟写一封信。我也是为了偷懒方便，拟一封致友人到绍兴游览的信。信中有一句是："越中别无所好，唯会稽山青，鉴湖水秀耳。"他竟在天头上用红笔写了："平平说来，似常而实奇。"并且又把我这封拟信向全班诵读，再一次称赞了我。

学期结束，这一届省教育厅宣布全省高一新生采取统一招生办法。花明泉也有一个考点。教育厅的这个方案正是因为浙东的各所省立中学都已迁乡。但在城市里，主要是绍兴、宁波、金华、温州等原省立中学所在地，也都有考点。每人可填3个志愿，只在《东南日报》发布录取的榜。我因为祖父要我回绍兴参考，虽然我的第一志愿仍是省立绍中（也是祖父的主意），但急着收拾行李返回绍兴。我知道录取绍中不成问题，下学期仍然要到花明泉上学，但杨老先生自然不会在校了。所以临行前一天到他房中告辞，他当时告诉我沈校长还要请他吃一顿饭，然后派人护送他回家。他一面称赞和鼓励我，一面从抽斗里取出一包茶叶，说是送给我这个好学生的临别纪念。我当然只得接受并深深地谢了他。

能够受教于杨老先生门下一个学期，确是我的幸运，杨先生又是一位值得尊敬和怀念的好老师。

姚轩卿

姚先生是浙江省及上海一带大名鼎鼎的国文教师。我一进绍中就听到各班同学的夸赞，有的甚至以绍中有姚先生为荣。但他必定教最高班高秋一和初秋三的，对我们来说，完全是可望而不可即的。不过也很想看看他是什么一个样子。入学不久，即有一位同班同学在楼上栏杆旁指给我看正在楼下操场上经过的姚先生。胖胖的，但因为是一代名师，确实感到他气度不凡。但是我们绝不会妄想他给我们讲课。能得到周有之先生这样的名师教我们英语，已经算是幸运的和凑巧的了。而姚先生在当年的绍中教师中属于绝对权威。

在 1950 年以前，由于长期来的尊孔崇儒，教师这个行业是众所尊敬的，五四运动时，对"尊孔"曾有少数人瞎闹过一阵，随即就被传统势力压下去了。另一方面，作为教师，除了少数鱼目混珠的或有另外不可告人的原因的，整个教师群体是中国优秀文化能够世世代代相传的种子。姚先生（当然也包括其他先生）从洋楼搬迁到乡间的祠堂庙宇，而且一次又一次地搬迁。他们都一直坚持。随着这种辛苦的搬迁和生活水平的不断下降，他们的年纪老起来了，我们的年级也高起来了。对我来说，除了初三时何植三先生的"词选"以外，从小学到高中，从来没有专心地听过国文课，一直是他讲他的，我干我的。但是却终于在我上高中的最后一个学期（高秋二下），有幸听到姚先生讲我的国文课了。姚先生讲我们的课！全班同学立刻传开，这实在是"人同此心"。

记得他第一堂为我们讲的是张煌言《复伪提督田雄伪镇张杰伪道王尔禄书（辛

卯)》。当时,明室败亡,清朝定鼎,形势已经明朗。而这几位写信的附清官吏,也是为了要张煌言顺应潮流而已。张的信中说道:"窃闻两间自有正气,万古自有纲常,忠臣义士,惟独行其是而已。"这篇复书,想必他已经讲过多次了。但是由于姚先生讲课时仍是把自己的全部感情都倾注在课文之中的,所以在讲到这一段时,竟讲得声泪俱下。同学们也都肃静屏息,甚至也有眼眶湿润的。

姚先生讲《正气歌》,着重于表彰文天祥的正气。他首先告诉我们,当元军兵临杭州,召宋室出城谈判时,文天祥毅然自请出城。在今临平的皋亭山下,元兵已布置了烧开了水的铁锅和刀锯以示威胁。文天祥一见就勇敢地"有言在先":"某为宋状元宰相,所欠一死报国耳,刀锯鼎镬,非所惧也!"他也为我们念了《过零丁洋》:"人生自古谁无死,留取丹心照汗青。"可惜的是,这个学期还不到一半,由于日寇发动了捣毁衢州机场(美国空军轰炸日本后到中国降落的基地)为目的的"浙赣战役",搬迁多次的绍中不得已在嵊县崇仁廿八都解散,我们只听了他半学期的课,对我来说,也是第一次专心所听的国文课。姚轩卿先生确实名不虚传,他是我生平的一位好老师。

而且事情还有后续。上世纪"文革"运动后,诸如批判武训、不要文化教育、不要读书以及只要读一本书,只要学一种"思想"的潮流,幸获"人亡政息",后继者急急然地破格在这年寒假就开始以"择优录取"的口号,恢复了实际上已经废弃了近10多年的大学,做学问和出版,有了一定程度的相对自由。学术会议也就多起来了,我常常偕同妻子到北京开会。不知怎样一个机会,与姚先生的女儿姚越秀女士相晤,并且接着就很熟悉了。我们夫妇都是绍中校友,而越秀女士抗战胜利后,绍中迁回绍兴城内,她也就读于绍中。由于我们对已故姚轩卿先生十分佩服,彼此谈得非常投机融洽。她就与她先生许孔时取出了姚先生的遗著《蠡膏随笔》(蠡膏两字一般不懂,特别是"膏"字。后来许孔时先生相告,"蠡膏"的发音,在姚先生家乡诸暨就是"轩卿")。她曾见到我作序的不少他人著作,所以也以此书要我作序。先师姚先生的事,我理当从命。我在拙序中开头就提出:"这二十年来,为国内外学者朋友的著作和译作撰写序跋,或许已近百万言,但是为自己恩师的遗作写序则尚属首次。"确实,为一代宗师的遗著作序,实在是我毕生的最大荣幸。此书于2001年在北京燕山出版社出版。我特地利用与家乡文化界的关系,这年在绍兴为此书做了一个"首发式"。绍兴的许多文化人特别是姚先生以前的绍中学生,都很踊跃地前来与会。此书篇幅虽不大,但内容精深。当今的文化人包括大学生,要完全读通此书,恐有一定的难度。但此书的藏之名山,传至后人,必然无疑,实是我国文化中的一宗珍贵遗产。

附录:《蠡高随笔》序言

这 20 年来,为国内外学者朋友的著作和译作撰写序跋,或许已近百万言,但是为自己恩师的遗作写序则尚属首次。我已年近 8 旬,回忆 58 年前往事,执笔濡墨之际,溯昔抚今,百感交集。当年,姚师已经年届花甲,我们这一批十七八岁的孺子,能得到这样一位德高望重的长辈作育栽培,实在毕生难忘。虽然时隔多年,至今闭目凝神,仿佛如在昨日。

当时是一个兵荒马乱的年代,绍兴中学几经搬迁,在嵊县(今嵊州)乡间一个名为廿八都的村子中暂时安身,多数学生来自沦陷区,依靠政府的一点救济金度日,师生生活都很艰苦。如我在拙作《我的中学生》(《中学集》科普出版社 1987 年)中所回忆的:

八个人一桌的伙食,经常就是一小钵没有油水的老菜叶和咸菜,人人都面如菜色,体质明显下降,有的视力锐减,有的记忆衰退,有的疾病缠身。晚自修用的两根灯草的桐油灯,不仅灯光如豆,有损目力,而且烟气极重,损害身体。每天早晨洗脸时,鼻子中要揩出许多烟灰。

在这样的处境下,加上日本侵略军流窜骚扰,时局动荡,同学们虽多有孜孜不倦的精神,但往往体力不济,听课的坚持力逊于以往。这中间,姚师的国文课显然不同凡响,他的讲授,令人意气风发,精神亢奋,从沉闷中树立信心,在昏暗中见到光明。现在追摹他当年在课堂中的形象:道德学问,一代师表。

就回忆所及,记叙一点姚师授课情景。例如《汉书·苏武传》,其中有一段:

会论虞常,欲因此时降武。剑斩虞常已,(卫)律曰:"汉使张胜谋杀单于近臣,当死,单于募降者赦罪。"举剑欲击之,胜请降。(卫)律谓武曰:"副有罪,当相坐。"武曰:"本无谋,又非亲属,何谓相坐?"复举剑拟之,武不动。

这一段文字很短,也不难理解,但姚师由于倾注其全部感情,所以课堂全场肃穆,一座皆惊。同学们仿佛目击匈奴的穹庐之中,剑戟森森。顷刻之间,虞常身首异处,在这鲜血淋漓的场景中,张胜求降,而苏武,尽管屠刀已在颈上,但他不仅理正辞严,而且屹然不动。

"武不动",这就是正气,也就是姚师授课的主旨。他讲文天祥《正气歌》,第一句"天地有正气",铿锵之声,犹如轰然雷鸣。他讲张煌言《复伪提督田雄伪镇张杰伪道王尔禄书(辛卯)》:"窃闻两间自有正气,万古自有纲常,忠臣义士,惟独行其是而已。"讲得声泪俱下,同学们无不正襟危坐,鸦雀无声,感人肺腑,动人心弦。

姚师的讲课,不仅育人以德,而且授人以能。也就是说,通过他对课文的讲解,要使莘莘学子，既懂得立身处世的道理，也学到研究学问的方法。其中之一就是他所选用的教材，事前都做了详细的注释。一篇《正气歌》，正文以后的注释就超过正文。上述张煌言训斥清初伪官田雄等的复信有一句讽刺语言："今虽逢场作戏，而河山之感，谅彼此同之。"此处"逢场作戏"，姚师以《传灯录》作注："竿木随身，逢场作戏。""河山之感"，姚师以《世说新语》作注："风景不殊，举目有山河之异。"姚师的这种做学问的方法，对我产生了重要影响。我毕生著书立说，包括历来对研究生们的要求，都是言必有据。这也是当年所受的姚师的教导。

现在再就姚师遗著《蠡亭随笔》说一点心得。《随笔》始于民生的为人为学，实已浓缩其中。首先，《随笔》洋溢着民族正气。读此恍若听当年姚师讲课："古谊若龟鉴，忠肝如铁石，中华民族之真精神，至文山而发挥至极（七十四）。""我国数千年来，国亡而种不可灭，皆由先民留取丹心，与吾人以浓厚之民族意识也。宋之文丞相，原为首屈一指者矣（三十五）。"姚师不仅景仰文天祥等民族英雄，而且恒以此等先贤自勉自励："自夫抗清二十年之张苍水先生，更不禁为之肃然起敬，赧然自愧也（三十七）。"他认为，"所谓天下者，指社会风俗人心而言也"，所以"范滂揽辔登车，有澄清天下之志"，"范文正为秀才时，即以天下为己任"。"顾亭林先生云：'天下兴亡，匹夫有责。'"他感叹：国二十八年（1939）5月省立绍兴中学（今绍一中）校舍为日机炸毁，至民国三十六年（1947）因病重辍笔。从写作时间而论，前后不过8年；从内容而论，也仅有94篇，约3万余言。但姚师毕"今天希慕政权，而以天下为己任鲜矣（以上均十二）。"这实在是为人一生应有的气节，也是一个读书人必具的品质。当年在课堂中我们就这样地蒙受他的熏陶。身教言教，师范可敬。

除了对先贤的景仰之外，对于一些无行文人，姚师实深恶痛疾，课堂中也常常表示他的这种愤慨。《随笔》中有一篇（七十九）最发人深省："清乾隆阁臣如彭芸楣、纪晓岚辈，大抵以文字为悦军博彩之具，而纪之巧弄数字，妙制联语，以祝万寿，以歌升平，尤见天颜之有喜，诚如太史迁所谓'日夜思竭其不肖之材以求亲媚于主上'者也。"姚师此文之值得传诵，因为"悦君博彩"如彭、纪之流古今有之。曾记得当年"大炼钢铁"、"大办食堂"而终至哀鸿遍野、饿殍载道的荒谬时代，居然也有名人献诗："不见早稻三万六，又传中稻四万三。……不闻钢铁千万二，再过几年一万万。"这类文字与彭、纪之流当然尚有不同，因彭、纪虽然存心媚上，但毕竟"巧弄"、"妙制"，还有文采可玩，而后者徒见其庸俗粗鄙。姚师泉下有知，必将长叹竟日。

姚师论古今人物，以气节为第一，凡是他的学生，都深受教育。但在这方面，姚师绝不是一个旧派人，他讲究气节，区别严格，界限分明。如马士英、阮大铖（四十八）及当时刚刚附逆的周作人（50年代起又有人欣赏他的文采）之流（十三），他绝不宽贷。

又如50年代曾有人以为标新自得的文姬归汉之事,姚师其实早已提出了他的看法。《随笔》(四十九)说:"夫授受不亲,古贤之所以别男女也,此乃礼教社会之信条。若再醮,汉时不以为非也。以改嫁为可耻者,乃宋以后之事,汉人无是也。"姚师在此文最后引赵翼诗:"也似苏卿入塞秋,黄沙漠漠带毡裘。诸君莫论红颜污,他是男儿此女流。"在赵翼时代,尽管此诗仍然尊男卑女,但"诸君莫论红颜污"之句已属难得。姚师在赵诗后说:"诚哉乎其原情之论也。且苏卿在北,曾娶妇生子矣,其卒无损其风霜之节者,亦古代男女间之不平者也。"前面已经提及姚师对苏武气节的崇敬,但此处以文姬比苏武,说明在这个问题上,他不拘泥于宋代以后的偏见。

读完《随笔》,使我想起了一件往事,觉得愧对恩师。经过是这样的:广东教育出版社和辽宁出版社于1997年联合出版了一部名为《当代百家话读书》的专集,主编曹积三事前坚邀我作为"百家"之一撰写一篇关于我生平读书的文章。我不得已套用翁森的《四时读书乐》为题,写了一篇《读书之乐乐何如》塞责,用8000余言简述了我从启蒙到古稀的读书经历。最后以一首劣诗结尾:"一生不谙消遣事,春夏秋冬唯读书。老来犹喜读书乐,读书之乐乐何如。"我自己认为毕生读了不少书,从古书到新书,从中文书到外文书。也著、译了一些书(根据我的研究生们编目,正式出版的已近50种)。但姚师在《随笔》中记及其所读之书,诸如戴殿泗《政学堂文集》、戴鉴溪《诗文集》、周墦《盘洲集》、畸园老人手写《诗集》、许瑶光《雪门诗稿》等等,我都不曾读过,有的连书名也闻所未闻。虽然我的专业与姚师不同,但不应以此原谅自己。其实《随笔》所列书名,不过是姚师所读的一小部分,所以他生平读书之多,实在令人敬佩。

前面提及姚师在课堂中,不仅教导学生以处世为人的道理。而且传授学生以读书为学的方法。在这方面,《随笔》中也时有所及。例如(二十四)举《孟子》(驿按,当指《滕文公上》)"以铁耕乎",《史记·越世家》"乘坚策良",此"铁"字与"坚"字,都是古代人以器物之质以代器物。这其实是他对后辈阅读古籍的读书指导。又如(二十五)议论文言虚字,举《孟子》(驿按,当指《滕文公上》)"禹疏九河瀹济漯而注诸海,决汝汉排淮泗而注之江",《史记·项羽本纪》"先即制人,后则为人所制"。此两例中,"诸"与"之","即"与"则",都是一音之转。这就是指导后辈,为文使用虚字,也应讲究修辞。又如(十四)述陈寅恪《与刘叔雅论国文试题书》中关于对子可以测验思想条理一段:"凡上等之对子,必具正反合三阶段,其正反二阶段所表现之意义,复能互相贯通,因得综合组织,别产生一新意义,此新意义虽不似前之正反二阶段之意义,显著于字句之上,但确可以想象而得之,所谓言外之意是也。"姚师认为陈寅恪"所言颇精"。这一篇对于后辈的为学撰文,从思想方法到写作技巧,都有重要的启发。

《随笔》不仅是一部学术著作,其中不少资料,还具有存史价值。10多年以前,绍兴开始修纂《绍兴市志》,我忝为志书顾问,所以略知其事。《市志》属于旧府志一类,绍兴自清乾隆以来,志书修纂已经中断 200 余年,所以任务艰巨。由于领导重视和修志同仁的辛勤耕耘,确实成就非凡,1997 年出版以后,获得全国一等奖,并且成为我国今年新修志书中唯一一部在美国著名刊物《国际中国评论》(China Review International Spring 1999)评价推赞的地方志。《绍兴市志》的成就,《随笔》应居其功。因姚师当年的认真笔录,为志书提供了不少难得的资料。例如绍兴城垣的长度和拆除年份,遍索各种文献,都不得其详,赖《随笔》(二十七)的完整记载而得以存史为志,《随笔》中此类史料尚多,不再赘举。

　　58 年以前,在课堂中聆听姚师的谆谆教导,如今以老迈之年恭读《随笔》,实在是人生难得的机缘。受恩师哲嗣姚越秀女士之嘱,谨序如上。

1999 年 10 月 　 浙江大学

潘锡九

　　潘锡九先生在前面何植三先生篇中已经提到了他。他是花明泉这块山间盆地上三个村庄中最大的赵家村人。赵家村是个文化发达的大村，从日本留学回来的全村就有好几人，他也是其中之一。所以绍中一迁到花明泉，沈校长立刻聘请了他。从赵家村到花明泉，只要跨过一条名叫黄檀溪的木桥，还不到 1 公里路。他是生物学专家，《万有文库》里的《生物学》一书就是他写的。从年龄说，恐怕他也是当时绍中最年长的。沈金相先生不仅聘他为生物学教师，并请他当学校的训导主任。因为生物学是高中一年级的课，所以我们与他没有接触，只是认得他是学校的训导主任而已。

　　1940 年下学期，我成为绍中高秋一的学生了，于是就由他为我们讲生物学的课，也就看出了他在这门课上的功夫了。他是只拿了粉笔进教室讲课的。首先讲了生物学是怎样一门学科后，就开始讲课。他在教室里面一边踱步，一边要我们准备笔记。他讲第一章第一节，接着就一句一句地讲内容，没有什么穿插的话，所以我们都能顺利地记下来。这必然是他教书多年，教材都背熟了。第一节课结束后，他并不随即离开，坐在讲台边，要两位同学把笔记给他看一下。他相当认真地看了，最后说沈先生领导的绍中，毕竟好学风，称赞两位同学的笔记都记得不错。但又说，恐怕说话的口音也有关系，你们绍兴人都完全懂得我的话，衢州人有些恐怕是听不懂我的话的。这实际上就是说衢州中学学生的笔记不如我们。因为何植三先生早已讲过，他们都在省立衢中教过书，所以我们一听就知道了。

他讲了生物学不等于你们初中时的动物学和植物学,但讲课时仍要举一些动植物名称,这里就提出了听课"二名法"的问题。他说我们平时说话可以随便,你说苞谷,他说玉蜀黍,也可以说玉米。但做学问就不是这样,每一种动植物都有"学名","学名"由两个拉丁文词汇组成。他在作了解释以后,就举例写了几种动植物的学名,字母与英文一样,但这是拉丁文。以后他在课上凡是举动植物之名的,都随手写上拉丁文的所谓"学名"。他可以写出许多种动植物的拉丁文学名。这就是他的学问。在20世纪80年代我国兴起修地方志的热潮,但开始都不用"二名法",在方志界,是我首先提出,地方志中专门有记叙当地动植物的卷篇,必须要用学名,即拉丁文的"二名法",全国初修志书中,也是我们浙江省的方志开始使用二名法的,这就是我首先提出来的,而我提出来的这种修志中的重要问题完全是受了潘先生当年为我们讲生物学的影响。

绍中在城内的时候房舍多,我记得当年办了高中由沈梓培先生教生物学时,有一间生物学实验室,初中部和简师部的动植物教师也可利用。但到了花明泉,物理和化学两个实验室都搬来了,却没有了生物实验室。但潘先生以其负责的精神,还是为我们做了实验。他在讲单细胞生物时,就利用办公室的一角,培养了草履虫和绿虫。然后拿了这些,连同显微镜,再到教室上课时,让我们同学一个个地上去在讲台上通过显微镜观看他这些培养起来的单细胞生物,使我们大开眼界。他似乎还较抱歉。他说,作为教这门课的教师,按理说,教材上所有讲到的可以通过实验室培养的内容,都应该让学生看到。但在这乡下,举措维艰,好些内容都不可能让大家看到了。

1941年学校迁到廿八都,沈金相校长离开了。省教育厅委他接任了校长。当时,全校除了很少数在嵊县考入的同学外,其他都是依靠省教育厅的所谓"救济生",也就是学校基本上要向全部学生供给膳食。钱由省教育厅付出,但教育厅远在永康方岩,学校在嵊县,大量的粮食和副食品(虽然吃得很差),都是当地解决。幸亏那个时候,地方上对教师、学生、办学、读书这等事务,都是非常重视的。省立绍中的这些问题,就靠崇仁镇一位姓裘的镇长大力帮助解决的。

潘锡九先生实在不想当校长,他在廿八都一块广场作第一次的"纪念周"时坦然地对全校师生说:"沈先生当校长十多年,学校办得如此有名,现在沈先生已应郑晓沧先生(浙江大学龙泉分校负责人)邀请,离开绍中。是他向教育厅推荐,让我来承担这个重任的。但他实在还不了解,我是完全不适宜当校长的。绍中教师中能人很多,但我没有推荐的资格,不认识省厅中的任何人。而事至如今,我又不能弃而不管。我不懂得的事情应该怎么办。在这里,要不是崇仁裘镇长的大力鼎助,全校同学的伙食就开不出来。现在我只好暂撑起来,一面写信与龙泉的沈先生商量,一面在这里恳请全校师生的原谅,我是一定不能称职的,求大家暂时委屈一阵,总有能人来接替这个职务的……"他还说了另外不少话。后来的事实，至少让我了解，他确实是不想当领导的。

他当校长其实不到两年，因为 1942 年还不到半学期，占领宁绍一线的日寇又大举进攻，学校不得已宣布解散。据说他回到赵家老家。他当校长的情况我虽然不了解，但从他教我高一生物学课的过程，学问渊博，无疑是他多年的积累，但讲课认真负责，完全称得上是一位好老师。

绍中不久以后在天台街头镇复校，据说他自己坚决留在了诸暨枫桥赵家一带，因为这些地区都没有沦陷。他在这一带的什么私立中学教书，没有离开老家很远。

抗战胜利了，杭州的浙江博物馆随即开馆，因为馆内原来的收藏在沦陷时期没破坏，所以内容还是很可观的。结果是，不知是谁的推荐，省里硬是把他从赵家拖到杭州担任博物馆馆长，因为从学历和知识来说，他确是最适当的人选。他顶不住这些几次到枫桥赵家找他的人，终于到杭州坐上了馆长的这个位置。但是随即发现，馆长是个"官"，他是想把馆内的陈列增加一些（此馆以一具完整的木乃伊著名），内容更丰富一些，却想不到当了馆长，并不能专心于此，而是要费不少时间在应酬上面，这是他既不愿意又不擅长的。随着全国解放，浙江办起了有生物系的浙江师范学院，而师院的负责人焦梦晓先生又是一位爱惜人才而一心想办好学校的人，于是他就坚辞馆长而到浙江师范学院生物系执教。我们本来是师生关系，从此就成为同事了。

新中国成立以后，原国民党的一切规章制度都有了改变，但是有一件事却完全循旧，就是高等学校里的职称。教授和副教授都必须是以前留下来的。新进高校的，多数都给以"教员"的职称，我因为一种特殊原因（即《逆旅》中所写的《伪组织》的篇内所叙），被浙师院聘为"讲师"，潘先生以他的这样学历资格，也被聘为"讲师"，师生两人，都做了浙师院的讲师。以潘先生的学问，在生物系讲课当然是很受同学欢迎的。但由于他一辈子是个教书先生，用另一句话说是缺乏"政治头脑"，或者也可以说是文化人的正义感和天真，使他的晚景颇惨。

那是 1957 年初，上头号召"助党整风"，我因焦梦晓先生的保护，而逃过此劫。因为他知道我一直说话直率，可能会"助"出祸祟，所以一开始就与地理系的党领导人（当时尚无系总支）夏越炯先生商量好，把我送到北师大，名义是要我到该校学习当时全国仅它们已有的经济地理及城市地理野外实习经验。因为当时我是经济地理教研室主任，课程实习将是由我主持的。他们要我在北师多住些日子（我确实在北京待了一个多月），所以我幸免于难。

潘锡九先生在浙师院，当时，如《这是为什么》等文章尚未出来，"阳谋"也尚未抛出，但学校里已经划了好几个"右派"。潘先生深感不平，他认为这几位都是诚心"助党整风"，怎能称为"右派"？于是他写了封给浙师院党委的信，为这些人申冤，说这些人诚心助党,绝无恶意。焦梦晓先生是位十分尊重知识和一心办学的人。但因为"右派"是上头有指标的。我们后来在最后出版的"第五卷"中才看到了这项"最高指标":百分之一、二、三,是全国平均数,高等学校是百分之七、八、九。于是潘先生就是为了这封信,被凑入指标,划为"右派"。其实浙师院的"右派"数字仍为上头不满。后来焦梦晓先生本人也在劫难逃,不久也被划为"右倾机会主义分子"。

潘先生在接着看到了报上的几篇社论后,才知道原来是这样一出戏,而他却因这样一封正当的信也中了"阳谋"。虽然以他的年龄,没有被送出去劳动改造。但校系一次又一次批斗会,也让这位缺乏"政治头脑"的"老天真"吃足苦头。他当然不再有上课的资格,被列为臭名昭彰的"五类分子"。"文化大革命"中当然被关入"牛棚",受了很大的折磨。

"右派"平反以后,以他的年龄,也已没有讲课的能力了。由于我们夫妇都是他的学生,上世纪80年代起,每在农历春节以后,他都会到我们家中坐一会儿。老师向学生拜年,我们实在极不敢当。但我们没有去看望他,因为他原是不带家属住在单身宿舍里的,而自从划为"右派"以后,被迁移到一个破陋宿舍里,所以我们既不敢问,也不敢去。在被划为"右派"以前,他会在假期返回枫桥老家,但当了"右派"以后,他失去行动自由多年,思之实在令人怆然。1983年以后,他却不上我家来了,估计因为"右派"既已改正,而他也已年近古稀,或许就离开杭州大学(此时浙师院已改名杭州大学)回诸暨老家去了。

我在生物系有一位姓蔡的朋友,比较熟悉,后来问起过他关于潘老先生的事。蔡先生告诉我,果然是回家了。蔡先生是很同情潘老的。他说,系里当时有些人说写这封信是"自投罗网"。但潘先生怎能想得到后来公开的"阳谋"呢?因为同情早期划出的"右派",认为这种措施不当,他的用心,实是响应当局的所谓"助党整风",怎能想得到陷入早已设计的"阳谋"呢?潘锡九先生当然是位好老师,现在恐早已不在人间了。

屠长林

　　屠长林先生原来是长期担任稽山中学训导主任的,他是会稽山南麓的上灶村人,在城内稽山中学执教,很方便。绍兴遭敌机轰炸后,稽山中学迁到会稽山中平水镇以南的显圣寺,与上灶村相去不远,他继续任教,也很方便。当时,由于绍中迁到花明泉,曾有若干不愿远行的学生转学到稽山中学。当时此校校长是邵力子的侄子邵鸿书,他留学日本东京帝国大学,很有学问和能力,稽山中学规模大,在他们两位领导下,教学质量颇高,声名也很响亮。

　　1941 年春季日寇夜间在城北三江口登陆,迅雷不及掩耳地突入绍兴城中,城内人懵然不知。这天,八十六军剧团正在觉民舞台演出话剧《雷雨》,稽山中学还有不少学生进城观剧,但一时枪声四起,他们在奔出城时,有不少学生牺牲,县长邓讯也在出城时殉难。地方政府对此当要负主要责任,所以后来逃出绍兴城的第三专员(绍兴第三区的中心)邢震南被判处死刑。而搬至显圣寺的稽山中学,当然必须迁校。邵鸿书校长是位很能干的人物,他决心将学校迁到远离前线的浙南,经过多方设法,加上省教育厅的帮助,最后决定让学校迁到浙南的武义县。

　　这对屠长林先生来说是个难题,因为屠师母是位家庭妇女,男女双方家属一大串。当时的上灶村已在敌占区的边缘,所以他无法随校去到离绍兴这样远的武义。这种情况,恰恰给新上任的省立绍兴中学校长潘锡九先生一种机会。因为自从周有之先生离开绍中以后,学校的英语教师就失去了台柱。屠长林先生毕业于上海圣约翰大学,以擅长英语著名。崇仁廿八都离上灶村较近,潘先生派专人到上灶村敦聘,屠长林先生就应聘来到绍中。从上灶村到嵊州崇仁也有两天的步行路程,但当时大家出门,一般多是依靠自己步行,请个挑夫挑上行李,潘先生上任不久,屠先生也就到了。

屠先生当时是高中英语教师台柱。这年我高秋二,教室和寝室都在一个称为"会十九公祠"的祠堂里。廿八都不比花明泉,祠堂很多,但非常分散。屠长林先生是名师,学校必然要为他找一个较好的住处,"会十九公祠"附近的"绿野公祠"比较幽雅安静,就让他住在"绿野公祠"。"绿野公祠"是高秋三的教室和寝室,这样,为了上课方便,屠先生就担任高秋三和高秋二两班的英语。由于他是稽山中学长期的训育主任,潘锡九先生也请他担任了绍中的训育主任。其实当时全校学生分居在十几个祠堂里,简师部更在离廿八都一公里多的称为"乡下"的山村里,和在城市的情况完全不同,这类"主任"只不过是摆个名头而已。实际工作,特别是总务处的事,都由几位职员操作。因为高秋三原来就有一位老教师担任级任教师,所以屠先生就兼任了我们高秋二的级任。他教英语,主张背诵,对我来说恰是正中下怀。

他是用讲义讲课,但多数都是长篇的抗战文章。讲到最后才指定哪一段需要背诵的,所以从他任教后,读英语的朗朗之声多起来了。第二天的课中,他先发一张小纸片,要大家把指定背诵的那一段默写上去。一般只花七八分钟时间就上交,接着就讲新课。对默写的那张小纸片,他改得很仔细,有几处错误,他就用红笔写:"5m"或"7m"。而次日发还时,就显出了他的一套好方法。他每次都说,默写的他看了,而且写上了有几处错误。但因一一登记他没这么多时间,所以还不如在课堂由他按名册点名,让大家自己说,他登记入册,这样对他来说就省了不少时间。于是他一个一个地点名,被点着的就自报,几个"m"。有的同学有"8m"甚至"10m",不得不老实报数,但毕竟难为情。当时还没有通行"OK"这个词汇,在点到我时,我总说"all right"。因为实在都是并不困难的事,同学们所自报的出错,多数都是在词汇的拼写上面。所以通过个把礼拜的讲课,他就认得了我,在路上见到时也叫得出我的名氏。

他不仅擅长英语,同时又擅长古文。学校有些什么活动,多要请他写篇小文章。他到校约一个月,学校举行运动会。因这次运动会除了绍中一校,附近的几所私立中学也都参加,所以有个报道组。3天会期,每天上下午都要出一次两三页的油印报道。而第一次的报道,就请他写《发刊词》。我记得他写这不到百字的文章,第一句就是:"夫一人善射,百夫抉拾。"运动会结束以后的英语课中,他就要同学做翻译作业,而翻译的就是他为运动会写的这篇《发刊词》。开头一句"夫一人善射,百夫抉拾",除了我以外,全班没有人懂得是什么意思,许多人连"抉拾"的"抉"字也不认识,更不懂得"抉拾"这个词汇的意义。但是我翻译出来了。这一天他对我说了一句话:"你的情况我知道了。"开始我对这话感到莫名其妙,后来不久就知道,因为附小早已停办,主任孙礼成先生也被潘先生聘来担任低年级的历史课程,是孙礼成先生告诉了屠先生关于我的家庭情况,所以他才说这句话的。

当时,高中学生在生活上都是受军事教官管辖的。因为按规定高中的最后一个学期有个黑夜行军的项目,高秋三住在"绿野公祠"不方便,军事教官要他们迁到瞻山庙附近去,而我们就从"会十九公祠"迁到屠先生所居的"绿野公祠"。屠先生教我们的课就更方便了。由于孙礼成先生已经告诉了他,说我是"书香门第",他对我的情况已经基本了解,我们之间的关系也更为密切了。

"绿野公祠"在廿八都村的这许多祠堂中,确实是很幽静美好的一所,在抗战年代,能够在这样一所祠堂读书就寝,应该说是非常幸运的了。全班同学不过二十个稍多,除了两三位在嵊县考入的以外,其余多来自绍兴沦陷区。所以大家都是很用功地读书。我从屠先生口中,不止一次地听到:绍中的学风确实不错。

本来我们可以在这种差强人意的战时环境中继续学习,特别是屠先生的英语教得确实甚佳,一般同学都有较大进步。但事情总是变化的,自从"九一八"事变以来,日寇都是利用其空军优势滥施轰炸的。不仅轰炸我国,而且悍然偷袭珍珠港,轰炸了美国。却想不到1942年,它自己也遭到了轰炸。美国空军从太平洋的航空母舰起飞,轰炸了东京,然后降落到我国衢州机场。第一次带队轰炸日本的杜立德所写的《轰炸东京》(有中译本)一书中有载。衢州机场也是因为这种需要而修建的。专事对他国轰炸的日寇,忽然也遭到轰炸,举国震惊,于是就于1943年发动了旨在摧毁衢州机场的所谓浙赣战役,宁绍一线的日寇,以迅雷不及掩耳的举措,全线向南攻击,嵊县、诸暨等县随即沦陷。廿八都的绍中因四周战火纷飞而无法立足,学校不得已紧急宣布解散。可以回家的如嵊县和诸暨同学立即回家,不能回家的如绍兴城内的同学,为数甚多,由学校联系廿八都附近的几个小山村,暂去这些地方避难。我因为与家在绍兴城东的东关镇(即竺可桢先生家乡)的徐执中同学友善,决定回到绍城再次去暂做"顺民"。屠先生器重我,特要我到他房中问我如何应付,我如实相告。他也告诉我,他也决定暂回上灶家中。日寇毕竟兵源有限,除在侵袭之时到处轰炸杀戮外,稍一安定,就只能占领城市,像东关镇这种在宁绍一线上的大镇,它也无力顾及。屠先生家乡上灶村,当然也不会受日军的侵扰。

我们随即行动,把行李在廿八都的熟悉家庭中托存,然后,执中同学与我各背一小包袱,翻越会稽山中很高的孙岙岭,下山到了汤浦镇,实已筋疲力尽,傍晚抵执中君有亲戚的何家溇。在何家溇一宿,次日午前到达东关镇。我因为1941年绍兴沦陷,花明泉校本部撤往廿八都时已入绍兴陷城做过个把月"顺民",已经领得"良民证",存放在家里。由于"良民证"上没有照片，所以乡间不少需要入城的人，多已通过城内亲友关系获得此证。执中次日即托东关镇上持有此证一位熟人，由我写具一信，此人一早坐篷船到绍兴昌安门外，即入城到我家取出我的"良民证"，傍晚才回到东关。执中君家甚客气，要留我多住几天，我因归心似箭，即于次晨坐篷船返回绍城，约在午后不久到达家中。除了祖父已于1942年去世，他的书房，也是我自幼读书之室已经空荡，让我黯然神伤外，全家因我的顺利返家而不胜欣慰。叔父母和堂兄弟姊妹等，问长问短，花了不少时间。

这天晚上，与父亲商量此后行止事宜，我父亲是尊祖父旨意，要我继续求学的，他告诉我从这几天日伪报纸所见，日寇进军目的主要是为了摧毁衢州机场，战事重点在浙赣线上。嵊县的沦陷或是暂时现象，然绍兴中学已不能再在廿八都。但丽水一带，据当时供职于丽水浙江地方银行的四叔来信，并无战争情况。而绍兴虽为沦陷区，但老县政府（当时人们都以"老县政府"之名以贬斥汪伪的"伪县政府"）据说仍在里山（绍兴人称今会稽山南的崇山峻岭地区为"里山"）的某个村庄之中。所以像绍中这样的省立名校，很可能在丽水一带复校，我只要在家暂待，或许就可到浙南一带继续读完高中。好在祖父留给我的书籍都在，要我就在家里温书。父亲虽然早年听到过附小教师说我"不读正书"的话，但看到我能顺利插班绍中，高中又能高列榜上而成为公费生，加上历年的"成绩报告单"，所以对我的读书之事，已经全力支持了。

但他因钱庄尚未停业，尽管生意清淡，而他作为经理，仍然早出晚归去钱庄。我在家除读书外，唯一与我亲近的就是每天上适庐茶馆的五叔祖。因为他也年事渐高，所以只是上午泡茶馆，下午则在家休息或玩弄一点乐器了。我们家中不订日伪报纸，但五叔祖告诉我，前稽山中学训育主任，后来据说也到你们绍中教书的"屠矮子"（他生得较矮，所以得此绰号），现在据说改了名氏，当了伪县政府的教育局长。但我对此，实在不敢相信。

适庐在布业会馆内，布业会馆是一座很大的宅院房子，内有全县开会（有时演戏）用的觉民舞台、花园亭榭，适庐则是一排七八间房室的高档茶馆，到此喝茶的多是遗老和其他文人。此外，还有若干家不在城内的布业头面人物的卧室。由于五叔祖的茶友中有若干是我祖父的学生之流，知道我家情况，而且渲染我的自幼聪明强记和什么"公费生"之类，很想与我见个面，所以在五叔祖的多次要求后，我就在一个上午随他去了布业会馆，在适庐与已经开了两个房间的这些我家世交见面聊聊。当时，父亲正在与从兰溪下乡到游埠的舅父联系（兰溪的游埠如同绍兴的东关，是一个未沦陷的大集镇），头晚写了封长信，向他查询浙南学校的事，我急于回家阅看此信，所以这天婉谢他们的午餐招待，匆匆忙忙地从布业会馆出来，却在会馆门内见到了屠长林先生，他住在会馆之内。这一见让我相当吃惊。

他以为我是到此去找他的,因为有稽山中学老学生在街上见到过我,所以屠长林先生知道我已经回家,他已请此稽山中学老同学查访我家,要我到布业会馆与他见面。他开口就说"说来话长",要我到房中谈。但我因急着回家看父亲昨晚所写的信,告诉他今天到此并不是找他,现在急于回家。但他说,他有事请我帮忙,所以约定过一两天后的某晚上到此与他再谈。这回家路上,我恍悟五叔祖所说,他已当了汪伪县政府教育局长的事已经属实,实在令我非常失望。

回家看了父亲写好的信,再加了一页我还须了解的问题。父亲晚上回来,看过我加的条子后,预备明天即付邮。于是我告诉了在布业会馆遇到屠长林先生的事,他现在改名屠苊,担任汪伪县府教育局长的事属实。他原为多数同学所钦佩,现在居然当了汉奸。而且也说了匆忙间他说有事要我帮忙,约定明后天到布业会馆再见的事。

父亲思索了一下,却说出一件事。他说后盛陵(我后母娘家)的吉生小学(因徐吉生是杭州巨商,由他出资在老家办此学校,所以规模不小)校长不久前到城里来过,说他们小学是"喝两口水"的。"喝两口水"的意识是,这类远乡边郊的小学,汪伪县政府管,老县政府也管,而校内师生的思想都是倾向老县政府的。父亲说,他要你帮忙,你是否可以请他帮忙,让你到这类乡间的"喝两口水"的小学去,这样就可以和老县政府的人打交道。稽中早已迁到浙南,绍中必然也会在浙南复校。要去浙南,反正必须从平水以南的里山走,如能与老县政府的人取得联系,这不是能去浙南的一种希望吗?

我觉得父亲的考虑不无价值,于是次日晚就去布业会馆。因为屠先生的房间我已知道,他已在房内,进去后坐下就谈。他首先向我说明,绍中解散以后,他原来已经联系好到上海一所中学执教。后来他的亲戚,即绍兴布业界很有名气的陶仲安,亲自去到上灶,告诉他,绍兴的小学教学一塌糊涂,由一个自己也不通文理的童海鹤当局长,县城里6所公立小学都让他管,校长和教师都是用钱向他买的。许多小学教师,原来都是布店倌(布店的营业员)、南货店倌、杂货店倌,自己都不曾在小学毕业的,由于小学教师收入较高,都当了小学教师。伪县长(屠原话有"伪")冯虚舟虽然有名,但出身金融界,对这种现象也十分担心、一筹莫展。陶与冯是好友,所以冯也同意陶冒险到上灶(因为陶也在伪政府任了高职),要屠进城,把这6所小学彻底整顿一下。否则,绍兴这个文化古城到日本战败以后要成为一个愚人城了。当时,沦陷区的多数文化人的看法是,自从美国对日宣战以后,按照美国的强大力量,尽管在珍珠港损失惨重。但最后必然要登陆3岛,日本必败是注定的,但时间恐怕总得5年,因为它的主要力量已在珍珠港被毁了。

屠先生继续与我倾谈,他是在这样的情况下才决定进城当这个伪教育局长的(他的原话有"伪")。所谓"我不入地狱,谁入地狱"。他上任后即去察看两所学校,的确糟得无法想象。于是他立刻动手撤换教师,依靠一些稽中学生,也有少数绍中学生,请他(她)们接班上课。其中有不少是等待战局稍稳定要到内地去,屠也请他们在去内地前先做一段时期代课教师,否则的话,绍兴的教育的确要完蛋了。由于一时撤掉了大量教师,又找不到人接班,虽然现在的"缺"比之过去的"不缺",其实倒是好事。但长期缺下去,总不是办法。所以他有两件事要我帮忙。第一件是,现他找学生代课接班,主要是稽中同学,因为他毕竟是稽中老教师。绍中因他历时短,认识的学生不多,但这一次暂时回家的他估计就有不少,是否由我帮他请一些同学暂时接班代课。第二件是,因为他对绍兴的小学界原来就很陌生,这一次才知道,这6所公立小学中,只有元培镇小学(校址即原县立第三小学)校长陈毅民是原来县三校的重要教师,但据陈告诉他,教师中也有几个是混进去的。所以他希望我暂时去担任此校的教务主任,先整顿出一个好的样板来,让大家刮目相看,然后再一个一个地都整顿好,这件事,实在是拯救我们的子孙后代。

于是我就告诉他,我正在和兰溪游埠的舅父联系,我是想随时去内地续学的。他立刻插言,说我不走他也希望我走,哪能留在沦陷区。但现在战局未定,是请我临时帮个忙的。他既然这样说了,我也就和盘托出,告诉他后盛陵吉生小学校长的话。因为我要去内地,必须从平水以南的里山走,所以我急需和老县政府的人取得联络,你当了"局长",是否能帮我找一个这类"吃两口水"乡村学校,让我可以得到这个机会。至于元培镇小学,目标也太大了,我是不能去的。这一晚谈得很久,他一直是把我当做一个好学生的。他说,他还不了解,哪些地方的学校是"吃两口水"的。因为沦陷区的城市,太晚了在街上走路也是有风险的,所以倒是他提出我先回家,他明天到局里了解一下,明晚上再到他处继续。

我回家时已经10点了,父亲确在焦急地等我。我把与屠先生长谈的经过大致告诉了他,他随口就说,小学教师的事他知道,状元台门外的剃头师傅阿良,大字不识几个,也花钱当上教师了。又说,平水这一条线上,入山容易,但日本佬防得严。恐怕很难找到"吃两口水"的,反正明天再去,屠先生总会成全你的。

第二天傍晚我应约去了。屠先生已了解过,确实与父亲说的一样,南边如平水、南池、坡塘一带,没有这类学校,这类学校多在柯桥和钱清一带,他说一定设法为我找到一所。但眼下要请我帮个忙的事,元培镇小学不必说了,就有另一所在小保佑桥的汤公镇小学,高小自然课是一个布店倌买进去的,他连教科书上的字都不全认得,他上任之前已经有好些学生家长起哄把他撤了,所以高小自然课已经半年多不讲了。要我帮他去暂顶替一下,他一旦找到"吃两口水"的,我可以立刻走。我知道屠先生是一直器重我的,他不会骗我,也就同意后天(因这晚是礼拜六)就去。而想不到他在次日就请人找到此校校长李频澜,当面告诉他,明天有一位老绍中(当时称原绍中为"老绍中")的品学兼优的陈先生来暂代你校的高小自然课,陈是我的学生,你们一早就要为他准备好办公室的座位之类的,并可以向学生宣布。这事是后来李频澜告诉我的,在屠先生眼中,我居然是"品学兼优"。

礼拜一那天上午我去了,办公室里已在校长的旁边为我设了桌案,而且教务主任王正居和训育主任徐桂英,都已从校长口中,知道我是屠局长的"品学兼优"的老绍中学生。自然课排在下午第一、二两节,他们给了我教科书,我说要回家找点资料。在办公室只坐了不到1小时,就回家了。教科书是"三通书局"出版的,就让我满腔怒气。什么是"三通",就是"日、中、满","日"当然是日寇,"中"是汪伪,"满"是伪满。但当时沦陷区的教科书都是这汉奸书局出版的。

下午我去讲了课,第二天教务主任王正居就告诉我,学生十分满意。我到汤公镇小学教课,已是这年暑假后开学一个多礼拜了。我一面讲课(因为学生很欢迎我),一面三天两头地去找屠先生。当时伪教育局在大街(今解放路)一侧的两营。我从家里到小保佑桥要经过大街的一段,稍稍多走一点路就到两营了。屠先生已经知道了学生非常称赞我的讲课,他说绝不因此放松他为我找"吃两口水"的事,由于他也是新上任的,这件事又不能公开声张,局里的人,到底谁可信,谁不可信,他也尚未摸清。但他坦率地告诉我,我是他难得教到的学生,他希望越早去内地越好,所以他一定尽量设法让我和老县政府沟通关系的。

我在此校代课竟满了一个月,那天他叫局里的人来找我,要我去一趟。到了局里,他告诉我,事情办成了,而且是可以公开摊牌而不是私相授受的。他说学校就是柯桥以西阮社村的阮社小学。校长是城里人范达祥,倒是稽中二年级学生。但该校有一位五师毕业的老教师,一直看不起范达祥,并在学生面前说三道四,范达祥一个初中毕业生当然受不了,所以自己写报告希望离开阮社到城里任教,虽然阮社的待遇比城里好,但是他资历低,实在受不了这位老教师的奚落,而甘愿离开。所以局里可以公开地批示,汤公镇小学的位置给他,你就可以到阮社小学去当校长了。他向可靠的人打听过,阮社小学因为地邻游击区,是"吃两口水"的。

所以我立刻回家收拾一点铺盖行李。因为我是决定以四个学期的转学证书,用"同等学力"(当时政府有此规定)报考大学的。所以还必须自己温习解析几何和物理学,也把这些书带上了。我在家附近的莲花桥埠头雇一艘脚划船到我家园外河埠,上船去了阮社。一个虚龄20岁的小伙子,到这个历史悠久而有7位教师的阮社小学当了校长。学校与乡公所相邻,阮社是开泰乡的中心,名义上是汪伪柯桥区的一个乡,但到校不久,就看出校里师生的情绪和语言都是倾向老县政府的。所以我上任后不久,也就公开说明,我是要去内地继续读书的,在阮社顶多到明年暑期。我听到音乐教师教唱歌,尽是些"渔翁乐陶然"和"长亭外,古道边"之类。我年轻气盛,告诉他,岳飞的《满江红》是老歌,并不在禁唱之类,我们应选此歌。于是在柯桥区各个小学汇总,阮社小学就第一个唱出"待从头收拾旧山河,朝天阙"的歌声。

乡公所里有五六个穿制服的警卫员(但无武器),都是吊儿郎当的部队里的逃兵,但其中有一位大家叫他"老陈"的,和我很接近,常和我说话,一天看到我在洗衣服,就过来帮忙。并且主动告诉我,他原来是被抽壮丁在国军部队里当兵的,因为在江西打摆子(疟疾)医不好,部队同意他走,他是阮社人,一路像讨饭那样回来的,总算乡公所接受他,当了乡丁。

我到阮社,因为大家知道我是屠局长的学生,都很看重我。但我心里想的是"吃两口水",我到校已逾三礼拜,为什么从没有见到老县政府的人呢?是不是这里吃不到"两口水",是屠先生打听错了呢?实在相当着急。

一天晚上,大概是10点光景(因为除了学校办公室和乡公所办公室各有一口老式挂钟外,大家都没有钟表)。我正在房中看解析几何,听到敲我房门。我打开门,就是这位老陈陪了一位年龄比我大的穿了棉中山装的人进来。老陈介绍了一句,这位是老县政府的茅先生,他是来看陈校长的。说着就走了。这位茅先生却堆着笑脸与我握手,关上房门坐下来和我谈。他说老县政府在车头村附近的什么村,我既未听清楚,也就忘了。他说他们都很佩服我。我在《逆旅》中有过简略记叙,但其实这晚上他讲的较多。他先自我介绍,他是稽山中学高商在显圣寺时代的毕业生。老家原来就在阮社,后来搬去了绍兴城内。他看了看我的桌面,说我们都知道陈校长到这里过个渡,是要到内地继续读书的,现在还这样用功。他平常都在里山,也常出来走走,甚至进城,这算是敌后工作。他既称赞我在柯桥区第一个唱《满江红》,但也说做事还是稳当一点好。反正,在柯桥区,你陈校长是一心抗日的。哪些校长是专心为汪伪的,老县政府都知道。他又拜托我一件事。他说,他也是屠长林的学生,屠先生是稽中里大家都钦佩的教师,但现在当了伪县府局长,《东南日报》上早已登出"屠逆雪岚"的事了。当然,他到城里整顿这些小学的烂摊子,平心静气地评论,这还是有功的。但这事只有我们绍兴人能够谅解,从外界来说,他的汉奸之名已经摆定了。现在,前线的形势已经暂时稳定,敌寇彻底捣毁了衢州机场,但并不占领,而是退缩到金华、兰溪、武义一线。省教育厅花了大钱,把绍中廿八都的全部家当,从山道搬到了天台街头镇,绍中已在街头镇复校。稽中由于武义被占,还在选择新址。老县政府中稽中的同学有好几位,他们已经商量过,而且县里的几位有权人物也同意。假使屠先生愿意回到绍中或即将定址的稽中,老县政府可以为他出具证明:是老县政府派他进城整顿这个已经瘫痪了的小学界的(的确是瘫痪,所以我家的堂弟妹当时都没有入学)。他说我是他十分欣赏的而且可以随时见到的学生,他和老县政府的同僚,拜托我向他转达这个意见。他如能同意,他如何出城从上灶老家到达老县政府的驻地,他们都会安排妥当的。当时,我插了一句,我说:假使他现在辞去局长到上海去教书呢(因为我估计他从上灶转到里山或许有困难)? 茅先生马上说,这不好,假使当时在绍中解散后就去上海,虽上海现在已经不是"孤岛",鬼子也已整个占领了,但教书算不上汉奸。现在他已经当过伪局长,汉奸的丑名是洗不清的了。关于这一点,我明知希望不大,但同意上城时向他转达。

我当时急于要求茅先生的事,是决定在明年暑期就离开绍兴敌区,我怎样进入里山老县政府,而从老县政府去到内地呢? 这一点,茅先生的回答很诚恳,他说:你若进入老县政府,我们可以安排你进入的路线。平水这一路最近,但千万走不得,这我们会设法的。到了里山,食宿都在他们那里,住多久都没有关系,而且我们可以派挑夫把你的行李送到黄檀镇以南已属嵊县的王城镇。但此后你要去天台街头,还得折往廿八都走这条山路。你人生地不熟,怎么吃得消? 而且天台这些地方,只要敌人稍有动作,你们又得避难。他把我捧得很高,说我是绍中的特别优秀生,犯不着再到天台去,应该走得更远。现在鬼子已经修好了钱塘江大桥,浙赣铁路估计不久就可通到金华。你们家在金华、兰溪都有亲戚(他调查得真清楚),你应该坐鬼子的火车走,从金华出境去到内地。他们对我估计过高。他说,自从美国参战以后,美国的反攻,必然要从"逐岛进攻"发展到"越岛进攻",最后登陆日本本土。但在时间上起码还要 5 年(这和我在城里屠先生说的相仿)。所以他们希望我远走高飞,最好到重庆、昆明。因为他们一致认为,像我这样的人,在抗战胜利以后是要派大用场的。

当时,大家都不太了解"原子弹"这个东西,"五年"还都是低估的。想不到日本会这样更早、更全面地投降。实际上,在原子弹以前,美国对日本的轰炸也已到了极严重的程度。我曾走过东京的银座大街,此街终端有一处"东京塔",其中有一幅东京受轰炸的照片,除了皇宫以外(这是美国空军奉命轰炸的),也是全市一片废墟,和我在广岛看到的实已近似。

茅先生最后与我说的并需保密的事,乡丁老陈就是老县政府的通讯员,要我以后凡要老县政府帮忙的事,都要老陈转达好了。我没有把这话告诉老陈,但也从未再见到过这位茅先生,茅先生走时留了一件封面上写好给阮社小学的公文(是关于冬防之类与学校无关的),以后老陈也几次送这类公文给我,都是在封面上写明阮社小学陈校长的。公文上的事,都与我们无关,但说明我这个人已经和老县政府挂上了钩,也就是说,已经喝到"两口水"了。

我当然遵茅先生之嘱,进城把老县政府的指示向屠先生做了转达。但当时屠先生已把家属包括师母的娘家人好几口都已迁到城内,据他说在上灶这个游击区很不安全,根本无法再到天台去。所以我没有完成茅先生的委托(此事我在阮社告诉了老陈)。但在出行的路线,茅先生对我的指导是有价值的,我按他所说的是坐鬼子的火车,在萧山上车到金华。因为我是带了不少书预备去投考大学的,曾在金华乘汽车到兰溪亲戚处,中间遇到生死之险,我在《逆旅》的《血染衣衫》篇中已经写了。而最后还是从金华出境到了兰溪所辖的游埠。这是一个未曾沦陷的大集市。从那里我舅父处知道,舅父和父亲原来确很富裕。但当时都因钱庄的式微而中落了。我出门时,父亲的嘴还很硬,说要用钱就让他套汇出来,这其实是秉承祖父生前的意旨。为此我在准备投考的大学中,又增加了中央政治学校外交系。因为此校不仅完全免费而且还发生活补助费。因为在与游埠的舅父谈话以后,我已经发现,父亲其实已很难支撑我上大学了。

现在再回头说屠长林先生。我在出行去金华前又去向他辞行。因为与我结伴同行的同班同学吴翊如君,也就是他为我找到的。他知道我要走,显得很高兴,告诉我,如到江西赣州,可以去找一位孔秋泉,是他在稽中很相熟的学生,现在是蒋经国手下的有权人物。后来我在赣州果然看到报纸上有孔秋泉的名氏,我当然没有去找他。

抗战胜利后回到绍兴,也是和我结伴出行到游埠的吴翊如君(他从游埠去了屯溪叔父处)告诉我,屠先生被判了刑,但获得缓刑。我没有去看他,而且也不知道他在哪里。1951年暑期,由于全省中学教师都要到杭州学习"洗脑筋",我看到了他的弟弟屠长方,他告诉我,他兄长在江苏崇明中学执教。于是在赣州的"洗脑筋"学习以后,我回到当时任教务主任的新昌中学,就写了封信给他。他立刻回信,说是通过当年圣约翰大学同学的关系,来到江苏崇明中学当文史教师。以后接着又通过两三次信。后来运动开始了,也就不再通信了。

屠长林先生是在课堂上给我不少知识的,应该是我的一位好老师。在他当了汪伪局长以后,又帮我找到"喝两口水"的阮社小学,让我和老县政府挂上了钩。我也是应该感谢他的。而平心静气地说,正如老县政府那位茅先生所说,他到沦陷的县城里整顿当时确已完全糜烂的小学教学,对绍兴城内念小学的一辈,也是有功的。所以我还是想念他的。但他毕竟如茅先生所说的《东南日报》(当时浙江的权威日报)上的"屠逆雪岚"。抗战胜利后被判刑而缓刑。后来虽然在崇明中学执教而我们又通了信,他在信上也说过"日本军阀毁了我的一生"的话。1951年我们通过几次信以后,历次运动接着开始了,在当年当过真局长的人也难免受到折磨,何况他是当了伪局长的呢?

屠长林先生现在当然已不在人间,我自己也已是"行将就火"(以前称"行将就木",现在这个"木"字应改为"火"字了)的人,但是他过去给我的知识和帮助,而且视我为省立绍中"品学兼优"的特等优秀生,对于这些,我还是很感谢他的。

史聿光

离开沦陷区

我从绍兴城出昌安门到城北马山镇,因当时吴翙如家里住在那里。由父亲、我堂妹陈漪如以及后来成为我妻子的胡德芬送我出昌安门外桑园桥雇上一只脚划船。所有这些,我在《逆旅》中有了记载。现在这为我送行的 3 位,以及与我同行,又与我同年并且是省立绍中的同班同学翙如兄都已先后走了。感谢上帝留下我这个年逾 9 旬的老朽,把过去的这些老师记下来。这中间,我的妻子和堂妹,她们也都是在绍中附小读书的,所以附小的教师,虽然没有讲过她们的课,但他们必认得几位。妻子也念绍中,绍中的教师,我这年离开沦陷区到内地,沿途多难,血染衣衫,多次经历她必然也认识几位。翙如兄是我绍中的同班同学,我所记的绍中教师,他都受过教益,所以也都是他的好老师。

生死之间。赖上苍恩典,都化险为夷。虽然不能远走川、滇,但也能幸遇两位恩师。从沦陷区到内地,也是我生命中的重要一页。故在此聊写数言,作为一个过渡。

1943 年暑假开始,我就离开阮社,回城里家中做点准备,决定按老县政府那位茅先生的指导,即从萧山乘敌寇的火车到金华我的舅辈庞锡元(我都称为舅)家里。同班同学吴翙如君是由屠长林先生为我找到的,与我结伴而行,他是到屯溪他叔父那里去的。此中经过,我在《逆旅》中已经都记叙了。

吴君先到游埠,他请我舅父雇了一顶山轿到罗桐埠(即今千岛湖大坝之下),溯新安江坐船去屯溪。我因有书,恐怕出金华困难,试图从兰溪出境(那里也有亲戚),几乎丧了命,后仍返回金华,书大部分丢掉,从金华出境,我到游埠时,吴翊如君早几天已经走了。所有这些,在《逆旅》中都有了记叙。

茅先生他们希望我到重庆、昆明,我却只到了上饶,而且在上饶当了一年的"职业学生"。当然不是搞特务活动的"职业学生",而是被看中一定会在高中毕业生"会考"(江西当时尚保留"会考"传统)中得头名的"职业学生"。这在《逆旅》中已经写了。

前几年家乡绍兴要为我建"陈桥驿史料陈列馆",后来我看到了他们筹建时讨论会的发言,其中有省立绍中的老校友,说我在绍中的成绩,每学期总平均分数都超过90分。其实,一张转学证书中从高一上到高二下4个学期,有3个学期确在90分以上,但其中有一个学期是89分稍多一点。都超过90分的话,是吹捧我的。其实,我读书并不用功,只有很少数几位教师的课是比较专心听的。有一位我父亲熟悉的绍兴中学附属小学教师所说的,我是"不读正书"的这句话是不错的,直到高中还是如此。因为我认为这些课程都比较浅易。学期总平均分的计算方法是以全部课程的总分为"被除数",全部课程的数为"除数"而得到的。对我不利的两门是图画和体育,但都是每周一节,除数中只占2,而英、国、算3门,在除数中占16,而这3门,英语我总是98—100,国、算2门也都在90以上,所以沾了光。而这张转学证书中的最后一学期,实在是以月考的成绩充数的,因为这个学期(高秋二下),我们没有读到一半时间,学校就因日寇大规模流窜而被迫解散了。

这年,我到上饶以后,开始以我舅父的关系住在一家以萧山人李小鸪先生为经理的浙人布庄里(做的是批发生意)。马上就听到江浙人之间的话:"老俵的文化教育太落后了。"江西人自己也是互称老俵的,但这和我们当前的称"同志"、"师傅"一样,是一种普通称谓。而江浙人称"老俵"就含有一种轻视之意,这当然是不好的。江西省的文化教育在当时的落后,这与内地的地理位置有关,不能与濒海的江浙相比。举个例子,譬如化学元素,"水",江浙人在课堂上受教时,教师总说"H_2O",而江西和其他一些内地省份,在课堂上就说"氢二氧一"。所以才听说有一次大学统一招生考试中,一个填写化学元素的题目,在"水"下,满场都写"清而养鱼"的笑话。这当然是一种我们称为"大派司"的作弊行为造成的。接受"大派司"者,把"氢二氧一"听成了"清而养鱼",才造成这种被江浙人普遍传播的笑料。

抗战开始,江浙有不少举家内迁到江西的,因为第三战区司令部(司令长官是顾祝同,江苏人)就在上饶附近,而江浙两省有大量商号也迁入江西。这些人到江西,有的当官,有的从贾,他们立刻发现江西的学校不适宜于他们子女的教育。因为这些人,有的有权,有的有钱,他们就在上饶附近盖起大洋楼,为江浙人办了一所像模像样的中学,校名就以司令长官为名,称为"祝同中学"。学校尽可能用高工资聘请江浙教师。史聿光先生就是其中的佼佼者。他是上海人,圣约翰大学出身,原来想在福州路与人合伙开一家特色书店,因"八一三"战事而中止,在孤岛的一所中学任教。全家(师母和两个孩子)都在孤岛。但珍珠港事件以后,日寇随即进驻孤岛。史先生不愿在日寇统治下工作,举家内迁,住在上饶乡间的上炉坂,他自己则随即被祝同中学发现,并奉为此校的台柱教师。因为校长是一位三战区的将官,是挂名的,所以史先生的地位达到这个学校的许多事务由他说了算的程度。他女儿史济漫(实在只是高中毕业)成了学校图书馆的负责人。

　　我经过了生死大难到上饶,发现上饶根本不是大学考点。而且在时间上,一般中学也已开学了3个礼拜。只好在一家布庄住下来,吃得挺好,卧室也不错,无可奈何,就在此补习一下来年考大学的功课吧。有一位亲戚,也和我同样关系,曾住在布庄里,而他当时已考入祝同中学了。礼拜六回布庄改善一下饭食,我们原来熟悉,他返校时透露了这个消息,所以史先生就非要我去此校不可。因为此校原来是为江浙学生办的,但老俵们中也有掌权或走门路的人,开学以来,也让若干老俵挤了进来,直接影响学校的水平。所以虽然学校办了10年以上了,高中会考还得过一次"会考状元"。总名次虽高,但不够理想。这位亲戚透露了我在转学证书上的成绩,史聿光先生就要我完全免费到此校,名氏排在高三,但听不听课自由。除了集体宿舍中放了我的被铺外,学校还在一间楼梯下用校中的被铺为我开了一个小间,因为晓得我有睡得晚的习惯。这个小间,除了史先生和少数几位外,谁都不知道。他的女儿则为我送上了大学入学试题解答之类的书籍。我就这样作了一位"准会考状元"的职业学生。

　　史先生非常关心我,经常与我谈谈学问,他毕竟是圣约翰出身,英语确实不错。我们也常常用英语交谈,他也立刻发现我丰富的词汇量。另外,他的古文基础也不错,有时我与他谈及一些《孟子》中的故事,他竟连是《孟子》中的哪一篇都说得上。后来才知道,他虽自称上海人(因为在上海住久了),其实是苏州的一家书香门第出身,年轻时在苏州读过不少古书。也是他告诉我,在当代中国,翻译古代诗词,当以林语堂为第一,他也举过一些例子。后来,该校的另一位上海南方大学(次等大学)毕业的江绍箴先生,手头有一些林语堂翻译的古代诗词,也借给我看,这当然是因为史先生的面子,我也因此而获益匪浅。

　　但"会考状元"的事结果告吹,因适逢上饶区会考以前,传出了衢州敌寇蠢蠢欲动的消息,连当时上饶的权威日报《前线日报》也登载了。于是参加会考的几所中学,特别是以江西同学为主的中学，就集中起来进行了一场"反会考"的运动，他们把持考场，不准谁进入考场，当局也无能力出面阻止。这一届会考就这样被这些蛮横的学生反掉了。

我于这年暑期从上饶到了赣州，但与史先生一直保持通信关系。在我告诉了他我对赣州这边的大学很不满意，不想再读下去时，他回信说像我这样的根基，不读大学毫无关系，并称此为"同进士出身"。稍后不久，他又寄来祝同中学的聘书，说假使我对大学没兴趣，寒假后就回赣东，在祝同中学初中部教英语。我确实既感谢，又感动。我们以后继续通信，他在信中每次都称赞我，鼓励我。一直到原子弹在广岛爆炸以后，我们的通信才停止。我估计他一定举家回上海了。

史聿光先生是我的一位好老师。

于宝椠

我从上饶到赣州，目的是为了在绍兴阮社小学"喝两口水"时那位茅先生所说的，远走高飞，到重庆或昆明。而且因为在兰溪游埠时，从我舅父那里知道，我父亲(舅父自己也一样)虽然身为钱庄经理，但是由于战争的关系，实在已经家道中落了，所以也有投考完全免费并还有生活津贴的中央政治学校外交系的念头。但是到了赣州以后，就遇到粤汉线上的衡阳会战，接着是衡阳沦陷，进不到内地去了。当时，大量江浙学生，原来都是想去内地的，因此都滞留在赣州。在这一带只有一所创办不久的国立大学——中正大学，本部在战时省会泰和，分部在赣州。中央政治学校在泰和有一个考点。但结果是，考试是进行的，却由于交通中断，连考卷都无法送到重庆，而成为一大堆废纸。大量的江浙青年拥挤在这里，另外无可选择，只好报了这个国立中正大学的名，使这所大学成为当年录取最困难的大学。一共是泰和及赣州两个考点，我是为了要报考中央政治学校外交系，才从赣州坐木船到泰和去的。虽然当时的战局已经看到日寇对衡阳的虎视眈眈，即使录取了也去不了重庆，但既已到了这里，也只好硬着头皮去考一下了。最后才知道考卷成为一堆废纸，有什么好说的呢。

我也在泰和报考了中正大学，只有这一所大学，这是无可奈何的。我只记得国文试题就是写一篇文章，题为《得道者多助说》。这是《孟子·公孙丑》中的话，我通篇都背得出来，我甚至把《尚书·仲虺之诰》中的"东面而征西夷怨，南面而征北狄怨"之类也写了进去。这是我可以对汉族"得道"夸张一番的机会，否则，祖父从小要我不管

"不全懂"和"全不懂",都要背熟,年纪大起来就会懂的,这一番他苦口婆心的话就白说了,我的"小和尚念经"也白念了。回到赣州以后不久就发榜,我被录取了。许多从沦陷区出来的青年,学业都是不错的,这一次都因报考的人数太多而名落孙山,这其实是由于粤汉线被敌寇占领而造成的不公平,又能到哪里去诉怨呢。所幸当时内地对于从沦陷区出来的青年,只要你手上有一纸证明,都有供应食宿的招待所(名称各不相同),可以住下来再想其他办法,而新赣南因为各类设施较多,找个收入微薄的临时职业也不算困难。回顾抗战时期,各地政府对收容沦陷区青年的这种普遍措施,应该是一种重要政绩。我自己就是住在赣州鸳鸯桥的一所名为"沦陷区青年训导所"(名为"训导",其实就是收容)中的,两干一稀,伙食相当低劣,但总可让这些举目无亲的青年人有个容身之所。

我们这个"训导所"里大概近200人,多数都是江浙人,但这一次能录取中正大学的不过10人光景。所里负责人员(也是江浙人)也说这一次的情况很"惨"。所有录取的人都上龙岭分校去了,因为对于沦陷区青年,大学也是免费的。我因为在家里读《二十四史》不曾读完,而新赣南图书馆中有一部百衲本《二十四史》,馆长名叫汪善根,看我读的是这部很少人读的书,与我关系不错,所以我一直到正式开学那天,才背了行李,走5里多路上一座小山(龙岭)到校报到,已经很少有人在教务处报到了,却遇到当年在花明泉简师部比我低一年的女生陆碧霞在当教务员。当年我是在老祠堂的正厅,但师秋二在老祠堂的"台门间"(拦隔起来作教室用),当年虽天天见面,但并不打招呼,这一次她老早看到我的名氏,却不见我报到,这最后一天才见到,显得很亲切。不仅随即为我登记入册,而且帮我拿行李到规定的寝室。寝室10人已只缺我一人,是一个靠窗的双人铺上铺床位。下铺是一位名叫曹慎微的宁都人,宁都乡师毕业,已留校做了两年教师,这一次才进大学的,当然比我年长,但为人温和厚道,而且与我同系(社会教育学系),经常自觉地帮助我。

我因为从小在家里读了很多书,长期来尽管口中不说,但常常认为自己高人一等,所以很不愿交友,也很少交际,对社会上的事,实在是孤陋寡闻。对于大学,自己家里没有上过大学的人,中学时有不少很器重我的教师,像初秋三最后一学期学校用轿子抬来的杨鉴吾先生,过去还在大学里教过书,我也不曾问他大学里的情况。我只是依靠自己的臆度,认为大学总是国家的最高学府,总是研究学问的,而不是像中学那样地光听教师讲课的。想当然地以为总是专题研究,由教师指导。个人完成专题,或写出论文,汇成专著,其中优秀的就可以出版了。

在寝室里住定,全室有3个系的人,都是文学院的,听他们说,学生不论文理,有3门课:基本国文、基本英文、中国通史,这是必修的。这实在是对我的当头棒喝。我认为到大学里是来研究学问的,怎么是来听这种课的。

次日上午在图书馆门外的一块大运动场上举行开学典礼。由分校主任罗容梓教授主持并讲话,他是南昌人,燕京大学毕业后留美的,这我早已知道。他的话比较实在,我记得的两点是:盥洗室里除了两桶温水是供洗面的以外,还有一小桶冷水,这是冷开水,供漱口刷牙之用。因为去年泰和校本部出现了伤寒病,死了同学三四位,恐怕是和水很有关系,所以我们采用了这个办法。大家用这小桶冷水要节约,并且千万不要把外面的水掺进去。另一点是图书馆阅览室的灯是公用的(桐油灯),供同学阅读用功之用,到九点半由管理员吹熄,并不是供同学写信、看小说或甚至聊天的,务请注意。后来知道罗容梓先生口碑不错,也很负责,例如多数晚上十点以前,他总是与一位总务处的职员到各寝室检查一次,看看有没有外出不归的,而且风雨无阻。一位大学分校的主任,能够做到这样,已经很不错了。他的讲话我颇满意。但让我耿耿于怀的,仍是做学问的事。这天下午有"中国通史",我就去听了。

上"中国通史"课的是一位年近50的教师。他带了一本笔记本上课。既不讲历史学的一点理论,也不讲神话、传说与信史的区别之类。他一开始就讲中国的第一个朝代是"夏",说禹是以治水之功开国的。在黑板上写了"洪水茫茫,禹敷下土方",指出这是古书对"禹"的最早记载。这句话是《诗经》的《商颂》里的,因为我读《诗经》时,只背了《国风》,《雅》和《颂》未曾背诵,但我是读到过的。接着他居然讲到"禹"主持的会稽之会,我原来是想中场退席的,后来感到挤出去也不大好,并想到了祖父常说的"谦受益,满招损"训示。这话,我在小学和中学里确实经常注意。附小这样一个大规模的小学,有哪一个教师能背《唐诗三百首》,能背《四书》呢? 我当年确实是竭力克制的。但大学是我一直追求,以为总是做学问的,碰上这样的"中国通史",还是文理学生"必修"的,当时年轻气盛,与曹慎微同学一起回了寝室,竟对他说:假使我去讲这堂课,肯定比他讲得好! 我立刻去教务处找陆碧霞。请她出来问她,中正大学还是这样与中学一样,一堂一堂让这些教师在上面讲,学生在下面听吗? 她是很温和地与我说话。她说,像你陈同学这样的人(因为她在花明泉时就知道我),假使衡阳不丢,到内地你是什么大学都考得上的。但那些名校与"正大"(中正大学的简称)不同的只是有一些名教授,其他也一切都和这里一样的。"名教授"这个名称,我在初秋三时就从杨鉴吾先生口中听到了。于是我问她,"正大"有没有名教授? 她支吾了一下说,罗(容梓)先生可算的,但是他当主任不教课,还有戴良谟,在这里教工学院学生数学的,再一位是城里幼儿师范学院的程懋筠,他在这里兼教唱歌。校本部有几位,但她不了解。我当时火气很大,竟告诉她:原来我长期憧憬的大学竟是这样! 我要她在教务处给我除名,我宣布退学。当然这个学期的吃和住还是在这里,这是国家供应的。陆碧霞是一位既漂亮又温和的简师部同学,她委婉地劝我,她说我在绍中就以功课优秀出名,当时虽然没有交往,但她是早已闻我大名的。她要我稍安毋躁,可以自己做研究工作。内地那些有名教授的学校,也是需要你自己去请教他们,上课下课的事,也是和这里一样的。我回到寝室,在室内宣布,我已经去教务处说过退学的事了。但这个学期还是住在这间寝室里,与室友们难得相处,因为吃和住这是国家供给的,他们多数人都开导我,劝我忍耐。特别是下铺这位曹慎微同学,他拉我出去到一家吃花生和饴糖的小店(这是江西不少地方都有的),请我客,并且耐心地劝导我,说从沦陷区出来能到赣州已不容易,要我务必定下心来,有什么事,他能帮忙的必尽力帮忙,说我们能在上下铺相处,也是一种机缘,他要我在寒假中到他宁都家中玩几天。以后回忆,他真是位忠厚长者。

我从此不再进教室听课,除了每周一次的程懋筠的唱歌是去欣赏一下的以外。但曹慎微都把课堂上的教材(都是油印的讲义)为我取来。有一天,我在"基本英文"教材中,看到一篇题为《人类要自杀吗》(Should Man Suicide)的文章,是丘吉尔写的,因为文题异常,加上我对丘吉尔是相当佩服的,我就去听了这一课。教师是于宝榘先生,一口苏北腔,讲课中几次说到"朱光潜先生"怎样怎样,说明他是北大毕业的。我是第一次听他的课,看他带了点名册,后来知道他是用点名册请学生读文章的。他的教学方法是,先请一位同学读一段,然后他解释,而且在用点名册叫同学时,前面都加 Mr,比较客气。这一天,他恰恰叫到了我,而我读的这一段又特别长,有一页多。于是他解释,他或许是疏忽,或许是有目的的,把这一长段的文章中的一个子句(clause)的主词,作为全句的主词讲解。因为文章是我读的,我觉得有责任提醒他。就站起用英语发言,告诉他,这不是全句的主词,而是这条很长的子句的主词。他停下来看了一下讲义。因为我是用英语说话的,这种情况,在当时的中正大学是没有的。所以他先向全体课堂上同学把我的话翻译了一遍,然后说 Mr 陈的话是对的,但他原来也是为了在讲解中强调一个问题。

这一堂课下了后,我因为在课堂中捡拾不慎散落在地的讲义,出课堂迟了一步,他却在课堂门口等我,我一跨出,他就与我打招呼。他说:听了你今天朗读课文和后来的英语发言,一听就知道你的英语不是一般的。江西地方的英语程度实在太低了。他很希望这天下午我能到他家里去聊一聊。他伸手指点了他家的住房,与我们的寝室是同一类型的房子,距离很近。由于他的邀请很诚恳,这天下午反正无事,我就应约到他家去了。因为很近,我抬头看望他家时,他已经站在家门口向我招手了。我当时倒是感到抱歉,他是不是已经等了一会儿了呢。到他家门口,他客气地让我进去,桌上还放了三盘点心。坐下来沏了茶水,一边说,这是赣州点心,粗东西,不能和我们江浙相比。

　　于是转入正题。第一题是,他确认我的英语是有根基的,可以深造。随意在"正大"念社教系是耽误了,假使我愿意,他在中山大学(当时校址在粤北坪石,离赣州不太远)有朋友,他可以介绍我去那里免试入学读外语系。这一建议立刻为我婉谢,因为我其实看不上英语,我认为英语一类的东西,平时自己学学就可以了,何必专门去一个大学读。当然,我没有说这些话。第二题,他根本不知道我在陆碧霞处说退学的事,而且也不知道今天是我因丘吉尔的特殊文章而第一次听他的课。他告诉我,按他的估计,我以后不必再听这门必修课,学期结束时,我给你打上一个高分送教务处就是了。我谢了他,但还是告诉他,今天是第一次听他的课,就是因为是丘吉尔写的这篇文章。于是他就以我的这句话说出了他今天课后约我谈话的原因,他说:你在课上指出我主词的错以后,又说了几句是为了丘吉尔的,你说你佩服他是因为他于1940年6月在英国下院的演讲。当时,他向同学翻译时,没有把最后的这几句翻出,因为对于这些同学来说,我翻了也是白搭。所以他最后还问我,我是否住在国外,抗战开始后,因为我的父兄回国请缨,我跟随父兄回国的? 我立刻否认,说我是十足的土包子,我们家庭是一个旧式家庭,哪会有人走出国门。其实,丘吉尔的那篇慷慨激昂的演说,也是绍中高二时屠长林先生给我的课外"营养",否则我哪能看得到这篇演说? 当时我很受感动,也就把它背熟了。

　　我当然没有告诉他我知道这篇演说的过程,但他断言我是有来头的,我必然在英语上下过一番苦功。因为在课堂上后来的这几句话中,他发现我的词汇量就不仅是一般大学生望尘莫及,在这所分校中教基本英语课程的3位教师中,我恐怕也是排得上队的。由于他寻根追底而又诚恳地查问,我不得不把当年做傻事背诵过《标准英汉字典》的事告诉了他。这是我当年把此事告诉他人的唯一一次。到20世纪80年代以后,杭州大学的《高教学刊》约我写一篇为学经验的文章,而我却写了篇《为学的教训》,忘记了在该刊哪一期发表,文中我把背字典作为一种教训,此事才公之于世。当时,于先生立刻把他刚得到的一本原版《愤怒的葡萄》(The Grapes of Wrath)借给我,这是美国作家斯坦贝克(John Steinbeck)的新著,当时还算是一本新书。我在拙著《鄷学札记》(上海书店出版社2000年出版)的《自序》中已详叙过此事。此书后来曾获得诺贝尔文学奖,并且有了中译本。此外,于先生以为我在社教系,又借了我约翰·杜威的原版本《明日之学校》,但此书我兴趣不大,只是一般地通读了一遍,后来也有了中译本。

　　我当然仍没听包括他在内的任何教师的课。陆碧霞曾几次诚恳地劝我:"听总比不听好。"陆确是个好人,后来我知道,她结了婚,1949年随丈夫去台湾,不久就转到美国定居了。于先生因为知道了我的宿舍,后来几次到我宿舍谈话,我则利用这机会随时向他请教我不懂的问题,他都对我作了教导。有时,他一时不能回答,要回家查资料。查出以后,有时亲自到我宿舍指导,有时则写了卡片,在上课时交曹慎微同学带回宿舍。他曾几次邀我去他家聊聊,由于我长期养成的不愿作客的习性,都没应邀而去。但实际上,我虽然不承认自己上过大学,但却完全承认,于宝椠先生是我的一位值得尊敬和纪念的好老师。

1944年元旦后不几天,就传出了日寇要进军泰和及赣州的消息。泰和本部和赣州分校也决定应变,要全校学生迁到宁都乡师暂住。有一天下午,于先生突然到宿舍找我,告诉我,因于师母在赣州城内执教这所中学,有一辆木炭汽车明日将教师带往赣南此校分校去。他们全家(于先生、师母并孩子)均随此车前往,问我是否同行,说不定还可在那里找个临时工作呢。但因为我已和一位亲戚约定,明日一早我进城,与这位亲戚一起步行去宁都,以我的关系也可住入宁都乡师,所以我只好以此事相告,并感谢他与师母的好意。这天晚餐以后,我专门去了于先生家,向他告别并致谢。他们正在整理行装家什,准备第二天的出行。于先生为我向初次见面的师母作了介绍,居然对师母说了这样的话:"这是我生平从未教到过的学生,也可能是超过我的学生。"我立刻向于师母说:"我受益于于先生甚多,于先生是我尊敬的老师。"

我确实不曾料到,大学原来是这样的。所以我绝不承认我上过大学,但却能在这里写上一位大学老师,也算不胜荣幸。

后 记

　　《我的老师》中所记的是我在学校课堂中听过讲课而又让我尊敬的老师。其实，在此以外，我的老师还有不少。祖父对我的教导，这属于"家教"，可以不论。"三人行，必有我师焉"，要算这笔账，则为我师者实在太多，我已年逾9旬，算也算不清楚了。但在我参加工作以后，在作为同事的诸位先生中，作为我师的也确实不少。例如抗日战争胜利以后，我在嘉兴职校任教时的教务长彭灿先生、国文教师的台柱陈承仲先生，实在也都是我的老师。后来，我去新昌县立中学担任教务主任，当时还是虚龄26岁的小青年。但在那里遇到了战时离家在西北大学任教、胜利后告老回乡又在新昌中学兼教少量课程的陈叔庄老先生，他不仅教我为学，而且教我处世为人，当然也是我的老师。由于《我的老师》体例所限，这些老师都未能入我的记叙，实为遗憾。

　　此外，我毕生在学校念书，其实只念到省立绍兴中学的高中二年级下学期的春假以后，因学校解散而停学。但绍中校长沈金相先生，执掌此校逾10年，是我深深佩服的人。20世纪90年代，绍中校友编写出版了《沈金相先生纪念集》一书，承校友盛情，要我这个绍中的后辈作序。此书因忙乱搬家时丢失，但序文转载于拙著《吴越文化论丛》（中华书局1999年出版）之中。却也因在绍中时并未听过他的课（他是兼课校长），所以也按此体例没有记叙。特在此做个多余的说明。

陈桥驿

2013 年 5 月于浙江大学

原著杭州出版社 2016 年版

八十逆旅

前　言

　　《自传》(编按:指第一部《生长年代》和第二部《流浪年代》)和《耄耋随笔》实际上都是我的传记,当然,两者在时间上相差了20多年,这在我《随笔》开头两篇《开场白》和《自传的回避》中都有说明,有兴趣翻一翻的朋友,开卷就明白了。每种书一般都有序、跋,由于两者其实是同一个人的传记,所以我在《自传》前写了《前言》,在《耄耋随笔》之末写了《后记》,在这里交代一下。

　　1970年代之末,在广场上排队"垂头丧气"的知识分子,心里是有一旦宽松之感的。接着是受嘱"按既定政策办"的人也下了台。特别是1978年《光明日报》发表了《实践是检验真理的唯一标准》之类的文章以后,有些人竟至于"想入非非"。不过我在这方面倒是比较清醒的,经过一场"史无前例"其实也是"世无前例"的倒行逆施,比方一个人生了大病,不下几剂重药,怎能"调理"身心呢?我曾收到后来想必停刊的《书脉》主编古农先生的约稿信,他要刊出一期"1976年特刊",信中说:因为这一年是个划时代的年代。但是我谢绝了他的约稿,只写了封为什么谢绝的信。我说:"1976年确实是个很重要的年代,但并不是'划时代'的年代。"结果,古农先生把我的这封复信改动了一下,以"关于翻译的一点回忆"为题(因为我是1973年因国务院的一个文件被从"牛棚"提出去搞翻译的),在此刊2007年第8期发表了。

　　从事翻译工作的事是确实的。一位省出版局"革委会"的成员由杭州大学"革委会"的副主任陪同前来,当时,地理系的全部20几个"牛鬼"已经都从"牛棚"出来,进了我们私底下称为"小牛棚"的地方,即是一间旧教研室的小房间,上午关起门读"红宝书",下午从事各种苦役,晚上可以回家。我是在读"红宝书"的一个上午被工宣队提出来叫到办公室,而省出版局那位居然称我"陈先生"。给我看了一张国务院文件,全国只有9个省市轮得着这份差使。杭州当时有4所大学,而负责此事的省出版局,居然选定我这个"牛鬼"主持此事,实在令我惶恐万状,不敢接受,但学校"革委会"副主任则厉声吩咐:这是命令。

我手上有了大来头的文件,出版局管钱,我总算比别的"牛鬼"(我的身份,当然仍是"牛鬼")幸运,可以暂时离开杭大,出版局其实也不上班,我可以在国内到处走动了。在9个省市分配翻译地域时,因为有人提出我学过一点梵文,所以把南亚的这些国家(因英文中夹有梵文)划给了我。而其实,我的梵文水平很低。当时古先生所说的"划时代"刚刚过去,打听到全国梵文首屈一指的北大季羡林先生也早已出了"牛棚",并且担任了北大的东语系主任,于是就到北京向他求教。

季先生确实是一位学问渊博、诲人不倦的学术大师。我是请我熟悉的侯仁之先生陪同去东语系的,当季先生听完侯先生的几句简单介绍以后,立刻满面笑容地接待、赞赏并鼓励我。我学的梵文是用比较难写的天城体字母写的,他看我用这种字体书写,满口称赞,溢于言表。我从此得到了一位名师指导,实在三生有幸。不久以后,我们两人都成为第六届全国人大代表,我每次赴京开会,总是带着不少有关的疑难问题,而他都谆谆教导。有一次赴京,适逢我翻译的《马尔代夫共和国》出版,我当然签名恭赠于他。他对此特别欣赏,在东语系当着许多老师说:当前,社会上还有些人并不知道世界上有这样一个国家呢,但陈先生都已经翻译出来了,真是值得表扬。虽然,在南亚国家的英文原著中,涉及梵文的内容是较少的,但我却因此而得到了这样一位名人大师的赞赏,实在是我从事学术过程中的一种永生难忘的幸遇。所以在《前言》的开头特此记叙此事。

因为国家从严密的"闭关锁国"改变为改革开放,许多长期以来希望访问中国的外国学者(当然也有其他行业的),开始纷纷到来,颇有些"猎奇"的味道。稍后又出现了另外一种情况,即是外国大学(以美国为多)的高年级学生到中国大学举办中国文化学习班。1980年夏季,美国东部的匹茨堡大学就有40多位高年级学生到杭州大学举办这种文化学习班,为时两个月。具体的联系情况我们并不清楚。他们来之前两个月,我们这边主持这项事务的一位姓张的副校长,专门到我家与我商量此事,主要是要求我用英语讲课。因为我们为他们安排好的十多门课程中(课程都是较简短的),能用英语讲课的,包括我在内只有两人。其余都要由外语系的一位教师一起登台,讲课近乎说相声。而且他也知道,外语系的教师擅长外语,但不懂专业,不一定能让这些美国人满意。其实我也长期没有说英语了,但他的要求,已近恳求,我只好勉强同意。分配我的课程是"杭州地理",这实在是这个文化班的入门课。我是地理系教师,在杭州也已将近30年,但由于历来课程与"杭州地理"都没有关系,所以不仅要备外语,而且还得备专业。好在我当年学的口语就是"美国英语"(《随笔》中有此一篇),而且在讲课中穿插了几次田野考察,到了拱宸桥、六和塔和钱塘江沿岸若干地方。学生多数对此感到满意。在最后一次全体教师和学生的座谈会中,竟有学生提出"杭州地理"是讲得最好的,让我颇感得意。当然,别的专业课也都是选择名师讲出的,大概还是翻译的问题。外语系教师也都是经过挑选的,但毕竟"隔行如隔山",他们不懂得专业,翻译难免词不达意。关于这方面,后来我到北美讲学时很有体会。

在我开始得到一些朋友们的鼓励写《自传》之时,正是我为外国大学生讲课之际。学校又给我一间专用办公室,专门接待外国学者到我的研究中心从事进修研究工作。当时确实有把《自传》中该写的都逐一写入的想法。但后来因为有一位老于世故,又在这方面受过教训的朋友的忠告(《随笔》中叙及于此),才让我注意了这个问题。原来的确想把我这个平凡的文化人,从出生写到朋友们开始提出此事的上世纪80年代之初,但考虑一番以后,才觉得其中确实有难处,因为这中间有"十年灾难",我自己又是地理系"牛棚"中的头号"牛鬼",这10年如何落笔,总不好用文天祥《正气歌》中的"在齐太史简,在晋董狐笔"吧。所以终于只写到抗战胜利。

在《自传》中,我没有多写祖父。在近年写的《随笔》中,也没有为祖父专写一篇,实在是很大的遗憾。但我其实对此有很大的难处,因为假使写祖父,可以写成一部起码10万字的大书。凭我的这点记忆力——事实我都回忆得出来,但按我的年纪和精力,却已经没有这样的能耐了。

他从小独揽我的读书大权,有关我读书的事,除了他的得意门生孙福元(伏园)的一个重大建议他全盘接受外,其他任何人的意见,包括有秀才功名的二叔祖的话,他都绝不接受的。我读什么书,当然是由他指定的,至于读书的方法,就是一个"背"字。而且要背得滚瓜烂熟。他的讲解很简单,或许他自己也知道,我并不懂得这些文章的意思,但还是要我照"背"不误。后来接受了孙伏园先生的建议,同时也读英语,但方法仍然是"背"(我的英语家教寿先生也主张"背")。所以到了高小毕业,我已经差不多"背"完了供初中三年用的开明《英语课本》3册。他自己是一个字也不识的,但一听到我读英语,他就显得很高兴。

孙伏园先生是对我有大恩的(《随笔》专有一篇)。由于他的建议,我读完初一,"八一三"上海战场开启,绍兴全城多数"逃难"下乡。我家避在破塘上埠,我竟用字典在会稽山的一个小山坡上,背诵在鹅行街的书摊买到的一本破旧不堪的原版《短篇小说选》,照样硬背,莎翁的好几个名篇以及其他如《项链》等等,约有20篇左右,"逃难"

七八个月中,虽不懂(有的一知半解),却背得朗朗上口。由于年幼时有了这番背诵功夫,"诗曰子云"也好,莎翁名篇也好,到年长起来以后,就一篇一篇地都能理解了。所以按我的体会,"背"实在是个学习的好方法,我在《随笔》中叙及于此,我实在是依靠"背"起家的,而这种读书方法,则完全得自我的祖父。

祖父的性格相当开朗。"长毛举人"的事,对他完全是一种"莫须有"。但是他还是听舅父和父母的话,下乡坐馆一年。后来二叔祖曾说起,此事与他无关,他完全可以不走。而且事实证明,此事一直没有影响他举人的功名。几年以后,一位对他佩服得五体投地的豪富和权威人士马谟臣,为此专程到省上,请来一位官衔不低的大员到我家为此事"正名平反",搭棚,铺地毯,请戏班演戏,花了几天时间,事情写起来要花许多笔墨,所以我只在《随笔》中提了几句。

祖父性格的另一方面是服膺于教书育人。五叔祖曾与我谈起,在省里大员尚未来过以前,就有福建与江西的朋友,邀他到那边"入仕",但他毫不考虑,而是应王声初先生之聘,到离城十几里的敬敷学堂(是一座建在全县富村袍渎的著名学堂)执教。王先生为了拉住他,为他专备了一艘脚划船,供他需要上城时随时使用。他在敬敷五六年,教出了不少好学生,《随笔》中记及的孙福元(伏园),即是其中之一。尽管脚划船在身边,但此时我曾祖父母已故,他是这个大家庭的家长,到底不方便,结果由他的另一位好友陈津门,托马谟臣把他聘到城内的第二县校(即后来的县立第二小学),又教出了一批高材生。由于马谟臣的一个儿子马世燊(以后成为绍兴的第一批著名律师)也在该校就读,马谟臣曾去该校视察了一次,其感慨是:手执粉笔在上头,有椅子也没有坐的时间,又讲又写一个钟头,这种差使还不如"坐馆",不是这位举人老爷做的事。正好马此时创办绍兴电话公司,就在公司特辟两间讲究的房子,内室安床供休息,外室置文案供写作,名为"文牍部",其实是供祖父养老(当时年过 50 就算老人了)。并且随即为我家装上一架电话(磁石式的老话机),所以我家是全县最早一家有电话的家庭。

祖父对我,除了读书之事由他独揽以外,其他方面是十分宽容和疼爱的。对于家庭成员包括家里雇佣的仆人(绍兴人叫嬷嬷),也是礼仪周到的。但从小要我把他教的背熟,这是他的不可改变的教学方法。而且明知我对内容并不懂得,他总是说:读熟了必有用。平时还常常教育我:立德、立功、立言。惭愧的是,他要我熟读的,现虽年已近九,我基本上还能"背"得出,但立德、立功、立言之训却没有做到,只好请他在泉下谅解了。

由于我毕生读书的基础,以及以后在"子曰诗云"以外的读书方法,包括读外文的方法,都是继承他的衣钵的,就是一个"背"字,所以就写这几句作为我这篇《前言》的结尾吧。

第一部 生长年代

一、出生和出身

童 年

我出生于民国十二年（1923）农历十一月初三戌时，一直要到 1980 年代，我才留意到这一天在公历是 12 月 10 日。我出生于绍兴城内车水坊状元台门内正厅（五楼五底）东侧第二楼后间。生母贺氏，我知道她肖鸡，比我父亲小 1 岁。我因按生日时辰推算，五行缺土少金，所以取名"庆鎏"。"庆"是辈分，"鎏"就是"有土有金"。后来因为字形麻烦，改为"庆均"，而小名就叫"阿均"。

这里要说一下"状元台门"，我家未出过状元，这台门是明隆庆状元张元忭的府第，大约在清嘉庆末年卖给我们陈姓。现在，状元台门包括车水坊整条街，已于 1990 年代中期被一些对文物不感兴趣的新一代所拆光。但台门内的全部格局，我已在《绍兴老屋》（西泠印社 1998 年出版）一书的《绪论》中做了较详的描述。陈姓是从城北阳嘉龙附近的西湾村迁移到城内的。我幼时每年清明节都去西湾扫墓，并在附近的宝盆庙上香。西湾族人称我们为"庆昌房"。据说迁城的始祖在大善桥开庆昌鞋店，这是儿时祖父告诉我的。但我后来一直怀疑，一个乡下人一上城就能开鞋店？一定是先挑鞋匠担，然后摆鞋摊，最后才开鞋店。我念高小时就把这种想法告诉祖父，祖父说："祖宗的事不好乱说。"我所知道的祖辈从曾祖父开始，他名叫陈录湖，没有功名，生了

5 个儿子,我祖父是长子,名大经,字质夫。

我的父亲是我祖父的第三个儿子(祖父共有 6 子),小名阿恬,学名品琦("品"是辈分),字筱峰,后来改作笑风。他曾在袍渎敬敷学堂就读,但未毕业,因当时我祖父在该校执教。15 岁到上大路鲍景泰钱庄当学徒,3 年出师后,担任信房的职务。他肯自学,读过一些古书,对写信尤为擅长,而且文章不错。我四叔父(也是钱庄出身)曾说他,一件面对面谈也很难说清的事,他在信上可以表达得清清楚楚。大概在我念小学五年级的时候,他依靠亲戚庞氏的支持,当了新河弄祥和钱庄的经理。

我的生母贺氏,老家在南门外一个称为外(本地人读作"癞")山的村子里,据说生得漂亮而聪明,她曾教过我不少儿歌,在我 6 岁那年去世。我念高小时,我的小舅父贺介棠因我父亲的关系在祥和钱庄当协理,当时贺扬灵任三区专员兼绍兴县长。贺是江西永修人,但他找到我小舅父,要他陪同到外山祭祖,因为他查了族谱,江西的贺氏一族是从绍兴外山迁出去的。他告诉我的小舅父,他们都是贺知章的后裔。

我 6 岁这年年底,父亲续弦,继母徐氏是安昌后盛陵村望族,而且由于和移风庞氏是近亲,徐氏中的不少人在钱庄行业中很有地位。庞氏富于资产,在绍兴和"上江"(指金华、兰溪等钱塘江上游地区)经营钱庄业。从此,我父亲也就成为庞氏财团中的一员,并且不久就出任钱庄经理,成为这个财团中的重要角色之一。但抗战开始以后,法币贬值,钱庄无法营业,他们就很快衰落。其中拥有田产的,从 1950 年代起也就随着时代而终结。

启　蒙

我是由我祖父用一首唐诗启蒙的。这是在虚龄 5 岁的夏季。当时在大明堂(大厅前的天井)乘凉,祖父坐在藤椅上,我坐在一条小木凳上,祖父说要教我念诗:"松下问童子,言师采药去,只在此山中,云深不知处。"我感到很有兴趣,回到楼上念给父母听,他们很高兴,我父亲立刻又教我一首:"少小离家老大回,乡音未改鬓毛衰,儿童相见不相识,笑问客从何处来。"当我次日乘凉把此诗念给祖父听时,祖父颇埋怨我父亲打乱他的教学计划。他说:"阿三(指我父亲)莫管,教阿均的事由我来。"后来我知道他的意思,念唐诗要从五言开始。这天他又教:"打起黄莺儿,莫教枝上啼,啼时惊妾梦,不得到辽西。"我当然不懂"妾"、"辽西"等词汇,只是跟着念,但一念就熟。于是他再教:"白日依山尽,黄河入海流,欲穷千里目,更上一层楼。"我读得快,他也教得快,教了许多五言以后,接着教七言,到了这年年底,我已把《唐诗三百首》全部念得会背。这以前,母亲已经教过我不少方块字(绍兴人称为"块头字"),而祖父把《三百首》作为我念诗和识字的双重课本,可惜我善于背诵,却艰于识字。虽然把《三百首》背得滚瓜烂熟,但许多字都并不认识。

读了《三百首》以后,祖父又从书箱里拿出一册崭新的《幼学琼林》来,此书直到我念初中时犹在,记得在扉页写有"质夫姻兄教正,姻愚弟蔡元培恭赠"字样,原来此书是旧书新编,由蔡元培署名增订的。如第一篇:"混沌初开,乾坤始奠,气之轻清上浮者为天,气之重浊下沈者为地……"篇末增了蔡元培所加的诸如关于世界上的大陆与海洋:"曰亚细亚洲,曰欧罗巴洲,曰亚非利加洲……曰太平洋,曰大西洋,曰印度洋……"等等之类,我因为感到好奇,也发生了兴趣,虽然不免生吞活剥,但也基本读熟。

虚龄7岁那年旧历年初,我上了一所离家不过百米的私塾,主要的原因或许是我顽皮,祖父和父亲白天都不在家,新来的继母待我不错,但由于不是她亲生,不敢做"恶人",祖母更是奈何我不得,所以把我送到那里去,绍兴人叫作"关书房"。塾师是一位名叫魏俊扬的老头子,他们都知道我是陈家大老爷的孙子,也不敢怎样约束我,只是每天上午教一课书。记得生母在世时,父亲已经买来过小学第一册课本,由生母教我,第一课是"红黄蓝白黑,这是我们的国旗"。进私塾时换了一种课本,第一课是"手,手巾"。对于一个已经读背了《唐诗三百首》的孩子,这样的教科书,实在只是"关书房"的作用。

放午学前要写一张字,按年龄分"描红"、"映格"、"产手"三档。"描红"的底纸是现成买来的,在大约32K的京放纸上印上红字如"王子去求仙,丹成十九天,洞中方七日,世上已千年"之类,要孩子用毛笔描上去。"映格"也有买现成的,也有请塾师写的,大的称为"尺六",小的称为"尺四",要孩子用同样大小的京放纸蒙上去映着写。"产手"是绍兴方言,是年龄较大的学生自己随手书写,一般是写在"尺六"京放纸上,多数人都临帖如柳公权、颜真卿等。我因为在家里已经有一年多的"描红"学历,所以一开始就写"映格",我的"映格"当然是由我祖父写的,塾师的字与祖父相比,差距实在太大。许多同学围观我的"映格",塾师当众解释:"他祖父是举人,不是寻常人可比。""关书房"实在是我最不情愿的事,但老塾师和小同学都对我刮目相看,所以在私塾里就感到得意。上午回家吃了中饭还得再去,下午放学前是"背书",确实有孩子因背不出书而"关学",直到背出才得走。"背书"对我当然只是一种形式,"关书房"没有几天,我已经念完整本教科书,每一课都背得出来。

其实祖父也知道要我"关书房"是浪费时间,但家里后园外有一条河,大门外不远有一个池,都是我喜欢玩而容易闯祸的地方。"关"进私塾就安全了。所以凡是他不去上班的日子,他也不让我去私塾,我读书的事,实际上仍然由他包下来。《光明日报》记者叶辉为我在《人物》(1996 年第 1 期)所写的长篇报道中,记及我幼年念《大学》、《中庸》的事,大概发生在这年秋季,是祖父在家而我也不上私塾的某一天。其实,对于这两篇,在我祖父的那种学究式的讲解以后,我仍然基本不懂,却竟能生吞活剥地当场就背诵出来。这场表演确实让他吃惊,从此他对我的家教就开始加码。我发现他有时宁愿自己不上班留在家里,目的是为了教我念书。所以"关书房"算日子是两年,但实际恐怕不到一年。

《学》、《庸》事件以后,他出于一气呵成的想法,接着就让我念《论语》和《孟子》。他的原话我不全记得,大概是,一个小孩子能够读熟《四书》,则迎客应对,彬彬有礼;吟诗作文,句句有理。当时我并不理解他的这句话,而且读书的热心已不能与《学》、《庸》相比,一个上午读背《学》、《庸》的事,是他此后逢人就说的,但《论语》和《孟子》就不是这样了。主要的原因或许是爱玩,后园和园外的小河是我童年的主要游戏场,我开始玩蟋蟀、纺织娘,用一只放了饭粒的篮子在河边捞小鱼小虾。此外,念《学》、《庸》时或许受一种好胜心的驱使,两篇都不算长,所以像小和尚念经似地背下来了。而《论语》和《孟子》都比《学》、《庸》长得多,加上我已经逐渐理解一点这类古书的文义,《孟子》还有一点趣味,《论语》实在枯燥。所以《学》、《庸》花了不到半天,而这两篇直到这年农历过年以前才读熟,大概花了近 3 个月。还有一点是祖父后来懊悔的,这段时期中,他给我穿插了读《千家诗》的项目,我的兴趣常常转移到念诗一边。等到读熟这孔孟语录的时候,我已能背诵出大量《千家诗》来。记得这年阴历过年时他与我父亲说,阿均 7 岁(其实此时我已跨进了虚龄 8 岁)读熟《四书》,陈氏门中前所未有。他自己责怪不应让我念《千家诗》,既然我喜欢诗,过了年念正经的。

当时我不懂他"念正经"的话,绍兴话的"正经"就是正派。难道《千家诗》是不正派的吗?这年春节以后,我才懂得了"正经"的意思,原来他要我念《诗经》。几年以后我懂得的多了一点,理解他当时的意思,即读完了《四书》以后接着应读《五经》,"正经"的意思在此。从此念"关关雎鸠",《诗经》成为我念的第一部《五经》。而且奇怪的是,我对于这种古代民歌确实感兴趣,读得朗朗上口,在这年春季的上坟船上,我已经可以对二叔祖(秀才出身)背出许多《国风》来了。《国风》后来全部熟读,对《雅》和《颂》虽然没有像对《国风》这样有兴趣,但基本上也都熟悉。

读书以外,我祖父也要我习字。大厅中有一架如同茶几般的家什,上面铺的是一块正方的大地砖,边上是一盂清水和一支笔,蘸着水在地砖上写,随写随干,非常方便,据说祖父这一辈和叔伯这一辈都是这样习字,他们中的好几位都能写出一手好字。每天下午祖父的功课教完以后,或是从私塾回来以后,祖父总是要我在这张"茶几"上写字,他自己则在大厅隔壁的房中读书。我对此也不感兴趣,何况这个时候正是孩子爱玩儿的时候，我写不上几笔就偷偷跑到后园去玩了。在这"茶几"上学写字的前辈——祖父、五叔祖、四叔父、小叔父等——写得一手好字，直到念中学时，才感到应该提高自己的书法，但是已经来不及了。

"长毛举人"

我第一次听到"长毛举人"这个名称是我读高小时。下午放学回家在后园门外河边玩，时值夏季，河水很干，搭几块砖头可以两岸跨越。而且确实有一个孩子跨过来溜进我家后园玩了，被我家的老嬷嬷（绍兴人称保姆为嬷嬷）拉出来赶回对岸去，并且训斥他顽皮，却被对岸这孩子的妈看到了，她就骂我家老嬷嬷："你算什么？又不是东家，你是替'长毛举人'家捧晒开廊柱的。"后来我去问祖母，什么是"长毛举人"？什么叫"捧晒开廊柱"？她只告诉我："捧晒开廊柱就是替别家做佣人。"至于"长毛举人"，她说："小孩子不要乱说。"

我只知道我祖父是举人，"长毛举人"想必是一句骂人的话，以后也不再追究，但这其实是我家历史上的一段不幸故事，却一直要到祖父去世以后，我在阮社小学当校长那年，才弄清楚这件事，是我的五叔祖陈幼泉在这年告诉我的。

五叔祖陈幼泉是曾祖父的小儿子，双亲去世前尚未成家，但留有一笔田产和现金，供他成家立业之用。由于他是受父母宠惯的小儿子，一直没有想到成家立业的事，写得一手好字，又懂得多种丝弦管笛，但一直游游荡荡，坐吃山空。后半生依靠我祖父、二叔祖、我父亲和四叔父等一点经济补助生活，住在正厅西楼下的两间房子里。

他虽然一生无所事事，平日每天上"适庐"茶馆，有钱时上酒楼，出手大方，为人也很谦和。他很欣赏我的聪明强记，与我的关系很好，从小就教我拉胡琴、吹筒箫。也向他学过一阵子琵琶，因为上中学后没有时间而辍学。我在阮社小学当校长时，手头稍有几个钱，也常补助他一点，而且返城时经常到他房中坐坐，所以当一天谈起曾祖父和祖父时，他也就原原本本地把这个故事告诉了我。这个故事的第一段，是祖父早就和我说过的。

事情是这样，我曾祖父是三房中的唯一男丁，所谓独苗，是家族中疼爱的香火继承人。他十六七岁时，太平军（绍兴人称为"长毛"）进了城，在经过一阵杀戮以后，挨户搜人，把曾祖父也抓起来，全家当然十分惶恐。但由于"长毛"缺乏文化，而曾祖父则知书识字，他们把他抓到城北的马山、斗门一带办理文书，其职位略同于后来部队里的文书上士。直到"长毛"垮台，他才乘隙逃回家中，但不少人都知道他曾是"长毛"里头的人，这在当时属于严重的"历史污点"。所以他虽然从小读书，却不能再应考求取功名,好在家里有些田产,他们在衙门里花了些钱,让他在府衙钱粮房里谋了个文书的职位,总算安度一生。曾祖父也写有一手好字,我幼时曾在诸如风箱、斗、竹匾之类的家什上看到过他的书法。

我祖父是他的长子,当然从小读书,求取功名,中了秀才后又上省城乡试,而且中了举人。却不料因曾祖父与"长毛"的关系而闯了祸祟。这年,祖父乡试毕回家,自己也认为祖宗保佑,科场顺利。据说这天黎明省城贡院前放榜,陈大经的名氏列于榜上第十几名(五叔祖说过,但我忘了具体数字),算是高列榜首了。但其实在昨晚写榜以后,消息外传,就有仇家告状,说陈大经是发匪之后,属于混入科场,怎能榜上有名? 所以张榜后不到一个多时辰,就有皂隶数人执袜笔而来,爬上梯子把陈大经之名从榜上勾去。据亲眼目击者祖父的舅父说,几个皂隶,像"凶煞神"一样。

我曾祖母的兄弟塔山下龚氏,常常往来杭绍之间,而且在衙门里都有熟人,所以曾受曾祖母之托,设若他当时在省城,请他去看看榜。这天天麻麻亮,龚氏就到了贡院前,外甥榜上有名,他当然高兴,但随即看到"凶煞神"的一幕,吃惊之余,由于人头熟,立刻去衙门打听事件原因,并且飞急过江,在西兴雇了一只小船,当天着夜快(五叔祖原话,"着夜快"是绍兴方言,即傍晚)赶回绍兴。

在绍兴这一边,因为衙门里有报房,报房里养着的人没有俸给,全靠各种报喜的赏钱,而乡试告捷是报房的重大事件。报房在省里有内线,名单一出就得消息,不必等到写榜张榜,这天辰时报单就敲锣打鼓送到家中,在大厅上高高黏起。午前午后都有亲戚朋友赶来看报单并祝贺,合家正在准备择日祭祖设筵。却不料龚氏赶到家中,把曾祖父一把拉进后房,将清早他所目击并打听过的事变和盘托出,并随即决定两项措施:第一,立刻撕去报单;第二,大外甥要当夜下乡暂避。因为从他目睹的"凶煞神"气势和后来在衙门中打听到的,"发匪之后"居然中举,这不是件小事,一定还要追究,祸祟即将到来。

于是曾祖父指挥佣人撕报单,报单贴上去还不过 3 个时辰,但黏得极牢,要全部去掉痕迹不容易,佣人们拿板刷和水尽力刷,才算刷尽。曾祖母当时跪在地上号泣,甚至要寻短见,祖父则立刻雇小船避到东浦,此后并在东浦坐馆一年,不敢回城。五叔祖当时已经 10 多岁,一直在大厅上目击这场合家欢乐一霎时变为恐惧悲伤的灾难。他告诉我,关于这场变故,他们老一辈(指祖父、二叔祖、四叔祖和他,三叔祖已去世)都亲身经历,但我的父亲一辈就已经模糊,因为大家都不愿提起此事,也忌讳提起此事。我们陈家没有仇人,告密者与我们实在只是一点小小怨气,主要的原因是他自己的两个儿子,几次乡试都名落孙山,而祖父则一试告捷,引起他的嫉妒,因他的一个亲戚在省城衙门里有人,所以才发生这场变故。

　　"长毛举人"的事对我们当然是极大的不幸,祖父虽然没有上《题名录》,但亲朋和社会上仍然尊他为举人,在我知事以后,亲朋和越城中的一些体面人家的重大典礼,常常奉他为上宾,如寿典祝寿、喜典祝福、丧典题主(写神位上的字)等等,城乡都有人请他去主持。在我和他相处的日子里,他当然绝口不谈此事,也看不出此事对他的打击。后来我回忆思考,此事对他确有极大影响,主要的表现是他不让几个儿子读书。当时他是绍兴有名的敬敷学堂的台柱教师,几个儿子都由他带在敬敷学堂读几年,然后都由他托人送到钱庄当学徒。其实按家庭条件和他们的智力,都是可以继续深造的。譬如我二伯父陈望滨(我大伯父早逝),在敬敷学堂与孙福元(伏园)、福熙兄弟同班而成绩超过他们(祖父告诉我),但敬敷毕业就不再读书。开始时有人认为二伯父已经过继给老三房(因三叔祖早逝),他可以不必管,但我的父亲和四叔等,他同样让他们出敬敷后就进钱庄。他因为自己在科举中的横遭摧折,思想上把学校和科举混为一体。一直要到他为我启蒙以后,或许发现了他的这种错误,所以他尽其全力教我读书,并且几次嘱咐我父亲,一定要让我进大学,让我深造。

【附录】

　　我自幼只知祖父执教于绍兴名校敬敷学堂,王声初校长为他专备一艘脚划船作为上城下乡的交通工具,并知二伯父、我父亲、四叔父均随他就读于此校。后来因好友陈津门的坚邀,到城内第二县校执教,年轻校长陈禹门是津门之弟,治校有方,所以第二县校也是全县名校。他经常与我侃侃而谈,说此二校掌故与日后成名的学生。而当时尊师之风甚盛,不少出名高足,返家时也都来我家访师,我当时年幼,尚能回忆的有孙福元(伏园)、福熙兄弟(敬敷同班毕业)等。但绝未谈及他曾在绍兴首所新式学堂山阴县学堂(第一县蕺山中心校前身)执教事。

　　2003 年 3 月,承绍兴市府之邀,偕内人参加全国水城市论坛,寓国际大酒家,挚友车越乔先生忽于某日晚上邀蕺山中心校长方明江先生来宾馆,车先生是此校之友,并出资为母校兴建宏伟的体育馆,而该晚则因母校所编《百年校志》嘱序于我(当年在上海少儿出版社出版)。读此书打印稿,始知祖父曾于清末此校开创时执教于该校,即官办山阴县学堂。此书第 83 页(指当年出版本)《历任教职员名录》有"陈质夫"之名。第 84 页《高小学前任教职一览表》有"陈大经,字质夫,国文教员"记录。第 233 页《陈建功院士给母校的一封信》(发信日期署 1964 年 1 月 16 日),此信开头说:"今日突然接到母校来信,读完之后,又兴奋又高兴,同志们要我回忆近 60 年前的事情,我自然答应,可是拉拉杂杂,恐怕写不清楚,有负同志们的雅意。"全信长达 1500 余言,说明陈先生是非常重视他这六十年前的母校的。信中说:"我于1905年(光绪三十一年)入阴山县学堂,住瞻云楼之上,楼下是饭厅,当时我号称十三岁,其实还未足十二岁。"信中又回忆了当年师生:"全校同学不上三十人,当时教员有下列几位。"在"下列几位"中,排名第一位的是:"陈质夫(经学、史学),本地人。"虽然排名第一位,但除了姓名,担任课程以外,只有"本地人"3字。其实"本地人"3字是可以从口音中听出来的。但对其他几位教员,信中记叙颇详,如日文兼体育教员张九龄是"萧山县人,信佛教"。英文教员张振青是"本地西街人",并说明后来"调衢方中学"。预科教员任云瞻是"本地大云桥人"等等。他把陈质夫列为60年回忆教员中的第一位,说明他对这位教员印象至深,也说明教员的教学水平。但从"本地人"3字中,就说明除了听课以外,他对这位教员一无所知。

　　陈建功先生的回忆可以说明我祖父在全校教员中学术水平卓著,但平日必然寡言少语,与学生没有接触。陈建功是他的学生,他必然不会忘记。但平日与我谈及他当年学生中的名人时,也绝未提及陈建功其人,这显然与他回避他曾在清末执教山阴县学堂有关。自从我进初中以后,他经常问及校中的国文教师与国文课本或讲义,初秋二在绍中时,他问及此事,我回答他,由于原来的教师丁篪孙离校,现在由无锡国学研究学校毕业的陈建功的堂侄陈介代课,并把陈的讲义汉王褒《僮约》让他看。现回忆此事,正是由于我提陈建功之名,他当时显得比较冷淡,对于像《僮约》这类文章,他本来是津津乐道的,因为文中冷僻字特别多,但他都能说得上每个字的音训。正是因为我说出了陈建功的名氏,这一次他确实有些王顾左右,只是淡淡地说了一句:《僮约》,这篇文章不容易读口的。接着就撇开此事,谈其他的了。我当时感到有些异样,现在才知道,他是不愿从陈建功这个名氏涉及他在山阴县学堂的一段历史。他当年能进此校,必然是有力者的推介,而像陈建功这样的名人,回忆文章中还把他列名于教员之首,而作为一个"发匪之后",他在此校中的心境和处境,显然是让他不堪回首的。民国肇始,他被王声初聘入敬敷,特备一艘专用脚划船(如同当前的"奔驰"一样),"发匪之后"不再是他的"历史问题"或"家庭成分"问题。他从此获得"解放",可以大模大样地把儿子们带入此校,而且经常和我这个他最引为得意的第三代津津乐道地谈起往事。他之所以对他在山阴县学堂执教的这段经历讳莫如深,尽管在陈建功先生的回忆,他列为头牌,但当时必然会有人出于嫉妒或其他原因而在背后指手画脚的。他必然不会忘记陈建功这位当时已经出名的高足,他之所以避而不谈,正是因为"发匪之后"的这个历史问题。

　　这个故事,让我想起了在1950年后的我们这一代,许多有学问有德行的正派学人,由于遭受了"右派"、"摘帽右派"等等许多名目的无辜灾难,不仅本人毕生蒙难,而且殃及后代,让他们的子女带上一顶"可以教育好的子女"的其实是污蔑性的帽子。

罗斯福于1941年提出的"四大自由"中,"免于恐惧的自由"(freedom from fear)是其中之一。起初我很不理解,到1951年在杭州干校参加"镇反学习"时才稍有所悟,此后历次运动,直到关进"牛棚",才知身处自由世界的罗斯福,能够把这一种"自由"列为四大自由之一,他的确是个有"广见之明"的伟大人物。

作为"发匪之后"的祖父,尽管他应知道"长毛"在绍兴杀人放火的罪行,却因为自己的父亲被这帮匪徒抓去当过"文书上士",所以从不与我说"长毛"的故事。当家人谈论"长毛"的累累罪行时,他总是一句话:"打天下总是要杀人的。"溯昔抚今,令人感慨之。所以在此加上这一篇《附录》,并把《我对清史编纂的管见》一文也一并附入。

他在敬敷学堂执教,校长是越城名流王声初,他们的关系很好,但由于学校在乡间,每个礼拜要坐埠船,不甚方便,城内县二学堂几次请他,王声初虽然坚留,并且专门为他准备了一只上城下乡的脚划船,但他最后还是进了县二学堂。县二校长是比他年轻得多的陈禹门,此人极有能力,办学成绩斐然,但他能把祖父从敬敷拉到城内,主要依靠其兄陈津门,陈津门与祖父为莫逆,帮助其弟延得一位名师。

祖父在县二执教数年,又教出了一些著名的学生。但后来事情又发生了变化,祖父在县考获取秀才科名时代有一位好友马谟臣,马非常佩服祖父的学问,在"长毛举人"事件中,马家曾对我家大力声援。马谟臣家富于资产,马后来成为绍兴商界巨子。他发起创办绍兴电话公司,请祖父拟写了诸如发起文告等等文件,事情不久告成,马致力于延聘技师、购办器材等事,公司建址于上大路(后来迁移到下大路),他一再延请祖父,认为教书辛苦,应该休息休息了。他为祖父在绍兴电话公司准备了两间房子,因为马谟臣和我祖父都有一些文字上的应酬,例如各种典礼的祝辞和楹联,各种祭祀和丧事的祭文等等,马请祖父到电话公司去,以休养为主,兼管这些文字应酬事务,每月致送50银圆(当时是很高的月俸)。

祖父终于去了,从此就结束了他的教书生涯。从我懂事的时候起,他一直在绍兴电话公司,但也不是每天去上班,因为我家里装有一架电话,随时可以联系。

顺便提及"长毛"(太平天国)的事,从我小时听到的绍兴民间言论中,"长毛"是杀人放火、罪行累累的。许多人都知道的一件事是在破塘老岳庙墙上用人血作画,血不够了,再杀几个人取用。但祖父显然是由于自己父亲曾在"长毛"中当文书,所以当我的叔辈们谈及这类暴行时,他总是说一句他常说的话:"打天下总是要杀人的。"因为我自幼对"长毛"的看法极坏,或许是受了绍兴民间言论的影响,所以在这方面,我常常表示不苟同他的意见,他从不与我计较,因此我猜不透他对"长毛"的看法到底如何?从1950年代以后,吹捧"太平"的调子曾一度唱得很高,因为在上有"造反有理"

之言,在下的不少人或许属于"顺上"。此外也还有某些专写翻案文章的人,他们为的是把"颠倒了的历史颠倒过来",其实与"顺上"没有什么区别。不过到了 1980 年代以后,由于思想的禁锢毕竟松动了一些,与我意见相同的不仅多了起来,而且获得了发表的机会。舒展在《随笔》2001 年第 2 期的《天堂与天国》一文中写得淋漓尽致,不妨摘抄其中一段:

> 太平天国其兴也勃焉;其亡也忽焉。这个领导集团是没有多少文化,没有理论思维,提不出任何先进口号,只会破坏,不懂建设的农民掌权之后蜕化而成的特权阶级,他们能给人民带来的,除了惊惶恐惧之外,就是一幅虚无美妙的天堂蓝图,而人民得到的却是苦不堪言的地狱。这个特权阶级嘴巴上说得天花乱坠,行动上干的则腐败透顶。这样一个言行不一、言行相悖的政权,注定是短命的! 太平天国的前途只有一个:必然遭到人民的唾弃!

我不知道这篇文章有没有其他意义,但对于"发匪"的判决,无疑是把"颠倒了的历史颠倒过来"以后的又一次"颠倒"。

上小学

按年代计算,在私塾里念了两年(其实最多是一年)念完了初小 8 册教科书,还读了两册尺牍。当然,两年之中实际上主要是念祖父的线装书。最后还是祖父的主意:这孩子强记,要让他进小学,将来一直念到大学。后来我知道马谟臣的两个儿子马世燧和马斯淦都进了大学,对他或许也有影响。

离我家最近的小学是卧龙山麓的省立第五中学附属小学(后来改为省立绍兴中学附属小学),这里原来是第五师范的校址,1930 年代,开明书店曾经出版过一本称为《龙山梦痕》的杂文集,就是当年在第五师范执教的徐蔚南等的集体著作。第五师范结束以后,这里就办了省立中学的附属小学,这是全县设备最好、师资最充实的小学。我是在"一二八"淞沪战争爆发后的这年春季去投考这所学校的,我考的二下级插班生,考生很多,只录取 5 人,我被录取了。主要的功课是国语、算术和常识,一位女的级任教师,叫戴淑慧,后来知道她是绍兴女师毕业的。进小学后与私塾就不同了,天天都得上学,但是很自由,不像私塾那样整天坐板凳。不过功课仍然很松,祖父也仍然没有放松对我的家教。

这所学校分低、中、高三段,二下级是低段的最后半年,过了暑假,我升入三上级,就算中段。级任教师余姚庵东人杨芝轩,是全校女教师中的佼佼者,她随班上升,直到四下级我在初小毕业。当时我拿到一张初小毕业文凭,文凭上的年龄是 12 岁,这是虚岁。接着升到高段,从五上级到六下级,级任教师都是兰溪人金锡三,他也是这所学校的教务主任。六下级高小毕业时也得到一张毕业文凭,年龄仍是 12 岁,这一次是实足年龄。

我在这个学校显得鹤立鸡群。第一当然是功课领先,却并不用功,但诸如演讲比赛、作文比赛等等都要我出马。第二是小学主任(省立中学附小不设校长,只设主任)孙礼成是我祖父县二学堂的学生,常常通过我请祖父拟点什么贺联、挽联之类,所以师生都对我刮目相看。其实,我在同学中占上风的仍然是回家后在祖父督促下念"子曰诗云"。使我不仅在小伙伴中讲些他们根本不懂的话,特别是在作文中用上几句古书中的成语。譬如五年级时一篇关于打倒日本帝国主义的文章(当时学校里的抗日情绪是极高的)中用了"敌忾同仇"一语,级任教师金锡三在班上诵读了这篇文章,并且问同学,你们懂得"敌忾同仇"的意思吗?结果全班都答不上。从四年级起,我的作文常常被当班宣读,而且多次获得全校作文比赛的第一名。

其实,在小学阶段,除了线装书以外,我读的新书是很少的。从五上级起,我担任了"龙山镇"(这个学校的学生会组织分两镇一乡:中高段称龙山镇,低段称蒙泉镇,设置在斗鸡场的复式部称学坛乡)的图书馆长,有一种近水楼台先得月的方便,所以读了《鲁滨逊漂流记》、《木偶奇遇记》和《苦儿努力记》等翻译小说,都有上下两册,以《苦儿努力记》(章衣萍译,儿童书局出版)印象最深。从五下级起,我又通过祖父的关系获得了绍兴县立图书馆(古越藏书楼)的借书权,读到了影印的线装书《嘉泰会稽志》和《宝庆会稽续志》,也读到了刻本嘉庆《山阴县志》和周作人(后来知道实际上是鲁迅的)《会稽郡故书杂集》等,让我知道专门有这样记载家乡的文献,这或许就是我编撰《绍兴地方文献考录》(浙江人民出版社,1983 年)的原因。

不过县立图书馆令我印象最深的两部书,一部是《胡适文存》。在此书中读到《吾我篇》和《尔汝篇》,使我感到惊异,我常常接触的吾、我、尔、汝 4 字,竟还有如此的分异,我拿此两篇给祖父看,他看了不久就说:"这就是做学问。"这是我第一次听到"做学问"这个词汇。当然,《文存》还有许多我看不懂的东西。但他提倡白话文和"八不主义"一类的文章,都使我佩服得五体投地,我从此一直佩服他。直到 1999 年台湾中研院请我去讲学,我们夫妇在台北南港中研院内参观了他的纪念馆(其实就是他生前的居室),并到院外小山上参拜了他的雕像和墓,向他鞠躬致敬。后来又在上海辞书出版社出版的期刊《新知》(1999 年第 4 期)写了《我说胡适》一文,既表达了我对他的崇敬,又指出了 1950 年代以来对他的批判的无稽,"大胆假设,小心求证",中国古人就已经用了这种做学问的方法。当然,他在《水经注》研究中考证的"赵戴水经注案"是失败的,我过去也曾撰文驳斥过,学术上的事情,错了就是错了,但这绝对不影响他作为一位伟大的近代学者。

县立图书馆令我印象深刻的另一部书是日本汉学家盐谷温的《中国文学史概论》（孙朗工译，但出版社忘了）。这部书给了我系统完整的中国文学史知识，许多内容与我祖父所说的相同，但祖父说的是零星片断，而此书则把古今串联起来。譬如唐诗，祖父就是要我背诵，也讲一点道理和作诗的方法，但盐谷温的书中却讲出了一套令人信服的理论。1998 年，新昌县举行了"唐诗之路国际学术会议"，我发表了《我与唐诗》一文（收入于《中国李白研究》，安徽文艺出版社，2000 年），文中追溯了我从祖父学唐诗到阅读盐谷温著作的故事。

我因顽皮而被"关书房"，进了小学，仍然相当顽皮，不过顽皮的性质有了改变，常常自命不凡，与同学甚至教师唱对台戏。现在或许可以称为逆反心理。在回忆中记得起的一次是音乐教师邢爱鹤教唱的一首爱国歌曲。因为当时在"九一八"、"一二八"之后，全国敌忾同仇，这类歌曲是常唱的。那是四年级，这首歌的歌词我全记得，并且至今还能唱：

　　　　拿起我的枪，快快儿，赴前方；和那恶虎狼，拼命地，战一场。我们受亏已不少，今天和它算总账。告诉我父母，莫悲伤，莫悲伤；告诉我亲友，莫惊慌，莫惊慌，等到我们打胜了，洋洋得意归故乡。

　　　　冲过去，冲过去，炮弹儿，飞过来，莫回避。我们肝脑涂地也愿意，只要报国仇，出了这口气。冲过去，冲过去，把生命，交付给国家，来拼命地，战一场，才有最后的胜利！

当时，我对"炮弹儿，飞过来，莫回避"这一句实在很反感。大家齐唱时，我就唱："炮弹儿，飞过来，逃得快。"却不料唱完一曲后，边上一位叫章祖康的同学忽然举手，邢爱鹤要他发言，他站起来指着我说："他唱'逃得快'。"于是全班哄然大笑。在这样的局面下，我只好站起来答辩。我说，炮弹来都不回避，大家都死了，还有谁去争取最后的胜利呢？邢听了我的话后，举起歌本说："你不相信，可以来看，歌本原来就是这样写的。"邢教唱的歌都是正式出版的歌本上选来的。他说这话后，大家不响，他立刻弹琴，于是全体继续唱："冲过去，冲过去。"我总算过了一关，没有挨骂。

下课以后，大家刚走出音乐教室，许多人立刻大声唱："炮弹儿，飞过来，逃得快。"这当然是一种玩笑，但也说明大家都有点逆反心理。回到教室以后，同学们仍然热烈谈论此事，对歌词进行讨论。多数的意见是，"莫回避"确实不好，但"逃得快"也不好，大家逃命，战场不就乱了吗？最后有一位叫曹国桢的同学提出，把"莫回避"改成"要回避"。当然改得并不好，但这场风波就算过去了。

这件事还有一点尾声，1980 年代中期，我的大女儿从浙江大学毕业，她原是"文革"中称为"老三届"的最高班,是"文革"的牺牲品,"文革"后才考上大学,毕业后去了美国,曾到亚利桑那州看她在那里念物理学博士的小弟弟,姊弟开了车子出去玩,她告诉弟弟爸爸念小学时的这件逸事,于是当他们开车遇到马路上绿灯快变红灯时,就一面开快车,一面唱"冲过去,冲过去"。从阿姊的歌声中,阿弟恍然悟出:"这曲子是美国的。"的确,我们当年在小学里唱的歌,有不少都是移植的外国曲子。例如,流行一时的《锄头歌》"手把锄头锄野草哟",就是从《赞美诗》中移植过来的曲子。

二、四时记乐

缘　起

当我提起要写自传的话时,我的大女儿就希望我在自传中写写当年在家乡绍兴是怎样过年过节的。她提这要求有道理,因为她是我家4个儿女中唯一在绍兴老家生活过半年以上,又在绍兴鲁迅小学念过一个多月书的,至今还会说绍兴话,对绍兴有感情。老家状元台门被一纸命令拆去后,他们夫妇又奔走杭绍之间,按拆迁领导的安排,在酒务桥凤仪路落实了一个新家,由她花钱装空调、电话并配置了全套家具。平时虽然关门落锁,但有需要时,主要是我在杭州来访者过多应接不暇影响我的笔墨工作时,我们两老就可以到绍兴的这座老家新居住一段时期。因为新居高在6楼,可以四向展目瞭望,所以我名之为"四眺楼"。在"四眺楼"回忆幼时乐趣,真感到往事如昨。

我幼时,我家以祖父为首,是一个崇尚儒教的书香门第。尽管我祖父写过《无鬼论》的文章(我未见原文,是四叔父告诉我的),但对于一些祭祀活动,他采取孔夫子"祭如在,祭神如神在"的态度,是一丝不苟、端庄肃穆的。关于此,我在中译本《中华帝国晚期的城市》(*The City in Late Imperial China*,G. W. Skinner原著,斯坦福大学出版社,1977年,中译本中华书局2000年出版)一书的《后记》中已经说明清楚。1930年代我在老家目睹的一切过年过节礼俗,可以代表绍兴大户人家的一般情况。在这个阶层中,按我的回忆,除了我小学五年级时祖父的70寿诞比较铺张外,我家逢年过节的活动是既不铺张浪费，也不因陋就简，所以把它们回忆下来，还有一点民俗学的价值。

不过在四时乐趣中，我在童年还有自己的爱好，譬如在春天，我酷爱放纸鹞（风筝），一到这个季节，放学回家就到后园放纸鹞，直到嬷嬷叫吃夜饭。大概要玩到上坟时节才停止。又如我喜欢玩秋虫，从买蝈蝈起，凡是蚱蜢、螳螂、纺织娘、金龟子等等，我都要养起来，而特别热衷于蟋蟀，可以花上半天在后园捉，我有七八个蟋蟀盆及全套捕捉、饲养的器具，以它们在战斗中的胜负按饲养的瓦盆分成等级，从小学四年级开始直到抗战爆发，年年如此。

另外我喜欢种花，大概也是从小学四年级开始的。利用我家的后天井，用花盆种上月季、茉莉、大丽、翠菊、天竺葵、鸡冠、狮子松、石竹等低档花卉。直到抗战胜利，我在江西黎川接到我父亲的来信，信中说："你手栽的盆石榴，至今仍然开花结果。"以后到 1950、1960 年代，在"以阶级斗争为纲"的恐怖岁月中，我仍然在住房前小园中种些花木，即是儿时培养起来的爱好。

春

回忆春季，首先当然是春节。但绍兴人不说春节，习惯上称"正月初一"。其实，立春逢春节的概率极小，所谓"千年难逢岁朝春"。我毕生倒是遇到过一次，那是民国三十二年（1943），正月初一恰逢立春。当时我在阮社小学当校长，过年当然在家，可惜祖父已在两年前去世，大家庭已经分散。我们的大家庭是在民国二十八年（1939）分炊的，当时祖父母都健在，因为抗战爆发各房分别逃难，不得已而由祖父做出这个决定。

正月初一的早餐是昨晚准备好的小汤圆和小粒年糕丁，放上白糖，孩子们都很喜欢吃。这天每人都要穿上新衣服，绍兴人说："三十年夜的吃，正月初一的穿。"接着合家到"大堂前"（状元府第的正厅）拜"天地菩萨"，其实就是玉皇大帝。佛教中绝无此神，但在中国此神流行甚久，且地区广泛。《说岳传》开篇就说，徽宗皇帝写"玉皇大帝"，误把"玉"字的一点点在"大"字上，变成了"王皇犬帝"，所以受到惩罚，被金兀术掳走，囚死五国城。说明北宋朝廷已经祭祀此神。后来人们把他拉扯成为道教的最高神，其实与人们把《道德经》奉为道教的最高经典一样，是一种胡凑。我一直认为道教与佛教、基督教和伊斯兰教等不同，它实在称不上是一种宗教。

"天地菩萨"与岁末的"祝福"不同，他是开放的，全家男女都要参拜，并不肃穆，可以说笑，而且此神食素，用不着烧"福蹄"（五牲或三牲），只要粽子、年糕包括年糕做成的鸡、羊等就可以了。但祭祀仍必须用"五事"（烛台、香炉等五种锡器）、斤通蜡烛（1斤重的红烛）、两串大元宝（锡箔制的）和他的纸绘神像（绍兴人称为祃帐）。

开始参拜的是男眷，以祖父为首，在蒲团上四跪四拜，从祖父、叔辈到孙子。然后是女眷，媳妇们和孙女。从我懂事时起，全家有两人从不参加，一位是祖母，她绝不出场；另一位是我父亲，要等我们祭祀完毕，他才从钱庄回来。因为从岁末腊月二十三起，钱庄结账，他一直住在钱庄中不回家，年三十晚要熬通宵，正月初一在钱庄参祭，然后回家。

拜"天地菩萨"以后接着拜"神像"，即是除夕晚挂起来的祖宗遗像。不过我家的"神像"很简单，仅在祖父的书房里挂起3幅，曾祖父母合1幅，大伯父1幅（他15岁早逝），我生母1幅。"神像"前照例供四色水果：福桔、新会橙、鸭梨（绍兴人称雅梨）、苹果。此外，正厅东侧我三叔祖母家也挂了两幅，是三叔祖和二伯父，也在我们参拜之列。

我家"神像"与隔河的孙府（明进士孙罐府第）完全不能相比。他们在岁末把全部祖宗的遗像都挂在大厅上，允许外面人家进去参观，绍兴人称为"呆话大神像"，但我没有去看过。

拜像以后就拜岁，主要是媳妇对公婆，孙儿孙女对祖父母，由于人多，也得花不少时间，这3个节目完成以后，已快到中午了。我家传统，正月初一茹素，中、晚两餐都没有荤菜。晚餐以后很早就得上床，称为"赶鸡舍"。大概是因为岁末以来忙够了，所以年初第一天要早点休息。

从初一到初五，绍兴人称为"五舒"，是吃喝玩乐的好日子，店铺也大多不开门。客人常常是上午来，一般在正厅上坐一下，嬷嬷端上一杯茶，除了茶叶外，还放一个青果（橄榄），称为"元宝茶"。有时上点心，也无非是一盘切开的粽子年糕，加上白糖。我祖父母没有女儿，来客多是朋友或远亲，要留饭的客人极少。

全家只有我父亲会花钱去买爆竹，当然是为了让我玩。当时的爆竹有钻天老鼠、落地梅花、金盆闹月、穿线牡丹、花筒等。以花筒最贵，每年只买一个，留在元宵玩，其余的每天晚上都玩，有时在大明堂，有时在我家楼窗口，当时的社会比较贫苦，也比较节约，爆竹之类的玩意，总是看的人多，玩的人少。

元宵节在绍兴称为"上灯夜"。绍兴人风俗要用汤团供神像。这种汤团称为"礌大"，也叫"裹馅团团"，用一粒比桂圆核稍大的细沙馅子做核心，然后在一个木制盆子里（绍兴人叫桶盘）铺满水磨糯米粉，把这些细沙核放进去，不断滚动，滚了一遍，再让这些沾了糯米粉的核子蘸一点水，继续再滚，一次复一次，愈滚愈大，最后一颗颗如今天宁波汤团大小，因为它们是一次次地在木盆里滚大起来的，绍兴方言称"滚"为

"碢",所以叫作"碢大"。这种汤团的特点是结实,不像宁波汤团那样松软,绍兴人很喜欢吃,但是由于结实,吃多了要滞胃,所以大人都不许小孩多吃。至今还有家乡人和我说:汤团要吃"碢大",吃过"碢大"就不想吃其他汤团了。这大概属于一种家乡魅力。

"上灯夜"当然要玩灯,但在绍兴城内玩灯的事并不多,似乎没有听到在街上玩龙灯的,一般都是普通的灯笼,即是当时晚上出门用作照明的,无非颜色漂亮一些,式样相同。而小型的称为"小灯笼",专供孩子玩的,花式灯主要是荷花灯,父亲每年都会买一盏给我。

元宵后3天即正月十八称为"落像",这一天要祭祖,然后把除夕挂上的祖宗遗像取下,这天以后,忙碌的新年就算过去了。在这以前,凡是遇着熟人,即使在路上,都要双手打拱,互说:"拜岁,拜岁。"这以后就不必了,还有如此这般客套一番的,绍兴人的一般说法是:"拜大麦岁了。"

春季值得回忆的另一件乐事是扫墓,绍兴人称为"上坟"。我生母从小就教我童谣:"正月灯,二月鹞,三月上坟船里看姣姣。"那时,我还没有资格参加上坟,等到我可以参加上坟时,却要上她的坟了。

一般人家上坟都在清明节前后,我家的传统是上坟三次(有一个本子写明),第一次是"应清明"(绍兴方言,即清明节当天),以后每隔一日一次。清明这天因为稍远,六明瓦太慢,用较小船只,如三明瓦、四明瓦,以免晚上摸黑。早晨从后园外河埠出发,沿河过莲花、平章、凤仪三桥,然后北折经鲤鱼、北海桥出西郭门,船过大庆寺,到附近的宝盆庙上香,再在河滨边靠岸扫墓,共两处,坟墓都在田边,已经陷得很低,说明年代久远,当是庆昌鞋店时代的墓冢。扫墓完毕,船到附近西湾村,这是陈氏聚居的村落,船到之时,族长就来迎接:"庆昌房到了。"他们已在屋内外摆好饭桌,一共有十多席,族长陪城里人坐一席,是所谓"十碗头"的宴席,从城里人的眼光和口味来说,当然都是一些粗陋之碟,但在乡下人来说,已经是一年一度的难得的吃喝了。我往往只吃一点点,吃完就下船返城,在三次上坟中,这一次是平淡无趣的。

清明后隔日的一次是三次中最有趣的,六明瓦大船出莲花诸桥南折经凰仪、拜王两桥;出水偏门护城河到南门外,然后南行到谢墅,这是会稽山北麓冲积扇上的一个埠头。绍兴人多择会稽山营墓,所以谢墅和木栅两个埠头是清明前后上坟船最集中的地方。船到埠头后还得乘竹轿入山,我家祖茔在山中的不少,其中离埠约3里的一处土名马郎地是我曾祖父母的墓地,墓茔高大而讲究,墓碑为蔡元培所书,署姻愚侄。祖父母的寿穴建于曾祖父母墓对面,规模型制全同,墓碑也是蔡元培手迹,署姻愚弟。谢墅扫墓完毕后,时间多已过午,于是就在船上吃饭,绍兴人称为"上坟下饭",虽然也是

"十碗头",但其实并不好吃。饭是六明瓦后舱船老大代烧的,其中有几样菜利用烧饭的锅子用蒸架蒸了一回,其余多半是冷菜,由于在船上吃,觉得别有风味而已。中饭后,六明瓦还要到附近一处叫作殷家潭的小埠头,为我生母扫墓,然后回城,大概已近傍晚时分。

这一天的扫墓其实是一次春游。船出水偏门,就是一派水乡风光。过了南渡桥,河宽水满,即绍兴人所谓"大河港"。在一处揉渡船(一种正方形的木制渡船,两岸系绳,由渡河者自己拉绳而渡,清平步青在其《霞外捃屑》中专门有此一篇)码头边的凉亭上有一块"水天一色"的匾额,其处河岸甚宽,山景倒映,风景极佳。祖父和几位叔祖包括我在内,照例要吟起"落霞与孤鹜齐飞,秋水共长天一色"的文句,我在小学五年级时,已把《滕王阁序》读熟了。

"水天一色"处,大概就是分茶点的地方,因为按扫墓老章程,参加者每人要分得一些茶点,孩子们对此特别感兴趣。茶点其实非常简单,而且年年如此:一只艾饺、一只回淘(锅)烧饼、一把长生果(煮熟了的带壳花生)和一把芽豆(煮熟了的发芽蚕豆)而已。但是大家都吃得津津有味。

谢墅扫墓后再隔一日还有第三次也是上坟时节的最后一次,墓地在昌安门外谷社,是典型的水乡,当然没有谢墅那样的趣味,六明瓦出西郭门绕行到昌安门外,经过一个称为铜盘湖的大湖,两岸是一片黄色的油菜和紫色的紫云英,风景实在也很美丽。两处坟茔都在田间,虽然规模不能与曾祖父母及祖父母的相比,但建造得也很讲究。据说都是客坟,但写在本子上,应该由我们祭扫的。

抗日战争爆发于民国二十六年(1937),但我们在民国二十七、二十八两年仍然扫墓,二十八年扫墓以后不久,日机就开始轰炸绍兴,从此以后,没有再扫墓。民国三十二年(1943)春,我在阮社小学当校长,当时祖父母的灵柩暂殡于城郊。我父亲和四叔父都认为趁我在家,要克服一切困难,让祖父母到谢墅入土为安。当时的谢墅埠头属于游击区,两艘六明瓦大船从敌占区去到游击区,实在是一件非常困难和冒险的事。但事情终于成功,在谢墅村一家石匠(即是为我们营造墓茔的)的帮助下,我们终于让祖父母入土为安,那是我最后一次看到曾祖父母和祖父母这两座建筑讲究的由蔡元培题写墓碑的坟垅。

1959年初夏,我带领浙江师范学院地理系经济地理教育研究室教师及四年级学生到宁绍平原野外实习,当时慈溪五洞闸是我们的实习基地之一,每年都由这里一位名叫罗祥根(是全国的劳动模范)的乡村领导陪同我们实习。我看到那一带凡是建造讲究一点的坟墓都被挖开。我感到十分诧异,为这里如此可怕的盗墓大吃一惊。罗祥根"理直气壮"地告诉我:这是我们这里的人民公社干的。这些坟墓里有陪葬,有铜锡器甚至银器,让它们烂在地下有什么意义呢?为什么不掘出来"为人民服务"!

我立刻想到在绍兴谢墅马郎地的我家祖茔,虽然里面绝无铜锡器和银器,但建造得比五洞闸这一带盗掘过的坟墓要讲究得多。我实在不敢再想了。

夏

记得生母教过我:"清明吃艾饺,立夏吃樱桃。"艾饺在清明是必吃的,因为上坟船里有这种点心,立夏吃樱桃就较难保证,不过我父亲每晚从钱庄回家,总能多少买回一点应应景。在立夏这一天,我家的例行节日活动是用抬秤称人。在后退堂门框上架一杆抬秤(绍兴人叫杠秤),下挂一只大箩筐,让每人都称一称有多少斤。夏季就从此开始了。

不过夏季值得回忆的还是端午节,这天一早就有叫卖菖蒲和艾叶的小贩沿街设摊和挨户求售。各家门框上和床前都要插上此物,床上并贴起一副红纸小对联:"艾叶为旗招来吉庆,菖蒲作剑斩尽妖魔。"每个门框上则贴一条红纸,上书:"姜太公神位在此,百无禁忌,诸邪回避。"有的人家还有另一副对联:"五月午时天中节,赤口白舌尽消灭。"

端午节实在是一个夏令卫生节,一个春天下来,绍兴人每家都吃过许多竹笋和蚕豆(绍兴人叫罗汉豆),笋壳和豆壳都堆晒在庭院里,就在这天拿来作为烟熏的材料,把它们放在冬季取暖的火炉里,每个房间里角角落落地熏,有的还要撒上一些雄黄,实际上起了消毒和杀灭蚊蝇的作用。

对于孩子们来说,端午节的吸引力之一是挂香袋。家长们事前要用彩色绸布缝制如老虎、鸡心、葫芦之类的小小装饰,内装从中药铺购来的香料,用丝线挂在孩子身上,说可以"避邪祟"。

这个节日的最大乐趣在于"五黄",即雄黄、黄鱼、黄鳝、黄瓜、黄梅。这一天要吃雄黄烧酒(白酒),并用它在孩子脑门上写一个"王"字。其他四黄,也是家家必吃之物。虽然"五黄"并非佳肴美食,价钱也便宜,例如黄鱼,当时只卖两毛多钱一斤(2001年去舟山开会,那里的一位领导告诉我,野生黄鱼现在每斤要1000元。市场上的黄鱼都是人工养殖的,没有黄鱼的风味),不过由于这类事,这一天全家既忙碌,又热闹,特别是对于孩子们,这实在是整个夏季最饶有兴趣的节日。

对于绍兴来说,这一天还有一个特殊节目,绍兴虽然是水乡,但并不流行龙舟竞渡,而是上府山(龙山)"看蜒蚰螺"。这天午前,许多人竞登府山,我家就打开楼上北窗看这种热闹的场景。当时府山上少有树木,许多人在望海亭及其以东的山岗上,人头攒动,人声鼎沸,小贩们也纷纷上山做生意,在我家北窗可以听到各种叫卖声。"蜒蚰螺"在绍兴话中就是蜗牛,到底为什么在这一天登府山,到底看了什么"蜒蚰螺",说法不一,都是不经之谈。最流行的说法是,不少人由于登山奔走花力气,上山后就脱掉衣服打赤膊,这就是"蜒蚰螺",意即蜗牛出壳。假使真的如此,则其俗实在不登大雅之堂。但我的孩提时代,每年都能在家里看一次"看蜒蚰螺"的人,也算是一种乐趣。

端午以后便渐入盛夏,其间没有什么快乐的节日,值得回忆的是在大明堂(正厅外的大天井)中纳凉。太阳落山时,先请嬷嬷在旁边井上汲水泼上几桶,以消石板道上的暑气,晚餐以后,祖父坐在藤椅上,我坐在小纺花椅(一种竹制小椅)或木条凳(绍兴人称为长凳)上,可能还有我的堂兄弟姊妹。祖父有说不完的故事,其中后来知道有的出自《水经注》,我在1980年代写了《我读水经注的经历》(原载《书林》,收入于我的《水经注研究》一集,天津古籍出版社,1985年)一文,曾经详叙其事。但其他还有大量故事,包含了许多学问。当时有很多不理解,但后来回忆仍感得益甚多。从小学到初中,多少个暑期,他在纳凉中所给予我的,实在无法计量。有不少篇文章,如前后《出师表》、《赤壁赋》、《滕王阁序》、《陈情表》等等,都是在纳凉时随着他的吟诵而背熟的,所以我虽没有像念"四书五经"和《唐诗三百首》一样地专门念过《古文观止》,但此书中的许多文章我至今尚能背诵。此外还有许多国学知识,例如什么是《二十四史》,《资治通鉴》是怎样修成的,《康熙字典》和《佩文韵府》是怎样来的(他对这两部书十分熟习)等等,又如用沈约"天子圣哲"的掌故和《康熙字典》卷首"平声平道莫低昂"一诗教我区别每个字的平仄之类,以后对我都毕生有用。

至今我闭目凝神,还可以清晰地回忆他在纳凉中的形象。与白天为我讲课时不同,白天是严肃的,晚上却是轻松的。他手执芭蕉扇,闭上眼睛,有时背经书:"射有似乎君子,失诸正鹄,反求诸其身。"有时念古文:"先帝不以臣卑鄙,猥自枉屈,三顾臣于草庐之中。"有时则念唐诗:"丞相祠堂何处寻,锦官城外柏森森。"无论为人为学,我一生得之于他的实多。他不仅饱学,而且为人方正俭朴,虽然因曾祖父的"长毛"而受累,但毕生宁静淡泊,一直受到社会的尊重。可惜晚年受日军侵略之害,珍贵藏书在移存中全部丧失(他至死不知此事),去世时,绍兴已经沦陷,我又正在嵊县念书,所以房中的一般藏书也散佚殆尽,言念及此,能不怆然?

秋

我酷爱秋虫或许是祖父教我念《秋声赋》引起的。秋声之中,值得回忆的首先是七夕的"乞巧"。这个时节其实还在夏秋之间,晚上有时还要纳凉,但祖父除了偶然念诗"情同牛女隔天河,犹希秋来得一驾,岁岁寄君身上寒,丝丝经妾手中梭……"以外,他对七夕并不重视。

七夕的回忆从我的五叔母而起,她知书识字,懂得"乞巧"之事,早一日晚上,她用一半井水一半淡水(指水缸里积的天落水)合成一碗,放在露天过夜,说是受月华之精。次日(农历七月初七)中午,要我们侄辈在这碗水上"乞巧"。用一根绣花针,轻轻放下,针是浮在水面上的,由于阳光直射,碗底就出现一枚针的影子,她就按碗底的影子加以判断。每次我投下针去,她总是夸赞说:"啊,均少爷,一支笔,你将来是一笔通天。"其实,碗上浮针是靠水的表面张力,碗底的影子也是差不多的,她这样说,除了让我高兴以外,也是为了获得祖父母的欢心。记得有一年,侄辈们正等她晚上调水,而这天下午就不见她人影,原来这晚她临盆产下了堂弟陈庆培。后来祖父告诉我说,当时在上海的小叔叔来信,阿培是牛郎下凡的。好像从这年以后,就不再玩"乞巧"的事,或许仍然玩,但我年岁渐长,对此已经不感兴趣了。

童年在秋季最令人难忘的是中秋节。绍兴人一般的说法是"八月半请月亮婆婆"。当时不像今天有市场上的"月饼大战",月饼的品种几乎也只有苏式一种,另外还有所谓翻烧月饼和蟹壳月饼,那是不上台面的东西。中秋以前,各茶食店(绍兴人叫作南京店)甚至南货店都卖月饼,其中专供节日用的称为"大月饼",商品名作"中秋大月",装在一个圆形的纸板盒中,有半斤、1斤、2斤的。内容无非豆沙,供月以后,用刀切开来让孩子们分食,在当时算是一种美食,一年中在此时才吃到一次。

请月亮婆婆用不着燃烛烧纸,我家总是用两张八仙桌在大厅摆好,中间是一个大月饼,两旁放两只老南瓜,另外是用高脚盘装的四色水果,如同过年时供神像一样,四色水果中必有一盘红柿子,这是我幼年最爱吃的。月亮婆婆不算神祇,用不着祭拜,大家坐在大明堂等她升起来,热闹一番而已。祖父照例坐在藤椅上,也会吟些应时的诗句如"月到中秋分外明"、"一年明月今宵多"之类。记得有一年中秋,他教了我曹操的《短歌行》:"月明星稀,乌鹊南飞……"他认为曹操是个奸雄,但有很高的文才,在这方面,孙权和刘备绝不能和他相比。

冬

冬季的乐事是从家里买年糕、裹粽子开始的。城里人与乡下人不同,自己家里不舂年糕,而是从店铺里买的。绍兴城里最有名的年糕店是大街新河弄口的丁大兴。我们家人口多,每年买的数量不少,是老主顾,老板特别巴结我们。他们知道我家有多少孩子兼及孩子们的生肖,每年来挑年糕时,一定附加一份赠品,即按孩子们生肖用年糕做成的小动物，如小兔、小猪、小羊之类，让孩子们都能按自己的生肖得到一件，而且大家都从此高兴起来，因为过年的日子就要到了。

买年糕总在腊月二十日以前，也就在这时候，家里裹粽子。这是媳妇们的差使，每年都在后退堂边上的一间房子里进行。大家围坐在一个大竹匾周围，小箩筐里装着淘好的糯米，边上还有诸如黑豆（绍兴人叫乌豇豆）、蚕豆、红枣、栗子等料作，可以包出诸如白米粽、黑豆粽、豆瓣粽（蚕豆馅）、红枣粽、栗子粽等不同花色的粽子。整整一天，一直到半夜。一面包裹，一面就下锅烧煮，锅子是用一只美孚油箱改制而成的，容量很大，因为粽子裹得多，要分煮好几锅，所以一直要到半夜。媳妇们最怕的是自己裹的粽子在烧煮中散脱，绍兴人称为"逃粑"，因为这不仅失面子，而且会引起祖母不高兴，所以每人裹的粽子在扎麻线时都做了标记。但孩子们却希望"逃粑"，因为锅子里有"逃粑"粽子，唯一的处置方法是让孩子们吃掉。

年糕、粽子是过年的先驱，而且两者必须在腊月二十以前准备就绪，因为它们在腊月二十三就要派上用场，这一天是送灶的日子。灶神是茹素的，送灶的祭祀用素菜并粽子、年糕，此外还要用年糕做的鸡和羊。灶神是市上购来的一幅贴在灶上的神像，但上天需要乘轿，绍兴一到腊月初，就有小贩挑了担出来卖送灶的竹轿，制作简单，外形像一把竹椅。此外还要一包用箬竹叶包裹的饴糖（麦芽糖），这是腊月之初一种称老嬷的女人挨家挨户分送的。对于老嬷，必须多说几句，老嬷是堕民的老婆，堕民是绍兴一带历史上的贱户，其来源已有人做过种种考证，但是说法不一。堕民在身份上低人一等，以吹鼓手、演绍兴大班、挑了担子用麦芽糖换鸡鸭鹅毛等为业，清代不得参与科举，在城内聚居在萧山街（又称三埭街或堕民巷）一带，以陈、赵、袁、屠为主要姓氏。绍兴人家不论城乡都与某一户堕民有固定的关系，特别是有些堕民在其固定关系中有几家大户，平时赏赐多，这些堕民户日子就比较好过。民国之初虽然已经明令加入普通户籍，并且创办了同仁小学（一视同仁之意）让他们的子女入学。但是由于长期传统，他们仍然操其旧业（要从事新的行业也有困难）。腊月分送饴糖也是他们的工作之一，因为向他的主顾（有固定关系的户头）送一包饴糖，多少能获得一点赏钱。

饴糖在送灶时有特殊作用，在祭祀以后把灶神纸像揭下来坐上竹轿，然后要撕一点饴糖黏在灶神嘴上，意思是封住他的口，要他在向上司汇报时多加照顾。对此，有的认为是让他封口不语，有的认为给了点甜头，要他在汇报时说些甜言蜜语。上天去见上司，而且是一年一度的汇报，不言不语总是不妥，所以饴糖的作用当以后者为是。这说明当年的灶神和老百姓都相当忠厚，也说明了当年的世道。要在今天，恐怕家家都得向他塞红包，好在现在已经没有腊月二十三送灶的习俗了。

送灶以后，一年中最重要的祭典接着来到，一般人称为"请大菩萨"，但正规的说法是"祝福"。也有人家说"请祝福菩萨"。实际上这位菩萨就是财神。"祝福"的日子各家不一,但总是在二十四到二十八这几天之间,以二十五日为盛日,我家大概都在二十五日,绍兴人称这一天为"廿五夜"。但正规的"祝福",应在"廿五夜"的深夜,其实已经是二十六日。不少人家图省事(我家就是如此),这一天晚上过了十一点就开始,绍兴人称为"请懒惰菩萨"。

这天晚餐后,我家以稻草为燃料的三眼大灶全部启动,称为"烧福蹄",即整只的鸡和大块肉,因为这位菩萨是吃荤的。烧熟后,用大盘子装上整只鸡、肉、鱼,即所谓的"三牲"。我家大厅由于是当年状元第的正厅,十分宽敞,在大厅的前半部就放得下六张八仙桌,因为三叔祖母一家历年都参与这个祭典,所以他们也有一份同样的祭品。除了三牲以外还有大块年糕,绍兴人称为状元年糕、如意年糕、粽子等等,把6张八仙桌摆得满满的。用"五事"和一斤重的红烛,加上两串锡箔制的大元宝。

如我在《中华帝国晚期的城市》中译本《后记》中所说,祭典是十分肃穆的。这是一年中最认真的一次。女人不参与祭祀,绍兴人打诨说,因为"祝福菩萨"是光屁股来的。祭祀的开始以蜡烛燃点为准,于是进行跪拜,这一次的跪拜是双套的,每人先在蒲团上朝大门外四跪四拜,然后转身向祭桌重复一次,幸亏参拜的人数不多,否则这个祭典会花许多时间。跪拜的第一位当然是祖父,接着是长年家居无业的五叔、堂兄阿骦(我二伯父之子,因二伯父过继三叔祖,故不算祖父长孙),在我以后还有四五位堂弟,他们年纪小,动作就马虎了。最后把两串大元宝和神像放在大明堂上事前铺好的一堆冬青树上付之一炬,当然还要酹上一杯酒。整个过程大概要花一个小时,以吹熄蜡烛作为祭毕的信号。"祭如在,祭神如神在",我估计祖父是这样对待这一年一度的祭典的。光屁股的神祇走了,于是女人们就出来搬祭品。而忙碌一天最后能得到报答,孩子们当然更加渴望,这个节目就叫"散福",其内容无非是全家老少包括佣人吃一碗用鸡汤下的青菜年糕。

农历年的最后一天,绍兴人叫"三十年夜"(其实也有二十九的),这天是大忙日,第一个节目是用"十碗头"祭祖,我家的规矩要祭7桌,而且菜不能重复用。一桌一桌地祭,从午前祭到午后。傍晚以前要接灶,中国的多神教中没有7天来复的传说,但灶神上天汇报,往返恰恰是7天。与接灶同时进行的是上像,把祖辈的遗像挂出来,然后供上水果,全家拜像。拜像结束,年夜饭就开始了。我家的用膳传统,平时是男女分桌的,男的在大厅,女的在后退堂边上的一间称为"吃饭间"的侧屋里。但年夜饭是男女老少齐上场的,所以要用大厅中央的大圆桌,人多时还得再加一张八仙桌。这顿年夜饭,绍兴人称为"分岁"。年夜饭不过也是这天祭祖用过的"十碗头",外加一只火锅,绍兴人叫作暖锅,锡制或铜制,中间有一孔装炭火的小炉,使锅内食物加热。整顿年夜饭中可吃的也实在就是这只火锅,内容除了青菜和粉条以外,还有鱼圆、肉圆等,是一年中常难得吃到的东西。年夜饭的荤菜中鸡和鲞冻肉是另外两样好菜,鱼(一般是包头鱼)是不能动筷的,叫作"吃剩有余"。此外多是素菜,例如用黄豆芽、萝卜、咸菜等炒起来的"八宝菜",我从来就不曾动过它一下。可以列为甜点的是藕块和荸荠合煮的并被取上一个"有富"的吉祥名称的碗头,老年人又把藕称为"偶偶凑凑",称荸荠为"齐齐备备"。绍兴人包括富有的人家,以节约的居多,特别是在吃的方面,平日多吃腌的、霉的或干晒的蔬菜一类的食物,年夜饭即所谓"分岁"的这一顿,从当时来说,的确算是盛宴了。

年夜饭以后的最后节目是"辞岁",全家轮流向祖父母拜一拜,(大年初一的同样节目叫"拜岁"),孙儿孙女这一辈可以从祖父母处得到一点压岁钱,是用红纸封套装的一块银元。当晚就要把这个红纸包压到自己的枕头下,所以称为压岁钱。绍兴也有人家在这晚上有"守岁"的习俗,一般是等到次日即大年初一的子时就寝,但我家不行这一套。

三、艰难曲折的中学历程

考中学的挫折

民国二十五年（1936）夏我小学毕业，当然报名投考省立绍兴中学，从绍兴中学附属小学到中学，这是顺理成章的事情。报考绍兴中学的学生很多，除了绍兴一县以外，诸暨、嵊县、新昌、上虞等绍兴府属各县，也都有学生前来报考。由于我的成绩很好，所以祖父和父亲对于我考上这所学校是稳操胜券的。当时，绍兴城内除省立绍兴中学以外，其他还有稽山、越光、承天3所中学，稽山中学原名绍兴中学，因第五中学改名绍兴中学，所以才易名稽山，当时是全县唯一的完全中学（省立绍中尚无高中），越光中学的前身是旧制（四年制）的越材中学，它和承天两校都是教会中学。另外还有一所也是由教会办的浚德女中，规模极小。

考试前一天下午公布报考学生的考场和座位名单，座位号码与试卷浮签（试卷是密封的）的号码相同，所以考生必须知道自己在哪个考场，座位在哪里。这是一个大热天，但很兴奋，因为第二天就要考试了，我是充满信心的。跨进绍中校门时，心里就很得意，因为暑假后到这个学校念书是毫无疑问的。看准了座位以后，就到校内各处玩玩。附小的校舍已经不小，但绍中在当时看来实在很大，想到一个多月以后就能在这样宏大的校舍里读书，当然不胜向往，看到不少前来看座位的同学，他们都说我是"保取"。从全班的成绩来看，这话也不算恭维。这一年的考生确实多，初秋一录取新生两班,不过 100 人,但这年的报考学生竟达千人左右,座位名单上居然出现了两个"金迪民",一时观者哗然,以为是出错了,但随即有位职工手提毛笔和凳子,踩上凳子,在其中的一个"金迪民"名下用括号加注"诸暨"两字,说明两人同名,传为这一年的佳话。我走遍了校舍的每个角落,有些同学还让我估计考试的题目,直到傍晚才离校回家。却想不到就是因为这个下午的过度兴奋,这一年竟进不了这所学校。

我祖父每逢夏季总是在大厅中搭床睡觉的,因为这里宽敞凉快。我从小学五年级起,每逢暑期也都睡在大厅中,除了比楼上凉快得多以外,还可以接近祖父,每天乘凉结束后,我还要坐在他床边,隔着蚊帐,要他讲一两个小掌故,然后上床休息。这天到绍中看座位回家,夜半时分,我的呻吟声惊动了祖父,他过来撩开蚊帐摸我的头,立刻发现我烧得很厉害,显然是中暑(绍兴人叫作"发痧")了。他随即把我父亲从楼上叫下来,并要五叔去请医生王家乐,他是祖父的内侄,在绍兴算得个名医。他深更半夜为我开处方,五叔赶去大街震元堂敲门配药,煎药,服药,一家人忙了一个深夜,结果还是一筹莫展,我就这样错过了考期。

这场病持续了三四天,王家乐又为我处过两次方,吃了几帖中药,绍兴人的老方法是"扭痧",扭得我满颈一条条紫红色的血斑。我本来不愿忍受这种痛苦,但这一次我颇感内疚,毕竟是因为那个大热天玩得太过度闯的祸,因而只好熬痛忍受。我父亲十分气恼,不断地抱怨,近于责骂。但祖父却制止他,不许他说过分的话。其实对我的事决定权还在祖父,他认为可以选择另外一个中学读一年,然后再转学回到绍兴中学。他甚至向我父亲打包票,说按照我的学业成绩,这一点一定可以做到。我父亲当然只好顺从他的意见,还是请五叔跑腿,把稽山、越光、承天 3 校的招生简章都索取来细细研究,这 3 校的入学考试日期都比绍兴中学晚得多。它们显然不敢与绍中竞争,名落孙山的大批绍中考生成为他们的生源。

因为中暑而错过省立中学考试的事,除了家里人以外,许多人都感到惋惜。附小主任孙礼成,因为是祖父的学生,特地到我家中安慰祖父,并说他曾向校长沈金相说过此事,附小的一位优秀毕业生因病耽误了考期,但沈金相明确答复这是无法补救的。他的意见与祖父正合,要我在其他中学读一年再回到省立中学,他甚至向祖父保证,此事绝无问题。当然,问题还是有的,城内 4 所中学,与我家最近的就是仓桥的省立中学,其余 3 所都在城南,离我家颇远,父亲开口就提出此事,祖父虽然不说,但也担心孙子每天跑路,心事显然也是有的。我自己认为这不成问题,到学校做个午膳生(那时各中学都有午膳生,即每学期交钱由学校供应午餐),一天无非跑两趟,这点路我跑得动。祸是我自己闯的,我的嘴当然很硬。

除了生母早逝以外(当时我还不懂事),耽误了省立中学的考期或许是我懂事以后遇到的第一个挫折,特别是在我中暑病愈以后,父亲责备,祖父惋惜,附小主任又亲自到家里来安慰我祖父。我虽不说话,但内心确实有强烈的挫折感。

但是后来回顾,这实在不是挫折,从为人的一生来说,这其实是我的一种幸运,因为此后一年,我在那个学校里得到了我在省立中学无法得到的东西。我当时按年龄还是个少年,但是由于家庭教育(主要是祖父)和我自己的一些原因,显然属于少年老成。我在那个学校里得到的东西,成为我毕生处世为人之本,从此直到晚年,我坚定执着,虽然在无可奈何的情况下不得已"因时制宜"说过一些言不由衷的话,但是在内心深处,我一直固守着我在那个学校里获得的东西,不受任何外来干扰。

承天中学

祖父和父亲反复研究了稽山、越光、承天3校的招生简章,自从孙礼成到我家访问以后,在他们的思想中,过渡一年返回省立中学是明确而有把握的。所以对于这3校的选择,主要是离家的路程。当时天气还很热,但祖父却要五叔到这3校都跑一次,目的是为了准确地算出路程。并且叮嘱五叔,从家里到此3校,各有哪几条路可走,其中以哪一条最为简捷。其实我完全不在乎路程,心里实在怪祖父多事,但由于耽误考期的事弄得举家扰攘不安,所以在这个问题上我采取沉默态度。

五叔实地考察的结果是,稽山中学最远,这实在是大家都知道的。越光中学在南街马园弄,比稽山近不了多少。承天中学在和畅堂,而且有一条过拜王桥的小路,比仓桥省立中学远不了多少。这实在就是我报考承天中学的原因。从学校规模来说,3所中以承天为最小,但当时我自己的思想也是过渡一年而已,所以同意祖父和父亲的决定。

承天中学在塔山山麓,地名和畅堂,以附近有承天桥而得名。是属于基督教圣公会系统的教会学校。从学校的规模来说,实在是一所袖珍学校。校长是诸暨枫桥人冯俊,教务主任是萧山义桥人倪向辰,是全校的骨干力量,两人都毕业于之江大学,一理一文。一位爱尔兰人,汉名贝道生(我不知其英文原名),也是此校教师,教会的补助经费,大概是通过他提供的。他只教一班英语,不住校,在莲荷桥有一所当时看起来很讲究的洋楼,与他夫人住在那里。其他几位教师是:国文、历史教师蒋屏风,绍兴人,复旦大学念过一年,口才很好,抗战后曾到省立绍兴中学任教。体育、童子军并兼教一年级算术的丁兆恒,也是之江肄业。秀州中学毕业的俞宝山,教劳作、动物和选课(讲圣经),并兼任图书馆管理员。学校还请了两位兼课教师,国民党县党部的张季笑教公民,并且是挂名的训育主任。在稽山中学教图画的李寄僧也算此校的兼课教师。全校有两位工友,一位叫香根,管门房及作息打钟;另一位叫土根,管一切杂差。厨房是承包的,不在职工之列。

我进了这所学校以后感到与以往不同的只有两点:第一,我现在的身份已经是中学生了。当时读初中的人还不是很多,附小同班毕业有 52 人,但进初中的不过五六人,其余的都去做学徒或在家待业,女同学 12 人,全部回家待嫁。全县虽然有 4 所中学,但有中学生的家庭其实是不多的。第二,我是午膳生,中午在学校饭厅与其他 6 位午膳生合桌吃饭(住校生 8 人一桌,也不过六七桌,多是诸暨人),每桌 6 个菜,吃得颇不错,生平也是第一次。此外没有什么特别的感觉。因为重头的功课无非是英语、国文、算术(当时称为英国算),英语由倪向辰上课,用的是《开明英语读本》第一册,我从五上级已开始读此书。开始是我父亲请来一位钱庄里的职工,他在杭州钱庄当学徒时曾用晚上时间在青年会读了 3 年英语,而且用的也是开明读本。出师后回到绍兴当职工,所以勉强教我,算是我的英语启蒙人,此人姓寿,大概教了我半册,以后就又回杭州了。不过我感到很有兴趣,就用字典自己读,读音当然不准,但早在小学毕业以前已经读完了这一册,而且多数课文都能背诵。所以倪向辰在班上一直表扬我。国文课用的是一种称为《当代国文》课本,它与小学国语课本只有两种不同:第一种是每篇文章都有作者姓名,如绿漪的《秃的梧桐》,俞平伯的《眠月》之类。第二种是课本内选入一些文言文,如彭端淑的《为学》,张岱的《菊海》,翁森的《四时读书乐》之类。这些课文对于我这样一个读过了四书五经和其他许多古诗文的人,实在是不足道哉。算术课的内容比高小也相差无几,除了"开方"以外,其实都是高小里学过的。所以刚刚开学的一周,许多同学都感到新奇,而我认为不过如此而已。我曾把这种感觉告诉祖父,并把国文课本让他看了。他倒是恰恰用课文中的《为学》这一篇训勉我。除了在小学时就常说的"立德、立功、立言"以外,这一次又写了"锲而不舍,金石可镂"8 字给我(起初不知来源,后来知道出于《荀子》)。直到初中三年级,我才以此自勉,感到了这 8 个字的力量。

这个学校让我第一次开眼界的是一个藏书其实不多的图书馆。管理员俞宝山是一年级的级任教师,每天要批阅全班的日记,通过日记,他对我印象极好,开学没几天,就叫得出我的姓名。下午的课结束后,这个学校没有什么课外活动一类的事,他总是坐在图书馆让大家借书。由于他对我的好感,他居然在借书同学很少的时候,开门让我走进书库。在书库里,就比县立图书馆自由得多,而且新书也比县立图书馆多,到这里,我才看到了鲁迅的《彷徨》、《呐喊》,茅盾的《子夜》,冰心的《西线无战事》、《去国》,曹禺的《日出》、《雷雨》等,还看了一部大书《饮冰室文集》。此外是外国小说《茶花女》、《爱的教育》、《出了象牙之塔》等等,我的确大开眼界。俞宝山待我很好,有时

　　一直等我到他们晚餐钟敲响时,住校生拿了碗筷进饭厅,我则背了书包回家。从这个时候起,我开始感到时间紧张。我在小学写日记做作文,常常套用"一寸光阴一寸金,寸金难买寸光阴"的老话,其实那时对此毫无体会,在进了承天中学这个小小的图书馆以后,才知道光阴的可贵。我本来每晚九点半以后就睡觉,从此就在煤油灯下熬夜,有时熬到12点,而且养成了上床后还要坐在被窝里看一会儿书的习惯。

　　当然,我在这学校得到的,还有远远超过图书馆的东西,那就是《圣经》。由于这个学校是教会学校,我一进此校就看到礼拜堂和其他屋舍到处都有《旧约全书》、《新约全书》或《新旧约全书》,我当时毫不在意。但当我认真地诵读了此书以后,它竟把我带入了另一个世界,对我的一生来说,这是一个至关重要的世界。后来回忆,我因病耽误了省立中学的考期,这是不幸;但我因此而进入了这个学校,实在是我的大幸。

　　刚进学校,就看到课程表上排着每周一节的"选课",后来知道这"选课"是讲宗教的,我开始十分反感。有的同学说,学校伸手向教会要钱,所以只好安排这样的课程。不过后来知道,学校在这方面还是很谨慎的,凡是遇到督学或其他政府方面来人时,教务主任倪向辰每次都把课程表上的"选课"改贴成为"自修"。"选课"是由俞宝山担任的,他是虔诚的基督徒。除了"选课"以外,学校每晨有半小时的早会,全校师生在一间称为"中山堂"的礼堂(其实是一间大教室)举行,每次有一位教师主持。早会以唱赞美诗开始,赞美诗(书名《普天颂赞》)是学校借给学生使用的。主持教师指定唱第几首,由一位三年级的女学生张锡媛弹风琴,大家跟着唱,唱完两三首后,主持教师讲话,他总是先带大家读几节《圣经》,然后围绕这段《圣经》讲一番道理。也有不引《圣经》而由主持教师按己意讲出的,譬如教务主任倪向辰在一次月考以前谈同学对待考试的三种态度:一曰未雨绸缪,二曰临渴掘井,三曰船到桥头自会直。这种早会,类似于我后来进了省立中学,每晨升旗后的"精神讲话"。其实就是对学生进行的道德教育。

　　到这个学校不过两个多月,对于"选课",我从反对到容忍而至于热衷,这完全是依靠《圣经》的威力。对于《圣经》,开始是随意翻翻,逐渐到认真细读。读完了《旧约》和《新约》,边读边思考,终于达到笃信,让我成为一个有神论者。现在回忆,我当年虚龄14,是不是属于幼稚无知,或者是有教师和同学劝说了我。年纪小是事实,但我自己明白,当年,我从岁数说还是个少年儿童,但从我读的书和懂得的世事来说,我可以够得上一个成年人。在开始反对"选课"时,我与班上的不少反对"选课"的同学也不同,他们反对"选课"的理由是破除迷信,有人还拿出孙中山先生打偶像的故事来作证,这当然是他在小学教科书上读到的。但我是从关于宇宙来源的学说提出的。记得小学五年级时的一次野外远足,自然教师王汤诰恰巧坐在我们船上,曾经谈及这个问题,他介绍了康德的"星云说",我虽然一知半解,但极有兴趣。因为我当时早就不相信盘古氏开天辟地的神话。而幼年在《幼学琼林》中读到的:"浑沌初开,乾坤始奠,气之轻清上浮者为天,气之重浊下沉者为地。"当然比盘古氏的神话要好得多,小学四年级的自然课上就讲到太阳系和九大行星,知道地球无非是绕着太阳转的行星之一,所以对于《幼学琼林》的话也就不再相信。王汤诰介绍的"星云说",确实使我感到,康德真是个了不起的人。所以我反对"选课"与班上其他同学完全不同。我在"选课"中举手发言,向俞宝山提出:"是《创世纪》说得对,还是康德的'星云说'说得对?"俞宝山的回答平心静气,他说:"关于宇宙的来源,从古到今有种种不同的说法,《创世纪》是其中之一。因为承天是教会学校,所以有这门课,但这门课是既不考试也不记分的。同学们可以信,可以不信,这是完全自由的。"下课以后,有许多同学问我,康德是什么人?"星云说"是怎样说的? 其实我也是一知半解,只是因为其他反对派提出的如破除迷信和孙中山先生打偶像之类太幼稚,从小有些傲气的我,想来个标新立异罢了。

俞宝山所说"完全自由"的话倒是真的,承天中学是一所由圣公会补助大量经费的教会学校,踏进校门就是礼拜堂,礼拜堂以北是一片花园和草地网球场,紧靠网球场的是一幢二层楼的办公室,用作教务处、图书馆、阅报室和女生自修室等,这所建筑原是贝道生的住宅,后来因为他在莲荷桥置了新宅,才把它让给学校。承天中学自己所建的只是一幢二层教学楼(楼上为师生寝室)和饭厅。应该说这所学校完全是依靠教会建立和运作的。但平时,学校的几位基督徒教师,包括校长、教务主任、贝道生和俞宝山,他们只劝人为善,并不劝人入教。俞宝山是和我关系相当密切的教师,尽管我反对"选课",但是他欣赏我在日记里显示出的知识量和写作能力(他曾与我说过这样的话),所以一直对我刮目相看,就所见的全校学生中,能进入图书馆书库的只有我一人。有不少日子,他坐在外室借阅处的小窗口,我在书库看书。我的习惯总是先选定要借的书,然后再翻阅其他书,一直到敲响晚餐钟。其间他也常常与我说话,但绝不涉及宗教。所以在这个学校里,除了早会和"选课"确实灌输基督精神外,劝人入教的事是绝不存在的。

《圣经》在我身上所发生的作用,完全是我自己的感受,完全是《圣经》本身的力量。我敬佩耶稣基督和崇信造物主上帝也完全是自己的意愿。至于像牛顿、爱因斯坦等人,既是伟大的科学家,又是虔诚的宗教徒之类的话,都是后来听到的,对我当年的思想行为并不发生影响。以后年龄逐渐增长,知识不断积累,我对宏观世界和微观世界、精神世界和物质世界方面的诸种问题想过很多,关于我在这方面的观点,往年为一位学生吕洪年教授的著作《万物之灵——中国崇拜文化考源》(广西民族出版社,1996年)一书作序,已经和盘托出。不过我并不是基督徒,除了我发现教会里颇有一些庸俗的人以外,主要的原因是我自己认为我不具备作为一个基督徒的条件。

对于宗教信仰的问题,这些年来颇有一点感触。人的宗教信仰是没有任何势力可以左右的,对此,上述我为吕洪年著作所写的序中也已经说明。在人类之中,有有神论者和无神论者的区别,这是客观存在的事实。譬如说,共产党及其党员是无神论者,对他们来说,这是完全正确的。各种宗教的信奉者,信奉各自宗教的神明,对他们来说,也是完全正确的。可憎的是有些人在党派和宗教之间做政治游戏。譬如说,有大名鼎鼎的人物,他一边是共产党员,当然是讲究辩证唯物的无神论者,但一边又自认是虔诚的佛教徒,当然皈依佛陀。这样的人其实是"伟大的骗子",因为在历史上的两大伟人释迦牟尼和马克思之间,他总是欺骗了一头。假使有这样的人,那末,在为他立传时,应该列入《贰臣传》。

卢沟桥事变前夕

我进入小学二下级,恰是"九一八"事变后的次年和"一二八"战役后不久,所以对日本军阀的侵略和暴行无比痛恨。接着是汤玉麟丢失热河和长城之战,而宋哲元在喜峰口的大捷曾为我们带来极大的鼓舞。举国上下都是敌忾同仇,满怀着激昂的抗日情绪。但当局由于日方的压力或其他原因而并不公开反日,甚至在报刊上也把"日方"称为"某方",当然很使我们气馁,也引起我们的气愤。

不过在小学六上年级,由于一个特殊的机会,让我们知道了当局抗日的决心,中日之间的战事不可避免。那是一个秋天,上午上完两节课以后,临时通知要大家到山上大礼堂去,于是全校各级整队,像往常周一纪念周和周末周会一样,循一条石板铺成的石级路进入大礼堂坐下,在台上坐看的竟是专员兼县长贺扬灵。主任孙礼成介绍,今天是一个好机会,请贺专员讲话。台上临时放置一块黑板,这是因为恐怕小学生听不懂他的话而让他写字的。他先在黑板上写了"枫叶"两字,说他今天到龙山是来看枫叶的(其实从越王台以上沿附小一带并非枫叶,是乌桕叶,但秋天也红得可爱),被学校老师瞧见,拉他到校讲几句话。贺善于演讲,后来我进入省立中学,已是抗战后一年多,他从湖北省再次调到绍兴,我又听过他的一次讲话,手舞足蹈,语言激动。不过这次对小学生讲话,说得相当平静。

他说话的大意是,中国和日本帝国主义之间,在上海打了一仗,又在长城打了一仗。这些都是局部战争。由于没有准备好,各方面都不如他们,所以总是我们吃亏。其实,中央正在积极准备,中日之间的全面战争总有一天要爆发。他随手在黑板上画了从辽东半岛、渤海、山东半岛直到南方的海岸线轮廓。然后在海岸线以西画上一个

"卅"字形的符号。横线表示陇海铁路,两条直线表示津浦铁路和平汉铁路。又在横线上写"七十万"3字。他说,蒋委员长在这里驻扎了70万大军,随时准备与日本帝国主义的侵略战争。因为战争从哪里开始难以预料,把军队部署在这个地区,有3条铁路,运兵方便,可以迅速地应付日军在不同地方发起的战争。他的这次讲话,联系到当时的壮丁训练和"义勇警察"(我五叔就是"义勇警察")训练等,他们常列队过街,齐唱抗日歌曲,让大家感到兴奋。此外,绍兴已经几次举行夜间防空演习,警报响后,全城熄灯,接着就有从杭州笕桥机场飞来的"敌机",抛出红红绿绿的"炸弹",映澈夜空。种种迹象,使我们相信,当局确实是在备战,我们一定要和日本帝国主义血战一场。也使我们谅解,报刊上说几句"中日亲善"的话,在斥责其恶行时把"日方"称为"某方",显然是一种权宜之计。

听了贺扬灵的讲话以后,师生们都精神振奋,级任教师金锡三在次日国语课中用整整一节课的时间表达了他的激动心情。连续几天,任课教师都在课上谈及贺专员的讲话。稍后几天,四叔从上海回来休假,他当时是四川盐业银行上海分行的高级行员,在全家成员中见识最广,我把贺扬灵的讲话告诉他,他说,这些事他们都知道。一位专员可以和小学生讲这样的话,说明中央决心要和日本做最后的摊牌,这已是公开的秘密。不过他也担心战争仍有可能像"一二八"一样先从上海打起来,因为上海有日本军队,日军用军舰运兵到上海也很方便。一提起"一二八",我祖父实在心有余悸,那年,四叔在江南银行,六叔在同顺公丝行,都不在租界内,祖父愁得几天吃不下饭。当时正值旧历过年之前,弄得全家惶恐不安。幸亏在除夕前一天接到一个被耽搁的电报,他们都已避入租界,兄弟平安,才算过了一个平安年。现在旧事重提,"一二八"那年的回忆虽然还在眼前,但祖父和四叔都认为这个仗非打不可,绝不能让日本继续在中国横行。从我们家庭里的这种议论中,可以看到当时的民心。

从此以后,我们都感到总有一天能够收复东三省,雪洗国耻。而且大家都认为,总有一天,蒋委员长要领导全国与日本帝国主义作战。从小学进入中学,周围听到的舆论还是一样。当然也有一些不同的想法,年轻人特别是学生都希望这场战争早日爆发,但一些老成持重的人,譬如承天中学的校长和教务主任,在谈话中都提及过战争的事,他们的意见是,中日双方在军事实力上还有很大差距,我们还必须忍辱负重一段时期。国文教师蒋屏风当时已经出版了好几本小说,在学生中享有声望,按年龄还不过是20多岁的青年人,他在国文课上也分析过形势,认为早打不如迟打,并引《李陵答苏武书》中的话:"范蠡不殉会稽之耻,曹沫不死三败之辱。"他认为,中国对日本在军力上的一个极大不足是空军。他说得出具体数字,日本有多少飞机,而我们只有多少飞机。正在此时,全国掀起蒋委员长50寿诞的"献机祝寿"运动。他说,"献机祝寿"

是一种避免引起日本注意的口号，其实就是备战。他的这些话，我们都很信服。

当人们正在希望蒋委员长早日领导发动打倒日本帝国主义的战争之时，却忽然传来了一个令人吃惊和沮丧的消息，民国二十五年（1936）12月12日，张学良和杨虎城发动了西安事变，蒋委员长被囚禁于西安。这当然是个举国和全世界震惊的消息，我们中学生在次日（13日）就在学校里获得这个消息。我们家里有一份上海《新闻报》、《申报》和《绍兴新闻》，都是电话公司为我祖父订阅的。我平时除了每天做日记要抄录几条《时事摘要》（《新闻报》头版就有）外，并不十分重视看报，从这次事变开始，我在读报方面有了极大的转变，并且从此养成了读报的习惯。

记得12月15日，轮到贝道生主持早会。这位个子高大的洋人，登上主席台后，竟一反常规，不唱赞美诗，也不念《圣经》。举双手大声地说（他的中国话说得不错，还能说绍兴方言）："我完全没有料到，中国出了这样的大事。"以后的话，我只能回忆出几句，他说，蒋委员长是他非常佩服的中国领袖。在他的领导下，中国正在复兴起来，却发生了这样的事。他认为这件事背景复杂，蒋委员长可能是九死一生。现在只有上帝主持公道，只有上帝能够救他，只有上帝能够救中华民国。今天，他要带领全校师生向上帝祷告。于是他在台上闭上双眼祈祷。他不是默祷，而是大声地呼求，祷词很长，并且有些重复。直到早会结束的钟声打过以后，他才说出最后两字"阿门"，脸上已经流满泪水。我们都很感动，而听到一个外国人说"九死一生"的话，认为他的消息总有来源，所以大家都很担忧，也有二三年级的同学流泪。事情的经过是曲曲折折的，我只是每天看报，看到蒋鼎文出来，又看到宋美龄和端纳等人进去，而最后蒋委员长还是从西安乘飞机到了洛阳。这段历史，几十年来各有各的说法，在中国有种种不同的说法，等到我能阅读英文报刊以后，又得知各种外国人的说法，但是直到今天，我认为这段历史还不是完全清楚的。

蒋介石随即从洛阳返回南京，在举国欢庆声中，民国二十六年（1937）年初，正中书局出版了一本《蒋委员长西安半月记　蒋宋美龄西安事变回忆录》，我记得是吴敬恒（稚晖）题的书名，书到绍兴之日，我父亲立刻买来一册，我当晚就读完此书，次日到校里展示此书，许多同学都要请假上街购买，结果是大家登记让校工上街购买，这天上午凡想买的都已人手一册了。此书是用浅近的文言文写的，有不少同学不完全理解。我读此书以后，印象最深的是宋美龄。直到现在回忆当年读此书时的感受，我仍然认为当年的观感并不错误。因为在读了她的《回忆录》以后，我确实非常佩服她。在当年，或许可以说我年幼无知，说我孤陋寡闻，但是经过这半个多世纪，回过头来检讨一下，事情或者更为清楚。她在《回忆录》中记及她的入陕营救过程，曾经遭到不少人的阻挠，阻挠的人也是有道理的，因为西安的真实情况实在并不清楚，邵元冲的下场就是一个例子。总之是个险境。中央再进去一些要人,等于再送给他们一些人质。但是她毕竟冲破各种阻挠去了,并且与另一重要人物宋子文同行。其实她自己也明明知道此行的风险,在飞机飞临西安上空时,她拿出一枝手枪交给洋顾问端纳。并且叮嘱端纳,飞机降落以后,假使遇着当地守军作乱,事态到无法控制的时候,就请端纳开枪将她击毙。我读这一段,确实佩服这个女人的勇气。古今写回忆录之类的政治文章,假货有的是,后来知道蒋的《西安半月记》也有假的,譬如书中有一篇他离开西安前对张、杨两人的讲话,其实没有这件事,《讲话》是在他到了洛阳才发表的。但宋美龄的事假不了,因为此事发生于她和端纳之间,端纳是外国人,不会与她串通了作假。

穿插一件小事,由于此书的出版,我在读《圣经》一事上出了一点风头。蒋在其《半月记》记及宋美龄到西安这天的事,他在惊骇和感动之余,告诉宋美龄一件事,说他这天早晨读《圣经》,读到一句:"耶和华要做一件新事,将以女子护卫男子。"当时并不在意,但这句话终于应验了。买到此书的这天下午,同学们发现了这一段以后,立刻查究这句话出于《圣经》何篇?其实当时我认真读《圣经》还不过一个多月,连《旧约》还未读完,俞宝山也说让他晚上仔细查一查。凑巧的是,在这天下午放学以前,我居然在《旧约》(现在忘记了是哪一篇)中查出来,于是全校师生立刻从传播此事的同学中知道,而俞宝山从此就更为赞赏我了。

初中的第一学期在西安事变后不久就结束,我却在这年寒假中患了麻疹(绍兴人叫作"出瘄子"),这样大年纪出麻疹,加上寒冷的冬季,病势非常危险。后来才知道祖父曾寝食不安,结果总算化险为夷。据说这年染上此病的人很多,死亡率甚高,我能平安度过,确属万幸。绍兴人习惯,麻疹病人必须满月才能下床,下床以后还要休养,所以初中的第二学期我直到四月初才上学。到校后的第一次早会,恰由教务主任倪向辰主持,在唱完赞美诗以后,他立即对大家说,今天,我们蒙上帝的保佑,来了一位失而复得的同学。接着说了一下我的病情,能够痊愈,属于死里逃生。这些大概都是我父亲告诉他的,我才知道我的病情确实严重,而当时我只感到昏昏沉沉不省人事,显然是高烧不退的缘故。

早会以后的第一节课是倪向辰教的英语,教学进度已经到了开明课本第一册的后半部,前一课刚学过一篇《跛子和瞎子》的课文,照例要复习一下再学新课文,倪照顾我缺课一个多月,开始就叫我的名氏,告诉我上礼拜刚刚学了这篇很有趣味的课文,要我起来读一遍,有生词难句,他可以随即指导我。我站起来,没有翻开课本,就流利地把全文背了出来,让他不胜惊喜,也让全班同学刮目相看。这一篇我早已在生病前读熟,当时我正在自学第二册,已经读熟了安徒生的《卖火柴的女孩》。倪显得非常高兴,大大地赞扬了我一番。

初中的第二个学期是平平安安地过去的,我除了认真而虔诚地读《圣经》以外,仍然利用俞宝山对我的热情关怀,在书库里寻求知识。一年多以后我进了省立绍中,当然不能进书库,但从目录卡上知道,承天中学图书馆藏书实在很少,不过对我这个见世面狭窄而求知欲却很强的人来说,的确获益匪浅。此外,祖父仍然不让我离开线装书,《书》、《易》两经就是这个时期念的,直到这年暑期抗日战争爆发前夕,我总算读完了包括《春秋》在内的《五经》。不过与《四书》不同,我没有背诵,《春秋》背诵过,但我感到《左传》、《谷梁》和《公羊》都比它更翔实,尽管祖父认为《春秋》是左氏等三传之祖,极端重要,但我却不是这样想的。我对《尚书》还有一些兴趣,但也只背了《大禹谟》和《禹贡》两篇。对《禹贡》特别钟情,这或许对我以后从事历史地理的研究有影响。

这学期暑假开始以前就得到了一个不愉快的消息,是附属小学主任孙礼成特地上门告诉我祖父的,他已经知道省立绍兴中学民国二十六年(1937)秋季的招生计划,只招初秋一新生两班,不招各级插班生。祖父十分失望,曾写了一封信请孙礼成转交给校长沈铸颜(金相),因为校长的宿舍在附小龙山山麓,他们天天可以见面。但校长没有同意,他有一封简短的复信要孙面交给祖父,说招生计划是校务会议通过的,并且已经呈报省教育厅备案,所以不好改变,无法破例。此事的往返过程我都不知道,我一直认为暑假以后不会再在承天了。只是因为倪向辰、俞宝山等都与我很好,而且一年以来,对学校也有了感情,所以没有对任何人说起此事。暑假开始的第一天晚上,祖父要父亲一起与我谈了这件事。我才知道他们为此已经忙碌过一阵。转学省立中学成为泡影。祖父要我在承天再读一年,到三年级转入绍兴中学,这样我仍可得到一张省立中学的文凭。这时我才看到了沈金相校长要孙礼成面交祖父的一纸八行笺,开头是"质夫夫子尊鉴",字迹非常工整。以后进了绍中,才想到这封信当然是校长室管文书的柏慎之写的。后来回忆,这件事对我的打击并不大,心里的失落感是短期的。不过对祖父所说的省立中学文凭的话,我感到这是他对我的安慰,因为我不久就打听到,省立中学是很少招插班生的。我要在承天中学念到毕业,或许已经注定了。

抗日战争爆发

暑假开始不久,传来了卢沟桥事变的消息。事变发生在7月7日,我大概是次日中午才知道的。父亲从钱庄里挂回来一个电话,说《绍兴新闻》和《绍兴民国日报》都在街上卖《号外》,北平已经打起来了,钱庄里已经买了《号外》,他晚上带回来。他显然感到这是一个特殊的消息,所以才挂电话回家。其实这天的上海《新闻报》和《申报》都已经发表了这个消息,上海报在下午5时到达绍兴,所以当他带回《号外》回家时,我们都已经知道了。祖父是每天下午 4 时由电话公司包车送他回家的,电话公司的消息比较灵通,又带回不少报纸以外的消息。这天晚上,祖父在他的书房里和父亲、五叔、六叔(他当时也失业在家)及我谈论此事,一致的看法是,这一次真的要打起来了。尽管祖父已经 72 岁高龄,而大家的态度都是希望打。那个地方当时重兵在握的是二十九军军长宋哲元,而在卢沟桥前线的是团长吉星文和驻宛平的地方官(专员)王冷斋,这些人都成了报上常见的新闻人物,我们大家都对他们寄以希望。

战争确实不断扩大,二十九军副军长佟麟阁和师长赵登禹的殉国,给予我们极大的震惊和愤慨,而蒋委员长在庐山发表了讲话,我非常注意其中的一句:"只有抗战到底,才能博得最后胜利。"从这句话中回忆了两年前在小学里听专员贺扬灵的讲话,充分相信蒋委员长的抗日决心,中日之间的全面战争开始了,报仇雪耻的时候到了。

我的堂兄即二伯父之子阿骥,小学毕业后到杭州钱庄当学徒,一年前已经出师。他由于三叔祖母及寡母即二伯母的宠爱,是一个极易冲动而胆量又极小的人,北方战争打响以后,杭州也不时有些街巷谣传,他竟然放弃其在钱庄当了 3 年学徒的职位,卷起铺盖回了绍兴。祖父和我父亲都为他惋惜,当然也无可奈何,对我来说却多了一个伙伴,因为时值夏季,他也在大厅搭铺睡觉,于是大厅中晚上就有了 3 个人。是他告诉我,从杭州返绍兴时,经过新近建成的钱江大桥,桥的两侧都部署了高射机关枪,形势确实相当紧张。这些日子,我每天晚餐后都上大街(即今解放路),因为《绍兴新闻》和《绍兴民国日报》两家报社门口,经常张贴新的战争消息,看的人很多。

有一个晚上,我们祖孙 3 人都已在大厅上入睡,忽然听到飞机声隆隆而过,我们都被惊醒,次日上午即传来消息,上海在昨日已经开战,我四叔父两年前估计的上海要成为战场的事证实了。这天晚上,时隐时显的飞机声就经常不断,不过我们估计大概都是中国飞机,因为除了杭州的笕桥机场以外,绍兴以东也已建造了东关机场,晚上有飞机声而不发警报,当然是自己的飞机在调动。而 8 月 15 日清晨,我就目击了一场空战。因为听到机声隆隆,我赶到后园,看到四架飞机从后园上空飞过,接着又是四架尾随飞过。这天晚上报社门口贴出的报道里就有当日清晨我空军战斗机 4 架追逐敌机 4 架飞过绍兴城的消息。我们盼望了好几年的抗日战争,现在终于打到绍兴天空了。当时,许多人都在街上绘声绘色地追叙早晨看到的这场空战,大家都很兴奋。

祖父当然担心在上海的四叔,但四川盐业银行在租界以内,这是可以放心的。而且过了几天,四叔父回来了,他带来国军作战勇敢和许多胜利的消息。上海到杭州仍然乘火车,但是班次已改在晚间,而且在石湖荡要下一次车,步行过一座被炸毁的桥梁,然后再上另一列车到杭州。四叔冒险回绍兴除了看看家里情况外(四叔母和 3 个孩子都在老家),还因为他不愿在任何情况下随同银行去四川,而浙江地方银行(即以后的浙江省银行)希望他到该行供职,他已在杭州做了联系,然后回绍兴小住几天,不久又冒着战火返回上海去了。

9月初,绍兴的中小学照常开学,我又回到了承天中学,现在是初中二年级了。班上原来有一半左右的诸暨同学,发现有不少未来校,当是战争之故。二年级的功课依然轻松,英语仍由倪向辰教,代数及物理由校长冯俊教,国文教师蒋屏风离校,他暑假前就告诉同学要去日本念书,现在当然去不成了。接任者是大夏大学毕业的许惠霖。俞宝山仍然让我进书库看书,所以我还是把很多时间花在书库,但库中对我有吸引力的书已经不多了。空袭警报常常造成上课的中断,幸亏学校已接近郊区,警报来时即出校门躲在田边灌木丛中,多半是虚惊一场。但某个下午,确实见到敌机两架越城东飞,接着听到炸弹声,次日才知道是轰炸东关机场。

虽然直到10月中,绍兴城内常有日机飞越但尚未遭轰炸,但由于警报频繁,城内居民开始向乡间逃难。城内河港中,来来往往的船只逐渐多起来,而随着日军在全公亭的登陆和国军在大场的撤退等战场败绩,逃难船只一时增多,如同春天的上坟季节一样。在这种形势下,我家也不得不做逃难的考虑。当时最害怕的还不是日军进攻而是敌机的轰炸,我家屋宇高大,在这方面特别令人担忧。当时,四叔已正式脱离上海四川盐业银行而预备应邀到浙江地方银行丽水分行工作,暂时回到绍兴老家。祖父的几个儿子都在他身边,所以由他为各房考虑逃难的问题,而为了适应逃难的需要,大家无疑必须暂时分散。因为二房已经过继到三叔祖母门下,祖父需要考虑的主要是三、四、五、六四房。结果是,六房到六叔母娘家漓渚,五房到城东樊江附近的水村王墩泾,这是二伯母的娘家,三叔祖母和二伯母一家当然去到那里,并另外租了房子让五房前去,这一家的安排比较重要,因为年迈的祖母与他们一起走。当时,五叔和六叔都失业在家,只要祖父在经济上给他们帮助,他们可以随同女眷和孩子一起下乡定居。但我父亲和四叔却不同,因为两人都是有职在身的。四叔可以暂时不去丽水,但父亲是钱庄经理,涉及近30位职工的事。钱庄如不疏散他就不能离开,所以颇感犹豫。四叔母在接近嵊县的双港溪有亲戚,绍兴人所谓"笃底里山",是最安全的地方,所以他们一家决定到那里去。祖父决定在全家疏散以后留守家园,找一位早年曾在我家帮佣的老仆人阿桂来照料他并管家,祖父白天仍去电话公司,因为那里不仅消息灵通,而且其他条件都比在家里好,已经建造了一个防空洞,对于敌机的轰炸,也比在家里安全。

在全城开始逃难而我家也决定暂时疏散的过程中,我一直每天上学,特别是抓紧利用图书馆书库看书。诸暨同学已经陆续回乡,本来就没有多少学生的校园,显得日益清静。直到10月初,父亲的钱庄也决定了暂时疏散的方案,只留几位职工应变,因为营业已经基本停顿,大部分资金都在账册里,小部分现金由父亲及几位重要职员分别保管。父亲不必每天上班,于是通过钱庄的关系,到南门外近20里的破塘租定了房子,以便在需要时随时可走。由于我们小家的逃难也已经排上日程,为了准备逃难的家务事情就多起来,父亲还得经常去钱庄处理一些工作,母亲带了两个妹妹,我当然成了准备逃难的重要角色,所以到10月上旬,我也辍学,其实,当时学校里已经只有二三十位同学了。

逃难(一)

我辍学的时候,绍兴城里人已经进入了逃难的高峰,一艘艘的乌篷船从城里摇到城外,乡间有亲戚的,还从乡间派船到城里接,乡间的船是规格不一的,甚至完全无篷的绍兴人称为坦板船的农用船只也进了城。出城的船上,开始多是人和随身细软,由于怕轰炸和火烧,后来竟连家具也装船下乡,这样的船在城内河港摇来摇去,确实弄得人心惶惶。

幸亏当时的社会秩序是安定的,没有听到有什么偷盗的事,商店照常营业,大街上照常热闹,我家里的报纸,上海的两种已经很难看到,有时收到一次,都是隔了许多天的。但绍兴的几种报纸照出不误,我家有《绍兴新闻》,仍然天天可以读到国家大事和社会新闻。我除了帮助整理一点下乡衣物外,几乎天天上大街,主要是跑旧书店和大善寺内的锦文堂书店,这里专卖一折七扣书。并且祖父还支持我。所以在这段时间里,家里的东西还没有运出去,倒是又多了不少书。

10月中旬以后,家里的各房开始行动。四、五、六三房先后走了,并且五房带走了老祖母。只剩了祖父和我们一房,另外还有一位五叔祖,他当然是不会下乡逃难的,仍然每天上茶馆,也每天带回许多道听途说。在老仆人阿桂来到以前,我母亲要照顾祖父的生活,所以暂时安定下来不走。

我们是这年11月中旬离开的,破塘的房子虽然已经租好,由于母亲娘家也有人希望到破塘逃难,所以母亲娘家来了一艘大乌篷船,我们一家5口包括这段时间中整理好的逃难随带箱杂,一起先到母亲娘家,城北安昌镇附近的后盛陵。祖父开始为各房考虑逃难时,首先都是想到媳妇的娘家。唯独母亲的娘家不考虑在内,因为认为后盛陵比城里更不安全,主要是这个村子接近一条老海塘。在钱塘江河口通过南大亹叠时,这个村子确实滨江,但这是清乾隆以前的事,后来钱塘江北移,以北大亹为江道,这条海塘以北已经涨出了一片称为南沙的沙地,所以实在失去了作用。但由于海塘确实存在,大家都对此存有戒心,认为这一带属于钱塘江的江防要地。所以这房媳妇的娘家不是可以逃难之地,而娘家人居然也认为自己的地方不安全,想要换个安全的地方,知道了我们在破塘租了房子,也想从后盛陵逃难到破塘去,所以我们在南行去破塘前,先北行到后盛陵以接应他们一起逃难。

在后盛陵,确实比在城内更清楚地看到战争。城里虽然不断有空袭警报,但一直还没有看到真正的空袭。但在那里,我几次在海塘上看到日机在远处轰炸,由于这里与铁路线的直线距离已经不远,日机几次轰炸的目标大概是钱清,因为那里有火车站。所以后盛陵对于战争的敏感在某种程度上超过城内。这里的亲戚经过种种考虑和准备,最后决定是舅父、舅母和我们一起上破塘。他们没有子女,行动方便。外婆则与我祖父一样,决定留守老家。舅父在兰溪的一家钱庄当协理,不久要到兰溪去,所以到破塘暂住的实际上只有舅母1人。我们在后盛陵几乎住了一个月,直到11月中旬,才用一艘乌篷船去破塘,旅程仍要经过绍兴城近旁,到破塘已经傍晚。

破塘又名盛塘,从自然地理学角度说,它是会稽山以北山麓冲积扇上的一个通航起点。在绍兴以南,这类集镇很多,如漓渚、娄宫、平水等等均是,我们祖墓所在谢墅也是其中之一。破塘本身又分下埠和上埠两个聚落,下埠是一个典型的绍兴集镇,由分列河港东、西两侧的两条沿河街道组成,街道长近百米,全是各式店铺,上午上市时,人来人往,十分热闹,河港中则舟行如梭,并且堆浮着许多毛竹,毛竹来自里山,这里是绍兴重要的毛竹集散地。下埠以南约一里是上埠,是一个由民居构成的聚落,很可能是历史上的通航起点,因为河道淤浅而在下游崛起了下埠这个集镇。我们租住的房子在上埠,在下埠上岸还要把随船带来的许多行李搬到上埠,幸亏下埠有一家娄公大米行,是祥和钱庄的户头(即向钱庄贷款的商号),上埠的房子就是通过他们的关系租到的。船到下埠,娄公大老板立即前来接应,派人把接应物件搬进米行并招待我们吃饭,饭后又打起好几盏灯笼(当时乡间还不使用手电),派了好些米行里的职工,搬行李到上埠,让我们在租赁的房子里安顿下来。虽然拥挤一些,但比起别家逃难户,已算差强人意了。

由于娄公大的关系,我们在上埠租赁的房子确是全村百来户人家中最好的房子了。房子的男当家原是下埠镇上一家店铺的老板,但不幸已去世好几年,妻子和小儿子眼看坐吃山空,所以宁愿自己搬到侧屋而把正屋和厨房都让给了我们。骤到这里,对我来说真是一个新天地。开门就是一条小溪,过溪是一条卵石路,下到下埠镇上,上通会稽山区。我手头有一张绍兴地政局长(我祖父的学生)送来的1/50000的全县地形图,读了此图,全县的地形村舍和道路就了如指掌,我几次随带一包点心"出征",虽然当天往返,但可以跑不少地方,记得有一次南行折东,上了笔架山,并且跑到漓渚。又一次径直南行,翻越不高的陈家岭,跑到以出产毛竹著名的紫红村和大庆村。带着地图跑路,这或许对我后来从事地理工作有影响。

　　不过在破塘的日子里,我的主要时间花在念英语上面。我 10 月初就从承天中学辍学,这一个多月时间里,经常跑大街和鹅行街(在蕙兰桥与清道桥之间,现在称为解放南路)找旧书,这一带旧书铺很多,由于战争、空袭警报和逃难的人增加,书店对顾客非常迁就。大善寺内的锦文堂书店,是卖一折七扣的所谓"标点书"的,这些书多由上海的专做这一行的书局供应。定价很高,但经过一折七扣以后,就非常便宜了。而由于时局关系,老板在一折七扣以后还可以再让价。我在这里买了《山海经新校正》、《阅微草堂笔记》、《徐霞客游记》、《小仓山房尺牍》等许多种。在鹅行街一带的旧书店中买得更多,开始时买回《嘉泰会稽志》、《宝庆会稽续志》、《越中金石志》、《会稽郡故书杂集》等线装古籍,给祖父看了以后,虽然正在准备逃难,但是他仍然非常高兴,给我 5 元法币,要我继续购买。当时的 5 元是一笔不小的数目,可以买大量旧书。我开始从线装旧书转移到精装旧书,从中文书转移到英文书。而其中有 4 种英文书,对我日后产生了重要影响。一部是《纳氏文法》,一共 4 册,后来才知道每册都包罗英文文法的全部内容,由浅入深,所以有了第四册,其实不必再要前面 3 册了。另一部是《英文典大全》,是外国进口的原版书。第三部是中国人著的《基本英文典》,好像是中华书局出版,但没有中文解释。第四部是《英文短篇小说选》,此书成为我离开学校这段逃难时期的挚友。

　　《英文短篇小说选》不知何处出版,但后来知道,选入此书的都是名作。其中一篇《女士与老虎》(The Lady, or the Tiger)的题目开始引起我的注意,由于全书没有中文注释,只好翻字典苦苦硬读,在去到破塘以前,我在后盛陵外婆家已把此篇读完,感到故事如此设计而结尾又如此安排,真是别出心裁。所以到破塘后,除出门溜达的几天外,我都是每天早餐以后就带了此书和字典爬上屋前的一座小山,在小山顶上的一块平坦草地上一篇篇地细读。先粗读一遍,把生词抄在本子上,逐个查出,然后一段段地诵读。有的句子虽然查出了生词,仍然不谙其义,与上下文难以联系,也只能不求甚解暂时搁置。在破塘山上,先后念完了《项链》、《挚友》、《威尼斯商人》、《最后一课》、《二渔夫》、《谷子大如鸡蛋》等多篇文章,后来又换过几处逃难的地方,我一直反复地念这本书,最后把全书十几篇全部背熟。此书实际上是我自学英语的入门书。自学此书使我感到两大困难,第一掌握的词汇实在太少。我当时不过是个刚刚踏上初中二年级的学生,虽然在家里已经基本上念完了《开明英语读本》第三册(按当时学制是初中三年级的课本),读背了课本中的诸如安徒生的《丑小鸭》、《皇帝的新衣》和《天方夜谭》中的几篇故事。但这些都是非常浅近的东西,加上经过林语堂的改编,已经把篇内的一些非常难懂的单词删改了。第二种困难是我的语法(当时称为文法)知识少得可怜。开明读本中讲一点文法,但都是插在课文以后,是零星片断的。一直要到我读了《纳氏文法》系列的第一册,才获知英文文法的最初浅的系统。这两种困难使我在自学英语中举步维艰。一个比较有利的条件是我背诵得较快,有的文章尽管其中还有一些不曾理解的句子,但却已背诵得十分流畅,不少难解的内容,是在背诵中领悟出来的。我缺乏词汇的缺陷,是我在三年级就下决心背诵一本英文字典的原因;而不懂文法的缺陷,又诱使我埋头翻译《纳氏文法》系列第四册,由于其中的许多例句来自《旧约圣经》,我又基本上读完了英文本《旧约》。这种读书方法其实都是不足为训的。

　　到破塘后不过半个月,有一天中饭以后,我照例背起书包上山,甫抵山巅,就听到轰然不绝的炸弹声,我所在的山巅可以北眺绍兴,县城绝无被炸迹象。但炸弹声持续不绝,心弦为之震动,这是抗战开始以来第一次听到如此长时间的炸弹爆炸之声。我无心再在山上读书,快步回到山下,由于父亲几天前上城未归,母亲正为此而忧心如焚。我告诉她山巅上所见情况,遭受轰炸的绝非绍兴,因为北眺既无尘烟,也绝未听到飞机之声。于是我立刻奔向下埠娄公大米行,当时炸弹声已经停息,而娄公大已通过与绍兴的电话,获知日机轰炸萧山的消息。这是抗战初期日机第一次对一个不设防的中国城市的狂轰滥炸。我在 1980 年代修纂的《萧山县志》中知道这一天是民国二十六年(1937)11 月 30 日。《县志》记载:

　　　　(日机)二十八架次轮番轰炸城厢镇,大批房屋被毁,死亡近二百人,伤者尤多。

《县志》记载的"城厢镇",其实就是当时的萧山县城,不过是一条东西向的狭窄长街。这样一个小小县城,经过这一次长时间轰炸,实在已经毁灭。回忆我当年在山巅,连续不断的轰炸声,使人摧心裂肝。这或许是我辍学逃难这段时间中对日军暴行最痛心疾首的一次。

　　萧山轰炸以后,我虽然仍然每天上山念英语,但从战争形势来说,随着京沪战场的全线失利,沪杭战场也渐次吃紧,我父亲每两三天上城一次,在城内住两三天,总是带回来一些令人失望的消息。不过绍兴城内的人心还相对稳定。除了在万安桥落过一颗重磅炸弹使人震惊以外,尚无其他空袭的发生,人们担心的如同萧山式的轰炸,也一直不曾出现。但另一方面,由于日军进攻矛头指向杭州的事实已经众所共见,绍兴的金融界中(央)、中(国)、交(通)、农(民)四大银行以及浙江地方银行等,已经做出撤退准备。钱庄应做怎样的应变措施,责任首在经理,而经理则必须与主要的股东进行商量。祥和钱庄的主要股东是庞氏家族,其代表人物就是我的小姑丈。他们家居安昌附近的移(遗)风村,与外婆家后盛陵也相去不远。由于此事需要从长计议,所以父亲决定让破塘的房子暂时关门落锁,举家再去后盛陵,以便就近与庞氏家族商量计宜。

　　我们是在萧山轰炸以后四五天雇一只中型乌篷船去到后盛陵的。当时,除了舅母因为破塘太远,决定在回后盛陵后随她的娘家人另行择地外,我们还是准备返回破塘的。到后盛陵的次日,父亲就与我去到移风村,这是我第一次到这个富有的亲戚家里。他们的家是一幢讲究的大宅院,气派甚盛,除了两位女佣人以外,子女们也都已逃难到萧山戴村附近的一个小村子去,而让小姑丈和小姑婆留守在家。他们早已闻知我的情况,对我满口称赞,非常热情。在那里住了两天,钱庄的应变措施大致商定,又回到后盛陵。

当时,日军前锋已经接近杭州,后盛陵一带已经人心惶惶。而且不少人认为日军在占领杭州后可能随即横渡钱塘江,萧山当然不在话下,绍兴也将成为目标。破塘距县城不过20里,也非安全之地,所以是否再次去到破塘,也成为一个值得考虑的问题。因为四叔父一家在会稽山深处接近嵊县的双港溪(一个山区小镇),离开绍兴有六七十里路,不论从轰炸和日军侵占来说,都是比较安全的地方。能否请四叔父在那里租一点房子让我们逃避到这个深山地区去? 父亲的这种考虑与新近发生的事情有关,因为他最后一次从钱庄回到破塘时,已经腰缠万贯。钱庄疏散的各种措施中的难题之一是现金。而经理当然要对此负最大责任。带1万元(法币)现金是他责无旁贷的。他把这笔钱带到破塘,那时没有50、100元的大额钞票,都是10元的,所以1万元的数目装满了整整两只纸板鞋盒子。从破塘到后盛陵,他把这两只盒子放在一只老式的小网篮里,上面放着我二妹妹(当时还不到周岁)的尿布。我没有货币和物价方面的知识,但有一点我清楚,当时法币绝未贬值,1万元法币与1万元银圆完全一样。从现在估计,这个数字起码是上百万。所以对他来说,这确实是一种沉重的负担。所幸的是,那个时代的社会治安和社会风气,比眼下要好很多。当然,空袭频仍,兵荒马乱,随带的箱笼细软已经不少,加上这样一只特殊的小网篮,仍然是很冒风险的。难怪父亲想找一处能够一劳永逸的地方,双港溪显然比破塘要安全得多,而去移风与小姑丈商量时,他也有这种想法。他们曾征询我的意见,我就摊开当时一直随带的那幅绍兴全县图,图上明显表示,破塘在会稽山北缘,距县城很近,而双港溪则在等高线密集的会稽山深处,山南边就是嵊县。小姑丈非常赞赏我的意见。甚至认为他们的子女(其中最年幼的庞世诚以后要成为我的挚友)逃到萧山戴村水乡也非善策,将来或许还得到绍兴的里山去。所以放弃破塘而去双港溪的决策,实际上在移风已经定了。

返回后盛陵以后,父亲立刻动手筹划到双港溪逃难的事。此村的一个难得条件是徐聚兴花行(经营南沙出产的棉花)有一架电话,这一带除了安昌镇以外,它是唯一有电话的村子,而这架电话就是通过我祖父的关系装起来的。他连夜挂电话到家里,要祖父注意四叔的消息,由于他要担任浙江地方银行的职务,所以常常从双港溪返回城里,晚上当然回家住宿。因此有机会与四叔直接通话。

当时,沪杭甬铁路的杭甬段,除了曹娥江大桥尚未完成外,已经全线贯通,绍兴火车站建在寨下,已被日机炸毁,沿线如钱清、柯桥等小站也被炸毁,但火车仍然行驶,所以日机经常在铁路沿线飞行空袭,后盛陵天天有飞机旁掠而过,形势非常紧张,我父亲确实心急如焚。幸亏两三天以后,终于和四叔直接挂通了电话。四叔说杭州沦陷在即,地方银行绍兴分行也将疏散,他以后不再常常进城。他知道我父亲手头有"货",认为双港溪当然比破塘安全,应该从速离开后盛陵。此后他们又通过两次电话,因为祖父决定由电话公司保驾疏散,可以放心。父亲与四叔约好日子,我们从后盛陵出发到上灶埠头,四叔则在那里等我们,一起去到双港溪,先在四叔那里挤着住,然后再找房子。

逃难(二)

我们离开后盛陵的日子,现在回忆起来可以借战争的形势估定。由于时局已经十分紧张,外婆与舅母已择定暂避到安昌以东的西展村,待我们一家走后她们也随即离开。我们离开的前两天,听到一声极大的轰然之声,而离开的当天又是一声轰然巨响。以后获悉,第一响是自行炸毁杭州闸口电厂,第二响则是自炸钱江大桥。所以我们当是这年12月10日左右离开后盛陵的。由于时势紧张,而又必须在早上赶到上灶埠头,有七八十里路的航程。所以是这一天提早晚餐后开船的,后盛陵也是逃难人数较多的地区,没有适当的船可雇,而是由小姑丈从移风雇来了一艘四明瓦的大船,外婆和舅母送我们上船,她们随即也要离开这里。

开船时已经暮色苍茫,母亲和两个妹妹就在中舱船板上摊开铺盖,席地而卧,二妹妹当时还是一个尚未断奶并需要使用尿布的婴孩,那只放着尿布的小网篮放在她们身边是安全的,但父亲和我仍然不时地加以注意,我们两人没有摊开被头睡,只是穿了棉大袍、戴了绒帽打个盹,但不时地被船老大的吆喝声所惊醒。从后盛陵到安昌这一段是一般的水乡,舟行没有任何干扰。但过安昌以后就沿官塘走,其实就沿铁路和公路行驶,一路火车的鸣声不断,显然是正在从事兵运。在阮社太平桥,就被岸上叫住,船在桥边靠岸,一个背了步枪的军人拉开一扇船篷,看到妇女和孩子,立刻挥手叫我们走。我们在靠岸时心里非常害怕,这个军人观其装束当是国军的正规军,要船靠岸或许是为了装运伤病员,当时抗战伊始,部队的军风纪不错,他不仅挥手放行,而且轻轻地为我们拉好船篷。太平桥的惊魂甫定,船就到了柯桥,这一次不仅叫停,而且要我父亲上岸。我们当然惶恐,我立刻注意这只装尿布的小网篮。由于深夜昏黑,我在船篷缝中也看不清他们要父亲上岸到底为什么。约摸十多分钟,一个穿军装的送我父亲下船,从父亲向他连声道谢中,我们已料到平安。父亲下船后,立刻吩咐船老大向东边汉港去东浦。父亲说,这部分军人属绍兴城防部,路边小屋里的一位头头还是绍兴人,父亲在向他说明逃难情况后,那人叮嘱,因为部队兵运紧急,需要征用一批民船,为了避免麻烦,我们的船不要再沿官塘走,可转东浦南折经东郭门外往上灶。并且开给我父亲一张条子,证明我们是有妇女孩子的逃难船,请沿途军警放行。当时杭州正是沦陷前夕,杭绍铁路线已经属于战争前线,铁路上的军运整夜不绝,平日汽车很少的萧绍公路上,从车灯一辆接着一辆的情况看,当然也都是军车,说明在抗战初期,社会秩序安定,军队也没有扰民情况。因为当时并不曾料及,日军在占领杭州以后,会暂时按兵不动。我们当然不知道绍兴的军政机关做什么打算,但是绍兴电话公司和金融机构,都已经做好了疏散的准备,他们估计日军会随即渡过钱塘江进攻绍兴的。在这样的形势下,我们的这艘四明瓦大船能够平安行驶,现在回忆起来,实在是很幸运的。

船到东郭门外正是黎明时节,接近县城,可以看到许多军人,同时还有穿梭往返的军运船只,多是绍兴人所谓的白篷航船,船篷并不全掩,可以看到船内的士兵和军器,这些船只当然是辅助铁路和公路运输的。但过了这个地带,这种情况就不见了,我们的船向南直航,大概上午9点钟光景到达上灶,四叔已经等在船埠头了。上灶与破塘一样,是会稽山北麓的一个埠头,在破塘以东,这两个埠头之间的平水埠头,大概是这些埠头中最出名的。上灶街上的市面和破塘差不多,从这里到双港溪全是山路,有40里。我们雇了四乘竹轿,父亲与四叔每人各一乘,我与大妹妹合一乘,母亲与小妹妹合一乘,又雇了两个挑夫挑行李,那只让人操心的小网篮则捎在母亲轿上,因为网篮上放着尿布,算是为小妹妹用的,但四叔一看就看出来了。

离开上灶后不久就面临一条很高的山岭,每一处会稽山北麓的埠头进入会稽山内部(绍兴人称为“里山”)都要翻岭,以平水埠头南边的陶宴岭和上灶埠头南边的日铸岭为最高。后来知道这个“日铸”就是欧阳修《归田录》中所称的“日注”,以产茶出名。按轿班的成规,父亲与四叔得下轿步行过岭,母亲与我的两乘则由轿夫抬着过岭,由于山势极陡,坐在轿上也必须很小心,否则会从轿上掉下来。我在破塘时曾经向南翻过陈家岭到紫红、大庆两村,和日铸岭相比,陈家岭实在是个小小山阜而已。过岭以后,一直在一条狭窄的山径中沿溪而行,“山重水复疑无路,柳暗花明又一村”,当时我已经读过陆游此诗,很佩服陆放翁的诗才。距上灶20里的宋驾店是这条山道中的唯一集镇,我们在这里稍事休息,然后继续南行,经过王化,王化是个很大的村庄,这里有好几家茶栈,专门经营茶叶的收购、加工和运销,但这个地区所有的茶叶都称为平水茶,所以平水很有名。我们最后经过一条并不很高的太平岭,终于在傍晚以前到达了双港溪。四叔母和她的亲戚,完全没有料到我们一家的来到。

　　双港溪是一个小小的集镇,由于小舜江(曹娥江的支流)和一条支流在这里汇合,所以得了这个地名。全部聚落由一条不到 50 米的街道组成。大大小小的店铺不会超过 20 家。四叔母的亲戚开了一家余同泰的南货店,它和隔壁的洪昌棉布店是全街最大的两家店铺。四叔他们一家住在店铺内进的 3 间平房中,我们一家 5 口就挤了进去。

　　乍到一个新的地方,我当然感到好奇。特别是街道末端两溪汇合的地方,这里有一座小山,岩石突出形成一个矶头,溪水在此处滔滔作响,转了一个急湾。山上有一座建筑宏伟的庙宇,是远近闻名的舜王庙,窗棂雕刻讲究,还有一个大戏台。确实是一个风景极佳的地方。1990 年代之初,我去绍兴参加一个什么会议,文物部门问我是否想去乡下看看。我忽然想到双港溪(现在地名已称为两溪),于是他们派车子,我们夫妇,连同我的小外孙和堂弟陈庆培一起到了那里,当年的街道房舍已经不可辨认,但舜王庙已修成一个景点,可以供人游览了。

　　绍兴人称双港溪这类地方为"笃底里山"。除了四叔和我们这一家逃难客以外,还没其他外来人到这里逃难的,这里应该是很安全的,但到此不过一天,就立刻发现,在这场全面的民族抗战中,双港溪并不是世外桃源。到达后的次日上午,我们就听见不断传来的轰然巨响,余同泰的老板阿楚,是我四叔母的外甥一辈,约大我 10 岁,曾到上海学生意,为人见过世面,也痛恨日本帝国主义,他告诉我:"均弟,为了抗敌,我们在溪滩上试炮,你可以去看看。"我爬上舜王庙的小山,看到下面溪滩聚集了好几十人,确实是在"试炮",他们称这种炮为"檀树大炮"。后来我也上溪滩看了这种"炮",其实与"檀树"没有关系。它是几个铁匠连日连夜加工出来的一根根铁管,装上火和铁砂,把它牢牢地固定在一条结实的木条凳上,在引线上点火,轰然一响,铁沙可以射出四五十步。每根加工出来的"炮",都要试放过几次才算合格。他们准备用 200 杆这样的"炮"来保卫他们的家乡,与来犯的敌人痛打一仗。他们的这种慷慨激昂的精神,对全村人民包括我们这几位逃难客都是很大的鼓舞。从这里可以看到当时的民心,的确是全民一致,敌忾同仇的。

　　双港溪人准备抵抗敌人来犯的另一措施是到山上搭避难的简易房子,他们在当时称为"山厂"。他们的想法是,当敌人来到之时,妇女儿童避入"山厂",青年男子就用"檀树大炮"在四处要隘设防迎敌。抵达后不过两三天,阿楚就带领父亲、四叔和我,去看了这种"山厂"。我们看的是介于双港溪和黄坛镇之间一座名叫西山之中的"山厂"。因为山体甚大,弯弯曲曲地要攀好久才看到一块小平地上的"山厂",是用毛竹围起来的一间小房子,顶上盖以竹簟,竹簟上覆以砍下不久的绿色松枝。这里,一间已经搭好,附近还有两间正在施工,阿楚与他们打了招呼,并且谈了一些问题,有的问题是我们想不到的，譬如说，避入"山厂"的老弱儿童当然要生火烧饭，虽然山上多的是柴草，却不能用，因为用柴草烧饭就会生烟，容易被敌人发现。必须用炭烧饭，这种炭绍兴人称为"白炭"，是用硬木在炭窑里烧制出来的。所以事前还得把炭运到山上去。

阿楚告诉我们，搭"山厂"是每个家庭自己干的，当时动手的家庭还不多，但从战事形势来看，必然会多起来，有的家庭人少，正在商量两三家合起来搭。他又说，西山的位置不好，山不够大，不够深。他们正在考虑向深山进军，最理想的地方是"五百岗"。下山后我立刻查地图，按照民国时代的行政区划，从双港溪舜王庙下跨过溪上一条长达 20 米的竹桥，就是另外一个称为罗镇（当地叫它萝卜潭头）的小镇，罗镇已属嵊县，从罗镇向南约 10 里就深入会稽山的主峰真如山一带，土名称为"五百岗"。后来省立绍兴中学迁到嵊县崇仁廿八都，我曾经几次翻越这座大山，由于山北有一个叫作孙呑的大村庄，所以山岭称为孙呑岭（或称孙家岭），岭路要沿会稽山主峰真如山而过，真如山顶峰宛如鹅头，土名称为鹅鼻山，也叫"雄鹅鼻头"。但这已经是 3 年以后的事了。

我们在双港溪住了不过一个礼拜，一个原因是由于租不到合适的房子。但主要是因为战争形势与我们估计的不一样，占领杭州的日军没有跨越钱塘江的迹象。这种消息首先来自地方银行，他们托便人向四叔转达，说银行暂时不疏散。父亲当然立刻考虑到他的钱庄，母亲的意思是，破塘的房子是已经付过钱的，假使局势一时不乱，还不如仍到破塘去。商量的结果是请阿楚派一个人持父亲的信到破塘找娄公大老板，向他打听情况。因为从双港溪到破塘，可以从黄坛、青坛的一条山间道路走，不必绕道上灶，两天就能来回。

奉派去破塘的是余同泰的唯一职工，因为阿楚认为他最可靠。他一早从双港溪出发，娄公大老板接待了他一宿两餐，次日傍晚以前就携带娄老板的信回到双港溪。娄老板信上说了战争形势，他认为敌军兵力有限，没有力量打过钱塘江来，而且我们的江防力量也很强大，可以防止敌军的进犯。复信还带来一个好消息："贺专员去而复来。"指的是贺扬灵，他原任三区行政督察专员兼绍兴县长。他是黄绍竑的人，抗战开始前黄绍竑从浙江省主席调为湖北省主席，他就随黄同去，而正是我们从后盛陵逃难到双港溪的这些日子，贺又随黄返回浙江，仍任三区专员。绍兴人对贺的印象不错，所以当此危急时候他重返绍兴，对人心起了一种安定作用。娄老板说双港溪交通不便，消息不灵，现在时局趋于安定，所以劝父亲仍回破塘，在破塘有什么事，他当然竭力帮忙。

娄老板的信对四叔也是一个信息，因为既然局势趋于安定，他应该到浙江地方银行丽水分行就职，所以准备不久到绍兴商量。而父亲则决定返回破塘，并且说走就走，仍然是三乘竹轿、两个挑夫,从双港溪到上灶,一路上我们的注意力仍然集中在捎在母亲轿上的这只小网篮上。四叔也是从钱庄当学徒而转到银行的,与父亲同样的出身,对这只小网篮非常敏感。他认为在这兵荒马乱的时候,这只篮子随带在身实在是心腹大患,劝父亲在返回破塘以后设法"处理掉"。到上灶虽然还不过下午4点光景,也就是这只小网篮,犯不着雇一艘陌生船赶夜路到破塘。好在我祖母的内侄绍兴名医王家乐一家逃难在上灶,我们到他家里,他招待我们这家不速之客在地板上过了一夜,并且当夜为我们雇好一只比较可靠的乌篷船,次日一早出发去破塘,这天午后回到破塘下埠,娄公大老板很热情,招待我们吃饭,派好几个人搬行李,我们总算又回到了上埠"老家"。算时间,当在民国二十七年(1938)的12月下旬。娄老板信上的话不错,下埠街上仍然熙熙攘攘,没有"檀树大炮",更没有人想到要上山搭"山厂",似乎比双港溪安谧得多。

埋藏和"掘藏"

娄公大老板招待我们吃饭,饭桌摆在店堂边上的一间小房里,菜是从附近馆子里叫来的,时间大约是下午3点多,不算中餐,也不算晚餐,但我们确实饿了,所以这顿饭吃得很好,外行店家(钱庄里的人习惯上称钱庄以外的一切行业为"外行")因为要向钱庄调头寸(钱庄里的人称"钱"为"头寸"),所以都很巴结钱庄,何况我父亲是一家大同行的经理。不过从人品来说,娄公大老板除了职业上的习惯以外,本身也称得上忠厚老实。饭后,他又陪父母和我去看了米行的栈房,其实就是粮仓,在店堂屋后隔一个天井,粮仓很大,米袋和谷袋堆得像一座小山。他为什么要让我们看这个地方,因为我们的3只皮箱就藏在米谷袋之下,为了不让箱子因压受损,他现场解释,箱子上盖了木板。这3只皮箱是母亲的嫁妆皮箱,比一般出门旅行的皮箱单薄,但容量很大,是初来破塘时请他们保管的。皮箱里都是一些母亲随嫁的衣服和衣料,绍兴人所谓"细软"。现在由于麻袋堆叠,当然看不到形迹,但娄老板指得出它们在什么位置。他让我们看这个地方,主要为了让我们放心,东西放在他那里是很安全的,不像城里那样要担心被轰炸。同时告诉我们,栈房宽大,有东西还可以继续放到这里来。他说这话是诚恳的,想不到我们竟因此而付出了惨重的代价。

在破塘只有一宿,次日上午父亲就和我雇了一只脚划船进城,随带那只小网篮,目的是按我四叔的劝告,要把它"处理掉"。小船不过一个多钟头就进城,直到我家后门河埠,我家是绍兴人所谓可以"跨脚上岸"的河边人家。当时家里只有3个男人,祖父每天由公司用人力车接走,到傍晚才送回家。五叔祖白天泡在茶馆里。只有老佣人阿桂在家,他是个年老的聋子,我们花很多时间敲后门,幸亏他到后园割青菜,把我们接进了家。时间刚刚中午,阿桂原是厨子出身,立刻把割来的青菜炒了,又弄荷包蛋,让我们匆匆地吃了午餐。父亲把小网篮放在房里,嘱我下午勿离家,他自己则立刻去钱庄,自从开始疏散以后,他已经一个多月没有到那里去了。

傍晚,父亲、祖父、五叔祖先后回来,阿桂安排我们吃夜饭。饭后又在祖父书房中聊了一阵,对于日军暂时不会渡江的看法,祖父从电话公司听到的和五叔祖从茶馆里听到的基本相同。比起杭州沦陷以前,人心确实安定了一些,而市面也比较繁荣。警报虽然常有,但除了万安桥一次轰炸外,也还没有其他的轰炸事件。祖父当然也问了我近来的读书情况,我告诉他近来主要是读英语,他也很赞成。不过我在双港溪七八天,竟没有拿起过书本,我也感到这样下去不好,既然又回到了破塘,从家门口上山念英语也应该恢复了。

他们 3 位老人都有早睡的习惯,而父亲与我就得对付小网篮中两只鞋盒子里的东西了。地点选在厨房,这是不必多考虑的,因为全家只有这间称为“大灶头”的房子里除了石板地以外还有小片泥地。我们的厨房很大,可能有 50 平方米,因为有一座三眼大灶和独眼小灶,还有两只大水缸。我家大明堂边上有井,但绍兴的井水咸,不好煮茶烧饭,水缸里放的是天落水,这是城里人唯一的饮水,下雨时用竹管从屋檐接进来,厨房外的天井里也有四只水缸,都是为了积储天落水。厨房大,我们很有周旋的余地,而且立刻选定了独眼灶边上的一块泥地。这里也有一只绍兴人称为“花鼓缸”的小缸,缸内也积着水,我们把缸内的水汲干并移开缸身,开始动手用小铲子挖泥,因为泥土是夯过的,所以挖起来相当费力,父子两人各坐一张小凳一铲一铲地挖,幸亏父亲下午去钱庄回来时在华泰南京店(茶食店)买回了夜点心,充实了体力,直到午夜,总算挖成了一个可以放得下我们准备好的陶甏的泥洞,我们在泥洞中放了不少稻草灰,又垫了几层油纸。陶甏底上也放了稻草灰和油纸,一万元法币一叠叠地排入陶甏,封好甏盖,放入泥洞,然后再盖泥土,并用石块夯土。最后把“花鼓缸”移回原处,刚好遮盖了我们挖过的痕迹。缸内又汲上水。多余的泥土,用畚箕搬到后园。等到一切就绪,时间已接近黎明,我们只上楼和衣睡了一会,起来和祖父见了一面,阿桂为我们弄了泡饭。随即到莲花桥雇了一只脚划船回破塘。母亲正在准备中饭,但我们倒头就睡,直到傍晚才起来吃饭,母亲知道一切顺利,此后即使还要逃难,也不会再冒小网篮的风险,大家也就放心了。

这件事情的结局倒是饶有趣味的。我们完成了这件相当费力的埋藏工作以后,就不再想到此事,因为即使老灶头挨了炸弹,我们的埋藏也会是安全的。此外,尽管日军与我们只是一江之隔,绍兴城内的一个大警报器(府山望海亭)和两个小警报器(分别在塔山和蕺山)仍然常常呜呜的呜吼,但人们似乎已不大计较北边的敌人和头上的敌机了。次年的上坟时节以前,不少逃难的人家纷纷回到城里,清明前后,城内河港中进进出出的上坟船和往年一样。半年以前,这些乌篷船大多是派过逃难用场的。我家逃难在乡的各房也都在这个时节回到城里,和往年一样地用六明瓦上坟。而且就在这个上坟时节,国军在台儿庄获得大捷。我清楚地记得,这一天,我们到谷社上坟,从家里开船到西郭门内接我二叔祖他们几人下船,他们家住在那里,每年都是由我们顺便接他们的。这一天,二叔祖和他大儿子(我们称他方叔叔)下船时带下了刚刚收到的《绍兴新闻》,刊登了台儿庄大捷的详细报道,并且还有一篇中央的社论。因为报纸只有一张,于是,坐在前舱几位堂兄弟也都集中到中舱,由方叔叔高声读报,人人都感到很兴奋,一路上都议论此事,其中颇有过分乐观的说法,方叔叔就是这样看法,他认为国军在台儿庄歼灭日军,这就是过去报上常说的"诱敌深入",抗日战争从此要转败为胜,收复失地为时不远了。虽然二叔祖并不同意这种说法,但是我们堂兄堂弟这一辈,都倾向于方叔叔的议论。我祖父的意见是:阿方的看法有些道理。回忆这一天真高兴,连分茶点这个重要节目都差一点忘了。尽管后来的事实证明方叔叔确实乐观过头,但在当时,这个胜利的消息给渐趋安定的绍兴人心一种鼓舞,人们在思想上获得更大的安定。不少人认为,逃难的日子大概就要结束了。

　　我父亲没有参加这一天的上坟,因为钱庄里事忙,台儿庄大捷的事他知道,昨晚上已经提起过。也或许因为这些消息,让他认为钱庄又要活跃起来了。早四五天他曾和我谈起过,市面逐渐好转,需要头寸的外行店家多起来了,去年埋藏的那一笔,考虑把它起出来。就在谷社上坟的这天晚上,我们正在大灶头边上的一间屋内谈论台儿庄大捷和当天在上坟船上听到的方叔叔的意见。五叔因为有晕船的毛病,所以从不参加上坟,很想听听上坟船里的议论。正在这时候,我父亲带了钱庄里的一位青年职工和栈司务阿明进来了。五叔、六叔和几位叔母都感到有些突然,是不是也和台儿庄大捷有关。我当然晓得他们为什么来,但还是不愿打断我们对大捷的议论,简单地和父亲说了当天上坟船里的事。于是父亲开始说笑话,他说最近做了两个梦,一个是抗战要胜利,现在在台儿庄应了;还有一个是他要发财,我家老灶头有地藏王菩萨埋了财,我们是来"掘藏"(绍兴称从地下获得财宝为"掘藏")的。于是青年职工、阿明司务加上五叔进入老灶头,3个都是有力气的人,在父亲和我的指点下,他们动作利索,汲去"花鼓缸"里的水,把缸移开,很快就把那只陶甏取出来。青年职工把甏里的一叠叠钞票拿出来,大略点了点数。阿明则到后园搬来泥土填好泥洞,并且夯实,"花鼓缸"又移回原位。随即,他们把这些钞票放到一只带来的皮箱里,父亲当然留在家里,他们就拎着皮箱回钱庄去了。当家里人知道这笔钱是一万圆时,他们不禁吐出了舌头。五叔母说,她近来常常听到大灶头嗡嗡作响,原来就是这笔钱的声音。今天"掘藏"以后,就不会有这种声音了。当她知道去年在此埋藏的细节以后,又竭力称赞我,说我这个人城府极深,从埋藏到"掘藏",一丝一毫都不露声色,将来是个做大事的人。难怪祖父在这些孙子中独钟于我。五叔母说起祖父,我们才想起祖父对此也全然不知,于是父亲和我随即到他书房间把去年埋藏和今晚"掘藏"的始末向他简述了一番。他立刻问父亲,是否因为情况比较稳定,钱庄又好做生意了? 并且又联系到台儿庄大捷和当天上坟船里的议论。他显然对这次胜利感到快慰,甚至也估计到抗战胜利的早日到来。后来的变化告诉我们,一家老少在上坟船里兴高采烈的时候,灾难才刚刚开始,以后还要度过更多的日子和经受更深的灾难。而他老人家终于没有看到抗战的胜利。

到城里"白拿"

台儿庄大捷确实为绍兴带来了一些好的社会效应,商业的好转对于钱庄是很敏感的,父亲在钱庄疏散的职工中召回了五六人,自己也不能经常留在破塘,而是三日两头地上城,钱庄的事又忙起来了。

在破塘,这种形势也是娄公大老板所希望的。我们在破塘确实得到了他的许多照顾。事情得从双港溪返回破塘随即到城内埋藏法币回忆起。那天埋藏工作完成以后回到破塘,父子两人真是筋疲力尽。第二天上午,娄老板带了一位头戴毡帽、约摸50光景的劳家畈人从下埠街上来到上埠。此人姓劳,是个种田人,但也撑船。自己有一只用田庄船(没有篷的木船)改装的乌篷船,平时在下埠"摆埠"(绍兴人称那些撑船到固定的地方招揽生意的人为"摆埠"),也常做娄公大的生意,所以和娄老板相熟。其船身不大,但有四明瓦的装载能力。由于结构简单,所以虽只有他一人一橹,但走得并不慢。娄老板把他介绍给父亲的用意是,祥和钱庄可以把这只船包下来,一直让老劳停在娄公大门口埠头,听候有急需时用。平日不用,每天给银洋两角,使用一次,来回以两日算,给银洋1元。此人看上去很老实,娄老板对他也很了解。他把船停在埠头虽然只赚两角,但娄公大米行中常常有些零工好打,也能赚到3角5角的,所以他乐意出包,要价也低。父亲估计到情况趋于稳定,自己常要进城,所以立刻同意。

对于父亲的当场拍板,事后知道母亲也很赞成。她当然有另外一种想法,因为娄老板领我们看他们的栈房,我们的3只箱子隐蔽在高高如山的米谷袋下,母亲十分满意。她认为既然包了船,我们还可以再搬些东西出来放到娄公大栈房里去。母亲的心情可以理解,这是因为第一,城里不如乡下安全,这是大家都这样想的;第二,母亲因为娘家比较富裕,又只有她和舅父姊弟两人,所以嫁妆的丰厚,在我家各房媳妇中,显然没有谁可以与她相比。这里可以回忆一下当时绍兴习俗嫁女儿的嫁妆等级，其间是很有讲究的。

这里所说的嫁妆是面上的嫁妆，因为这是完全公开的。至于底下的嫁妆，诸如田地、存单之类，这是并不公开的（也有故意透露的）。公开的嫁妆有等级，第一级称为"发行嫁"。内容包括女儿（兼及女婿）、婚后的子女等等毕生所需的一切。搬运嫁妆的人排成长长的行列，所以称为"发行嫁"。遇着这种场面，往往吸引许多观众，让富家为其摆阔而得意。但也有看"发行嫁"说挖苦话的人，说嫁妆真多，样样齐备，就是缺棺材。当然，"发行嫁"毕竟是极少数。一般大户人家嫁女儿用"八轿后"的嫁妆，所谓"八轿后"，最主要的是要8只箱子，8只箱子就得配上8只箱子的内容，因为嫁妆送到夫家，拜堂以后的第四天，有一个称为"发箱"的节目，家属和贺喜客人，全部聚集在大厅中，新娘则坐在边角上，全部8只箱子抬到大厅，大家围着一个大竹匾，箱子一只只地打开，把衣物摊到竹匾上让大家观赏。然后一只只地放回去。当然，也有些破落大户为了在"发箱"中撑场面而借来衣物充数的。"八轿后"嫁妆除了8只箱子以外，其他物件如锡器、铜器、瓷器、圆件木器（指饭桶、水桶等）、编竹器（指精细竹篮、烧香篮等）等等，也都要每种8件。这些都是嫁妆发到以后就陈列在新房中，众目共见的。此外还有首饰，首饰不同于底下嫁妆，一般也在"发箱"之例，但往往是主事人首先打开首饰盒子给亲友们亮一亮相，并高声报数：几对手镯、几只戒指、几副耳嵌（耳环）、几只珠花（当时还不行项链）等等，然后立刻收起。

中等人家嫁女儿用"四轿后"，数量就是"八轿后"的一半。小户人家艰难，嫁妆简单，绍兴俗谚所谓："一只一口（指一只箱子，一口马桶），背了就走。"这一类，当然不存在"发箱"的节目。

我家叔伯娶亲时女方的嫁妆当然都是"八轿后"。但同样"八轿后"，内容也有很大差别。母亲的妆奁特别丰富，例如各种棉被就有20多条，有许多狐皮、灰鼠、羔皮衣服，还有大量的衣料。虽然已经装出3箱，其实大部分仍留在城里。现在既然有了娄公大这样一个安全的藏处，又包了船，为什么不去装些出来藏到米行里去？父亲其实也有这样的想法，做这种事需要劳动力，而且又不能让外人插手，自然只有我可以干，所以从1938年元旦以后到这年春节之间的一个月时间中，我几次坐着这条包船往来于破塘和县城之间。不免影响我念英语的进度，幸亏那时已经懂得我祖父所说"惜寸阴"的话，我在船上还是念英语，常常引起老劳的好奇，他一摇橹，一边说，少爷在念什么哟？

元旦以后发生的一件凑巧事件是老管家阿桂要走。他原来是个厨子，人很老实，我家凡是喜庆之事都请他来掌厨，所以常常走动而熟悉。后来他又老又聋，靠他出嫁在乡下的一个女儿接济生活,老伴故世后更是孤苦伶仃。所以我们一请他就来了。但他女儿一直要他到乡下去同住,女儿是一家种田人,也不富裕,同住可以节省开支,现在是战争时代,女儿更有了要他到乡下的理由,所以几次来催促他。阿桂把我们当作老东家,在我们找不到接班人的时候,也不忍抛了我祖父就走。所以从开始来到我家时,就一直存在这个问题。随时要走,但却又碍于旧情面而拖着不走。

自从我们包了老劳的船以后,不久就在谈话中得知他家情况。他有个18岁的儿子叫劳梅生,原来也在家看牛种田,打仗前一年托人情介绍到杭州聚丰园菜馆当学徒,对于一家种田人来说,真是一条好出路。但一年后就打仗,杭州沦陷前被疏散回家,在劳家畈船里闲着吃老米饭。老劳很希望能找一家逃难的城里人家,让他管管家,不要工钱,有一口饭吃就行了。父亲与祖父商量了一下,元旦以后几天就让阿桂女儿带阿桂下乡,梅生接替了管家的工作,他在聚丰园学过一年,虽然不能掌厨,但对付祖父早晚两餐是毫无问题的。他也很老实,由于到杭州见过世面,平时有说有笑,年龄又和我相仿,以后好几个月,他成了我的朋友。

劳家父子这一搭档,成为我们搬运东西到破塘的有利条件,因为梅生有力气,他和他父亲扛抬箱子下船,用不着再到钱庄里请栈司务帮忙了。但我们马上就想到装载衣物的箱子问题,嫁妆皮箱的容量太小,一只箱子若装棉被,当时的棉被都很大,绍兴人称为"四幅被",鸭绒被尚不流行,丝棉被是高档被,一只箱子也只能装两条。父亲就想到用大木板箱,小江桥河沿的陆永兴五金店是全城最大的五金煤油店,是祥和的户头,他们有大木板箱,父亲一开口,他们立刻派几个人扛来五只,堆了差不多半个大厅。这种大木板箱是他们装五金或美孚油箱的,又大又结实,四周都包了铁皮条,其容量相当于四只嫁妆皮箱。装满以后当然很重,但有了劳家父子,搬运就不难了。

为了这件事,这年元旦以后我们往返了几次,老劳一早摇船让我们父子到后园河埠,梅生随即来开门。中饭后父亲去钱庄,要到晚上才能动手。老劳不愿睡在我家,因为唯恐他的那只田庄船被孩子们玩,睡在他自己的船上,他随带了一套被絮。等祖父和梅生都入睡以后,父亲和我打开楼上房里的箱子,先把衣物搬到大厅里,然后一件件地装入木箱。其中一只木箱装被头,装入了好几条丝棉被,全是新的。还没有装满,再加上毛皮衣服。另一只装衣服和衣料。装满两箱以后,已经时过午夜,这两箱装满以后,值钱的细软实在已经差不多了。于是盖上牛皮纸。到次日早晨,要梅生用铁钉钉住一块块木板拼起来的盖子。这些事绝不像在厨房里埋藏法币那样,是可以公开的。于是他们父子把木箱扛到船上,木箱大而重,他们也要花很大的劲儿,田庄船也有前舱和中舱,只能放下两箱。回到破塘,娄公大立刻来人接应,以后就是他们的事了。做这件搬运工作,父亲和我虽然也熬夜,但比起那次在大灶头挖土,已算很轻松了。而且干这样的事,在现场的父亲和我,留在破塘的母亲,心理上都有一种满足。母亲甚至说过这样的话,假使在城里被炸被烧,我们现在就算是白拿的。

大堂前还有 3 只这样的大木箱,我们把装箱的东西告诉母亲以后,母亲也算得出来,她嫁妆中从未动用过的新东西,已经基本上装完了。核计一下,就考虑到还有一些穿过几次的好衣服,如皮袄、狐皮袍之类,另外还有许多从未动用过的锡器和铜器,因为有船,又有安全的存放之处。在"就算是白拿的"这种想法引导下,再装一箱还是上算的。父亲反正经常要上城,而我也和埋藏法币那次不同,他上钱庄,我也不必留守在家,可以上街逛旧书店。所以对母亲的建议都表示可以再去"白拿"一次。于是又请老劳开船到家。想不到这一次到城里"白拿",竟"拿"出了不可弥补的创伤。

这一天下午我在几家旧书店中花了较多的时间,回家时祖父和父亲都坐在书房里了。而且已经谈妥了一件事:大堂前中的 3 只大木箱,一只让我们用,还有两只归祖父。因为祖父已从父亲口中知道了我们只有一只有用,所以他提出了另外两只归他,父亲也已经同意了。祖父要木箱做什么,他要安置他的一些有价值的书籍和字画。既然娄公大安全可靠,他要把这些东西也藏到那里去。我到家时他们实际上已经谈妥,因为我不明究竟,所以祖父又复述了一遍。他并且说,现在家里没有其他人,所以把这些东西放到破塘去的事,以后不必跟谁提起。家里人对这些东西也不感兴趣,没有用场,唯一可以继承这些的就是阿均。我们没有和祖父谈起这个玩世不恭的"白拿"的话,但是他自己提及,这些东西既不怕偷,也不怕抢,就怕火烧。他反复想过,还是离城下乡为好,既然破塘有这样的存放条件,箱子又现成,就放到破塘去好了。我当时倒是想到,既然祖父说这些东西只有我可以继承,那么就算是我"白拿"的了。其实我当时对这些东西并不感兴趣。我只知道他在一个红木盒子里藏了好几部宋版书,对他看得起的朋友和学生,都会拿出展示一番,我常常从旁观看,却不感兴趣,对于此事,我曾写过一篇《宋本》的札记,收入在我的《郦学札记》(上海书店出版社,1999 年)之中。当然,在我写这篇札记的时候,自己也已过了壮年,实在不胜今昔了。

为了搬动他的这些东西,他需要花两天时间准备,并且要我帮忙,所以我们必须在家住三宿。于是当晚打电话到破塘"零售"。当时,破塘下埠街上,包括娄公大这家生意不小的米行在内,都没有电话。全街只有一家南货店有电话,属于电话公司的"零售"。公司在这类集镇上专门选择一家店铺装上电话,称为"零售"。人们可以付点钱到那里打电话,外面也可以打电话要他们通知街上哪家店铺的什么人接电话,当然都得付钱。我们以电话公司名义要破塘"零售"通知娄公大老板,明天到上埠告诉我母亲,说因为城里有事,我们要过两天才回破塘,免得她记挂。当时我大妹妹才 4 岁,小妹妹还在喂奶,她是够辛苦的。

　　第二天祖父不去公司,父亲吃了早饭就上钱庄,祖孙两人立刻开始整理。我以前只知道祖父的书都在他书房的几只书箱里,却不知道在他们的卧室里,祖母陪嫁的8只箱子里装的也全是书。见了这样的情况我就禁不住问:祖母的嫁妆衣服呢?祖父说,那些都是一辈子不会穿的衣服,老早都放到中楼去了(指大厅楼上)。这一项"白拿"工程是完全公开的,梅生也被叫来参加,把这些书一叠叠地搬到书房的写字台和大堂前的八仙桌上,堆满了6张八仙桌和正厅中央的大圆桌,但工作很简单,除了祖父一再嘱咐梅生小心以外,一切都是静悄悄地干,而且在梅生打点中餐以前就把八只箱子出空。于是祖父就让我腾出一张八仙桌,由他进行选择。后来知道,这中间属于祖父认为的精品并不多,在堆满这许多桌上包括书房中写字台上的,到下午四点钟以前就选定了,堆满了一张八仙桌。于是又要梅生一叠叠地搬回卧室的祖母嫁妆箱子里。这一个下午,祖父除了坐下抽了一会水烟以外,一直戴了老花镜工作,实在是够累的。当梅生把大堂前和书房里的书都放回卧室后,泡茶馆的五叔祖和上钱庄的父亲都来了,于是梅生让我们吃夜饭。五叔祖并不关心此事,只是问了一句话,因为他看到大厅的一张八仙桌堆满了书。祖父告诉他是暂时到乡下去存放的,事情就这样过去了。要是他看到上午的那个场面,一定会感到吃惊。

　　第二天上午,祖父要梅生搬梯子,原来是为了取画箱中的书画。书房墙上的画箱上写着"书林画薮"4字,是祖父的手迹,梅生先上此取出全部画轴,祖父仅从轴上所写的选,并不打开。把不入选的要梅生随即放回。接着又要他搬梯子上中楼,那里也有一只画箱,也选了好几轴。这项工作并不费时,而选出的画轴都放在大厅上。中饭以前,祖父就用钥匙开书房中的几口书箱,在祖父眼里,这些书箱中的书多是精品,或者说是我以后用得着的书。其实我在此时已经钟情于平装书和精装书,对祖父的这些线装书实在读腻了。

　　下午,祖父指挥我和梅生装箱。两只木箱都先用画轴为底。因为画轴有的较长,在矩形的木箱中必须按矩形的两只对角才能放得下。然后一叠叠地放书,包括那只装有宋版书的红木盒子在内。这项工作也做得较快,早在五叔祖和父亲回来以前,梅生已经钉上盖板了。晚餐时没有谈及此事,祖父或许是有意回避五叔祖,免得他在茶馆里谈及此事。

　　晚餐后,五叔祖回到自己房中去了。祖父又打开书箱,因为有两部大书,他要我随时读,所以不在装箱之列。其中一部是原版《佩文韵府》,另一部是道光版《资治通鉴》。他要我拿回自己的房里去,每种随时拿几本到破塘,一本本地仔细读。他留下《佩文韵府》的原因我实在知道,因为他曾几次说我的文字功夫不够扎实。这种学问,我后来知道即通常所谓的"小学"。在这方面,除了我常常问他疑难字而他认为我问的不属疑难字外,逃难以前的一次事件我记得很清楚。这天早上,五叔祖出去上茶馆时顺便到他房一转,问他一个字:"乌"旁加"乙"? 当时我也在场,祖父先问我是否认得,我当然不认得这个"鳦"字。他随即告诉五叔祖:"就是燕子。"并且附加一句:"为什么不去翻翻《康熙字典》?"五叔祖走后,他和我说,我的文字功夫不够,以后要读《说文解字》、《佩文韵府》、《康熙字典》。我当时认为我识的字比学校里的教师还多,只是漫不经心地听他的这番话。所以他留下《佩文韵府》的用意我是清楚的。至于《资治通鉴》,他并未说过我的历史知识欠缺,在小学里,我的历史成绩每学期都是"上"(当时用五级记分填成绩单)。后来我体会,这或许因为他认为历史是重要的学问,要我加以重视,以后我不仅读《通鉴》,而且读《史记》、《汉书》。显然是受他的启发。

第三天老劳摇船回破塘,恰恰遇上下雨,实在相当困难。这次到城里"白拿",原来只准备"白拿"1 箱,而且来程路上也已告诉老劳了。却不料 1 箱变成 3 箱。当老劳看到他儿子搬书装箱的时候,就在担心他的这只田庄船怎样安排 3 只箱子。幸亏除了我们的 1 箱因为有锡器和铜器而甚重外,祖父的两箱线装书并不很重。总算在中舱挤下了两箱,前舱放了一箱,而父亲和我卷曲在前舱。因为是"白拿",虽然辛苦,心情是舒坦的。

这是我们在抗战逃难期间最后一次进城"白拿"。经过这将近一个月城乡之间来来往往地忙碌,心腹大患的 1 万元钱庄现款埋藏妥当,又两次到城里"白拿",甚至连祖父的毕生收藏也"白拿"了出来,让他老人家放心。接着就要过阴历年,这是我家生平第一次在外面过阴历年。母亲因为破塘离城最近,加上我们有包船,颇有接祖父到破塘过年的想法。过年前几天,我去街上"零售"打了电话。祖父说,二十三送灶的事已由五叔回城,让梅生帮助办了。"祝福"祭祀和上像等事不办,城里人家多是如此。至于年夜饭,他在公司里吃,因为公司里有好几位和他情况相同的人。年夜饭后公司会送他回家的。

这一年农历十二月二十日以后,父亲还是上城到钱庄里,大概在二十七八日才回破塘。过了春节后几天,即民国二十七年(1938)2 月 10 日前,他又匆匆上城,因为钱庄规矩,经理和协理等几人,这时节要向几位主要股东报告一年的营业情况。

从双港溪回到破塘一个多月,绍兴的形势一直趋于稳定,抗日战争已经进行了半年多,城里人逃难的劲头已经过去,除了占领杭州的日军不渡江南侵以外,另外一个原因实际上是城里人过不惯乡下的生活。像我们这一家,离城不过 20 里,有娄公大的殷勤服务,有一只包船随时可听差唤,有要紧事情还可以到"零售"打电话。母亲还常常埋怨乡下生活到底不便。何况很多家逃难户都没有我家的条件。所以这年过了春节以后,不少逃难户开始返城。母亲认为既然日本佬没有打过来,城里所怕的就是警报和飞机。还不如再去后盛陵，因为外婆和舅母在春节以前就结束西宸的逃难而回家。我们回到后盛陵也算一家团聚。破塘的最大收获是从城里"白拿"的许多东西有了一个安全的存放之处。娄公大的栈房当然比城里老家和后盛陵外婆家都可靠得多。形势稳定起来了，钱庄还是要做生意，娄公大还是钱庄的户头，何况娄老板确实是个忠厚老实人，这 5 只大木箱和 3 只嫁妆皮箱在他那里是完全可以放心的。

这年春节以后不过半个月，从后盛陵派来一只乌篷船，虽然没有返城，但在全家外出逃难的几房中，我们这一房最早结束逃难生活。我到后盛陵只住了 3 天，即随父亲返城，我回城是为了读书温课，当时绍兴的几所中学仍在继续上课，我预备暑假后插班绍兴中学。父亲则因钱庄里的事情多起来了，常有上城的需要，虽然后盛陵不比破塘，但卓章轮船公司每天有轮船，安昌和瓜沥都有站，所以也用不着像破塘那样包老劳的田庄船了。

我是民国二十七年（1938）2 月下旬返城的，与管家的劳梅生交了朋友。此人很老实，而且性情开朗。可惜的是从小没有念过一天书，认得的几个字都是在杭州聚丰园当学徒的一年中学到的，所以常常闹笑话，五叔祖已经教了他好些字，并且说了他好些念错别字的笑话。譬如报上"我军克服富阳"，他把"富阳"念成"堂汤"，这"堂"和"汤"，肯定是聚丰园里的常用字。又如把"天下大乱"的"乱"字念成"卤"，五叔祖笑他，他说："卤鸭儿的卤，笔划也是很多的。"白天家里只有我们两人，他常常请我让他认字，可惜他身上带的是一本不知从哪里弄来的《烧饼歌》。"天下大乱"就是此书的话。他最感兴趣的是："黄牛山下有一洞，可容十万八千众，先到之人得享福，后到之人要逢凶。"他经常揣摩这几句，曾经几次问过五叔祖，"黄牛山"在哪里？因为逃难的人如能逃到那里，就可以太平无事了。我回家后，因为年龄相仿，没有什么拘束，也一直问我"黄牛山"的事。后来我知道，由于抗战爆发，《烧饼歌》一类的书是应运而生，在许多书摊中都买得到。其书虽然无稽，但劳梅生却确实通过它认识了不少字。他直到这年我家上坟的忙头结束以后才回到劳家畈去，以后没有再见过面。

五房包括祖母和四房、六房在 3 月上旬就先后回城，母亲带了两个妹妹到 3 月底才从后盛陵回来，过继在老三房门下的三叔祖母一家也回来了，近半年的逃难生活暂告结束。

各房回家以后的第一件大事就是按老例从清明节起的上坟，并且在这时获得了台儿庄大捷的消息。大家心里都很舒坦。虽然空袭警报仍不时地呜呜呜吼，而人们的胆子也似乎大起来了。

"白拿"的结局

我的回忆需要跨越 3 年。

抗战的头半年,绍兴人纷纷从城里逃难到乡下。并且把家里东西搬到乡下去。把家里的东西搬到乡下称为"白拿",这话在我家是母亲首先说出来的(她可能也是听别人说的),但其实,这种"白拿"思想在当时是很普遍的。像我家这样,存放的条件很好,但"白拿"的只是值钱的细软和祖父的收藏精品,在民国二十六年(1937)10 月以后的逃难高潮中,木器家什(绍兴人称为"硬头木器")也一船船地往乡下搬运。因为留在城里怕挨炸、怕火烧,搬得出去就算"白拿"。

相比之下,我家的"白拿"没有过分,而且存放的地方很理想。后盛陵的外婆知道此事以后,甚至还怂恿我们再搬点东西去。我在"白拿"过程中出了许多力,这是属于责无旁贷的。其实当时我就不十分看重这些东西。母亲的嫁妆,正如祖父把祖母的嫁妆搬上中楼一样,说这些都是一辈子不会用的东西。至于祖父的这些精品,其实不过是一些名人书画和线装书,他对我寄予厚望,我心里明白,所以不愿拂逆他的厚望,但我当时已经心中有数,我不会继承他的这一套。所以存放以后,思想上就慢慢淡了。以后我如愿以偿地插入了省立绍兴中学,初中毕业后又考入了高中。这中间战争形势发生过不少变化。譬如,从来警报频繁但不见轰炸的城市,民国二十八年(1939)5 月初起开始遭受不断地轰炸,城内中小学都迁到乡下。次年(1940)年初,杭州日军乘雪渡江攻占萧山。同年 10 月下旬,萧山日军攻入绍兴县城,县城沦陷 3 天后才收复。3 天之中,火焚大街,损失惨重,这是绍兴城在抗日战争中的第一次沦陷。

当时我正考入省立绍兴中学高中,就读于诸暨枫桥花明泉,学校由于闻悉前线形势紧张,紧急疏散,我返回绍城,随即又一次逃难,因外婆家已从后盛陵迁到安昌,我返绍后次日即离城出奔。到安昌后不数日就传来绍兴沦陷的消息。但不久又获得县城收复的佳讯,由于我需要返校续学,父亲又急于知道钱庄在沦陷中的情况,所以我们在收复的消息落实以后立刻雇船返城。由于这次事变迅雷不及掩耳,我家除我们一房外,均不及离城,日军士兵虽然多次闯入我家,但家中人口平安,财物亦无多大损失。父亲的钱庄在新河弄,离大街尚远,也侥幸平安。竟不料返城两天以后,突然降临了一个对我家打击惨重却又不敢声张的消息:破塘下埠全街焚毁,大小店铺的所有财货均付之一炬,绝无孑遗(新修《绍兴县志》第 1 册第 15 页,插有《民国二十九年 10 月 27 日,遭日军烧杀抢掠后之南池区破塘》照片一幅)。

这是娄公大老板派人赶到钱庄通报的。据说大火起于县城被占后的当天半夜,因为火势突然而起,大火中枪声密集,睡在店铺中的人从梦中惊醒,多从店后翻山而逃,许多店铺连柜上的银钱账册也不及携出。娄公大当时存米达300石,都化为焦炭。这中间当然包括我们的5只大木箱和3只嫁妆皮箱。

起火的原因说法不一,多数的说法是:日军攻占县城时,国军仓促撤退,从会稽山北的这些埠头退入山区,所以日军前哨跟踪追击,到达了破塘、南池、漓渚等埠头,日军纵火焚烧,是为了不让这些埠头作为国军反攻的基地。另一种说法是撤退的国军由于害怕日军追击而自己纵火焚烧的。还有一种说法是当地一带的土匪流氓为了抢劫财物,乘乱焚烧的。但不管是什么原因,破塘下埠成为一堆废墟是当时的现实。3年以前,父亲和我熬了几个夜晚搬运出来的这些细软,祖父以70余岁高龄连日整理出来的他毕生收藏的精品就这样付之一炬了。当时是抱着一种"白拿"的心情投放到这条街上的,而"白拿"的结局却是如此!

母亲当然失声痛哭,父亲是既惋惜伤心,却又不敢声张。当时我曾经劝过母亲,并且告诉她,祖父的两大箱,是他的毕生心血,比我们的重要得多。她是又伤心又生气:"那是你们陈家的东西,我哭不着,我哭我自己的。"但在极度伤心的情况下,有一点她充分认识到,此事绝对不能让祖父知道。她边哭边说:"爷爷是要送命的。"

回忆当年的情景,整夜忙碌于整理装箱,劳家父子吃力地扛抬,我们父子卷曲在被木箱占满舱位的田庄船中,让老劳用独枝橹缓慢地摇到破塘。一到娄公大门口河埠,我们的心就轻松了,因为这东西是从城里"白拿"出来的。现在却要默默地承担这种残酷的"白拿"结局。我们必须守口如瓶,不仅不能让祖父知道,也不能让大家庭中其他任何人知道。因为他们谁都不知道祖父的精品已经存放在破塘,现在已经付之一炬。对于母亲的这些陪嫁,尽管她哭得十分伤心,我实在毫不在乎。对于祖父,尽管他要我继承他的这些精品的事我并无兴趣,但我的确为他的毕生收藏而感到无限沉痛,特别对于这场浩劫他一直蒙在鼓里,我常常感到负疚于心,甚至在见面时不敢正视他,与他谈话时也常常察言观色,王顾左右而言他,唯恐他提及破塘的藏书。我对日本帝国主义原来就深恶痛疾,这件事情更引起了我对他们的刻骨仇恨。民国三十年(1941)秋,我在嵊县崇仁廿八都省立绍兴中学高二念书,父亲从沦陷的绍兴写信告诉我祖父去世的消息。我当然感到悲痛,而且立刻又想到了破塘的两只大木箱,他到死不知此事。

此后的很长时期中,包括我在内地生活的一段艰苦时间里,我常常想到当年在祖父的指挥之下安顿这两只木箱的事,当时,日本帝国主义的溃败已成定局,而我则痛定思痛,更增加了对这一伙强盗杀人犯的痛恨。在此事以后数十年,由于出版社约稿组织一套《当代学人笔记丛书》,我整理我多年积累的《郦学札记》,在其中的《宋本》一篇中,提及了祖父藏书的事。说道:"每当我祖父向几位被他看得起的客人展示他装在红木盒子里的几部宋本时,我常常从旁参与欣赏,但是实在提不起我的兴趣。"对于祖父藏书的结局,我在这篇笔记中也写了几句:

> 从小看到家中堆积如山的线装书,包括我祖父放在红木盒子里不肯轻易示人的几部宋本,和我叔伯一辈读过的用连史纸线装的《共和国教科书》。回想那时,家庭里真像一个线装书的书海。我祖父的藏书不少,可惜后来在抗日战争中毁于一旦。

这里所说的"毁于一旦",指的就是存放在破塘娄公大米行栈房里的两只大木箱。不过当年的这一场让我对日本帝国主义旧恨新仇刻骨铭心的大事,在几十年后整理这篇文章时,心态已经变得非常平淡,字里行间毫无敌忾同仇的气息了。这是为什么?因为上帝让我的生命延续,亲眼看到和亲身遭遇以后的种种事情,用一句通俗语言,让我看透了世态炎凉。

破塘烧街,传说有3种可能,我过去一直认为,不管是什么原因起火,不管是谁烧的,罪魁祸首无疑是日本侵略军。这当然是对的。但是另一方面也应该看到这是一场侵略与反侵略的你死我活的战争。破塘烧街的时候,这场战争已经打了3年多,我们国家已有多少城市毁于战火,多少生命财产为日本侵略军所吞噬,破塘烧掉一条街,比起来实在是件小事。在一场民族的大灾难中,祖父的收藏其实微不足道。我之所以早先对祖父的损失如此看重,后来又变得淡漠,实在是因为以后的沧桑经历,也是我不得不在此节外生枝略做说明的事。

当年祖父把他的精品装箱以后,却留出了《佩文韵府》和《资治通鉴》两部,前者康熙原版,当然是一种精品;后者大本大字,雕印均属上乘。后来我读《通鉴》,此本既不便于读,也不舍得读,还是另找了一种坊间石印本。这两部大书,由于既无处藏,又不便读(《韵府》是不想读),一直搁在我的卧床顶板上。这间卧室在民国二十九年(1940)越城3天沦陷期间,曾有日军进入。民国三十一年(1942)4月日军占领绍兴,这年秋季,汪伪第十三师师长丁锡三在绍兴率部返正,离开沦陷区(但伪副师长李燮宇仍忠于汪、日,未反正),绍兴日军曾挨家挨户搜查。当时我在家,日军几次进入这间卧室,但并未殃及床顶上的这两部古籍。此后我去内地,两书迄未移动。1957年我在浙江师范学院当讲师,由于分到了较大的居室,我才把此两书从绍兴老家移置杭州。1966年"十年灾难"开始,红卫兵贴出大字报,勒令上缴"封资修"的所谓"四旧"。当时保姆已被赶回家,是我的两个女儿用箩筐往复多次扛去上缴的,当然包括这两部在日军占领下幸存的古籍在内。

祖父的两大箱精品是在日本帝国主义者的侵略战争中"毁于一旦"的。当时我们这些东西从城里搬到乡下去，受着一种"白拿"心理的驱使，"白拿"就是因没有保障，在城里随时可以被炸被烧。因为那是一个"人为刀俎，我为鱼肉"的时代，正是因为"人为刀俎，我为鱼肉"，所以"白拿"得到这种悲惨的结局。但是对于日本侵略者的"劫后余烬"，却在20多年以后得到同样的结局，细细回味一下，虽然不过是两部书，但是实在比当年破塘的两大箱更为可悲。因为破塘的结局，即使如我家那样必须瞒住祖父的情况下，母亲还有躲在房里痛哭的自由。而另外许多同样得到那种结局的人家，可以到街上破口大骂，也可以用文字狠狠笔伐。但1966年则完全不同。《佩文韵府》和《资治通鉴》是"自觉自愿"地上缴的，那年由我两个女儿扛去上缴的书实在很多，但其中《韵府》和《通鉴》，确实发人深思。因为这两部书可以让人回忆对比。以前是一个兵荒马乱的时代，日本人烧了我们的东西，母亲躲在房里痛哭，另外一些人则公开口诛笔伐。但是现在是个没有战争的和平时代，东西是我们"自愿"上缴的。而且一边上缴，一边要"谴责"自己。领导是如何如何的英明伟大，这个社会是那样地"最、最、最"，而自己则是如何如何的反动成性，不可改造。

对我祖父来说，《韵府》和《通鉴》不过是日本侵略者的漏网之鱼。我之所以认为漏网之鱼的毁灭比当年两大箱的毁灭更为可悲，因为那两大箱毁于我们的可憎敌人，而这两条漏网之鱼则毁于我们自己人。

当年，对于两大箱的毁灭，我确实为祖父痛心疾首，但后来在《郦学札记》回顾此事，却又轻描淡写，一笔带过。因为，比比"十年浩劫"中的文物损失，我祖父的两箱精品实在微不足道。正是由于目睹身受这"十年浩劫"，所以对于这类事，我的心态完全变了。为了留作人们的纪念，我随手抄录两段我所见到的文章，这类文章实在是很多的，而这类事件，当然要比这类文章多得更不可计数。第一篇是《洛阳市志》第13卷《文化艺术志》卷首《概述》中的一段为(此志系中州古籍出版社1998年出版)：

　　1966年6月，洛阳出现"造反"组织;8月，毛泽东的《我的一张大字报——炮打司令部》出现在洛阳街头，从而把洛阳市的"文化大革命"推向高潮。各种名目的"造反"组织，以破"四旧"为名，捣毁文物、破坏古建筑、烧毁古籍。他们在白马寺烧毁历代经书55884卷，砸毁佛像91尊。……这种疯狂的大破坏后，洛阳市古代泥塑和近代泥塑无一幸存。

另一篇是《湖南文史》1992年第2期(总第45辑)中旷光辉所写的《"文革"浩劫中的南岳文物》中的一段，那是他当年在南岳祝圣寺和南台寺的现场目击：

　　一伙人冲上藏经楼，将门锁撬开，又把藏经柜子一一打开，将一卷卷布壳包装的经书一束束从窗口门口丢出，有的将布壳角解开，把经书拆烂，放在藏经楼东边天井投火焚烧，一时烟火冲天。

经书不断往下丢,火势越烧越旺,可惜清高宗乾隆颁发的频伽藏和明版式藏经被烧毁,原放在楼门口的一套梨木雕刻的李元度光绪十二年《南岳志》印板,足有三千块,全部化为乌有。

在举国"大海航行靠舵手"的歌声和"万寿无疆"的颂声中,还有什么好说的呢。

省立绍兴中学

台儿庄大捷以后不久,绍兴中学附属小学主任孙礼成来到我家,这是他对我祖父——他的老师——的尊敬,也是对我——他的学生——的关心。他带来一个好消息,从来不招插班生的省立绍兴中学,今年暑期各班级都招插班生。这是省教育厅的命令,因为经过一年战争,浙西沦陷,许多学生逃到浙东,所以浙东各校都应该招插班生。虽然名额很少,但是他认为我是有希望的。另外还有一种"借读生",浙西沦陷区学生,凭原校转学证书,可以在浙东学校"借读"。这当然也是教育厅的一种应急措施。另外他又说,今年暑期绍兴中学要招收高秋一新生,绍中从此成为一所完全中学了。

这件事引起了祖父的高度重视,他叮嘱我复习功课,以"务必考入"一言作为他对我的殷切希望。我隐约发现,他对此相当焦急,唯恐孙子考场失利。但我的想法是,逃了一年难,我已经损失了一个学年。现在报考秋二插班生,我其实已在承天中学念过一个月秋二了。有什么理由不录取呢?祖父为了让我有时间温课,他的家教显著减少了。但我的兴趣仍然是念英语。主要是《英文短篇小说选》与《纳氏文法》。另外又弄到开明英语第三册,这是初三的课本,但内容较浅,如安徒生《皇帝的新衣》之类,每一课我都读得能背。县立图书馆照常开门,我又作了他们的常客,再次借回《胡适文存》细读,我对此书的印象很深。祖父给我的大字本《资治通鉴》读起来不便,我在旧书摊用很便宜的价钱弄到一部石印本,我开始读,而且很感兴趣,因为好像是读故事一样。

祖父对我这一时期不温一年级的课不以为然。常常说"有备无患"这句话。但是我却认为有什么好备呢?考二年级总是一年级的功课,而一年级的功课我不是很熟了吗?终于挨到了暑假,并且看到了绍兴中学的招生广告,父亲立刻到承天中学拿出了转学证书,去绍兴中学报了名。又是一个大热天,这次我倒是吸取了教训,因为这一年恰逢我四叔祖的小儿子投考一年级新生,我请他代看了自己的考场和座位号码。

考试的那天一早去了绍兴中学,还是像当年一样,宽广的校舍中人来人往,但这一年学校的注意力集中在高秋一新生方面。我到校不久,父亲接着来了,他还是不放心。一直等到钟声响起我进了考场以后他才离去。因为祥和钱庄与绍兴中学很近,上午考毕后,他一直在校门口等我,这一天是到钱庄吃的中饭,比回家要少跑许多路。下午考试结束后回家,祖父、父亲和刚刚从丽水回家探亲的四叔父都已在家里等候。我自己感到考得很顺利,心里轻松,祖父提出的要求是,把考场上写的作文再回忆写出来让他看看。我实在认为这是很不必要的事,但为了让他满足,就把《抗战一年的回顾》这篇时令文章写了出来,为了匆匆交差,和考场中的原文或许已有出入,记得文章的第一句是"一年以前,宛平郊外的炮声,引发了我们期待已久的神圣抗战"。四叔立刻欣赏这一句,他说我不用"卢沟桥的炮声"而用"宛平郊外的炮声",就是出手不凡。单凭这一句,我就必然录取。但父亲随即提出不同意见,因为他是为我报名,并从那里打听到一些消息的。他说插班生录取的名额很少,而且上头有命令要照顾浙西沦陷区的学生,要录取是很难的。考试有这么多门功课,单凭一篇作文是不好算数的。要看另外几门的成绩。此时,他居然还埋怨我,说我在这几个月中温课不用心,看闲书。他竟把我读英语、看《胡适文存》和《通鉴》之类,都作为"看闲书"。于是祖父说话了,他首先批评父亲"看闲书"的话,他说:《三国》、《水浒》才是"闲书",怎能把阿均读的书叫作"闲书"呢?其实,我当时就认为《三国》、《水浒》也不是"闲书",而且我实在也都看过了。祖父接着说,这段时期,我确实没有在温课上多下功夫,但这也说明我胸有成竹,从这篇作文来看,四叔的话是有道理的。反正已经考过了,就等发榜吧。祖父虽然赞赏我,但对于我在其他几门功课上考得怎样,还是并不放心的。

　　大概是3天后的一个下午,我记得是个滂沱大雨、雷声隆隆的天气,祖父从电话公司打来电话,告诉我:你录取了,初秋二插班生录取了5人,你是第一名。他又说,这是你父亲自己到绍中看榜后打电话告诉他的。他只打电话给祖父,却不打电话给我,不知是什么想法。接着,雨过天晴,祖父和父亲都回来了,四叔和五叔、六叔也都在家,大家都非常高兴,对我是一片称赞之声。其中四叔的话,回忆起来颇有哲理。他说,他对这位"侄大爷"的"稳操胜算"是毫不怀疑的,全家差不多都这样,心有疑虑的唯独老三(指父亲)。父亲还想辩解一下,但四叔立刻指出,虽然祥和离绍中很近,但毕竟是堂堂经理大人,为什么要自己冒雨打伞去看榜呢?为什么不叫一个职工去看呢?说明唯恐儿子榜上无名,失了经理的面子。当时父亲显得颇窘,还是祖父打圆场。祖父这一天实在很兴奋,当着父亲和几位叔叔说,阿均在读书之事上,今后可以势如破竹。现在绍中办了高中,要我初中毕业后就进绍中高中,高中毕业后就上大学。大学毕业后说不定还可以和福元(指孙伏园)一样到外国去走走。这是他第一次吐露对我的希望。当时我只知道他是个有功名的举人,在亲朋之间很有名声,社会地位也很高。虽然我早已听到过"长毛举人"的话,但是并不知道他在科场中所遭遇的无妄之灾。对于此事,如五叔祖后来告诉我的,父亲和几位叔叔,也是不知底细的。所以我后来回忆,这天下午或许是他当年科场横祸以来最得意的一天。

暑假以后,我终于进了省立中学,从时间上说,由于逃难,我吃亏了一年,班上有些同学也是从绍中附小来的,他们在小学里比我低一年,但现在我与他们同班了。不过我对此毫无自卑感,因为虽然辍学一年,我自学的东西不会比在学校里少。在绍兴这样一个古老城市里,学校里的学生原来是相当稳定的,所以省立中学很少有招插班生的需要。经过一年战争,情况就不同了。除了几位插班生以外,班上还有不少休学(也是因为逃难)后复学的,二年级到三年级,由于日机轰炸,同学又有变化,流动性显得很大了。我插班进入初秋二,全班有近50位同学,后来比较活跃的是金尧如,但当年叫金德明,也是从附小来的,所以我早已认识他。他初中毕业后进了稽山中学,后来进了暨南大学,以后成为一位进步学生,加入了共产党。金尧如在香港《文汇报》当领导,1980年代前后调回内地,曾调派当过中华书局的领导,后来又回香港。他是浙江省政协的常委,当时我也当常委,曾经见过一次面,彼此还认识(2004年1月上旬,车越乔先生从香港挂来电话,金已在美国谢世)。

初秋二的下学期,又来了一位插班生戚松根,是从上虞春晖中学过来的,功课很好,也很活跃。初秋三上学期,来了一位休学而复学的吴翊如,功课很好,并写得一手好字。戚松根后来以杭州教育学院副教授退休。吴翊如由于一点"历史问题",1950年代起颇为坎坷,幸因宋云彬的介绍到北京中华书局当编辑,后来退休回家。这两位同班同学,都与我同年,而且是至今仍有往来的同学,这实在是很难得的。记得1991年,浙江省立绍兴中学联谊会为已故老校长沈金相(铸颜)出《沈金相先生纪念集》,当年校友包括在内地、台湾地区,美国等地的,都热诚地参与此事,书成以后,联谊会要我写序。我在学校时实属晚辈,但因为是纪念大家崇敬的老校长,只好勉为其难。我在序中提及了感慨很深的几句是:

> 所有在此执笔濡墨的人,多是古稀上下的老人,他们受校长熏陶之时,还不过二十岁左右,离开师长以后,在人生道路上又走了四五十年,有的一帆风顺,有的道路坎坷,但是大家都做出了一番事业,对人类社会有所贡献。

1997年4月,绍兴一中(前身是省立绍兴中学)举行绍兴中学百年校庆纪念大会。因为我被安排坐在主席台第一排,台下不少老校友看到了我。散会后有好几位校友与我谈及我所写的那篇序。他们不仅都说自己"道路坎坷",而且说据他们的见闻,这四五十年间,校友中多数都是"道路坎坷","一帆风顺"的能有几人? 言谈之中,我也不禁回忆到我在"牛棚"中的遭遇,确实感慨系之。所以后来中华书局出版我的《吴越文化论丛》,我也把这篇序收入在内,作为我在省立绍兴中学的一种纪念。

我进入绍兴中学初秋二的这个学期,日军虽然早已侵占杭州,但绍兴情况还算安定,除了空袭警报时大家躲入各级附近的防空壕以外,社会和学校的一切运作都比较正常。学校显然把主要力量放在这年新办的高中部之中,其实就是高秋一一班。此外,由于简易师范部有四年级(师秋四),他们也排入高中部,但这一班并不受重视。当时全校名师都讲高秋一的课,英文周有之,国文姚轩卿,数学石雪岑。上头派来了军事教官华正浩,他们穿的是学生军装,我们(包括师秋四)穿的是童子军装。全校对这一班都很羡慕。

　　与承天中学相比,省立中学的教师阵容当然强大而完整。每一门课,都由正牌大学毕业的专业教师担任。全校还有好几位省内有名的名教师。初秋二幸运地由周有之担任英文课,他是中央大学毕业的,教学方法的确与众不同。每次上课首先是提问,要学生用英语回答。接着是做笔译练习,他讲一句中文,学生随即笔译,然后他指定哪一位起来朗读译文。最后花不多的时间讲课文,用的是《开明英语读本》第二册。讲课文的时间虽短,但由于第二天上课要提问,所以大家在课后都会用心去念。他讲课没有几天就发现了我,是因为一次提问。这次提问的内容是刚刚学过的安徒生童话《卖火柴的女孩》,我早已读得会背,所以对答如流,他当班大加表扬,他教这一班英文直到初中毕业,我们的关系一直很好。我在上述为老校长纪念集所写的序有几句话提及:

　　　　譬如到国外讲学,不仅讲课要用英语,指导学生的讨论和一切日常生活,也得用英语,外国学者到我的研究室进修我还得兼任翻译,我在英语方面的写作、翻译、口语能力,很多也都是从中学时代的英语老师那里学得的。

这里所说的"中学时代的英语老师",主要指的就是周有之。当然,尽管省立中学的教师显然优于私立中学,但是对我来说,实在提不起兴趣。除了英语以外,从来不曾认真地听课温课。但到校不过几天,立刻发现省立中学真真了不起的是它的图书馆。从放在书库外阅览室的卡片柜里就可以知道,藏书实在不是承天中学图书馆和县立图书馆可望其项背的。这里当然不可能像承天中学那样得到进入书库的方便,但我稍有空就到那里抄出我想看的图书号码,因为借阅还是很方便的。除了所有国内名家小说和翻译小说外,这里有一部《万有文库》,有一个专门的目录柜,我确实应接不暇。在阅读报刊的地方,居然有我已经闻其名而没有看到过的《密勒氏评论报》(*China Weekly Review*)。我也生吞活剥地看,而且津津有味。我仍然是午膳生,吃过中饭的时间和下午上课结束以后,我基本上全泡在那里,可读的东西实在太多了。当时,每个单位的工作效率都是很高的,这样一个藏书很多、规模不小的图书馆,只有一位出纳员和一位工友。出纳员是夏志斌,他在老校长纪念集中有文章,知道他后来一直在浙江大学。工友龚顺田,其实也做出纳工作,对图书很熟悉。1960年代初期,他不知从哪里调到杭州大学招待所当工友,就在我们宿舍附近,我与他见面谈了当年绍兴中学图书馆的事,他居然还认识我,记得起我常常泡在那里,也常常向他借书。

当时我并不了解校长沈金相,但是从他聘请的师资队伍和学校的一切措施来看,他的确为学生创造了一个良好的学习环境。省立中学每天早上要升旗,升旗以后有30分钟的"精神讲话",由本校教师担任,校长总是请几位学有专长的教师为学生讲解一些短小精悍的课题,增长学生的知识。例如周有之所讲《捷克斯洛伐克在上帝的眼皮下灭亡了》,我已在《密勒氏评论报》上看到这篇文章,由于我的英文程度还不够,不能全部理解,他一讲,我就了如指掌了。又如潘之赓讲《伟大的葛壮节公》,是一篇激励学生志气的乡土人物传。沈梓培讲《关于遗传的知识》,在当时是很新的科学知识,许多同学都闻所未闻。当时,各学校每星期一第一节称为"总理纪念周",都要集体去礼堂,他常常请一些名流学者来校演讲,例如请当时的孑民美学院院长孙福熙讲"艺术与人生",请民间文学家娄子匡讲"民间文学研究"等等。在当时,许多学校这一节课的时间往往是浪费的,但他却尽可能地利用时间增长学生的知识。

轰　炸

初秋二第一学期顺利地过去,省立中学一切都比较认真,期末考试即学生通常所说的大考,是全校集中在大礼堂和大膳厅进行的,气氛非常严肃。其实,当时的学生和学风都与后来不同,在绍兴中学,直到迁乡以后,考试作弊的行为,至少是我,绝未听到过。

寒假以后,即民国二十八年(1939)春季,因为当时春季班也招生,所以春节以后就是入学考试,高中部又多了高春一。开学以后一切如常。在教师力量方面,初秋二又得到一次幸运的机会。校长请来了过去曾在绍中执教过的上海人沈退之。当时上海已经成为孤岛,到绍兴很费周折,他与周有之是中央大学外语系的同班同学,但是擅长国文,所以一直教国文。已经出版了一本厚厚的名为《义法集》的书,收入了他的中文著作和英文著作,也算是位名师。校长是请他来担任高春一的国文课的,而初秋二的国文也由他担任,使我们这个班级的英文和国文都由名师执教。他和周有之是莫逆,显然是周和他说了话,所以两三次课以后他就认得了我,第一次作文(内容是随意给某人写一封信)就表扬我,在课堂里念了我的这封信。不过他事后告诉我,说这封信在班上当然鹤立鸡群,初中学生中出现这种鹤立鸡群的情况是少见的。但是他又说,他已和周有之讨论了这封信,认为这封信有《秋水轩尺牍》的味道,他和周都认为《秋水轩尺牍》远不如《小仓山房尺牍》,许葭村不过是个师爷,袁枚毕竟是个大学者。

他和周的意见是对的,我的确读了《秋水轩》,并且背熟了其中的许多篇。《小仓山房》我也已在旧书摊上买到,1部4册,但还未好好读过。沈退之的教学与周有之一样认真,并且可以看出他的学问。他很重视背诵,当时用的是中华书局的课本,凡是课堂上讲过的,不论文言白话,都要能背。许多同学都埋怨,但我背书早已养成了习惯,所以并不感到困难,但是也并不赞成。例如课文中有一篇《和平奋斗救中国》的白话文,这是孙中山临死前的话。他认为这篇文章写得极好,很符合他提倡的"义法",要同学读得滚瓜烂熟。我实在很不以为然,非常同情那些记忆力不好、结结巴巴的同学。到1960年代,居然流行背诵所谓"老三篇"。进了牛棚以后,红卫兵责令每个"牛鬼蛇神"背诵。让我顿时回忆起《和平奋斗救中国》那篇白话文,无论从内容或从沈退之提倡的"义法"评论,这样的文章才称得上是文章,他要我们读熟是有道理的。

沈退之的教学重点当然放在高春一班上,他为该班的壁报命名为"新芽",并且写了发刊词。我特地到他们的壁报边上站着读了他的发刊词,此事当然早已淡忘了。但1996年,当时这个班上的一些同学,都已年逾古稀,由嘉兴三中退休的金松为首,发起了编集一册"新芽"级友照相册的事。金松是老校长沈金相的女婿,在当时是班级中一位学习出众而能力极强的同学,低班的同学都知道他。我那年上大学前在赣州就认识了他(他当时念中正大学政治系),后来由于给老校长出纪念集要我写序,所以熟悉。承他原意要求我也提供一帧我们夫妇的合影,收入于"新芽"级友照相集中,盛情难却,我交了一帧我们夫妇1995年在美国佛罗里达航天飞机发射架旁的合影。照相集在1997年绍兴中学百年校庆前夕制作了出来,非常精美而有纪念价值。但级友之中外加了我这个当年比他们低一年半的晚辈,实在惭愧。我穿插回忆此事,因为沈退之为该级壁报的命名(沈在我们班级上课时提及此事),以后就成为他们的级名,而在此事以后半个多世纪,级友们都已白发苍苍,其中有些已经物故的世纪之末,编制出这样一本照相集,除了说明对当年学校的怀念和级友的凝聚力以外,对"新芽"的命名者沈退之,也是一种纪念。

民国二十八年(1939)的这个新学期开始时相当顺利,我仍然经常泡在图书馆里,这样一直到4月初的春假。记得春假前夕的一次纪念会上,沈校长还告诉大家一个好消息,由于绍兴中学已由初级中学发展为完全中学,规模扩大,省教育厅最近批准兴建新校舍,地点选在府山山后,他们已经去看过,即将拟订方案着手兴建,师生们都为此感到高兴。

当年学校的春假按规定有一个礼拜。春假结束以后不过两三天,这天升旗时我们看到情况有点特殊,教师们多手执礼帽(绍兴人叫铜盆帽)。升旗以后,登上石砌小台的是沈校长本人,样子十分严肃,他以沉重的语气说,要告诉大家一件重要的事,昨天专员公署紧急通知他去开会,贺扬灵专员宣布,据我方在杭州笕桥一带情报人员的确切情报,笕桥机场到了许多敌机和炸弹,近日起就要轰炸包括绍兴在内的浙东城市。所以从今天起,每天都可能炸弹临头,专员公署已通知全城市民紧急疏散,早出晚归,避到近郊去。学校决定从今天起,分班级到郊区上课。他的最后几句话,我毕生不忘,我在《沈金相先生纪念集》中除了卷首序以外,还写有《纪念铸颜老师》一文,文中回忆了他的这一段话:

> 敌人以为用飞机炸弹吓得倒我们,他们错了。中华民族有五千年历史,已经经历了许多重大灾难,区区飞机炸弹是吓不倒我们的。但是我们自己要做好准备,抗战一年多了,还要继续打下去,我们的环境会变得越来越困难。我不是危言耸听,或许,在城市里高楼大厦中读书的日子暂时结束了,但是教师教书、学生读书的事永远不会结束。在任何艰苦的环境里,我们当教师的决心坚持教下去,你们当学生的,也要下决心坚持学下去,环境愈困难,读书愈要用功,学得一身高深学问,报效祖国。

这位校长的讲话,在我的记忆中,从来没有什么"主义",也不讲什么大道理。但是诚恳、深刻、真实,不仅能使人心悦诚服地接受,而且永志不忘,这或许就是他能带领这样一批好教师教出许多好学生的重要原因之一。

这一天他讲话以后,各班级就分头到郊区上课。全校师生分为东湖、龟山、快阁等五六处。都是他从专员公署开会回来以后连夜安排好的,这在技术上有不少困难,因为必须搭配好教师和课程,离城又不能太远,中午送饭到各处的工友才不致使饭菜凉了。第一天我们到南门外龟山,已有工友早一步搬去了小黑板,我们在山上一个庙前的草坪听了徐缓甫的数学课和仇维焘的历史课。由于有一个简师的班级与我们同行,还在草坪的另一边旁听了阮法道的教育心理课,还有另外几节课。厨工送来中饭,我们到傍晚才下山返城回家。

以后每天都是这样,但地点要更换,有时到东湖。教务处为安排每天各班级的地点和课程,必然伤透脑筋,而且大家并不满意。以我的初秋二为例,在城郊上课以后,我们就没有了英文、国文这两门课,从来就见不到周有之、沈退之两位,原因很简单,他们是高中部的台柱教师,当然跟高秋一和高春一走。另外是,到郊外上课一个多礼拜,师生都很疲乏,但日机并未飞来轰炸。不免有人出怨言,有人说专员公署庸人自扰,也有人说他们中了日本人的诡计,情报是假情报。学校方面当然也看到这种情况,除了坚持各级郊外上课外,又设法安排原来规定的野外作业提前进行,例如高中部原来在六七月份有军训术科,初秋二和师秋二规定六月份有童子军露营,这些都提前进行,借以减轻学校的负担。童子军露营由童子军教练陈金全负责,时间按规定为一周,提前在 5 月 3 日开始,地点在名胜地吼山。这样,两班学生自带被铺于 5 月 2 日下午到校,这晚在大礼堂的台上席地而卧,次日早餐后即在仓桥登上乌篷船向吼山进发。当时,各学校、机关和部分市民过早出晚归的生活已经持续了十多天,而日机迄未来过。对于绍兴人来说,除了前年万安桥的一枚炸弹以外,还没有像萧山那样经受过真正的空袭,所以人的思想的确有些麻痹了。在乌篷船中,学生们也有这样的议论,认为假使不采用这种早出晚归的打游击式上课的话,还不是好端端地在教室里吗。

船到吼山,大家动手搬帐篷、行军锅灶和自己的行李,到附近一块事前勘察好的山坡草坪上,而正在预备安置帐篷时,却忽然听到飞机声轰轰而来,而且从声音中可以判断有多架飞机,随即就听到炸弹的轰隆之声。有些同学惊惶失措、呆若木鸡。包括我在内的大约十几人,快速地奔上吼山山顶。绍兴城离吼山的直线距离不过十多华里,我们看得非常清楚,有 4 架日机盘旋在城区上空,并且俯冲投弹,全城一片烟尘,每一声轰然巨响,我们的心似乎就要跳出来。我们奔登上山时,已经听到了多次轰炸声,到了山顶,亲眼目击这种轰炸持续了大约半小时,然后日机飞走,但城内烟雾腾腾。下山时,有几位同学已经哭了。

陈金全的妻子儿女也在城里,由于他是露营领导人,还是镇定下来,指挥同学搭起帐篷,架好灶锅炒菜烧饭,这些都是童子军这门课中的实习项目,但当时同学们多已垂头丧气,没有情绪了。在野外吃第一顿自己烧的饭,本来应该是兴高采烈的,但当时却变得难以下咽。在吃饭时,有好几个帐篷都提议,饭后让我到樊江镇打电话,因为他们知道我与电话公司熟悉,而且家里有电话。陈金全也同意,于是由师秋二的一位同学陪我去樊江,我知樊江必有电话公司的“零售”,打电话不成问题。我们走了没有几步,陈金全赶上来,轻声对我说,假使有不幸的消息,只告诉他,不能告诉同学。后来回想,当时的这些教师,确实想得周到,并且富于责任心。

从吼山到樊江很近,就是摆一个渡,有一只义务渡船来回通行。在樊江这个小镇上找到“零售”,我打电话给祖父,因为估计他此时一定在公司里。祖父确实在公司里,并且也记挂我在吼山的情况。他告诉我已和家里通过几次电话,家里一切平安。至于日机的轰炸,城内被炸十余处,绍兴中学和附小都落了弹,但情况尚不清楚。我告诉他这里同学们都很担心,他说等到情况比较清楚,他会要樊江“零售”到吼山告诉我的。于是我回到吼山,学校落弹的事,我告诉了与我同往的师秋二同学,但嘱他不能声张,这事只能让陈金全知道。回到露营地,我只说已与我祖父通了电话,详情还不清楚,以后樊江“零售”会告诉我们的。悄悄地和陈金全说了中学和附小都被炸的事。当时,我因为已经和祖父讲了话,知道全家平安,心里已经放松,但眼看同学们还都心头沉重,确实很为他们难受。

这天傍晚,帐篷上已经点起了桅杆灯,樊江"零售"的人来了,说是电话公司要他到绍中童子军露营地通知陈某人的。显然是祖父嘱咐公司里的人打的电话。在一张纸上他记下十几处落弹地点。绍兴中学的落弹写得很清楚,南边教室落了一弹,中间劳作教室也落了一弹,炸死一位工友。我所住的帐篷边上立刻聚集了许多同学,我当然把条子交给陈金全,他估计了这些落弹点都不涉及同学家庭。就当众念了这张条子,虽然一时议论纷纷,但不久就各归帐篷,安静下来了。

童子军露营本来是初中同学一件很有乐趣的事,但这次露营的一个礼拜中,大家都盼望着早日结束回城。许多项目如旗语实习、营火晚会等,其实都是草草了事。战争一年多,我们终于遭到了日机的残酷轰炸,而且自从5月3日以后,每隔一段时期就再度轰炸,一年多前逃难下乡后来又纷纷返城的家庭,现又开始迁到乡下去了。

5月3日学校被炸以后,学校随即采取了应变措施,因为早出晚归的上课,毕竟不是久长之计。在政府的支持下,学校很快地选定了名胜地兰亭为临时校舍,经过短时期的快速修缮,可以容得下高中和初中高年级几个班的学生。于是学校宣布,全校学生分成两批,第一批高中、初中高年级、简师高年级立即到兰亭继续上课。第二批同学提前暑假,到暑假期间再继续上课。

敌人的残酷轰炸,打乱了我们的学习生活。但后来回忆起来,绍兴中学的措施是十分正确和快速的。目的主要是尽可能不让学生缺课,真是教学第一。我特别崇敬这些教师们,当时的省立中学教师月薪都在法币百元以上,比现在起码要高10倍。他们的生活是很优裕的。以居住条件说,绍中的住校教师多数住在劳作教室以西的一幢当时称"四面厅"的屋舍里,是一幢漂亮的二层洋楼。但去兰亭后,他们只能住在用竹篾临时隔开的泥地土房中,在烛光下备课,生活待遇顿时剧降。另外一部分教师则还要冒暑在暑假里讲课。近年来读当时的名师姚轩卿遗著《蠡膏随笔》,其中有好几篇写的是绍兴被炸后他在兰亭的教学生活。那里的生活条件当然不好,但他却就地论地,从兰亭和附近的天章寺做学问,写出了几篇很有价值的研究成果。当时的为学之风,为师之风,实有值得怀念之处。

由于敌机连续不断地轰炸,从第一次逃难返城不过一年稍多,现在为了躲避轰炸,只好再次迁避乡下,各房仍按第一次迁避地点下乡。但这一次是为了逃轰炸而不是逃日军的进攻,所以我家不必再去破塘,而是到后盛陵外婆家。我由于要到暑假才上学,也去了后盛陵。

花明泉(一)

祖母的丧事正在进行,但我因为学校在诸暨枫桥的花明泉村开学,只好离别悲哀中的祖父到学校报到。祖父在临别时还是叮嘱了我不少话,可以体会到他对我的希望。

　　这是我生平第一次离开绍兴到另外一个县去,虽然离家实在不远,但家里似乎我要出远门一样,从夏衣、秋衣直到冬衣,样样都要带上,一个很大的铺盖,还有一只不小的箱子。我则在书的方面做了较多的考虑,鉴于栖凫没有图书馆,现在的校址更远了,学校怎能把图书馆搬去呢。所以除了箱子里放了不少书以外,手上还提了不小的一包,辞海和英文字典也都带上了。

　　这天早上在后园门外下脚划船,父亲送我同行,到娄宫埠头上岸。娄宫与破塘、栖凫一样,也是会稽山北麓的一个通航埠头,从这里可以到枫桥,而且是会稽山中唯一的一条黄包车路。我曾经仔细地查看过绍兴县地形图,可惜这张地图只绘县境以内,没有诸暨的道路村落。从娄宫南行经过兰亭、新桥头到谢家桥。再南行到古博岭,地图只画到这里。过岭想必就直达枫桥了。但花明泉离枫桥还有 10 里,而且不在大路上。在家里时已经打听过,从娄宫到花明泉有四十里,所以我认为只要雇一个挑夫挑行李,我完全能自己走这条路。

　　这一天的娄宫埠头很热闹,上岸就看到许多绍中同学,也有同班同学。他们有人雇挑夫挑行李跟着走,也有人不雇挑夫,找一辆黄包车把行李放在车上。但后者有一种麻烦,因为黄包车只能到枫桥,枫桥以后还有 10 里小路,又得再找挑夫。娄宫埠头聚集着许多挑夫、黄包车夫和轿夫,向学生们招揽生意。父亲原意要送我到花明泉,祖父当时就是这样嘱咐他的。但在娄宫埠头,看到多数同学都没有家长陪送,有家长陪送的,也只送到娄宫为止。我一再反对他送我去学校,他也动摇了。考虑再三,他替我雇了一乘竹轿,另外加一个挑夫,我坚持只要挑夫,但他把一切都办妥了。于是我上轿,脚夫挑行李跟着。过兰亭后不久就到了两县交界的古博岭,但轿夫和当地人都叫虎扑岭,岭其实不高,与上灶以南的日铸岭相比,无非是个丘阜而已。因为在过岭以前,大家都在谢家桥镇吃了中饭,知道了这条道路。除了坐黄包车的在过岭后直往枫桥,其余的在过岭后有一条东折支路,不走枫桥。而是经过汤村、全堂,翻一条与古博岭相似的五婆岭,过岭以后约 10 里,就是花明泉。我们在五婆岭顶上休息,南眺是一片平畴,其实是会稽山地中的一片较大的山间盆地。轿夫和挑夫指指远处的花明泉村,不约而同地说:"看见何赵屋,还要朝伊哭。"意思是,虽然看到了这些村落,但路程还有不少,所以还要向它们哭。后来知道这类话是轿夫和脚夫的行话,不论到哪里,都可以套用这样的话。他们向我介绍眼前我们要去的地方,那里是三座颇大的村落:花明泉、赵家、泉(前)阪。赵家最大,以赵姓为大族,其余两村都以何姓为大族,所以统称"何赵"。

到花明泉已接近傍晚,但学校的职员和工友还在紧张地工作,迎接前来报到的学生,主要来自绍兴。当我在绍兴准备到花明泉上学以前,心中颇有疑虑,因为我对栖凫的印象实在太坏了。我把栖凫的绍兴中学喻为一所用美丽地名包装着的蹩脚学校。现在,花明泉也是一个美丽的地名,我生怕这个美丽的地名也是用来包装一所蹩脚学校的。我带了大包书上学,也是唯恐在到了花明泉以后如同在栖凫那样地游游荡荡,无所事事。但是到了这里以后,让我惊异而喜出望外的是,一切都已准备得齐齐备备了。走进学校总部(何家新祠堂),一块块的牌子——校长室、校长办公室、教务处、训育处、事务处,都已经挂好,阅览室、理化实验室、校医室等也已就绪。听说图书馆在离总部一里的一座称为承先堂的祠堂里,我赶紧跑去探察,从窗口望进去,《韦勃斯脱大字典》好端端地放在一个特制的书架上,这些都是我熟悉的从城里搬出来的原物。忽然听到了钢琴声,原来音乐教室也在承先堂,中央大学毕业的女教师费景瑚正在那里弹钢琴。后来在第一堂音乐课时,她自己介绍,她是中央大学教育系毕业(她与其先生同班同学徐则敏均在花明泉),过去曾酷爱音乐,但已经十多年没弹钢琴了,手指硬了,这回要她教音乐,所以她已在钢琴上复习了一个多礼拜了。

我到花明泉的第二天就察看了这所学校,这里的一切都使我感到很满意。我后来在《沈金相先生纪念集》中曾经说起过学校迁移的事,在这样短促的日子里,一所从当时来说规模很大的学校,要进行一分为二的迁移,本校到诸暨枫桥花明泉,分校到嵊县崇仁廿八都。大量校具都要经过长途的水运和陆运。当时的学校不比现在,职工是很少的,而校长能指挥从事迁校工作的,就是这些为数不多的职工。到了花明泉,我对栖凫的不满情绪顿时消失。因为栖凫复课的时期,正是他们忙着迁校的时期,而迁校的重点当然是花明泉,有什么理由对栖凫这一段时期求全责备呢。

好多年后我又想到,抗战八年,作为国家和民族培养人才的中学教育,能够在十分艰难的条件下照常运作,民族文化没有受到侵略战争的影响。在这方面,儒教熏陶下的宗法社会起了极大的作用。当时,在日军的侵占和轰炸之下,城市中的全部中学包括若干名牌小学,都迁到乡间。中国的乡间大多屋舍简陋狭小,而能够接纳城市学校的,主要就是这种宗法社会中到处存在的祠堂庙宇。在花明泉这样一个村子里,何家老祠堂、新祠堂和承先堂3所祠堂,就容得下十几个高初中班级和一个校本部。后来到廿八都,整个学校(高中、初中、简师)约30个班级,全都安排在村内的许多大小祠堂中。战时的财政收入当然有限,尽管教育这一块得到很大重视,但迁乡学生的膳宿学习,已基本上由政府包下来,所以除小量修葺以外,要建新校舍是不可能的,假使地方上没有历来修建的这许多祠堂庙宇,大量中学生涌到乡间是难以设想的。

战时中学教育正常发展的另一重要基础是我国长期以来儒学思想的核心之

———尊师重道。当时,虽然炸弹临头,铁骑逼境,但是尊师重道的传统是十分牢固的。对于学校迁乡,不管你是什么学校,公立的或是私立的,普通学校或是职业学校,乡间都是欢迎的。从领导到基层,从乡绅到平民,他们多数都具有尊师重道的品德,各尽其力,加以帮助。我们整个社会普遍存在的这种尊师重道的品德是根深蒂固的,它实在也是我们华夏文化的重要内涵之一。它绝未受到八年抗战的干扰。记得1985年,我受聘在日本国立大阪大学担任客座教授,抗战胜利后我曾经任教的一所中学,浙江新昌县立中学,适逢它建校60周年,当时的名誉校长金望平,是我任教时的同事,几次要求我写一点东西纪念该校60年校庆。我在大阪大学写了一篇《怀念新昌中学》的文章寄给了他。回国后还来得及参加校庆大会,他们已把文章印出来,让我在会上宣读,后来又收入我的论文集,即中华书局2000年出版的《吴越文化论丛》。文章中有一段说:

> 记得三十七年前,我还只有二十四岁,受聘到这里担任教务主任,到校不到一小时,县教育局长张图先生就赶到学校。尽管是几句客套话,例如说:新昌小地方,能够请到您真不容易,真是委屈您了之类。但是作为一个县的教育局长,对一位年轻的中学教务主任如此谦恭(即使是表面上的),在现在的年轻人看来,恐怕是很难理解的。

花明泉当然是个尊师重道的村落,并且它本身的文化底子也很厚实,这里是日本帝国大学毕业曾任北京大学校长的何燮侯的家乡,何燮侯的父亲何梦孙(颂华)是著名的书法家,几个祠堂里到处都有他的手迹。这是一个几百户人家的大村,北背雄伟的五鹭山,南滨清澈的黄檀溪,整个地区包括赵家、泉阪等各村在内,是一片地下水位较高的山间盆地,农田采用井水灌溉,田片角上有井,当地农谚:"日日三百桶,夜夜归原洞。"把学校迁到这样一个山川秀丽、民风淳朴的地方,我们实在是很幸运的。所以后来我常常怀念这个地方。1980年代中期,诸暨县修纂县志,聘我作顾问,我曾经几次去到县城。1987年,县志副主编、毕业于杭州大学历史系的陈侃章,获悉我曾在花明泉读书,在一次到县志办公室讨论志稿以后,他陪同我们夫妇到枫桥和花明泉旧地重游。当时,我离开花明泉已有46年,再次来到这个村庄,真是有不胜今昔之感。后来写了《重访花明泉》一文,刊于《诸暨史志》1987年第5期,又收入于陈炳荣撰的《枫桥史志》(方志出版社,1998年)和我的论文集《吴越文化论丛》。

回忆当年的花明泉,村南缘自西向东一列广厦——何家新祠堂、老祠堂和一所停业的丝厂,容纳了全校学生(除了承先堂两个班级)的读书和食宿。校长沈金相聘请的教师阵容实在不同凡响。我在《沈金相先生纪念集》中曾经记叙,持自己编著而正式出版的教科书上课的教师,至少有5位。许多名师汇集在这个山村之中,真是莘莘学子的毕生之幸。

初秋三是初中毕业班，得到学校的特殊照顾。我们的教室安排在老祠堂的敞亮大厅上，厅上高悬着一块状元张謇所写的"达德堂"匾额。我们的课桌椅是从城里运出来的用于绍兴中学斋舍中的学生自修桌，不仅宽大，而且既有抽斗又有柜子，因为毕业班要复习三年功课，书籍较多，因而得到这种优待。周有之又成为我们的英语教师，沈退之在绍兴轰炸后返回上海，但是调入了一位高师虞尔昌。他也是周有之在中央大学的同学，腿脚不便于行而竟来山区，真是学生们难得的机会。他教我们西洋史，条理清楚，知识丰富，虽然仅仅一学期，但确实为我的西洋史奠定了基础。大概七八年以前，我曾在一种什么报刊上看到，1950年代以后，他在台湾的一所什么大学执教。他必然是一位学生欢迎的好教师。

到花明泉以后大约半个月，经过并不十分成熟的考虑，我开始做一件我毕生为学过程中至今仍不能自我判断是耶非耶的事，或许是一件傻事，也或许是一件对我终生有用的事。至于对后辈做学问的人，我早已写过文章，这样的事是"不足为训"的（《为学的教训》，《高教学刊》1990年第2期）。

这件事就是我从这个学期开始读字典，把字典中的每一个字都背下来。因为我不识"虓"字，祖父认为我要努力学习文字功夫，由于当时父亲已经买了《辞海》，我就有从头到尾读一遍《辞海》的打算，但并不想背。后来祖父给我《佩文韵府》，原因仍然是为了我的"文字功夫"。我不喜欢《佩文韵府》，心里曾经闪过一下熟读《辞海》的念头。其实那时的思想很幼稚，父亲早年就买了《辞源》上下册和续集，我早已翻过查过，现在新出了《辞海》，我只知中华的书比商务的新，并不知两者的优劣。只是因为这个"海"显然比"源"字大得多，所以才萌发了这种念头。

《辞海》以外是英文字典，我于抗战开始逃难到破塘时就自己读《英语短篇小说选》，里面有许多生词，因为后来发现这里的不少文章如《威尼斯商人》等，都在高中课本中出现，初中生读这样的书当然生词满篇。但我一边查字典一边读书，感觉还可以读下去，并且读得能背。当时，我绝未有读英文字典的打算。进了绍中以后在图书馆可以读到《密勒氏评论报》，才发现读起来满篇生词，因而想到自己掌握的词汇实在太少，很有些扩充自己词汇量的愿望，当时社会上流行一类所谓"袖珍字典"，并且有的字典用中国字作音注，班级里有好几位同学买了一种名为《桑代克小字典》的东西，篇幅当然很小，但每个单词都有汉字音注。这种字典曾被周有之批评过。我为此到大街越州书局买了商务印书馆出版、平海澜编的《标准英汉字典》，这是当时在绍兴可以买得到的最正规的大型英汉字典。上花明泉时，我把《辞海》和《标准英汉字典》都带上了，而且有试试看的想法。

此外我还有一套读字典的工具，这是抗战开始那年使用过的。当时大家考虑逃难，我手头有一张绍兴全县地图，从地图上查各家逃难的地方和路线都很方便，我才认识了地图的重要。随即就在旧书摊上买到一册16开本的童世亨编的《中国分省地图》。翻开浙江省，就发现有不少县名生平尚未所闻，例如泰顺、庆元、景宁等等，更不要说别省了。于是我就想利用这册地图，把全国各省的县名弄清楚，并且记牢。这实在是件并不困难的工作，我找了只空的万金油盒子，装入红色印泥，再把一根竹筷截短，并用刀削成像后来的冰棍杆子一样的东西。于是就用这套工具读地图，每读一省县名，边读边用竹棍蘸了印泥加点，读完一省，地图上的县名都加上了红点，这样，全国每省县名和相关位置都记牢了。当时地图上除了各省以外，还有外蒙古和西藏两大块称为"地方"的区域，而且地名也奇怪，如"乌里雅苏台"之类，也统统加了红点记住了。那件工作实在简单，花了十几天时间就完成了。现在，我想把这套工具用于读字典之上，所以在上花明泉前又制作了一套。

不过在到校时我还没有下定决心，要看看上课以后的功课情况而定，因为初秋三是毕业班（其实在我们上头还有一班初春三，寒假就毕业，但学校习惯总是看重秋季班），要温习三年的功课，当然，主要是看这个学期的功课是否困难。这个底在上课一周以后就摸清楚了。我注意的是没有接触过的新课，即平面几何与化学。平面几何由级任教师俞鹏（卓峙）担任，他是拿了他与石超（雪岑）合编的《初中新几何》（世界书局出版）为我们上课的，几次课后我就知道，这门功课不难。以后我做作业，每一章节都只做最后两三题，因为最后两三题总是这一部分最难的，能运算出这两三题，前面的就不在话下了。另一门是化学，是教务主任寿棣绩担任的，用的是中华书局课本，开首一张是门捷列夫《元素周期表》，他边讲，我就一直看下去，觉得除实验必须由他做以外，内容也是容易的。上学大概两个礼拜，我记得是一个礼拜天与几位同学第一次上枫桥回校后，这天下午，我就拿出万金油盒子和小竹棍开始我的这件"好事"或"傻事"了。第一天是从《辞海》入手的，两三天以后，同时进行了《标准英汉字典》的工作。

这一学期我们的寝室在达德堂（老祠堂）后进正厅边上，4张双人床住8位同学，我睡在靠窗上铺，工作是在床铺上开始的，我记得开始时，床上还垫着席子，只有一条线毯，有足够的空间放下我的字典和操作工具，我倚着枕头靠墙工作，非常方便。工作告一段落，全套都放在一只布口袋里，钱庄里的职工人手一只这样的布口袋，是警报来时带了随手的账册之类逃警报用的，所以叫作"警报袋"。父亲也给了我一只，我就派作这用场。由于寝室的窗外就是一条祠堂旁的小路，所以除了床上工作以外，我总是把"警报袋"放在窗栅上，然后空手走出祠堂，在窗口拿了袋子到附近的一片树林里工作，我已在那里布置好一个用石块叠起来的座位。

　　开始时,我的主要时间放在《辞海》上,因为此书两册,我希望能先啃了一册,以减轻"警报袋"的负荷。所以《标准英汉字典》的进度显得较慢。其中有一件巧合的事,让我以后记得起背英文字典的初期进度。一天中午,午餐后我就到树林里用小竹棍点英文字典,我的工作方法是,凡字均点,不管认识的或是不认识的。刚刚在一个我早已认识的 death 上加点后,就听到飞机声,随即有 6 架飞机,3 架 1 组,先后相差还不到 1 分钟,飞越树林上空,在我还没有回过神来时,就听到轰隆巨响,连续两次,当是前面 3 架投弹以后,后面 3 架接着再投。按我们这几年来挨炸的经验来看,这次轰炸属于抗战开始那年的萧山轰炸,是重磅炸弹,不是后来多次在绍兴的轰炸,投的都是轻磅炸弹。我当然没有留在树林里的情绪了。立刻返回寝室,已有好些同学在教室内外嚷嚷:"敌机狂炸枫桥。"我则暗自吃惊,death 真是个不祥之词。没有多久,就有几个被炸伤的人抬到学校校医室求治,才知道枫桥被炸死数十人,伤者不计其数,当地无法求治,所以抬到花明泉来了。而我从此一直不忘,因为我的小红点点在 death 上,枫桥就突如其来地降临了 death。这次轰炸的影响很大,因为第二天就有绍兴的家长赶到花明泉来探望自己的子弟,绍兴城内都听到这个方向的炸弹声,立刻传出是绍兴中学被炸的流言,所以不少人赶来了,也有我们班级的。此后我一直牢记这次轰炸时,我念英文字典到 D 部的 death 这个词,但并不注意这次轰炸的确切日子。直到 1990 年代陈炳荣独修的《枫桥史志》出版,开卷《大事记》就记下了这次轰炸是当年 12 月 11 日下午 1 时,当时我念字典已近 3 个月,而《标准英汉字典》只念到 D 部,所以进度是较慢的。

　　除了枫桥轰炸,这个学期是我在花明泉最安谧的半年。我的学习效率是相当高的。因为在念字典以外,我整理我在后盛陵时为《纳氏文法》系列第四册做的笔记,我想把此书翻译出来,因为按我自己的体会,这本书对希望学习英语的人大有价值。真是初生牛犊不怕虎,这个学期我又开辟了这条翻译的战线。此书不仅正文内容丰富,而且每一章都附有作业,是一本很适合学生的英文文法书。此书的例句特别精彩,常常让我在翻译中深思,从而获得长进。例如一个例句:A rolling stone gathers no moss.按原意应译作:一块滚动的石头不生芜苔。但我考虑,能否按中国成语译作"流水不腐"呢? 这样的例子很多,由于我自己学无根底,又没有翻译经验,而且也不敢贸然去问周有之,尽管他和我的关系确实很好。

　　另外我又发现一些例句是来自《圣经》的,例如:The sons of Jacob, on seeing their brother Joseph once more in Egypt, could not refrain from weeping around and falling on his neck. 这里的 Jacob,《圣经》中译为雅各,Joseph,《圣经》中译为约瑟,整句显然出于《旧约·出埃及记》。绍兴中学图书馆的藏书确实丰富,居然让我找到了英文本《旧约全

书》。为了查核这些来自《圣经》的名句，我经常钻在这部英文版《圣经》中，用练习本摘录了好些名句，有些名句至今仍能背诵出来。

对于日常功课，我完全是应付，除了少数几门课如英语、数学、化学、西洋史等外，课堂上都是心不在焉，或者干脆做自己的工作。由于功课确实比较简单，所以期末考试都得到了颇高的成绩。

这个学期是我在花明泉的四个学期中唯一平安结束的学期。寒假开始，我背了那只"警报袋"和许多同学一起上路，步行走到娄宫埠头，在那里拉四五个同学拼雇一只小船，到绍兴偏门上岸，步行回家。

花明泉（二）

学校开学延迟了半个月，我还是一只"警报袋"上阵，但袋内已少了一册《辞海》。这些日子在《辞海》上花的时间多了些，到花明泉要重视《标准英汉字典》了。

学校里确实走了几位教师，据说是被金华、丽水等地的学校聘去了，日军占领了萧山，没有了钱塘江这道防线，绍兴和诸暨随时可以沦陷，所以不能怪这些教师。学校也走了少数学生，我们班上就有，有些同学去上海租界里念书了，因为花明泉危险。

对校长来说，教师在寒假中离校是件麻烦事，因为寒假期短，聘不到接替人，特别是像绍兴中学这样的名牌学校，聘教师重资历，而好教师却不愿到这种兵荒马乱的前线来，使校长着实作了难，据说这是延期开学的主要原因。初秋三是毕业班，在教师配备中是优先的，所以没有受到影响。由于国文教师不足，学校从全堂（杨维桢的老家）请来了退休在家的老教师杨鉴吾，他年纪大了，只教两班，我们班轮上了，是一位有真才实学的好教师，虽然口才并不好，但教课的内容是很丰富的，引用古书，信口背诵，足见他的功夫。当时，我由于读字典，又翻译《纳氏文法》，对一切功课都是应付。但国文课的作文总得要做，由于作文，他十分欣赏我，几次邀我到他卧室里去，与我谈学问，灌输我许多知识，他虽然只教了我一个学期，却是值得我毕生怀念的教师之一。

在绍兴中学的校史上，这个学校是以毕业会考而出名的，沈金相任校长后不久，在一次全省的毕业会考中，获得了团体和个人总分的两个第一，而且在个人总分的前五名中囊括其三。此后的全省毕业会考，绍兴中学一直遥遥领先。此中经过，我在《沈金相先生纪念集》的序中已经写明。到了我念初秋三的时候，或许是因为战时交通不便，也或许是因为当时高中多了，对初中的注意力减少，初中的毕业会考已不再举行，由各校自己举行毕业考试。不过绍兴中学的传统，对初秋三这一班还是相当重视的。省立中学的学生，显然是由于入学考试的筛选，不仅成绩较好，而且读书也很用功。有些同学还带上二年级学过的物理学,甚至一年级学过的动物学、植物学等,因为据说毕业考试要考三年的。在这样的气氛中,我的处境很不容易,我不能让同学们知道,我的时间基本上全部花在字典和《纳氏文法》上,除了仍然用"警报袋"打掩护在树林里苦读外,我只好也装出相当用功的样子。其实,除了周有之的英语和杨鉴吾的国文以外,其他一切课上我都做自己的工作。

此外,后来我也回忆检讨我的工作习惯,总的说来,我的工作是比较有计划的。但有时容易被一时的冲动所打乱,这个学期花时间读李后主的词就是这样。我从小念了许多诗,却不曾念词。小学五年级的书法课(小学里每天午后有半小时的书法课)用嘉定童式轨的《星录小楷》临写,这本小楷中全是词,祖父才告诉我什么是词,开头的这个题目叫作词牌。我的书法当然没有练好,但这本小楷中的词却全背熟了。特别欣赏的是李后主的《相见欢》和李清照的《凤凰台上忆吹箫》。前者的"无言独上西楼,月如钩"和后者的"唯有楼前流水,应念我终日凝眸",我都极为欣赏。后来我从县立图书馆借阅了胡适的《词选》,对于他的若干注释,我十分赞赏。当时我已经念了李后主的《浪淘沙》:"独自莫凭栏,无限江山,别时容易见时难。"我对"莫凭栏"一语总感到不得甚解。胡适注释:"莫"即"暮"。我感到豁然开朗,因此而愈爱李后主的词。但当时我所读到的只是教科书中的几阕,这个学期开学后不久,我偶然从图书馆的目录卡上翻到了《李后主词》,编注作者好像是戴景素,我立刻把此书借出来,篇幅不大,除了作者收集的李煜(后主)词外,还附了中主(璟)词如"手卷真珠上玉钩"、"菡萏香销翠叶残"等几阕。我因为一直都想找到全部李词,得此书后极为冲动,竟放弃了"警报袋"中的工作,用十行纸订了一个本子,动手用毛笔把全书抄了下来。边抄边背,感到增长了很多知识,因为通常选李词《相见欢》,都是"无言独上西楼",不选另一阕"林花谢了春红";选《虞美人》都是"春花秋月何时了",不选另一阕"风回小院庭芜绿"。我认为这四阕都是百读不厌的好词。为了这一件事前绝无计划的工作,竟花去了我两个礼拜的时间。我不知这位姓戴的注者何许人,但我认为对于李词,他的确是下了工夫的,他把其所见不同本子的文字异同一一注入,这是一种重要的古籍整理方法。譬如《破阵子》中的"挥泪对宫娥",戴注:"'挥',一本作'垂'。"我认为当以"垂"为好。尽管有说法认为此阕不出于李而是后人伪作,即使伪作,"垂"也比"挥"好。我曾把这种看法与杨鉴吾商量过,他也同意"垂"。他的另外一种意见是,此阕若确是他人所作,则"挥"是此人对李煜的讥讽斥责。因为此时此刻,不挥泪对社稷河山,竟挥泪对宫娥,实足的亡国之君也。他的说法当然也有道理。

《李后主词》是我生平以冲动代替计划的突出例子,因为当时属于毕业班的紧张阶段,而我自己念字典的计划在思想上是铁定的,却因为在图书馆的一次偶然发现而额外花费了半个月的宝贵时间。虽然有收获,但这种为学的习惯毕竟是不足为训的。其实,在我毕生为学中,零零碎碎的以冲动代替计划的事还有不少,《李后主词》只是花费时间最多最易于回忆的一次而已。至于1950年代以后,其中有好多年,自己失去了计划自己工作的自由,那就又当别论了。

在毕业考试前夕,同学中纷纷议论毕业后的打算,除了一部分预备拿初中毕业文凭找工作的同学并不热衷于这种议论外,其余同学(占毕业班同学的多数)都对此做了多种比较和考虑。因为省教育厅公布了这年秋季的招生办法,上头为了照顾战时交通不便,避免考生奔走,这年秋季的高、初中和师范、职校(如高工、高商)等,采用统一考试的办法,全省设若干考点,学生可以就地报名应试,报名单上可填3个志愿。这当然是省立学校,其他如县立、私立学校,仍然各自招生,不在统考之列。同学们由于各自的情况不同,考虑是多方面的。当时,可以与绍兴中学竞争的学校有两所,一所是设在丽水碧湖、由张印通任校长的联合高中,简称联高。另一所是在金华郊区由方豪任校长的金华中学。前者是由浙西沦陷区的杭州高级中学(杭高与杭初早已分成两校)、嘉兴中学和湖州中学的高中联合而成的,在声名、地理位置和教师阵容上都具有优势。而且入学学生,只要家在沦陷区的,都能获得救济金,膳费与书杂费等由政府负担。我们班级中几位来自浙西的同学倾向于投考此校。金华中学校长方豪,在五四运动中已经出名,而金华在地理位置上比诸暨的绍兴中学和嵊县的宁波中学都处于后方,所以也有竞争力,班级中有些同学因为怕留在花明泉逃难,也有报考金华中学的。

为了报考高中的事,父亲与我通过几次信,有的信写得很长,其中还有祖父的话。因为按我的条件,要考上哪一所省立高中都是没有问题的。主要是考虑学校的声名和地点。我是有条件报考金华中学的,因为以小姑丈为首的庞氏家族在上江(绍兴人常称金华、兰溪一带为“上江”,意谓钱塘江的上游)经营钱庄业,在兰溪有义和、穗茂两家,在金华有穗源一家,我的舅父、八外公等,都是这些字号中的负责人,假使我上金华中学,假期就可以住在兰溪或金华。父亲曾经提及过这个可以考虑的条件,但是后来他又来信说祖父不赞同,认为首先还是应该报考绍兴中学,原因主要因为我是绍兴人。其实我知道是祖父自己年纪老了,不希望我远离。我自己的想法也是如此,因为当时我还没有条件去重庆、昆明、贵阳等内地,浙江早已成为抗战的前线,在花明泉和在金华,实际上都是一样。当时,省教育厅规定的考点主要是金华、衢州、丽水、温州、台州、宁波、绍兴这几个省立中学所在的城市,但学校实际所在地都已不在城内,所以学校所在地如碧湖、花明泉等也都设考点,主要是为了考生的便利。但父亲来信要我不要在花明泉报名,一俟暑假开始即回绍兴,报名的事,他会在绍兴替我办好,这大概也是祖父的意见。

　　在毕业考试以前一周，我们就停课温习，而毕业考试也比其他班级的期末考试要早一周，就是说，我们比别的班级早半个月结束学习。就在停课温习之时，我读完了《标准英汉字典》，《辞海》下册还没有完，但暑期中一定能结束，我把它们收入"警报袋"，在花明泉不会再看它们了。整个初秋三一班近50人，毕竟都是年轻人，这时候都有些情绪上的变化，或者说依依惜别的表现。特别是那些不再念高中或不再念绍兴中学的同学。知道要和居住一年的这个村庄分别，所以到外面散步看风景的同学很多。我虽然明知自己必然还要回到这里的，但也常常到外面看看五鹭山和黄檀溪，特别是到树林里走走，因为我知道，读字典的事即将完全结束，下学期不会再到树林里来了。

　　毕业考试顺利结束，我没有念课堂上的书，但成绩考得很好，这是我向周有之告别时他告诉我的。他知道我报考绍兴中学，所以说暑期后还可以再见。另外一位我去告别的教师是杨鉴吾，他很鼓励我，说他到晚年能见到这样一位好学生真是难得，但他告诉我下学期不能来了，这个学期由于事出突然，他早年学生阮法道（绍兴中学教师）求他出来应付半年，所以不得已才来了，实在因为精力不济，只好回家养老。我当然感到失望，因为下学期不能再听他讲课了。

　　回到绍兴再一次与祖父团聚，我父亲已经为我报好了名。他说报名单上可以填3个志愿，他只填了第二志愿金华中学，这实在是多余的，因为我一定考得上第一志愿。这一年因为是统一考试，考生特别多，邻县如嵊县、上虞等也都赶来了。考场安排在绍兴中学和附小两处，这两处在去年5月都挨了轰炸，但都没有受到很大损失，只是人去楼空，学校都迁到乡下，只能派作入学考试的用场。我的考场在附小，5年前我从这个学校出去，现在又到这里参加高中统一考试，真是不胜感慨。下午考试结束以后，我到学校的各处走走瞧瞧，教室、操场、校园，包括校园里的桂花、腊梅、碧桃等等，都还是老样子。我确实感到依依不舍。后来，这里成为日本占领军的兵营，原有建筑遭到彻底的破坏。后来成为府山公园的一部分，我曾经进去凭吊过，除了当年全校师生饮食所资的"蒙泉井"仍然存在，其余都已景物全非了。

　　入学考试的自我感觉很好，所以一直打算准备重返花明泉，祖父和父亲等人对我也具有信心，认为到花明泉读高中没有问题。不过由于这一次是全省统一考试，不像以前那样由各校自己放榜，而是要在《东南日报》正式发布，《东南日报》在金华，因为日军占领了萧山，浙赣铁路只通到诸暨安华，绍兴只能看到隔天报纸，我们只好等着了。

　　这一天早上，我大概在后园河边上看来往小船，因为这一年夏季不旱，小河仍然可通舟楫。记得是五叔找到我，要我快去爷爷书房。我跑进书房时，看到房内坐了许多人,祖父在老位置上,几位叔叔,还有堂兄弟们都站着,祖父声音高亢,很有一点眉飞色舞的样子,这是平日在他身上极少看到的,何况70多岁的老人了。我感到这样的场景有些异样,但一瞬间不知道到底发生了什么事。还是父亲先开口,或许因为是自己的儿子,他说得平淡而低调:"你考取绍中了!"祖父随即手拍桌子,爽朗地大声说:"你考取了,名列前茅,是公费生!"这是刚才从电话中来的消息,我也不知是谁来的电话,是公司,是钱庄? 也不知还有其他什么人。我家没有《东南日报》,当然是看到报的人打电话告诉的。祖父随即差唤五叔,要他即刻去街上买一份《东南日报》,并且告诉他,务必要买到,买不到的话,到公司去拿。父亲劝他不必如此性急,钱庄里也有这种报纸,反正消息不会错,何必急着要阿五上街。但五叔还是遵祖父之命走了,接着公司来接祖父,他临走时有点不知所措,嘱咐我,这天不要外出,待在家里。我也不知道他说这话有什么原因。父亲随即也去钱庄了。家里的女人们,包括老嬷嬷,一时也都传开了。话语说得沸沸扬扬,天花乱坠。但是后来我回忆,这实在是我祖父去世以前最后一次的心情开怀,或许也是他毕生最得意的事件之一。因为刚才在书房中以及临走时的表现,对于这位向来拘谨的人,颇有些失去常态。

我不知道他临走回过身来的郑重叮嘱是为什么,但还是听他的话,在书房里读我还未读完的《辞海》。不久电话铃响了,是他从公司挂来的,问五叔有没有买回报纸。说他看到报纸了,公司里的人也都知道了。再叮嘱一句,今天不要外出。这次才说出道理:一个人在得意的时候往往容易出事。这实在也是他当时失态的表现。他是一个不信鬼神的人,显然是因为过于激动,所以才说出这话。其实,在这个时代,警报一响,敌机飞来,一颗炸弹,什么都完了,俗话所说:"闭门家中坐,祸从天上来。"但是我还是听他的话,这一天没有上街。

随后几天,就有亲戚朋友来祝贺,也有中学甚至小学同学来串门,祖父两三天没有去公司,父亲则照常上班。公司和钱庄都送了礼物,有比较高级的自来水金笔、高级的练习簿、成盒装的"施德楼"6B铅笔(当时学生多用这种铅笔,是德国货)等等,亲戚们多送补品,如桂圆、莲子、荔枝、白糖,都是南货店里现成买的,传统的草纸包装。附小主任孙礼成,虽然学校已迁到乡下龙尾山,但暑期也在城,也上门向祖父祝贺,送来两打练习簿。总之,在这几天里,来客不少,也有带着礼物的。当然,在那个时代,不会有什么出格的事如送红包之类。后来我又知道,我在兰溪的舅父曾打长途到父亲的钱庄祝贺我的"跳龙门"之捷。那个时代,挂长途电话是件大事,说明亲戚们对此的重视。

不过我自己对此并不兴奋,因为我知道,考取高中和名列前茅,都是必然的事。重返花明泉也是我自己愿意而且是符合祖父心意的。看看这份《东南日报》,也还有好几位初中的同班同学考上了,暑假后又可以到那里见面,倒也感到满意。

恰巧在这些日子里,我二叔祖的次子,也就是我的堂叔陈选芝从贵阳回来探亲,他战前在南京江南汽车公司工作,这是当时南京唯一的公共汽车公司。战争发生后迁移到贵阳,仍然从事于交通方面的工作。他上我家看望祖父,对我录取绍兴中学公费生十分赞赏,并谈论我高中毕业后上大学的事。祖父对这个话题大感兴趣,谈得津津有味。陈选芝自己的学历虽然也不过读过年把旧制中学,但由于见过世面,很能说出一番道理,他说东南没有好大学,而且战局不稳,将来应该到内地读书。假使到贵阳,他可以在交通方面给我帮助。他们谈了很久,但是我感到为时还早,并不十分留意,不过有一点让我得到启发,我们在内地也有一位从小熟悉的近亲,对我将来到内地读书有帮助。

花明泉(三)

不久,绍兴中学的正式录取通知寄到了,我是高秋一的公费生,绍兴中学历来是委托浙江地方银行收费的,我父亲去缴费,由于有公费生证明,收费单上包括制服费、膳费、书籍费等项都划去了,只缴了几块钱代管费。父亲把这单子给祖父看了,他当然喜形于色,但他的说法是,不在乎钱,就是名声好听。当时,浙江省的省立中学有5%的公费生名额,50个学生,往往有两三人是公费生,当时称为白吃白穿,还得到好名声。

报到的日子,父亲还是不愿放弃他送我到娄宫埠头的机会,但这一次我坚持自己走路,雇了一个挑夫,而且还是带了那只"警报袋",因为暑假里在绍兴发现熟读的字汇有回生的问题,所以有的字汇,已加上了两个小红点,这些都是后来发现回生的,我才重新带着。但是这个学期准备做的工作主要是翻译《纳氏文法》,字典是偶尔翻翻的。路上遇到许多同学,现在我是高中生了,也不免有些自豪。

一到学校首先就是量身材做制服,因为从此脱掉童子军服装要穿学生军装了。量制服的裁缝店也是从绍兴来的,绍兴中学的制服一直是利济桥的沈永和承包的,这是绍兴城内最早的制服店之一,用缝纫机制作。当时绍兴人称缝纫机为"洋车"。我们一个礼拜以后就穿上了新装,颇有新鲜的感觉。

高秋一的教师班子实在不理想,使人感到失望。周有之不教我们这一班了,来了大学毕业不久的徐杏贞,除了发音不错以外,实在一无所取。上课就是念课文和解释课文,我暗中认为这不过是一部"翻译机器"。好在我可以不听她讲课。另外,我与周有之经常来往,真有问题,还可以请教他。

生物学教师潘锡九,是日本留学的,他上课不用课本,单凭口说,但记下来的是很有系统的笔记，《万有文库》中的《生物学》一书是他写的，是老教师了。他培养了绿虫、草履虫一类，让我们用显微镜观察，也不无收获。他后来曾到杭州当博物馆长，1954年以后在杭州大学生物系当讲师，却被划为右派，晚境狼狈。1960年代初，每逢过年都到我家来坐坐。很有一些牢骚，当时已年逾古稀，是个摘帽右派，我很同情他，这样一类的知识分子很多，我不知道他的下场如何，肯定是不会好的。

当时的中学，不论公立或私立，初中是童子军，高中则是学生军，实行军事管理（当然只是形式上的），各校都有军事教官，军事教官不是校长聘请，而是由各省的军管区司令部派来的，当时的绍兴中学军事教官叫徐善涛，平湖人，是少校军衔，想必是黄埔出身的。课程表上每周有两节军训课，有时是学科，由他讲《步兵操典》一类的东西，有时是术科，由他带领操练。与学生之间的关系并不密切，高一以后，学校到了嵊县崇仁廿八都，教官换了人，他走了，我们也忘了。但1990年代初期，绍兴中学一些老校友为老校长筹编《沈金相先生纪念集》，他们嘱我为此书写序，当时我就看到集中的文章目录和作者，作者之中竟有徐善涛的名字，原来他还健在，并且在台湾。后来书出来了，他的一篇短文排在全书约60篇文章中的第四篇。从他的文章中得知那年花明泉以后，他仍一直在各校当军事教官，以后去了台湾。1997年绍兴中学百年校庆，他虽然已很苍老，但是也应邀参加，并且也上了主席台。他坐在主席台稍后的排次，在绍中时我与他并不熟悉，所以没有和他打招呼。但是确实感慨万端。办成这样一个著名中学的校长沈金相，竟一度锒铛入狱，从狱中出来，又长期在桐乡中学做卖饭票的工作。到老迈始获平反。著名教师潘锡九则被打成右派。而徐善涛假使留在大陆，这个到处当军事教官的人，将会得到怎样的下场呢？只因侥幸去了台湾，就成了百年校庆的贵宾，其实他在绍中当教官也不过一年。何况当时在中学里当军事教官的人，在1950年代，绝大多数都没有好下场。例如1940年代我在新昌中学当教务主任时的高中部军事教官俞树雄，后来就不得好死。是非曲直的道理，有时昭彰共见，有时实属偶然，特别是在某种时代和某种社会里。

当了省立中学的高中生，而且又是公费生，但是我仍然如同在初中时代那样地不愿听课。这学期我的主要时间花在翻译《纳氏文法》上。那时只知埋头工作，并没有考虑到书译成后怎么办，到哪里去出版？翻译工作毕竟与读字典不同，中间会发生许多困难，特别是例句，即使意义明确，也要斟酌译文是否雅驯。所以要花许多时间。

开学以后，生活过得正常而平静。班上来了不少新同学，由于学校在诸暨，诸暨人投考此校的多起来了，班上多了不少诸暨同学，也有原来初秋三同班的。直到这个新世纪仍然有往来的吴翔如和戚松根，都仍在此班上。诸暨新同学中有一位孙源滢，与我很说得来，家境富有，人很谦和开通。这一年的双十国庆与重阳非常接近，高秋一入

学伊始，还没有出过壁报，同学们一致公推我负责此事，我不得已接受，设计了一期
《双十重九特刊》，并请擅长绘画的阮克忠（听说上世纪他在上虞东关中学教书）画了
一个报头，画得很精彩，第一期壁报算是很成功。双十国庆以后，时局仍然稳定，大家
安心读书，我也尽量利用时间，从事我的翻译工作，却不料十几天以后，局势陡然变化。

　　这天晚上，有的同学已经听到风声，说新祠堂在开校务会议，不知有什么事情发
生。当时夜自修已经结束，大家正在寝室准备就寝，有些人认为这是例行常会，只不过
是利用晚间罢了。但是次日早操结束以后，训育主任潘锡九登上早操台讲话，由于沈
校长身体不好，由他来宣布一件重要的事情。他说，诸暨县政府昨日傍晚紧急通知，有
确切情报，萧山日军即将流窜骚扰，绍兴、诸暨都是进攻的目标。学校从今天起停课，
进行紧急疏散。日军不一定打到枫桥，更不一定打到花明泉，但这里聚集了五六百学
生，显然是很危险的事。所以昨日已连夜派人去到嵊县崇仁廿八都分校，要他们做好
准备，本部师生即要暂时疏散到那里去。今天一早派人到枫桥与县里通了电话，知道
敌军现在尚无动作，所以学校决定准备两天，后天早晨师生开始向崇仁转移。假使敌
人不到这里，仅仅是一次骚扰性的流窜，那么，流窜过后，我们仍回到这里上课。最后
他嘱咐同学们要镇静，临难不变。

　　昨夜的校务会议原来确是为了应变，这一天，同学们就各自做疏散的打算。诸暨
同学最简单，回家就是了。其中有些人不相信县里传来的情报，但经过那年5月学校
挨炸的同学都相信情报不会假。绍兴同学毕竟还占多数，就有两种不同疏散打算，一
些人决定背了被铺到崇仁廿八都。但从花明泉到廿八都有一百多里路，是很难走的崎
岖山路，中间要在一个叫作严家山头的村子过夜，第二天才能赶到。所以另外有些人
认为现在敌人尚未动作，既不见飞机，又不闻炮声，不如暂回绍兴。我的想法也正是如
此，跑两天山路太划不来了，敌人不来再回花明泉，还得跑两天。于是我背起"警报
袋"就和回绍兴的一伙人上路。不过"警报袋"里的《辞海》留在花明泉而换上了《纳
氏文法》。回到家中后得悉绍兴也已知道了这种紧张形势，但打算"躲风头"的人家不
多，许多人家都在观望，我家各房也不走，只是在安昌的外婆已决定雇船来接我们，无
非也是"躲风头"的想法。其实，日军如有动作，安昌比城里更接近敌人，但是外婆家
里人对此已有打算，假使日军要进入安昌，他们也已准备好"躲风头"的办法，离开安
昌到西扆去。所以我回家只住了1天，安昌来接我们的船就到了，我只陪祖父吃了两
顿饭就离开绍城，这一天估计是这年的10月20日前后。

　　安昌是个大镇，那里的情况和城里相似，人们已经知道了日军流窜的情报，也已有
离镇"躲风头"的人家，但多数人也挺着，而且市面照样热闹。安昌是有电灯、电话和
钱庄的集镇，打电话很方便，父亲天天和城里通电话，但没有几天，电话断了，这天是

10 月 25 日。镇上盛传,日军经过柯桥进了绍兴,安昌却平安无事。当时消息混乱,难辨真伪,但城里的电话中断,可以作为敌军进城的证明,几天以后才从安昌镇公所得到确实消息,敌军于 10 月 25 日进入绍兴城,盘踞 3 天,于 28 日退出,绍兴大街被烧成一片焦土。这个消息传来不过一两天,电话虽仍然不通,但从安昌到绍兴的埠船(绍兴的一种营业性的交通船)恢复了,说明日军确已退出绍兴,与前年关于轰炸的情报一样,这一次的流窜情报也是准确的。此后两三天,钱庄"躲风头"在永乐村的一位职工,他已经从永乐返城,到安昌向父亲面谈了这次事件的经过,日军确实是流窜,现在已经退回萧山。于是我们在 11 月初又雇船返回绍兴,这一次"躲风头",总算"躲"过了一场惊恐。

这一次日军流窜事前虽有情报,但敌人进军之速却是迅雷不及掩耳,除金融机构事前撤出、政府机关临时撤出外,其余多措手不及。这是抗战期间绍兴城的第一次沦陷,为期 3 天。电话公司临时派小船接祖父,但祖父不愿离家,因全家除我们一房外都没有迁避。我家当时前后门洞开,日军几度进入,但基本上没有损失。我们所住的一楼一底,楼下的门也被踢开,但门内小客堂和侧屋我的卧室俱未遭劫,我放在卧床顶上的《佩文韵府》和《资治通鉴》也安然无恙。

大街上的情况却十分凄惨,最精华的一段,以大善寺为中心,南到清道桥,北到水澄桥,成为一街瓦砾。我回家见了祖父后立刻上街察看,此情此景,令人毕生难忘。不过生意人有不少已在废墟上搭起棚屋营业,行人仍然熙熙攘攘,让人们看到了破坏的可怕,却也体会了恢复的能力。

大街焚毁的罪魁祸首当然是日本侵略军,这是毫无疑问的,但焚烧的具体情况以后颇有不同的说法,不少人包括有些自云的目击者,认为是城内奸民抢劫商店而起火焚烧的,并非占领敌军的纵火。有人亲眼目睹许多奸民流氓在大火中抢劫商店的财物。这当然也是很可能的。还有些人包括上层人士为日军并未纵火焚街提出理由。他们认为,日军跨江占领萧山以后,迟早必进一步侵占绍兴,所以他们不会纵火焚毁绍兴最繁华的地段。此外,这次日军进城 3 天,除大街外,别的损失并不很大,电话公司和电灯公司虽都被日军进驻,但损失也不是很大。电话和电灯不久都得到恢复,这是日军意欲以后长期占据这个城市的预兆,所以没有大量破坏城市的公共设施。这种说法也有一定道理。但当然不能以此而忽视日本侵略军的滔天罪行。

在这次劫难中,我家原本算是侥幸,除楼下被破门闯入外,并无日军上楼,可以说没有损失。却不料回家两三天以后,破塘娄公大米行派人通报那里街市全毁的消息,让我家顿时陷入不能声张的伤痛之中。回首当年以"白拿"的心情,几次到城里熬夜搬运,而结果是:不拿不毁,"白拿"全毁。天下事确有不可逆料者。当时我主要是为祖父的毕生收藏而痛心疾首，也是我们受如此打击而不能声张的原因。此事我以后一直耿耿于怀，到内地而逐渐淡忘，但抗战胜利从内地返家，看到我床顶上的《佩文韵府》和《资治通鉴》，又顿时痛定思痛，为祖父的毕生辛劳而感慨不已。直到1960年代，在十分惶恐的气氛中上交《韵府》和《通鉴》之时，竟想到祖父为什么要留给我这种"可怕"的东西？祖父的两大木箱，即使逃得过日本侵略军、奸民和流氓，也逃不过"文革"的劫难。天下事确有不可逆料者。

祖父因为绍兴一度沦陷而我们又返家团聚，特别是我又可以回校念书，感到非常欣慰，而我当时实在不敢抬头正视他，他和我说话，我也常常王顾左右而言他，幸亏他并未察觉，到死不知道他的辛苦积聚、心爱收藏，已经在破塘街上付之一炬，实在还算不幸中之大幸。

学校传来消息，由于局势趋于稳定，紧急疏散结束，仍在花明泉复课。这一局势转变，浪费了我们近一个月时间。于是我又背起"警报袋"返校。到校后知道，当疏散之时，绍兴学生一部分翻山越岭去了崇仁廿八都，一部分（多半是绍兴乡下人）返回绍兴，却还有少数人挺在花明泉，结果一切平安，而我们则是徒劳往返。这几年中多次的颠沛奔波，确实锻炼出了一些临危不惧、头脑冷静的人。

期末考试如期进行，实际上是缺了近一个月的上课时间，但中学课程都是很有伸缩性的，何况当时的学生都很用功，像我这样不重视正常课堂教学的人到底是极少数。但我的翻译工作进展还算顺利，《纳氏文法》第四册有700多页，期末考试结束我背起"警报袋"回家时，除了若干疑难之处以外，我的译稿已经超过了400页，也就是译成一半以上了。

寒假中我仍然跑旧书摊，因为日本侵略者入城时的大火只烧到清道桥，清道桥以南旧书摊集中的地方并未遭殃，旧书摊仍然林立，虽然生意并不很好。

使我大吃一惊、感到非常丧气的是，我在蕙兰桥附近的一家旧书摊上，忽然看到我断断续续花了一年多时间苦译的《纳氏文法》第四册，10年前已经有人译成出版，并且已经进了旧书摊了。书名为《纳氏英文法讲义》第四，系陈文祥所译，由上海棋盘街群益书社出版。稍稍翻阅，正是我尚未译竣之书。一时感到脑袋里嗡嗡作响，稍稍镇定以后，我就把此书买下，带回家中躺在床上翻阅，从底页内的广告中得知，原来此书的一、二、三、四各册，都已经翻译出版，而且都是10年前的事了。我实在感到懊丧，把"警报袋"里的《纳氏文法》和译稿一股脑儿倒出来塞到床下，我好像受到极大委屈，下决心今后不再碰一下此书。我又想到，幸亏只把念字典的事告诉了祖父，而没有提到译书的事，否则我将怎样交代呢。

不过事隔几年，平心静气地回忆一下，当时的这些时间并不是浪费，译书虽然碰上了这样不可告人的钉子,但通过翻译,我在英语上的收获还是不小的。5 年以后,我就到中学教英语,我立刻体会到当年这场盲目从事的翻译工作,实在给了我很多好处。

别了,花明泉

这个寒假很安谧,敌人经过一次大流窜,退缩回萧山没有什么动作,连空袭警报也很少。但由于《纳氏文法》的事,我的心境一直很不愉快。连陪祖父吃饭时也常常会想到这件懊恼事。另外,想到祖父的两大木箱已经烧毁,但祖父还蒙在鼓里,既为他伤心,又唯恐他谈及这类事。譬如有一次,从谈武夷山引及福建人的刻书,他批评"麻沙本"毫无格局,与宋版相比,真是一个在天,一个在地。我生怕他提及他放在红木盒子里的宋本,连忙用话岔开他。对于此事,如我母亲所说,祖父是会送命的,我实在提心吊胆。

当时,我心中经常思考的问题是,高中毕业还有两年,这两年怎么办? 字典读完了,要翻译的书别人已译成出版 10 年了。但我还要在高中里听两年课,我不会认真地听课,也不必认真地听课,那么我做什么? 有一种想法浮出来,读完二年级后以同等学力考大学,当时有这种规定,但是也还要再读一年,这一年的时间也很难打发。所以这个寒假,我变得沉默寡言,常常想入非非。

从我们这个家来说,这个寒假是很有意义的。我们原来是个以祖父母为核心的合炊大家庭。从民国二十八年(1939)因为日机轰炸,各房又一次逃难,从此开始分炊。但实际情况是,三四两房有充裕的经济能力,各自雇嬷嬷,是真正的自立门户。五六两房因两位叔叔长期处于失业状态,虽然分炊,但经济来源仍然依靠祖父。这个寒假过旧历年,由几位婶母合作,母亲主持,除夕晚上仍然在大堂前吃年夜饭,除了没有祖母以外,一切与合炊时没有两样。后来回忆,这是我们在大厅中团聚的最后一顿年夜饭。

由于想不到以后的两年或一年该做点什么,读点什么,寒假结束后我只好仍旧背了装《辞海》和《标准英汉字典》的"警报袋"上花明泉,因为我发现回生的字汇不少,还得再加上一个红点。既然想不出做什么其他工作,将就再读读字典吧。花明泉一切如常,上课的教师也还是那几位,实在打不起听课的劲头。

学校按校历在 4 月 1 日开始放春假,为期一周。许多同学特别是绍兴同学都留在花明泉,但我感到一个礼拜不上课,在那里就更无所事事,不如回到绍兴,可以陪祖父吃饭,还可以到鹅行街、蕙兰桥一带旧书摊去淘淘,看是否能弄到点东西。好在 40 里路对我不在话下,约了两三位同伴,提前一天就回家了。

对于家里特别是祖父,我春假也回家,算是额外收获,非常高兴。陪祖父吃饭也只是每天的晚餐,因为中午他是在公司吃饭的。自从分炊以后,祖父的早餐和晚餐,由三、四、五、六四房轮流送,每 10 天一轮。我在家时总由我陪晚餐,在他的书房里的写字台上,祖孙坐的都是老位置,我从小就在两边都有抽斗的写字台上与祖父面对面做功课的。凡遇我回家,假使送饭不轮值我家,母亲还是要来加菜,五叔母说,只要我陪他吃饭,吃饭的时间就要多 1 倍。主要因为他有许多话和我谈。对于在破塘毁于一旦的东西,后来我也下决心一直瞒下去,因这两大箱书画,除了祖父自己以外,只有我们父子和劳家父子知道,现在劳家父子与我们毫无关系了,所以消息绝不会透露,这样一想,我心里也就比较踏实。万一他问起,我就说谎,就骗他,这是不得已的。陪他吃饭,就是要让他高兴,我的话也就多起来了。

因为在家无事可做,所以几乎天天上街,生意人的确有本事,大街上烧毁的地方,都已经建起简单的木屋,开起了新的店铺,而且生意不错。旧书摊当然每上街必到,但没有什么收获,由于贵阳的堂叔去年谈及读医也是一条好出路,而且贵阳医学院很有名气,所以买了一本《护理学》,洋装的大本子,是从日文翻译过来的。又买了一册拜耳大药厂的药品名录,其实是广告,但每一种药都占一页,从阿司匹林到六〇六,注明性能和用法,回家读了几个晚上,近百种药名差不多背熟了。一个春假就很快地过去了,后来回忆,这是我求学时代在家里度过的最后一个春假。

回到花明泉,又是上课下课的老节奏,因为长期以来的经验,平时不听课,只要在考试前临时加点油,照样可以考得很好,每个学期的成绩单都是光彩的。这个学期由于无事可做,听课倒是安静了些,国文教师赵邦彦讲《虬髯传》,颇可听一下,于是就到图书馆借唐人小说,把《红拂》、《南柯》、《长恨》诸传都读了,不过心里总不踏实,常常怀念初秋三的一年,那一年很紧张,但过得很有意思,进了高中,还算是班上的公费生,却怀疑自己是不是在虚度?

正在为过于空闲而发愁,正在怀疑自己是否在虚度年华的时候,却不料一场大变化发生了。

春假后回校不过一个多礼拜,大家正在做早操,忽然听到一阵密集的炮声,在这个枪声惊耳、弹雨淋头的年代,一阵炮声虽然来得突然,但是并不引起人们特别的注意。如同往常一样,早操以后就喝稀饭,然后就是上午的课程。上午的第二节课后有 20 分钟的休息时间,同学们可以在天井里松一松筋骨,也有人到隔壁寝室躺一下。但是这一天却不同,第二节尚未下课的时候就听到人声鼎沸,刚刚下课,立刻有别的班级同学进来:"绍兴沦陷了。"这是从枫桥来的确实消息,而军事教官徐善涛随即赶到教室,告诉大家,由于局势剧变,现在就开始停课,校方正在开会商量,大家要镇静应变。高中各班由他管,所以他赶来通知。这个突如其来的消息,让许多绍兴同学呆若木鸡。去年局势紧急时，我们还来得及赶回绍兴，但今年，我们已经无家可归了。

消息传来，日军这一次不是流窜，而是要占领城市，因为宁波也沦陷了。这使许多预备挺在花明泉不走的同学感到犹豫，去年有些人在紧急疏散中留在这里不走，结果安然无恙。但这一次看来不能留下来了。诸暨同学在学校尚未宣布疏散办法时就开始离校，因为学校不管在哪里复课，他们总是先回家为好。也有一些绍兴同学决定暂时留下来，他们都是绍兴乡下人，准备等到"风头"过去，稍为安定的时候，从娄宫或从平水回家。我是无法考虑回家的，一定要跟着学校走。

当时的情况非常混乱，消息来源也相当纷纭，学校除了派人常驻枫桥区署（枫桥在当时是区，县以下的一级行政机构）以外，还派两位体育教师分别带初中高年级学生住到五婆岭（通娄宫）和驻日岭（通平水）的小庙里，两处距校都仅 10 里，可以观察动静，随时通风报信。根据枫桥区署的消息，日军兵力在湄池一带集结，很可能进攻诸暨，则枫桥是必经之地，花明泉的这许多师生，当然以迁避为妥。于是学校在停课三四天以后，宣布全校师生迁往崇仁廿八都分校。学校之所以拖了一些日子，也是因为鉴于去年紧急疏散后来证明是多此一举，所以存在观望心理。另外，学校派去廿八都联系的人已经回来，那边虽然人心浮动（因为学生多是绍兴人），但情况安定，学校仍在上课。这样，我只好决定，收拾好行李，其实只是一条添盖被（绍兴人称冬季添盖在被头上的薄被为"添盖被"）和一只"警报袋"，因为《辞海》和《标准英汉字典》还是我所需要的。所以行李很轻，自己完全可以带得了。

师生的观望思想还是很普遍，虽然学校已在中途宿夜的山村严家山头设了接待站，供应伙食和住宿的地铺，但是走的还是不多。英语教师周有之当时家在缙云壶镇，当然要走，我们的关系并不因他不教高一而疏远，事前和我商量好，暂时观望一下，不得已时一起去廿八都，路上有个伴。我也告诉他，我随身带了一条薄被，好在天气已暖和，我们到严家山头将就过一夜。他说他只带随身替换内衣裤，一切都在留在花明泉。

绍兴沦陷是这年 4 月 17 日，我们在花明泉已经挺了一个礼拜，并且已经获得了绍兴沦陷之日的许多消息，是从绍兴出奔而来的某些同学家长的目击见闻。据说这次日军占领绍兴是一种偷袭，而且事前已有许多敌人便衣混在城内。沦陷这一晚，国军第八十六军剧团尚在觉民舞台演出话剧《雷雨》，观众极多，包括已迁在平水显圣寺的稽山中学学生，剧未终知道事变，大家仓皇奔逃，当时城内城外，都已布满日军步哨，稽山中学学生，有被击毙者，也有被俘虏者。有些人家临时雇小船出逃，多被击毙在城郊河上，所以死伤不少，县长邓切仓皇出逃，也被击毙。但城内并无枪击事件，相对安静。我当时就很担心，我家各房显然都不会迁避，而唯一可能"躲风头"的就是我父母一家。但是焦急也没有用，只好准备必要时去到廿八都。

　　当时,学校的厨房颇有点与后来人民公社的"吃饭不要钱"相似,除了三餐照开外,锅子里一直留着稀饭,因为许多人熬夜,还有从五婆岭和驻日岭两处哨所送信的人,都可以随时去喝一碗。这一晚留在寝室的五六位同学闲聊到9点多,有人提出他有花生米,厨房很近,我们去弄点稀饭喝。正在喝稀饭时,看到驻五婆岭的一位同学也来喝稀饭,这位初中同学是我老家的邻居,常常在假期后相约上学校,所以非常熟悉。他刚从五婆岭赶回送信,喝了稀饭还要赶回去。他告诉我他们的目击情况和那边的体育教师朱培生写给学校的信的内容。他说,他们在五婆岭已经一个礼拜,虽然每天都有人向学校送信,但一直没有特殊情况,但今晚7时以后,听到远处枪声,遥望谢家桥方向有火光,而且枪声不断,据岭北全堂村村民消息,说绍兴日军已向娄宫埠窜扰,则火光枪声必然来自谢家桥一带,他们很有可能越古博岭经枫桥到诸暨。朱培生给学校的信是要留在花明泉的师生连夜离开,奔向廿八都。这位同学刚离开厨房,学校里负责应变的几位职员,包括高三和高二的几位同学,分头到各寝室通知,要大家准备,当夜离开花明泉去廿八都,他们已安排好人带队,而且沿途各村都有人接应。我立刻去到周有之寝室,他也已得到通知,但商量结果是晚上山路难走,尽管多数人晚上要走,我们两人还是决定明天一早出发。当然,这天晚上,即使是决定不走的少数人,也都睡不好觉。

　　我还有一件额外任务,这是一件临难助人的任务,我已经同意了委托人,现在到了必须进行的时刻,所以明天一早还需要把这件事情完成。事情是这样,同班有一位名叫王焘的同学,绍兴城里人,原来比我们高半年,后来不知为何与我们同班了,他是个跛子,而且跛得很厉害,由于功课很好,学校录取他,免修体育课,这或许是省立中学的唯一特殊例子,在初中时,他还考上了公费生。但进高中却没考上公费,需要自费入学。我与他其实并不很亲近,但是灾难临头之时,他告诉我一件事,说他寒假后来上学之时,家里让他带了100块银圆,供他的"不时之需"。在当时的战争岁月里,家长让子女带个金戒指之类作为应急之用的,我班上也有好几位,但100块银圆不但不能应急,实在是个讨厌的负担。王焘或许由于是残疾人,平时与同学接触很少,绍兴沦陷的消息传来以后他就告诉我此事,银圆很重,他上学时从娄宫坐黄包车到枫桥,然后从枫桥搭在别人的行李上挑来的,他家在绍兴城内,决定留在花明泉待情况稍安后回家,但银圆无论如何随带不了,问我是否有熟人可以寄存一下。我告诉他村里的熟人只有给我洗衣服的一家,其实班上有好几位自己不洗衣服的同学如吴翊如,也是在这家洗的。一位50岁左右的老奶奶,住在一座墙上写着"东阳生辉"字样的宅院里,是许多家拼住的,我们平时只称"东阳生辉",并不知她姓甚名谁,但为人很老实。放假前洗棉被、蚊帐等,我都是临走时放在她家里,她总为我洗净缝好,甚至要补的地方也补上了。假使他相信她,可以寄存到那里去。王焘正是走投无路的时候,立刻同意。于是我陪他去找了这位老奶奶,老奶奶看到是个跛子,也很同情,表示可以接受,但声明,假使日本佬不来,她这里可以保险;但假使日本佬来了,杀人放火,那么就难说了。另外又提出,银圆拿去时,一定要混在要洗的衣服之中,免得让邻居看到。这天晚上学校通知学生当夜离开花明泉后,王焘就和我商量此事,但当时已经 10 点左右,"东阳生辉"早已关门落户,半夜敲门显然不妥,好在我与周有之已说好次晨同行,我答应他明日一早前去存放银圆,然后我与周有之就上路。次日天亮以后,王焘把用纸封的 100 银圆拿来,我虽然曾在一个使用银圆的时代生长过,但生平尚未拿过 100 银圆,实在相当沉重。我们把它放在一只竹篮里,上面盖了几件衣服,两人一同到了那里,王焘把银圆交给了老奶奶,事情就办好了。王反正是留在花明泉的,我们就马上告别。以后我也就忘掉了此事。1987 年,绍中举行 90 周年校庆,邀我们夫妇参加庆典,忽然看到了王焘,原来他后来曾在这个学校执教,当时已经退休,我才想起 100 银圆的事,问他以后情况怎样。他说,当年他在花明泉住了近 1 个月之久,后来与几个硬挺下来的绍兴同学跛着脚勉强回到绍兴,几个月后,他们家里派人到花明泉,从这位老奶奶处取回了此款。虽然事隔近半个世纪,我还是感到不胜安慰和感慨。

于是我和周有之两人就上路了,他只带了一只装了几件衣服的布口袋,我就把它搁在我的小被包上。要走的人都连夜走了,一条崎岖的小路,两边都是连绵的山岳,行人极少,我们走得很慢,其实是为了照顾他。他开始用英语和我说话,我也用英语回答他。我们谈得自由自在。他居然对李后主词很感兴趣,并且能背诵出很多。词当然用中文念,但他念一阕,我随即用英语试译。他念:"多少恨,昨夜梦魂中,还似旧时游上苑,车似流水马似龙,花月正春风。"我把"上苑"译成"royal garden",他非常赞赏,他说,真想不到我的中英文底子都极好。不过当他问我关于徐杏贞的教课情况时,我说,她从不向学生提问题,也不做练习,上课就是讲解课文,是一部翻译机器。他立刻认为不应这样说她,她在大学里是高材生,因为刚刚毕业,还缺乏教学经验。按照她的底子,将来可以成为一位好教师。

我们终于走了 20 里山路,到了沿途第一个村子西坑,因为我们走得慢,他有一只怀表,我们离开花明泉时还不到 6 点,现在已经 9 点半了。西坑有个接待站,在一所小学里休息,供应茶水,还烧好了一种像面糊一类的食品,是当地人民的重要食品,用山上采集的一种植物的根,当地话叫作"狼鸡根"。从这种根中榨出淀粉,烧煮时放点盐和青菜。我们出发时来不及去厨房喝碗稀饭,所以就在西坑吃了这种东西,味道当然不好。当我们正在吃这种面糊食品之时,从花明泉又来了五六十位同学,都是初中部的,他们告诉我们,大概 7 点多钟,日军到了赵家,一共有 30 多人,他们亲眼看到了。

他们原来还想赖在校里，现在赖不住了，所以才走。赵家与花明泉只隔了一条黄檀溪，虽然只有30多人，但会不会到花明泉去呢？另外，学校里带家眷的教师，包括校长在内，他们都住在赵家，他们的遭遇将会怎样呢？周有之知道，校长最近身体不好，其他带家眷的教师也绝大部分都不走。他们的安危，当然是令人担心的。不过敌人不会走这条山路到西坑来，大家可以放心赶路，这是不必怀疑的。到廿八都的几天后知道，日军确实到了赵家，但不过个把小时，就转去枫桥了，赵家的教师和花明泉的学校都是平安的。

他们一伙健步如飞地向前走了，周有之和我仍然落后，不久就要攀一条较高的山岭，叫作上谷岭，我用英语自言自语地说："登高山，宜缓步。"他很赞赏，说这句英语说得很好。其实这是我翻译《纳氏文法》时见到的一个例句，并不是我自己编出来的。他这一赞赏，又触及了我的疮疤，我当然不愿把我翻译《纳氏文法》的事告诉他，但心里还是很懊恼。到严家山头已经傍晚，那里的接待站有饭，虽然只有咸菜和笋，但我们两人一整天只在西坑吃了一碗难以下咽的面糊，肚子实在也饿了，所以还是饱饱地吃了一餐。在铺了稻草的楼板上，我放上一块布毯，师生两人就用我的这条"添盖被"卷曲地睡了一晚。他毕竟是外语系科班出身的人，临睡时说了一句"Good night"，我当时还不习惯于这种西方礼俗。

第二天一早，喝了两碗稀饭后就上路了，我们仍一路用英语说话。这一天的路更为崎岖，一路上要翻越两条很陡峭的大山岭，一条叫三望岭，另一条叫十亩岭。我当时年轻力壮，虽然背了一点行李，当然毫无困难。但周有之就显然感到吃不消了，我们只好增加沿路休息的次数来进行调剂。虽然按年龄他当时也不过40稍零，但是由于当年的中学教师的丰厚待遇和社会地位，从来就不曾受到过诸如下放劳动和大伏天下乡"双抢"的磨难，突如其来的战争风云，要让这些人在如此艰苦的生活里煎熬，他当然是很难承受的。但是他毕竟也撑住了。快到廿八都的时候，就有一些分校的教师和职员出来迎接他，因为昨天在西坑村赶上我们的同学到了廿八都就把他的行踪传开了。他被接待住在廿八都分校的总部锦相公祠，我们从花明泉去的学生则住在慎徽公祠。他在廿八都不过两三天，就从嵊县返回当时他的家庭所在，缙云壶镇去了。我在往年所写的《我的中学生活》（《中学集》，科普出版社，1987年）一文中，曾有一段文字记及此事：

  记得我在高中一年级时，敌人突然流窜到了学校附近，全校学生连夜逃难，从诸暨走一百多里崎岖的山路到嵊县的分校去。我因帮助一位跛脚同学到农民家住下来，次日天亮后才走，一共四五十人，算是最后一批了。我们走后不过一个多小时，就有几十个敌军进入学校所在的村子。周先生因为不善走山路，和我两人拖在这一批人的最后，整整走了两天才到达目的地。当时，虽然敌人离我们不远，枪炮声清晰可闻，但我们师生二人一路用英语谈天，有时我讲错了，或是词汇用得不得当，他都立刻指正。到分校后，我当然留下来了，他因学校不能立即复课，便继续上路回缙云壶镇去，因为他是杭州著名私立中学安定中学老校长孙信的女婿，当时，安定中学迁在壶镇，他一家都在那里。在这以前，由于他和这个省立中学的历史渊源（他已在此执教近十年了），居然辞了他岳父的聘书而只身跑到地临前线的诸暨来，就凭这一点，也是令人钦佩的。他在分校休息两三天后就走了。临行前把我叫去，谆谆嘱咐，他说我的词汇量大得使他吃惊，并说他在中央大学外语系的同班同学中，有些人的词汇量恐怕还不及我，叮嘱我继续努力，好自为之，将来一定能够成为一个出色的英语专家。现在回忆起来，我实在惭愧，当时，我竟没有把我偷偷念词典的事告诉他，以后，我更没有遵照他的嘱咐，努力学习英语，不仅有负他的殷切期望，没有当上一个英语专家，而且，由于记忆力的衰退，现在的词汇量，倒比高中一年级时少得多了。近年来每当在国外讲学或在国内为外国进修学者翻译，遇着内容别扭、自己觉得词不达意的时候，总要想起他当年的谆谆教导，并且从内心深处感到对他的歉疚。

我在《沈金相先生纪念集》中的《纪念铸颜老师》一文还提及那次谈话中的另外几句话：

> 他语重心长地告诉我，他一家都在壶镇，他是因为和铸颜老师的感情，对铸颜老师的钦佩，所以才一直留在绍中。他和我谈了不少关于铸颜老师处世为人的诚恳和公而忘私的事业心。他又告诉我郑晓沧先生（当时浙江大学龙泉分校校长，铸颜老师的老师）曾经几次邀请他到龙泉分校去，论地位和待遇，都不比绍中低。但铸颜老师因为丢不下绍中师生和事业，所以一直不去。这一次绍中前途未卜（后来果然一度取消绍中名称，改为临中），看来他要去龙泉了，所以周先生也决定回壶镇去了。

或许是由于周有之告诉我的这一情况，所以花明泉本校的教师极少来到廿八都，而从花明泉迁徙来此的学生，看来也无法复课。因此，在周离去后不过一个礼拜，我也离开了廿八都。

回绍兴当"顺民"

我们这些从花明泉迁来的学生，包括当时的高中毕业班的，从人数来说，仍然只占花明泉的少数，说明那天连夜出奔，多数人还是没有走，而是在花明泉就地分散了。我们住在一个称为慎徽公祠的大祠堂里，一日三餐，无所事事，除了我还有"警报袋"的东西可以翻翻以外，许多人都是游游荡荡，有的跑到崇仁甚至嵊县县城里，有的去溪边钓鱼。校本部的教师绝大多数没有来，当时已是 5 月上旬，离这个学期结束顶多只有两个月了，复课是绝无希望的。我心里还有一件极大的心事，就是绍兴的家。因为到了廿八都，来自绍兴的消息越来越多，虽然人言人殊，但有一点是一致的，即是沦陷那天黎明，逃难出城的人被日军打死了很多。从我家来说，各房之中，唯一有"躲风头"的能力和经历的就是我们这一房。我实在为此担心，无时或释，有时半夜从梦中惊醒。所以当周有之告诉了我绍兴中学的具体情况以后，我就决定设法回到绍兴去看看，因为崇仁街上有不少绍兴店员，他们都已经去过绍兴了。则我去绍兴后，还是可以出来的，假使学校真的能在此复课的话。

　　祠堂里住着一位高三毕业班的同学陶祖杰，他还不知道校长行将去龙泉的内情，因为是毕业班，所以还等着观望。我偶然与他谈及此事，他立刻说要回家。因为他的家住在绍兴青坛，离双港溪附近的黄坛镇不过 5 里，与沦陷的绍兴城没有关系，所以回家实在是很方便的。另外，从廿八都到他家的路他早已走过，是条熟路。因为这条路要经过双港溪，所以我考虑与他结伴同行，而且告诉他我的心事。他极力鼓励我到双港溪亲戚家落脚一天，然后回到绍兴去看看。于是我把一条棉被和"警报袋"寄放在廿八都绍中简师念书的邻居处，只带了几件替换内衣与陶祖杰上路。

　　从廿八都北行，道路盘旋于嵊县、绍兴两县接壤的会稽山丛山峻岭之中，这中间是一条称为孙岙岭（也称孙家岭）的深山大岭，好容易爬到岭顶，横亘着一条南北向的山脊，山脊约百余米，用卵石修建一条高一米余的避风塘，样子很像城垣，这是因为山脊风大，容易将行人或肩挑背负的物件吹下山去，所以行人要看风向而行，风从东边吹，则走避风塘以西，否则走避风塘以东。走完避风塘以后，峰回路转，显现出一大片平坦的原野，外貌很像以后我在黄土高原上所见的"塬"。田地、村舍、园林、井渠，村民往来，鸡犬相闻，高山顶上的这种景观，当时还是第一次看到。后来读地质学方面的文献，特别是浙江的区域地质文献，才知道这种高山平畴的现象，属于第四纪夷平面，在浙东会稽、四明诸山地相当普遍。这些地方真是世外桃源，又是两县交界地区，属于行政管理上的薄弱地区。但地方还是相当安宁的，各村组织的畈会，行施着地方治安和一般的民政工作，所以墙上或岩壁上，常可看到各村畈会出面写的标语，例如："夜间行路，要手提灯笼，或口唱小调。"这就是在这一带晚上走路的行为准则。走完了这一片平原沃野，就到了会稽山主峰真如山下，峰巅在道路一侧，不过高出三四十米，宛如鹅头，所以也称鹅鼻峰或雄鹅鼻头。从此开始就是下岭，石级甚陡，山势较南坡更险，而岭下即是孙岙村。离孙岙村十余里就是罗镇，过小舜江竹桥就是双港溪，我又看到了 4 年前多次登临的舜王庙。陶祖杰与我在此分手，他再走 10 里路也可到家了。

我立刻走上双港溪的街道，到了余同泰南货店门前。阿楚正在店堂里，马上就认出了我，邀我进入店堂。我们自从民国二十七年（1938）底分别以后，还不曾见过面，他也全不知我的行踪，我的突然来到，引起了他们全家的惊动，都出来围住了我问长问短，起初他们还以为我是从绍兴城里出来的，我把那年别后的大概情况长话短说以后，才知道我是从崇仁翻孙㟁岭过来的。我把我的心事告诉了阿楚和他母亲，我按我的堂弟妹称呼，称她为三舅母。也告诉他们我的打算，明天回绍兴。听了我的话以后，三舅母和阿楚立刻表示：不同意。阿楚先告诉我一个情况，他说绍兴沦陷是一件事，生意人做生意又是另一件事。不管绍兴城里怎样，但双港溪的余同泰还是要做生意。所以老蔡（余同泰的唯一职工）前天已和一个脚班（往来于绍兴、双港溪之间，送信、传事或贩点小商品，依靠脚力为生的人）到绍兴去了。而且此去必到我家，因为放在城里的一笔款子要到我四叔母处暂存。顶多三五天他们就可以回来，所以我必须等到他们回来后才能走。

阿楚的话很坦率，他说，今天假若我不到余同泰，径自去了绍兴，与他就没有关系。但既然到了这里，他若放我走路，则万一出了事，他如何向三爹（指我父亲）交代呢。所以对于我明天要走的事，万万做不到。我理解他们的心情和处境，只好同意等老蔡回来。

次日，我怀着沉重的心情重登舜王庙，很有点物是人非的感受，舜江水还是冲击着山下的石崖而奔腾回转，但溪滩上很少看到人影，当年放"檀树大炮"的场景完全不见了。日本佬已经占领了绍兴，但人们谁也不再到山上去搭山厂了。从积极的方面看，人们已经冷静下来，逐渐认识到抗战的长期性。记得在小学里的时候，正值热河沦陷以后的长城沿线之战，听到宋哲元的大刀队如何用他们的大刀在喜峰口斩杀鬼子。后来又到处听到"大刀向鬼子们的头上砍去"的歌声，歌当然是激励人心的。其实，双港溪的人们当时大概已经看到他们那能够射几十步的"檀树大炮"显然没有实际作用的现实了。我坐在舜王庙山上看双溪合流的自然风景，心中除了怀念绍兴的家人以外，另外一种思想就是祖父说过的"覆巢之下，安有完卵"。我必须继续读书，念大学，到内地去，与敌人干到底。因而想到，既然要在双港溪住几天，为什么不趁机到黄坛去看看同班同学陶士炘。

陶士炘老家黄坛，家里较富有，在黄坛开了一家万罗商场。由于家里在杭州有产业，抗战前是在杭州念书的，是民国二十七年（1938）秋季考入绍兴中学初秋二插班生的 5 人之一，后来也考入绍中高中，所以我们一直同班。这次学校在花明泉停课后，他立刻取近道过驻日岭返黄坛，临走还打过招呼。所以我想与他去谈谈，假使绍中不复课,我们当然还是要念书,我们应该怎么办? 双港溪到黄坛只有 5 里,万罗商场又是黄坛人人皆知的字号,所以虽然这是会稽山区的第一大镇,但是我很快就找到了,陶士炘果然在那里。我把后来如何从花明泉连夜撤退和敌人确实到达赵家的事告诉了他。又把周有之临别时关于绍兴中学前途的话与他说了,我的意思主要是,万一绍中复不了课,我们总还得另外找一所省立学校念书,在这方面,因为我不久要回绍兴,而他在黄坛,消息来源多,条件比我好,是否能和我打个招呼。由于他知道了我是与陶祖杰一起回来的,建议在万罗商场吃了中饭以后去看看陶祖杰。于是饭后再北行 5 里到了青坛,陶祖杰家住在一所讲究的大房子里,他与我们的心事不同,因为他是高中毕业班,但毕业考试尚未举行过,所以他担心的是高中毕业文凭是否能拿到手。陶祖杰似乎没有投考大学的要求,后来据说他一直当小学教师。陶士炘当然有强烈的求学愿望,后来我们在廿八都继续做同班同学。更为凑巧的是,以后我考入赣州中正大学,他随即由大学先修班保送而来,两人都在社会教育学系,不过日军攻占赣州时我离校辍学,他倒是辗转迁徙,在中正大学毕业,后来在上海当中学教师。

与陶士炘和陶祖杰的会面并无什么收获,因为从崇仁传来消息,宁波沦陷后,日军在东线也有所活动,嵊县同样处于紧张状态,廿八都的绍中分校也停课迁移,从花明泉迁到廿八都的同学,与分校同学一起向南面新昌、东阳方面撤退,后来才知道暂停在东阳山区一个名叫玠溪的村子里。情况继续混乱,实在一筹莫展,我只好等待余同泰的职工回来,没有再和陶联系。

在余同泰一住四五天,职工老蔡终于回来了,他的妻子也已到店里来看过他几次了。首先令人放心的是,由于路上运输困难,他采购的货品很少,因而要到我四叔母处存一笔款,曾与脚班两三次到我家里,还在大厅里看到我父亲,因为那年逃难认识,所以打了招呼。说明我们一房在这次沦陷事变中,也没有"躲风头"之举。既然我们这一房不走,则祖父和全家必然平安无事。老蔡带回的另一个消息是路难走,原来从日铸岭到上灶或从陶宴岭到平水两路,因为平水江水阁有日伪驻守,对山里来人检查极严,已有人被抓,所以大家不敢走。当时比较安全的通道是从双港溪东行到汤浦,再折北经伦塘到东关,从东关到昌安门有埠船,但从昌安门进城要"良民证","良民证"可以借用,要请人到城里通风报信,然后城里人出来接应,这样才能进城。

关于走汤浦这条道路,因为我在绍兴县的那幅地形图上早已看到,所以毫无困难。他们回来后次日,我就辞别三舅母和阿楚等上路,一路平安,但由于途程颇长,大概有 60 多里,到傍晚才到东关,当时还不知道,这是地理学泰斗竺可桢的老家。我住入了一家小客栈,向老板打听情况,他当然了如指掌。从东关到昌安门外之路,和老蔡说的一样,绍兴城乡,除了进城要"良民证"和钱清、柯桥两地都驻有日军以外,其他各地如他所说是"路路通"。也就是都没有日伪军，到处可以通行。

这天晚上我住在客栈里考虑我如何进城的问题，按老蔡所说到昌安门外托人进城通风报信，我这个绍兴人，生平还没有到过昌安门外，还不知道那里是个什么样子，而且我又怎样能在那里托人？既然如老蔡所说"路路通"，好在现已经知道了家里平安，已经不再归心似箭。却还不知道昌安外婆家怎样，那边和城里或许已有联系，我不如先到昌安，再从昌安设法进城。于是次日早晨就到船埠头找去昌安或昌安方向的埠船。由于那年仔细地读过绍兴地形图，对绍兴地理确实很熟悉，也由于水乡的埠船很多，"路路通"的话不假。我马上发现了一艘从东关到昌安的埠船，船舵上边牌子上写了不少停靠站，为了可以直达，就坐上了此船。

埠船沿着县境北缘行驶，虽然经过道墟、哨金、孙端、马山、斗门等许多集镇，但毕竟是三枝橹的快船，下午就到了昌安。我直奔外婆家，但家中只留外婆 1 人。知道舅父在兰溪，舅母则与一些亲戚避难到沙地里（这一带人对南沙的统称），她已经知道了城里人平安无事，但希望我不要贸然进城，要派人送我到沙地里暂住几天，然后与城里联系，让他们来接我回城。她的想法无疑属于过虑，我当然不会到南沙去。这天晚上，我想好了进城的办法，到永乐村找钱庄里的人，请他们送我进城。

次日一早我辞别外婆，坐埠船到马山，然后从马山步行到永乐，我脑袋里的这幅地图，确实起了很大作用。沿着水乡田间的一条石板路，无非个把钟头，就走进了聚落颇大的永乐村，而且立刻找到了祥和钱庄的所在地。那里只有 1 位职工，而且我们没有见过面。因为我还没有吃过饭，他立刻为我张罗了一顿简单的午餐，接着陪我步行进城。路上他告诉我绍兴沦陷的大概过程。他说以前每一次事变都有情报，让大家准备，但这一次什么情报都没有，连县长也临时出逃，在城门外被日军打死。几家大银行也毫无准备，行内现金都被日军接收，中央银行不久前运到大批 10 元新钞，尚未拆箱，都落在日军手中。各家钱庄当时都来不及出城，他是一直驻在永乐的，但沦陷后已经进城几次，身上已有了"良民证"。他已在钱庄里看到过我父亲，我家平安无事。但钱庄的生意以后怎样做，大家还心里无数。永乐村这个点看来已没有需要，预备撤掉。说着说着，我们就到了昌安门外街上。他让我坐在一家茶店里喝茶，进城替我借"良民证"。

不过半小时左右，他出来了，已经借到了年岁相仿的"良民证"。当时的"良民证"上，只有姓名、性别、年龄 3 项，没有照片，所以很容易借到。他告诉我跟在他后面进城态度要从容，进出昌安门的人很多，保证顺利进城。于是我跟他走，在离城门十多米处堆着许多作为工事的沙包，有一所小木屋作为哨所，旁边木杆上，有一张恶心的太阳旗，还有一张可耻的青天白日满地红的"国旗"，"国旗"上端有一张狭长的黄色三角小旗,上面写着"和平反共建国"6字。这一些,我在埠船上早已听到,但现在是亲眼目睹了。

接着就是做"顺民"的屈辱一幕,到哨所让伪军检查"良民证",哨所里有两三个伪军,即老百姓所称的"和平佬",一个伪军接过"良民证"然后掷还,把手一挥,算是通过了。于是走过太阳旗下到了城门口,一个日军持枪站着,面无表情。每个进城的人都在他跟前深深地一鞠躬。我跟在钱庄职工身后,向敌人做了第一次屈辱的鞠躬,此一时实在百感交集,既极端憎恨,又非常惶惑。"顺民"这个词汇,虽然在报刊上已经看到了很久,如今我也自己投身到此做"顺民"了。我当然还要远走高飞的,但毕竟已经向敌人屈膝鞠躬了。当年年轻气盛,一直念念不忘这一幕,把它作为奇耻大辱。

进城后我随即把"良民证"还给他,他要送我回家,我谢绝了,因为他还要回永乐村去,不必多此一举。我经过小江桥到大街,商店都开门营业着,还是那样熙熙攘攘。从轩亭口折回家中,家里的大门开着,我从大明堂走进大堂前,立刻见到了祖父,其时还不过下午4时。于是家里人大大小小都出来了,我的返家出乎他们意料之外。祖父和父亲一直非常记挂,绍兴同学的家长,有人去花明泉,也有人去廿八都,为了打听他们子女的下落。我家虽然没有这样做,但是天天都在提起我,也常常到熟悉同学家打听,可惜都没有着落。所以我的突然到家,自然让他们喜出望外。家里的好些人因此而称赞我的能干。却谁都没有提及我进城时的屈辱一幕。我肯定不会做很久的"顺民",只要什么地方有书可读,我一定马上就走。

我从廿八都到双港溪,最主要的原因是担心我家当时"躲风头"遭难,现在上帝保佑我们一切平安,我当然应该伺机离开。困难的是不了解外面情况:日军攻占了哪些地方? 暑假以后是否有续学的希望? 回家后不过10天,我看到了伪《绍兴日报》的一则报道,使我豁然开朗。这是维持会的汉奸们在觉民舞台"慰劳"日军部队大会上,日本一个什么少将的讲词,大概是:

> 这次光复宁绍之战,皇军继续向外围渝军进行扫荡,渝军望风溃退,皇军前锋距东阳、义乌等县城不过几小时的进军路程。但皇军中止进攻,没有长驱进入这些县城,这是为了保护中国百姓,让这些县城免受战火。……

这一则报道让我知道日军这次军事行动是为了占据宁波和绍兴,诸暨和嵊县都没有被他们占领,则暑假以后我们或许还可到那些地方念书。我的记忆是清楚的,称侵占为"光复",称国军为"渝军",都是令人发指的字眼,但是我还是感到兴奋,我当"顺民"不会长久了。

《水经注》

　　我从 4 月中旬离开花明泉,下旬又离开廿八都,5 月中旬终于进了沦陷的绍兴城,其间无非一个月,对我来说似乎过了很长时间。这段时间中,我惊忧交织,精神上受到不小的损伤。但从长远来看,也给予我一种重要的收获。这就是,我终于从《纳氏文法》事件对我的打击中解脱出来。自从我把《纳氏文法》和我的译稿统统揢出“警报袋”以后,尽管袋中又装回了两种字典,但直到绍兴沦陷之前,我一直为此事耿耿于怀。后来反省,或许有两个原因:第一是自责,自己为什么这样傻,竟然去做别人 10 年以前已经做成的事。虽然除了我自己以外没有别人知道,但是我确实认为这是一件有失颜面、不可告人的事。我在小学里就自视甚高,在班级里常常睥睨一切,但竟会做出这样一件幼稚无知的事来。第二是一旦失去这项工作,找不到其他工作填补,字典虽然还可以读,不少字汇还得补上第二个红点,但毕竟已不是主要的工作。所以心里一直空虚。这一个月颠簸生活,让我忘掉这件苦恼的事,而且认为,翻译算什么,翻出来了也无非是别人的东西。虽然有些自我解嘲,但还是让我在另一方面下了一点决心,我一定要做出我自己的东西来。

　　回家的当天晚上,在陪祖父吃饭以后,躺在床上思考,假使暑假后能复课读书,也还有两个多月时间,我应该读些什么? 床顶上有《佩文韵府》和《资治通鉴》,《通鉴》我已用石印本读过一遍,《韵府》确实没有兴趣。床底下是被我揢着的《纳氏文法》和一些译稿。英文当然是要念的,周有之不是对我抱有很大希望吗? 但这不过是一种工具,我不会专攻英语,上大学念什么,我当时实在尚未考虑,但绝不会去念外语系。心头显然有些苦闷,睡不着觉,在窗口一个书橱中随便抽出一本书消遣,是任启珊的《水经注异闻录》,上海启智书局民国二十四年(1935)出版的。我两年前从旧书摊买来,实在没有翻阅过。这晚上翻了颇久,所谓“异闻”,其实就是《水经注》记载怪异故事,作者只是把它们从原书中摘出来,按原文直抄并加以分类而已。统翻全书,这类“异闻”共抄录了 700 多条,它们之中有不少都是小时在大明堂纳凉祖父讲过的。因为发现祖父是从一叠小书上搜寻这类故事,才知这叠小书是一部石印的巾箱本《合校水经注》。这是祖父的书库中第一种交给我的书,当时我还只有小学四五年级。我其实也没有系统地阅读过。只是记得祖父所讲的潮神文种的种山和东武县飞来的怪山,在我家窗口都可以看到,所以在念高小时,曾把记载这些故事的《浙江水》一篇仔细读过。由于巾箱本纸薄易破,在旧书摊上看到了世界书局出版的铅印标点本,我又把它买回,却也未曾好好读过。任启珊的《异闻录》对我的启发是,他的著述工作实在是很简单的,但却也能出版流行。我虽然尚未深入研究此书,而从我仔细读过的《浙江水》一篇来看,其中有许多山名、水名、人名,有许多比"异闻"更有价值的记载,而此书的文字生动,初秋三时国文教师杨鉴吾曾几次说过。祖父给的石印巾箱本有20册,世界书局的铅印本是精装一大册,我当时就想到,此书篇幅不小,如果深入研究它,一定可以获得比任启珊《异闻录》更有价值的成果,现在手头没有其他感兴趣的工作,为什么不利用这两个多月时间仔细读读《水经注》,并做点笔记呢。

因为电话公司已被日伪接管,祖父不再到那里去了,所以中、晚餐都由我陪他。次日中餐时,我就与他谈《水经注》的事,他当时说的最重要一句是,《水经注》从它的文笔来说,真是千古一书。

这天等他午睡以后,我把石印合校本、世界书局铅印本和任启珊的《异闻录》都送到他处让他看一下。我自己则已借好邻居的一张"良民证",预备去看看旧书摊。因为我的"良民证"要通过旧的保甲关系办理,还来不及办出来,而他们告诉我,特别是年轻人上街,最好随带"良民证",因为日伪偶尔会出来抽查,所以还是有备无患为好。我过酒务桥到蕙兰桥,然后沿鹅行街到清道桥,原来的旧书摊都仍然开着。但没有什么值得买的书。有些摊上还有印着蒋委员长头像作封面的书,说明日伪在这方面没有严格控制。街上见到四五个日军,袖上套着"宪佐"臂章,列队而行,行人稍稍避开,但他们似乎目不斜视,大概是一种示威性的巡逻。我从轩亭口折回家中。我回家次日就上街,与其说去淘旧书,还不如说去看看沦陷后的市容。不过以后我仍然常常上街,因为没有几天就办到了"良民证"。我在每个旧书摊上都搜索过有关《水经注》的书,唯恐再发生一次《纳氏文法》的事。

这天傍晚回家陪祖父吃夜饭,他就与我谈《水经注》的事,他已把我午后交给他的3种书都翻过一下了。他首先与我谈版本,指出铅印本与石印本是两种不同的版本,铅印本是武英殿本,是官本,凡是从武英殿刊行的书,都是了不起的高档书。王先谦的本子虽然是自己刊行的,但其书的底本也是武英殿本,又校过其他好几种版本,所以称为合校本。武英殿本出自戴震这个大名鼎鼎的学问家,但智者千虑,必有一失。所以王先谦的书可以补他的不足。他认为从王先谦书卷首的话研究,《水经注》一书确有不少版本,能够多找几种版本看,或许还有补足戴本和王本的余地。至于任启珊的书,他认为不登大雅之堂。因为《水经注》一书重在文字而并不是异闻,任书只能作茶余酒后的谈助,并不是做学问。此外他还谈了其他不少意见。

祖父与我谈论的关于《水经注》的版本问题,是他在此书领域中对我所做的最重要的指导。因为幼年乘凉时他也讲过不少此书中的异闻,小孩子最容易为它们所吸引,所以我虽然在小学时代就细读过《浙江水》一篇,但主要也是为了篇中的异闻。巾箱本《合校水经注》的第一册,全册没有正文,都是关于版本和目录方面的议论,正文从第二册起到第十九册止,最后的第二十册也无正文,而是有关郦学史的一些掌故。所以此书到我手上以后,虽然也大略翻过几次,却因不涉正文而撇开了这卷首和卷末的两册,这当然是由于我知识肤浅,不懂得读书的方法所致。他与我谈及这个问题以后,我当晚就细读合校本第一册,也细读了殿本卷首的《校上案语》,知道合校本是以官本(即武英殿本)作底,参校了赵一清《水经注释》、朱谋㙔《水经注笺》以及黄省曾、吴琯、谭元春、钟惺、孙星衍等各本,是一种集各家之大成的本子。而在官本《校上案语》中获悉官本是从《永乐大典》本校勘而成的。再重读我往年已熟悉的《渐江水》篇,官本案语中又见到了归有光本。我过去从不注意的事,一个晚上就让我认识了兹事体大,顿时开了眼界。

　　次日我闭门细读合校本首尾和官本案语,从而获悉了此书的不少问题,诸如:此书是一部残籍,现存40卷系后人分析扩展而成,官本案语指出的如漳沱水、泾水等,都是已经亡佚的卷篇,而现存卷篇中缺字佚句的数量显然不少。本书原作者除郦道元可以无疑外,还有桑钦、郭璞等人,值得深入考证。郦道元写出如此一部巨作,但其人在《魏书》本传中却被列入《酷吏传》,与《北史》本传牴牾,值得研究。王先谦在合校本卷首透露了戴震官本剽窃赵一清本之事,究竟如何,还可追索。此外,合校本卷首有"全氏七校《水经注》晚出,浙中慈溪林颐山晋霞斥其伪造,抉摘罅漏至数十字,顷岁刊行兹编,一字不敢阑入"一段,让我知道此书还有"全氏七校"一种,但由于"伪造",所以合校本未曾采纳。我在陪祖父吃饭时曾与他谈及戴赵相袭和全氏七校《水经注》的问题。祖父认为,戴震是个大学者,《四库全书》又是朝廷主持修纂的官书,戴书渊源在其卷首案语写得明明白白,相袭当是后来好事者的讹传,所以王先谦在合校本卷首所说:"圣明在上,忠正盈廷,安有此事?"这话是公正的。对于全氏七校本《水经注》,因为我幼稚,当时还不知"全氏"为何许人。祖父说,七校本他不曾看过,但全氏即全祖望,号谢山,是宁波大学者,毕生著作等身,而林颐山名不见经传,不知何许人,此事很可能是王先谦的偏听偏信。

　　祖父对这个幼稚肤浅的孙子所做的指导当然重要,但以后我逐渐知道,祖父是一位循规蹈矩按"圣贤书"的准则行事为人的典型人物。他深信"圣明在上,忠正盈廷"的话,他不相信在做学问的行业中也存在腐败现象。在我早几年念《古文观止》时,他不相信《李陵答苏武书》是后人伪作,后来我抄录了"李后主词",他也不相信《破阵子》("四十年来家国……")是后人伪作,后人伪作当然不属于腐败现象,但剽窃之类的腐败现象,古今都是存在的。假使把眼下媒体上刊载的已经调查属实的某些教授、博士们的学术腐败现象让祖父知道,他一定要即时昏倒。但后来的研究结果证明,绝大部分学者都认为戴书袭赵，绝无可疑。其实是因为祖父并不留意这个领域中的行情，在他的时代，戴书袭赵实际上已经论定。

　　祖父当然也有传统的名人观念，全祖望是位学术大家，而林颐山名不见经传，以此来论证七校本《水经注》的身价。不过与戴书袭赵不同，祖父对于此书价值的判断以及对林颐山的轻视，倒是都说对了。这个问题学术界不像戴书袭赵那样地有许多人研究，恰恰就是他的孙子，在过了40年以后把林颐山其人以及他为什么要诋毁七校本《水经注》的原因清查了出来。他搬弄是非的缘由和过程，都已载入我研究《水经注》的论文中，而在《全祖望与水经注》（《历史地理》第11辑）一文中，我直截了当地指出："林颐山的确是个小人物。"

　　祖父告诉我《水经注》一书重在文字的话，从他的读书经历以及历来学者对此书的议论来说，当然是完全正确的。但另一方面，清初刘献廷在《广阳杂记》卷四中已经指出："《水经注》千年以来无人能读，纵有读而叹其佳者，亦只赏其词句，为游记诗赋中用耳。"后来的郦学研究发展，证明刘氏之说，确是真知灼见，但这是以后的事，不可能要求祖父一辈的人在当时接受。而我读《水经注》在祖父"重在文字"的影响下，确实也花了许多时间揣摩此书在措辞造句上的精湛手法，特别是郦道元对于自然风景的生动描写，甚至把其中的精彩段落背诵下来，例如《河水四》的孟门瀑布一段、砥柱三门一段等等。《江水四》由于描写长江三峡的出神入化，我就将全卷读熟。此外还读熟了其他不少卷篇中的注文。我当时随读随写的一点幼稚笔记，大多也在此书的文字方面。后来读到的郦书多了，例如同乡学者范文澜于民国十八年（1929）在北平朴社出版的《水经注写景文钞》之类，知道由于学历幼稚、识见肤浅，早年读郦，仍然不免走过一段翻译《纳氏文法》的老路。我当然绝不会埋怨在此书入门中祖父对我的"误导"，因祖父并不专读此书，即使专读此书，在当时的潮流中，他也绝不能跳出词章的圈子。而与《纳氏文法》事件一样，这事曾经严重伤害过我的幼稚心灵，但后来年齿稍长，恍悟我实在是精读了此书，对我的英语水平提高是关键性的。祖父指导我在《水经注》词章上下功夫，给了我熟习此书的机会，对我日后的郦学研究奠定了基本功。而且祖父一开始启发我有关此书版本的知识，更使我毕生受益无穷。在祖父提及版本之时，我手上还只有两种版本，而且还不曾认真读过。而最后我过目的此书版本，居然达到33种之多，我于1999年在杭州大学出版社出版的《水经注校释》，就是用33种版本比勘的成果，使此书成为郦学史上比勘版本最多的《水经注》版本，这是可以告慰于祖父在天之灵的。

　　总之，我毕生研究《水经注》，经历幼时祖父在乘凉时讲述此书异闻，以后又在他"重在文字"的指导下熟习此书，并开始写作笔记。最后才转入对此书版本、地名和地理的研究,而其中版本研究也是受到了他的启发。所有这个过程,我都于 1980 年代之初写在《我读水经注的经历》一文中。此文原是"十年浩劫"以后上海《书林》杂志的主编专程赶来杭州的约稿(《书林》1980 年第 3 期),但后来曾在好几种书刊转载,并且流传域外。在这方面,尽管我年已垂老,但仍然经常怀念祖父对我的教育和栽培。

《水经注》最后成为我毕生研究的课题之一,不少书刊和所谓《名人词典》之类称我为"郦学家"当然愧不敢当,但我的研究生们最近为我编辑著作目录,整理出我历年来的《水经注》论文集、札记以及校勘的《水经注》版本(其中少数与别人合作),总数已达 14 种,共有七八百万字,总算稍有收获。溯昔抚今,百端感慨,而民国三十年(1941)5 月,实在是我决心研读此书的开端,地点在沦陷的绍兴城中,导师就是我的祖父。人生为学之事,往往有它的偶然性,我研究此书,是在经过《纳氏文法》的"打击"(其实绝非打击,所以我加了引号)和绍兴沦陷的忧伤心境下开始的,也算是一种偶然,或许说是一种机遇吧。

喜出陷城

在沦陷的绍兴城中,因为有《水经注》作为寄托,我乐此不疲,连上旧书摊的次数也比以前减少了。对于城内出现的丑剧,如冯虚舟当了维持会长,某某人当了什么大小汉奸之类,我也很少留意。但是祖父在吃饭时常常因他的某个学生失节而长叹。我劝他不必为此伤感,像汪精卫这样当年舍身刺摄政王,后来又长期追随孙中山先生的大人物,现在却当了大汉奸,绍兴的小人物,不过轻如鸿毛,又何必为他们的失节而惋惜呢? 祖父其实也明白这一点,他说当前在南京是群魔乱舞,抗战一定能获得最后胜利,只是他看不到那个日子了。他同时也为我担心,主要是绍兴中学暑假后能不能再在诸暨或嵊县恢复,我将怎样读完高中,然后进大学。在这些日子里,他又不断说起我念小学时他所常说的"立德、立功、立言"的话,后来回忆,这其实是他自知为日无多之时对我的希望和嘱咐,可惜我不孚他的厚望。

造成祖父心境不悦的另一原因是因为电话公司为敌伪所占,他不能再到那里,失去了他原来所得的一份优厚待遇和熟悉的人地环境,显然有一种无法弥补的失落感。在家里,祖母的离去他虽然已经习惯,但五六两房的景况当然让他担忧,五叔因为从小不愿读书,文化程度较低,长期处于失业状态。去年夏季,依靠其岳家的一些人在临安敌后从事政府工作,他带了长子庆灏前去浙西,自己找了一点收入微薄的工作,而庆灏则进了一所初中。本来是件好事,但因家庭杂务一直由五叔承担,他的离去,使祖父少了一个随时可以差唤的人,自然感到不便。至于六叔,他读书不少,并写得一手好字,曾经两度获得到上海商号就职的机会,但是由于在家是小儿子,从小过分受宠,因一件小小的不如意事拂袖而走。这两房一直依靠祖父的供给生活,现在祖父失去了公司的薪俸来源,全赖历来的积蓄供养他们两家,当然要为这两家的前途担忧。在这样的情况下,他把全部希望都投放在这个孙子身上,而且多次对我做了十分明确的表达,说他一生挫折不少,总算都过来了。我当时并不理解"挫折不少"的话,但后来我知道,他的挫折其实就是"长毛举人"之事,而他的失误是因此而不让儿子读书深造。他又说抗战的爆发,属于天下大势,并非一人一家。从一人一家来说,我家幸而有了我这个孙子。所以他一再叮嘱,我要谨慎为人,上心读书。

祖父担心我暑假后的读书问题,在我回家一个多月后即获得佳音。我在兰溪的舅父徐佩谦为此而专函父亲,说缙云壶镇成了绍兴中学流亡学生的集中地,省教育厅在《东南日报》登出通知,凡是流亡在各处的绍兴中学学生,都可以到壶镇收容,供给膳食,由壶镇安定中学办理此事,一时赶不到壶镇的学生,包括进入沦陷区的学生都可以先行通信登记。

抗战八年之中,沦陷区与后方能够通信,这件事在当年实在至关重要,在我后来到内地后几年的经历中,信件丢失的事实在未曾遇到,我不知道两边的邮局特别边界接壤地区的邮局是怎样处理邮件往来的,我十分佩服邮局的这种服务,在当年确实为我们解决了不少困难。对于在内地的流亡学生,与沦陷区家庭的通信,实在至关重要。

舅父信上写明两件事:一件是立刻前去登记,第二件是一旦登记落实,要我立刻离开绍兴到兰溪去。于是父亲与我分头写信,父亲写信给舅父,我写信给英语教师周有之,因为他在廿八都告诉我,他以后就在壶镇安定中学教书了。虽然是在沦陷区,但是舅父和周有之的复信都在发信后10天到了。舅父是促我速去,周有之则说登记已代办好,而且语言含蓄地嘱咐,这次出门旅行,情况非同寻常,必须小心谨慎。于是我稍事准备,巴不得早日上路。当时,在绍兴城内互相联系着的同学不少,但大家都知道,此番出门,同伴不宜太多,因为要经过敌人的眼皮之下。

我约了四叔祖的小儿子陈品瑞,从辈分说他是我的堂叔,由于庶出,年龄还比我小2岁。功课不佳,但因缘机会考入绍兴中学,在花明泉念初中。所以相约同路,而且大家都有一套行李留在那里,可以轻装上路,从沦陷区出门,多带行李是极不方便的事,因为敌伪检查得很严。本来,我们可以与以往一样地从娄宫埠头过古博岭到花明泉,但后来打听到走这条路不很安全,因为已经有不少城里同学陆续走这条路,引起了敌伪的注意,路上盘查得很严。所以我们决定从上灶走,先到双港溪,再从双港溪西行,过绍兴和诸暨之间的驻日岭到花明泉。

我记得这年7月中旬一个早晨离开沦陷的绍兴城,前一晚我陪祖父吃了最后一顿晚餐，因为恰逢我家轮值，母亲送上的菜也特别丰盛。祖父为我能继续念书而显得特别高兴，除了千叮万嘱要我小心谨慎外，对于我读高中、读大学，将来做一番事业充满希望，一顿饭吃得很长，谈得很远，甚至谈到我在大学毕业后最好能像孙福元（伏园）那样到外国走走，见见世面。这晚上，我见他气色很好，谈吐极有条理，说话也铮铮有力。没有想到次日早晨向他辞别竟是永诀。

我们请莲花埠头的一位熟悉船工送我们两人到上灶，因为我们的"良民证"还要请他带回来。除了出城时查了"良民证"和我们的小小包袱外，到上灶与平水两条水道的分岔处有一个称为水阁的地方，是日伪在绍兴城郊的最后哨所，此后就是所谓两不管的地段了，很快就到上灶埠头。和当年摩肩接踵的情况已经判若隔世，船埠头是一片死寂。当时我已经读过《剑南诗稿》，陆放翁写平水："山鸟啼孤戍……草市少行旅。"我想此时应该把这个"少"字改成"绝"字。刚刚上岸，一间小屋里出来了三四个着便衣、背步枪的人，我们一时愕然。倒是这位船工在船艄上向我们高声说：是国军，是国军。于是我们才把密藏着的一张绍兴中学肄业证书取出来，这是花明泉应变的日子里发的，无非是一张在印有绍兴中学头衔的八行笺，并无照片。我们告诉他们是到壶镇报到去的，并告诉他们路线，从双港溪转花明泉。他们中间有一位大概是班长之类的说，看你们样子是学生，你们可以走，但到一个落脚点就要打通行证，否则是会遇上麻烦的。

于是就沿着上灶街道走，沿河极少看到船只，店铺基本关门，但上街头我四叔熟悉的那个"阿三饭店"倒是开着，四叔一家在双港溪时来来往往都在阿三这里吃饭，阿三是个热情的老实人。我告诉他，那个耳朵边上有个瘤的人当年经常在这里吃饭，就是我的叔叔。他立刻记起来："陈店王（绍兴人习惯使用的对男人的尊称之一），陈店王是个大方人，常常不要我找零头，说是作为小账，我们这种店，要什么小账。"我就这样和他攀谈起来，我从他口中晓得了许多事情，知道里山人和绍兴城内沦陷区做生意，平水和上灶都没有市面，市面在汤浦。他这里一天有十来个人吃饭，生意已算不错了。我告诉他我们是去读书的，先要到双港溪。阿三也熟悉双港溪，知道余同泰的楚店王，他告诉我，从这里上去大概3里，是国军的正式步哨，有一个班。到上灶来的便衣，就是这个班的，他们是时来时去，一般不在上灶过夜，他们虽然穿便衣，但是是国军的正规军，军纪很好，不像那些烧毛部队。我们通过哨所在他看来毫无问题，因为我们两人一看就是学生。经过哨所以后就要过日铸岭，看时间一定赶不到双港溪，过了岭以后到下祝找保长宿夜，明天再走。

按照阿三的话，我们顺利地通过国军的前线哨所，翻越日铸岭，岭下先后有上祝、下祝两村，到下祝找到保长，保长很客气，给我们安排在村里教书先生住过的房里（私塾),不过由于我们来自沦陷的绍兴城,按规定,他一定要带我们去见一下驻军的排长。排长也很客气,说他希望沦陷区的学生都回到内地去读书。但他告知,到了双港溪以后一定要请乡公所开一个路条,否则在这一带行路有时会遇到麻烦。他已经接待过好几位稽山中学的学生,但绍兴中学学生还是第一遭。

次日一早从下祝出发,经过宋家店和王化,中午就到了双港溪,余同泰还是开门做生意,而且除了办货比较困难以外,生意做得还好。离开这里不过两个月,由于我们从如同隔世的绍兴城里出来,他们全家都很高兴,问长问短,我们所说的绍兴城里情况,在他们听来都是异闻。中饭以后,我作为一个熟人,带陈品瑞到街上和舜王庙玩玩,却想不到确实碰着了下祝村那位排长所说的麻烦。

小地方出现了两个陌生人,大家当然都看得出来,余同泰附近的几家店铺里的人实在都认识我,我们还相互打招呼。双港溪过去是没有警察的,却不知是为了安排绍兴沦陷后多余的警察抑或是因县城沦陷而需要增加治安力量,这里在我离开的这两个月中已经建立了一个有四五个警察的派出所。这天下午,据说是派出所头头的某警官来到余同泰,他问阿楚说,听说楚老板家里来了两位客人,派出所要请这两位客人去一下。当时我们也在店堂里,毫不在意,就跟他走了。派出所就设在舜王庙里,一进庙,阿楚就跟着进来了,并且与这位警官说,我们是他家的亲戚,是绍兴中学的学生,是去读书的,为什么要带他们进派出所?警官就瞪起眼回答,不管是亲戚还是学生,凡是从沦陷区来的都要有通行证,或就地打通行证,要阿楚到乡公所打出通行证,我们才能离开派出所。看他样子,要把我们关在派出所里了。阿楚气得满面通红,一面安慰我们,要我们等一等,他会让某(我忘了此人的姓)警官开开窍的,说着就匆匆地走了。我们以为他是去办通行证了,以他的身份,办证当然是不难的,我们就坐下来等着。但听到这位警官和其他两警察说话:“楚老板不要以为他有店有钱,派出所是要公事公办的。”一个警察说:“办通行证不是随随便便好办的,乡公所一定得让派出所同意。”听了他们这些谈话,我感到确实有些麻烦了,难道今天晚上就要被关在这里吗?但不到半小时,我抬头看到阿楚正从罗镇的跨溪竹桥上走过来,后面跟着一男一女。走过竹桥后就看清楚了,女的是任芝英,是绍兴县立第三小学(简称县三)校长,因为全县在觉民舞台开什么大会时,她总是坐在台上的,所以我认得她。男的瘦长个子,我不认识。顷刻间他们3人就到了舜王庙,男的走在前头,手指差不多点着这位警官的鼻头:“X警官,你们到双港溪来做什么?不让沦陷区青年出去读书,你们简直是破坏抗战。我要去告诉邢专员(当系指当时的三区专员邢震南,后来因为绍兴沦陷的责任被最高当局枪决),我们不要你们这种派出所。”他这一说,几个警察都面面相觑,说不出话来。他于是用手一挥:“陈同学,我们走,我会与他们算账的。”这时,任芝英也开腔与警官说了话,态度是温和的。她告诉他们,国家花大力抢救沦陷区青年到后方求学,他们两位手上都有学校证明。今天的事,假使有谁到《东南日报》去登一登,不要说你们几个警察,我们双港溪和罗镇也名气扫地了。于是我们从舜王庙小山的台阶下来,到竹桥边告别,他们过竹桥到罗镇去,我们上街回余同泰。阿楚告诉我,那位男的是任芝英的丈夫郑品芳,是罗镇人,但常年都在绍兴,绍兴沦陷后才暂回乡来,他们两位名气都很大,可以随时见专员、县长,派出所当然怕他们。至于派出所的这个警察,由于摊派什么款子的事,与街上几家店铺有过节,今天是故意找岔子,却不料碰着这样一个硬钉子,这是他们咎由自取,这个警官在双港溪的日子看来也不会长了。

大概乡公所已经听到了郑品芳和任芝英在派出所里训斥警官的事,不久就送来了盖好印章的路条,让我们自己填好,他们留了底,通行证的事就这样办成了,但后来其实根本没有使用过。

兰溪的厚遇

在双港溪住了一宿,次日一早我们上路,依靠我对绍兴县地图的多次熟读,从双港溪到花明泉的路实在了如指掌。经过黄坛以后,我们走车头、冢斜等村。以后才知道,这是古代越国的中心地域。幸亏余同泰的三舅母给我们带了茶叶蛋和麦糊烧(一种麦饼),让我们沿途不必再留心吃的地方。中午以后不久翻越了绍兴和诸暨交界的驻日岭,大概在午后 3 点光景,我们就到了花明泉。离开这里不过 3 个月,在这短短的一段时间中,我损心劳力,经毕生所未曾经历。现在旧地重游,实在不胜感慨。走近村子时,我背了"警报袋"念字典的这片树林首先映入眼帘,依然是那么葱翠可爱。进入村子,一切如常,每一颗砌路的卵石,都有过我的足迹。假使我能在这样的环境里念完高中,这又有多好呢。现在,这里周围没有敌人,枫桥据说也是市面繁荣,但我们的学校却一去不复返了。

村路在树林边缘东折,我们看到新祠堂和老祠堂的巍巍屋宇,我实在不敢正视它们,扭着身子充作视而不见,3 个月前的弦歌一堂,真是不堪回首。我快步直奔"东阳生辉",因为我的被铺和箱子都寄存在那里。陈品瑞的行李寄存在泉阪村的同学那,还得走 2 里路,约定在"东阳生辉"见面。当我走进那个熟悉的台门时,许多人都亲切地与我打招呼,好几家端上茶水。为我洗衣服的老奶奶随即出来,抚着我的肩膀问长问短,当时情景,真像奶奶与孙子一样,令人感动。我的被铺,她早已为我洗得干干净净,并且几次晒过。这个台门里的人告诉我,绍兴中学已经奉上头命令从花明泉撤走,新祠堂、老祠堂、承先堂等,已经搬空,这么多校具,课桌椅、图书设备等等,用了许多挑工，花个把月时间，翻山过岭地搬到廿八都去了，"东阳生辉"台门里，也有好几位身强力壮的赚了这次搬运的辛苦钱呢。其中有一位参加搬运的中年人说，钱是赚了不少，但是他情愿不赚，因为眼看村里开天辟地以来才办了这样一座大学堂，现在却什么都没有了。他很怪上头的这个命令，花明泉现在不是安安耽耽吗？日本佬要到的话，廿八都也不是一样会到，嵊县比诸暨有什么好？周围的人七嘴八舌地讲了许多话，都是为花明泉失去这所学校而埋怨惋惜。我又何尝不是如此呢。又听说原来住在赵家村的教师包括校长也都已经搬走了。我心里是一片空虚，无限怅惘，这个让我读背两部字典，又在我自己一时认为倒霉而其实让我获益不浅的翻译《纳氏文法》的优美村落，从此就和它永别了。

　　陈品瑞从泉阪村取回了他的行李，老奶奶为我们安排了一个住处，又为我们物色了一位可靠的挑工，因为明天一早就要上路。在绍兴陷城里，我们已经知道浙赣铁路通车到了义乌的苏溪，所以必须到苏溪坐火车去金华、兰溪。次日黎明就有一位"东阳生辉"台门里的壮年人为我们挑行李并引路，他已经带着从陷城出来的绍兴中学同学两次去过苏溪了。这是一条我不曾走过的路，行李不重，他走得很快，我们紧紧跟着，中午到了泿浦镇，他是带了饭包的，我们就在小饭摊上随便吃了一点。晚上在许村宿夜，那里驻扎着许多国军，起码是一个团部。次晨离开许村后不久，就进入了义乌县界，在白峰岭边的一个路廊上坐下来，他为我们讲了日军进攻时，在白峰岭和国军血战一场的故事。白峰岭不高，但岭路颇长，国军在这里设防，日军在此受到顽强的抵抗，激战竟日，敌我双方都有许多死伤。现在岭路两旁还有许多土堆，都是阵亡国军的坟冢。当时，附近的老百姓，曾经救死扶伤，为国军搬运给养，尽了很大力。所以这一带人民都知道白峰岭之战的过程而到处传扬。我亲自看到了这两个月以前的战场，岭路两旁确是坟冢累累，不禁对在这里流血献身的中华男儿感到无限敬仰。而在伪《绍兴日报》看到的那个敌酋所说"渝军望风溃退"的话，实在是无耻的谎言。

　　我们在下午2时多就到了苏溪，火车站在镇外，已经搭起了不少简陋的小木棚，作为饭店和茶馆，但火车要晚上6点才有一班经过金华到兰溪的，我们只好坐在茶馆里等待。这里有山有水，地形比较开阔，记得初中国文课本中有一篇傅东华写的《杭江之秋》，是记叙杭（州）江（山）铁路开通时他在车上看到的风景，文章从萧山的尖山写起，到苏溪而止，把沿途风景写得跃然纸上。读过这篇文章后不过几年，我居然也在这兵荒马乱的年代到了苏溪，而且是生平第一次坐火车，心里确实也别有一番滋味。好不容易等到上车时间，背行李通过一座临时的站台上车，车厢其实是用货车改装的，木板的座位设在两边，如同后来的有些公共汽车一样，对于像我这样一个初坐火车的人，已经非常令人满意了。或许是由于路轨经过破坏的缘故，车行很慢，进入金华站时，站台上的时钟已过午夜,陈品瑞在此下车,他是直接到壶镇去报到的。由于周有之已经为我登记就绪,而舅父要我先到兰溪,所以我仍然留在车上,因为此车的终点站正是兰溪。

金华是个大站,车在此停靠了近两小时,终于启动前进。同车不少人在座位上东倒西歪,呼呼入睡。我是第一次这样远离家庭出门,竟毫无睡意。而火车进入兰溪站时,已经黎明时分。下车出站,即有挑夫前来拉生意,我要他到南门义和钱庄。兰溪城内只有两家钱庄,所以进城以后,很顺利地找到了。店门还关着,栈司务正要背着篮子出去买菜,几句攀谈以后,他立刻高兴地叫起来:"到了,到了,外甥大爷到了!"这一叫,引起了全店的轰动,好些人还未起床,都披着衣服起来了。舅父是住在店里的,还有十外公,一时都来到店堂,把我团团围起来。其中还有两位中学生,一位是小姑丈的小儿子庞世诚,我已经早闻其名,他就读于从杭州迁到金华的两浙盐务中学。另一位是朱泽民,也是与庞氏家族有关的绍兴商业界巨子之子,就读于当时迁在金华的君毅中学。我们都是年岁相仿的人,真是一见如故。

义和钱庄的经理叫盛竺卿,绍兴人,他是住在家里的,不久也来到店里,知道我已从沦陷的绍兴城来到义和,立刻显得十分高兴,随即提出,晚上要接风。开始商量到外面馆子,后来决定在外面馆子叫菜。我实在受宠若惊,但是由于一夜未睡,未免恍恍惚惚,庞世诚知道此事,让我吃了一点早餐后,就安排我休息,我上床就朦胧入睡了。

醒来时已经午后,庞曾到房里看过我几次。因为我睡得正酣,所以没有惊动我。原来兰溪的两家钱庄,每天早饭后,除两人守店外,这段时期中是天天逃警报出城的。义和是在南门外一个叫茶坞的村子,离城5里。两位尚未出师的学徒携带店里的物件,其余也是每人一只"警报袋"。中午由栈司务送饭,下午4时左右才返城。今天由于我突然到来,所以没有逃警报,而这天恰恰没有警报。他们开玩笑,这是外甥大爷带来的平安。当我下楼到店堂时,穗茂钱庄经理,即我的八外公徐樾亭已经坐在那里,还有他的小儿子徐信铺。对于徐信铺,我仅在上小学时到后盛陵见过一次,我叫他宝舅舅。以后一直不认识他,他后来读绍兴中学,是高中第一届毕业生。由于不认识,在绍中时也没有接触。在花明泉得到绍兴沦陷的消息时,他立刻离校回到兰溪,后来省教育厅同意,这一年绍兴中学高三学生以期中考试成绩作为毕业成绩,所以他算是高中毕业了,而且已经报了江西中正大学机电系的名,不久就要到那边去参加入学考试。我们在绍兴中学3年,彼此没有接触过,这一次算是在兰溪见面了。

他们是得到义和经理盛竺卿的通知而来的,是为了参加给我的接风。义和的职工不过十多人,平日以一张大圆桌吃饭,人多时,两位学徒后吃。这一天,他们让店里的职工先吃,然后,菜馆里的人挑着担子来了,其中的菜还要利用这里的厨房加工一下,排场弄得很大。入席者除了义和、穗茂这两位经理以外，就是舅父、十外公、信镛、世诚、泽民和我。我毕竟是初出茅庐，年轻无知，莫名其妙地坐下来了，以为大家在一起吃一顿而已。但刚开席就听到他们对我的称赞，除了考高中在《东南日报》名列前茅，是省立绍中的公费生等等亲戚们都知道的以外，座上说话以八外公为最多，而且有些神乎其神，说我从小是神童，四五岁背熟《唐诗三百首》，五六岁时就在一枝香功夫里读熟《大学》、《中庸》两篇。信镛也说了诸如在绍中里虽然不曾接触，但我的名字是常常为人传颂的等等之类。倒是十外公，讲了些我小时在后盛陵的顽皮故事，如放风筝掉到河里浑身浸透之类。但大家却认为，顽皮也是聪明的表现。我显然感到很得意，因为一到兰溪就受到厚待，这天晚上的接风确实以我为大家谈论的中心。这天以后两三天，信镛就出发到江西去考大学了。我与世诚、泽民曾到穗茂为信镛送行。送他上火车后又回到穗茂，八外公又寻根究底地问我，将来我考大学读什么系？并且一再说我一定是个出人头地的人物。

八外公自己只念过私塾，是个地道的生意人，一生勤勤恳恳，由于庞氏家族对他的信任，所以长期在兰溪主持这家钱庄。不过他认为干这种行业是他这一辈人的事，后一辈的人必须读书从事新的行业，这也是他坚持自己的小儿子念中学、大学的原因。当然，他对信镛有不满之处，即是从历年成绩单来看，信镛的几门文科成绩较低，只有数理颇好，所以只能报考机电系。因为据他所知，信镛班上有好几位报考政治系，按照当时一般的看法，中正大学政治系一定是前途辉煌的。我当时因为距离大学为时尚远，还没有报考什么系的具体设想，但政治系无论如何是不在考虑之内的。我在穗茂看到了不少信镛留下的大学招生简章，倒是让我稍稍开了一点眼界。特别是其中的中央政治学校，因为它有外交系，我想这个系一定用得着英语，而且祖父希望我将来能到外国见见世面，念这个系大概是会有这种机会的。

在兰溪，八外公是最最赞赏我并且为我到处宣扬的人，不过关于他所谈的背诵《唐诗三百首》和《学》、《庸》的话，这些连我舅父都不清楚的事，尽管他颇有以讹传讹之处，但究竟从哪里听到的呢？我还是熬不住问了他，原来是我小学五年级那年，我的外太婆故世，后盛陵的排场很大，派了船接我祖父去题主。八外公是外太婆长子（徐氏堂兄弟10位，属于外太婆门下的是四、八、九、十，但老四即我外公早已去世），祖父是由他接待的，《学》、《庸》之类是当年从我祖父处听到的。所以他老早就知道我的情况，只是没有机会和我谈谈。由于他的关系，义和和穗茂的职工，有年过50的老店员，也有20才出头的学徒，都要和我攀谈，而且常常在各方面巴结我。舅父和十外公也都以此引为得意，舅父并且把这些情况写信告诉了我父亲。因为后来曾接到父亲一封信，说了舅父信上的一些话，他说已把此信给祖父看了，祖父非常高兴。不过父亲嘱咐我,对义和、穗茂的任何人都要谦和有礼,不要得意忘形。

因为父亲写了"得意忘形"这样的话,所以我没有给舅父看这封信。不过对于一个高中低年级学生在兰溪能够得到这样的厚遇,也是出乎我意料的。

重返廿八都

壶镇之行头尾不过一个礼拜,但兰溪已经有了一些变化。到茶坞躲警报的事结束了。其实,我初到兰溪时,钱庄虽然早出晚归,但外行店家已经开始疲沓,因为他们不像钱庄那样,他们关上店门就不能营业,所以损失不起。他们的胆子大起来以后,钱庄里的人也感到躲警报的厌烦,也就懒着不走了。

我告诉舅父壶镇之行的经过,最重要的是我的姓名已经入册,编在第一临时中学高秋二,因为周有之为我登记时,除了几位流浪到那里的同班同学外,外地的同学还不曾知道此事,所以在名册中,除了在壶镇的同班同学四五人外,我的名字排在很前头。这样,舅父也就放心了。

八外公也很高兴,因为信镛从江西来信,国立中正大学已经考过,他的自我感觉很好,榜上有名是很有希望的。八外公除了关心自己的儿子以外,对于他的两位近亲,即庞世诚和我,也寄予很大希望,认为我们都是不久就要上大学的人。特别是我,他几次诚恳地提起,论天资和基础,信镛和世诚都远不及我,所以他要我在这3人中首先出山,互相援引。在他的心目中,大学毕业的人都是可以大有作为的。

第二次到兰溪后,我就准备精简行装到廿八都去。主要因为在这里无书可读,思想上实在苦闷。到廿八都后毕竟如花明泉那样也有一个藏书相当丰富的图书馆,因为我知道,花明泉的一切都搬到廿八都了。我从花明泉带到兰溪的有一个铺盖和一只箱子,很有精简的余地。因为在壶镇时就有同学告诉我,他们从廿八都到玠溪,就有同学病倒,有的病势相当严重,这些人后来都留在玠溪,生死未卜。他们之所以病倒,实在是被行李拖垮的。从过去几个学期的情况来看,我们是处在随时需要躲避敌人的前线地区,行装必须轻便。所以我决定取消铺盖卷中的垫被,把盖被横过来,既有垫,也有盖,无非稍稍短了一些而已。至于箱子,我决定放弃,因为占仓位最大的是高中一年级的教科书和作业本子,这些我都用不着了。把其中的几件衣服和英文书取出另外打成一个小包,我的行李就轻到自己可以携带,不会因此而拖垮身体了。

在兰溪的最后几天,我十分幸运地得到了一种额外收获。事情是这样,我去壶镇时住在金华穗源,闲谈中庞锡元告诉我,兰溪有义和、穗茂两家钱庄,而金华只有穗源一家,这是因为杭江铁路(浙赣铁路的前身)建成前,兰溪的市面比金华要大得多,因为它依靠兰江,交通比金华方便,所以人们说:"大大兰溪县,小小金华府。"但因杭江铁路干线通过金华,兰溪只有一条支线,所以市面就改过来了。他又谈到书局,说因为兰溪是个水陆码头,所以商务、中华、世界等书局在兰溪都有分局,主要是做教科书生意。我在兰溪问了我舅父的学徒潘慎远,他虽然尚未出师,但到兰溪已有两年,情况当然熟悉。他告诉我,大书局都搬到江山去了,那里有从上海迁出来的机器,可以印刷。但兰溪沿江的一些棚屋里仍在卖书。一个下午他陪我去到那里去转了一圈,沿江有好几处,木房子里都摆着书,当然都是新书,或许是原来的几个书局联营的,也或是与这些书局有关系的人经营的,内容仍以教科书为多,有商务的,也有世界的。我突然在一个书柜上看到了我熟悉的《水经注》,世界书局的铅印本。此书我在绍兴有一册,那是从旧书摊上买来的,但兰溪的是新书,我喜出望外,立刻把它买下了。

第二次到兰溪大概住了10天,8月下旬买好了从兰溪到义乌的火车票,从义乌到廿八都的走法,是事前打听清楚的。我告别了舅父、八外公、十外公、世诚和泽民等。这天的火车难得挂上了一节客车,他们把我送上客车,有行李架,可以把行李放在上面。这样的车厢,那时称为三等车,现在称为硬座车,但挂在许多由货车改装成的车厢中间,看上去显得豪华,也是我生平第一次坐这样的火车。

火车在义乌站停靠时已经黄昏,但我在出发前打听好,自从宁绍沦陷以后,从嵊县到义乌的公路成为一条重要的盐道,余姚的盐通过曹娥江运到嵊县,盐务局在那里有许多汽车,把盐接运到义乌,从义乌上火车运到上江和江西、皖南等需要盐的地方去。因此,义乌有许多卸掉盐后返回嵊县的回头空车,价钱便宜,而且可以讨价还价。我提了行李走出车站,向事前打听好的方向走,立刻就有人打招呼:"要去东阳?"按照大白天的情况,车是返回嵊县去的,在甘霖镇(当地常称两头门)下车最适当,因为这里距崇仁最近。但当时已经黄昏,此车肯定已经约好了明天从东阳出发的生意,好在东阳也随时可以找到这类"黄鱼车"。所以我提出只付一块钱,他立刻同意让我上车,而全车仅载我这一条"黄鱼"。很快就到了东阳,在车站找了一个旅馆,请茶房给我叫来一客客饭,边吃边聊,请茶房明天为我找个"黄鱼车",让我到两头门。茶房同意试试看,他当然希望我多给一点小账。在那时候,住旅馆都要给茶房一点小账。

次日一早我就要茶房与旅馆结账,并且稍稍多给了一点小账,他很满意,并且要我收拾好行李在房里等待,他保证给我找到便宜的"黄鱼车"。可是我一直等到大概9点以后,他才告诉我可以上车。来往的盐车很多,我估计他一定是要找一位他熟悉的司机,以便从中得到一点好处。他帮我提行李送上车,因为有一块车尾板,所以他先上车,然后把我拉上去,并且嘱咐司机,到两头门下车时要帮我,其实这些我自己都做得了,无非是稍稍多给了一点小账的报答。现在回忆起来,那个时候的人,虽然也要钱,但除了当时媒体上说的"发国难财"的人我没有接触过以外，一般人要钱，还不至于像我在《读〈洛阳泉志〉有感》(《河洛史志》2001年第4期)所说的："一位朋友和我说，现在有些人，要钱要得发疯了。"

车上已经有4条"黄鱼"，大家都席地而坐，我到甘霖(两头门)，只付10块钱，的确是很便宜的。我上车后，车子就开动，很快到了歌山镇，但这里有一道难关，歌山大桥遭到炸毁，正在修复中，过一条临时的便桥，来车的盐包和返车的"黄鱼"都得下车，为了搬盐包，集中着许多搬运工人，而且一条便桥，往返车辆必须等待，为此一桥，我们足足花了个把钟头，吃了一顿中饭，午后好久，我们的车才算艰难地过了便桥，又等司机吃饭，到甘霖让我下车时，大概已经过了下午3点。从甘霖到崇仁大概有25里，是一条卵石铺成的乡间大路。我向老乡问清道路以后，背起行李上路。也有人希望赚点钱帮我背行李的，但我谢绝了，一则因为时间还早，道路平坦好走，二则是我必须考验一下自己，以后再一次逃难时，我能不能自己背了行李走路。我背上扎好了的铺盖卷，右臂挂了布包，开始感觉良好，好像能够适应，所以步子较快，因为到了崇仁后，去廿八都还有5里路。但是走着走着，正如许多负重者的口头谚："百步无轻担。"我只好问沿途老乡："到崇仁还有几里？""十五里。"再走了好久，又问老乡，答复还是15里。实在让我感到又吃力又气馁。我心里怪老乡对路程没有一个准，其实是我自己已经步履维艰了。这时我才体会到壶镇同学和我说的，有些同学到东阳玠溪病倒，是被行李拖垮的。但现在，我所带的行李已经减少到在学校里住下来以后过简单生活不可或缺。一个读书人上学，行囊里只带了两本书(《英文典大全》和《水经注》)，实在自己也感到难为情。头上没有飞机，身后没有追敌，沿路又不要翻山越岭，虽然天气热，但路廊里还有茶水。假使敌人又一次流窜，要自己背行李逃难，真是不堪设想。当我远远看到崇仁镇的时候，不禁想起初到花明泉那年轿工在五婆岭上的话，现在该是我说了："看见崇仁屋，还要朝伊哭。"一步一拖地走进崇仁镇，我已经浑身无力，甚至也不感饥饿。尽管从崇仁到廿八都的5里路我曾经走过，是熟路，但是我已经绝无力气继续再走。当时，崇仁街上已经上灯，我找到一家客栈住了下来，在床上躺了好久，才有力气起来揩洗身体，然后吃了一点夜餐。

第二天早上，才又背上行李到廿八都去报到，这条路，4个多月前我第一次到廿八都时曾经来溜达过一次，看看崇仁的市容街景，当时，日军占领了绍兴，流窜的风声正紧，我以为以后绝不会再走这条路了。现在却背了行李再走上这条路，又将到廿八都与我同班的许多同学见面，在这兵荒马乱的年代里，人们的聚散离合，真是不可逆料。

廿八都（一）

　　这是第二次到廿八都，虽然从第一次来此到重返这里为时不过 4 个月，但我所经历的事情，或许要超过 4 年。第一次到这里，正是绍城沦陷，是我最心绪不宁的时候，现在想不到还要再次重返，但当时我就有这样的想法，我刚刚才高秋二，假使能够在这里念到高中毕业，那就必须有上天降临的奇迹。

　　上次在这里不过只住了 10 天，但村中街道和校舍布局已经了如指掌。先经过村外的另一个小村下相，这是简师部所在之处，已经看到了来来往往的同学，然后进村到总部所在的锦相公祠，是一座建筑宏大的祠堂。祠堂正门以内悬着"陆军中将"的匾额，此人名叫张伯岐，行历上当过镇海炮台司令，这座宏大的祠堂，或许与他有关。我找到教务处报到，高秋二的宿舍和教室都安排在会十九公祠这个祠堂里，离锦相公祠约有 1 里。廿八都村子极大，会十九公祠在全村北缘，我到了那里，已有十几位同班同学住进去了，祠堂的正厅是教室，两侧厢房作寝室，正厅对面的院子上是一个戏台，作了我们的膳厅。一座祠堂就是我们一个班级。已经报到住入的十多人，有四五位是从壶镇步行回来的，还有几位是诸暨同学，都是花明泉的老同学。再次见面，说长说短，当然非常愉快。

　　廿八都是个有几百户人家的大村子，祠堂遍布，超过花明泉，村中以张为巨姓。我过去读童世亨的《中国分省地图》，对浙江省读得比较仔细，曾记得龙泉县与闽省交界处有一处称为廿八都的地名。但嵊县的廿八却是未曾上图的，当然是个小地方。其实村庄的规模也很不小。但对于此村渊源来历，一无所知。1990 年代，先师姚轩卿哲嗣姚越秀，整理其父遗著《蠡膏随笔》（按姚轩卿婿许孔时在书末所写《后记》，"蠡膏"两字读音，诸暨方言与"轩卿"二字相同），于 2001 年在北京燕山出版社出版。事前嘱序于我，我仔细地读了全稿，其中有记及廿八都一篇，始知嵊县廿八都之始迁祖张伍，字子什，其定居于此当在宋室南渡之初（《蠡膏随笔》第五十三篇），所以此村渊源也已相当古老。

　　2000 年 9 月，我们夫妇回绍兴新宅小住，绍兴市政协常务副主席陈雪樵是嵊县人，知道我们两人均曾负笈廿八都，承其美意，愿陪我们去廿八都忆旧。我当然非常感谢和高兴，并且希望我当年的同班同学吴翊如和曾在廿八都求学（比我低一年）的前政协副主席陈惟于能够同行，因为他们也都是希望旧地重游的。这一天，陈雪樵派了两辆小车，陪我们 4 人同去，眼下道路四达，不要两小时就到了廿八都，我们先看了至今香火更为旺盛的瞻山庙，然后访问几个旧祠堂，不幸的是，当时的学校总部锦相公祠和我曾经住宿上课的会十九公祠和绿野公祠均已焚于火，不胜遗憾。从乡人处闻悉从北京图书馆退休回家的张秀民老人仍然健在，在家撰述，张是谭其骧的同事，1980年代在浙江图书馆古籍部曾邂逅一次，他潜心于出版史的研究，甚有成就，于是寻径至其所寓处拜访，相见甚欢，他已93高龄，身体清健，仍然写作不辍，实在不胜钦敬。返程过崇仁，街市情况已经大变，俨然一座都市型巨镇，而廿八都却依稀原状。阔别58年而得此访旧机会，实在不胜荣幸，也不胜今昔之感。

这年我到廿八都报到当在8月底9月初，第一临时中学正在全力从事开学准备工作，校长已由省教育厅派定原绍兴中学训育主任潘锡九，原校长沈金相如周有之所告已去龙泉浙江大学，其余绍中教师也颇有离去者。但绍兴籍与诸暨籍的教师仍有多人在校。此外还由省教育厅分配来一些年青教师，他们多半是在上海租界内大学毕业投奔内地的。绍兴稽山中学在绍兴沦陷中由于不少师生从平水显圣寺赶回城内观看八十六军剧团演出的话剧《雷雨》，仓皇出逃中蒙难，显圣寺校址当然也只好放弃，经过当时一位很有事业心的校长邵鸿书的奔走，决定迁校到永康与金华之间的武义县，有些绍籍教师不愿远行，也有少数名师为第一临中聘来，例如该校原训育主任屠长林，到临中仍任训育主任，并担任高中英语教师，成为周有之离开这个学校后英语教师的台柱。

我到廿八都时，新生的招生工作刚刚结束，新生的来源，除初中以嵊县人为多外，高秋一主要仍是绍兴中学初三的底子，而其余各班，几乎全部仍是绍兴中学的老同学，所以学校的校名虽改，但校风还是绍兴中学的。一年以后我在绍兴听屠长林说过一句话，这是他对一位与他年龄相仿的老朋友说的，当时我也在场，所以印象很深。他说，他从稽中到绍中，立刻感到这个学校的学风确实与众不同，大概以勤俭两字可以概括。他说他在绍中教书一年（其实第一个学期校名为第一临中），深为这个学校的学风所感动。所以车越乔和我这两位绍兴中学校友合著的《绍兴历史地理》（上海出版社，2001年）一书的《前言》中，我们特地回忆：

> 我们两个都是离别家乡的游子，但年轻时却出自家乡的同一所学校。这所学校当年的校歌，开头就是："蕺山风高，姚江流长，于越文明漱古芳。"我们在外乡，常常以此为家乡而自豪。

学校于这年9月初开学，基本上没有延期，校长潘锡九在开学仪式上说他几个月来"焦头烂额"。后来回忆，这话是真的。应该感谢他撑起这副艰难的担子。而当时地方上的帮助合作，也是值得称道的。例如潘锡九在开学仪式讲话中一再提到的崇仁镇的一位姓裘的镇长，他对学校在廿八都的如期开学实在功不可没。因为学生几乎全部是"救济生"，虽然经费由国家负担，但是粮、油、柴、菜等供给，都得由地方支持。此外，廿八都的所有大小祠堂庙宇，都是无偿开放的。我们几位老校友于2000年重访廿八都时,还提到这些往事,溯昔抚今,令人感慨。

学校虽然改名,但师资力量仍然不弱。对于我所在的高秋二来说,使人满意的是屠长林成了我们的英语教师并兼级任教师(现在称为班主任),他在英语和中文两方面都有深厚的功底,他教英语兼及文法,并且重视背诵,对我来说当然毫无困难,但让我看到,作为一位教师,根柢是何等重要。因为他的文字功夫好,学校里的一些刊物或活动,都要请他写点发刊辞之类的文章,而他是来者不拒,都能写出一篇短小精悍的浅近文言文,并常以这些文章作我们的翻译作业。例如有一次学校开运动会,请他在会刊上写篇发刊辞,他就以此文作为我们的翻译作业。记得全文开头第一句是:"夫一人善射,百夫抉拾。"虽然是高二学生,但不懂得此语意义的居然不在少数。我当然是懂得的,但翻译得实在也不好,而他后来上课对这次作业进行讲评时,却又称赞我译得最好。我实在已经记不起当时是怎样翻译的,但他在讲评时,除了肯定我的译作以外,又改动了几个词汇,并且提出了翻译的"信、达、雅"问题,他的这一课实在让我毕生不忘。1973 年,正是举国动荡的时代,但是国务院却发了一个文件,组织全国 9 个省市翻译外国地理书籍。据商务印书馆陈江在《"文革"中的地理书籍出版情况》(《中国地理学 90 年发展回忆录》,北京学苑出版社,1999 年)一文所说:"由周总理批示同意。"说明在当时算是一件大事情,而浙江省负责此事的省出版局,经过与杭州大学"革委会"的商量,浙江省列名在 9 个省市之内,竟要我主持此事。当时我从牛棚出来不久,身份还是"牛鬼"。而且《纳氏文法》旧事仍然在我心头,何况当时我已出过著作十余种,对翻译之事实在心存厌恶。只是由于形势所迫,勉强接受了这项任务。我手下从此有了一个翻译班子,其中包括几位外语系的教师。在工作过程中,我常以"信、达、雅"3 字要求自己以及其他译者的译稿。"信、达、雅",这或许是我在廿八都一年里,在英语学习中的重要收获。

在廿八都,我还是与我舅父所说的一样,读正书是不用功的,而且也少跑图书馆,因为有一本《水经注》在手。我读简师的邻居在我返回廿八都以后立刻送回我托存的那只"警报袋"。我把《水经注》也装入袋中,袋中原有的两部字典,对我的学习具有纪念意义,但《水经注》是我此后要钻研的,所以把它们放在一起。却想不到在敌人的流窜中全"袋"覆没,往事如烟,也就不必追悔了。

在廿八都读《水经注》,我开始从祖父的"重在文字"中摆脱出来,而事实上,此书在文字上的精彩段落,我都已经摘抄出来,不少词句都已经会背。我开始对《水经注》记载的某些掌故如《沔水》篇的"千梁无柱"、《若水》篇的"左担七里"、《浙江水》篇的"防海大塘"等发生了兴趣。并且做了点摘录,有时照书直抄一段,也有时写几句考证或感想。例如读到《若水注》:"故俗为之语曰:'楢溪、赤水,盘蛇七曲,盘羊乌栊,气与

天通,看都渡泚,住柱呼伊,庥降贾子,左担七里。'又有牛叩头、马搏颊坂,其艰险如此
也。"我在摘录全文后,在"左担七里"一句下打了一个问号,因为我并不理解此语。虽
然我的摘抄后来与"警报袋"一起覆没,但这一语仍常记心头。一直要到民国三十五
年(1946)在嘉兴借读了杨希闵的《水经注汇校》,看到了他的校语引李克《蜀记》:"蜀
山自绵谷葭萌,道径险窄,北来负担者,不容息肩,谓之左担道。"我才恍然大悟,重新
又摘录《若水注》原文,并把杨校抄附于下。所以在廿八都,我读《水经注》是较前有了
长进,可以说逐渐奠定了做学问的基础。

　　这年双十节,同学组织了庆祝"国庆"的提灯会,多数同学都自制一盏手提小灯。
我记得是"多数同学",这是因为当时的这类活动,个人的意志是自由的,可制可不制,
不会受到什么压力。我就是未制小灯者之一,因为我的手工劳作技能一直很差,当时
班上在这方面最有本领的同学是阮克忠,我就在他的主持下帮助制作全班扛抬的一盏
大灯,以两个十字为轮廓,我们称它为"双十灯",并在这天晚上参加扛抬此灯到崇仁
镇游行一转。我之所以一直牢记此事,因为第二天我接到父亲的一封信:祖父去世了。
我捧着这封信,一时间头脑昏沉,呆若木鸡。父亲常常写几千字的长信,但此信却不过
两张八行笺。只是简单地告诉我祖父去世,而当时父亲与四叔都在上海,是接到电报
匆匆赶回奔丧的。父亲是因为钱庄与上海有些往来,非让他自己去一次不可。四叔则
是因为丽水毕竟交通不便,辞去了浙江地方银行的工作,而到上海去筹组一家钱庄。
所以两个儿子都没有如一般绍兴人所要求的尽到"送终"的孝道。但也说明了祖父的
去世比较突然,不是他们预料所及的。父亲知道我和祖父的关系,但这样的事是不得
不告诉我的,信的主旨是要我节哀,不要影响读书。祖父生于清同治四年乙丑
(1865),到民国三十年(1941)去世,按绍兴人习惯,享年77岁。父亲信上说祖父毕生
寄希望于我,只要我学业有成,就是对他的最好纪念。我当时只是悼念他晚年的不幸,
受到日本帝国主义侵略战争的祸害,抗战开始以后,他在多次言谈中表示了对日本军
阀的义愤填膺。在台儿庄大捷的消息传来时,他在谈论中眉飞色舞,甚至认为国军就
可以从此节节胜利。却不幸让他经受轰炸的惊骇、沦陷的屈辱,而最后见不到祖国胜
利,在沦陷的绍兴城里去世。一年以后,我才知道他年轻时曾经蒙受过"长毛举人"的
创痛,他实在是个不幸的知识分子。但是人世间事不可逆料,他在临终前或许会想到
自己的不幸,却怎能料得到在驱赶日本侵略者以后,还有许多比他更不幸的知识分子。
怎能料得到他自己的一个亲孙子陈庆镇(五叔的小儿子),1950年代从师范学校毕业,
到1968年,作为一个小学的教导主任,竟在残酷的"阶级斗争"中丧失了30年华的年
轻生命。

　　我当时只写了一封简短的信复父亲,我实在精神萎靡,毫无执笔的情绪。后来我

才知道，祖父的去世，与我五叔的客死他乡有关。五叔毕生大部分时间失业家居，在绍兴沦陷前一年暑期，依靠岳家的关系，携其长子去敌后临安一带打点杂工度日，竟不幸罹了痢疾之症，客死外乡。消息传来，五叔母当然哀痛欲绝。当时祖父身体已感不适，但尚无大碍，却因受此打击而终至不起。

因为祖父去世对我的刺激，此后很长一段时间使我变得沉默寡言，读正书更不用功了，唯一可以打发时间的还是《水经注》，我埋头钻读此书，又发现了不少感兴趣的材料。我想到，祖父自幼给我说此书故事，家里还藏着他的《合校水经注》，对我研究《水经注》不但加以鼓励，而且做过指导。所以我也唯有日读此书以寄托我对他的哀悼。当然，这些日子里，我仍不免出不知所往，入不知所息，有时终日昏昏沉沉。直到12月上旬之末，消息传来，才使我精神为之一振，这就是日军偷袭珍珠港而美国对日宣战。

尽管美国在此役中损失惨重，而英国在亚洲海洋中先后丧失了威尔斯亲王号战列舰（当时称为主力舰）和利伯尔斯号重巡洋舰。同学之间也颇有泄气的言论，但我的思想则极端坚定，我认为日军的最后失败和日本帝国主义的最后崩溃，从此可以肯定。

"警报袋"的覆没

美、英对日本宣战，虽然在初期败衄的消息频频传来，但是我的坚定信心绝不动摇，认为战争虽然还有时日，但结局已经完全可以预料。

民国三十年（1941）的除夕之夜，瞻山庙的戏台上举行欢送旧年、迎接新年的晚会，不少班级特别是简师部都要演出精彩的节目。全班同学都去看戏，会十九公祠的教室里只剩下我1人，仍在蜡烛下读《水经注》。我完全记得，这一晚我是为了《洧水注》中的"王孙、士安，斯为达矣"一句而沉思。在廿八都，我不像在花明泉那样地常上图书馆，但为了这一句，我却跑了几次图书馆，查了《后汉书·杨王孙传》和《晋书·皇甫谧传》。这两人是赞成薄葬甚至裸葬的，郦道元却称赞他们"斯为达矣"。我已经把这些内容摘抄了下来，并把《后汉书》和《晋书》的记载也摘录在内。我本来想在这些摘抄的文字下做点评语，但到底怎样置评，我实在举棋不定，因为我想到了祖父。祖父母的坟墓在谢墅马郎地，我每年扫墓看到的是他们的寿穴，在曾祖父母坟墓对面，是蔡元培题写的墓碑，墓茔全用石料，造得非常讲究，外观十分宏伟。祖母去世后，她的灵柩暂厝在偏门外严家潭，现在该是他们入土为安的时候了。但读到《水经注》这一篇，郦道元称赞王孙、士安，则相比之下，祖父母的坟茔也就算是厚葬了。我往年到谢墅扫墓,看到曾祖父母的墓茔和祖父母的寿穴,石工精巧,墓碑有名人题字,总为祖辈的归宿之地感到自豪。就是因为郦注此篇,感到有些疑惑。所以这晚上不去看戏,而留在教室细细思考此篇。

忽然听到同学们的高声谈论嗡嗡然从外而来,而估计时间远不到演戏散场的时候,显然是中场而回。他们一进来看到我还在烛下看书,马上高声大叫:疏散,疏散,敌军流窜了。原来演戏开场不久,从崇仁镇公所传来紧急情报,敌军开始流窜,矛头指向嵊县,所以廿八都当然必须疏散。于是戏停人散,大家准备逃难。因为事情来得突然,学校里也措手不及,一时拿不出具体的疏散方案。而崇仁镇认为消息确凿可靠,这么多师生集中在村里,风险实在太大。所以上台传达这个情报的教师曾做了一点说明,说消息来得突然,学校还得连夜开会商量,但疏散是燃眉之急,为了减少临时忙乱和损失,确实有路可走的同学可以不等学校的方案而先走。于是大家坐在寝室相互商量去路。上半年敌人占领绍兴时流浪到珩溪和壶镇的几位同学,明确表示,这一次不走,因为已经吃够了流浪的苦头。决定留守廿八都,若敌人到崇仁,廿八都目标太大,可以到附近小村暂避。再不然,回到绍兴去。他们以我为例,认为我当时返回绍兴是明智之举,既不吃流浪之苦,也不荒废学业。但另外有几位同学决定走,其中有一位与设在常山县绣溪乡的第三临时中学有些关系。他提出去常山,如果局势好转,我们再回来;若局势恶化,我们就留在常山,从第一临中转到第三临中,应该是方便的,何况原绍中教师也有在那里任教的。经过一番考虑,决定走的同学约有六七人,包括后来与我一起从沦陷区进入内地而至今经常见面的吴翊如在内。我也决定与他们一起走,但我不去常山,先到兰溪落脚,看看局势发展再说。年轻人动作快,加上有不少同学留守不走,于是稍稍整理了一点行装,半夜就开步走。我不必再带被铺,除了几件内衣外,就是一只"警报袋"。

摸黑到崇仁,终于找到了公路,这条公路就是从嵊县到义乌的,也是暑假后从兰溪来的旧路。这年天气很冷,沿途小溪冰冻,我们由于全身冬装,加上赶路,并无冷的感觉。民国三十一年(1942)元旦的中午稍过,我们走到了属于嵊县的长乐镇。日军每次流窜,总有飞机助虐,轰炸加上机枪扫射,造成许多生命财产的损失。长乐是个大镇,我们原拟在这里吃饭和休息,却没有料到这天上午刚刚遭受了日机的轰炸扫射,街上陈尸还来不及收拾,许多人正在痛哭流涕,实在惨不忍睹。我们刚想离镇,日机竟又隆隆地来到。当时情况紧急,我们在镇外公路上完全暴露,日机已经飞临头上,而且飞得很低。幸亏公路上有一条桥梁,因为河道不宽,桥梁不大,我第一个下水躲入桥下,河水冰冻虽解,但没及膝盖,其冷彻骨,当时也就顾不得这些了。敌机盘旋低飞,但由于躲在桥下,免于暴露,公路桥起了防空壕的作用,所以心中稍安。几位同学都伏身河边,有的没有下水,我因第一个下水,已经到了桥底中心,水流颇急,偶一不慎,我的"警报袋"竟落入水中,而且立刻漂远。当时,飞机声尚在头上隆隆作响,我束手无策,只好眼看其远远漂去。"警报袋"中是加了红点的《辞海》、《标准英汉字典》和《水经注》,还有几本我抄录《水经注》的笔记本,从此覆没了。一个新年的元旦,我所得到的竟是这样一张贺年卡,所以这个日子我永远不会忘记。

敌机盘旋约有四五十分钟,几次去而复来,我爬上岸时,鞋袜和裤子的一部分已经浸透。因为当时我身上负担轻,走在前头,下水快,所以遭遇最惨,多数同学都没有像我这样狼狈,而且他们还不知道,我的那只惨遭灭顶的"警报袋"中贮藏着我的多少心血呢。我们继续沿公路奔走,沿路随便买点吃的,到傍晚走到一个称为上胡的沿公路小村,因为有小客栈,我们就进去,我才脱下湿淋淋的鞋袜请旅馆老板为我烘干。次日上路,我成为负担最轻的人,因为"警报袋"已经覆没,我只剩一个放内衣杂物的小包了,沿路还可以帮别的同学提点东西呢。我们经过歌山,大桥已经修好。运盐的车辆还是很多,但为了节约羞涩的口袋,多数同学决定继续步行,所以在歌山吃了中饭后,继续向东阳方向前进,晚上又在沿路的一家小客栈宿夜。这年1月3日晚上,我们终于到了义乌。

我们已经走了3天多,拖着疲惫的身子,以为可以从这里搭上火车。但义乌却给予我们一个恐怖的消息:鼠疫流行,最近加剧,火车已经不在这个车站停靠。我们在站上看到一个义乌人由于车子不停靠而从车上跳下来,立时昏厥被几个人抱走,生死未卜。我们当然也很害怕鼠疫。而我自从那年堂叔陈选芝怂恿我投考贵阳医学院后,曾经看过几本医书,知道这种西名称为百斯笃(pest)、中国称为黑死病的可怕传染病,过去曾在东北流行过,造成人们不敢处理死者,任其腐烂于床上,流行地区十室九空的惨状,而在此一年前,宁波也曾流行,不得不火烧开明街疫区。我在义乌站上把我所知道的鼠疫情况向同学们说了一番,大家立刻决定,不在义乌吃东西,并且随即沿铁路走30里到义亭,在义亭候车。这30里路,又冷又饥,走得十分狼狈。当时已经知道这一带几次出现鼠疫疫情,都是日机投掷细菌所致,实在刻骨痛恨。到义亭已经深夜,无处可以购食,只好忍饥候车。半夜以后总算有车驶来,到金华已经黎明,此车终点站为兰溪,除我1人外,其余同学都下车转搭上行车去衢州。车在金华停靠甚久,我于午前第三次抵达兰溪。

我在义亭上车后已经想好,到兰溪后的第一件事就是托舅父的学徒潘慎远为我去搜购一册《水经注》,因为在"警报袋"中覆没的一册,就是在他的引导下购到的。遗憾的是,他立刻前去搜索,但连续两天毫无收获。我实在忧心忡忡,假使没有此书,我在高中的以后日子将怎样打发?不读《水经注》,另外有什么东西可以代替。"警报袋"

里的字典不过留作纪念的意义,我已经不在乎。但我又从哪里去弄到一本《水经注》来呢。

此番我到兰溪时,舅父和八外公都因钱庄的事去了金华,两天后才回来,他们很高兴,因为在报纸上看到敌人流窜的消息,正在为我担心着。由于我的来到,八外公也在义和店堂上坐下来,当时,我正在为《水经注》的事而心神恍惚,他们和我说了几句话,我的情绪立刻有了变化。舅父说,从昨天的报上看,敌人的流窜已经停息了,他不希望我到常山念第三临中,因为这是一所完全新办的学校。而且他在报上已经看到,第一临中将恢复绍兴中学校名(我也已知道)。他要我这年暑假即来兰溪,然后到江西考大学。他和八外公都知道,念完两年高中,是可以用同等学力投考大学的。他说他早已因此事与我父亲通信,而父亲回信说,此事由舅父做主。八外公从旁竭力赞成,说我暑假后进大学可以稳操胜算。不过舅父显然比较慎重。他说我决定考大学则要做考大学的打算,要我下个学期不要再如父亲所说的"弄七弄八",要上心念正课。这天中午,八外公径拉我到外面吃饭,说是为我接风,邀舅父和十外公作陪。整顿饭的时间里都谈我上大学的事。似乎我已经榜上有名了。舅父要我当着兰溪的3位长辈面前说一句,是不是决定考大学,因为他还要和我父亲商量。其实,读完两年高中投考大学的事我是早有此意的,但今天他们这样郑重其事,我却并未料到。我当场同意了他们的主张,至于考什么系科,我说还没有考虑好。饭后,八外公径回穗茂,临走说了一句话,说暑假后我成为一个大学生,他可以向老笑(指我父亲)担保。

他们都把我估计得很高,其实我自己也是不甘示弱的。回到义和以后,我向舅父说明所谓"弄七弄八"的问题,我的"弄七弄八"的习惯,实际上是由祖父引导的。我念小学的时候,祖父的家教实在都是"弄七弄八",我的不上心念正课也是从小学就开始的。现在既然决定用同等学力考大学,则下学期仍然不能上心念正课,因为不念高三而考大学,我得在这个学期中补习一些高三的课程。否则怎样称得上"同等学力"。我没告诉他我要潘慎远买《水经注》的事,因为已经知道无法买到。我说明天要潘慎远陪我去买几本书,是属于高三课程的。当时,《水经注》的烦恼已经驱走,我思想上有了转变,确实考虑买几本高三课本做准备。这样,我虽然仍无上心念正课的打算,但时间不会白白浪费了。

次日潘慎远陪我去江边买书,他已经知道舅父他们要我考大学的事了。书店里教科书很多,从小学到高中,门门学科都有。我先买了高中解析几何学和物理学,都是商务的版本。又买了一册《范氏大代数》,因为我们学校里用的是开明版的高中代数,但据我所知,不少学校是用《范氏大代数》的,所以我也得看一下。又顺手买了一册《温特华斯几何学》,这是一种平面几何课本。里面有些特殊题目,记得高一时,有同学在此书上翻到一条貌似简单其实繁难的题目：三角形两底角平分线相等，求证此三角形为二等边。好事的同学存心开数学教师蔡泽安的玩笑，他一进课堂就提问这条题目，蔡在黑板上演算，加了一条辅助线，意欲用两个全等三角形来求解此题，结果挂了一堂课的黑板。由于我还记得此事，既然看到此书，也就买下了。我的重点当然是解析几何和物理，因为都是高三的主课，而且据我所知，这些学科常常容易让命题者出偏题，我已经在报刊上看到过一些有关这方面的报道。失去一道题目就要失去许多分数，而我的性格是，即使以同等学力报考，我仍然要以高分录取。所以我颇担心考场中遇到偏题，因此这两门课必须补习好。

新书买到后，我开始用笔记本补习这两门功课，"警报袋"覆没的事也就慢慢淡忘了。

三返廿八都

在兰溪住了几天以后，中学的寒假开始了，在金华念书的庞世诚和朱泽民托便人带信来，他们知道我在兰溪，但他们这个寒假想留在金华，希望我也到金华去。我其实是想回廿八都，既然已经决定补高三的课，回廿八都比在外面有利。因此我决定去金华，作为一种回廿八都的过渡。

到金华住在穗源里，几个年轻人在一起，一天到晚聊不完的话，当然没有做功课的时间。我考虑回廿八都的走法，这回与去年暑期不同，身上没有负担，在兰溪买了四本书，还不及覆没了的"警报袋"的重量。而且铁路终点已延伸到诸暨的安华，从安华去廿八都，比走义乌、东阳一线要近得多，何况义乌站是不能停靠的危险地方。我在高一时的诸暨同学孙源滢，与我关系很好，他后来因为休学，所以比我低了半年，但彼此见面时仍谈得很好。他已结了婚，住在诸暨斯宅村的洋房子里。他知道我假期要回兰溪，曾告诉我，斯宅是从安华到廿八都的必经之地，我如过斯宅可以去找他，洋房子在那里很有名，一问就知道。我考虑利用这种关系。

在金华住了四五天，有一天与世诚、泽民上街溜达，忽然听到有人叫我的名字，竟是到常山第三临中去的一伙，叫我名字的是吴翊如，他们从常山到金华来了。攀谈之下即明白了事情的大概。由于第一临中已经恢复绍兴中学原名，而敌人的流窜已经结束，退回到原地去了，所以常山的第三临中没有接受这批学生，要他们回到廿八都去。对我来说，这次在路上的邂逅很是幸运，不仅是不必单枪匹马地做这次返程旅行，而且是一个离开金华的很好理由。于是第二天就坐火车到诸暨安华。到安华的时间大概是中午前后，我们随即上路，傍晚走到璜山，璜山在当时是这一带的大镇，我们找了个客栈宿夜。当晚我告诉同学们，我们明天到斯宅找孙源溁，因为孙曾经与我谈起过，我在廿八都和兰溪之间的旅程中，可以顺道在斯宅与他相聚。虽然他邀请的只是我一人，现在却有六七人前去打扰，不过元旦前夕的这场事变他当然清楚，对于这些匆匆奔走的难友，他想必也能欢迎。

次日一早上路，与东阳、义乌的公路完全不同，我们走的虽然也算一条大路，但其实是条盘旋于群山之中的崎岖山路。傍晚以前赶到了斯宅。斯宅村在山道的南侧，是一座古色古香的大型聚落，"斯"在中国姓氏中属于少数姓氏，我至今未曾研究过这个姓氏的渊源来历，但据说这里确实出过不少文化界名人。孙源溁住在此村，而且住在从路上遥瞰就可见到的一座洋房子中，显然得天独厚，因为据说他父亲是诸暨县城的巨子，可能与此有关，不过我与孙的交谊之中，并未谈及他家庭之事，只是一种猜想。进入村子以后，我们并未问路，因为洋房子就是一个显著的标志。叩门而入，孙见到了我们这些经过奔波显得褴褛的不速之客，当然出乎意料，但是热诚欢迎。

孙是这年元旦从廿八都返回斯宅的，比比我们在除夕中夜狼狈上路，而又在长乐遭遇敌机轰炸扫射的一伙，当然舒逸安泰。不过他原居诸暨，斯宅是他战时迁居之家，洋房子虽然鹤立一村，比起县城，仍然不可同日而语。我们畅谈了自从除夕瞻山庙演戏过程中的突变以后的种种事件，直到上灯时分，他招待我们吃了一顿丰盛的晚餐。洋房子确实很大，房间很多，餐后又安排我们过了一个舒适的夜晚。由于我们决定次日当天赶回廿八都，路程甚远，他唯恐我们路上腹饥，第二天一大早以蛋炒饭充实了我们的肚皮，然后他一直送我们到村外道别。

这里穿插一点对孙源溁的回忆。那年离开斯宅后，一路上几位同学都表示对他的热诚接待不胜感谢，而且也知道他的接待是因为与我的交谊。他确实是我在绍兴中学高中时期比较熟悉的一位诸暨同学，斯宅接待以后，他当然也返廿八都上学，他由于休学比我低了半年，这学期我们迁住到会十九公祠邻近的绿野公祠，而他们高春二迁入了会十九公祠，彼此相邻，有时仍见面聊聊。虽然各不知对方的家庭渊源，但是彼此绝不疑虑，可以说是无话不谈，包括对美、英参战以后的抗战前途，两人意见也甚一致。这个学期我还帮他做了一件事。他们的国文教师是承天中学曾经教过我的蒋屏风，当时在绍兴中学国文教师中也小有名气。在他们班中的第一次作文，他出了个《新绿》的命题。孙感到这个题目不好写，而第一次作文必须给教师一个好印象，因而求我代写。实际上我知道他自己也写得不错，求助于我是说明他对这位新教师的第一次作文非常重视。而《新绿》这样的题目，在当时绍兴中学国文教师中，也只有蒋屏风这样的新派人物才能拿得出来。因为我记得起韦庄词，前面半阕凑得上这个题目：

　　春雨足，染就一溪新绿，柳外飞来双羽玉，弄晴相对浴。

我就以这半阕开头,为他写成了这篇作文,后来因为在课上表扬了这篇作文,他感到很高兴,立刻告诉了我,他说他既光彩,又很不好意思。其实这类事情绝不同于考试舞弊,我在初三时,由于图画画得不好,也曾请比我低一班的一位同学做过枪手。自从这一次《新绿》代庖事件以后,接着又逃难,而且从此分散,彼此没有再见面,也没有联系。

1954年春,我到杭州浙江师范学院执教,半年抑或一年以后,在市内遇见了他,阔别多年,当然有许多话要说,知道他后来到大学念农学院(或许是英士大学),毕业后在浙江农科院工作。我也告诉了他关于我的情况:大学只念了一个学期,签名从军,复员,当中学教师,然后来到浙江师范学院。突然见面,不过是在六公园找了一把椅子,两人并坐,谈了四五十分钟。虽然彼此留了地址,以后也不曾通信。不过我感觉到,从这一次偶然重逢和叙谈中,发现他和在中学时有了颇大的变化,也可以说他是老成持重,也可以说他是反应迟钝。我当然也比较天真,不从多方面为他着想,只是看到表面现象。不过后来有一次到华家池浙江农学院听关于苏联的"先进"土壤学的报告,有一位来自农科院的熟人谈起,说孙源滢加入了共产党,思想很进步,工作也很努力。我倒是为他高兴。而且我也谅解,当时确实有一些知识分子,加入了共产党以后,对过去的老朋友,或者心有顾虑,或者就疏远了。这是那个时代的比较普遍的现象,我当然不会计较这样的事。以后也没有见面的机会,也就慢慢淡忘了。

"十年灾难"以后,在一次什么会上,忽然听到有农学界的人说起,浙江农科院在灾难中受害不浅,例如孙源滢,工作很有成绩,但也受不住残酷迫害而自杀。在那些年中听到人们谈论在"文革"中被迫害致死后来平反昭雪一类的事甚多,但对于这位熟人的名字,我听了不禁愕然。我不知他自杀在什么时候,因为1967年的某一天,杭州大学地理系的造反派曾率领全系革命师生和牛鬼蛇神到池塘庙农科院劳动一天,中饭以后曾在该院礼堂举行一个批斗会,批斗对象有3个,除了地理系主任和我以外,还有该院的前负责人土壤学家程学达。假使孙源滢在当时尚未自裁,他一定还能在座位上看到身挂大牌作喷气式姿态的老同学,若如此,不知他当时作何想法?而现在,只有我对他的默默悼念了。

从斯宅到廿八都确实是一条不短的路程,我们几个年轻人的脚步不慢,但赶到廿八都时已经接近半夜。幸亏不少同学都留守在那里,让我们这些流浪了近20天的人有回到家里之感。特别是第一临中的牌子已经摘掉,我们又是绍兴中学学生了。

廿八都与我们逃离前一样,还是安安静静,锦相公祠的校本部大门口挂上了浙江省立绍兴中学的牌子,学校正在忙于春季班高中、初中、简师的招生工作,事务处职员则忙着做修理校舍、调动各班级宿舍与教室等工作,我们随即从会十九公祠搬到附近的绿野公祠,与前者相比,这里虽然较小,但是更安静。我反正已经决定,这是我在廿八都的最后一个学期,暑假一开始就去兰溪,然后到江西以同等学力投考大学。《水经注》的覆没已不足惜,因为我的时间要花在解析几何和物理学上面了。当然,在同学们之间,我的计划是守口如瓶的。过去如背字典、译《纳氏文法》等等,我也没有声张过,在同学们的心目中,大概与我父亲一样,认为我是个读正课不上心,而经常"弄七弄八"的人。

接着,这批流浪汉在廿八都过 1942 年的农历除夕和春节。战争开始以来,我虽然曾在破塘和王墩泾两次过了这个节日,但到底还是一家子在一起的。这一年算是我单独在外过年。"每逢佳节倍思亲",也是我第一次有这样的感受。

【附记】

此篇完成后不到一个礼拜,诸暨市旅游局接我们夫妇去该市参观去年批准的全国文保单位"斯宅古民居建筑群",其中最主要的是"千柱屋",也称"斯盛屋"(门框横额"于斯为盛")。2002 年 3 月 27 日上午派车接至诸暨,下午即去斯宅。看了几所古民居建筑,我当然关心斯宅"洋房子",而"洋房子"确实仍然存在,只是外观陈旧,今非昔比了。走到房前,见大门上挂了"老年活动室"牌子,但门窗紧闭,实无老年人活动。大门外徘徊良久,溯昔抚今,倍感凄怆。附近尚有老一辈人,与他(她)们谈及"洋房子"沧桑,颇能追述往事。知此屋确曾有孙姓居住,屋主人多迁去台湾。此屋 1950 年代后即收归公有,以后迄未见屋主人回来云云。我即景生情,赋诗一首:

风风雨雨六十年,是是非非谁能言,

我到斯宅吊亡友,悠悠生死两茫然。

60 年前在此村一宿,60 年后又来到此村,确实是一种巧合。而且更有巧合者,在诸暨县城一宿,因与绍兴市志办公室有约,次日午后即返回杭州,而绍兴随即接我们夫妇去绍,次日上午,60 年前同宿斯宅"洋房子"的吴翊如到绍兴饭店相访,我立刻与他谈及前日重访"洋房子"事,他亦已知孙源滢的不幸遭遇,相与叹息久久。

廿八都(二)

春节以后不久,一度易名的省立绍兴中学开学,教职工都没有变化,潘锡九任校长。自从学校迁乡以后,同学很少有挂校徽的习惯,这个学期开始,却有不少保藏了老校徽的同学,特意又把校徽挂在胸前,可见师生对母校的感情确实是很深厚的。所以

1987 年、1997 年的 90 周年和百年校庆中,不少身在海外和台湾的校友,都是耄耋老人,纷纷来信来电,有的还跋涉前来参加,也就容易理解了。

　　我对正课仍不上心,不过也不再"弄七弄八",而是上心于下一年即高三的正课——解析几何和物理学,偶尔也做几道《温特华斯几何学》和《范氏大代数》的习题。我对正课不上心,很重要的表现是上课时做其他工作,或者是心不在焉,思考其他问题。不过其中有两门课例外,一门是英语,因为屠长林视我为"尖子",常常叫我名字,要我以某一字汇或短词造一个例句,也常常提问,要我解答问题。例如有一次讲文法,要用 sleep 这个所谓不及物动词作为一个及物动词造个例句,全班都茫然不知所措,但在《纳氏文法》中,这样的例句俯拾即是。他点了几位平时算不错的同学,但他们都红着脸,结结巴巴地不知所云。于是就点到我,我脱口而出:I sleep a sound asleep last night。他禁不住说了一句,说我们班上的英语程度差距很大。为此,英语课我实在也不上心,但却要留神,因为他常常点我的名。

　　另一门课是国文,在绍中,自从我插班进入初秋二以来,久闻姚轩卿的大名,我们当然轮不到他的课。而这个学期,国文教师居然就是他。绍中的传统,国文教师很少使用教科书,一般都是自编讲义,选些名家作品,请书记(当时称缮刻讲义的职员为"书记")用蜡纸刻写,然后油印。这里赘述几句,当时,教师接了聘书到校任课,他教的课用讲义抑用教科书,由任课教师全权决定,事务处(后来称为总务处)只是按他的通知采购,谁都不能干预此事。抗战胜利以后,我在中学当教务主任,当时有的课程如国文之类,出现了正中书局的所谓"国定教科书",但也有教师抵制,不用它而改用别的,或自编讲义。在学校里,包括校长和我,都认为这是很平常的事。既然聘请了他,采用什么课本,决定权当然在他。

　　姚轩卿当然也用他选编的讲义。他第一次到课堂讲课,我们因为久闻他的大名,大家肃静听课。我从初一到高二,由于中间转学一次,又因战时时局不定,教师更动频繁。国文教师已经换过 10 人以上。其中初三的杨鉴吾,学有根柢,我很佩服,不过由于年事稍高,兼之口才不好,所以当时班上也有不少同学不爱听他讲课。而姚轩卿的第一堂课,讲的是文天祥的《正气歌》。此篇我是早已读过,而且能背,班上也有少数同学曾经读过,但是听他讲解此篇,的确与众不同,引人入胜。虽然这学期由于日军发动浙赣战役,学校中途疏散,但他的课给同学留下了深刻的印象。

　　我因为已经决定暑假开始就离开廿八都到兰溪,然后转道江西以同等学力投考大学。兰溪的舅父与绍兴的父亲就这个问题往返了信件,父亲写信给我,非常赞同我的打算,并且正在准备经济上的支援,事前把款项套汇到兰溪,以便我在兰溪支用。我自己心里也很安定,一心一意地利用时间,补习解析几何与物理学,前者实在不难,所有习题我都演算得出来。后者从教科书的内容来说,也是容易理解的,但有些习题比较困难,不过基本上也能解决。这个学期跑图书馆较勤,主要是为了借阅有关大学入学考试的书籍,特别是历届考试的试题。但绍兴中学图书馆,这方面的资料不多。所以我又通过兰溪、金华和贵阳的堂叔陈选芝等处索取这类书刊,各处都有一些寄来,我都比较仔细地翻阅。给我的印象是,大多数情况下,试题并不困难,但也有一些难题和偏题,其中以数学和物理学出现难题偏题的可能性最大。我的自我感觉是,按照当时手头所有的这些资料,我以同等学力考上大学不成问题。但我要考名牌大学,而且必须以高分录取,这是我当时坚定不移的心愿。后来回忆起来,我当时的心态,实在也属于好高骛远。这与我从小学到高中求学过程中的一帆风顺有关。虽然“弄七弄八”,读正书一直不上心,但除了体育、劳作、图画3门以外,其他功课在成绩单上多数超过90分。加上祖父的专宠,亲戚的抬捧,某些教师的钟情,养成了我从内心到外表的这种睥睨一切的性格。其实在当时,我一方面对名牌大学和高分录取萦萦于怀,但另一方面对于到底报考什么系科,仍然心中无数。说明了我其实相当幼稚。

堂叔陈选芝劝我学医,祖父曾从旁说过“儒医”一语,对此,父亲与某些亲友都表示首肯。我的体会是,他们希望我学得一技之长,可以安个家,稳稳当当过日子。当时绍兴几位从大学医科出来的医生如李大桢、张爱白、张华甫等,他们都开了私人医院,经济地位与社会地位都不错。我也想到过学医,不过是一种退而求其次的出路,假使另外没有什么系科可考,则到贵阳医学院去也无不可。

自从知道了中央政治学校有外交系以后,这一条路是我常常想到的。我的想法是自己的英语功底较好,读这个系容易,特别是孩提时孙福元(伏园)对祖父的一次拜访,听他讲了好多外国见闻,很想到外国走走,则读外交系显然是条捷径。虽然我也因此常常注意诸如颜惠庆、郭泰祺、顾维钧等外交人物的行踪和言论,但我并不奢望当官,因此我绝不考虑投考政治系一类的系科,因为当时消息传来,绍兴中学的第一届高中毕业生中,已有高材生考入了中正大学政治系。有的同学在言谈中吐露出羡慕之意,但我对此确实不感兴趣。

我想得较多的是中央大学和西南联大,因两校都有名教授。我曾想到投考这些名校的中国文学系或历史系,因为我所知道的名教授都在这些系中。后来我也考虑过地理系,这显然与我在《水经注》上花了许多时间有关。不过这个问题没有最后决定,只是想等到学期结束到了兰溪再说。

这个学期我在廿八都思想安定,心情舒畅,除了决定暑期考大学而且自己认为有充分把握以外,我对战争局势的看法也有以致之。我始终认为,美国既然已经参战,虽然由于偷袭而造成损失和败衄,但局势必然很快就会改观,日军的败局已经注定,战争形势不会再有很大的变化了,这或许也犯了台儿庄大捷以后祖父以为抗战胜利在即的同样错误。而轰炸东京这一事件的发生,更使得我的这种胜利在即的思想的进一步加深。

这年4月中(后来查得资料是4月18日),一个风雨交加的晚上,我们正在绿野公祠的教室夜自修,忽然听到飞机声隆隆而过,并且时间持续较久。当时就有同学猜测是美国飞机,因为衢州建造大型机场的事我们大家都知道,这飞机声可能与衢州机场有关。次日午后即传来消息,昨晚的飞机声确是美国飞机,是轰炸东京以后飞到衢州机场着陆的。不久又获悉,有几架飞机飞不到衢州机场,而在浙江几个地方迫降。但美机开始对日本本土进行轰炸,这是事实。这件事在廿八都绍中同学中造成的轰动是空前的,大家似乎都看到,抗战胜利的日子就在眼前了。后来在《东南日报》上看到了正式刊载的报道,美国不仅轰炸了东京,并且还轰炸了名古屋和大阪等其他城市。当然,对于这些飞机从哪里起飞,后来又在浙江什么地方迫降等细节,我们不得而知,但是确实大大地鼓舞人心。我甚至想到,我上大学的地方,是否还在重庆或昆明呢?

一两年后,我在内地看到了一本翻译的小册子,美国杜立德准将所著,书名就叫《轰炸东京》,这次轰炸就是杜立德领导的。让我明白这天风雨之夜廿八都听到隆隆机声一事的始末。正是因为有廿八都的回忆,这本小书对我来说实在是引人入胜,我立刻把它读完了。

杜立德一开始就指出,上级交给他轰炸东京的任务,其意义在于对日本的一种精神上的威慑,并不计较轰炸的实际效果。目的要让日本人知道,美国飞机可以轰炸日本本土。整个事情的关键在于重型的B25轰炸机怎样在最接近日本的基地上起飞,在当时,除了航空母舰以外,别无其他办法。所以首先必须培训一批能驾驶这种重型轰炸机在很短的航空母舰跑道上起飞的飞行员。这批飞行员是用志愿的方式招募的,只告诉他们要执行一项危险的任务,但并不说明具体的内容。训练就在靠近美国海岸秘密停泊的大黄蜂号航空母舰上,让飞行员练习在不长的航母跑道上驾驶B25起飞,然后在附近陆地上的机场着陆。具体的任务是逐步宣布的,每一次宣布后,都允许不愿执行任务的飞行员自由退出,而每次确实都有人退出。最后一次宣布轰炸东京的任务后,仍有一位飞行员退出。读这本小册子除了回忆廿八都的往事以外,也让我很感动。美国是个实力非常雄厚的强大国家,而构成这个国家的全部实力的内涵中,也包括民主在内。

4月份的轰炸东京是太平洋战争爆发以来最振奋人心的消息。从这一天以后,夜自修时常有人跑到天井里去倾耳细听,希望再次听到飞机声。飞机声始终没有听到,而5月上旬却听到了一个令人丧气的坏消息,而且这个消息是由省教育厅直接下达文件的。文件的大意是,日军正在集结大量兵力,将在浙东发动一次大规模的军事行动,绍兴中学应该立刻准备向后方撤退。文件中并通知学校,迅速派人去省教育厅领取应变费。说明这不是一次流窜,也有消息说,日军的行动是要占领衢州机场。于是学校的一位姓虞的事务主任随即前往永康,而撤退的组织也建立了起来,学校停课,人心惶惶。家在诸暨和嵊县的同学立刻卷起铺盖回家,我原有直奔兰溪的打算,但听到日军这次军事行动要占领衢州机场,则金华、兰溪也都要逃难,所以就犹豫起来。

由于几年来多次逃难,每次逃难都要吃许多苦头,所以师生在心理上都怕动,都想静下来看一看形势再说。开始是静悄悄的,似乎什么都不曾发生。班级里由于诸暨、嵊县同学的离去,只剩下我们绍兴城乡同学十余人,大家都不愿走,而且心存侥幸,希望这一次也和元旦那次一样,风头过去,学校又可复课。我也有点这样的希望,所以仍然温习解析几何与物理学。但是沉寂的时间不过一个礼拜,暴风雨骤然降临,飞机频频临头,而且不断用机枪扫射。枪声和炮声都清晰可闻。学校因为廿八都村子太大,临时组织仍然留在学校里的师生到附近几个小村暂避。避了两三天后,消息传来,日军已经进驻嵊县、诸暨等地,并且向金华、兰溪进军,廿八都已经被抛到敌后。在这样的形势下,绍兴的同学只好打算返回绍兴老家。两个学期的廿八都学习生活结束了。

第二次当"顺民"

绍兴同学家在乡间的,回家并不困难,比较麻烦的是城里人。在所有十余位绍兴同学中,大概只有我有当过"顺民"的经历,而且还有一张"良民证"留在家里。在商量中,我提及去年我回绍兴城里是从东关落脚的,而班上恰恰有一位同学徐执中,他的家就在东关,他慷慨地邀我到他家落脚,然后回到城中。而城内另外还有一位同学谢让能,也应邀与我一起去东关他家。于是我们就一起上路,从孙家岭上的一条岔路到汤浦,当晚赶到何家溇徐执中的亲戚家留宿一宿,次日午前就到了东关。谢让能由于还没有当过"顺民",办"良民证"需要一些时日,只好在徐家多住几天。我当然急着回家,第二天徐执中就请人上城到我家取来"良民证"。大概是这一年的 6 月初,我又一次当"顺民"回到家里。最大的变化是没有了祖父。这件事,我从离开廿八都翻山越岭的道路上,在东关到绍兴的埠船里,一直盘结在心头。多年来,我回家第一个看到的就是这位老人,这一次我早已准备了承受这个极大的变化。但是越走近家门,心底里的波动也就越大。从大明堂踏上大堂前,我尽量克制自己,目不左移,因为左侧就是祖父的书房。还没有进入后退堂,父母妹妹都出来欢迎,但是我似乎视而不见,听而不闻,他们问长问短,我常常恍恍惚惚,答非所问。我明白,生老病死原是人人都要经历之事,但我却又感到,没有了祖父,这个家好像不成其家了。当时,我早已读熟了李清照的全部词作,"物是人非事事休"的感觉在我心中十分强烈。我也知道我的这种心态是不健康的,祖父必然也不希望我这样,我需要用时间来慢慢克服它。

在花明泉初中毕业班时,国文教师杨鉴吾教我念过归有光的《项脊轩志》,说这篇文章写得甚有感情,而且符合实际。他在全堂村的老家台门,原是全村有名的大宅院,就是像项脊轩这样地败落的。由于他的推荐,我很快读背了这一篇。这次回家,实在是我过于敏感,由于哪一房在大堂前放了两张凳子,其实是暂时放置的。又看到后退堂和后天井似乎显得杂乱。立刻感到,祖父走了还不过 8 个月,我们家就走向项脊轩了。1990 年代末,绍兴市城市建设档案馆屠剑虹主编巨型照相集《绍兴老屋》(西泠印社,1999 年),要我为此书写《绪论》,我在文中提出了绍兴老屋衰败过程的"项脊轩现象"。绍兴市城建委主任钟华华在此书《跋》中,也指出了"这种陈桥驿先生称之为'项脊轩现象'的出现"的话。这个词汇其实是我当年回家时就想到的,而事实是,当时我家还没有出现"项脊轩现象"。

我走进卧室,床顶上的《佩文韵府》和《资治通鉴》高高在上,而且由于父亲估计到我的回家,显然事前做过拂刷,书上没有积尘。看到这两部书,心中当然又别有一番滋味,而且也给我一种心态失调的转机,祖父对我的希望就是做学问,我必须把对他的哀思转移到专心做学问之上,我终于习惯了这种失落感,逐渐安定下来。

现在我手头有书了,这年元旦在长乐轰炸中覆没于"警报袋"的世界书局铅印本《水经注》,家里有的也是这一本,笔记上抄录的一些,我可以回忆起来补记。此外,对于我特别重要的是考大学,现在距离大学考期还有两个多月,日军大不了是占领衢州,我还可以到江西或更远的内地赴考。此番离开廿八都时没有带书,因为我知道,这类教科书在绍兴旧书摊上是很容易买到的。

我回家次日就上街,从蕙兰桥到轩亭口之间,旧书摊反而多了起来。旧书很多,五花八门,样样都有。像正中书局出版的《蒋委员长西安半月记 蒋宋美龄西安事变回忆录》这样的书还放在架上,吴敬恒(稚晖)的题字特别显眼。日伪并不注意思想控制,否则是不会把这种颂扬"渝方"领袖的书放在旧书摊上的。我很快就买到了解析几何与物理学,并且不止一种,有一本寿望斗编的《高中物理学》,因为寿是绍兴中学教师,我也买下了。此外还买了《范氏大代数》等几种,不到一个上午就满足了我的需要。我心里明白,这两个月时间,我不能再"弄七弄八",而是必须上心于这些教科书,目的是为了以高分考上名牌大学。

我把我的计划告诉了父亲,他当然同意,因为以同等学力报考的事,是舅父早就与他商量过的。只是当时金华、兰溪正处于酣战之中,从日伪报上所见,金、兰似乎已经沦陷，但衢州并无被占消息。父亲努力通过上海的钱庄打听金华、兰溪钱庄的消息，因为知道了这些钱庄的消息，也就可以知道舅父的去处。这不仅是我需要，也是外婆她们迫切需要的消息，但是好久未能获得确讯。直到7月初，日伪报上登出了日军打通浙赣线在横峰会师的消息，而比此早几天，舅父从兰溪游埠寄发的信也已经收到。当时的形势是，金华和兰溪的钱庄都暂时避到乡下。从舅父的信上得知，游埠尚未沦陷，但问题是，浙赣全线都在日军占领之下，我怎样能到游埠去呢？

同班同学家在城内的约有六七人，他们在这一个月中都已先后回家。比我们高半年的春季班，也有三四位同学与我相熟，我们也都碰过头，其中有的已无继续到内地求学的意向，少数仍然希望到内地读书，也苦无消息，感到一筹莫展。从廿八都跟着学校撤退的同学有了一点消息，他们开始在新昌西乡镜岭脚暂住，后来到了天台县的街头镇，据说绍兴中学有可能在街头恢复。省教育厅为这些流浪学校确实花了极大力量，但我因早已决定投考大学，而且估计录取不成问题，当然不会再考虑到天台继续念高三的事了。

7月中旬以后，局势仍然动荡，敌伪报上还不断有"皇军"在江西和浙南获胜的消息。我当然非常焦急，而且眼看到8月份进入内地投考大学的希望已经十分渺茫。父亲看我终日坐立不安的样子，他认为只能稍安毋躁。什么时候有了去游埠的可能就什么时候走。到那边暂住下来，今年考不成就明年考。我也感到舍此没有别的办法。回忆4月份听到美机轰炸东京的消息时，总认为局势不会再有大的跌宕，暑假以后上大学的事是唾手可得的。想不到竟和那年看到台儿庄大捷的消息一样，战局还有这样的起伏，至于第二次回到沦陷区当"顺民"。而且眼前与第一次不同，一时还摆脱不了"顺民"的身份，因为金华、兰溪一线道路不通，我就无路可走。

解析几何与物理学已经大体温习了一遍，而且做了一些繁难的习题，假使考场上不遇难题偏题，则让考卷获得高分，看来已不成问题。绍兴旧书摊上的缺陷是买不到历年高考的试题或解答之类的东西，而在城内的同学包括比我高半年的，都没有像我这样的打算，所以既无处商量，也借不到。按照当时我手头所有的资料，我已经算是上心读正书了。在这样的情况下，"弄七弄八"的事不免又要抬头。不过和我在初三、高一时代毕竟不同了，一则因为祖父已不在，他随时加予我的课题没有了，而放在床顶上的两大部书，《通鉴》我已用石印本读过两遍，《韵府》我只是大体翻过一下，决心不读。所以在"正书"以外，我的时间，只花在英语和《水经注》之上。因为考大学的梦正酣，这对我毕竟是头等大事。我还得经常照顾一下我不曾学过的高三功课，并且还翻翻代数、平面几何与三角，这些都属于大学入学考试的命题范围，而且都有可能遇到这方面的难题偏题。

　　由于祖父的去世，五叔祖陈幼泉成为我与祖父一辈中接触较密切的人。其实在老一辈中，除了祖父以外，我和他的关系一直比较密切。他一生没有成家，更谈不上立业，显然是因为曾祖父母对小儿子的宠爱所致。但他除年轻时花钱大手大脚以外，并无其他不好的品行，喝茶，抽水烟，但不喝酒。曾经有过一段与一位寡妇同居的经历，我不是很清楚，但不过几年，以后就一直独身。他爱好文学，能玩弄多种乐器，并写得一手好字。我的胡琴拉得相当熟练，洞箫也吹得不错，都是他从小教的。他本来整天都泡在适庐茶园喝茶，或许是为了节省一点钱，也或许是年老精力不济，我发现他已不喝下午茶了，整个下午都在自己房里，有时翻翻旧书，有时弹弹琵琶或三弦，所以下午到他房里去很受他的欢迎。这次回家，由于已经没有了陪祖父吃饭和谈论学问的机会，因而常到他那里坐坐，或者是聊聊天，也或者是他用琵琶或三弦，我用胡琴或洞箫，两人合奏一会儿，奏的多半是《梅花三弄》以及平调（又称平湖调）的序曲即所谓"襄衣谱"。这些都是小学高年级时他教我的。他非常推崇我，记得有一次在上坟船里，当着许多人的面，与祖父议论陈氏第三代，认为只有我可以继承祖父的学问。所以我到他那里坐坐，对他来说是求之不得。而我则因内心苦闷，眼看这第二次当"顺民"当不出头，也愿意到他那里合奏一曲，解解心头的忧愁。

　　从6月到7月，7月到8月，由于奔赴内地投考大学的希望越来越小，我的情绪则越来越坏，我到五叔祖那里的次数就越来越多，而结果发生了一件事前没有预料到的事情。

粉笔登场

　　大概是9月初，报考大学已经完全无望了。一个下午在五叔祖处闲聊。他忽然与我谈起一件事，他说此事放在他心头实已很久，因为我做学问忙，他不便启齿。但现在看来我投奔内地已经暂不可能，所以他才把此事说出来，看看我的意见。他说他有好几位茶友，自然都是世家子弟，其中还有与祖父熟识的。他都报得出姓名出身以及与我家的关系。这几位茶友都想一睹我的"丰采"。他们有的知道我幼年背诵《学》、《庸》的故事，有的知道我考取绍中公费生，我这次回家后，他们早就提出过这样的要求，希望我抽出一个上午与五叔祖到适庐去，大家见见面，喝喝茶，聊聊天，他们就心满意足了。

　　五叔祖说得很诚恳，而其中有的人是祖父确实谈起过的，我想这不是有害的事，一个上午对我这个报考无望的人也已经不必计较，我就同意那一天去和这几位老年人见个面，也免得他们说我摆架子而使五叔祖为难。适庐是一家上档茶馆，我们总称这个地方为"布业会馆",里面除了一个称为觉民舞台的礼堂外,还有好几处庭院,布置了假山亭榭之类,还有当年绍兴唯一的一家浴室,适庐茶园也在其中。我们念书时,从小学到中学,到那里去就是在觉民舞台开会,听县长和其他社会贤达演讲。当时,这座舞台的利用是综合性的,晚上也放电影,绍兴人在那时称为影戏。我有时也被父亲或五叔带去看,当然是无声电影,我在小学四五年级就看过《荒江女侠》《火烧红莲寺》等武侠片子。不过从来没有去过适庐。自从初二听贺扬灵当日军在大鹏湾登陆和武汉战役紧张之时的一次演讲以后,还没有到那里去过,去看看也好,所以在一个早上就和五叔祖去了。临走时父亲还郑重叮嘱:不要骂汉奸,也不要骂日本人,因为那里要防"眼线"(意为特务)。

"布业会馆"的宏大建筑还是老样子,所谓适庐,原来是一排亭院边上的平房,每间房子都是客厅装饰,可以坐七八人,确是个上等茶馆。由于五叔祖事前与他们约定了日子,这些老人都到了,有两位老人还带了孙子,都是稽山中学学生。包了一个房间显得拥挤,又叫茶房加了两把椅子。他们已泡好了茶,桌上放了几碟瓜子之类的点心。都是年过花甲的老人,有一位姓茹的年逾古稀,他说与我祖父在第二县校做过同事。老人们要我与他们喝茶聊天,用心当然是善良的,因为他们每人都谈得出与我们家庭的渊源关系。当然也或许有点好奇心,要看看我这个 7 岁时在两根香时间里就读背《学》《庸》两篇的人是否头上生角,也或许是他们的一种消遣,但是对于老年人,我都谅解他们,谈话是很和谐的。我遵照父亲的嘱咐,不提任何有关汉奸和日本人的事,其实他们之中,有人就与当时的汉奸有亲戚关系。由于两位稽山中学学生是老人特地带来让我当他们榜样的,所以有一点我还是说了,我告诉他们我不会留在这里,我是要到内地继续上学的。这个上午过得还算愉快,五叔祖也感到很有面子。其中有两位提出要请客,叫茶房要肉丝面让大家吃,对此我婉言谢绝,理由是父亲嘱我回家给舅父写信。这并不是假话,父亲和舅父已经通过几次信,每次都要让我附上一纸,他确在昨晚写了信,当然涉及我是否能去游埠的事,这封信今天就要发出。

于是我告别他们从"布业会馆"大门出来,却不料在门口遇见了廿八都的英文教师兼级任教师屠长林。我颇感愕然,他当了伪绍兴教育局长的事,早已传到我耳中了。他立刻说:"某人(我忘记了名氏)找到你了?"于是他要我到他房中去,他当了"局长",但房间在会馆里。他告诉我一些事,说他从廿八都回来后,住在老家上灶,原来预备到上海的某中学执教,后来他的亲戚陶仲安,几次请他出任教育局长。他不得已来了。原来陶仲安是他亲戚,此人当时是绍兴汉奸中次于冯虚舟的人物,是个大财主,开有陶泰生布店和陶仁昌南货店等,都是城内的大字号,"布业会馆"也为他所把持,所以屠的住房就在这里。

　　屠以为我是去找他的,因为他两三天前曾要一位稽山中学学生某人找我,说有事与我商量,要我去县府(伪)一次,其实此人还没有找到过我,我也并不知道他住在"布业会馆",所以只是一次巧遇。到房间坐定以后,他开始先向我说明他的心境。表明他是出于教育大事才进城的。原来的教育局,由于无人担当此事,找了一个不学无术的无聊文人童海鹤,结果把城内学校弄得一塌糊涂,他不忍越中的莘莘学子受这样的糟蹋,所以不得已而为此。一旦把城中学校整顿出一个头绪以后,他仍将到上海教书。他自己知道,他出任这个位置,一定会有许多人议论,叫他汉奸,但他是凭良心而为此,也顾不得其他了。

　　于是他告诉我城内的教育情况,由伪县府财政办学的是6所完全小学,校名均冠以镇名,计元培镇、锡麟镇、秋瑾镇、鲁迅镇、成章镇、汤公镇,而以元培镇小学(以原县立第三小学作校址)为中心小学。但是这些学校,从校长到教师,实在都是滥竽充数,难得有少数是好的,实在是误人子弟。抗战胜利看来还要颇久(他也认为抗战要胜利,当时颇让我安慰),等到那时,历来教育发达、人才辈出的绍兴,恐怕后继无人,要成为一个落后地方了。所以他必须首先整顿好这6所学校,让它们走上正轨。而整顿之事,必须从调整校长和教师入手。他说因为有人在街上看到过我,知道我在家里,所以他请稽山中学某人找我,希望与我商量此事,希望我帮帮他的忙。

　　接着有人送进来两碗肉丝面,这天我不在适庐吃肉丝面而在屠长林处吃,大概是注定了的。当时的社会风气,用一碗肉丝面待客,已经算是很不错了。于是我们边吃边谈。他说出了找我的本意,希望我到元培镇小学担任教务主任。他认为这个学校的校长陈启民(是否此二字,存疑),是几所小学中比较合格的,让我去当教务主任,可以首先把这所中心小学整顿好,为其他各校的整顿做个榜样。

　　他既然说出了要说的话,由于我原来很尊敬他,所以也把我的计划和盘托出。首先是为了让他放心,我说他既然是按这样的用心担任这个职务,以后仍然要到上海执教,所以我是理解他的。接着我谢绝了他的要求,我说我是随时要离开绍兴去内地的,并且把以同等学力报考大学的打算也告诉了他。这种打算,在当时除了家里人和几位亲戚以外,我还没有向任何一位其他人透露过。

　　他立刻赞赏我的计划,并且肯定地认为,按我的学习根柢和用功读书情况,一定能考上大学,将来必然能做出一番事业。而且告诉我,假使我到赣州,可以去找孔秋泉,此人是他在稽山中学的学生,与他关系极好,此人现在在蒋经国手下很有地位(后来我在赣州确实听到过他的名氏,当然没有去找他)。不过他又说,今年考大学已经赶不上,再考已是明年秋季的事了。我还可以在绍兴住一段时期,能否一面温课,一面帮他整顿这些学校。他认为从家乡的长远日子来说,这也是一种功德。由于我的答复支支吾吾,他又提出,我如果到元培镇小学当教务主任,可以改一个名氏。其实我已经知道,屠长林字雪岚,但现在的教育局长名叫屠苊,他自己已经改了名氏。最后他要求我,回家再考虑一下,过两天再到"布业会馆"与他谈谈,不同意也没有关系,但希望常去和他谈谈。因为他说,自己一直在稽山中学教书,与小学界毫无联系,也不认得这个地盘里的人,所以现在的工作出乎他意料的困难。假使因循从事,则又何必冒这个不好的名声;假使要动手整顿,面临的困难实在不少。

我回家时,父亲正在为我着急,因为五叔祖早已回家,而我明明说家中等着写信而不在适庐吃面的,现在已经下午两点,生怕我在外面出了事情。但当我告诉了与屠长林见面的情况以后,他却显露了一点喜悦,他告诉我在日军没有发动这次浙赣战役以前,后盛陵吉生小学的校长来过,据这位校长说,那边的不少学校是"吃两口水"的,意思是,伪县政府管,老县政府也管。校长是伪县政府任命的,但老县政府也照样发公文到学校。老县政府(正式的国家县政府)据说在平水里边的什么地方。假使屠能派我到乡间的学校当校长或教务主任,我或许可以与老县政府拉上关系,通过他们的关系跑到内地去。父亲要我不妨与屠提出这种要求,假使他能同意,这对我是一个机会。父亲又说,屠的意思首先要努力整顿城内直属伪县府的几所学校,乡间学校他鞭长莫及,一时唯恐没有位置,他若诚心要帮助我,则此事不妨对他直说,他现在既要我帮忙,则我在城里暂时为他服务一下亦无不可,作为一种下乡的过渡。但如他所说,名氏以更换一个为妥。

这个晚上我辗转反侧,考虑颇久,第二天又与父亲商量,决定傍晚去"布业会馆"找他,把我的想法全盘告诉他,他假使认为乡下学校没有办法,那也就算了。父亲同意我的打算,并且说昨晚已在《诗经·大雅》中找到一个我可以更换的名氏。《公刘篇》中有"于时言言,于时语语"之句,姓陈的人可以用"时言"或"时语"为名,我认为"时语"发音不响亮,还是用"时言"为好,所以假使屠有办法让我下乡,就用"陈时言"的名氏。傍晚与屠谈了颇久,我作为他很得意的学生,把全部打算和盘托出,他完全赞同我的计划,而且知道乡间的哪些地方是"吃两口水"的。他同意为我留心这样一个机会,而且认为只是时间问题。但同时要求我先在城内帮他一点忙。对于他的这个要求,我事前有思想准备,我答应他的要求,但说明我不能去元培镇小学,因那里是中心小学,目标太显露。可以到其他小学,但只是下乡前的一种过渡,所以不能担任职务,只能当个专职教师。对此,屠也欣然同意,他要我明天中午再到"布业会馆",因为他上午到教育局商量一下才可确定。

次日中午我又去了他那里,他告诉我已经决定请我到小保佑桥汤公镇小学教高年级的课。并且告诉我,校长叫李频澜,资格不错,是上海震旦大学数学系的毕业生,但学术平平,并且嗜烟喝酒,曾在稽山中学当个职员,所以屠认识他,此人在寒假后是要撤换的,先与我打个招呼。他说他即向该校宣布我的到职,要我明日早上就去。

这天大概是 9 月中旬,学校已经开学个把礼拜。这是我一生中粉笔登场的日子。我跑到这个规模不大的学校。校长和教务主任王正居等已在办公室等我,并且为我准备了办公桌椅。校长告诉我,说是昨日下午屠局长亲自到学校里来宣布的:有一位老绍中出来的品学兼优的陈时言到校任教,是他的学生,虽然是第一次任教,但是一定能够胜任愉快,要他们照顾好。所以我一到学校,从校长到教师,大家都刮目相看,因为局长自己到学校说这一番话,我当然是一个背景很硬的人。

于是,教务主任就与我商量我的任教课程,结果排定由我担任五六年级的自然、社会两科,四年级的算术课等。学校已经上课,这几门课正缺着等教师。算术课排在上午,已经过去了,高年级的自然、社会排在下午,教务主任的意思要我次日开始上课,但是我愿意当天下午就为五六年级上课。我们在办公室里谈话的时候,由于学校的房舍很小,许多学生都围在外面听,他们之间马上传开,说我是一个局长亲自保荐的有来头的教师。所以虽然是个小学教师,但是这天下午的第一次粉笔登场显得非常顺利。高年级学生都是比较懂事的,他们很欢迎我的讲课。我一生的职业,就是这样以一名小学教师开始的。

汤公镇小学是当时城内的 6 个完全小学之一,教师工资由伪县府拨给,属于公立学校。校长以下有教务主任王正居,是稽山中学的初中毕业生,已经当了好几年小学教师了。训育主任徐桂英,40 多岁,是基督徒,独身妇女,因为彼此讲《圣经》,所以与我很说得来。她曾带我到观音桥的教堂做礼拜,并且介绍我与那里的宣牧师相识,送我一本袖珍型的《新旧约全书》。此外还有 4 位教师,我们也相处得很好。

不过后来我自己觉察到,大概是由于我的习性,我在这个学校里还是一个特殊化的教师。我担任的课程最少,这或许是与我的晚到任有关。但是我后来才知道,当时的小学教师是要整天上班,坐在办公室里的。我却不是这样,讲完了课就走。又如,学校只有一位名叫来生的校工,所以办公室是由教师轮流打扫的,我晚到职,他们没有排我的名,我也就算了。后来想想,这实在是不应该的。不过我毕生都讨厌办公室,坐在办公室里是做不出工作来的。而我的这种顽固性格,在 1950 年代后期到 1960 年代前期终于得到了惩罚。那是一个毫无理性而充满恐怖的时代,我恰恰在这个时代里当了系里的一个教研室主任。只好整天蹲在办公室里,好在那个时代,绝大部分知识分子实际上是停工的时代,而且随即来了更为倒行逆施的"十年浩劫",许多知识分子从办公室被赶入牛棚,大家倒是又怀念在办公室里磨洋工的"美好"日子了。

我的粉笔登场就从汤公镇小学开始,当年我虚龄 20。

"喝两口水"

　　我在汤公镇小学所表现的一些自由主义倾向,其中有一个原因是我与屠长林有言在先的,我在城里教书是一种过渡,他是同意为我安排一个"吃两口水"的乡间学校的。这件事当然有一些困难,因为并不是每个乡下学校都能"吃两口水",而且那里的学校都是自筹经费,对伪县政府无非是名义上的尊奉,实际上并不那样听话。此外,如屠几次与我提起,派我到乡下,职位必须是校长,而且学校要有一定规模。所以我在汤公镇小学的时间大概有一个半月。

　　在这一个半月时间里,我也遇到过一些干扰。我当然不能抱怨这些干扰我的人,也不能用诸如"燕雀安知鸿鹄志"这样的譬喻来抬高自己。例如汤公镇小学有一位名叫胡伯康的教师,常常愿意与我接近,并且说些尊敬我的话,显得有些过分。开始我以为他有什么事有求于我,因为我有屠长林的背景大家都知道的。有一天我下午上完课离校,他紧跟出来,希望我到他家中坐坐,因为他家离小保佑桥很近,我觉得不好意思拒绝,就勉强去了。岂知一到他家就见到他哥哥,介绍之下,名叫胡伯苏,是城中6所公立小学成章镇小学的校长。随即敬茶上点心,十分客气。几句寒暄以后,其兄立刻提出要求,要我离开汤公镇小学到他的学校当教务主任。而他们学校的原教务主任已经表示愿意与我对调,到汤公镇教书。我一时想不出话,只好告诉他,屠长林随时要派我用场,我不能离开汤公镇,总算对付过去。以后我回想,那一天他们兄弟是布置好的,而且蓄意已久。胡伯苏要我去他的学校,无非是借我以巩固他的地位。

　　此事之后的一个礼拜天,原绍中附小主任孙礼成忽然到我家中找我。祖父在世时他曾来过几次,而当年为了我投考绍中插班生时,他也来送过绍中的招生消息。绍兴沦陷以后,他在廿八都浙江第一临中初中部教史地课,所以我祖父去世的事,在廿八都时我是告诉过他的。我们之间的关系一直较好。但我并不知道浙赣战争以后他也回到了绍兴城里。他上门找我,或许是要借重我,也或许是因为我祖父是他老师的关系而要栽培我,他要我到一所新办起来的中学马鞍中学去当国文教师。

　　这里还要回忆一点绍兴当时的中学情况。绍兴城内原有的几所中学,均在日机轰炸时迁移外地,绍兴沦陷后伪县政府办了一所县立中学,以原稽山中学教师陈于德(改名陈不迁)为校长。屠长林曾与我谈起过这所学校,他对此校也很不满意,但还不是他的力量可以整顿的。他说陈于德其人在稽山中学同事多年,家里有家事(绍兴的话,意谓家产),在复旦大学念书时就马马虎虎,上课专门插科打诨,华而不实,以博得学生哄堂大笑为得意。又说这个学校的师资低劣,有一些老绍中学生当教师,但据他所知都是老绍中的低等生。现在,伪绍兴中学以外,又办起了一所马鞍中学,它是伪军地方部队的一个头头谈坤办的,此人是个盐兵出身,马鞍濒海,是他的基地,但学校却办在城内武勋坊,作为一个烧毛部队(绍兴人对"和平军"的蔑称,"烧毛"的意思是抢劫)的头头,居然想到要办一所中学,不管其用意如何,在办学这一点上,比起当时另外几个烧毛部队头头如楼宏茂、王阿宝之流,自然高出一筹。

这所中学的负责人落在孙礼成身上,其内幕我当然不得其详。刚办起来的学校,虽然只有一个班级,但他必须聘请作为基本队伍的教师。据他所告,已请了从诸暨承天中学回到城里的徐华仪当教务主任,原省立绍中教务处的职员阮昌华为数学教师,希望我去当国文教师。我除了感谢他的美意以外,只好如实相告,我是随时准备离开这里到内地去读书的,所以无法接受他的这种聘请。为了礼貌,后来我曾经到武勋坊这个学校去看过他一次,学校办在一所居民大宅内,当然相当简陋。这所学校后来的情况如何,我就不知道了。

在这样的情况下,我跑屠长林处的次数就增加了,目的当然是为了催他早点想办法让我下乡。我把胡伯苏和孙礼成的事都先后告诉了他。对于前者,他说胡伯苏原来就是小学教师中的老油子,下学期决定要撤换的,他自己大概已看到了这种苗头,所以想借我保住他的位置。对于孙礼成,他就与我谈了伪绍中的事。除了表示对陈于德和伪绍中的不满以外,也说了谈坤办中学的事是靠不住的。因为这些割据地盘的和平军本身位置不稳。绍兴已经驻扎了汪精卫的正规军第十三师,这些在地方上称霸的和平军迟早都要被十三师吃掉。不过他仍然安我的心,说万一这个学期没有办法,寒假后的新学期可以保证让我到一个能够"吃两口水"的学校。现在我除了依靠他以外没有其他路可走,所以只好等待。

这期间,伪县政府又在前县立图书馆即古越藏书楼办起了一个日语师资养成所,事情由屠长林主管,而其实是一个名叫池水的日本人负责,此人当然是文人,是个文化侵略者。又在城内挖掘出一位早期的留日学生,50多岁的杨慕兰作为学监。由于中小学都要开设日语课程,所以要培养一批师资。这里供应食宿,从小学里抽调来的还照发工资,当时被认为是个好去处,不少小学教师都想钻营到那里去,也有人想通过我的关系,在汤公镇小学里就有人托我,但我都婉言谢绝。在屠长林处,我当然谈到此事。他告诉我,此事实在是杭州(伪省教育厅)来的命令。县里为了筹措这一笔经费,曾费了很大周折。他告诉我,他当然不会要我到那里去,但他认为日语也是一种外语,中日毕竟一衣带水,战争结束以后仍然要有来往,所以他可以弄一套这个养成所的教材给我,让我也学点日语。他知道我的英语很好,可以趁现在不读书的机会再学一门外语,至少没有坏处。我告诉他我已经在自学日语,开始是用当时流行的一种初浅教科书,后来买了"三通书局"出版,一个姓丁的编的《中日会话集》。"三通书局"估计是日本人办的,"三通"的意思是"日、中、满",是个侮辱性的汉奸名称,那个时候,包括学校教科书,都由这个书局包办。

屠长林与我谈起日语的时候,我自学日语已有个把月时间,不仅片假名和平假名都能写得很流利,而且也已能说几句普通的日语。后来我能够读一些日语书,使用日文参考资料,并且于1954年在上海新知识出版社出版《日本地理》一书,都是那个时候打下的基础。而凑巧的是,那本《中日会话集》直到1980年代还派上了用场。事情是这样,日本关西大学大学院(研究生院)聘我为客座教授,于1983年前去授课,这一年偏偏遇着我通晓日语的妻子课务甚忙,我只能单独前往。虽然聘约上写明我是用英语讲课,但平日仍然难免接触日语,我的日语水平很差,而日本人也不是大家都通英语,所以语言仍是一种交流的障碍。有一天在杭州旧书摊上忽然又看到此书,虽然破破烂烂,我还是把它买了下来,这是一种偶然的行为,我当然不会再用这样的书练习日语,也没有把这本旧书带到日本去。但在日本遇到该校历史系本科生山冈义则,他懂得一些上海话,正在撰写有关上海话的毕业论文,托人问我是否有关于上海话的书籍。我立刻想到,因为《中日会话集》是以日语、国语和上海话3种语言对照的,或许对他的论文写作有帮助。回国后我托便人把此书带给他,他复信深表感谢,这本旧书确实在他的毕业论文中起了很大作用。

就在屠长林与我谈论读日语的时候,日伪为了加紧对中国"顺民"的控制,发动了把原来的"良民证"改为"居住证"的措施,"良民证"是没有照片的,而新办的"居住证"不但有照片,并且有指纹。他们通告由伪公安局办理此事,此后进出城门都要改用"居住证"。屠长林忽然派人找我去他那里,见面就问我有没有办好"居住证"。这件事情才刚开始,我还没有办好。他告诉我速办,因为已经为我找到了下乡的机会,以后上城下乡,都需要"居住证"。

接着他和我说了具体内容,他已经为我安排好了到柯桥附近的阮社小学当校长。事情的原委是,阮社小学校长范达祥,也是城里人,在那里与一位老教师的关系搞不好,并且已经弄僵。他跑到柯桥区署教育股,要辞去校长职务,让他调回城里当个教师。柯桥区署教育股向县教育局上了呈文,屠认为这是一个我下乡的好机会,所以立刻找我征求我的意见。他并且告诉我,据他所知,那个地方的学校是"喝两口水"的。我当即表示同意,他则立刻批示,委我为柯桥区阮社小学校长,调范达祥到汤公镇小学。他说批文明天就发出,要我加速办好"居住证",以免以后进出城门困难。

我的"居住证"花三四天时间就办到了,临行前我去屠那里。他十分郑重地叮嘱我，说我是他生平教到的好学生，而且看到我将来必有出息，此番到"喝两口水"的地方去，目的是为了让我有机会与老县政府的人有接近的机会，可能获得到内地去的方便。但千万不要把老县政府的公文之类带到城里来，更不可陪老县政府的人进城。他说我是个读书深造的料子，不能做这类冒险的事，这类事自然有人做，而我是绝对犯不着的，否则出了意外，他对我父母也不好交代。我完全同意他的嘱咐，我告诉他，我心里想的和他说的一样，他感到很宽慰。

伪教育局也给了我一纸委令，从此，我就是名正言顺的阮社小学校长，可以走马上任了。

上 任

我之所以追求到乡下"喝两口水"，开始时的一种想法是，认为在城里当小学教师，完全是在日伪的控制之下做事，这就是当汉奸。自从听父亲说后盛陵吉生小学能接到老县政府的公文，即所谓"喝两口水"，这样就说不上是汉奸了。后来才想到，与老县政府接触，说不定还可寻求一条到内地的道路。实际上我后来知道，即使在城内，"喝两口水"的人也有的是。我拿到了到阮社当校长的委令，但委令是伪县政府教育局发的，到了那里以后怎样能与老县政府发生关系，也就是怎样"喝两口水"，我还是一无所知。

我只带了委令去上任，一早在西郭门外坐埠船到柯桥，上区署找教育股马股长，教育股只有股长和一位姓周的股员，我给他看了委令，他告诉我可以径去阮社小学，他们已经准备新校长上任了。柯桥到阮社不过3里路，中间经过一个叫作江头的小村。进阮社村问询到学校，首先迎接我的是老校长范达祥，他接到公文后急着想走，已经等我两三天了。他引导我到办公室与教师们相见。教导主任章石痕，此外是两位年长的老教师吴炳康和周鸣皋，还有一位年轻的陈诗浩。大家都已经知道，新校长是局长的学生，是有来头的。谈了几句，值日教师去安排学生放午学，接着大家在一张八仙桌上吃中饭。范达祥本来下午就可走，但由于知道我是局长的学生，而汤公镇小学的位置也是我留给他的，所以他显得对我很巴结，说决定明天走，要把学校情况细细向我介绍一下。

中饭后，他首先为我介绍了乡公所的几位工作人员，因为乡公所与学校在一起，两个办公室相邻，以后朝夕相处，所以必须熟悉。接着又陪我到校外一所大宅院中去见这个乡的副乡长，也就是这个乡的实际掌权者。阮社属于开泰乡，共有好几个村子，但最大的是阮社。副乡长名叫章瑞骈，但大家叫他六店王，50开外的胖子。因为住在江头的乡长高春晖经营酒业,到乡公所来的机会极少,乡里的事由他说了算。不过他也已知道我是屠局长的学生,所以对我很客气,告诉我以后有什么事情都可以找他。

我由于什么都没有带,范达祥让我晚上与他拼铺睡。校长有一间单独的卧室兼工作室(在办公室里也有位置),其余的教师合睡在一个大间里。这天晚上他才告诉我校长当不下去的原因,主要是和高年级级任教师吴炳康闹意见。吴已经50多岁,第五师范毕业,属于绍兴小学教师资格最老的一批。范达祥虽然也40开外,但只读过两年初中,根本不在吴的眼里,所以范很难调度吴的工作。而其他教师和乡里的人员由于吴的年龄和学历,也往往站在吴的一边,使范很感难堪。所以只好一走了之。按待遇,这里供应质量不错的伙食,还有一些工资,比城里的学校当然要高,也是范忍气吞声达两年的原因。但时至今日,据他说,再不走就不好做人了。

我与他挤了一个晚上,第二天他走,我也得走。于是就把从范处接收下来的学校钤记托给教导主任,拜托他,我得回城取行李,并且要去和局长报告接收经过,三四天后才能正式到校参加工作,一切要偏劳他了。范有不少行李,在阮社雇了一只小船,我就搭他的船一起返城。他在船上再三托我,要我在局长面前说几句好话。因为他唯恐汤公镇小学的位置到寒假以后保不牢。

我回到城里,从城门口的检查就看得出来,形势非常紧张。日军多了几个岗哨,而和平军对有些人居然搜身。我随身带的是新发的"居住证",比较顺利,而范带的还是"良民证",和平军就跳下小船检查他的行李。这到底发生了什么事?踏进家门父亲就问:"你怎么进城的?"因为人们传说,各城门全都封闭了。为什么要封城门,因为十三师起义反正。不久以前,屠长林还和我说起地方烧毛部队都要被十三师吃掉,而现在作为汪记正规军的十三师,竟反正到"渝方"去了。我听了这个消息,当然感到很兴奋。不久五叔祖从适庐喝茶回来,传来了茶馆消息,驻扎在绍兴、嵊县一带的十三师反正了,他们离开防线进入国军驻守地区,改编成为国军了。现在街上列队巡逻的日军很多,还有骑着高头大马的马队,也都在街上奔来奔去,形势相当紧张。我本来下午就要去看屠长林向他报告去阮社上任的经过。但父亲认为下午不要出门,等明天看情况再说,万一还有十三师在城里的兵,双方开火,这是很危险的。我也感到在这种情况下,教育局也不一定办公,就留在家里整理一下我去阮社应带的行李和书籍。

大概是3点钟的样子,我正在卧室里整理书籍,母亲神色惊慌地进来,她说,日本兵到了大堂前,要大家出去,随带"良民证"。我立即与她出去,到了后退堂,已经有一个手持步枪的日兵站在那里,大堂前也站着3个,都拿步枪。后退堂的这个能说中国话,他说:"大家不要怕,我们是检查一下,全家人都坐到这里(指后退堂),随带'良民证',把所有房门都打开。"于是全家老少都到了后退堂,堂前的3个也进来了,会说中国话的那个扫视了一下,却未曾查"良民证",大概他看得出,这十多个男女老少,都不会是十三师的人。他们有的上楼,有的在楼下,进入每一个房间,查了约摸20分钟,又回到后退堂,会说中国话的那个说:"查过了。"于是就扬长而去。后来知道,这天下午全城每家每户都搜查,为了查有没有十三师的人和武器留下来。

"十三师反正"究竟是怎样一回事,因为报上绝无此事消息,都是传来传去,而且言人人殊。此事以后约一个月,陈璧君到绍兴祭汪精卫家祖茔(在偏门外的什么地方),报上曾登过她的几句话,我记得其中两句,她说十三师不服从调遣:"恋栈不前,咎由自取。"也说得十分含糊。不过后来人们还是大体明确了事情的经过,伪十三师师长是丁锡三,副师长是李燮宇,反正的是丁锡三,他率领了一批人马走了,而李燮宇不反正,他的名氏以后仍然在报上出现,而戴了十三师臂章的士兵也仍然在街上走来走去。说明这次事件以后,伪十三师的编制没有撤销,大概是由李燮宇代替了丁锡三。对于这丁锡三,我在民国三十七年(1948)又看到了他的名氏,在一份什么报纸上,说是共军丁锡三从浦东偷渡到浙东,被国军发现枪杀。两者是否同人,我当然不得而知。

日军挨户搜查后的次日上午,我就去教育局向屠长林报告到阮社接事的经过。我去教育局,主要是为了查看阮社小学这几位教师的学历,估计一下这套班子的能力。尽管日伪时期的报表非常简单,但还是大体看出了这些教师的文化程度。除了吴炳康写明是第五师范毕业外,其余的是:范达祥,中学2年,章石痕,简师1年,陈诗浩,中学1年,周鸣皋,私塾。都是初中低年级出身,难怪姓吴的可以对他们耀武扬威了。让我也看到,我离开小学不过五六年,但小学教师的水平已经降低到这样程度,屠长林从当时小学的师资队伍而为绍兴的文化前途担忧,这不是杞人忧天。

我的行李相当多,除了铺盖以外,还有整整一箱子书,主要是教科书,从高一到高三的教科书,数学、物理、化学,当然还有《水经注》。《辞海》覆没了,我父亲还有一部《辞源》,上下册和续集共3本,我也带上了。从莲花桥埠头雇了一只小船,在后园外上船到阮社上任,我已经看过这些教师们的学历,尽管他们的年纪都比我大,但我一点不感到有什么畏缩的念头。认为一定能够把这一班人管好,师资水平虽然低,但必须努力做到不误人子弟。另外让我萦萦于怀的还是"喝两口水"的问题,我是否能和老县政府的人接触呢。

阮社小学的门口是一个水阁,小船进了水阁,校门外一家小商店里的人马上进去通报了,立刻有教师和几位年纪大的学生出来取行李,一切安顿好,才刚到吃中饭的时候。这里的伙食是由一位厨子父女两人包干的,校里和乡里各开一桌,四菜一汤,两干一稀,在当时,这样的伙食已经算不错了。这天午后,我和4位教师开了个座谈会,因为那天第一次来,无非在办公室碰了个面,没有交谈过,而这第一次座谈会也只是利用午饭以后下午上课以前的个把钟头。我首先向他们交了底,是个初出茅庐的中学生,是屠局长要我到这里滥竽充数的,我还是要到内地继续求学,所以不会在阮社待较长的时间。对于各位教师,我告诉他们,已经在教育局看过报表,大家都是有经验的教师,我特别提到吴炳康,说他是教育界的老前辈。4 位教师中只有教导主任章石痕发了言,他说阮社小学是个历史悠久的学校,他自己就是在这个学校里毕业的。他说他在这个学校教书,从日佬进城前直到现在,已经教了 4 年,一直都是和谐的,只是最近一年多来,出现了一些不太愉快的事情,现在新校长来了,学校从此可以安待了。他说的其实就是范、吴两人之间的龃龉,我发现他说这些话时,吴的表情颇不自然。

这天晚上,我正在房内整理我随带的书籍,房内有一张四仙桌,没有书架,但有一个较宽的窗台可以利用。有人敲门,进来的是吴炳康,手拿一张八行笺。我们坐下来谈,他是向我来辞职的,八行笺就是一封辞职信。他说了不少话,总的意思是,他已经 54 岁,家里稍有田地,早就想回家休息。所以没有走,全是因为范达祥这样一个不学无术之流居然被伪县府(他的原话就有"伪"字,说明乡村与城里的不同)派来当校长,实在误人子弟。他之所以留下来不走,就是为了要赶范达祥下台。现在上头终于撤了范的职,说明屠局长确实与前任不同。他当然要吹捧我,说我什么年轻英俊、屠局长的得意门生等等。总之,因为我到任了,阮社小学就办得好了,所以他的任务也就完成了,因此向我辞职。

我向他说明了一些问题,主要是,范达祥不是撤职,教育局也没有要吴辞职的意思。他愿意留在阮社,可以留下去。至于寒假以后,教育局会有他们的安排。但他坚持辞职,回到州山老家去。谈了个把钟头,我接受了他的辞职。后来回忆起来,由于范达祥与我说过许多话,也由于章石痕的发言,我内心确实很讨厌他。当时我所说的寒假以后教育局会有安排的话是没有道理的,因为教育局只管任免校长,而聘请教师是校长的职权。我所说的话,其实是告诉他,下个学期我不会聘他。

他过了两天就走了,我一面把他担任的课如高年级的国语等接下来,一面发给屠长林一封信,告诉他吴炳康主动辞职,请屠为我物色一位教师。不几天我又上城,屠找了一位老绍中初三的孙涤灵,问我是否同意。我知道孙涤灵是高中第一届毕业的孙霄舫的弟弟,孙是当时绍中唯一一位进入中央政治学校的高材生。我同意屠的推荐,孙涤灵随即报到填补吴炳康之缺。

不久以后,我和乡里几位职员熟悉起来,特别是章生炜,与我成为莫逆。他告诉我,乡里人和教师们对吴实在也很讨厌,他之所以主动辞职是为了争面子,因为唯恐我辞退他。所以我同意他辞职,大家私底下都很高兴,认为新校长确实有一手。

阮社小学

　　阮社小学确实是一所历史悠久的学校。1980 年代以后,夏威夷大学教授章生道到杭州大学访问我,因为他知道,我正在组织翻译施坚雅(G. W. Skinner)主编的一部大书 The City in Late Imperial China(此书后来由中华书局出版,中译本名《中华帝国晚期的城市》),而章生道在此书中也有一篇论文 The Morphology of Walled Capitals。我们的中译本译成《城市的形态与结构研究》。他告诉我自己是阮社人,毕业于阮社小学。当他知道我曾任此校校长后,立刻把中午的放学歌和下午的放学歌唱给我听,让我仿佛又回到了在那里当校长的年代。

　　全校包括校长有 5 位教师,学生分为高年级(五六年级)、中年级(三四年级)、低年级(一二年级)三个班,都是复式上课的,大约近 100 人。我至今不知道村名为何叫阮社,村内有籍咸桥,大概与传说中的"竹林七贤"有关。这是一个富裕的大村,所以这个学校在当地的最大优势是经费宽裕,而教师的待遇也较好,学生只收书籍费,不收其他费用,比当今义务教育制度下的小学收费要低。经费的来源是两项,占大头的是酒捐,因为这里是著名的酒乡,每制一缸酒,除了正规的捐税外,附加很少一点教育费。另一项称炉捐,这一带曾经盛行锡箔业,是一种用锡加工成箔供制纸钱的迷信工业。过去锡原料来自云南,到这里再加工炼制,加工炼制以后废弃的矿渣,一块块呈浅绿色,颇与氟石相似,到处堆弃,也有作为填料造屋时为地基的。抗战以后,云南的锡运不来了,人们发现过去的矿渣中还能炼出锡来,于是矿渣就专门得到一个"油头"的名称,许多人四处奔走购"油头",甚至拆掉房子把过去作为屋基的矿渣也拿出来。把"油头"放在高炉里用木炭烧炼,24 小时开炉,可以炼出不少锡来。阮社村里有不少支这样的炉,日夜开炼。当时,每炼一炉,抽教育经费储备券 1 元,这对炼炉者来说是一个微不足道的负担,但对学校却很顶用。上述一切教育经费都由乡公所经管,包括教师的伙食费用,也由乡里在教育经费项下代管。只有教师的工资和每月为数不多的办公费,由校长出具收据向乡里领取。所以当这个学校的校长,绝对没有经济上的压力,而且心里明白,学校经费是非常充足的。

　　除了阮社小学以外,柯桥区没有另外一所小学在当时不受经济压力,包括由区署财政拨款的柯桥小学在内,因为区署常常要拖欠经费。我上任不久,柯桥小学校长王钧就请人带信给我,约日请我到柯桥聚会。我到柯桥,发现七八所学校的校长都在那里,王钧说明这天聚会的意图,是为各校经费困难之事去见区长陈子英。他特别提出,说我是屠局长的学生,是屠局长派下来新上任的校长,虽然阮社小学经费不成问题,但是在见区长时希望我能说几句话。原来这次校长们求见区长是事前已经约好了的。而陈子英，我在读有关鲁迅的文章时，已经多次见过这个名氏，当年在日本，也是一位很有名气的人。

于是十几个人走进区署，王钧还特地对我做了介绍：这是屠局长的学生，新任的阮社小学校长。他微微地点了点头。大家没有就座的地方，在一间空荡荡的房子里，他站着，我们也站着，他方头大耳，高个子，身着羔皮长袍，王钧和其他几位年龄大的校长，卑躬屈膝地站在他的近旁。他已经晓得这帮人的来意是为了求点经费。他将双手拱在袖管开腔说话，言语甚有层次，第一，第二……当然都是事前王钧提出的。结果是每一项都被他否定，王钧有时想恭敬地插一句话，都被他制止，态度十分傲慢。我斜倚在屋角上，心中实在反感。陈子英算是什么？当年鲁迅任北洋政府教育部佥事，尚且有人说闲话，而你现在是个地地道道的汉奸，而且是个直接和日本人打交道的汉奸，因为柯桥是绍兴沦陷各镇中唯一一个有城里特务机关长北岛派员驻扎的地方。我当时对他的腔调举止实在感到恶心，曾经几次想中途离场，又因与王钧及这些可怜的校长们都是初见，所以竭力克制，直到他挥手让大家走时，我第一个快步跨出。与王钧打了个招呼就头也不回地直奔阮社。

我实在有些怒气冲冲，一路上我想到一件事，即学校里的音乐课。由于风琴早已破得不好使用，音乐课是章石痕拿了胡琴到教室里教唱的。唱歌声音大，我每次都听到："渔翁乐陶然，驾小船……"，"长亭外，古道边……"这些歌不能说不好，我念小学时也是唱过的。但现在是什么时候，连陈子英都当汉奸了。我走到学校就和章石痕说，以后的音乐课唱《满江红》。他立刻同意，后来学校才经常听到"怒发冲冠"的歌声。

乡公所有 5 个乡丁，人们称他们为"队士"，班长姓杨，大家叫他阿杨。其中有一个姓陈的，我到校后不久就常常与我说几句话，一直比较接近我，一次我在洗衣服，他一定要帮我洗。由于我还要继续到内地读书的事，在阮社小学教师和乡公所的人员中是尽人皆知的，对此，他也很有好奇心，常常问长问短。有时也告诉我一些乡间的逸闻，例如说到常来乡公所坐坐的章绍曾，他原是国军里当排长回家的，后来在湖塘里面山乡搞游击队打日佬及和平军，这边派人去讲条件，讲好了条件，他就遣散了游击队，回家投了日佬。另外还有一位干少爷（实名叫章衣平），原来在杭高读书，抗战后回乡，也到山上去立了一支队伍，后来也和章绍曾一样，散了队伍回家来了。他很替干少爷可惜，说他家里有田有地，为什么不和我一样，再到内地去读书呢。老陈也把他自己的事坦率相告，他是阮社小学初小毕业，在家里种田，后来打仗了，抽中了壮丁，部队到了江西，起初倒蛮高兴，后来因为打摆子（疟疾），连续发病，军医又不大肯给奎宁，身体就垮下来了。结果就和一个萧山人商量好逃跑,从上饶逃出来,路上又打摆子,两人互相照顾,实在是沿途讨饭才逃回来的。逃回家后很怕,到湖塘外婆家躲了半年,托人与六店王(章瑞驸)说情,总算补到乡里当"队士"。他说5个"队士"除了阿杨在部队里当过班长开小差回来外,其余几位的经历都和他差不多。我感到他为人比较诚恳。当时,乡里的章生炜与我也已比较接近,说话比较投机,他也说,这些"队士"都是吊儿郎当,只有老陈老实些,所以老陈与我说长说短,我并不讨厌。

大概在到阮社一个多月以后,一天晚上已经近10点,我还在煤油灯下弄解析几何。老陈来敲我的门,我立刻开门,老陈带了一位比我年纪大的年轻人进来,老陈按习惯叫我"校长",在阮社,从六店王起到一切社会上人士,包括教师、学生和学生家长,都叫我"校长",从来没有人叫我"陈校长"的。但老陈带来的这位却叫我"陈校长"。我们坐下来,他看到我在温课,立刻颇尊敬地说:"陈校长真用功,你是老绍中的高材生,我们早知道了。"接着他开门见山,说他姓茅,是阮社人(阮社以章、茅、李、褚、陈为五大姓),现在在老县政府工作,因为他在阮社有家,所以常在城北这一片走走,属于敌后工作,有时也进城去。

他对我不仅很了解,而且也很佩服,他说,在柯桥区下的所有学校里,唱《满江红》歌的就是阮社小学。他说,在这里当然不能唱"大刀向鬼子们的头上砍去",但《满江红》实在比"大刀"更鼓舞人心,因为唱这首歌,就是要"还我河山"。

因为我向他问起了到内地的交通情况,特别是我的第一目的地兰溪游埠。于是他告诉我当时的战况:日军早已从衢州退出,江西方面也退回南昌,现在他们的前线在金华、兰溪、武义,省政府目前在云和。绍兴县政府在平水里头什么村(我忘了)。日军正在赶修浙赣铁路,已经有火车开来开去,不久大概能通车到金华,所以他劝我不要走平水这条路,因为走这条路现在不能过嵊县、东阳等敌占区,必须走天台,全是翻山越岭,路很难走,不如坐敌人的火车到金华,然后从金华跑出去。

他托给我一个任务,他说他是稽山中学高商毕业的,屠长林也是他的老师。但是现在当了汉奸,《东南日报》上已经好几次登过屠逆雪岚的名氏。在学校里他是个受人尊敬的好教师,现在却落得如此地步,做学生的实在为他伤心惋惜。他知道屠与我关系很好,到阮社就是他派来的。他希望我能够劝说他弃邪归正。他说,假使他愿意到天台、丽水等内地教书,老县政府可以为他证明,绝对不会算他汉奸。于是我就把屠长林在这段时间中与我谈过的一些和他谈了一下。茅的意思是,自从太平洋战争以后,敌人接收了租界,上海已经不是孤岛时代的上海了。假使屠没有当过伪局长,从廿八都下来后径去上海教书,虽然仍在敌伪区,但教书还轮不到汉奸的名头。而现在已经当过了伪局长,再去上海教书,汉奸的名头就搬不掉了。所以他希望我劝说他,上策是回内地去,绍兴中学和稽山中学都恢复了,都是欢迎他的。茅(我忘掉他的名氏)托我办的此事,后来我认真地和屠说,可惜他认为家累在身,困难重重,因而我的任务没有完成。

这晚上突如其来的尝到了"喝两口水"的味道,心里确实很兴奋。一直谈到午夜一点多。茅临走时留下一个绍兴县政府的文件,而且信封上写明了阮社小学校长陈时言,他是事前准备好的。我送他到校门口,颇有一见如故的感觉,他与我说,以后有什么事要老陈转告就是了。我回房拆看公文,不过是个关于冬防问题的通知,不是对于学校的,文件有绍兴县政府的钤记,文末有县长胡云翼的签名章。后来我在内地曾看到过署名胡云翼的关于宋代诗词研究的书,但我不知道两者是否同人。从此以后,老县政府的公文常常通过老陈送来,而信封上都是写的阮社小学校长陈时言。至于这位姓茅的,从此没有再见过面。茅和老县政府的事,直到下一学期我才告诉乡里的章生炜,因为此时章与我已经莫逆到无话不谈的程度了。章说他过去也认识茅,稽山中学高商生,原来是阮社人,但后来全家都搬到城里了。但不管怎样,茅和我的一夕谈是我所盼望的,我所向往的"喝两口水"终于得到了,我已经和自己的县政府挂上了关系。另外,茅的谈话也使我茅塞顿开,让我知道,对于我去内地的事,不必再找老县政府的关系,可以坐了火车从金华走。这对我是一个重要的消息,我立刻告诉了父亲,要他加紧与金华、兰溪方面的联系。

因为汤公镇小学的徐桂英送给我一本袖珍本的《圣经》,我一直随带在身,经常翻读一篇或择读几句。我感到虽然处在这样的艰难时势里,但上帝总是随时在厚赐和鞭策我的。经常在困难中赐给我机会和对前途的信心。到了阮社以后,因为当校长,我几乎每礼拜都要上城一次。时常在街上碰着廿八都的同班同学或别班的认识同学。我很喜欢与他们攀谈接触,目的是为了找去内地念书的伙伴。但每次都让我感到失望。他们的经历我实在是相当清楚的,他们在念书时多半很用功,逃难时也吃了许多苦头,家庭也出得起钱让他们继续念书,但是他们却浑浑噩噩,有的开始做生意,有的谈恋爱,有的准备结婚,也有的无所事事,与马路为伍。和他们谈谈到内地去继续念书的事,他们有的王顾左右,有的念困难经,有的笑笑,甚至也有的说"何苦呢?"我真怀疑这些人疯了,求上帝让他们清醒起来,救救他们吧。

这个学期中给予我极大刺激让我毕生难忘的是有一次从阮社回城,在五叔祖房中听到他和我说的关于"长毛举人"的故事,这件事,我父亲这一辈人也并不完全清楚。这是祖父的无妄之灾,也是我们家族的无妄之灾。想到五叔祖所说的当时情景,灾难是何等惨重! 五叔祖所谈,让我又一次勾起对祖父的回忆,不仅感激他对我的谆谆教导,而且钦佩他的宁静澹泊,这是真正的伟大。直到1960、1970年代我关在牛棚里的艰苦岁月里,同样是一场深重的无妄之灾,我一直默念着"长毛举人"的事,度过牛棚中的灾难日子。

告别阮社

民国三十一年(1942)的阴历年是我在沦陷的绍兴城所过的唯一阴历年,当然,各房都是在自己小家庭中吃的年夜饭,无非是大家串一串门,到别家吃一点过年菜,绍兴人所谓"分岁"罢了。回忆前年除夕,虽然各房已经分炊,但因为祖父尚在,居然仍能组织起来在大堂前吃年夜饭。现在,在大堂前分岁的日子一去不复返了。

春节以后不久,我又回到阮社准备新学期的开学,因为乡下人重视过阴历年,与我们通行的以秋季为学年开始的习惯不同,春季入学的新生比秋季多得多。到校后的第一个好消息是章生炜急急忙忙前来告知的,即关于低年级级任周鸣皋的问题。周大概50岁,报表上写的学历是私塾,其实他是一位颇有经验的中医,不过那个时代乡间的中医很多,生意不好,收入菲薄而且不可靠,所以宁愿在学校里教书。他为人诚恳老实,工作也兢兢业业,但是由于他毕生没有进过学校,完全不懂学校里的一套,现在要他当低年级级任,成天和四五十个蹦蹦跳跳、吵吵闹闹的小孩子打交道,实在是个苦差使,而且这些小孩子又不买这位老头子的账,常常与他吵闹,弄得他毫无办法。我曾经要章生炜打听过,假使我不聘他,他是否另外有路可走,譬如说,一个中药铺,或者挂牌行医。章告诉我,按他的学识经验,这完全做得到;但按他的处世能力,他不可能这样做。他原来就在钱清镇一家中药铺挂牌的,结果是穷到被赶出来。所以这个问题颇使我作难,曾经与副乡长章瑞驸谈过一次。他也认为这确实是个问题,但一时爱莫能助。

现在,章生炜告诉我,周鸣皋的问题解决了,其实还是六店王章瑞驸帮的忙,他把周介绍到江头村去坐馆,即私塾老师。是江头的几家富户合起来的,因为当时乡下富户还有人不相信学校,愿意拼合个教馆延请塾师教自己的子女,这种教馆当时在阮社六店王家里就有。周鸣皋去坐馆确是很合适的,平日与他交谈中我就听得出来,在阮社小学里,读过《孟子》《论语》之类的,除了我只有他,这在教馆里是派得上用场的。于是我立刻去聘了早已与我联系过的阮社附近赤江村的李越鑫,他擅长图画、劳作等,也一直当小学教师,是很适合这个位置的。章生炜随即把他邀来,以后,章和李一直成为我亲密的朋友。虽然中间不得已中断了联系,但从1980年代起,我们又相互见面,共叙往事,直到他们先后弃世。

寒假开学后第一次上城,去教育局看了屠长林,没有谈上几句他就问我到内地有否找到同伴。我告诉他正在找,但廿八都同班的几位都没有去内地的意愿。他立刻告诉我:吴翊如。吴翊如从初三起就同班,直到廿八都,我们很熟悉。不过因为他家在马山镇,是乡下人,而我一直联系城里同学,没有与乡下同学联系。吴翊如不久前到过城里,曾去看了屠长林,谈了他希望去内地续学的打算。屠给我的这个消息,实在非常重要,至少改变了我认为廿八都的同学都已经麻木不仁了的看法,于是我立刻和吴翊如取得了联系,而且随即知道,他的目的地是安徽屯溪,而我则暂时先到兰溪游埠,两人可以同行。我不知道他到屯溪以后的打算,而我则是以游埠为基地,进入江西或更远的内地投考大学。本来早一年就可以实现的事,却因浙赣战役这场不测风云而推迟了一年,但我并不懊丧,倒是为那些浑浑噩噩的同学感到伤心。由于准备到内地去,这个学期上城的次数仍然很多,而且仍然遇到这些同学们,我还是希望能说服他们出去念书,但他们往往找些理由来支吾其事。他们中有几位,读书时功课不错,实在是很好的材料,我真为他们可惜。

由于周鸣皋的问题得到妥善解决,而接替他的李越鑫又非常得力,我在阮社小学的工作变得更为顺利,除了自己承担的少量教课以外,学校的事情可以不必操心。而且在开学以后不久,一件偶然发生的事情,使我在阮社的身份地位又发生了戏剧性的改变。事情是这样,一个上午,副乡长章瑞驸匆匆地跑到我们办公室来,当时正值下课,办公室里的教师都站起来尊称他一声"六店王"。他边走边说:"我找校长。"我站起来与他招呼,他当着这些教师嘻嘻哈哈:"啊哟,校长你为什么瞒我,你在我们阮社有亲戚。"说着将我一把拖起,拉进隔壁乡公所办公室,仍然嘻嘻哈哈地喃喃而语:"校长瞒我,校长瞒我。"这其实是件很平常的事,我确实早已知道,但是到阮社后并未查究。原来我小姑丈的小儿子庞世诚,已经因父母之命、媒妁之言订了婚,对象就在阮社章家。像我们这辈年纪的人,在当时的绍兴是一种普遍现象。我们这一代,或许是自由恋爱和媒妁婚姻的分水岭。我自己也是这样,几年前小姑丈就为我做媒,对象是移风村宋家的一位姑娘,说是门当户对,一门好亲事。父亲与我说过几次,但我一直没有同意,直到我在阮社时,小姑丈仍然没有放弃做媒的念头。后来我回想,我当时的谢绝是对的,因为处在这条分水岭上,这类预订的婚姻,以后有不少是解约的,虽然男女双方都不认识,也没有见过面或者通过信,但是解约的结果,受损害的显然是女方。

庞世诚的未婚妻叫章月蟾,原来是六店王的亲侄女,正在家里的一个教馆中读书。这位副乡长不知哪里弄到了这个消息,让大家知道校长和六店王一家是亲戚。其实这种关系我原就看得淡薄,连与我十分莫逆的章生炜也没有谈起过。

当时这一辈人的婚嫁大事也可在此回忆一番。在绍兴,比我们年长一辈的人,一般说来是年龄大于我们10岁左右的人,那是一个父母之命、媒妁之言的时代,自由恋爱是罕见的例子。老亲结亲是一条常见的婚姻渠道,所以像"表姊妹,老嬷配"这种反优生学的谚语可以流行且事实上到处存在。当时,男女没有交际的社会条件,汉族又没有诸如"跳月"一类的习俗,所以这种形式的媒妁婚姻必然要成为婚姻的主流。到了我们这一辈,学校增加而且男女同校,男女接触的机会增加了,但女同学人数少,在初中里,一个班上的女生一般只占男生的1/17 到 1/8(简师部的女生较多),高中里甚至不到 1/10。此外是由于受前一辈人的影响,男女同学之间没有交际,同班男女同学既不打招呼,也不讲话,在同一个教室里进进出出,形同陌路。从初三到高二,我是极少数和同班某些女同学说几句话的人,但就有愿意和我接近并说说话的女同学告诉我,说我们之间的这样一点接触,背后竟有人说闲话。所以自由恋爱在我们这一辈虽然已经开始,但媒妁婚姻仍然重要,在我的同班同学中,从初中到高中,就有一些人在家里是订了婚的。要到我们的下一辈,一般说来是年龄比我们小 10 岁左右的人,自由恋爱的婚姻才成为主流。

我的这一辈是这两种婚姻的分水岭,因为是分水岭,所以其中有些人,在高中毕业或大学毕业后,尊重父母在过去所订的婚约回家完婚,与一位素不相识(也有少数后来有通信关系)的女人终生共同生活。但也有些人在毕业后不承认过去的婚约,双方父母在无可奈何下,只好协议解除婚约,这一对素不相识的男女就永远不会相识,而其中受到损害的显然是女方。庞世诚的婚姻就是这样的结局,而遗憾的是,竟由我出面做了这件事。这是 1947 年,我在嘉兴教书,庞从江西中正医学院写信给我,说他不承认这项婚约,又不好意思直接告诉他父母,希望我斡旋此事。我虽然同情阮社的章月蟾,但是知道这种婚姻是不合理的,也是无可挽回的。于是我写信给父亲,着重指出不必劝说无可挽回的现实。父亲立刻写信给小姑丈,双方终于解除婚约。

有一件事也是这个学期中值得回忆的。去年浙赣战役发生,我们纷纷离校,学校曾发给大家一张肄业证书。我得的是高中两年肄业的肄业证书。但是要以同等学力报考大学,估计要有两年的成绩,也就是要一张转学证书,因为转学证书上是附上每个学期、每门学科的成绩的。问题是转学证书到哪里去要。后来偶然听到一个消息,说绍兴中学虽然迁到天台,廿八都已全无影迹,但花明泉附近的赵家村,仍有一个省立绍中的办事处,廿八都的全部学生学籍都在那里,主要是为了在这个战争纷扰、学生流动频繁的年头,为学生出具转学证书等证件提供方便,那里存放着许多盖好学校图章的空白转学证书和肄业证书之类,有两位旧职员驻守,专门办理这类事务。这或许和廿八都的最后一任校长潘锡九家住赵家有关。我是这年寒假中听到这个消息的。既然决定了从金华到游埠的出行路线,我考虑手头有一张转学证书当然比肄业证书要好。但是我不知道这个消息是否属实,也不知道设在赵家村的这个绍中办事处是什么名称。我记得在初中同班毕业时,全班年龄最大的一位名叫何炜,他是泉阪村人,离赵家不过里把路,尽管他没有念高中,我姑且写封信到泉阪,信从绍兴城内家里寄发,信封上署了我的全名,并且写明:如收信人不在,请退回原处。何炜果然已离开泉阪,由于信封署了全名,信落在一位比我低几班的另一姓何的同学手中,他拆阅了此信,赶到赵家为我办出了转学证书邮寄给我,真是令人感激,我写了一封信感谢他,可惜忘记了他的名氏。

这张用土纸(当时称为绿报纸,因颜色呈浅绿)填写的转学证书,当时为我带来了很大光彩。连一直认为我读正书不上心的父亲也只好承认祖父的教学方法不错。因为他过去对祖父的教学颇有微词,认为"名堂"太多。4个学期(第四个学期显然是以期中考试成绩结算的)的总平均成绩中,有一个学期超过90分,其余3个学期也都接近90分。在图画、劳作、体育这3门一直拖着后腿的情况下,90分左右的总平均确实是不容易的。这张土纸,后来也在内地为我挣足了面子,可惜没有用得上报考大学。

我仍然利用大量时间,夜以继日地准备投考大学,以高分录取名牌大学一直是我的信念,也正因为此,备考工作实在是无底的。我反反复复地演算解析几何和大代数的习题,并且找了不同教科书上的习题来演算,我吸取在高一时,《温特华斯几何学》上的一道题目就难倒一位老教师的教训。解析几何中的"轨迹详论"部分,有的题目实在很繁,我也耐着性子做,我必须在大学入学考试中冲破难题和偏题关,才能获得高分。我不想以平平常常的分数进入大学。可惜跑了多次旧书摊,一直找不到大学的历届试题之类的书,这始终是我心上的一块石头。

我还是读《水经注》,并且继续做笔记,因为自己身处战争年代,我发现《水经注》对历来的战争记载很多,其中有些战役记得相当详细,我把此书记载的战争,排出了一张年表,与《资治通鉴》做了一点比较,基本上弄清了北魏以前的战争概况。这些笔记留在家里,直到我以后从内地回家依然存在,但在"十年灾难"中被勒令上交,全家在上交前赶了一个通宵,而我大女儿在赶通宵前已经抄了几天,录出了一个粗糙的副本(事详《我读水经注的经历》文中,已经发表,并为中外期刊所转载和报道),直到1980年代,才整理出《水经注军事年表》,并写了长篇序言。序言发表在《杭州大学学报》,并和《年表》一起收入于《水经注研究三集》。

为了要赶赴内地,我也留意战争形势的发展。我很希望老县政府的那位姓茅的再来,因为在那一晚的谈话中,发现他的见闻显然比我广阔得多,可惜他一直没有再来。绍兴县政府的公文虽然经常由"队士"老陈送来,但内容都不关外界的战局。日伪报纸在报道欧洲战场上的轴心国败局方面是比较真实的,例如隆美尔在北非的节节败退之类,都可以从同盟社的电讯中捉摸得出来。但对日本海军在太平洋的失败方面,却报道得极少。乡里订了《新申报》，内容比较详细，可以慢慢地读出诸如中途岛的败衄。特别在"举国哀悼山本五十六大将"的消息中，可以看到他们在南太平洋的大败。总的看来，这段期间的战场形势是令人兴奋的。在这方面，我发现章生炜不仅读报仔细，而且很有分析能力，我们常在这方面畅谈，也因此而建立了更深的友谊。

乡里同意阮社小学在这年暑期中开办暑期补习班，让每位教师都仍然有事可做，这就为学期提前结束几天开了方便之门，原因显然是因为我要出门远行。6月中的毕业式开得很成功，事前从各方征求来的给毕业生的奖品，摆得琳琅满目，六下级第一名茅文镳，四下级第一名章荔珍，成绩确实出众，有来宾登台讲话，说这一届高小和初小的毕业生，考出了阮社小学有史以来最好的成绩，这实在是夸大其辞。但每个毕业生从第一名获得银盾起，大家都得到一份不菲的奖品，这或许确是空前的。

乡里办酒欢送我，开出了据说20年的好酒。席上有人说，阮社从来就没有来过这样好的校长。说得我这个20岁的小伙子飘飘然。其实我当时心里就明白，这无非是因为我是屠局长的学生。现大家又都知道，我是大权在握的副乡长六店王的亲戚。

他们用一只小船送我回城，我结束了近一年的"喝两口水"的校长生活。

准备出行

从阮社回家，主要是准备到内地去的事。算算时间，回到沦陷区当"顺民"，已经整整一年，虽然在阮社"喝两口水"，会见了自己县政府的官员，而且从中获益。县政府的公文不断送来，信封上写好"柯桥阮社小学校长陈时言"，说明我这个校长是自己的县政府承认的。但另一方面我毕竟生活在沦陷区，而这个校长也是伪教育局长委派的，我仍是个"顺民"，现在眼看马上就要离开沦陷区，心里当然兴奋。

这一年中，从家庭来说，虽然看不到祖父，但让我知道了"长毛举人"这一段灾难的家史，这是我父亲这一辈也不甚了了的。虽然是一件非常不幸的事，但是能让我全盘获悉，存史于我的心中，仍然是件好事。而父亲和四叔花了极大工夫，终于趁我在家，把暂厝城郊的祖父母灵榇送到谢墅入土为安，我虽没有在祖父临终时随侍在侧，但能够在这样城市沦陷的艰难条件下送葬到游击区入土，也算是件幸事。

在学业上，我补完了全部高三的课程，自信能够以高分录取名牌大学。虽然备考之事是无底的，在赶赴内地以前，还要利用一切时间温课，但是与廿八都回到绍兴之时相比，心中已经踏实得多。《水经注》研究方面也不无收获，虽然当时还不知道此书值得我毕生研究，但当时的研究成果，为我以后的研究奠定了基础。

这一年中我粉笔登场，当了小学教师，是全家第一个追随我祖父从事这种行业的。

而且成为我毕生的职业。虽然最后成为一位大学教授，但我毕生的教学工作是从最基层的小学教师开始的。在汤公镇小学，我曾为三年级的小学生讲过常识课，而且感到很有趣味。因为当了小学校长，让我懂得了一些教育行政上的事务，也积累了一点社会经验。

在这一年中也交结了一些新旧朋友。在阮社，乡公所职员章生炜（后改名章韦）和小学的李越鑫都成为我的知交。我去内地以后也不断有信函往返。直到1950年代以后才中断联系，而两位处境坎坷。1980年代以后，又恢复了关系，他们都来杭相聚，我们也重访阮社，非常亲密。可惜他们两位先后弃世，但家庭情况都很不错，令人欣慰。

吴翊如从绍兴中学初三就同班，他是绍中老学生，因中途休学才与我同班。他是一位品学兼优的同学，一起逃难，又一起返回绍兴，可以说是患难与共。这年年初我获悉他决心去内地续学，实在喜不自胜。因为自从返回绍兴以后，我已经与好几位同班同学联系共赴内地，他们对此都很冷漠，吴的这种决心，使我对他有众醉独醒之感。此后我们就加紧联系，结果是结伴同赴内地续学。1950年代以后，他也经过了一段坎坷岁月，受到了失业的折磨。后来虽然因缘缓解，但大材小用，未免可惜。1980年代以后退休下来，在绍兴中学校友等的关心下，解决了住房等问题，让他能安心发挥余热，在诸如《绍兴市志》等的修纂中起了重要的作用。而我们仍能经常见面，共话旧事，在老同学中实属难得。

在这一年中，通过我堂妹陈漪如，认识了绍兴中学的低班同学胡德芬。当时由于我自己正在集中精力准备到内地投考大学，绝未想到恋爱之类的事，不过把她作为一位朋友。但抗战胜利后返回绍兴，由于原来的感情基础，立刻相爱而结成夫妻，生男育女，白头偕老，享受了家庭的幸福。

这一年中使我唯一感到内心不安的是我无法说服屠长林悬崖勒马。他学识渊博，教学认真负责，原是我景仰的恩师。到绍兴当伪教育局长后也曾向我讲述过他的心曲，并且全力帮助我到阮社"喝两口水"。自从那位姓茅的老县政府官员与我长谈以后，我曾几次向他转达茅的忠告，但他均以家庭问题无法解决而无动于衷。最后终于在抗战胜利以后受到惩罚。吴翊如与我去内地以后，吴曾写信给他，我因为已经与他谈过几次，事已无可挽回，所以没有再写信。但1950年代以后，我得知他执教于江苏崇明中学，感到不胜欣慰，立刻写信给他，彼此往返过几次信件。希望他后来有一个较好的结果。

从阮社返回绍城以后，准备去内地的事是比较紧张的。父母亲帮我准备行李，我坚持不要垫被，而把衣服大部分打入铺盖卷中。箱子里除了生活用品外，最重的是书。因为目的是投考大学，我带上了解析几何、大代数、平面几何、三角以及物理学和化学等全套高中课本。由于当时已经对中央政治学校外交系感兴趣,我又带上了《纳氏文法》和《英文典大全》。因为假使进了这个系,这两种书还是有用的。此外还带了不少奎宁粉和奎宁丸,因为自从初二在栖凫患上疟疾以后,我的这种病一直未断根,常常复发,所以这对我是必要的。

　　一切准备就绪,吴翊如上城与我商量了出行事宜,并且约定了日子,我的这一年"顺民"生活就将结束。而且由于看到盟国的胜利消息不断来到,坚信此次出行以后,一定可以看到抗战胜利,我必能在胜利之日重返故乡。

第二部　流浪年代

一、从沦陷区到内地

告别越城

在日伪报上看到了北非盟军从突尼斯攻克班塔雷利亚岛向西西里进军的消息，我当然十分兴奋。这是民国三十二年（1943）的 7 月，就在这个时候，我离开越城去到内地。

这天清晨，父亲，我的堂妹陈漪如，后来成为我妻子的胡德芬，送我出昌安门，通过日伪岗哨，到桑园桥雇了一只脚划船。我下船和送行者告别，在午前就到了马山镇。镇上住着我的同班同学吴翊如，我们事前约定，到他家会合，一同奔往内地。这样可以免去他进城又出城之烦。

在他父母的热情接待下，在他家一宿，次日从马山雇小船到柯桥，因为我在阮社小学当校长近 1 年，与柯桥小学校长王钧很熟，我们可以在柯桥小学过 1 夜，次日搭从越城开出来的轮船去萧山。到柯桥刚过午，去学校安顿好行李，邀翊如步行到阮社小学看看老朋友。我离开此校还不到 1 个月，师生们都知道"陈校长"要到内地继续求学，很羡慕，又很亲切。他们正在办暑期补习班，对这几位共事 1 年的教师和许多小朋友，不免有些依依之情。离开时，师生们送我们到校外，开泰乡乡公所的职员章生炜（后易名章韦）和阮社小学图画教师李越鑫，几乎伴我们走近柯桥。章勤奋好学，李诚恳朴实,他们都是我在阮社近1年中结交的好朋友。当时阮社属于开泰乡,而乡公所就在小学之内,所以我们经常相处在一起。

回到柯桥,在街上随便吃了点晚餐,到柯桥小学就宿。想不到黄昏以后,大风骤起,急雨滂沱,直到黎明不止。当年还没有天气预报,后来回忆,这一场持续几天的风雨,或许就是一次台风过境。

从萧山到金华

大概是7月中旬的一个早晨,大昌的栈师父帮我们挑行李到火车站,凭居住证(占领初期是良民证,以后改为这种有照片和指纹的身份证)买票。

火车从杭州通过日军勉强修复的钱江大桥蹒跚而来,除了车头以后有一节供日军用的客车车厢以外,其余都是敞开的货车(当时称为料车)。每节货车都装满了货物,乘客就抱着自己的行李爬上去,翊如和我竭尽全力,总算把几件行李安顿好,坐在货车中堆叠如山的货物上,摇摇摆摆地前进,双手必须紧紧地拉住一件货物或绳索,否则,车身一震动,就会从车上滚到铁路上去。每个旅客都这样战战兢兢地随车摇晃,四周毫无屏障,可以随意瞭望。

沿途几乎是五步一岗,十步一哨。每过岗哨,火车都要慢下来,在有的岗哨边还要停车,所以车行极慢。我在初中国文课中读过傅东华的《杭江之秋》一文,这是浙赣铁路前身杭江(山)铁路修成以后的著名文章,所以被选入初中国文课本。当时,钱江大桥尚未建成,所谓杭江铁路,实际上是从萧山到江山的一段。傅东华文内所写的,仅仅是从临浦以南到苏溪之间的沿途风景。他是坐在客车车厢中观赏的,由于他的生动文笔,把沿途风景写得栩栩如生。现在,我坐在货车顶上,要说视野,当然比傅东华要开阔得多,但是我却毫无欣赏风景的情绪。记得我在绍中时,国文老师姚轩卿曾在课堂上引《世说新语》中周的话:“风景不殊,举目有山河之异。”(今中华书局排印本作“正自有山河之异”,《晋书·王导传》和《通鉴·晋纪》俱作“举目有江河之异”。我以为“举目有山河之异”最好,但不知姚师当年所引何本)当时,我的心境正是如此。

火车到薄暮才抵达终点站金华。我们雇挑夫按址找到我亲戚庞锡元家中。

庞氏是经营钱庄的绍兴资本家,他们家族在上江(指金华、兰溪)开设了兰溪的穗茂、义和及金华的瑞源3家钱庄。当时庞氏家族中的为首人物“二店王”(我忘了他的名字),论辈分我称他小姑丈,他的小儿子庞世诚(后改名庞诚)是我的亲密朋友。庞锡元是庞世诚的堂兄,所以我都以“舅”相称。

庞锡元夫妇很热情地接待了我们。他原是瑞源钱庄的职工,现在钱庄停业,他们住在金华城中,亲朋从绍兴到内地,往往由他做出安排,他对金华、兰溪的情况非常熟悉。第二天早上,庞锡元就着手安排我们通过日军哨所进入内地的事。

锡元不仅熟悉情况,而且处事仔细。因为必须保证我们的安全,他事事考虑,甚至包括检查我们的行李。由于从绍兴出来的不少亲友,都由他找人护送,他脑袋里已经有了一幅日军最后哨所、游击区、国军最前哨所的地图。他手上又积累了许多资料,譬如哪一天有人在日军哨所出了问题,为什么出问题等等之类,虽然其中有的属于传闻,但都是应该考虑的。因为绍兴人的上江钱庄都是置有田产的,所以从金华外出的亲友,都由他以穗源钱庄的名义写了给某乡、某村、某人的信,出行者都作为穗源的职工,外出是为了收租或联系其他田产事务。这些乡村都在金华、兰溪、汤溪的游击区或国军驻扎区。这些信当然是假的,也是备而不用的。但是在遇到日军哨所麻烦时却很有用。在锡元这一年中所帮助的绍兴亲友中,主要都是与庞氏家族有关系的生意人,是到兰溪游埠和衢州、上饶一带做生意的,他们中的多数人,都是既去又回,有的是多次出入,但没有人发生过问题。

现在,当锡元了解了翊如和我的情况以后,他认为翊如的事毫无问题,在他家休息几天,由他找人护送到游埠我舅父徐佩谦那里,保证一路平安。但是对于我,他的这位堂外甥,他却认为从白龙桥闯出日军哨所是危险的。主要因为我带了一大包书,他逐本看了:《范氏大代数》,还有解析几何、平面几何、三角学、物理学、化学等等,并且还有英文书。凭这一些,怎能冒充是穗源到郊区收租的职工呢?

锡元舅对我的事特别谨慎,还有一种意在不言中的情况。因为我早已发现,绍兴沦陷后,我在嵊县崇仁廿八都省立绍中读书,假期就到金华、兰溪几家钱庄度假。

其实,在那里度假的庞氏亲友,在金华一带读书的年轻人多至五六位,但是他们对我却刮目相看,从这些钱庄的经理到职工都是一样。这多半是我的小姑丈庞和舅父徐佩谦(兰溪义和钱庄协理)传扬出去的,他们说我聪明过人,记忆力极强,将来必有出息。而由于民国二十九年(1940)暑期全省省立中学统一招生的录取名单是在《东南日报》(金华)公布的,我在省立绍中名单中名列前茅并且成为公费生的事,金华、兰溪首先看到,他们不少人还写信到绍兴向我父亲祝贺。这其实是因为他们都是生意人,家族中读书人不多,眼界偏窄,所以小题大做。当时,我完全理解锡元舅在这方面的考虑。但他毕竟熟悉这里的情况,而我自己也着实不愿冒险。另外,他充分理解我急着到上饶考大学,这一大包约 20 本书对我至关重要。初步讨论以后,这天上午他就外出,去和一些熟人商量这个问题。

中午以前他回家,买回了牛肉和酒,要他夫人做生炒牛肉丝。在没有什么收入的沦陷区,他这样待客确实让人感激。边吃边谈,他说,上午他已经找了好几位要好朋友研究此事。翊如没有问题,在他家再委屈二三天,他找熟人送到游埠我舅父处,并把我的铺盖卷一起带走,保管万无一失。至于庆均(他对我的称呼),"外甥大爷"(绍兴人对外甥的尊称)的这包书是要紧的,但白龙桥出不去。我们已经商量好一个办法:走兰溪。

血染衣衫

走兰溪。锡元舅十分熟悉这里的情况和我们亲戚的情况。这是他经过慎重考虑并且与同样熟悉这些情况的亲朋们商量的结果。

以庞氏家族作为主要股东的上江钱庄,金华的瑞源虽然已经停业,但屋舍无恙,仍是他的活动基地,偶尔做点"外行"生意(钱庄业者把一切钱庄以外的经营称为"外行")。兰溪的义和由于战争中被炸,屋舍全毁,已经不再存在,留用职工都撤退到城外游埠,我舅父是此店协理,我和翊如去内地的第一站就是游埠。兰溪还有一家穗茂钱庄,由于坐落在市中心,屋舍完好,我的八外公徐樾亭是经理,营业虽已停止,但他仍坐守于钱庄之中。徐樾亭是庞氏家族中的重要成员之一,我的小姑丈"二店王"就是他的亲妹夫。他年轻时就到兰溪经营钱庄业,现在年届花甲,仍然坐在经理的位置上。兰溪沦陷后,他的家搬到郊外游击区,自己则坐镇城内钱庄,常常通过日伪岗哨出城回家看看。所以锡元认为他一定有办法把我的这些书带出城外,然后我带了这些书从那里直奔游埠。我同意他的主张,决定尝试"走兰溪"这一着。这天一早我和吴翊如告别。锡元舅送我到坐汽车的地方,随身只带一包书和几件替换衣服。

从金华到兰溪原来是有火车的,是浙赣铁路的一条支线。日军占领以后,为了掠夺武义县硎石矿,他们拆除这条支线上的路轨等设备,而移往金华、武义之间,在那里建了一条支线。金华、兰溪之间只剩下了铁路路基。于是,与日伪有关系的人就利用这条路基开汽车营利。没有什么车站之类的设施,一辆载货的木炭车,停在一家旅馆门口,有一个操杭州口音的人卖票,80元储备券,购了票的就爬上车。当时,前边已经站满了人,而木炭车左后方有一个木炭炉子。锡元舅帮我从右侧后方爬上车。当时没有想到,或许就是这个位置救了我的命。没几分钟,车的后部也都爬上了旅客,不少人紧紧地依靠着护栏板,木炭炉边也挤满了人。夏天的太阳直晒头顶,有的人勉强撑起伞子,由于一把伞子可以为好多人遮荫,所以也没有人反对。我挤在右侧车边,还可以和站在车下的锡元舅说几句话。车的前部站着七八个手持步枪的日军,他们当然是搭便车的,因为占领已久,大家也不害怕,同样地互相挨挤着。我原以为可以利用我脚边的这包沉重的书作为坐椅。由于旅客太拥挤,我只好侧着身子紧紧地靠住右侧护栏板。车子终于启动,我和锡元舅挥手道别。

　　这条道路是不曾整修过的原铁路路基,加上一辆破旧的木炭车,摇摇摆摆地走得很慢。我曾经坐火车多次往来于金华、兰溪之间,沿途风光是熟悉的。我看到了竹马馆的站台和被烧毁的站房,心里想,再熬一半路就到兰溪了。

　　忽然听到了两声枪响,接着就是密集的枪声。前面的日军嘀嘀地叫,车子霎时停下来,车上乱成一片,大家都挤着往车下爬,有的就是从护栏板上掉下来的。我因为紧靠右侧护拦,是第一批爬下卧倒的人,枪声继续不停,我身上已经压上了好几个人,实在被挤压得喘不过气来。我忽然感到右肩湿润,用手一摸,竟是满手鲜血。我立刻觉得右肩麻木,眼前漆黑,脑袋昏厥,我显然被打中了。枪声仍然密集,我听到有人呻吟,自己身上似乎没有痛感,虽然极度惶恐,但心头已较镇定,也意识到我身上的血可能是上面的受害者流下来的,当时爬下车来的旅客挤压成一团,我身上已经压了好几人。枪声密集时间其实不久,好像也没听到这边的日军打枪,但感觉上似乎过了许多时间,一直趴在地上不敢稍动。忽然听到日本兵嘀嘀地叫,卖票的那个杭州人大声吆喝:"大家上车!"我立刻起来爬上车,一脚踩在我的一包书上,并且无意识地坐在书包上。汽车立刻开动,但我的头脑还没有清醒,倒是身旁一位身穿长衫、戴西式草帽(后来回忆大概是从上海一带回兰溪探亲的生意人)的中年人提醒我:"小伙子,把衬衫脱下来丢掉吧,免得进城啰唆。"我的这件白色纺绸衬衫,从肩膀到胸,已经沾满鲜血。好在尚有汗背心,我恍恍惚惚地脱掉衬衫丢在车上。不过后来回想,意识还是清楚的,因为解脱衬衫之时,并未忘记把衬衫口袋里的居住证取出放在裤袋里。车上显然少了一些人,因为包括我在内的好几位都坐下来了。在金华上车的时候是挤得转不了身的。车到兰溪以前,我已经完全清醒。回忆当时发生的一幕,从右侧爬下的旅客估计受伤者不多,流血沾我衣衫的那一位,很可能是爬下车以前就被击中的,因为右侧旅客有汽车挡着,枪弹是从左边来的。但爬下左侧的旅客就不幸了,他们暴露在射击者的正面,必然有不少死伤。只是因为我爬上车后,脑袋还是一片混乱,汽车就开动了,根本顾不到看看左右两侧,究竟有多少旅客没有上车。

　　汽车在兰溪城门不远处停靠,我提了书包下车,从车站到城门的这段路上,我看到两位旅客携扶着一位受伤者艰难地行走,这显然是结伴出行的旅客,受伤者是由他的同伴牵拉上车的,而那些单独出行的旅客,假使受伤而爬不上汽车,只好在烈日曝晒下等死,这是何等悲惨的场景。还是那位在车上提醒我脱掉血衣的旅客在我耳边说:"都是几个日佬找来的祸,否则对面是不会开枪的。"其实锡元舅在金华已经告诉过我,这条路有一段紧靠婺江,国军游击队有时会开枪射击汽车。不过他说这是很偶然的。想不到这种"偶然"竟落到我身上。而且遗憾的是,游击队的这一次射击,似乎没有伤着车上的日军。

到穗茂钱庄是熟路,我身着汗背心,手提一个大书包,恍恍惚惚地走到那里,敲门。开门的正是八外公,他吓了一跳,因为汗背心上也有血。我实在惊魂未定,坐下来长话短说,把从离开绍兴到兰溪的过程简单地告诉了他。

钱庄和金华一样地停业,除八外公坐镇外,还留着一位职工和烧饭的栈师父,此外还有两人在乡下收租。八外公让我揩洗身体,因为发现头发上也沾了血。时间早已过午,吃了一点饭以后就睡觉,傍晚醒来,上午发生的那个恐怖场景似乎还在眼前,但头脑已经完全清醒,血染衣衫的事丝毫没有挫伤我奔赴内地的决心和信心。慈祥的八外公手执芭蕉扇,坐在我的床前。于是我和他做了详谈。

八外公当然是个老派人,自己只读过私塾,毕生在上江经营钱庄。但是他在后来发生了思想上的很大变化,他认为年轻一代必须读书,读书才有出息。所以他把小儿子徐信铺(小名阿宝)送进了学校,最后成为省立绍兴中学的第一届高中毕业生,毕业后考上了国立中正大学机电系,在江西泰和读书。这里附带说明一下,中正大学是战时创办的大学,由于校名"中正",颇对外间发生了作用,以为这是与上头关系密切而前途远大的学校。绍兴中学的不少高材生都被吸引到这所大学中去。后来才逐渐明白,由于江西省一直没有一所大学,熊式辉主持兴办一所大学,按其他各省如浙江、河南、山东、湖南等例,应该称为江西大学,但在当时的形势下,他却以"中正"名校,我并不议论此事,因为办大学总是值得称赞的,但不少人为校名所吸引,在当时也是事实。

除了徐信铺当时已就读大学以外,八外公的近亲之中,还有其他两位准大学生,就是我和庞世诚。因为在金华、兰溪的亲友之中,对我有一些渲染过分的讹传,或者说一些不切实际的希望,这或许和舅父及小姑丈等传播的我童年时代的"聪明强记"有关,也或许和民国二十九年(1940)全省省立中学统一招生名列前茅及公费生有关。八外公对我一直另眼相看。记得那年暑期我住在义和,他一定要请我到兰溪有名的天然饭店吃一顿饭,由我舅父及十外公(义和钱庄职工)作陪。在席上说了几次相同的话,大意是:"阿宝(指徐信铺)已进了大学,你和世诚也必然要进大学,但阿宝和世诚都远远及不了你,你是要有大出息的,将来要帮帮阿宝和世诚。"我不知道他所说的"大出息"指什么?显然是由于一些传闻而对我的期望过高。但现在成为我接受锡元舅的建议背了书包到兰溪的重要原因,因此去是到内地考大学,他一定会尽全力支持我。在听了我的话以后,他立即了解,这些书对我至关重要。不过和锡元舅不同,他完全没有这方面的经验,金、兰沦陷1年多以来,绍兴出来的亲友都从金华出入,穗茂完全没有送人从兰溪到游埠的经验。所以他决定次日出城回家一次,到他家所在的游击区去打听一些情况。

　　次日早晨他就出城,直到傍晚没有回来,我实在是望穿秋水。第三日午后他才回来。他为人小心谨慎,多年的钱庄生活养成了这种性格。他在游击区的这个村镇上整整奔波了近两天,访问了所有他熟悉的人,包括一些他平日不屑接近的若干"地头蛇"式的人物。但结果使人失望。因为日伪禁止汪伪区青年到内地读书,关卡中已有多人被抓。我带了一大包书出城,日伪一看就知道是到内地读书的,这种行径等于自投罗网,风险太大了,犯不着冒这样的险。

　　八外公当然希望能把这些书带出去,他想的办法是,让他每二三天出城一次,由他一本一本地带出去。按这样的办法,我的书要 20 多天才能带出日伪关卡,而我急需赶到上饶考大学,在萧山已经滞留了七八天,考期在即,我实在心急如焚,却又不能让他老人家多冒险,在这种心情十分恶劣的情况下,我的老毛病发作了——打摆子(疟疾)。这是民国二十八年(1939)五月绍兴中学遭日机轰炸,学校迁到绍兴的栖凫上课时(我生平第一次做住校生)染上的。据医生说,疟原虫一直潜伏在血液中,凡遇身体虚弱就会发作。这是一种每日或间日发作的疾病,先发冷,即盛夏也需盖被;接着发热,体温可以高达 39℃ 以上。本来,医治这种疾病的特效药是奎宁,丸剂或针剂都能奏效。但效果较慢,而且副作用很大(耳聋)。最快速而有效的方法是静脉注射德国拜耳药厂出品的 606 针剂,这本来是治疗梅毒用的,因为梅毒的病源是螺旋体,而当时流行的这种疟疾病源也是螺旋体。所以我在绍兴时,绍兴中学兼任校医、南通医科毕业的名医李大桢就给我用了此药。我要求八外公到药房买 606,但他也懂得一点医道(当然是中医之道),认为 606 太剧,一定要我注射奎宁针。他是爱护我的长辈,我只得顺从他。他请了他所熟悉的兰溪名医给我注射奎宁针,同时服药,花了 3 天才痊愈,八外公又怕我体力不支,坚留我多休息 1 天。我把书留在兰溪,只身重返金华,这是因兰溪没有护送的经验,而且我急需知道吴翊如的情况。兰溪之行没有收获,耽误了我奔赴内地的 10 天时间。

　　回程还是那辆木炭车,车上没有日军,站着不见拥挤。我当然竭力不想 10 天前血染衣衫的场景,却仍然惴惴不安,直到开过竹马馆,我知道路线已偏离婺江,才算放下心来。大约在下午 4 点抵达金华,回到锡元舅家中,既懊丧又疲乏,一头倒在床上。锡元舅略知我的遭遇后以"大难不死,必有后福"相安慰。其实血染衣衫的事算不得"大难",而辗转耽误错过了大学考期确实是我最大的心事。锡元舅告诉我,我走后第三天翊如就有人护送过了白龙桥,护送者次日返回,说明他已经安抵游埠,使我感到放心。他要我休息几天,让身体恢复一下。他当时的经济并不宽裕,但每天买鱼买肉款待我,实在令人感激。覆巢之下,安有完卵,在这样的处境下,我有这些亲戚热情帮助,已经十分幸运。在我所知道的绍兴中学同学中,有些没有亲友帮助而奔赴内地的,实在佩服他们的勇气。当然也有些人不知下落,他们很可能是蒙难了。

越过白龙桥

在庞家又休息了 3 天,其实锡元舅早已找到了护送的人,怕我体力不好而没有告诉我。第三天傍晚他才告诉我,明天一早启行。

护送者是一位貌似农民的金华人,用一根木棍背了一只金华篮子。当时,我除了几件夏季替换衣服已经没有别的东西,锡元舅用一张"新申报"包起这几件衣服,放在护送者的篮子里,并且用瑞源钱庄的信笺信封为我写好一封信,我算是瑞源的伙计,到乡下去收租。庞氏夫妇送我到巷口,叮嘱了护送者几句话,我们就上路了。

走了约摸个把钟头,远远地看到了炸断的白龙桥瘫倒在江面上。这是婺江支流上的一座浙赣铁路桥梁,离桥不远有一个渡口,有民船摆渡,上下渡船的人不少,但多是农民。渡河以后或许不到一里路,是日军的最后一个哨所,建有碉堡。一个日军持枪站着,面孔毫无表情,只是把头转来转去,我们照例要向他鞠躬。旁边两个"和平军",是检查居住证和物品的,心里当然有点恐慌,护送者把两人的证件让他们看了,用金华话讲了几句,总算顺利地通过了。

锡元舅早已告诉过我,经过哨所以后还有最末一关。我们从一条较大的泥路折入一条很窄的田间路,护送者告诉我,跟着他径直向前走,不要停,也不要东张西望。我知道,这最后一关到了。

大约二三十米以外,田间路旁有一棵大树,估计是棵樟树,这就是锡元舅谈及的"最后的日佬"所在的地方。护送者提醒我:"当心,日佬就在树上。"我在烈日之下屏着气前进,当时,路上只有我们两人。我默默地祈祷,只要在这个关键地方不出事,我就自由了。但锡元舅也说过,这个日佬一般不会打枪,假使打枪,枪法奇准,一定命中要害。我们终于靠近大树,我曾偷偷看到,一个全副武装的日军,持枪站在大树上架着的木板上。大树在田间小路的左侧,离小路不到 10 米。为了这个大树上的最后瞭望哨,这里的道路显然被修改过了。我们经过大树继续前进,什么事都没有发生。护送者又叮嘱一句:"不要回头看。"大概走了几十米,田间小路又和一条较大的泥路汇合。继续走,离开大树已经几百米,烈日当空,路上仍然只有我们两人,恐惧开始消退。前面横亘着浙赣铁路路基,爬过路基,回头已经看不到这棵大树,却有几棵小树,护送者要我坐在树下休息一下,他自己用烟管烧了一盅烟。现在已经完全没有了恐慌感,心头立刻浮起其他一些事:明天是否能到游埠? 能赶上上饶的大学入学考试吗?

继续走了约半小时,太阳直射,正午时刻到了一个被战火摧毁的村镇,这就是锡元舅告诉过我的一个目的地——塔水桥。从规模来看,这原是一个不小的村镇,但现在到处残垣断壁,满目荒凉。零零落落地还留下几栋民房,还有一家酱园。酱园的房子也已经残破,但户外的许多酱缸说明了它的身份。这家酱园原是穗源的户头(穗源钱庄的贷款户,钱庄术语称为户头),按惯例,户头对钱庄是很巴结的,这种关系现在虽然已经中止,但他们总希望有一天能恢复,酱园重新开起来,钱庄再借钱让他们做生意。所以这家停业的酱园成为绍帮生意人(当然主要是与庞氏家族拉得上关系的人)出入沦陷区的中间站。

门户敞开着,护送者熟悉地带我进去,里面只有两三人,做了简单的介绍以后,最重要的是喝水。喝足了水,再吃饭。饭后,护送者说今天很顺利,因为没有行李,过哨所时"和平佬"没有东西可以检查。又夸我能走路,走得快。所以他用不着在酱园留宿,当天赶回金华。于是我把居住证交给他。来往这条路上的绍帮生意人,这家酱园是交接日伪居住证和内地通行证(游埠或其他乡镇公所开具)、储备券和法币的地方。我的有限储备券在金华时已交给了锡元舅,至于居住证,我不像那些进进出出的生意人,以后永远不会再用它了。当然,我还是交给了护送者,要他以此向锡元舅报平安。

酱园里的几位都很热情,通过那位护送者的介绍,他们都叫我"外甥"。他们要我在这里暂息,因为每一二天就会有游埠人来,我很快就能到游埠的。这里属于浙赣战役后金、兰、汤的游击地带,即所谓"两不管"的地方。晚上特别安静,连犬吠声都听不到。在这样的一个特殊地方,我倒是睡了一个好觉。

第二天一早起来,我感到心焦,因为我不知道到底要在这个"两不管"的地方等几天? 游埠是否很快就会有人来? 而且和在八外公及锡元舅处不同,这里几乎完全没有用文字书写或印刷的东西。虽然当年我不过 20 岁,但是一直都和书本打交道,而这里连一张报纸也没有。早餐以后,我竟站到板壁上去看黏在那里的旧报纸(从小养成的习惯真是难以改变,到老还是如此)。

终于,一个从游埠来的小伙子,年纪和我差不多,拎了只小口袋,在午前来到了酱园。除了我以外,他们都是熟人,但当他们介绍以后,小伙子立刻抓住我的肩膀说:"佩谦先生的外甥,我保驾,明天见到你娘舅。"游埠人来得这样快,我确实有点喜出望外。他将小口袋里的几个本本与酱园里的人说了几句,吃过中饭,我们就上路。他把斗笠给了我,自己的头上盖上一块毛巾,仍然是烈日炎炎的天气。

他真是老马识途,首先是要打个通行证,经过国军哨所时就会便利得多。他抄小路走,不过半小时就到临江镇(乡),这是从沦陷区到内地第一处遇到的有乡镇公所的地方,大家也都在这里打通行证,所以出入的人相当多。镇(乡)长叫罗泾镕,是一位毫无土气的中年人,小伙子和他熟悉,介绍了以后,他立刻用印好的通行证为我填写一张。临江镇这头，就是国军在前线的第一个正式哨所，当我看到站着岗的国军时，心里实在激动，用文学家的话，现在我投入了祖国的怀抱了。

这天傍晚到了一个颇大的村子，他熟悉地领我进了一所房子，里面住着3个人，分别是兰溪穗茂、义和、金华穗源来收租的职工，其中两人都认识我："佩谦先生的外甥、笑风先生的公子。"他们热情接待，当然只有粗茶淡饭。不过住处有竹榻，特别是蚊帐，也就差强人意了。这里的农民有许多人打摆子，因为没有奎宁丸，只用土法，主要是中药柴胡，所以没有效果。老年人受不了这种疾病的折磨，已经死了许多人。当时，早稻早已收获，晚稻也已长得很高。几位钱庄里的职工和我叹苦经，这样的局势下到乡下收租当然是个苦差使。而这里的农民，病的病，死的死，租谷收起来了，要运到游埠才能出卖，但附近实在找不到挑谷的人，所以也很心焦。我站在这所房子门口看了一阵，兵荒马乱的年代，景象确实很惨。

次日一早又上路，仍然是烈日当空，冒暑前进。但和这位小伙子同行，口渴倒是不怕了。因为沿途常有一些特殊的瓜田，结着累累的小型西瓜，是专用于采取瓜籽的。你可以坐下来随摘随吃，水分很多，也略有西瓜的香甜之味，籽多而大，吃完后把籽留在瓜皮里就是了。我们一路采吃了几次，既休息，又解渴。自从越过白龙桥以来，这一天的旅行，显然非常轻松了。

中午到了抵达游埠以前的最后一个集镇马达（凭记忆谐音），农民赶集，相当热闹。我身无分文，小伙子出钱请我吃了饭。大约下午4点钟到了游埠。这是钱塘江上游衢江沿岸的一个集镇，金华、兰溪沦陷以后，许多生意人都撤退到这里，使它出现了畸形的繁荣。小伙子非常熟悉地把我送到我舅父的地方。舅父自从翊如到后一直在等着我，十分焦急，但又无法沟通消息，看到我的到达，总算宽下心来。我奔赴内地的第一个目的地终于到了。

游埠的失望

舅父在游埠街上开了一家小布店，只雇佣了一位伙计。一位老牌钱庄的协理在这里做这种营生，当然属于不得已，也是一种观望和等待——时局转变和钱庄复业。不过我似乎知道，义和钱庄与衢州及上饶的绍帮布庄有交往，所以在游埠开家布店，他大概是有点依靠的。

舅父首先告诉我的是，翊如在他处住了3天，然后雇了一顶轿子，从游埠远走罗桐埠（即今新安江水库大坝之下），从那里乘船去屯溪了。接着就谈有关我的事，在这些亲戚中，他当然是最关心我的，而且我父亲也早已写信告诉他我的一些计划了。他知道我要到上饶考大学,而且是执意要考名牌大学。他对这方面虽然属于外行,但庞世诚一家也住在游埠,世诚在半个多月前才离开游埠到上饶去,所以他曾和世诚商量过关于我的事。

第一件使我十分失望而且出乎意料的事是,大学入学统一考试的时间早已过去,而且上饶根本没有国立大学的考点。我舅父仔细地留心了上饶出版的《前线日报》和南平出版的《东南日报》,名牌大学从来没有到上饶招生,不要说名牌大学,连英士大学、暨南大学、中正大学这些我舅父知道我看不上眼的大学也没有到上饶招过生。世诚告诉他的也是如此。我在沦陷区实在把上饶看得太"伟大"了。世诚到上饶是去念高中的,他告诉我舅父,我要考名牌大学,起码是到赣州,或者是径去重庆。这是我当年都做不到的事,要去也得等到次年。

第二件事是他与我商量,我上大学学什么?因为我父亲与他通信中曾提起我在贵阳有位堂叔,彼此也曾通信,知道贵阳有个医学院,很有名(以后证明确实是一所名校),我也曾经考虑过到贵阳学医。虽然我对此并不很感兴趣,但是舅父劝我学医。为什么?这与战事形势及我的家庭情况有关。在这方面,他与我做了详谈,这实在是我过去并不清楚和没有考虑过的。

我舅父比我父亲年轻 14 岁,是庞氏亲属中实力人物(指钱庄的经、协理一流)的壮年派,他所阅读的一些书报和接触的人都与我父亲不同。而且杭州沦陷以后,绍兴实际上地处前线,相当闭塞,而金华、兰溪倒显得比较繁荣和开放。他首先告诉我的是大局:战争已经打了 6 年,除了美国援助以外,蒋委员长是靠法币与田赋征实才抗战到底的。现在盟军已经开始胜利,但即使明天就胜利,法币绝不可能再回到民国二十七年的地位。钱庄当然还要恢复,但怎样做法,现在实在很难预料。

接着他和我谈我们的家庭情况,这实在是我一直以来并不清楚的。在民国二十六年打仗开始以前,我父亲大概已有 5 万"头寸"(钱庄中人常常称钱为"头寸")。舅父自己大概也是这个数字。以今天的人民币来比,这个数字大概已接近千万。但这些钱绝大部分都存在利息较高的钱庄中。到此我才知道,金华、兰溪的 3 家钱庄中都有父亲的存款。但是现在,钱庄停业,存款无法提出来。即使提得出来,像我父亲这样的人,也没有其他生意会做。舅父说,假使你父亲今天在游埠,连他这样一片小布店也开不起来。"我们眼睁睁看着我们的积蓄一截截短下去"。这是舅父边叹边说的一番话。所以他说,本来,你读大学,可以随心所欲,你也算得上是户殷实人家的大少爷。但是今后就不是这样,当你大学毕业的时候,我们的钱可能已经烂光了。所以你进大学要学点"实本事"(绍兴话中的"本事"意谓技能)。做医生就靠"实本事",是一种不求人的自由职业。

　　游埠是奔赴内地的第一站,这是在绍兴时就决定了的,但是不要说沿途的波折,这个第一站所给我的无非就是失望。首先是我想在当年就成为大学生的希望破灭了。其次是让我知道了我们家庭的实际经济情况。过去,我只知道我父亲是一家"大同行"(钱庄的等级)的经理,每逢过年,"户头"们纷纷到我家送礼。我母亲总得准备不少红纸小封套,里面装上两角或四角银币,作为对那些送礼者(多数是"外行"商铺的栈师父)的赏赐。当然,那个社会在这方面是有约束的,送礼绝不会有钱币或其他与钱币相当的东西。主要是滋补品(如桂圆、荔枝,偶尔有燕窝、银耳)、水果或其他食品等。人来人往,相当热闹。不过说实话,我并不希冀这种场面,而是向往祖父"立德、立功、立言"的话。我的未来,绝不会去做一只"钱店猢狲"(绍兴人对钱庄职工的蔑词)。但在另一方面,从我自己看到的和亲朋在我耳边絮聒的,我没有想到家里会有经济困难的问题。我父亲供应我读书,不管是中学和大学,这是不在话下的。记得民国二十九年我考上了高中公费生,《东南日报》发榜,亲朋纷纷祝贺,我祖父和父亲都公开表示:钱是小意思,就是名声好听。但是在游埠,我知道了情况已经变化。虽然我离开绍兴时,父亲和我说,在内地用钱,他会通过舅父套汇给我。舅父的一席话让我知道他的经济情况已经困窘,而且显然要每况愈下。我在绍兴曾经设想过的,譬如到重庆上中央大学,或到昆明上西南联大,都成为不现实的事。尽管当时的国立大学都有贷金,但是靠贷金支持4年的学习是困难的,何况还要一大笔交通费用。由于舅父曾与我提及,中央政治学校好像在赣州一带有考点。这个学校也是我曾经考虑过的,不过当时考虑的是因为此校有外交系,并不虑及其他。而到了游埠以后,此校除了外交系对我的吸引力以外,更重要的是我知道,这个学校的一切费用都由政府提供,而且待遇不错。所以中央政治学校外交系从此就成为我的"第一志愿"。不过我还没有完全撇开贵阳医学院。因为我的堂叔陈选芝是当着我祖父的面提出让我到贵阳读医科之事的。陈选芝在抗战前是南京唯一的公交公司江南汽车公司的高级职员,抗战后内迁到贵阳,仍然从事交通运输业。民国二十九(1940)年,就在我考上高中公费生的这年,他从贵阳回绍兴探亲,当然要上门看我祖父(他是我祖父胞弟的次子)。其时正值我考上公费生全家风光的时候,他一面称赞我,一面和我祖父谈我将来读大学的事。贵阳医学院即是此时提出的,并且说高中3年后我如到贵阳读医,他可以照顾我。我祖父当时没有说不同意见,而是提了一个"儒医"的词汇。他说"儒"和"医"渊源深厚,一面行医,一面读书,不失为一种好行业。由于祖父有这样的话,所以我在高中时也常常与这位堂叔通信。在我父亲这一辈中,他显然是一位思想比较新颖的人。所以在游埠时我就打算再和他联系一下。不管在游埠有多少失望等着我,我总得继续前进,我舅父的意思是先到上饶,因为世诚也在那里,他为我写了到裕康布庄的介绍信,让我由他们接待食宿。舅父又嫌我带的衣服太少（是翊如替我带去的），他的布店里有的是布料，坚持为我量制了几套衣服。此外，八外公果然为我带出了两本书，《纳氏文法》和《英文典大全》。这是我留在兰溪的书包里仅有的两本英文书。他大概认为英文书重要，所以择先带出来。不过以后我在上饶一年，再不见有书带出来，或许是兰溪情况有变化，也或许是我舅父返回绍兴，游埠没有人接应。在舅父的催促下，我在游埠写了一封信给绍兴的父亲，因为境遇不佳，信写得很简单，无非是报平安而已。我相信，八外公和锡元舅都已经给绍兴写过信了。

在游埠大概住了5天，因为做衣服花了些时间。而且上饶已经失去了冲刺的意义，不必再争取时间了。

水陆行程

一切就绪，就坐船到衢州，舅父自幼不良于行，还是跟着挑夫送我到船码头。客船是一种称为"上江船"的木船，船身颇大，可以搭载二三十位旅客，船上供给饭食，旅客在船板上围坐共餐，伙食有鱼有肉。晚上在船板上席地而卧，好像一个大家庭。当时，衢江航道很好，没有什么滩险需要纤挽，所以舟行顺利。在船上两宿，第三天早上就到衢州城下。

从衢州到常山要换船，但两个船码头靠近，自己搬行李到另一个码头买票上船，船的大小结构完全一样。不过客船已从衢江转入常山江，由于当年我对《水经注》已经相当熟悉，而且背熟了所谓"定阳溪水"的这一段："夹岸缘溪，悉生支竹，及芳枳、木连，杂以霜菊、金橙。白沙细石，状如凝雪，石溜湍波，浮响无辍，山水之趣，尤深人情。"虽然一路磨难，但在游埠上船时就知道航程要到常山，可以欣赏《水经注》描写的这段风景。所以一开船就左顾右盼，等待郦道元笔下这种美景的到来。美景不曾看到，却等来了一场惊险，这段航道中有名的帝皇滩。60 年以后，我为衢州市地名办公室主任张水绿的著作《史海钩沉》（香港亚太国际出版有限公司，2000 年）作序。张著中有《明太祖露宿帝皇滩传说考》一文，我在拙序中说：

> 为此书作序，也勾起了我的其他一些回忆和感慨。著者所撰《明太祖露宿帝皇滩传说考》一文让我想起了 1943 年夏季，我从沦陷的家乡去到后方求学的经过。我冒险越过金华白龙桥的日军封锁线，从兰溪游埠搭船到衢州，易舟溯流到常山。舟离衢州不久，一位船工突然进入船内告诫旅客："帝皇滩到了，大家肃静。"随即，全船船工除了一人掌舵外，其余四五人一齐下水，在船舷两边推船过滩，旅客们不免心头紧张。约摸半个多小时，下水的船工上船，大家都舒一口气，

船舶已经摆脱了这个险滩。这一年我从沦陷区进入后方,沿途当然遭遇过许多惊险场面。帝皇滩虽然有惊无险,但是长期以来常常记得当年船舶过滩的场景,读著者此篇,回忆六十年前往事,溯昔抚今,不胜感慨。

当然,与兰溪郊外的"血染衣衫"和金华白龙桥相比,帝皇滩实在只是旅程中的一个小小插曲而已。薄暮才到常山,我拖着行李不想多走路,但码头上几家旅馆都客满。有一家旅馆的茶房(旧时旅馆中的工友称茶房)为我设法在客厅中用两张八仙桌拼个临时铺,让我安顿下来。账房先生也同意我利用他的账桌写信。

这天晚上我写了3封信,一封给父亲,因为游埠写的信太简单,现在我已经知道了我在上饶的住址,因为他必然是急着想给我写信的。此外我告诉他,舅父处我要了3000元。另一封信给贵阳的堂叔,告诉他我离开绍兴后的简况,预备暂时落脚在上饶,告诉他复信地址。我实是为了试探一下,他能否让我到贵阳去。因为曾经告诉过我,我如能到达湘、赣交界的界化垅(当时的一个交通枢纽),从界化垅到贵阳,由他联系便车。第三封给我以后的妻子胡德芬,她在绍兴的一个日语学校念日语,我觉得留在沦陷区总不是办法,她还只是个初中生,所以我希望她克服困难,到内地继续求学。我没有邮票,只能把买邮票的钱交给茶房,请他代贴代寄。这3封信都顺利到达,都在上饶收到了复信。我的妻子在结婚以后才告诉我,当年接到此信后的激动心情。其实那时我们还只是一般的朋友,因为离开越城时,她热情地赶来送行。这封信是作为她送行的回报,也是作为一个比她年长的人对她的希望。

常山以后的一站是江西玉山,因为被战争破坏的浙赣铁路当时仅修复到玉山,从玉山可以坐火车到上饶。我身边有两件行李,一个铺盖卷和一只外面包了皮的木箱,后者原来是装书的,后来几乎成了空箱,都由翊如替我带到游埠。从常山到玉山有一天路程,我原想找一个人挑行李,自己步行,以节约一点旅费。但旅馆的茶房建议不如雇一辆黄包车,这点行李可以捎在车上,与雇挑夫相比,花费不会多很多。我接受了他的建议。

从常山到玉山原来是一条省际公路,由于战争的破坏,一路坑坑洼洼,还有一些作为路障的土堆和被掘断的路面。坐黄包车的旅客不少,三三两两的车辆,排了队迂回曲折地前进,所以走得很慢。午前才到草坪,在附近的一个小镇停车吃饭。过了草坪,算是进入了江西省,这是我生平第一次离开浙江。

过草坪时,我曾仔细地观察,当时已看不到明显的关隘。因为在初中念地理时,知道浙江在陆上与苏、皖、赣、闽四省接壤,其间有昱岭关、草坪关、仙霞关、分水关4个关隘。善于打趣的同学用肉炒线粉(昱、草、仙、分四字的谐音)来记忆,我也算看到一处了。以后30年中,我才先后经过仙霞关、分水关和昱岭关这其余3处。

　　日落以前到了玉山，城内已经被战火破坏得满目破残，市面在城外，由于铁路的缘故，所以显得繁荣。满街多是说江浙话的人，都是从金华、兰溪一带撤退下来的。我到一家小馆子吃夜饭，当时流行的所谓"客饭"———一菜一汤，饭吃饱。菜是挂在牌子上的五六种，让你任选一种。堂倌接待我："我们是金华出来的，不是老俵。"我一到江西境内，就听到江浙人对江西人的蔑视。这种话，后来一直听到。

　　次日到火车站买票上车，由于路基不好，特别是桥梁都是临时修复的。不少桥梁两端都竖着对来往列车的醒目提示："停一分钟，再缓行过桥。"所以上午始发的火车，到午后才抵上饶。从绍兴到游埠走了 20 天，现在，5 天时间就完成了从游埠到上饶的水陆行程。到上饶后怎么办？那只好走着瞧了。

二、上饶一年

裕康布庄

上饶的前身是广信府,赣东第一大城市。当时,整个东南地区,它和赣州、南平三足鼎立。与赣州、南平两个城市不同的是,它在民国三十一年(1942)的浙赣战役中曾经沦陷,城市遭受过战火的严重破坏。不过它也因这场战争得到好处,因为从浙东进攻的日军和从南昌接应的日军在上饶以西的横峰会师后随即撤退,而盘踞在战役以前浙江经济最发达的金华和兰溪,于是金、兰一带的商业就大量转移到这里,使这个城市出现了畸形的繁荣。特别重要的还有,第三战区长官司令部就在附近,使它成为一个军事、政治和经济中心。在文化方面,与江浙相比,这里显然比较闭塞落后,但战争发生以后,随着江浙人的大批涌入,总的说来,文化素质也有了较大提高。

裕康布庄在与大街相邻的相府巷。绍兴帮商人在上饶开了好几家布庄,做的是批发生意。货源来自沦陷区,行销于赣东和闽北,而游埠是他们的前哨,难怪在金华和游埠之间,许多绍帮商人冒着白龙桥之险来来往往。布庄的经理是萧山人李小鹄,还有一位姓俞的会计和姓王的职工,两位学徒,一位栈师父。因为庞世诚已经把我可能到上饶的消息告诉了他们,所以我的到来并不出于他们的意外,他们很客气地接待了我。世诚到那里已经半个多月,由于一场战役,我们阔别一年多,能在上饶重逢,当然有许多话要说,我们同住一个房间,第一天一直谈到午夜以后。

使我受宠若惊的是,我到上饶的事,居然在上饶绍帮人士中传开。后来有人告诉我,他们知道我是一位绍兴中学的高材生,成绩出众,要到内地上大学。传播这种消息的重要人物之一,是一位东吴大学毕业的王先生,他后来和我很熟,可惜忘记了他的大名。他也是绍兴城里人,40多岁,当时在上饶开了一家布庄,在兰溪时就和我舅父熟悉。我到上饶不过二三天,李小鹄就告诉我:"王先生要来看你,他是大学毕业生。"我有些莫名其妙,世诚毕竟比我早到上饶,他向我介绍了王先生的大概情况。

作为一位布庄老板,王先生的谈吐显然与众不同,后来我曾与世诚说过,这样的人,只能称他"儒商"。他1930年代毕业于东吴大学中国文学系,教过书,但抗战开始就改业从商。因为都是绍兴人,他和庞氏家族很熟。他是我到上饶后第一位主动帮助我的同乡人。他告诉我,已和第五军需局的柴秘书通过电话。这一句话就让我看出了他的特殊地位。那时候,电话还是稀物,布庄里都轮不着装电话,他通过什么关系和第五军需局这样的军事机构通电话呢?柴秘书也是绍兴人,当时,无论政府和其他机关,都没有什么"书记"和"副长"之类,第五军需局的秘书,其实就是这个局的"副局长"。王说,柴秘书已经了解我的情况,他可以保送我上大学,要我前去面谈。

当然由世诚陪我同去。第五军需局在上饶郊区四五里的一座小山上,按接待的排场,这位秘书确实派头不小。秘书室外间有一间专用的会客室,坐定后即有勤务兵泡茶,让我们两位年轻人有点局促不安。我让他看了省立绍兴中学的转学证书,是一张绿色的土报纸,上面有我高一、高二4个学期每门学科的成绩和每个学期的总平均成绩。他看得很仔细,并且连连点头。最后说:"陈老弟,好成绩,毕竟是绍兴人,我送你上江苏学院。"

世诚后来告诉我,他听了柴秘书的话很替我高兴。但我当时就立刻感到既失望又为难。失望的是,我根本瞧不上这所由江苏的一些高层人士(包括顾祝同)打点起来的"大学",我老早听到过建立在福建沙县的这个学校,我思想上从来不认为它可以称为"大学"。为难的是,柴秘书是上饶绍兴帮商人可沟通的绍兴籍高级官员,而且他对我的态度很认真,既赞赏我的学业成绩,又确是诚恳地伸手帮助我这个同乡人。我毕竟已经当过近1年的完全小学校长,稍稍有了一点阅历,所以没有即时谢绝。在说了几句感谢的话以后,我告诉他,这件事我需要和我舅父商量后才能决定(因为他并不知道我舅父不在上饶)。于是我们告辞。起身时他说:"如决定去,请告诉我,我可以立刻挂电话到沙县。"当他送我们到门外时,说了一句令我非常感激的话:"这里到沙县交通不方便,这个问题由我解决,我找便车送你到沙县。"最后还加了一句:"我们这些绍兴人在外面混了一辈子混不出名堂,你是可以为绍兴人争光的。"

从第五军需局出来,世诚立刻问:"这种事你要和佩谦哥(指我舅父)商量?"他完全不理解我和柴秘书说话的用意,我对世诚当然直言相告。他当然也不认为江苏学院是一所够格的大学,但他认为这个学期我反正进不了大学,既然有这样的机会,不妨就到那里去,以后还可以转学,转不了学,也可以重新再考。不过我的想法却不是这样。因为当时我想投考中央政治学校外交系的思想已经非常强烈,当然也并不完全排除名牌大学。对于中央政校和名牌大学,转学那是梦想。沙县这个地方,卢冀野在他的诗上写得很美:"燕溪水,缓缓流,永安城外十分秋。……"(沙县在永安北)但它是个交通闭塞的地方,柴秘书找便车送我到那里,我一旦陷到那里,明年再考的事就非常困难了。厦门大学(当时在福建长汀)是当时这一带唯一一所比较著名的大学,物理学家萨本栋任校长,但我不会去念物理系。所以我绝不能为了过一过"大学"的瘾而陷到沙县去。

回到裕康,先向李小鹄说了大概情况,下午就到王先生家道谢,并且说明我不能去沙县的原因,请他过几天后告诉柴秘书,并且务必谢谢他栽培的雅意。的确,我是从内心感谢他的。我忘记了他的大名,谈话中只记得他老家在绍兴城内木莲巷口,但从小就举家外出,随父到广东,毕业于岭南大学。娶的太太是广东人。由于从小学到大学都在广东念书,广东话说得比绍兴话好。他说,他是大半个广东人。

王先生是位热心人,几天以后又陪了一位身穿军装的江苏人来到裕康,在裕康吃中饭。目的是为了与我谈谈,说他可以想办法让我到建阳上暨南大学,过几天等消息。我没有即时回绝,因为从他的谈吐中,听得出此人颇爱吹嘘,事情反正不会成功,我何必使热心的王先生难堪。我当然不想去暨大,暨大校长是著名史学家何炳松。那个时代的大学校长,因为不必为"创收"一类的事操心,都由著名学者出任。不过这所大学以国际贸易、工商管理等系出名,我当然不会去念这些院系。我祖父是位读书人,但我父亲和叔叔们都做了商人,我不想再延续我们这个商人家庭的局面,我祖父也曾经向我表达过他的这种愿望。暨南大学的事后来果然不出我的预料,王先生过了几天来说,那位军官说,事情没有成功。

世诚已经带了行李到离上饶十几里的灵溪去插班上学,是一所私立中学。三战区的一些上层人士鉴于江西学校程度低下,为了他们自己的子弟,办起了这所学校,他们当然要依靠顾祝同的牌头,所以校名称为祝同中学。他们以较高的薪金聘请了一些水平较高的教师,目的当然是为了让这些江浙籍的外省人士的子弟们在这个教育落后的省份中受到较好的教育,所以这所学校在赣东颇有名声。

庞世诚原来在金华的两浙盐务中学读书,这所学校战前在杭州,杭州沦陷后内迁到金华安地镇。金华沦陷前刚刚初中毕业,浙赣战役中流浪到福建崇安,吃了许多苦,病倒在武夷山的战区青年收容所,战局稳定后他二哥庞岷生才获得消息,从游埠赶到福建将他接回养病。由于他是从浙江的学校出去的,到江西插入高二毫无困难。每逢礼拜天,他仍然回到裕康和我谈谈。

我不久就收到堂叔陈选芝从贵阳来的复信,我从常山发信后,收到复信不过半个月。堂叔对我以同等学力考上大学的信心比我自己还高,问题是怎样安排这一年。他建议,我既然已在绍兴当过一年小学校长,有了一定的工作经验,最好能在上饶一带找一份工作,边工作边温课,等待明年上考场。信上也说了他要我留在上饶的理由:第一是这一带同乡人多,找一份临时工作比贵阳容易;第二是赣东的生活费用比贵阳要便宜得多。对于后者,民国二十九年(1940)他回家探亲时曾听他说过,在贵阳,一条鳜鲞尾巴炖鸡蛋就是一道价钱很贵的名菜,美其名为"李太白醉月"。他在复信中重申了过去的许诺,明年高考前去贵阳,界化垅以后的交通问题由他解决。

我也曾经萌动过在上饶找一份工作的念头,像王先生这位"儒商",他在社会上的交际面颇大,在这方面是能够帮忙的。由于我已经从舅父处了解了父亲的经济情况,我能找一份工作,可以节约父亲的开支。现在回忆,为什么没有把这种意思说出来,甚至没有向亲密的世诚表达,主要的原因还是年轻人自己的面子。虽然事实上我们确已家道中落,但这类事还只能说是自己有数,不好意思提出来。

我当然完全不能与庞世诚相比,庞家是绍兴和上江的许多钱庄的股东,兼及不少外行商业,家里还有大量田产。而他二哥一家已移居游埠(原在兰溪),做的生意不小。此时我也开始明白,绍兴沦陷后,我每逢寒暑假都到金华、兰溪,住在几家钱庄里。许多人都会奉承我:"笑风先生的公子,绍兴中学的高材生。"这中间有许多关系:我是这些钱庄的大股东庞家的亲戚,我父亲是绍兴一家大同行的经理,我舅父是兰溪一家大同行的协理,而且到游埠后才知道,我父亲在这些钱庄中都有存款。所以我住到哪里都受欢迎:"城里城隍庙,乡下土地庙。"这句话在金华和兰溪的钱庄里我听到过好多遍。现在,靠着一点老关系,裕康布庄仍然成为我的"城里城隍庙"。但是我家的实际情况已经今非昔比。我既不去贵阳,又不在上饶找工作,整年住在这座"城隍庙",实在很不好意思。我曾经考虑在外面租一间房子,自己来料理简单的饮食。赣东的物价的确较廉,我的经济能力还是承受得了的。我向李小鹄提出了这个设想,李立刻就嚷起来:"哎哟! 外甥大爷,住在裕康里不一样可以温课吗? 你要住出去,叫我怎样向你娘舅交待。"后来我和世诚谈及此事及李小鹄的态度。世诚说,裕康不会放我们走,布庄要用钱庄的钱,我们都是钱庄的人,虽然眼下钱庄没有头寸,但他们总得向前面看,是不愿得罪我们的。

从此,我思想上安定下来,布庄不是布店,环境是安静的。兰溪的书虽然没有继续带出来,但是我跑跑上饶的书店,也已经买到了一些温课备考的书。还有近一年时间,裕康布庄看来就是我的"城隍庙"了。

祝同中学

　　世诚上学以后,因为学校离城不远,几乎每个礼拜天都回裕康,与我谈谈当然是主要的,而裕康的饭食很好,每餐有鱼有肉,也可以调剂一下学校的简陋伙食。大约在他上学一个多月以后的某个礼拜天,他回城与我商量一个特殊问题。

　　他说在入学半个月后就想要与我商量这件事。由于他对祝同中学的环境还不熟悉,所以没有提出来。但现在是提出来与我商量的时候了。他说这个学校的师资较好,校舍是新盖的洋房,环境也可以。高中部有不少江浙同学,所以学风不像其他的江西中学。高二同班同学中,有一位在绍兴中学初中时和我同班的陈望本,因为生病休学,后来跟在同春药房(属于民生药厂系统)工作的兄长到上饶读祝同中学。他很熟悉,开口就说我在绍兴中学是成绩出众的高材生。陈望本在此校高中已经念了一年多,情况熟悉,通过他的关系,庞认识了好几位高三的江浙同学。因此他们在闲谈中常常提起我。他们一致认为,我与其在裕康温课,还不如插班到高三来。这样一位"优秀生"进来,在班级中必然起作用,而对我自己也有好处,因为拿到一张高中文凭总比没有好,而且也不必用同等学力考大学了。对于这样的人,学校也必然欢迎,因为全省的毕业会考中一定能替学校争面子。学校只要看看我的转学证书,肯定不会要我交学费。

　　同学的话传到教师耳中,就是世诚与我商量此事的前一个礼拜,历史教师游秀伯在高三讲课,说到江浙的文化高,学生成绩好;又说到他听到有一位浙江来的同学,在浙江只读完高二,但程度已达大学生水平。这样的同学,我们应该鼓励他到祝同中学来。于是,高三的江浙同学立刻告诉高二的庞世诚和陈望本。

　　因为此话出自游秀伯之口,熟悉的人就知道分量不轻。游秀伯是上饶人,老国民党员,黄埔一期的贵溪人黄维当军长时,游是政治部主任。后来不知什么原因回乡息隐,在学校教书,他原是学化学出身的,当了多年官,化学早已忘了,而历史也没有教好。但在赣东,他名气大,社会地位高,可以随时找专员、县长说话,在学校里当然更是个特殊人物。

　　所以这个礼拜六世诚就上城传递这个消息,次日,陈望本也来了。陈是诸暨人,功课也不错,与我同班。但那年日机轰炸绍兴中学校舍以后,就没有再见到他,原来他得了风湿性关节炎,休学好几年。老同学在上饶重逢当然很高兴。他热烈地希望我到祝同中学去,高三的江浙同学都委托他向我转达他们的希望。他说,反正学校不会要我交学费,除了伙食差点以外(他那天在裕康吃中饭),一切都会比在城里好。

礼拜一早晨,我与世诚到灵溪,因为早晨有一班火车,灵溪有站,所以一晃就到了。在祝同中学观察了大半天,和好几位高三的浙江同学见了面,他们都热烈地希望我能做他们的同学。听说有人去找过游秀伯,但游那天不在校。我也不希望见到他,因为见到了他以后,事情就必须落实了,但我当时实在还没有下决心。由于没有适当班次的火车,这天下午我步行回上饶。这天晚上,我确实辗转反侧,久久没有入睡。

次日上午,我自己的想法已倾向于到祝同去,但还是去找王先生商量,他立刻表态,认为应该到祝同去。不过他的着眼点在于一张高中文凭。他对此颇有感慨,因为他当年就因为没有高中文凭,否则他可以进中央大学而不是东吴大学。他还告诉我,三战区兵站总监部(管部队后勤)在灵溪设有一个分监部,他有朋友在那里,可以为我介绍。在裕康午餐时,我把到祝同中学的事以及王先生的意见告诉了李小鹄,因为礼拜天世诚和陈望本在餐桌上已经谈了此事,李已经大致了解。他的意见是礼拜天和其他假期,我和世诚都仍到裕康来。

隔天后我还是早晨乘火车到灵溪,除了一张绍兴中学的转学证书外,不带别的东西。世诚每天都在等我,他和望本陪我到教务处,见了教务主任叶藩,把转学证书交给他。他看了以后非常赞赏,说他们已在等候我的来到,而且说,游老师关照过,我不必交学费。教务主任口中说这话,让我一进校就知道这位教师在学校中的特殊地位。私立中学的费用中,学费是个最大项目,免交学费,我的负担就很轻了。我交了膳费,由于教科书是街上的灵溪书店代办的,到那里买了几本如解析几何、英文、国文、理化和史地教科书。和世诚约定他周末上城接我,下午又步行返回裕康。

这个礼拜六世诚来了,李小鹄为我们办了一席晚宴,请来了王先生,很感到同乡人的温暖。礼拜天一早,栈师父为我挑行李到火车站,陈望本和二三位江浙同学在车站等,大家帮忙提行李,到了学校。宿舍里住了十几位同学,都是高三的,已为我留好一个靠墙的下铺。我原以为安顿宿舍要花时间,所以选择礼拜天入学,其实这一切很快就完成了。

教师与同学

因为学校是由三战区的一些高层人士张罗经费办起来的,他们请一位保定军校的老军官、中将军衔的王鹤斋当校长,外行领导内行,倒是和1950年代有些相似。不过他常居老家玉山养老,很少到学校来。学校的经济权操在一位姓王的总务长手上,也是军官出身。由于教师的薪金比一般中学高些,王鹤斋以这种优势聘到了一些水平较高的教师。当时,中学教学与任课教师的关系很重要,有点近乎教师责任制的味道,包括采用什么教科书,都由任课教师决定。所以尽管校长和总务主任都是军人出身,但跟学校的教学质量没有多少关系,而几位台柱教师的作用至关重要。

高三的国文由训导主任章以文担任,江苏青浦人,毕业于大夏大学教育系,但古典文学的底子不错。他后来到暨南大学做了心理学讲师。数学教师是上饶人童文,毕业于大同大学数学系,是位老教书匠了,人称童老伯,教解析几何,名词术语全用英语。江西同学很讨厌他这一点,但要他在黑板上写中文,常常要写错。有一次把"双曲线"写成"双典线"。英文教师江绍篯,上饶人,毕业于上海南方大学。这是一所由他堂房叔叔江亢虎办起来的三流大学,江亢虎在当时已经做了汉奸。与他几次打交道后,他知道我的英语,特别是词汇量不一定比他差,所以非常巴结我。不过我发现他的口语还不错,常在课前课后用英语与我谈天,有时是开玩笑。我颇因此让同学们刮目相看。他借给我不少材料,其中林语堂翻译的古诗词对我很有教益。我曾学着翻译《唐诗三百首》,当然译得不好,已经译成的稿子,后来在赣州丢掉了。

学校也聘请一些兼课教师,物理教师姓唐,出身于北洋工学院,浙赣铁路工程师,教课时也是满口英语,但教得很好。化学教师王性良,江西广丰人,是一个酒精厂(当时酒精用作汽车燃料)的工程师,从教课来说,大概是这个学校最成功的教师。我在绍兴中学初中念化学时,教师是寿棣绩,高中时是赵君健(浙江省通行高二化学、高三物理),但也都不及王性良。他讲课深入浅出,善于运用生动的比较方法,例如在实验室用浓硫酸稀释成稀硫酸,假使程序错误就会闯祸。王性良打了个让学生终生不会忘记的比方。他说,硫酸有极强的吸水性,硫酸要吸水,如同和尚要吃馒头一样,假使许多和尚在一个房间里,送一篮馒头进去,势必你抢我夺,头破血流;假使先在房间里堆满馒头,再让和尚进去,则和尚们各取所需,就会平安无事。硫酸与水的关系也是一样,假使把水倒入浓硫酸中去,就如同和尚抢馒头一样,硫酸立刻飞溅开来,烧坏你们的面孔。假使先放水,把硫酸倒进水中去,则如同和尚进了堆满馒头的房间一样,就会平安无事。

史地是学生不重视的课程,但地理教师杨,毕业于中央大学社会科学系,是赣东的一位名教师,可惜我忘记了他的名字。游秀伯教历史,实在是为他这样的人物安排一个位置。在课堂经常东拉西扯,并且发点牢骚。不过其人见过世面,颇有正义感。他常在课堂里数说江西教育落后,学生成绩不好;江浙教育先进,学生成绩优良之类的话。但使我讨厌的是几次拿我作例子,说我就代表江浙教育的成就,甚至说成绩最好的江西同学,也及不了我的一半。因为江西同学多数不用功,对江浙同学怀有成见,他在课堂里说这样的话,只会加剧江西同学和江浙同学的矛盾,而对江西同学并无鞭策作用。

这个学期的寒假开始以前,老校长王鹤斋大概是因为以三战区官员为基础的校董会的压力,不得不宣布退位,姓王的总务长当然跟着下台。校董会请来了在赣东颇有办学名声的北师大毕业的黎宏昆。上饶人,在几个中学当过多年校长。他接任后,请来了圣约翰出身的史聿光担任高三、高二的英文课,江绍筬则退居高一和初中。他一到校就找我谈话,因为江绍筬已把我的情况向他做了介绍。他学有根柢,战前曾在上海的一些三流出版社出过几本英语语法之类的小册子。我们相处得很好。离校以后,我们保持通信,他是祝同中学教师中与我有通信关系的唯一教师。

祝同中学的高中部学生不多,其中高三最少,大概只有 20 多人。浙江同学接近一半,没有江苏人。我记得起的是于潜的姚大纪,德清的姚复生——全班唯一的女同学,常山的汪念慈和汪灏,衢州的赖德生,江山的徐德诰、胡性理和王麟仁等。姚大纪和我的关系最密切,我将专门写点对他的回忆。姚复生是生长在杭州的德清人,我入学几天就主动与我说话,以后关系一直不错。她功课很好,长得也漂亮,她不知怎样晓得了我的年龄,自称比我大两岁,因而以"大姐"自居,有时烧点菜让我吃,如红烧肉和馒头,在当时已经算上等食品了。由于把我当弟辈看待,和我说话常用一些训导的口气,我并不计较,因为出发点总是善意的。常山的汪念慈和我也相处较好,他为人诚恳,别后也曾通过信。

高二班上也有不少江浙人,但我常常与世诚及陈望本在一起,与别人接触很少。

全班有江西同学 10 多人,其中二三人专门带头打闹,功课低劣,人品也差,而且年龄都已不小。姚复生私底下曾和我说过,他们是为逃避抽壮丁而来的。江西同学中也有比较用功的,但成绩却并不好。唯一一位与我关系不错而且成绩也好的是杨惟铮,就是那位资深地理教师的儿子。他性情开朗,喜欢唱歌,常可在寝室甚至教室欣赏他的独唱:"我走遍漫漫的天涯路,我望断遥远的云和树,多少的往事堪重溯,你哟你在何处?"此歌颇有点美国电影 One Day When We Were Young(中文译《翠堤春晓》)的味道。他父亲曾请我和世诚到他家吃饭,母亲也是知识分子。他的性格包括学习成绩,显然和他的家庭出身有关。

灵溪杂记

在上饶的一年中大概有 8 个多月在灵溪,这个距上饶约 10 华里的小镇,一条数10 米长的小街,从火车站下来,小街开头是灵溪书店,大概是因为办了中学才有这家书店,老板显然与三战区的人有些瓜葛,所以祝同中学的教科书是由书店包办的。小街上还有一家饮食店和中药店，此外我再回忆不起来还有什么其他店铺。街的尽头就是祝同中学。除了小街以外，村子倒是蛮大的，可能有三四百户人家。在上饶时，王先生与我谈及的三战区的兵站总监部在这里设了一个分监部，分监部就在村里头，大概有不少工作人员。不过我忤逆了王先生的雅意，没有要他介绍他所认识的人，因为我没有这种需要。不过我还是有了不少分监部的点头朋友，这是他们送上门来的。都是些年轻人，他们常到学校里来走走。多数说江浙话，见面的次数多了，大家就点头聊聊。我才知道，分监部的头头姓季，大家称他季分监，少将军衔，但不是军校出身，毕业于圣约翰大学。我和他们说起第五军需局的柴秘书，他们都知道。因为他和季分监一样，都是大学生而不是军校出身。

　　分监部的这些年轻江浙人，开口闭口常常数落江西人的短处，包括他们分监部的一些江西人在内。话语有时很尖刻，如落后、小气、愚蠢等等。这些现象并非不存在，从我的体会，主要是一种文化差距，其中也有生活习惯差距。文化差距在学校里的表现当然是江西同学成绩差和不用功（当然也有好的），生活习惯差距在学校里首先发生的是吃辣椒的问题。不过这个问题在我看来并不重要。因为江浙同学从江山、常山、衢州一带去的也吃辣椒。而且辣椒也并不一定难吃。我开始不习惯，但后来也发展到有非吃不可的需要。在味觉中，我们本有"五味"的说法，早期有吃辣椒习惯的地区，多数都是缺盐的地区，人们因为难以有"咸"，就用"辣"代替。但生活习惯差距的另一部分是从文化差距中衍生出来的。譬如江西同学不注意卫生，有些学校在野外地上挖个坑就算厕所。祝同中学当然是有厕所的，但有些江西同学却不习惯用厕所，而是到溪边等野地出恭，以致江浙同学背地里骂他们"像狗一样"。与文化差距相伴的是，不少江西同学显得闭塞小气，从江浙逃难到江西读书，其中不少人的经济条件是困难的，但他们总认为从江浙来的人有钱，常常想在江浙同学身上沾点光。例如礼拜天上街，一到中午边，总有江西同学缠牢你，因为他们知道这是上饭馆的时间了。与他们一起上饭馆，绝对不会有哪位江西同学付钱，或者自己付他所吃的一份。你付了钱，他们认为是理所应当，也不会有谁说一声谢谢。不少江浙同学都有过类似的遭遇。祝同中学的军事教官祝利民，玉山人，在学校时，世诚与我实在很少与他接触，但礼拜天上城，居然找到裕康吃中饭。布庄里的人尊他，请他坐上首，他毫不谦逊地坐下来。人家与他说说话（也是为了礼貌），他很少答理，埋头只顾自己吃。这样有过几次。有一次世诚和我不在那里，他竟也寻上去了。

　　与江浙的农民相比，灵溪村民也是相对落后的。例如当时法币制度已经实行好几年了，但老百姓称一块钱还说"一个花边"（因银圆的边上刻有细纹）。每天都可以看到一批批小小的游行队伍，为首的捧着一只鸡，后面有人替她（他）撑着伞，口中呼着：

"啊,回来啊。"家里不论大小毛病,都用这样的方法治。

当然应该看到村民淳朴老实的一面。譬如为世诚和我洗衣服的这一家,当家的也就是动手洗衣服的是一位50左右的妇女,她常常在我们的裤袋里摸出几个"花边"或其他纸片,每次都好好地保存着,等我们取回衣服时交给我们。

我在当时的报刊上就读到一些文章,沿海人(特别是江浙人)与内地人之间,由于文化差距和生活习惯差距而出现的不和谐现象是相当普遍的。例如在四川,下江人(四川人对沿海人的称谓,"下江"泛指长江下游)称四川人为"川老鼠",这当然是一种污蔑性的称谓。我曾在报刊上看到这样一篇讽刺的笑话:一个下江人到四川人开的杂货店买纸烟,老板问买什么牌? 下江人说:"四川牌嘛。"老板问:"什么是四川牌?"下江人说:"老鼠牌嘛。"这是当时流行的一种中档纸烟,烟盒上画着一只老鼠,但牌名其实叫金鼠牌。这位老板为了回敬这个不礼貌的下江顾客,立刻回答:"四川牌今天脱销,现在只有下江牌。"顾客问:"什么是下江牌?"老板答:"强盗牌嘛。"这是当时流行的一种中档洋烟,烟盒上画着一个持刀的海盗,只有一个英文字 PIARATE,通常称为"老刀牌",但也称"强盗牌"(PIARATE 意谓海盗)。所以江浙同学与江西同学的这种隔阂现象,在当时是不足为怪的。从另一方面说,由于抗战而引起的人口流动,也给予不同文化地域的人们一次接触交流的机会。

我在灵溪的这8个多月时间确实是很用功的。第一学期结束后大约有为时近一个月的寒假,裕康李小鸽老早就托人带信要我们到城里过寒假,但为了多看一些书,我和世诚相约仍留灵溪,其间只上城两次。在这个时候我已经看得出来,世诚是准备在读完高中2年以后尝试以同等学力投考大学的。"转学证书"事发以后,他就下决心和我一起上赣州考大学了。

我第一次到灵溪与教务主任叶藩见面时,他对我的许诺除了不交学费以外,还主动提出允许我少听课,多利用图书馆。他确实向图书馆管理员(一位我忘了姓名的上饶人)打了招呼,所以当我第一次进入这座门庭冷落的图书馆时,管理员就热情地接待我,告诉我,教务主任已经叮嘱过他了。其实这个图书馆的藏书少得可怜,但它在当时能满足我,因为我到祝同中学的目的主要是为了有一个温课备考的环境。而我温课的重点是数理化,特别是数理,这些书图书馆里有不少,还有各式各样属于投考大学升学指导一类的书,包括历年来大学入学考试的试题,其中当然有我需要的数学和物理学试题。这8个多月中,我的绝大部分时间和精力都倾注在这些书中。

在绍兴中学为我出具的转学证书中,除了没有物理学成绩外(绍中规定高三学此科),数学和化学的分数每学期都在90分以上,但我自己明白,投考大学时,数学和物理学是我的弱点。假使遇上难题和怪题,我可能会在这两门上失足。因为高一、高二的 4 个学期,没有一个学期不逃难,其中高一下和高二下两个学期,都只读满一半时间。高一读平面几何和三角,前者是商务版课本,后者是李蕃编著的课本;高二是开明版陈建功、毛路真合编的代数。这些课本都没有学完。在阮社小学当校长的一年中,曾以《范氏大代数》作过补习,并自学了解析几何,也用世界版寿望斗编著《高中物理学》自学过一阵。虽然都不感到有很大困难,但学习是不扎实的,记忆也是不牢固的。假使用规范化的一般试题考我,我一定可以获得高分,但那个时代常在试场中遇到难题和怪题的袭击,当时有些教师颇有命难题和怪题之癖,特别是些在学术上有了名声的教师,命难题怪题,及至考试完毕试题公之于众以后,他不仅不会受到舆论的责备,反而会得到有些爱瘿嗜痴者的称赞:毕竟与众不同! 不要说大学,中学里也常有资深教师玩这一套。我在绍兴中学时,初二下就难得地遇上已经出了《义法集》一书的中央大学出身的沈退之。在学了课文中的《和平奋斗救中国》(是孙中山弥留时的话)后,他在一次月考中命题:《和平奋斗救中国》文中,除题目外,"救中国"一词凡几见?比我高半年的初三春季班,平面几何由老教师徐侠君任课,月考中竟命了"西摩松线"的繁难题目,省立中学的学生用功者居多,不少人是背熟了这个经典性题目的,但是要写出来也得花许多时间,结果考试时间被迫延长半小时,因为月考并不停课,是利用上课时间进行的,就使下一节的上课教师很有意见。

　　大学入学考试中的难题和怪题当然更丰富多彩。中山大学民国三十三年(1944)赣州考区国文考试中的作文题目是:正德利用厚生论。这是我亲身经历的。除了像我从小念过四书五经的人以外,许多考生都瞠目结舌,结果自然是笑话百出。曾经传诵一时的厦门大学的物理学试题:有甲乙二人,甲的重量是乙的一倍,而乙的力气是甲的一倍,两人互相抱持,试答谁先抱起谁?

　　查阅历年的试题,出现难题和怪题的多在作文题和数学、物理学等试题中,作文题我当然不怕,但数学和物理学我很有顾虑,特别是大题目出现这种情况,因为失去一道题目可以失去许多分数。我一直有一种"雄心",要以杰出的高分进入名牌大学。这种思想促使我在灵溪的 8 个多月,对那些其实不感兴趣的课程全力以赴。

　　到灵溪后的第二学期,因为换了校长,图书管理员由新聘资深英语教师史聿光的女儿担任,这是史同意接聘的条件。她对我当然逾格照顾,甚至我需要什么书,她可以用并不充裕的图书馆经费去买来供我使用,她深悉我的"奋斗"目标,主动地为我搜索一些资料,实在应该感谢她。

　　经过灵溪的这一段时期的努力,除了对解析几何、物理学等这些在绍兴中学时未曾修过的课程认真修读以外,对那些修而未毕的诸如平面几何、三角、大代数的后面一些章节的习题,也都演算一遍。抗战胜利以后,我开始粉笔登场,通过一点关系,在嘉兴图书馆和省立嘉兴中学图书馆借书,每次都提一包诸如《百衲本二十四史》和《丛书集成初编》之类跑5里路回我的宿舍,有时就不免回忆灵溪的苦读,想到那8个多月时间实在是虚度,是浪费青春,从内心感到后悔。

这种后悔在以后的日子里又有了变化。因为一个人的生命历程虽然短促,但人们总是在其生活过的烙痕中比较、反省。搞政治的人也常常利用人的这种性格,所以他们善于把一粒糖塞进你嘴里,然后要你"忆苦思甜"。我的比较、反省是,我在灵溪确实竭尽全力,学了一些我以后永远用不着的东西。假使说这是应该后悔的事,那么造成这种后悔的根源是我在当时的一种很不适当的思想,我明明知道进大学是毫无困难,但我却追求要轰轰烈烈地进大学,而不是平平淡淡地进大学。使我这种后悔发生变化,是因为我的生命到1950年代以后继续存在下去,从1950年代前期到1970年代后期,这20多年时间比灵溪的8个多月是长得多了,但在这期间,我又学了些什么呢?从思想上挖掘,这段时期里,我早已没有轰轰烈烈的念头,而想平平淡淡地做点学问。但是包括与我同辈的许多知识分子在内,谁都没有这种可能,是彻底的虚度。由于这种比较、反省,又使我对灵溪感到无悔。

反会考

在过去,会考是政府检查教学质量和对各校进行考查评比的重要手段。在高级中学尚未普遍发展的时代,参加会考的主要是初中。我的母校省立绍兴中学,原来是一所声名平平的学校,沈金相接任校长后,由于在会考中的一鸣惊人,出了若干状元、榜眼、探花等级的学生,于是声名大噪,一跃而成为浙江省著名初级中学。1999年应台湾中研院之邀,到台北访问讲学,同时还承香港树仁学院邀请访问。那天晚上,学院创办人胡鸿烈在香港的豪华海鲜馆珍宝宴请我们夫妇,由香港绍兴同乡会会长车越乔作陪,4人都是绍兴中学的前后校友,而胡鸿烈大律师就是当年浙江省的会考状元。

高级中学是在抗战开始以后很快增加的,绍兴中学于民国二十七年(1938)秋季也招收了第一届高中生。高中多了以后,初中就不再会考,会考对象转为高中,江西省的情况与浙江省类似。由于在战时,东南各省的省会都已沦陷,无法集中到省会,于是就采用分区会考的办法,由省教育厅统一命题,并派员到备考区主持考试。那一年,赣东的考区设在上饶,祝同中学和附近的上饶中学、九江中学等校的应届毕业生,都按日期集中到上饶参加会考。

因各校自己的毕业考试比省里规定的会考日期要早,各校试毕以后,及格的学生由各校发给临时毕业证书。但正式的毕业证书必须通过会考,由教育厅加盖印钤发放。有了正式的毕业证书,即所谓文凭,才算是一个高中毕业生。各校考毕后,学生都离校回家,到规定的日子回到上饶参加会考。我当然回到裕康,世诚的学期考试也已经结束,而且得到了由于"转学证书"事故而被取消学籍的通知,所以早几天就回到裕康了。

我说服了世诚以同等学力考大学的事,事前弄一张沦陷区学校的两学年转学证书,随便造出一所学校就可以,反正是花点钱雕几个图章的事。当然,要考大学必须一起到赣州去,到赣州再考虑继续前进抑或暂停,这要看赣州有哪些大学考点而定。两人都同意这种考虑,于是就专心温课备考。会考的事我并不在意,因为江西省教育厅统一组织的命题,对江浙学生来说,必然不会感到困难。而且准备考大学的事与会考并不矛盾。

大概在距离会考日期一周的时候,布庄里从衢州来的客户传来了衢州前线日军有点动作的消息,接着《前线日报》也有了这类报道。因为这类消息是常有的,我到上饶一年已经遇到过几次,所以我并不重视。但消息灵通的王先生却过来传达了另一种情况,他已经听到,有一些江西学生正在利用这种形势反对会考。因为他们是害怕会考的,所以前线的消息正是他们求之不得的机会,想借此逃过会考这一关而获得一张原来对他们来说风险不小的文凭。王先生很了解为首的江西学生的作为,所以他告诫我,对我来说,有没有文凭无所谓,要我不要介入此事,与他们发生对抗。

在距离会考两三天的时候,江山和常山一带同学都来了。我和他们到会考考场去看看,快到考场以前,常山的汪念慈从考场里快步跑出来,他是来特地和我说几句话的。他说:"你既然来了,今天可以进去,但是你只能和他们打哈哈,绝对不要说一句有关会考的话。"汪念慈是位忠厚长者,他在学校里就很关心我。他比我们先到考场看看,已经摸清了内部形势,所以快步出来叮嘱我。于是我们五六人一起进了考场,气氛的确相当严峻。每所学校都有几位打闹头头把持着,其中祝同中学的有 3 人,从这3 人之中,我们就能够猜得到那些我们不认得的人的面貌了。看到我们进去,祝同中学的一位跑进里面一间,一面拍打桌子,一面大嚷:"前线吃紧,我们会考,这是玩命!谁要考,让他头破血流吧。"这些话当然是说给我们这几位浙江同学听的。后来汪念慈和我说:"主要是说给你听的。"

其实我并没有对会考看得很重,无非是一张文凭而已。江西同学反会考的大局已经摆定了,他们在考场门口布置了不少打手,用来对付考试那一天胆敢擅入的考生。我心头坦然,绝不会到那里去。临考前一天上午,我在布庄正厅与俞会计说说笑笑,因为他也听到了那些老俵们如临大敌的布置。在裕康的一直半掩的大门口,忽然出现了一张既漂亮又熟悉的面孔,当我还没有完全反应过来这是以"大姐"自居的姚复生时,她已经用手一挥："出来!"我立刻出去,她不愿进裕康,一面抱怨:"找了好半天才找到这个地方,有要紧事情跟你说。"她显然还喘着气,好半天的话不是假的。她定了定神,盯着我说:"听着,明天不考已成定局,今天下午,你绝不能去到那边。"她显然已经去过了,或者是遇着汪念慈等浙江同学了。我说:"那么你呢?"她瞪起眼睛,用她一直对我惯用的口吻:"你愿意挨打吗? 他们的目标就是你。我当然也不去,即使去了,我一个女人,他们不敢动我一根毫毛。"我要她放心,我绝不在乎一张文凭,今天下午不去,明天更不去。于是她的语调就温和下来,我邀她在裕康吃中饭,她不接受:"我不愿在这些不认识的男人中间吃饭。"我又建议在街上饭馆里随便吃一点吧。她又说不,要我不要走出巷子到街上去,因为街上有他们的暗哨。到了相府巷口,我要送她上街,但她拦住了我,和在裕康门口完全不同,语调已经变得很温和了:"我明天一早就回石溪,我们还会见面的。你是个大有作为的人,要保护好自己,要听话。"这几句话是表达了她的感情的,或许就是这位"大姐"对弟辈的希望和关怀吧。但我们从此没有再见面,"大有作为",那就更谈不上了。

江西同学反会考的事业完成了,上饶一带的江浙人都感到气愤,在江浙同乡间流传的舆论是老俵破坏会考,老俵当局听任老俵胡闹。不过这样的说法或许仍然受到江浙人对江西人的成见的影响。因为把持考场的其实只是一部分老俵学生,有许多江西学生特别是对会考有一定把握的并不赞同这种无法无天的行动。因为一天以后我在街上遇着祝同中学同班的李松旺和严盛巍两人,他们都是上饶乡下人,平时不大说话,虽然成绩平平,但比较用功。他们在观察一天以后,懊丧地提着行李回家。他们告诉我,这些为非作歹的人真是妄想,教育厅绝对不会发给文凭,明年肯定是要补考的。所以多数江西同学实在也是这场反会考胡闹的受害者。

至于"老俵当局听任老俵胡闹"的说法,这话有道理,但此事的主要负责当局是江西省教育厅,他们无非派几个人到上饶,对于这种事前不曾料及的胡闹是无能为力的。上饶地方当局如专员易希亮和县长(不知何人)等却是应该负责。因为社会上如王先生这样的布庄老板,已在一周以前听到反会考的风声,他们当然也已知道,他们手上有军警可以调派,为什么不让军警出来维持考场秩序,让会考得以正常进行。

这里使我不得不回忆一次关于考试的旧事。我们国家里,曾经有极高的人物对考试发表过极高的指示,大概是 1964 年夏季,杭州大学党委宣传部长辛航做过传达,内容除了大大地贬低考试的作用外(这倒是一个确实可以研究的问题),提出了此人对考试的"改革"方法,我只记得最精彩的两句,说考试可以"交头接耳,冒名顶替"。这实在是后来河南省马振府(地名据回忆谐音)事件中那个在英语考试中交白卷并且写上一首让全国学习的"绝妙好诗"("我是一个中国的人,何必学外文,不懂 A、B、C、D,

照样打敌人"。据回忆,与原诗可能有出入)的理论基础,当然更是那位大名鼎鼎的白卷状元张铁生之所以有恃无恐的靠山。我之所以忆及此事,因为对于考试的这一种"邪说邪行",立刻传到外国,东邻日本即受到这种"邪说"的影响,不少城市中的少数大学生,就跳出来要学习"最最革命"的中国废除考试的先进行动,在东京,据说以早稻田大学为甚。日本政府是既有法律又有效率的,他们立刻派出警察维持考场秩序。使这些传播"邪说"、意图破坏考试的少数学生不能得逞。直到1985年我在国立大阪大学任教之时,适逢他们的入学考试,像待兼山町(大阪大学所在)这样的小地方,仍有警察维持秩序。可见一种"邪说"不仅能够蛊惑人心,并能持续很长时间。以日本发生的事对比当年上饶地方当局,尽管他们绝不反对会考,也绝不认为考试可以"交头接耳,冒名顶替",但他们手上有军警,却眼睁睁让这场会考流产,这当然是责无旁贷的。

上饶的尾声

会考被反掉了以后,这帮人用以反会考的借口,即衢州前线的形势,确实紧张起来。上饶的绍兴帮商家开始做一些向附近地区暂避的措施,因为假使战争扩大,上饶在当时显然是一个日军轰炸和进攻的目标。裕康布庄决定把铅山县作为他们退避之地,他们让庞世诚和我跟那位姓王的职工坐汽车到铅山,我们当然随带全部行装,而王只带了一些账册之类的东西。到城里一家旅馆开了两个房间。在我们之前,已经有一些江浙帮商人住进了这家旅馆。

铅山是个赣东小县,江西读"铅"为"沿",全城只有一条小街,还有一些比小街更小的土路,商店也不多,与浙江相比,我家乡的集镇如柯桥、安昌等,都比这个县大得多。不过这个小小县城却管辖着一个大大集镇,即江西四大名镇之一——河口镇,半年多以后,我到了河口镇,显得相当繁荣,绝非铅山县城可比。

从上饶到了铅山,我和世诚的生活仍无改变,一日三餐以外就是温课备考,世诚因为要以同等学力考大学,也非常用功。前线的形势结果又缓和了下来,日军确从金华、兰溪外出流窜,但没有走得很远,不久就缩回原来的防线,所以不过10天,上饶的市面又恢复了正常,我们就结束旅馆生活,返回上饶。

回到上饶以后,下一步就得去赣州甚至到贵阳或重庆。在上饶1年,眼看就将离开,心里有一种说不出的味道。交了一些朋友,但实际上属于萍水相逢,以后恐怕也很难见面了。姚大纪由于"转学证书"的事,心里总不会好过,我去看过他一次,除了告诉他我要离开上饶以外,不敢问他以后的打算,譬如是不是念大学之类。我期待他能主动地告诉我,因为我们原来是无话不说的,但是他除了表达对我的友情和祝贺我的前程以外,没有说起自己的事。这等于说:乏善可告。

　　另一位在这一年中接触较多的是姚复生,她一开始就以姐辈自居,一年中确实把我作为弟辈地照顾。为此我也从不计较她谈话中的教训口气。她平时常夸赞我聪明、强记、懂许多东西;也常告诫我对人说话要谦和,衣服要穿端正等等。直到会考被反掉,她决定回家那天,她才说出"大有作为"的话。原来她对我是一直这样期望的。可惜那天匆匆告别,我没有解释的机会,以后也不想写信给她,让她知道我既没有"大有作为"的能力,也没有"大有作为"的抱负。一切都会让她失望的。

　　正是因为离开上饶前的这种情绪,我花两三天时间套用李后主词《相见欢》的开首两句,写了一篇《西楼月》的历史小品,而又用他的《浪淘沙》补了一个副标题:无限江山,别时容易见时难。李后主的词不过百来阕,我在初中时代就在一本姓戴(是否叫戴景素)的编注的《李后主词》中背熟了。此书中记得还附录了李璟词"手卷真珠上玉钩"和"菡萏香消翠叶残"等,是我当年爱不释手的。但其实我也很幼稚,这篇万字左右的文章主要是写李后主作为"违命侯"以后的遭遇,因为我在文章中写到了李后主在北方梦见冯延巳的一段。对于这位南唐的两朝"词臣",我也背熟了他的全部作品,后来在那受尽煎熬没有春天的 10 年中,我还幻想他的名句:"若有人知春去处,唤取归来同住。"但在我写那篇历史小品时,还没有弄清楚,这"冯延"之下,到底是什么字,"巳"、"己"、"已"? 直到而立之年,在浙江师范学院地理系执教,偶然遇见词学大师夏瞿禅(承焘),立刻向他请教。他谦逊地说,他曾经也不清楚"冯延"之下究是何字,但后来读到焦竑《笔乘》中"未中时,巳也;正中时,午也"的话,冯字正中,所以其名必为"延巳"。为此一事,我曾发表过一篇小文章,后来收入我在上海出版的《郦学札记》。

　　从铅山回上饶后得到的一个好消息是徐信镛(八外公的儿子)从泰和中正大学的来信,告诉我关于中央政治学校在泰和设考点的确息。因此,我得联系去赣州的便车了。我估计此事大概没有问题,不过我所想到的只是王先生和柴秘书,但世诚却还有另外门道,在祝同中学与他同班的一位姓周的江苏同学,其父是上饶中央银行行长一级的人物,赣州和上饶之间常有运钞车,实车来,空车回,可以搭我们去赣州。在我还没向王先生开口之时,中央银行的便车已经落实了。这年 7 月底或 8 月初的一个清晨,我和世诚带行李到中央银行门口上车,这位周同学还特地与他父亲送我们上车,关照押车的几位宪兵,一路要照顾我们。

三、考大学的奔波

顺流泰和

我们在中央银行附近找了一家小客栈过夜,次日起来,首先就得解决在赣州的安身之所的事。在上饶时已经了解到,赣州有一处战区青年训导所,接待从沦陷区来的青年免费食宿,而且身上带了它的地址。不花很多时间就找到位于一条小街上的这个处所,里面有不少从绍兴来的人,也有绍兴中学的校友。要正式成为训导所的一员必须经过批准和等候空缺。由于我们有同学早已入住,空铺总是有的,我们立刻到客栈取出行李,当晚就入宿到这个免费旅馆里。批准的手续很容易,但需要花日子等待所里的空缺。

到赣州的第二天,我就完全了解到这里的大学考点情况。在赣州有中正大学和中山大学两个考点,但后者的考期在 9 月中旬。在泰和有中央政治学校和中正大学两个考点,中正大学在前,与赣州考点的时间相同,中央政治学校的考期在后,但两者只相差四五天。为此,世诚当然可以留在赣州,而我必须赶到泰和去。

我当然还得留意一下战局,当时,中国人的抗战已经进行了 7 年,而盟军对德、意、日所谓轴心势力的战争,从 1939 年波兰走廊启端,也已经打了 5 年。意大利已经瓦解,诺曼底的第二战场也已经成功。盟军胜利在望。在太平洋上,美国的战略已从逐岛进攻发展到越岛进攻,日军节节败退。问题是在中国大陆上,日军正在发动打通粤汉线并进军湘桂的战争,原来盘踞在湘北的日军,在攻占长沙以后,继续南下,逼近衡阳,从界化垅向西进入湘、桂、黔的道路,已经变得日益艰难。东南地区原来预备在这年暑期进到大后方的青年学生,因此而被阻滞在赣州,数量很大。原来无意投考中正大学的人,现在不得已报了名在赣州考区待考。使这个学校出现了建校以来考生最多的一届。而我也只得考虑到泰和以后,除了主要目标报考中央政治学校以外,同时也报考中正大学。事前我和世诚谈过此事,他也认为,照当时的战争形势,考取了中央政治学校,能否去重庆入学,还是一个很大的未知数。所以在泰和考区考中正大学,这是万全之策。

我在赣州不过 3 宿,就动身前往泰和,这一路交通方便,因为两地均滨赣江,可以搭乘下水木船,船舶的情况和去年从游埠到衢州的上江船相似,因为是顺流航行,所以速度要快得多。沿途只在万安城下停泊了较多时间,我曾上岸到城内看了一阵,或许是因为赣江航运的缘故,市容比我在赣东看到的一些小城镇要好。

船上无独有偶地遇见一位上泰和赴考的江西人,而且与我相同,也是去报考中央政治学校和中正大学的。言谈之下,发现他有一定的古汉语基础。他姓郭,但忘记了名字,写了通信处给我,家在雩都城内儒林巷。泰和的两校考场中都见了面,但在后一场中央政治学校考试时,我听得出他说话的语调比较消沉了,与赣江船上那种充满信心的言谈有了很大差别。后来在赣州时,他曾按我的地址写了一封信到训导所,我也回了他信,当时中正大学已经放榜。他是考文史系的,但是名落孙山。因为看到我榜上有名,所以写信祝贺我,看样子他很希望结交一些江浙朋友。但是后来我离开训导所进了中正大学,就没有再联系了。

顺水行舟很快,两天就到了泰和。我登岸直奔杏岭,而且很幸运,在进入中正大学校区后立刻遇着了绍兴中学高中第一届的王文浩,因为是暑假,宿舍里空铺很多,他随即带我到他宿舍,大热天,我自己带了一块毯子,他借我一条席子,生活就解决了。

王文浩告诉我,徐信铺到沿溪渡(离杏岭约 20 里)去进行机电系的实习了,他会托人告诉他,因为他知道我们的关系。于是他陪我去办了报名手续,离考试日期只有 5 天了。报名手续办好,他说要和我到食堂去吃中饭,但是我婉谢了,因为我必须即到中央政治学校的报名处即江西省教育厅去,而且确实这样,我顶着烈日,一边问路,一边加速行走,从杏林到教育厅所在的村子约有 10 多里路,我于正午赶到了那里。

教育厅设在一所宏大的宅院之中,好像是一所祠堂,后来稍作改建。传达室有一位操南昌口音的值班人,当他知道我是家乡沦陷的浙江人以后,对我相当客气,因为已经下班,报名处要午后才有人,他要我在传达室内的木条椅上躺一会,唠唠叨叨地讲了一些话,主要是表达他对我的同情。我拿出刚才在路上买的两块米糕,他给我倒了水。

我没有辜负他的美意,果真在那张硬木条椅上睡了一会儿。

我醒来看到传达室的马蹄闹钟已经一点半,他要我再休息一下,反正等报名处一有人他就会告诉我。正说着,一位身着夏布长衫的人,50岁光景,从这所大宅院的台阶上来,跨过高门槛进去。南昌人马上告诉我:"厅长到了。"原来他就是程时煃,他的名字我早已知道。后来进中正大学龙岭分校,同系有一位名叫程懋第的同学,别人告诉我,他就是程时煃的儿子。1954年,我执教于浙江师范学院,这年暑期,省里假大学路浙江图书馆阅高考试卷,由于试卷多,所以也邀请了一些中学老教师参加。我遇到了恩师周有之,他当时执教于安定中学,是应邀来批阅外语试卷的。骤见之下,他非常亲热而快慰,因为从我挂着的浙江师范学院红校徽上,他知道我已是一位高等学校教师了。但是我对他却十分惭愧,因为我们在民国三十年(1941)5月从嵊县廿八都最后分别前夕,他曾把我叫到他宿舍,语重情长地教勉我,要我学好英语,因为他希望我将来做个出色的英语专家。我在《我的中学生活》(《中学集》,科普出版社,1987年)一文中已有回忆。那年见面后,我只好把我离开绍中后的这十几年经历简单地告诉了他,我不仅没有成为英语专家,而且只在江西踏进过一次大学的门槛。一听到我说江西,他立刻说:"江西,你知道程时煃吗?"我回答他,我不仅知道他当时是教育厅长,而且还在泰和看到过他。他似乎是叹了口气,又显得不胜感慨。他说,程时煃后来在上海大夏大学教书,1951年被抓回江西,镇压了。我不知道周有之与程有什么关系。但从他口中,我知道了那天我在泰和看到的这位个子高高而颇具一种学者风度的人物的下场。

程时煃进去以后不久,中央政治学校的报名处也就开始工作了,我很快地办完了手续,下午回到了杏岭,我可以安下心来对付入学考试了。

艰难的返程

我在中央政治学校考场中认识了从赣州来的张弦,因为晚上住一个教室,是浙江人,谈谈就熟了。他告诉我,浙赣战役以后就从浙江流浪到了赣州,去年已经考过一次大学,失利,所以今年赶到泰和,主要目标也是中央政治学校,但不是外交系。言谈中很有一点抱负,他说自幼丧父,由他母亲扶养成人,现在母亲在兰溪乡下,他一定要努力读书,让他母亲过上好日子。他虽然也考了中正大学,但对这个学校的兴趣不大,而发榜时也不见他的名字。

因为听说他在赣州大学先修班工作,大概是教务员一类。我当时就想到世诚,由于今年如此出人预料的考试形势,我估计世诚或许要落榜,所以向张打听一下进先修班的条件,以便让世诚有一条路可走。所以我在泰和就打听了这所大学先修班的概况,此班与中正大学和江西的其他方面没有关系,是属于蒋经国的新赣南系统的,班内有一个小小灵堂,供着"蒋母姚太夫人之长生位"(后来我亲眼见了),姚太夫人是蒋纬国的生母,一说是养母。既是"长生位",说明她当时还健在。

　　张弦告诉我,先修班的教师多数聘请有名的中学教师兼课,也有来自中正大学的。专任教师不多,不过其中也有著名的,如国文教师文起衰。文起衰当时常在《东南日报》和《前线日报》发表杂文,确实颇有一点文名,想不到此人就在赣州。更想不到的是,5年以后,他居然到新昌中学与我同事。当时我是此校的教导主任,他是县里请来的对马列主义有研究的国文教师。见面以后我才知道,他名叫高矜细,文起衰是他的笔名。他并不在我面前讳言他在赣州大学先修班任教的事。他是上虞章家埠人,也算绍兴大同乡,我们相处得也不错。但在新昌不过1年,就因为"历史问题"被送到杭州灵隐"学习",然后被分配到上虞县中。当时我已经到浙江师范学院任教。还收到他的来信,说他"处境不妙"。大概是1954年的秋季,新昌中学校长金望平到杭州开会,顺便看看我,谈起"高老夫子"(他在新昌时别人对他的称号),金告诉我,上虞县中很快让他解职回乡,他在章家埠还受到乡镇政权的"管制"。衣食无着,处境困难,不久就服药自杀了。2001年初,上虞建立乡贤研究会,派车接我们夫妇参加盛会,在上虞住了两天。他们问我想看什么地方,1950年代带学生野外实习,上虞确已跑遍,不过以后发现的王充墓尚未去过,就去看看吧。于是他们派了一位章家埠人陪我们。车过章家埠时,我告诉这位陪同者,我认识好些章家埠人,他问我认识哪些人?我告诉他:譬如在美国匹兹堡大学当教授的谢觉民,现在已经退休;又如曾在新昌和上虞中学教书的高矜细,听说早已自杀。陪同者都认识他们,并且还是高矜细的亲戚。他证实了高的自杀。我立刻追问,他的独子高康年呢?高到新昌时曾把儿子带来念初中,所以我记得。此人长叹了一口气说,真是祸不单行,老子自杀后几年,儿子在河里洗澡不慎,淹死了。

　　张弦很健谈,从大学先修班谈到新赣南。从新赣南谈到当前战局,但最后不免要讨论考试结束后怎样从泰和返回赣州。他是有工作的,当然要回到大学先修班等候发榜。我是已经由赣州战区青年训导所批准等候空缺的,经过这10多天,空缺可能已经补上,同样要返回赣州。从赣州到泰和是下水船,两天就到,但从泰和回到赣州是上水船,要花5天时间。张弦认为太慢了,他提出的回程走法是,从泰和买公路车票到遂川,票难买,但他有朋友可托;从遂川到赣州跑路,两天就可跑到,他出来时是打听过的。其实对我来说,坐上水船也无妨,船行虽慢,但可以在船上看书,并不浪费时间。不过照他的走法不仅是省两天时间,而且能够不走老路,沿途可以看一些新的东西,所以就同意了他的返程路线,并且托他买了从泰和到遂川的汽车票。

中央政治学校考试结束次日,我们就步行到泰和城内,张到他熟人处托买票,而其实票并不难买,我们一早离开中央政治学校考场,到泰和城内大概 8 时左右,这位熟人立刻买到车票,九时多就上车离开泰和。当时遂川已经建了飞机场,飞机和一切器材都是美国提供的,所以这条路上比较热闹,我第一次看到称为吉普车的轻型汽车,来来往往行驶,车内多是美国人。我们乘坐的汽车是江西公路局的木炭车,车速很慢,而那些美国人的车子都是用汽油的,对于中国的车辆来说,最普遍使用的是木炭,或许是樟脑油,酒精车如同中央银行的运钞车那样,已经算是很高档的了。

遂川机场的具体位置我们没有在车上看到,但估计在遂川县城以北,因为在这一带我们看到了公路两旁修了许多支线,并有不少新修的房子,吉普车三三两两地从这些支线开进开出,所以机场大概就在这一带。过了这个地区后不久,就到了遂川县城,车站建在城外新辟的一个商业区,有不少商店、饭馆和旅社。也有用英文 WELCOME 作为旅馆招牌的,下边才写 3 个中文字——惠尔康。在当时,这是很新奇的事。

我们找了一家廉价的旅馆住下来,因为时间还不过下午 3 时光景,又进城去蹓躂了一会,城内很古老,街道狭窄,和赣东的铅山差不多,与城外这个新区相比,宛如两个世界。我们本来还想在老城内多看看,彤云和密雷将我们赶回旅馆,果然是一场夏季的大雷雨。

次日早晨天气晴朗,烈日当空,我们开始做两天步行的准备,用湿毛巾包起头部,两人不约而同的都是力士鞋。行李不多,我是一包书,包内有替换衣服和一块毯子,张是一个旅行包。在遂川吃了早点就上路,开始走的是公路,到了沙田镇以后,根据我们事前调查好的路程和老乡的指点,我们偏离公路,走上偏东的小路,因为如果继续循公路走,路程就要远得多,抄小路走,可以缩短二三十里。但小路是条山路,当然不像公路那样平坦,一路崎岖曲折,沿途有路廊,说明这是公路建筑以前的老路。路廊供我们休息,而且还有免费的茶水。从沦陷区出来的年轻人都会跑路,而且每人都已经跑过了多少路,所以我们对道路的好坏毫不在意,背着行李继续前行。

又到了一个路廊,时间已在午前,路廊中坐了几位农民,他们是农作间隙在此休息的,一位老农告诉我们,从此登上一条什么岭(名称忘了),又高又长,看天气恐怕有大雨,要我们当心。于是我们在路廊上喝稀饭。江西的路廊和浙南的路廊有些相似,多有人卖稀饭,桌上放了五六种菜,如辣椒、玉兰片、干菜等,是免费随吃的,稀饭论碗卖,大碗,但很便宜。喝完稀饭,我们把头上的毛巾再次用冷水浸透并包扎好,循着并不平整的石级爬岭。起初,山岭并不陡,但很曲折,往往峰回路转,可以看到一二户用泥土筑墙的山里人家,我当时还低吟陆放翁诗:"山重水复疑无路,柳暗花明又一村。"走着走着,我们越爬越高,终于爬上了一个可以向两边展望的高处,原来已经到了这条山岭的山脊——就是路廊上那位老农嘱咐我们的"又高又长"的一段了。而老农所说的大雨说着竟也来了。开始是大雨滴,彤云封住了我们前后左右,接着是闪电和霹雳般的雷声。我为了保护我的书,立刻打开包袱,取出毯子,把毯子包扎在包袱外层。就在我重新包扎的三五分钟时间里,由于云雾升腾,我与走在前面的张弦失去了联系,我大声呼唤他的名字,但在雷雨声中,竟听不到他的回音。当时已经有声霹雳打到地面,即人们所说的"落地雷"。我害怕他是否已经被雷击倒,于是在大雨中,一边高呼:张弦!张弦!一边快步奔跑,两次被土石绊倒。这样奔跑了近10分钟,始终没有听到他的声音。大雨倾盆,前后左右模糊一片,闪电和雷声几无间隙。霎时间,一声霹雳伴随着刺眼的电火,落在我的身前,我的双脚感到发麻。虽然心头紊乱,但还能意识到,我现在是在这条山岭的山脊上,是最容易遭到雷击的地方。但两旁山坡的情况无法观察,只能抱紧包袱,跨离山脊,踏上左侧山坡,而立刻被灌木绊倒,我实际上是抱住包袱滚下山坡去的。手上和脸上到处感到刺痛,当然都是滚动时触及身旁的灌木和土石所致。在滚动中,我感到有剧烈的碰撞,而造成了思想和感觉的模糊,由于冷水流淌在脸上而清醒过来,知道身体被一棵不大的松树挡住,山坡上流水挟带着泥浆潺潺而下,我的身上已经盖满深黄色的泥浆。而雷声隆隆,闪电烁烁,大雨仍然不停。我开始感到浑身疼痛,而且全身乏力,无法挣扎起来,眼看身边用白毯子包扎的包袱,也已经整个染成深黄色。我除了默默祈祷外,脑袋中闪现出许多事,想到绍兴老家;想到我祖父在世时的老话:立德、立功、立言,此谓之三不朽也;也想到中央政治学校的发榜,我可以成为外交系的榜首。又想到去年从金华到兰溪路上的血染衣衫,现在却在这荒山中落得个黄土埋身,这就是人生的奋斗。就在这种遐思乱想的过程中,雨势减小了,雷声也疏散了,仰望乱云之中,居然出现了青天。我终于挣扎着,扶持着这棵松树站起来。发现我从山脊大概滚下了二三十米,我所处的位置距离山麓还很远,而山麓也不一定有路,由于全山多是灌木野草,树木很少,所以视野较大,却看不到有一户人家。因此我决定,还是应该爬到原来的山脊上去,因为那里有路。

我背起包袱向上爬,满地泥泞,而且还流着水,实在爬不上去,依靠拉住灌木才能稍稍移动,土壤经过雨淋很松,好容易爬上几步,却因土壤的松陷而又滑下去。二三十米的山坡我使尽力气,几乎爬了个把小时,最后终于靠一棵路边小树的扶持让我爬上了山脊,就是在雷雨前所走的原路。而一场暴雨以后,又是一个烈日当空的天气。从日头偏西的标志,我知道依路向南走不会错,就这样,一个泥人背了一个泥包,一扭一拐地前进,一路还留心,有没有张弦的痕迹。走完山脊,石阶开始向下,我意识到那位老农所说的"又高又长"的一段走完了。于是我的精神恢复过来,力气也充足起来,路旁开始有乡村小屋,偶尔有行人。我见人就问,有没有见到一个年纪和我差不多、头扎白毛巾、拎着一个旅行包的人?或许是由于言语不通,问过好几人,都没有结果。我真替他担心,他母亲还在兰溪乡下呢。假使真的找不到他,我回赣州首先就得到大学先修班报告此事。

走着走着,已经走过几个小村子了,路上的人都瞪着眼奇异地看我,小孩子朝我笑,我则向他们打听张弦的下落。忽然,小路又和公路汇合了,问路人,知道公路是到沙地去的,离开遂川时就晓得今晚在沙地住宿,沙地是个大乡镇,我准备赶到沙地就向当地的乡镇公所打听张弦的下落。

沿着公路走,当然比山路容易得多了。由于乏力和饥饿,感到背上的包袱沉重。包袱泡了水,又灌了泥浆,我想到书,可能已经无法再读了。公路出现一个不小的上坡,坡上有房子,我希望有一家茶馆,能让我喝口水,买点吃的,或许还有可能在日落前赶到沙地。快到坡上时,看到第一所小房子外面排列着的竹椅子,这正是茶馆,心里感到得救似的,因而加快了我的步子。当我到茶馆门口,正在找一把竹椅子坐下时,奇迹出现了,屋内一张竹椅上躺着的正是张弦。我叫了他的名字,说不出第二句话来。他当然也是浑身淋透,但身上和旅行包上都没沾泥。他看着我这个泥人,半晌才认出来,立刻大叫起来。我们都平安无恙!就在大雷雨开始,我从包袱内抽出毯子进行包扎时,由于闪电、霹雳、大雨、云雾,他以为我已经走在他前面,也是一边呼唤,一边直奔,并且走错了路。而这一错让他获得了比我幸运的遭遇,他在一家山农小屋中待到雨过天晴,才由农民送他走上公路。

在茶馆喝水吃点心,终于趁日落以前赶到沙地。旅馆就是一家农户,老板娘实在值得感谢,她帮我洗衣服,在她们炉灶前烤得干干的,打开包袱,摊开湿透了的书。当第二天上路时,在山坡里被泥浆掩盖的一切痕迹都没有了。从沙地整整走了一天,在暮色苍茫中,我又回到了赣州。

四、新赣南

赣　州

　　国民政府时代的行政区域,在省和县之间,从民国二十一年(1932)起就颁布了《行政督察专员公署暂行条例》,在省以下、县以上的若干城市,其中很多是明、清府治或民国初年的道治,设置行政督察专员公署,为首官员称专员,如过去的知府、道台一样。我在上饶一年,上饶是江西省的第六行政督察专员公署,现在到了赣州,这是该省的第四行政督察专员公署。这个专员公署下辖赣县、大庾、崇义、上犹、南康、虔南、定南、寻乌、安远、信丰、龙南,共 11 县,专员公署设赣县县城,按历史传统,南宋绍兴二十三年(1153)改虔州为赣州,元、明、清三朝都以赣州为府(路)治所,所以沿用赣州这个名称。

　　但作为抗战时期的行政督察专员公署,赣州和其他同级的行政区划很不相同,因为蒋经国在这里当专员,这个专区成为他的政治实验区——新赣南。在体制上,这是江西省辖下的一个专区,但实际上,除了例行公文的往来以外,江西省管不着这个专区,大家都知道,这里是通天的。

　　骤到赣州,可以立刻发现这个城市与众不同。举个例子,专员公署门前阳明路上有块广场,每天早晨在此升旗,升旗时,过路行人谁都立正举目,这是别的城市所看不到的。

　　我和世诚在那天午夜抵达赣州，为了要入住青年训导所，次日上午就到了专员公署，因为此事必须由一位专管此所的喻姓官员审批。大门口有岗哨，但出入是自由的。找到了他的办公室，根据这个办公室有内外二室、而姓喻的一人独占内室的排场回忆，此人当是眼下讣告上"享受正局级待遇"人物。姓喻的看了我们的证件，话说得很客气，新赣南是欢迎沦陷区的青年到这里来的。但是由于经费等等的问题，训导所的规模还嫌小，他这里批准了以后，具体还要看那边是否有空缺，需要随时和那边联系。他立刻拿现成的条子，批给我和世诚各一张，并告诉我们从专署到鸳鸯桥的走法。我们就这样地找到鸳鸯桥，而且实际上立刻入住了训导所。等到我从泰和返回，入所的手续早已批准，不仅入宿，而且可以入膳了。

　　当时东南地区未陷于日军之手的最大城市是赣州、南平、上饶，上饶在浙赣战役中一度沦陷，所以城市残破，南平（一年以后我到了这个城市）由于背山面江，土地狭隘，所以城市的规模也受到限制。在这三个城市中，显然以赣州为最大。这是一个古色古香的城市，除了以阳明路为中心的街区是繁华的商业区外，其余都是安静的，清洁的。每家老百姓的小小厅堂里，都挂着一张《新赣南家训》，这大概是从《朱柏庐先生治家格言》中学来的形式。我曾从头到尾读过一遍，现在当然忘了。开头是："东方发白，大家起床。"这无疑是朱柏庐"黎明即起"的语体化。中间有一句我感到颇为发噱所以至今尚能记忆的话："青菜豆腐最营养，山珍海味坏肚肠。"上句当然不错，但下句有点令人啼笑皆非。不过阳明路附近确实有一家有名的"营养食堂"。店门相当豪华，我和世诚第一次经过时甚至不敢问津。后来才知道是一家当道提倡的大众化食堂，里面专门有一种称为"营养饭"的饭食，是米饭、肉末、黄豆、花生米等拌和而成的，味甚可口，而售价每碗18元。确实经济实惠，富于营养。这是我们这些穷学生间或可以去"改善"一次生活的地方。穷学生们有时也相互请客，常用的口头禅就是：我请客，营养饭。

　　在文化方面，以我住过一年的上饶与之相比，赣州当然远胜于上饶。赣州有几份日报，其中我比较喜欢的是《正气日报》。阳明路一带书店不少，我常常作为站客，有时站着浏览几本书。使我感兴趣的是，还有一个新赣南图书馆，馆长叫汪善根，安徽人。书虽不多，但有不少翻译小说，还有一部《百衲本二十四史》。我自然也是常客，而且还和汪馆长说过几次话。

　　蒋经国据说常常骑自行车或步行到街上看看。有一次我和绍中同学徐熙塘走在马路上，一辆自行车缓行超过我们，徐立刻说："蒋专员。"确实是他，但我只见到他的背影。单独一人一车，没有什么随从和警卫员之类。说明他确是经常这样外出的。

　　住在赣州城内不过个把月，但它给我留下了深刻的印象，我认为这是一个生气蓬勃的城市,是一个有希望的城市。当然,也有人对它提出批评,中正大学教授周维新(宪民)在南平版《东南日报》发表文章:"新赣南是一幅美丽的图画。"

后来我离开赣州城而住到郊区去,上城的机会就少了。3个多月以后,赣州就被日军攻占。在日军逼近以前十多天,我到城里与它告别,颇有依依不舍之感,心里想到,这样一座城市,又将毁于炮火了。

我以后就再不知道赣州的情况,几次在火车上看上饶,但赣州不在铁路线上,所以连这样的机会也没有。1990年代之初,我突然收到一本赣州市地名办公室编纂的《赣州市地名志》精装一巨册,内容非常丰富,那个时期我正忙,而且也不曾想到以后要写点自传,要对赣州做点回忆。所以不过稍稍浏览了一下。因为各地常有各种志书寄赠,地方志、地名志、水利志等等,家里实在放不下,当时,建德市办起了一个方志馆,正值此时,《建德县志》(浙江省最早问世的新县志)主编、建德市政协主席周金奎驱车邀请我们夫妇到新安江玩几天,我就趁便把家里的一批志书,包括《赣州市地名志》在内,送给了建德市的方志馆。假使当时想到以后还要对这个城做一番回忆,我一定会把这本志书留下来的。

赣州青年训导所

抗日战争时期,在接近沦陷区的城市中,多有接待从沦陷区进入内地的青年学生的机构。这类机构名称不一,如接待站、招待站、招训所等等。入居的青年学生,只要提出一种来自沦陷区的诸如学校的肄业证书、转学证书甚至某个接近沦陷区的乡镇公所的路条、通行证等等,就可以入住。这类机构设备简单,待遇也并不好,其供应无非是一日三餐(两干一稀),副食当然很差。但从沦陷区一批批拥入内地的青年学生,经济条件多数困难,能够暂时有一个安身之处,"民亦劳止,汔可小安",青年学生是不在乎生活艰难的。

赣州的情况与其他城市又有不同,因为它是新赣南的中心。在这方面当然应该更为重视。所以它的规模较别处大,而且有专职和兼职的教师,既上课,又辅导,让青年学生可以在这里温课,以便转入正规中学或投考大学。名称作训导所,现在听起来似乎不雅,但当时在大学有训导长,在中学有训导主任,所以入所的青年学生对所的名称并无反感。

入所的手续确实非常便利,我和世诚到专员公署与那位姓喻的负责人只谈了几句,他就客气地批准了。当时我用的是一张江苏无锡一个什么中学的转学证书,是世诚在他的祝同中学同班同学中弄来的,因为我在上饶发表文章曾用"陈小鲁"这个笔名,世诚替我在这张"转学证书"上填了个"陈小鲁"的名字,所以在训导所,不少人都叫我"小鲁"。

训导所的实际负责人(副职)叫林必余,浙江镇海人,此人口碑不好,或许是因为文化不高的缘故,但我没有与他接触过。全所约有百余个床位,是10人一间的双层铺。副所长以外,有一位职员,管理青年学生住入、迁出和其他总务。有一位专职的军事教官,是个行伍出身但已有少校军衔的四川人,当兵时曾驻扎过绍兴,娶了位家住绍兴城内圆通寺前的女人为妻,所以对我这个绍兴人颇有点"同乡感",常用浓重的川腔和我谈谈绍兴的事情。此外,所里还有两位专职教师,都是中山大学毕业不久的年轻人,大学毕业生慕新赣南名投奔而来,被分配到这个地方,估计是不会满意的。训导所要大学毕业生,这是为了教课。因为它与外间的中学一样,也分高中、初中两个大班开课,需要各科教师。所内当然只能请少数几位,其他的请外面人兼课,这中间会有些好教师。我去中正大学报到以前,曾听了《正气日报》总编彭灿的英语课(听课是随意的,不受约束),立刻听出他的水平不低。两年以后我们在嘉兴成了同事,才知道他毕业于中央大学英语系,和著名的莎士比亚翻译家朱生豪的弟弟朱文振是同班同学。他是个勤奋而正直的湖南(湘乡)人,后来考取了公费留学,等待出国。局势变化使他不能出国,据说回湖南当了中学教师,恐怕不一定有好结局。

训导所里的生活当然很苦,除了两干一稀让你吃饱以外,小菜实在可怜。8人一桌,一钵冬瓜或青菜之类,一礼拜才能吃到一次肉片。许多人穿着洞眼满布的汗衫,足登草鞋或木拖。但大家的心情还是比较愉快的。为了考大学和各种就业考试,不少人很用功,下午在操场上打打排球,也都有说有笑。大家都来自沦陷区,同是天涯沦落人,所以相互间的关系也比较融洽。这中间也有若干"高干子弟",我认识的就有两位,一位是后来曾任浙江省长的周喦的儿子周家麟,另一位是第七战区参谋长的儿子陶文渊,前者是嵊县人,后者是绍兴人,他们的经济状况当然宽裕,也不穿破破烂烂的衣服,但在所里同吃同住,没有特殊派头,不熟悉的人也不知道他们老子是大官。

住在训导所里的年轻人,其实大家都有心事。当时,衡阳保卫战打得正酣,许多人天天看报,留心战局的变化,他们虽然滞留在赣州,却是做好了到贵州、云南、四川去考大学的准备。但是在经过了40多天的苦战以后,我们在报上读到了守军司令的最后一个电报。我现在还记得这个电报的最后两句:"决不负钧座生平作育之宏旨,此电恐为最后一电,来生再见。"电报是以军长方先觉领衔的,有好几位师长署名,现在我只记得起其中有一位叫饶少轩。

1991年,我们夫妇到桂林参加一个纪念徐霞客的国际学术会议。湖南省有好几所高等学校邀我顺道讲学,第一站就是衡阳市,是由参加这次会议的衡阳师专副教授杨载田陪同的。讲学前后,杨载田和该校一位副校长陪我参观了衡阳市容和名胜,并让我看了市内一座丘阜上的当年战迹,军长方先觉的指挥所。我当时提出建议:衡阳保卫战是抗日战争八年中的重要战役之一,虽败犹荣,可歌可泣,将士奋勇,应垂丹青,所以有必要为这次保卫战建立一座纪念碑。陪同的副校长对我的建议甚为赞同,表示要通过衡阳市人大和政协提案,但以后如何就不得而知了。我当时是从良心和对历史的责任感而提出这种建议的。其实,对于当年在赣州青年训导所朝夕关心的这个战役,我不仅主张树碑,而且希望立传。当然,碑和传都应传颂城内守军和外卫接应部队,据我记忆当年媒体的报道,为了接应城内守军,外卫部队冲锋陷阵,牺牲也很壮烈。其中"赵师"(当时报道未提及这位赵师长的名字)官兵,曾经冲刺到可以和城内守军遥相呼应示意,但终因这一二公里间的日军炮火异常猛烈,因而无法突破。守军在弹尽援绝的情况下,牺牲殆尽,终至陷落。这是一场鬼神泣壮烈的战役,在抗日战争史中无疑是永垂不朽的。

对于训导所中的不少青年学生来说,衡阳的失陷对他们是一种严重的打击。因为这使他们进入大后方升学深造的打算无法实现。人们事前当然也预料到战局的这种发展,当时滞留在赣州的许多人都参加了中正大学赣州考区的入学考试,使中正大学成为这一年全国最难录取的学校,以我的寝室为例,全室 10 人都参加了考试,除了我以外,还有一位姓方的富阳人录取于税务专修科。在全所十几个寝室中,我们属于非常难得的了。所以中正大学的发榜,对所内许多江浙学生又是一种打击,他们当然感到怏怏不乐。他们之中,一部分人等待这年最后一次的投考机会,因为中山大学定于 9 月中旬考试,他们还有一次跨入大学门槛的希望。另外一部分人则开始找工作,在赣州,找一份起码的工作并不困难,虽然这些人都来自沦陷区,不少人手上的转学证书和路条之类都是假的,但当时社会的信任感较好,他们是不会受到怀疑的。何况他们的就业也是一种权宜之计,其中多数人都准备下一年再考。

训导所的夜晚

我从小就有一种晚上迟睡的习惯,记得从初中时代起就是这样,而且早晨也并不晚起,这或许是一种生理现象,我所需要的睡眠时间比同龄的人要少得多。这个习惯对于我毕生能够多读一点书,多写几篇文章显然很有关系。

晚上工作的最重要条件是照明,民国二十八年(1939)绍兴中学校舍被日机轰炸以后迁到诸暨枫桥花明泉,第一学期夜自修用"谦信灯"(谦信洋行出售的一种相当于300 支光的汽灯),一个教室一盏,光线还算差强人意。但以后就改用蜡烛,最后是两根灯草的桐油灯。如我在《我的中学生活》一文中所说的："不仅灯光如豆,有损目力,而且烟气极重,损害身体,每天早晨洗脸时,鼻孔中要揩出许多烟灰。"不过说实话,照明条件的低劣,开始有点不习惯,不久我就适应了。我虽然并不欣赏古代寒士的诸如聚萤映雪之类的故事,但学校下乡之初的谦信灯,实在每晚都令人惴惴不安,因为它很容易出毛病,一出毛病就得到处找管理此事的工友,工友找到了,也不一定能迅速修好。这种事故的概率很高,常常是整个夜自修的时间在黑暗和同学的吵闹声中度过。倒不如一人一盏的桐油灯,挑灯夜读可以保证。后来并且与收灯的工友说妥,保证把灯擦干净放回原处,因此还可以延长一些夜读时间。

两三年来,每个夜晚都与桐油灯相伴,确实已经习惯。所以到了赣州,训导所的夜晚,颇使我开了眼界,这里从寝室到自修室都是装的电灯。自修室在晚上只开放一间,它就是白天的教室,灯光相当明亮,由于夜读的人不多,座位很有余裕,写和读都很方便。而且在时间限制上并不严格,只要最后离开者熄灯关门即可,而我则是经常执行这个任务的。那位满口川腔的教官由于娶了绍兴妻子,对我特别客气,他是唯一常查夜自修室的人,每次见到我一个人留在那里,总是一句老话:"绍兴人,早点休息,不要弄坏身体。"他走后,整个训导所不久就静悄悄了,我可以安心地继续夜读。到午夜前后,轻手轻脚地摸回寝室去。

在抗日战争的年代里,电灯通明,伴我夜读,实在是值得回忆的一段幸遇。不过到自修室夜读的人并不很多,40多个座位的教室,常常空着1/3。这当然不能说他们不读书,因为在寝室虽然灯光较暗,但同样也可以看书。从沦陷区出去的青年学生应该说多数是比较用功的。一种特殊的变化发生在中正大学发榜以后,原来近30人的夜读队伍,发榜的当晚竟骤然减少到不到10人,这些不再进夜自修室的人大概都是名落孙山者。当时,继续夜读的人对他们颇有议论,但后来回想,他们实在也是情有可原。中正大学并不是一所名牌大学,不少江浙学生包括我在内,按当时的心态实在是不屑一顾。但在衡阳陷落,去大后方无望的情况下,它毕竟是可以让漂鸟暂息的一棵小树。落榜使他们面临在此后一年中"何枝可依"的困难。在这些参加夜自修的常客中,我原来认识好几位,虽然都记不起姓名,但多是勤奋读书、胸有成竹的人,落榜当然使他们失望,而年轻人的面子观念自然更无可厚非。在我离开训导所以前,不再见到他们来自修室夜读,但我后来对他们颇感怀念,并且相信他们之中,以后一定会有出类拔萃者。

训导所的夜晚是光明的,但也有漆黑一片的时候。那就是日机夜袭。当时,空中力量的形势由于第十四航空队的发展已经起了变化,在赣州一带,白天的制空权已为我方所掌握,经常有我方飞机巡逻飞翔,其中有一种一个机头两个机身的特殊飞机,也经常来来往往。所以日机在大白天从来不敢造次。但夜袭却相当频繁,我回忆大概5天中就有一次。夜袭的目标针对赣州机场,赣州人已经习以为常。因为赣州机场没有夜间起降的设备,所以不能起飞迎战。夜袭的时间一般都是我们在自修室工作了一段时间以后,大概晚间8点以后吧。警报一响,全市灯火管制,而轰隆轰隆的所谓"零式机"随即来到,训导所里的人大多站在院子里看,我们则在自修室的窗口看。可能是因为飞机上没有灯火,所以我从未看到过机身,但用以指挥高射机枪射击的曳光弹红绿相间从四面升起,这个位置显然就是机场。接着,闷雷般的炸弹声连续传来,偶然也有高射机枪声。于是,飞机声远去,警报解除,灯光复明。整个夜袭的过程,每次不过三四十分钟。夜袭过后,我们仍在自修室继续读书。我在训导所的后期,直到我离开赣州,夜袭的事不再发生,据说因为机场中到了几架夜间可以起降的美国"黑寡妇"战斗机,才遏制了日机的夜袭。夜袭不再发生是事实,"黑寡妇"则只是当时传闻。

　　我在训导所的一个多月中,有一个晚上是颇可回忆的,那就是全所青年的一次文娱晚会。临时在操场上搭起一个戏台,节目就在台上演出,当然都是自编自演的小品。但沦陷区出来的青年人,大部分都存在经济、求学、就业等方面的困难,能够组织起这样一次文娱晚会,实在已很不易。角色当然都是所内青年学生扮演,虽然都是小节目,但其中有的趣味横生,有的感情动人,博得许多掌声。我特别欣赏的是陶文渊的独唱《一样的月亮》。这是一首当时颇为流行的歌曲,但是他嗓子好,又懂得演唱时的抑扬顿挫,而体味歌词内容,更使我感动:"一样的月亮,一样的月亮,月亮下面是故乡。故乡啊,在何方? 水田墓草可是如常? ……"当时在内地流行的歌曲,一类来自沦陷区的靡靡之音、如《送君》、《何日君再来》之类,另一类是用以抵制靡靡之音、提高歌曲品位的所谓学院派歌曲。前者流行很广,当然庸俗,被称为"亡国之音",后者似乎是华元曦等人提倡起来的,例如把古代诗词进行谱曲,李白《清平调》的"云想衣裳花想容",当时评价颇高。华元曦的《中央训练团团歌》"桓桓将士,峨峨干城",也确实音调雄壮。但也有人认为阳春白雪,毕竟曲高和寡。我之所以喜爱《一样的月亮》,因为它显然应该归属学院派,但是很能雅俗共赏,而其中"水田墓草可是如常"一句,说明作者来自水乡,更引起了我对自己家乡的怀念。

"人口是个大问题"

　　赣州确实是当年东南地区的文化中心,标志之一是常有名人做学术报告。"人口是个大问题"就是我在一次学术报告中听到的话。当时颇难理解,后来感慨系之。

　　这次学术报告是由赣州基督教青年会组织的,时间当在中正大学发榜以后,因为训导所前去听讲的五六人,都是榜上有名、当时心境比较舒坦的,由其中一位讯息灵通者邀大家同去。这位学者的姓名已记不起来,但显然与教会有关,或者就是一位基督徒。题目也已经忘记,但内容是节制生育,控制人口。当时中国通行的人口数字是四万万五千万。他认为这个数字是中国的一种沉重负担。报告中几次提出:"人口是个大问题。"他说,现在我们"抗战建国",有一天抗战胜利了,建国建成了,但因为人口太多,我们仍然过不上欧洲人的日子。这位学者当然是留学欧洲的,他说的欧洲显然指的西欧。他的整个报告内容丰富,所举例子都是西欧国家。他认为人口问题是我们内在的大问题,它和外敌侵略同样可怕。他的结论大概是,中国必须大力宣传,切实提倡,节制生育,控制人口。

这天的听众大概有八九十人,我无法知道大家的想法。但在抗战时代讲这样的题目显然是背时的。同去的几位"准大学生"中,有人激烈反对。其中有一位(好像是录取于中正大学政治系的)把这个学术报告加上一顶"教会语言"的帽子。我自己回忆,当时我对"人口是个大问题"的话也很难理解,但是我能肯定的是,这位学者确实很有学问。譬如马尔萨斯人口论,我虽然早已听到过,但其实不甚了了,他做这个报告,为了讲述这个问题,在黑板上写出不少公式,不仅让人理解,而且令人信服。不过他把人口问题提到这样的高度,把四万万五千万这个国人用以自豪的数字说作国家的沉重负担,说成"危险讯号"(我记得有这样的话),我总感到他说得过分严重。不过有两位"准大学生"在回训导所路上的激烈批评,我也当场表示反对。当然,由于我自己对人口问题的无知,我反对他们的激烈批评其实也很肤浅的,我记得,对于所谓"教会语言"的话,我说我上过教会学校,我所看到的教会里的人都比官场里的人好。这位学者的报告并无传教的色彩,不能称为"教会语言",即使是"教会语言",我在教会学校里听过很多,也比官场里的"官话"好得多。至于另一位提出更为激烈的"破坏抗战"的指责,我认为也是莫须有的,因在报告开始时,他就指出,自从今年6月6日诺曼底登陆成功后,人类的光明时期开始了,盟军的胜利只是时间问题。所以他才来讲这个与战争胜负问题同样重要的人口问题。他是在盟军必胜的前提下讲解这个问题的,怎能拉扯到"破坏抗战"? 当时其余几位听讲者,虽然并不理解也并不同意他的报告内容,但对我提出的这番话,他们是认可的,他们也不同意"教会语言"和"破坏抗战"这样的指责。

其实,我当年反对他们的激烈批评,属于就事论事,而对于这个学术报告的真正意义,我也是并不理解的。一直要到后来举国批判马寅初的"新马尔萨斯主义"时,我再次回忆在赣州基督教青年会所听的这次学术报告。这位学者应该属于孙中山所说的先知先觉者。现在回忆起来,他那天的学术报告,不仅内容丰富,而且态度诚恳,可谓苦口婆心。与他相比,包括我在内的这几位"准大学生",实在都是冥顽不灵的庸人。说句原谅自己的话,我们这几位当时都是 20 光景的小伙子,就算是年轻无知吧。无知不足懼,知海无边,饱学之士也难免千虑一失,真真可怕的是那些无知而又掌大权的人。

"人口是个大问题",后来我又进一步获悉了"问题"的渊源。《中华读书报》2000 年 10 月 25 日第 10 版刊载了杜荃的文章《谁最先提出"节制生育"为基本国策》,顿使我豁然开朗。20 之年懆懆然听这个学术报告,近 80 之年才使我略知始末,真是学无止境。清华大学教授戴光世 1948 年在《新路》周刊(按杜文未提及是哪一期)发表《论我国今后的人口政策》一文,其中说道:"减少人口的原则如能成为国家基本国策,唯一的方法自然是节制生育。"从杜文中又获知,对于节制生育的问题,从 1920 年代起,就有不少学者提出,除了马寅初(他在 1920 年就发表了《计算人口的数学》一文)、戴光世外,还有陈长蘅、陈达、许士廉等人。在赣州听这个学术报告,报告中确实提到某些研究这个问题的专家学者,因为我当时对此毫无知识,他是否为杜文所列人名,已经全无记忆。由于听报告以后几位"准大学生"的激烈批评,我才有感于杜文所说,当戴光世的论文在《新路》发表后,学术界曾经做过讨论:"或者同意,或者不同意。"杜文的最后几句话,或许就是此文的核心:"然而整个讨论却是完全自由、平等、开诚布公的,恰恰反映了当时所具有而此后则不可多见的良好学术风气。""此后,此后!"令人为之长叹。

绍兴中学校友会

浙江省立绍兴中学是浙江的名牌中学,它的前身是省立第五中学,因为当时全省 11 所省立中学,是按明、清 11 府之名即杭、嘉、湖、宁、绍、台、金、衢、严、温、处排列的,绍兴行第五,故称五中。沈金相于民国二十年(1931)接任校长时,校名尚称五中,稍后才以所在城市命名,改称绍兴中学。沈金相掌此校 10 年,在其就职次年,绍中即于全省会考中获得团体总分和个人总分的两个第一,而个人总分的前五名中,绍中竟囊括其三,此后每年会考都名列前茅,因此声名大振。当时,绍中教师阵容强大,在我就读时,至少有 5 位教师是用他自己编著并正式出版的教科书上课的,1991 年,绍兴中学校友联谊会编撰《沈金相先生纪念集》一书,嘱序于我,我已把母校荣誉的大概情况写入序言之中。由于此书是校友联谊会同仁编写付印的,不属于正式出版,所以我又把这篇序言收入于我的论文集《吴越文化论丛》,于 1999 年在中华书局出版,使此校事迹能更为广泛地流传。

　　2001 年,原绍中著名国文教师姚轩卿的遗著《蠡膏随笔》(按"蠡膏"两字发音与"轩卿"同),由其女姚越秀、婿许孔时整理注释,并由我在卷首写了《序言》,在北京燕山出版社出版。绍兴市特为此书举行了首发式,除市领导和绍兴、诸暨、上虞等文化界人士出席外,不少当年姚轩卿的学生,都已年逾古稀,纷纷前来参加,足见这所名牌中学的影响。

　　绍兴中学校友虽然多已年迈,但都有一种对母校的怀念心情和自豪感。1999 年,台湾中研院邀请我讲学,我们夫妇转道香港去台北,到香港前,即承树仁学院创办人兼校监大律师胡鸿烈邀请对该学院访问,他年已 8 旬,也是绍中校友,访问该院的当晚,承他在豪华的海鲜馆珍宝宴请我们夫妇,由香港绍兴同乡会永远名誉会长车越乔作陪。我们 4 人都是绍中校友,所以席间言谈多是母校往事,而胡鸿烈即是为母校争光的民国二十二年(1933)全省会考状元。

　　1950 年代初期起,绍兴中学改名为绍兴第一中学,校名虽改,但对母校校庆仍甚重视,在学校设有校史陈列室,以母校历史上的光辉业绩教育当今的莘莘学子。1992 年及 1997 年,曾先后举行规模盛大的 95 周年及 100 周年校庆盛会,我们夫妇均应邀参加,我并且还为新一代校友做了学术报告,可谓盛况空前。每次参加这种活动,都能与全国各地赶来,特别是从海外和港台赶来的老朋友,握手言欢,乍见疑梦,不胜今昔之感。如我在《沈金相先生纪念集》的《序》中所说:

　　　　撰写纪念老师的文章,每个学生都是言发由衷,辞出肺腑,这正是纪念集的不同凡响之处。所有在此执笔濡墨的人,多是古稀上下的老人,他们受校长薰陶之时,还不过二十岁左右,离开师长以后,在人生道路上又走了四五十年,有的一帆风顺,有的道路坎坷。

而实际情况是,得去海外与港台的校友,一帆风顺的居多,而留居大陆的校友,道路坎坷的不少。即以大家尊敬的老校长沈金相而言,从 1950 年代中到 1970 年代末,也是备受折磨,曾一度身陷囹圄。即使能侥幸逃过各种"运动"的磨难,如我在《记一本好书的出版》(《中华读书报》2001 年 7 月 4 日)一文中所说:"在中国,像我这一辈年纪的知识分子,绝大多数都是无端被剥夺了二十多年工作时间的。"言念及此,能不黯然神伤。而正因为此,更使我怀念绍中校友当年在赣州的团叙。

　　赣州并无绍兴中学校友会的组织,但从浙江沦陷区辗转流浪到这里的校友为数不少。因为暑假结束,大学生和"准大学生"即将到学校报到入学,寄寓在训导所的,除我以外还有陈梅生、蒋中山、徐熙塘、俞惠正、姚绍基 5 人,也将作出就业或升学的准备,在各奔前程以前,让这些流浪他乡的校友聚会一次,当然是很有意义的。这天赶来参加活动的达 20 余人之多,当年场景,至今回忆,如同隔日,1997 年的绍中百年校庆盛典中,我见到了从嘉兴来的金松、沈士英,从台湾来的陈梅生,他们都是参加当年赣州的这次校友活动的,可惜没有时间叙旧。

在前来参加活动的 20 多人中,年级的差距不小,从初中低年级到高中毕业已数年的,我虽不完全认识,但至今仍能忆及的,还有十四五位之多。这中间有大学生,即校长沈金相之长女沈士英,就读于中正医学院,沈金相之婿,就读于中正大学。有"准大学生",即是中正大学榜上有名的,除我以外,还有王宗槐和俞志隆,王原已在税务局工作,俞据说在遂川机场当斥候士,工作显然是一种过渡手段,目的是为了进大学深造。陶士坼是我从初中到高中的同班同学,虽然中正大学落榜,但由于他原在赣州大学先修班就读,我们入学后不久,他幸能列入先修班保送的名额之中,随即也进了中正大学。陈梅生也未获进入中正大学机会,但他在 9 月份的中山大学考试中获捷,考入该校教育系,后去台湾,曾任台湾教育部次长,由于在训导所时我们住在同一寝室(他在绍中时比我低一年),所以相熟,1997 年绍中百年校庆时,他特地从台湾赶来,我们在阔别半个多世纪以后又一次见面。有的校友当时已在赣州工作,如陆碧霞在中正大学龙岭分校当教务员,赵碧卿(俞志隆夫人)任小学教师。陆碧霞后来定居美国,赵碧卿以后在杭州大学图书馆任管理员,我们仍是同事。徐熙塘在训导所时与我颇为莫逆,抗战胜利后我回到绍兴探亲,曾经见面,知道已在中学任教。其中有的校友,在当时的处境就颇为困难。譬如屠毅,他在校时比我高半年,成绩很好,而且是个活动分子,但在赣州两年投考中正大学都落于榜外,当年一位生动活跃的人物,如今变得沉默寡言。又如姚绍基,由于在绍中时是初中低班,到赣州后升学工作都有困难,长期住在训导所,一筹莫展。对于这些校友,以后我确实常常怀念他们。

赣州的校友活动由谁发起不详,但金松显然是重要的领导者。他是绍中高中的第二届毕业生,当时是中正大学政治系三年级学生,学业优秀,为人能干而正直。后来先后任教于浙大附中和嘉兴中学等校。虽已于 1987 年退休,但一直参加各种文化教育工作,绍兴中学百年大庆以前,他与其夫人沈士英联系当年同班级友,编制一种名为《晚霞集》的巨型照相册,由于级友都已是年过古稀,其分布又遍及全国各地及港台、美国,已经故世者也已达 10 位。却因他的多方设法,惨淡经营,《晚霞集》终于在百年大庆前编成,他们夫妇热情相约,希望我这位在他们班级之后的校友也能寄照片编入这个巨型照相册,金松夫妇对于我们夫妇属于学长,我自然只得从命。但在选送照片时颇做了一番考虑。因为我知道,在这个巨型照相册中,除了我 1 人以外,人人都已退休,为了让《晚霞集》在晚霞霭霭之中增加一点新气,增加一点绍中校歌中所说的"科学之颖光",我选送了我们夫妇在美国佛罗里达以航天飞机发射台为背景的一帧。由于事前估计在百年校庆中有不少在《晚霞集》有照片的老校友光临，原拟借用绍中的一个教室举行一种类似首发式的仪式，我们夫妇也为此在绍兴寓所准备了一只大型花篮，为这个仪式增加一点气氛。后来临时打听到，现在的绍兴一中并不支持金松这个班级的这件事，仪式不便举行，我的花篮也只好搁置在寓所之中。

这里顺便对1997年绍兴一中举办的百年校庆盛会说一点感想。总的说来，筹备这样一次盛会是不容易的，绍一中领导也是十分认真的，承他们的错爱，事前曾派出一位姓陈的副校长，是中学特级教师，到杭州与我商量盛会之事。大会之日，又承他们的错爱，把我安排在主席台的第一排，而且非常接近居中的领导官员。但颇使我不解的是，主席台上的座位有五六排之多，在台上就座者不下于五六十位，其中不乏与绍中校史毫不相干的大小官员，但沈金相校长的女儿（沈士英、沈玉如）和女婿金松也都从嘉兴和杭州赶来与会，竟不给他们在主席台留一个席位，或许属于疏忽，但总让人感到遗憾，而且不胜诧异。我本来想管一点闲事，了解一下，假使属于疏忽，让他们向沈金相遗族表示一点歉意。可惜我们夫妇因接受山东省的邀请，这天中午会餐以后立即返杭，次日就去山东，所以也就不了了之。但应该说，对于绍兴中学具有特殊功勤的沈金相校长，这次盛会的筹备工作，毕竟是存在缺陷的。

现在再说当年在赣州的校友活动，这天上午，与会校友都按时赶到，尽管只是互相转达的口头通知，而有的校友住在郊区。地点似乎借用青年会，上午主要是大家团叙畅谈，互相诉说离开绍中以来的遭遇，以及从浙江辗转来到赣州的经历，也谈谈各人今后的打算，这中间，有些校友有历尽困顿的遭际，也有校友有濒临生死边缘的险情。其中有的校友谈及浙赣战役中与共同奔逃的校友失散，而其中一些校友至今生死不明。在绍中与我同班毕业的绍兴龙尾山人邵伦辉，高中在金华中学就读，浙赣战役中被日军枪杀，由于日军追杀，尸体也无人收殓。所有校友都从兵荒马乱中历尽艰辛来到江西，互诉衷曲，特别是那些蒙难校友，令人唏嘘不已。但值得欣慰的是，校友们对自己都充满信心。大家的一致看法是，抗战胜利已成定局，眼前虽然存在困难，但一定能克服困难，努力求学，为国家做出贡献。

这天中午，大家到营养食堂吃18元一客的营养饭，当时也已经算是一种享受了。下午则继续畅叙。校友之间，大学生和"准大学生"显然是处境最好的，我们也都说了一些互相勉励珍惜前程的话。

这天晚上在青年会看露天电影，是劳莱哈台的滑稽片，电影散场，大家依依惜别，绍中校友在赣州的一天活动就此结束。

在那个兵荒马乱的年代，远离家乡的这些20岁左右的游子，能够团聚竟日，参加一次校友活动,当然是值得回忆的。与以后社会发展的现实相比,就会愈加珍惜这次活动的意义。第一,这批穷学生要组织这样一次活动,事前计划好"吃营养饭"、"看电影",对我们来说,多数人都属于高级享受。但我们不必要求谁来资助补贴,费用是到会校友分摊的,经济困难者宁可平日节约一些,也不愿放弃这次团叙的机会。第二,青年会的房子当然是其中那一位有关系的校友联系的,但他们免费让我们使用,供应茶水,根本不会查问你们的活动有没有登记过,是谁批准的。第三,校友们都从沦陷区出来,许多人其实都得到过地方政府的帮助,到了赣州以后,吃住问题也都由政府解决,不是地方政府的救济金,就是教育部的贷金(名称为货金,其实是不必归还的),但大家都认为这是政府对青年学生应尽的责任,绝未想到也绝不需要讲什么"铭感腑内"或"恩情如海"一类肉麻语言。第四,大家在言论中,也有非常激烈的一面。因为当时的战争大局是,欧洲和太平洋节节胜利,而国内却出现了粤汉线和湘桂线的败局,有人指名道姓地骂人,但绝对不必顾虑有谁汇报和打小报告。所以后来回忆赣州的这次校友聚会,深深感到,人情是温暖的,思想是自由的。溯昔抚今,真是不胜感慨。

五、短暂的大学生活

中正大学龙岭分校

绍兴中学校友团叙以后没有几天，大概是 9 月中旬，我向训导所办离所手续，与熟悉的所友告别，也与"陈小鲁"这个名字告别。虽然是一条棉被和几件衣服，但箱子里的书又多了不少，从赣州的城里到龙岭是一条缓坡山路，大约 5 华里，我把箱子留在训导所，背了铺盖卷去报到，注册入学。第二天再上城，把箱子提回龙岭。

我到龙岭分校报到已在规定报到日期的最后一二天，训导所中其他几位"准大学生"早几天都已走了。也有人约我同去，我因在新赣南图书馆还有两本书未曾读完，所以走得最晚。当我背着铺盖走进办公室时，窗口的绍中校友陆碧霞立刻招呼我，原来她就是主办新生入学注册的，很快为我办好一切手续，并且帮我提铺盖送我到规定的寝室。并且告诉我，有什么困难的事可以找她。

她是绍中简师的同学，比我低一年。记得在诸暨花明泉时，我初秋三，她简师秋二，在一个祠堂里，两个教室只隔了一个天井，所以实在是朝夕见面。不过在那个时代，即使是同班的男女同学，一般也是不打招呼不谈话的，何况我们是不同班级的同学。其实，她的姊姊陆碧云，在承天中学就和我同学，也比我低一年，姊妹很相像，并且都很漂亮。在中学里，漂亮的女同学往往有好事者打听并传播她们的出身来历，有时并涉及隐私，其中当然包括添枝加叶的胡诌。不过对于陆碧霞，我确实知道她父亲在鹅行街(今解放路从清道桥到蕙兰桥之间的一段)开一间绍兴人称为车塑店的小店,用木制车床加工小件木器如拉扯竹制窗帘的滑轮之类,实际上是一种手工劳动者经营的小买卖。这样的家庭能让两女儿读中学,虽然简师是完全免费并供应食宿的,但是在那个时代,这样的父母确实是很开明的。1997年绍中百年校庆时有人告诉我,陆碧霞结婚后去了台湾,现一家定居美国。她当年也是在浙赣战役中历尽艰苦而流浪到赣州的,作为中正大学的一个小职员,住在图书馆旁的一间小屋里,自己烧饭,弄得满室烟尘,生活也是困难的。据百年校庆时那位校友所说,她以后的遭际比较顺利,在绍中校友中,不属于我在《沈金相先生纪念集》序言中"道路坎坷"的一类,遥祝她在大洋彼岸幸福康泰。

中正大学龙岭分校其实是中正大学的"一年级部",因为除了农学院各系以及某些专修科如行政专修科、税务专修科等以外,其他所有院系的一年级生都在这里,读完一年后则转往泰和本校。与泰和一样,校舍是新建的,位于一片丘陵地的小平坝上,清一色的平房,除了学校办公室和图书馆这两幢是砖木结构外,其余的教室和学生宿舍都是所谓"抗战型"的,即以竹片为墙,敷以黄泥,粉以石灰,外观不错,但其实是脆弱不堪的。屋舍很多,但所有窗户都用一种涂了桐油的薄纸代替玻璃,具有避风雨的作用,但光线是很黯淡的。

在这片"抗战型"的建筑群中,数量最多的是学生宿舍,是三开间一幢的房子,中间一室因为要留出左右两间的通道,所以只住8人,而左右两室各住10人。靠窗各有两张长方形桌子,10条小方凳,供自修之用。我被安排在一个左间的高铺上,不仅光线比中间一室好,而且不像中间这一室那样,要供左右二室20人的进出,比较安静,不受干扰。

教室和寝室是相同的结构,但一幢分为两间,各有门户出入,所以面积较大,可以放得下30张左右的座椅。座椅的形式与当前大学里的完全一样,是右靠手可供书写的,由于木料方便,所以质量也不比现在的差。也有几所三开间完全打通的大教室,供那些各系都要修读的如中国通史、三民主义一类课程的讲授之用。

教室和寝室的房子按这片坝子的坡度分成平行的三列,其间是两条卵石砌成的小路。不仅是校内道路,而且也是公共道路。常有农民或贩卖小商品的行人往来,那个年代不存在治安问题,没有什么盗窃或"白闯"之类的事,宿舍的左右两室是没有门的,中间一室的两扇木门晚上也不过虚掩而已。整个学校当然也没有校门。而且山路处处可通,既无需也无法设置校门。

贷　金

　　我在中正大学念的是社会教育学系,在泰和报名时之所以填报此系,或者是一种随意行为,也或者与贷金有关。

　　我从赣州赶到泰和去,目的就是投考中央政治学校外交系。中正大学在赣州有考点,我何必冒着大暑花钱到那里去呢? 记得那天王文浩陪我去报名,我心里实在毫无进这个学校的打算。一直到报名处看了这个学校所设置的院系,文法学院 4 个系:政治、经济、文史、社教。政治我不屑考,因为我不想当官;经济我不愿考,因为我不想再让我们这个商人家庭延续下去,我祖父也有这样的愿望;文史我不必考,因为从古书来说,我不会比这个系的毕业生读得少;最后就是社教系,实在也不想考。但既然来了,总得报一个名。于是再看各系的贷金情况,社教系是百分之百的贷金,其余都不是这样,而是需要申请。当然,我是沦陷区来的,加上成绩不逊,申请显然没有问题,但是假使战局不好,去不了内地,非得在这个学校过渡一下,则何必多一种申请的麻烦,所以就报社教系算了。王文浩看我填了社教系,还在旁说赞同的话:社教系工作好找。我没有说什么,因为我心里铁定,我是绝不会在这个系里读到要找工作的时候的。但从另一种角度说,我在报名单上填写社教系,是被百分之百的贷金牵着走的。

　　对于这个问题,我实在至今还弄不明白。孔夫子是教师,韩愈在《师说》中又把教师的行业捧得这样高。我祖父也是教师,教出了不少有名的学生如孙福元昆仲之类,他们回绍兴时,都恭恭敬敬地上门拜候。但是为什么从我懂事的时候起,与这个“教”字有关的学校都要削价? 简易师范要削价,尖刻的初中生称他们“白吃白穿(校服)”。不错,因为简师毕业当小学教师待遇低。但当时的中学教师待遇就很高,我曾写过《怀念新昌中学》一文(《吴越文化论丛》,中华书局,1999 年),说到这样一段:

　　　　记得三十七年以前,我还只有二十四岁,受聘到这里担任教务主任,到校不到一小时,县教育局长张图先生就赶到学校。尽管是几句客套话,例如说:新昌小地方,能请到您真不容易,真是委屈您了之类。但是作为一个县的教育局长,对一位年轻的中学教务主任如此谦恭(即使是表面上的),在现在的年轻人看来,恐怕是很难理解的。当时,社会上对教师一般说来也是尊敬的。上层人士偶然也有跑到学校里来的,我不知道他们私底下的态度如何,在公开场合上,也都是尊敬教师的。

这篇文章是在 1985 年为了这所中学的 60 周年校庆而写的,当时我正在国立大阪大学讲学,新昌中学老校长金望平催得很紧,我才写了从国外寄回。文内提到“上层人士”

的话,这也是实有其事的。例如民国三十七年(1948)春季祭孔,这是这个小县的重要祭祀活动,因为大成殿在学校里面,所以"上层人士"凡是有资格参祭的都黎明即到。祭祀完毕后,因为参祭者按礼还要喝一道茶,所以大家在旁边一个教室里坐下来,我身旁的就是萧山人县长李群贞。他知道我是绍兴人,就寒暄起来。谈物价,谈待遇,当时新昌中学教师是以谷子作薪水的,不会贬值,教师要用钱,随时到总务处开谷票,30斤、50斤都可以,学校的谷子好,这种谷票一到市上就十分抢手。李群贞说,现在新昌的公教人员,待遇以新昌中学教师为最好。他又问起我的待遇,我是教务主任,又在高、初中教了20节课(每周),在旁的总务主任石芝瑛(总务主任无资格参祭,他是以县内著名的陈氏小学校长的身份参祭的)为我计算出一个数字,李群贞立刻说他的薪水比我低。至于大学教师,那就更不必说,记得曾在电视上看到记者采访北大著名教授季羡林,问他在国外学成以后,有没有留在国外的念头。季老回答说,那时回国拿几百银圆一个月,待遇比留在国外高得多,为什么要留在国外?这些都是事实,但为什么"教"字当头的学校都要削价?当时的人们总不见得有这样的先见之明:这些人将来要"改造",要洗脑筋,要在"教育大革命"中受批判、做检讨,要划成右派,要做"臭老九",要关"牛棚",要被打倒在地再踏上一只脚。

　更为奇怪的是,从来没有上述经历的地方也同样看不起"师"字号的学校。1995年,我与内人出访北美,在加拿大时,曾到当时执教于渥太华卡莱敦大学的儿子家小住。隔壁一家姓何的邻居是从台湾出去的,这年9月9日是中秋节,为了我们夫妇的到来,请我们吃晚饭,儿子、媳妇和孙子一起去。老奶奶年纪和我相仿,过去曾在大夏大学念过一年。他儿子在台湾是学物理的,当时在渥太华一家电脑公司工作。我问他在台湾念的是什么大学。他很不好意思地说:"吃饭大学嘛。"原来台湾也仍是过去大陆的老传统,台湾师范大学是免缴一切费用并供给膳食的,所以师范大学被谐音贬称为"吃饭大学"。其实就和当年绍兴中学某些初中同学背地里说简师同学"白吃白穿"一样。

　我在席间就劝他不要因出身"师"字号的大学而自卑,我倒是佩服这所学校的。我告诉他,1982年在美国见到台湾师范大学前地理系主任沙学浚(1940年代中央大学训导长),他当时已退休住在纽约,因为我读过他的论文集,知道韩国科学院院长到台北演说时,涉及历史上的中韩领土问题,沙老在这位姓朴的科学院长讲毕后立刻登台发表了不同意见,而且这种不同意见当天就见诸《联合晚报》。我在纽约称赞沙老的意见正确,是爱国主义。他当时就十分高兴,并且不久又把我对他的褒扬写信告诉了他的学生——杭州大学地理系主任严德一。我对这位姓何的朋友说,听演说的人很多,但有勇气站出来的正是你们师范大学的教授。

　　过去有些人看不起"师"字号的学校,因为从这些学校里出来的人外语水平低。
的确,简易师范和某些师范学校是没有外语课程的。但情况不是一成不变的。1983
年,我在日本关西大学研究生院讲课,顺便参加了在东京和京都举行的国际人文科学
学术讨论会,其中有一个"前现代城市组"(Pre-Modern Urban),其实就是历史城市组,
他们客气,要我担任这个组的执行主席。这个组里就有两位来自台湾师范大学的年轻
教师。我的亡友吕以春曾在《科技通报》第5卷第2期(1989年3月)写过一篇《剑锋
磨砺出　梅香苦寒来——记陈桥驿教授的学术业绩》的文章,其中说道:"会后一位来
自台湾师大的教师紧紧地握住他的手,激动地说:'大陆的确有能人,你英语说得这样
好,能对每篇论文做出这样精辟的分析,为中国人争了光。可惜我不能去大陆留学,否
则,我一定拜你为师。'"吕以春的文章是替我吹嘘,事实是,这两位"师"字号大学的年
轻教师,从他们的文章和发言来看,口语和文字表达能力都有很好的水平,而发音更是
我们老一辈所不及。我曾经与同组的著名学者香港新亚研究所所长全汉昇交换过意
见,全汉昇也很赞赏他们。倒是一位从大陆去的与"师"字号无关的名牌大学老教授,
居然用中文宣读论文,日本学者请我为他翻译,因为他讲的是战国时代的东西,好些名
词术语并非我所熟悉,弄得我结结巴巴,很不好意思。所以从外语来说,现在的"师"
字号与过去的"师"字号,也已经很不相同。所以1940年代中正大学社会教育学系百
分之百的贷金到1980、1990年代台湾师范大学仍被称为"吃饭大学",我实在弄不通
其中的道理。

　　至于国家出钱帮助年轻人读书的事,世界各国都有,在中国也是由来已久。从我
个人来说,高中一年级由于统考名列前茅,成为公费生,也是"白吃白穿"。不过这是
一种荣誉,不大会被人非议。当时也只有财政宽裕的如江、浙等省实施,限于几所省立
中学,名额也只有1/10。高中二年级时,由于日军占领了绍兴,沦陷区扩大,浙江省办
了三所临时中学,原在嵊县崇仁廿八都的绍兴中学成为第一临中,第二临中约在丽水
一带,第三临中在常山绣溪。临中里的学生绝大部分都来自沦陷区,于是公费取消,改
为救济,也就是说,所有学生都由政府包下来,尽管待遇比公费生差了(必须考虑法币
贬值的因素在内),但覆盖面从百分之十扩大到几乎百分之百。高中3年级,我念私
立中学,或许是因为这所学校事前知道我成绩不错,希望我在毕业会考中为他们争点
荣誉,主动提出让我成为免费生,免缴读私立中学最重的一笔费用——学费,所以高中
3年,我从公费生到救济生,又从救济生到免费生。现在回想一下,在我享受这些待遇
的时期,由于正值抗战,政府的财政显然是困难的。我在民国二十九年(1940)录取为
公费生时,从浙江省来说,浙西半壁包括省会杭州都已经沦陷。但省里对于未沦陷的
省立中学,仍然实施择优选拔的公费生制度,而当时在丽水碧湖的联高及其附近的联

初(原浙西各省立中学的联合学校),则实施了全面的救济生制度。从全国来说,为了救济大量家乡沦陷的中学生,在各省办了不少国立中学,例如在江西,就有吉安的国立十三中学和在赣州的国立十九中学,也是采取对沦陷区学生全面包下来的办法。

对于大学(指国立大学),主要的战时措施就是贷金,从名义上说,这是政府对学生的一种贷款,但实际上我不曾听到有谁在毕业后偿还过这种贷款。这是覆盖面极大的一种助学措施,除了"师"字号的学校全面覆盖以外,所有院系都实施这种办法,当然要通过一个申请的手续,但家乡沦陷的学生,除了有些父兄在内地经济条件优裕,他本人不愿申请的以外,不享受贷金的几乎是没有的,当时的流行语言叫作"吃贷金"。由于法币贬值,物价飞涨,特别是到了抗战后期,贷金的数目虽然陆续有所增加,但还是赶不上升腾的物价,贷金已经不敷一日三餐的伙食费用,在集体食堂用膳,每人还必须自缴一点款项。对于穷学生来说,这笔数目不大的费用,也常常是一种不小的困难。

在当时,对于实施这种政策的政府和接受政府救济的学生,据我看来,他们在心态上是基本一致的。在政府方面,他们认为救济沦陷区青年学生,让他们继续接受教育,这是政府应尽的责任,并不是政府的恩施,所以从来不存在政府或学校当局要学生感谢政府或感谢这种政策的事,例如示意学生写感谢文章、感谢信或表态之类。在接受救济的学生方面,也认为这种政府行为是理所当然,没有什么可以感谢的。相反的倒是有一些学生因诸如伙食不好、生活困难或其他原因而闹事。

平心静气而论,当年的救济金和贷金的政策是值得称赞的,假使没有这些措施,许多人都上不了大学,成不了人材。当然,对于这一批由当时的政府作了扶植而自己又历尽艰辛的人,后来者并不一定满意,以致他们中的大部分都成了"资产阶级知识分子",有的被戴上"右派"和其他各种帽子,做了"牛鬼蛇神"和"反动学术权威"等等。但是如我在《沈金相先生纪念文集》的序言中所说:"有的一帆风顺,有的道路坎坷,但是大家都作出了一番事业,对人类社会有所贡献。"

对于我自己,从高中一年级开始,做了一年公费生,一年救济生,一年免费生,最后又吃了半年贷金。说到底,这些钱都是老百姓的。暮年回忆此事,我首先应该感谢老百姓,但当时的政府对来自老百姓的钱作这样的使用,我认为就事论事,也是值得感谢的。

找"名教授"

到中正大学后的第一件事是选课。当时大学是采用学分制的,但一年级学生选课的余地不大,因为基本国文、基本英文、中国通史是公共必修课,教育学是社教系学生的必修课。此外,按当时规定,文科学生必须学一门理科。我选了高等数学。此外是伦理学、音乐、体育,还有三民主义。两周以后可以改选一次,由于不满意高等数学的教师,我改选了生物学。我并不重视选课的事,而是在这个过程中打听龙岭有没有"名教授"。因为我在初中毕业班时就听到"名教授"这个名称,当时听得很出神,一直想有一个机会目睹"名教授"的风采。我在选课过程中,曾经借选课之名,以这个问题请教陆碧霞,她当教务员已经一年多,一定会知道这方面的事。但是她告诉我,龙岭的真正教授只有 3 位,分校主任罗容梓,训育主任周维新,另外还有教数学的戴良谟。至于谁是"名教授",她也并不了解。

我几次跑到教务处去看课程表,罗容梓不开课,周维新开了《伦理学》,他曾出版过一本《伦理建设论》,我在上饶时已读过此书,这是配合蒋委员长《中国之命运》的一套书如《政治建设论》、《经济建设论》等等之中的一本,无非把四书五经中的传统道德信条加以归纳阐绎,在"温、良、恭、俭、让"之类已经遭到口诛笔伐的今天,此书或许有些价值,在那时,实在是老生常谈。至于戴良谟,我曾去问过周家麟,周说,他教工学院的高等数学,是教授,但讲课不这样。我感到懊丧,但实在也是我初料所及的。我奢望的是,"名教授",哪怕就一位,让我一睹风采也好。与寝室的同学稍稍熟悉以后,因为同室 10 人,有政治、经济、文史、社教 4 个系的,我又谈起了此事。从中正大学龙岭先修班考入经济系的安徽人范荫銮很熟悉,他说,有名的教授都在杏岭,龙岭是过渡的,哪有好教授。范的话不错,后来我到日本几所大学讲课后还回忆当年范的议论,龙岭分校不同于美国大学的分校,例如柏克莱,就是加州大学的分校之一,却这样有名,龙岭分校与日本的大学相比,它不过是中正大学的教养部(日本各大学都有教养部,其实就是基础部),教养部里怎能放得下好教授呢?

找"名教授",实在是我的一种幼稚无知,只是由于这个名称是从一位我很尊崇的老教师口中听来的,所以印象极深,向往很久,既然进了大学,教授只有在这里才有,所以急着想找一找。

事情得从初中毕业班这个学期说起。那一学期开学以前,学校虽已迁乡,但寒假之中绍兴城内的学生仍都回家度假,想不到这年(民国二十九年,1940)1 月 21 日大雪之夜,杭州日军白衣白帽偷渡钱塘江攻占了萧山,前锋一直打到了柯桥,城里人正在准备过年,遇此猝不及防的突变,只好带了年货,匆匆到乡下避难。后来日军在春节后不久北撤,回守萧山,绍兴城虽未陷落,但经此一劫,花明泉的绍兴中学开学不得不延迟了半个多月,在这段时期中,由于人们料不到日军会撤得这样快,不少教师以为诸暨、嵊县大概已开不了学,金华、丽水一带的中学校长,乘机延聘了好几位绍中教师南去,使绍中开学时发生了师荒。主要是国文教师,由于原来的几位好教师张勉成、张厚植等都被拉走,以致初中毕业班都配不出资深教师。幸亏阮法道先生人头熟悉,他认识一位年逾花甲退养在家的老国文教师杨鉴吾,家居离花明泉10里的全堂村,于是把此老请来担任初秋三和初春三两班的国文课,所以开学时初中毕业班教师整齐而阵容雄厚,出人意料。

杨鉴吾是位古色古香的人物,第一次作文正值读过李格非的《洛阳名园记》之后,他命了一个“理想中的庭园”的题目,要我们学学“洛阳名园”的笔法。我当时正值背字典、弄翻译的忙碌时节,没有心思花在做文章之上,套用杜牧《阿房宫赋》,胡诌了一篇“填充”文章:“三岛灭,四海一,万邦协,庭园出,绵延数十余步,和风丽日……”却不料使他大为赞赏,在我们班上和初春三班上都摇头摆尾地朗读了这篇文章。春三的同学纷纷来告诉我,我实在啼笑皆非。

当时,全校教师显然以他为元老,学生会为了尊老,这年的学生征文比赛请他评阅,这却使他作了难。在应征的七八篇文章中,他仔仔细细地选出了3篇,却实在无法决定一、二、三名的名次。一个礼拜天清早,他竟跑到我们以祠堂后厢作寝室的门口,因为假日不早操,有些同学尚未起床,他把我拉到外边,笑着和我说,要我吃过早饭到他房里去,有点事情请我帮帮忙。

我不知他要帮什么忙,匆匆地喝了稀饭就去,他满脸堆笑地欢迎,满室散乱地都是线装书,唯一的奢侈品是一把热水瓶,我才知他嗜茶,他用3种不同的茶叶泡了3杯请我喝,并且说明这种茶叶的来历。我真是受宠若惊。他最后说出“帮忙”的本意,就是学生征文比赛的评阅问题。他要我做两件事:第一件是把其他四五篇文章(即他认为落选的)浏览一下,是否有好文章需要考虑入选;第二件是他阅定的3篇请我仔细看看,假使认为适当,请我决定名次,因为他从来没有做过这种事,实在没有把握。

我虽然在小学(绍兴中学附属小学)四年级时也得过征文比赛第一名,但文章不是应征,而是级任教师余姚庵东人杨芝轩从作文本上选去的。我从来对这类比赛不问不闻,对于那些写文章去应征的同学,也如曹植《与杨祖德书》中所说,认为是“人各有好尚”而已。但事情既已落到杨老身上,他又如此过分认真,我也只好与他“同舟共济”了。我很快地把他已阅定不入选的几篇看了一下,确实都属次货。然后比较仔细阅读他预选的3篇,最后提出了我的排名意见,我认为第一名应属高秋一的沈守愚,他写的是一篇论抗战形势的时令文。也定了二、三两名,但作者与内容忘记了。杨老对我的意见十分满意,认为我的决定让他如释重负,明天礼拜一,他就可向学生会交差。

顺便提及第一名的沈守愚,当时并不认识,但1997年绍中百年校庆时他来了,是南京农学院教授。我与他谈起此事,他还记得,确实得了第一名,但也忘记了文章题目。

我在杨老房中相当快地完成了他要"帮忙"之事,他很高兴,一再为我斟茶,盛赞我的"家学"和"天赋",说我是"可造材也"。从评选文章谈及,他说评文章不是一件容易事,他过去曾在大学任职(我没有问他是什么大学),帮教授看过学生的文章。其中有几句话让我听得出神,并且留下极深印象。他说大学里的名教授真了不起,他们著作等身,上课却无讲义,只用几张小纸片。又说,名教授出门,有助教拎皮包,到官场作客,逢官高一等。

"名教授"是我在弱冠之年以前就听到的和仰慕的名词,所以一进大学就想获睹一下"名教授"的风采——上课没有讲义,只用几张小纸片。可惜这种希望在龙岭落了空。此后在兵荒马乱之中不再想到这个名词,而且当自己进大学执教以后,接二连三地批判名利观点、法权思想等等,从来再也不会想到这个可怕的名词。

一直要到1980年代之初,我终于又在一位名教授口中听到了"名教授"这个名词,那就是谭其骧,我一直把他作为我的老师。当年,高等学校又开始了职称评审的工作,而我恰巧被拉入了这个吃力不讨好的差使,地理系由我负责此事,系以上一级是几个系组合的学科组,也由我负责。全校有个评委会,有教育部批准的28位评委,我又是其中之一。省里还有一个称为地质、地理、气象的学科组,组长也是我。经管此事达10多年,一直到70足岁以后才获赦免。我曾向周立三诉过苦:"虽然一年一度,但我其实是整年都承受这项工作的压力。"(《周立三先生对我的教导》,《周立三院士纪念文集》,中国科学院南京地理与湖泊研究所,1999年)谭其骧在一次会议中的空闲时对我说,他说我现在"大权"在握,但他认为高校职称,从助教到讲师、副教授、教授,都有明文可循,可按条条行事,所以只宜从宽,不宜过紧,因为这么多年没有评职称,积压了许多人。他的意思是要我凡是符合条条的都应放行(但其实除了省学科组外都有名额的限制,也是我的最大难处)。他的一句话我印象最深,他说:"从助教到教授都是由组织评审的,但从教授到名教授,却是由社会评审的。"他的意思是,当了教授以后是否再想上进,由他自己去管了(因为社会上有评上教授就万事大吉的说法)。虽然我对此仍然模糊,但至少当年杨鉴吾所说的这个名词是确实存在的。

至于"逢官高一等"的话,后来我几乎怀疑这是杨老杜撰的。的确,在一个处处挨官揍的时代,这样的话有谁敢想到呢? 在教授第一次挨官揍的时候,复旦大学教授刘大杰就跳了黄浦江(见葛剑雄《悠悠长水——谭其骧前传》,华东师范大学出版社,1997年)。每一次"运动"以前,总是先有一位做官的来做一次气势汹汹的动员报告,"反胡风"、"肃反"、"反右"、"教育大革命"等等,都是这样,更不要说"无产阶级文化大革命"了。但是在一个偶然的机会中,我终于相信这句话是确实有过的,不是杨鉴吾的杜撰。那是 1980 年代后期或 1990 年代初期，在一次什么会上遇到当时任金华浙江师范大学校长的蒋风。因为我们是熟人，闲谈中他说起，过去说教授逢官高一等，现在却是逢官低一等。他说这话，使我首先明白的是，这句话在过去是有的，因为我一直怀疑这句话。然后我要他讲讲"低一等"的道理。他实在是现身说法，因为他身为大学校长，常常有机会在市里开大会，而且坐在主席台上。但会议主持人介绍主席台上成员时，总是市委书记、市长、大小官员，要把眼下讣告上可写上"享受×级待遇"的人物统统介绍完，然后再介绍："那一位是师范大学蒋校长。"因为这所学校在金华，他也有机会到乡镇参加会议，乡镇官算是最小的官了，而在介绍主席台成员时，照样要点完乡镇长的名字以后，最后才轮到蒋校长。"逢官低一等"，一点不错。

程懋筠

对于"名教授"，这个概念我一直是模糊的，在龙岭见到的教授中，最有名的或许就是程懋筠，但是他在中正大学不是专职的，一个礼拜只来一次，他是赣州幼儿师范专科学校的教授，那个学校的校长是陈鹤琴，也称得上是个"名教授"。

选课的事是我为庞世诚"陪绑"前完成的，当时贴在外面的表上有音乐课，但不计学分，我没有选。一位素不相识的江西同学也在填表，看了我的表格说：你不选音乐？我说：不算学分。但他说：程懋筠唱歌，不去听听？我还想说什么，他却抢先说：音乐教室很挤，点名册上没有名字，到时挤不进。这是一位爱说话的好心人，龙岭分校每一科确实都有点名册，但除了基本国文温聚民和基本英文于宝榘两位教师利用它认人以外，从来没有在课堂上点过名。而且音乐教室是三开间的整幢，后来证明不会挤不进。但听程懋筠唱歌，确实是值得的。所以教室虽大，基本上还是满座的。

程懋筠是中国国民党党歌的谱曲者，所以大家都知道他的名字，程是江西的大姓，"懋"大概是这个大姓的辈分，江西常见程姓以下有"懋"字的人，在龙岭分校就有。他当年大概 50 上下，但已经满头白发，到龙岭上课，当然是走路来的，当年没有什么其他的交通工具。

音乐教室除了凳子以外，没有钢琴和风琴之类。程懋筠都同他夫人一起来上课，夫人比他年轻得多，用小提琴为丈夫伴奏，从来不曾听她说过一句话。据说这是程的第二位夫人，原配夫人早已离婚了。

填选课表时那位同学所说"程懋筠唱歌，不去听听"的话是不错的，他的嗓音的确有令人一曲难忘之感，可以达到与梁柱共振的程度，"余音袅袅，不绝如缕"。他唱歌时，百人左右的课堂里，大家都聚精会神，不少人是闭目聆听，听不到其他任何声音。

他是发讲义让我们学唱的,我们唱时,他用指挥棒指挥他夫人的小提琴,常常是闭着眼睛挥棒,姿态非常优美,有的同学为了欣赏他的指挥,往往忘了唱歌。他从来不唱中文歌,每次发的讲义都是外文歌。例如名曲《珊塔露茜雅》,这是一首意大利民歌,讲义上用的是英语,我们都按英语唱,但他也用意大利语唱了一遍。他会唱五六种不同语言的歌。有时他带了手摇唱机来,让我们欣赏有名的外国歌曲,一切仍由他夫人动手。欣赏了唱片以后再唱歌。在龙岭,每周一节的音乐课,的确是一种享受。

同学中流传一个关于他的故事,基本情节大概是真的,或许有点添枝加叶,但这个故事很有吸引力,许多人都知道。故事是这样的:国民党为其党歌——"三民主义,吾党所宗……"——向全国征求谱曲,悬赏3000银圆。程懋筠原来也想尝试应征,但初稿谱成以后,自己感到不满意,知道不会入选,就丢到字纸篓里不再继续此事了。国民党后来征集到曲谱有好几十首,经过几次筛选,留下十余首,发给南京的一些学校试唱,最后选出3首。有关专家评价不一,很难论定,最后采取了请3位作者自己到南京说明并试唱的办法。于是汇旅费给这3位作者。当程懋筠收到旅费和通知后,感到非常吃惊,后来才知道是原配夫人从字纸篓中捡出并加以誊写寄到南京去的。于是他就到南京参加面试,面试以胡汉民为首,程懋筠在嗓子的天赋上占了极大的上风,因而稳操胜券,一举成名。

我最后一次看到程懋筠的消息是在朝鲜战争时期,报上刊载关于南京的消息,说到南京师范学院教授程懋筠,在声援抗美援朝的游行队伍中,白发苍苍,走在前列。以后不再看到过有关他的消息。"运动"频繁,像他这样的人,为国民党党歌谱曲,后来并且成了"国歌",就算这个历史问题,也已经够他受了。

胡先骕引退的故事

中正大学虽然名曰国立,但江西人出了大力,所以赣人治校属于名正言顺。第一任校长胡先骕,是留美的生物学家,著名的江西才子。他在生物学上的贡献甚多,水杉的发现即是其一。这种植物原来认为在第四纪冰川时期已经绝种,仅存化石。但他于民国三十四年(1945)在湖北利川县发现了仍然存活着的,所以现在用拉丁文二名法写水杉(Metasequoia glyptostrobordes Huet Zheng),拉丁文 Hu 和 Zheng,指的就是胡先骕和郑万钧。水杉现在已经传播到世界上的许多地区,成为著名的绿化庭园树。

民国二十九年(1940)决定在泰和创建国立中正大学,这年10月,胡先骕走马上任,胡出任此职,是由另一位著名赣籍学者吴有训推荐,也可以说是众望所归。而他也确实兢兢业业,惨淡经营,力图在这个没有大学的省份,办成一所出色的大学。创校伊始,由于校名优势及其位于东南,接近文化先进的江浙沿海,确实在生源上获得了很大的便利,有助于这所新创学府教学质量的提高。使它在初期就出现了一种欣欣向荣、蒸蒸日上的形势。特别是生物系,由于是他自己的专业,所以在物色教师和充实设备方面具有更为优裕的条件,成为这个学校的名系。他是一位对科学忠心耿耿的学者,也正是为此,最后受到那些高唱"实事求是"者的残酷迫害。1950年代初,苏联的科学流氓李森科的"宣扬生物学的奇谈怪论"(据《简明不列颠百科全书》)的谬说传入了"苏联的今天就是我们的明天"的中国。中国老一辈学者,实际上都看透了这种在斯大林支持下的伪科学者的真实面目,胡先骕于1955年3月,在高等教育出版社出版了《植物分类学原理》一书,书内批评了李森科的谬说,因此就触犯了苏联当局,当然也触犯了国内当局。对他做出了立竿见影的惩罚。1955年6月1日,中国科学院召开了学部成立大会,这位原中研院院士,竟因其坚持"资本主义生物观点",被排斥在学部委员之外。此后就一直受到批判,至于"十年浩劫"中的摧残直到1968年的去世,那就是"理"所当然的了。不过比比这个时代的知识分子名流,他虽不当死而死,但还算死在床上,没有受到如老舍、翦伯赞、傅雷、吴晗等的更为悲惨的下场,已经算是得到造化的怜悯了。胡先骕的这种经历,在1996年11月24日的上海《解放日报》已有记载,在这个年代里,这属于知识界的必然。

但我所回忆的他的引退故事,在那个年代里,实在是一种偶然,当然,这也是一件很不幸的事。

1944年春季,中正大学学生在泰和举行了一次义演,那些既有爱国热忱又有表演才能的学生,在这个江西省的战时省会演了几场节目,义演有收入,当然是为支援抗战。这本来是件好事,也得到省会各界的支持和好评。但是,或许是因为节目中有些被当时的思想僵化人士所看不入眼的内容,在许多赞扬声中,唯独江西《民国日报》发表不同意见(其实是批评)的文章,引起了学生们极大愤怒,而最后终于让他们得到惩罚《民国日报》的机会。

义演之事以后不久,《民国日报》曾编排一版讨伐汉奸汪精卫的文章,因为当时称汪精卫为"汪逆",文中涉及的其他汉奸也称"逆"。所以整版需要许多"逆"字,而字盘上一时拿不出许多"逆"字,要印刷厂加铸,而在报纸的排校之中就把许多"逆"字空着,等印刷厂铸出后植入。夜班编辑在校对好版面以后就关照经管印刷的人,在"逆"字铸好后植入空白之处,然后开印。这样,他就认为一切已经安排妥当,不必再留在报社,回家休息了,却想不到因此而闯了大祸。

因为在声讨"汪逆"的这个专版中,文章里同时提到了多处"总理"、"总裁"等称号,在当时的报刊排印格式中,"总理"和"总裁"也都要空出一格,在中国封建传统中,这种格式称为"捺抬"。夜班编辑竟忘了这一点，而经管开印者按编辑的嘱咐，把铸出的"逆"字在版面上见空就植。于是这一天的《民国日报》发行以后，人们立刻发现了"逆总理"和"逆总裁"。这当然是一件"大逆不道"的事，中正大学的一批学生立刻紧急动员，呼啸进城，一面贴标语，一面冲入《民国日报》馆包括印刷厂及一切所属机构，把所有设施打了个落花流水，并且声称报馆有潜伏的汉奸，要中央到省里彻查，责令在查出潜伏汉奸以前，此报必须停刊。其实，在这场事变以后，江西《民国日报》全盘瘫痪，不停刊是不可能的。因为当大批学生从杏岭直奔来到之前，报馆人员，全部仓皇逃离，学生冲入报馆，把馆内全部设施，诸如文件资料、通讯设备、办公用具兼及印刷机器等等之类，统统捣毁无遗，因为"逆总理"和"逆总裁"是馆内潜伏汉奸的铁证，省里大员在当时的声势下，也不敢由谁出来说话，谁说话，谁就是潜伏汉奸的后台。当然，事情实在属于夜班编辑的疏忽，当时毕竟不是一个没有理性的时代，事实不久就由社会的公论说明清楚，而大打出手的学生，又何尝不明白这次行动的动机。但是对他们来说，"逆"字加之于孙中山和蒋介石头上，他们的行动理正词严，焉可谴责。在这样的情况下，胡先骕就尊重社会公认的官场准则，挺身而出，承担这个事件的责任，引咎辞职，于这年6月引退。

对于他的引退，后来还流传过其他一些说法，例如说学生义演时有《民国日报》记者带了女朋友去看白戏遭到拒绝，于是发生了学生打《民国日报》馆的事。也有传说是他得罪了蒋经国，因蒋经国想把这所大学办在赣州，而胡却不同意。还有说法是这所大学创办以前原拟命名为江西大学，但熊式辉为了政治上的原因，最后把校名定为中正大学，胡虽出任首任校长，但他不满意这个校名，因而触犯了当道。打《民国日报》馆是众所共知的大事，当时我尚在上饶，已经听到了这个传闻。"逆"字之事，是我到了赣州以后才听说的，由于当时大家都是这样传说，所以我认为这种可能性最大。

顺便回忆一下关于另一赣籍学者萧蘧成为第二任校长之事。据说民国三十二年（1943）美国副总统威尔基即《天下一家》（*One World*）一书的作者访华。曾请蒋介石向他的同学萧蘧问好，萧蘧和威尔基是哈佛同学这是事实，蒋当然不知道萧在哪里，其实他当时在西南联大当教授。由于这一点因缘，萧蘧才当了中正大学的第二任校长。

于宝榘

基本英文是当时大学一年级生的必修课，读两个学期，一共算6个学分。由于人人要修,所以基本上是分系上课,而由不同的教师开课。社教系开课的是讲师于宝榘,说苏北腔的普通话,30 多岁。上课时曾几次说起他的老师朱光潜,说明他是北京大学毕业的。

基本英文和基本国文当时都用活页教材,16 开纸型,纸质当然不好,但校对甚精,没有错字,城内书店和学校供应部都能买到。

于宝榘的教学方法是利用点名册,请学生先念一段,然后由他讲解。叫学生时都冠以"密司脱"(Mr.),说得很客气。那天他讲的一篇是当时早已成了英国首相的邱吉尔的文章:Should Men Suicide(《人类要自杀吗》)。他要我念一段,我事前实在没有看过,但由于在课堂里念,就注意了这篇占 16 开一页多的文章。其中有一个占了大约半页的长句,我由于有《英文典大全》和《纳氏文法》的基础,知道这是在文法上属于 Compound Complex Sentence(现在我不知汉译作什么)的长句,正是因为我念,所以我留意,全段念完后他讲解,或许是一时疏忽,在讲解中显然是把一个子句(Clause)的主词作了全句的主词,因此文义也就有了出入,我因为刚刚念了此句,印象是深刻的,我立刻站起来用英语向他提出我的看法,因为他称我 Mr.,我就称他 Sir.。听我说完后,他稍一沉吟,立刻说"密司脱陈说得对,我错了"。随即对大家说,刚才密司脱陈用英语说话,诸位恐怕没有听清楚。的确是他弄错了句子的主词,所以他解释的意义要做修改。重新解释以后,最后还说了一句:谢谢,密司脱陈。我以为此事就这样过去了,却不料次日课后,我已经离开课堂,他从背后叫我"密司脱陈",我赶紧回头迎上他,他说:"你今天下午没有课吧,午餐以后休息一会儿,请到舍下坐坐。"接着他告诉我他家的地方。

下午我就应邀去了,教师宿舍在离学生宿舍不远的另一块小山坝上,每家也都是独立的 3 间,形式和学生宿舍相仿,或许稍稍小一点。他遥见我过去,已经站在门口迎我。他引我到一间侧房里坐下,是个卧室,家具很简单。方桌上已经摆好花生、麦芽糖、一种饼和薯片等点心,并且随即泡了茶,我感到很不好意思。我们谈了大约两小时,大部分时间用英语,只是英语不易表达时才说中国话。他发现我的词汇量很大。他问我过去怎样学的英语,我告诉他初三时读完了平海澜编的《标准英汉字典》。他手头有这本字典,翻开来,恰恰是 L 部,我就从这个部的第一个词背了十几个。我的记忆力让他很惊讶。他问我为什么上中正大学社教系? 我告诉他大概情况。说原来想念中央政治学校外交系的,也到泰和去考了。但既不发榜,也去不成。他即时认为,外交系也不一定要靠英语。政治界的事没有背景是困难的,像我这样类型的人适宜于做学问,例如弄弄英国文学,还是不要踏入政界去的好。他建议,由他向中山大学的朋友保荐,现在就去中山大学读外语系,不需要再通过入学考试,在中正大学念社教系是一种浪费。我婉谢了他的好意,说了好几个原因,都是临时随想的,当时到底胡编了些什么,都忘记了。其实,首先是我不想读外语系,当然也凑不起到坪石的旅费。在这个下午的交谈中,他是很诚恳的,但我并不诚恳。几件事都没有告诉他,例如我曾经翻译过《纳氏文法》,读完原文《旧约圣经》。还有,我不久前去考过中山大学(当然不是外语系),考了一门就退场。他也很关心我的经济情况,问我家在沦陷区,到内地读书靠什么支持。其实我当时实在穷得发慌,但也绝不让他知道真情,因为按他的心情,他或许会提出帮助我的。对于我当时的那种自高自大、不切实际的思想,到中年才始忏悔。我在《为学的教训》一文中回忆我们当年的谈话:"他很诚恳,我却暗笑他'燕雀安知鸿鹄志'。因为我认为外语只要业余念念就可以了,何必专门学它。以后他几次邀请我,我都婉谢不去了。"

对于过去的老师,我在1987年发表的《我的中学生活》一文中已经做了忏悔。因为高中一年级时,英语教师周有之曾经诚恳地教导我,要我专心学好英语(他是在一次连续两天的步行逃难中发现了我的英语基础),将来做一个英语专家。我在文章中说:

> 当时,我竟没有把我偷偷念词典的事告诉他;以后,我更没有遵照他的嘱咐,努力学习英语,不仅有负于他的殷切期望,没有当上一个英语专家,而且,由于记忆力的衰退,现在的词汇量,倒比高中一年级时少得多了。近年来每当在国外讲学或在国内为外国进修学者翻译,遇着内容别扭,自己觉得词不达意的时候,总要想起他当年的谆谆教导,并且从内心深处感到对他的歉疚。

因为我的这篇文章是为《光明日报》所组织的"中学生丛书"而写的,所以只及于中学老师,其实,我对于宝榘的心情也是一样。

我是因为祖父从小教导我"立德、立功、立言",才萌生了我的所谓"鸿鹄志"的。我的祖父当然是我毕生成长为人的主要指导者,但直到从上饶奔赴赣州,预备经界化垅到大后方,我的"鸿鹄志"主要不过两者,其一是当一个驻外国使馆的外交官,目的也不是为了当官,而是由于童年时听了孙伏园和我祖父的一次谈话而想到外国走走看看。其二是当一个医生,如我堂叔陈选芝所说的"不求人的自由职业"和我祖父所说的"儒医"。当然,无论是前者或后者,我都会尽自己的能力拼搏,使我能"立德"、"立功"或"立言"。那时我已经20出零,比比与我同龄的同学们,他们之间有些人的豪言壮语,我仍然是个胸无大志的人。尽管他们的豪言壮语其中也有言过其实的。

《愤怒的葡萄》

于宝榘借给我的另一本书是美国作家斯坦贝克(Jotul Steinbeck)所写的小说《愤

怒的葡萄》。这在当时还算一本新书，于在借我此书时还为我做了一点解释，他说"愤怒的葡萄"原是古时西方的一句谚语，意思是，人们为了酿葡萄酒而摧残了葡萄，使上帝发怒。但此书描写的是 1920 年代美国中西部资本主义大农场建立时期，大量失去土地的农民向西部流移的故事。当然，作者只选了一个家作为主人公，写得细腻动人。在当时的抗战环境里，作为流浪学生，我仍然很受感动。因为我们在当时的处境是大敌当头，而美国是个和平民主的社会，却也会发生这种伤害平民百姓的事。此书后来得到诺贝尔文学奖，并且有了中译本。1950 年代前期，我曾在报刊中读到推赞此书的文章，文章中引用了苏联方面对此书的高度评价，由于当时上头明确指出："我们所走的道路就是苏联走过的道路。"所以文学评论当然要紧紧地跟牢"老大哥"。全文我已经记不起来，但其中有一句重要的赞语是："深深地击中了资本主义腐朽没落的要害。"在当年，这两个具有最最优越的社会制度的国家，正是所谓"铁板一块"的时候，我们的芸芸众生对于这样的评论，当然"心服口服"。不过我是读过此书原版本的，抗战时期也读到过一些描述苏联的负面情况的资料，说它"污蔑"也好，说它言过其实也好（后来读到了《赫鲁晓夫回忆录》，才知道当年我看到的那些东西，不仅言未过实，而且也不算"污蔑"），确实死了许多人，其中许多都不是"革命"的敌人。而《愤怒的葡萄》就我的记忆，除了主人公一家的老奶奶由于体力衰弱在流移的汽车中死去以外（他们一家是买了一辆汽车流移到西部去的），似乎没有写到另外的死亡场面。而且在移民集中的西部，政府还设置了安顿他们的收容所。所以在"击中"那个制度的"腐朽没落"方面，斯坦贝克实在没有写到家，单凭这方面，此书是得不到诺贝尔文学奖的。1995 年我在美国路易斯安纳州图书馆里翻阅一些期刊，看到一篇题为"30th Anniversary of the Controversy between China and Soyiet Russia"的文章，或许可以译作《中苏论战 30 年祭》。我是大致读读，但事过境迁，在外国人看来，真是一个"笑柄"（make a butt）。"笑柄"是我在这篇文章中记得起的话。至于为什么是"笑柄"，文章似乎说道，被《七评》《八评》痛斥为"修"的这一方，已经不会再修下去了，因为叶利钦在美国国会演说："共产主义的幽灵在俄罗斯土地上已经一去不复返了。"（叶利钦什么时候在美国国会说了这话，我不知道，我也是根据此文回忆的）至于以马列正宗自奉的这一头，毕竟在山穷水尽中悬崖勒马，打出了"改革开放"这张牌。文章好像是这样说：拿这张牌去对照一下当年的《七评》《八评》吧。不过那年在北美读到这篇文章时，我的感觉是，算这样的账没有多大意思。因为在当年，中国的知识分子人人自危，除了那些别有用心者以外，正派的知识分子除了在"雷打不动"的政治学习中不得不手捧文件对所谓《七评》《八评》之类念念有词以外，有几人会真正去咀嚼它们呢？

　　所以在初读《愤怒的葡萄》时，确实对美国在这种和平民主的社会里，居然发生过这样一场让几百万农民背井离乡的大悲剧感到骇异和同情。因为这是我过去所不曾想到的。而除此以外，我对此书的回忆实在不多。1950 年代以后，此书才不断地在我的龙岭回忆中提高了位置。的确应该感谢恩师于宝榘。因为在书的海洋中，能读到一本书是一种机会。当年要不是他借给我此书，我可能一辈子就读不到这本书，就不会理解到"资本主义腐朽没落的要害"，也无法拿这种"腐朽没落"与我不曾亲见的《赫鲁晓夫回忆录》中所描述的相对比，无法与我亲眼目睹、亲身经历的诸如"反右"、"大跃进"、"无产阶级文化大革命"相对比。我已经把这种对比，写在我的著作《郦学札记》（上海书店出版社，2000 年）的《自序》中，让历史留下一点痕迹。

龙岭杂忆

对于龙岭，除了上面这些拉杂的回忆以外，与以后的日子相比，我感到这所小型大学的工作效率也是在当时不知不觉而后来感慨不已的。中国的俗谚是："一个和尚挑水喝，两个和尚抬水喝，三个和尚没水喝。"此谚既说明了效率，也说明了效率递减。龙岭的工作效率，从其职工数量极少这一点就可以说明。学校办公室和教务处只有一位职员，就是我们的绍兴中学校友陆碧霞。训导处没有职员，一点简单的事大概由训导主任周维新自己办，因为间或看到训导处的布告，都是周维新自己写的。总务处有两位职员，经管银钱和杂务，其中一位写得一手好字，学校有些重要的布告多出自他手。此外，图书馆有一位职员，学生的借书登记出纳当然由他包办，而每晚 9 点半以前，馆内 10 张左右的长方桌上（每桌有 6 个座位），还得点起桐油灯（每桌四盏），供学生在馆内看书之用（寝室内自修的灯火自备）。总务处的职员其实还有一项额外工作，由于泰和本校在前一年闹了伤寒，因此，龙岭分校在洗脸间每晨有一桶凉开水，供学生漱口之用。

学校的有些制度也增加了若干人的工作量，譬如每晚到寝室点名的事，这是除了周末以外风雨无阻的。点名的时间约在每晚 8 点半到 9 点之间，由主任罗容梓、训导主任周维新、兼训导员凌思源及一位总务处的职员轮流，手提桅杆灯，下雨天则还要打伞，到每个寝室清点人数。

在龙岭的时间很短，值得回忆的东西却不少。但自从 1949 年以后，除了交代历史和填写履历表以外，我噤口不谈我曾在这个学校的事。在最恐怖的岁月，这个学校的校名就是一种罪恶。1990 年，由于《浙江日报》两位记者的一篇有关于我的报道，竟述及我是从这个学校出来的。当时的政治气候已趋宽松，杭州已经有了中正大学校友分会。分会会长是第一届经济系毕业的聂亨龙。他打听到我的电话号码，不仅挂了电话,而且随即以76岁高龄驾临舍下,敦促我在《校友通讯》中写点东西。由于这位老学长的热忱,我只好先后在南昌中正大学校友会的《通讯》第22期(1994年4月15日)发表了《龙岭忆旧》和台湾嘉义中正大学《校友通讯》第106期(1994年5月24日)发表了《时短情长》两篇回忆。内容实在是差不多的,主要是回忆了一些当年杂事,特别是同寝室的10位学友,记及他们的姓名、系科、籍贯。文中说:"我们同寝室10人,除了一位很爱唱歌的姓傅的江西同学,我记不起他的名字和系科外,其余8位,至今我都记得,包括他们的音容笑貌。"但是后来我仍然记起,这位姓傅的同学是文史系的傅晓文,赣北口音,进进出出常常唱歌。我发表了这两篇短文以后,曾收到江西的郑良环和浙江义乌的王斗山两位室友的来信,他们都是社教系的,毕业后都在中学教书,后来都已退休。我立刻写了回信。后来由于参加了几次校友会的叙会,得到了几种校友会寄来的通讯录之类,让我略悉了同室之友若干人的下落。除了郑良环和王斗山受了一些大陆知识分子的"改造"冲击,但已都从中学教师的岗位上退休可以安度晚年外,安徽的范荫銮据说也在安徽当中学教师,当然也已退休,温州的樊承世服务于江西省级机关。我的下铺,也是室友中与我关系最密切的宁都人曹慎微则早已不在人世,这是一位姓熊的校友告诉我的:"他是三青团的。"言下之意是,他的遭遇与三青团有关。我们10人同住一室的这几个月中,实在绝未谈起任何"政治"话,更不要说三青团了。竟想不到他最后竟因三青团而遭殃,令人感慨系之。还有两位室友即政治系的徐应天和文史系的陈珩在台湾,他们当然不会有七斗八斗的经历,但毕生遭际如何,也就不得而知了。

1999年,台湾中研院历史语言研究所邀请我讲学,并出席一个中国古籍电子化的国际学术会议。杭州校友会的聂亨龙闻悉此事,希望我事前与台湾校友会通个声气。因此,我写了一封信与那边校友会的负责人陈忠忱,但没有获得回信。这年5月,我和内人去了台北中研院,经过讲学和国际学术会议以后,我们的一位美国亲戚接我们到他们的阳明山寓所住了一些日子,然后返回大陆。回大陆后不久就接到陈忠忱的来信,原来那段时期他也出了国。我的去信接着在《校友通讯》第116期(1999年7月1日)刊登出来,信末并附了一条《编者按》:"这是一件极为抱歉的事,陈学长的这封来信,和亲身莅临台湾的事,因时值联谊小组两位召集人同时均为他事羁绊而又先后出国,等到6月下旬再细读各封大陆来信,再急忙电话向此间中研院历史语言研究所联络,才知道陈学长不但来了台湾,而且回大陆去了,联谊小组未尽地主之谊,有亏校友联谊之责,无穷愧憾,无可原恕,谨此致歉。"

《编者按》说得太客气。后来我仿佛知道,这个校友会的全称是"前期校友会"。而出版的《校友通讯》确实有"前期"两字,意思是1949届以前的校友。这些校友其实都已老迈,校友会也可以功成身退了。

投笔从戎

到龙岭报到后曾有一信给祝同中学英语教师史聿光,这是他临别嘱咐的,要我在到了一个落脚地或进了什么学校后即写信告诉他。我如嘱写了信,告诉他去不了大后方,只好在中正大学暂时安身。他立刻回了信,说他早已看到我榜上有名,只是不知道具体地址。他了解我不会满足于在江西上大学,力劝我安下心来,说像我这样基础雄厚的人,必能时来运转。他语言诚恳,令人感动,于是我又写了信。在龙岭期间,我们师生信札往返不断。后来我告诉他实在不想在这样的学校里待下去。他回信居然同意我的想法。他认为去大后方暂时不可能,东南地区的几所大学,肯定不会让我满意。所以他同意我暂时辍学,回到赣东,到祝同中学教书。有些话我只能算作他的鼓励之言,他说,赣东还请不到我这样的好教师呢。总之,我回赣东,到哪个中学教书,由我自愿,由他负责。他的确是一番真心,因为他告诉我,他没有在圣约翰毕业,而灵溪兵站部的少将季分监,也没有念完圣约翰大学,他们都算是"同进士出身"。我去赣东,也算一个"同进士出身"好了。而且我年轻,战争一旦结束,还可以继续深造。我确实有点被他说动,曾给他写信,除了感谢他的关心外,表示可以考虑他的建议,但一切都要到这年寒假再说。他又回信,说已和校长说过,为我保留一个教师位置,我那天决定,随时可以寄聘书来。

战局实在是每况愈下,粤汉线被打通后,日军随即转向湘桂线,而桂林竟也在不久后陷落。这就完全断绝了我进入大后方的希望。使我不得不打算返回上饶过一段时期的粉笔生涯。反正在绍兴已经当过小学教师,现在到江西当中学教师,已算高了一等了。我正迟疑着怎样给史聿光写信,另外一件事打乱了我原来的想法。

这另外一件事就是政府发出的"十万青年十万军"的号召。大概是 11 月上旬,教务长罗廷光从泰和来到龙岭,大家听做了一次报告,主要内容是:从全局看战争,盟国不论在欧洲和太平洋,都是节节胜利。但中国战场却连连败衄。过去常常归咎于我们没有制空权,但最近的战役中,从衡阳到桂林,制空权其实已在我方,第十四航空队频频出击,但由于地面部队的素质太低,美国空军有"爱莫能助"之感,因而无法发挥我们的空中优势。盟国部队素质高,主要是士兵的知识程度高。在中国,由于长期流行的"好铁不打钉,好男不当兵"的话,使我们的部队成为这场世界大战中交战双方知识程度最低的部队。所以我们必须改造我们的部队,部队不改造,即使战争胜利了,我们仍然成不了强国。改造部队的关键在提高部队素质,也就是提高士兵的知识程度。这是政府号召知识青年从军的主要原因。此外，从战场形势看，从欧洲到亚洲，除了中国战场的失利以外，还有一个困难地区是从印度到缅甸以及暹罗、安南。英国对此是自顾不暇，鞭长莫及，美国除了海、空军以外，也不可能派大量地面部队到这个地区。所以这个地区非我们出兵不可，否则，蒙巴顿（东南亚盟军司令）和史迪威都将英雄无用武之地。所以我们的青年学生不仅要从军，而且还要远征，我们的这支新式军队就叫"青年远征军"。

最后他提出，大学生当兵这是中国历史上的一件新事，对于青年学生来说，实在是一个千载难逢的机会。新事在开头总会让人产生一点疑虑，当年我们（他指在座的罗容梓）从清华到美国留学时，也感到相当犹豫（罗当时就起来表示同意），结果还是鼓鼓勇气去了，到那边看到了一个全新的世界。所以他希望中正大学学生，从一年级到四年级，都值得把这件事认真地考虑一下。

罗廷光的报告对我的触动不小。其时正值我写信告诉上饶的史聿光，表示可以考虑到赣东教书，学期结束时再做决定。但在听了罗廷光的报告以后，我感到回赣东实在属于不得已，可能会造成毕生的错误。

我平心静气地对回赣东教书的事做了一番评估。假使到上饶祝同中学教书，按照我当时已有的尽管是浅薄的功底以及我在教学上的自信，加上在赣东遗留的一点名声，我一定能够成为一位赣东中学校长们争聘的好教师。自己的年纪已经20出零，不算小了，在赣东那种环境里，我表面上可以混得很好，洋洋自得，却或许一辈子就会流落在那个在我看来闭塞落后的地方，在那里成家落户。一想到或许要发生的这种结果，实在懊悔最后写给史聿光的那封信，确实做得太鲁莽了。

我开始考虑签名从军。打仗当然有危险性，这一点，我的中学老师姚轩卿的教育显然起了作用，"人生自古谁无死，留取丹心照汗青"。他当年在课堂里讲得声泪俱下，给我以极深的印象。我感到这与我祖父谆谆教导的"立德、立功、立言"，其实是一致的。所以在中学教师中，绍兴中学的姚轩卿是我非常钦佩的。

这里要穿插几句，1999年姚轩卿的女儿姚越秀通过绍中校友的介绍，要求我为其父遗著《随笔》作序。我欣然接受了这个任务，把它看作是先师的嘱咐一样。我在《序言》开头就说：

> 这二十年来，为国内外学者朋友的著作和译作撰写序跋，或许已近百万言。但是为自己恩师的遗作写序则尚属首次。我已年近八旬，回忆五十八年前的往事，执笔濡墨之际，溯昔抚今，百感交集。

此书于2001年在北京燕山出版社出版，适逢香港绍兴旅港同乡会永远名誉会长车越乔和我合著的《绍兴历史地理》也在此时出版，后者绍兴市原有举行首发式之意，我就建议两书同时举行首发式,让曾经听姚轩卿讲课的耄耋老人们都来参加这个首发式。首发式在 2001 年 6 月 13 日假绍兴图书馆举行,老校友们在发言中都回忆和赞扬了姚轩卿当年的民族气节教育。我的毅然签名从军,当然有几方面的原因,但当年在绍兴中学接受的这种民族气节教育,显然至关重要。

其实,在罗廷光到龙岭做报告以前,我在报刊上已经看到了这种号召,尚未引起足够重视,所以会考虑回赣东当中学教师的事。此外,虽然在报刊上看到了当局的号召,但对自己来说,似乎还感到请缨无门。而罗来龙岭以后,同学们确实动起来了,所以我才对去赣东的打算做了反省,彻底觉悟,假使去赣东,既是苟且偷安,又是自甘堕落。

同寝室的曹慎微开始考虑此事,他是我的下铺,宁都人,中学毕业后曾在宁都当过中学教师,为人诚恳寡言,但和我很说得来。他悄悄地告诉我这种打算,已写信征求他父亲的同意。但不久就给我看了他父亲的回信,坚决反对他签名从军。信上说,给你取的名字就要你"谨小慎微"。曹感到很懊丧,但没有完全断念,还想再努力一下。

"飞过世界上第一高山"

我有了投笔从戎的打算以后,对于青年远征军的事就关心起来,才知道为了筹备这支远征部队,重庆成立了总监部,东南成立了分监部。总监部的负责人记得是罗卓英、霍揆彰、彭位仁,分监部是黄维,大概都是早期黄埔出身,是蒋介石的学生。

程懋筠的音乐课破天荒地唱了一首中文歌,是罗家伦撰词、程懋筠谱曲的《青年远征军歌》:

> 胡虏不灭不生还,乘长风,飞过世界上第一高山。训练好,装备优,新式武器都使惯,扬威国外一生难得此时间。扫荡虾夷出缅甸,这又何难?再前进,驱车破暹罗,跃马定安南……

可惜以后有几句我已记不清楚。此歌最后是:"兵乘楼船归祖国,冲破太平洋万顷狂澜。凯歌声浪里,红颜白发夹道腾欢。"最后一句是:"从头起收拾旧河山。"

罗家伦是绍兴柯桥人,是我素所佩服的绍兴才子,他写出了好几首有名的歌词,如"中华男儿血,应当洒在边疆上",又如"左公柳拂玉门晓,塞上春光好"等,都是大家唱不绝口的好歌。而这次他撰出"飞过世界上第一高山"的令人振奋的歌词。而程懋筠以他自己所谱的曲和高昂的嗓音唱出此歌,真可称为绝唱。

请缨无门的时候当然过去了,学校贴出布告,签名从军的事由办公室主持,而实际上是总务处那位能写一手好字的职员经管。宿舍门外的路边,用木桩拉起绳子,"龙岭英雄"的红纸条子出现了,而且数量逐日增加。凡是去签了名的,随即会挂出这种红条子，如"龙岭英雄潘君昭"。潘是一位来自训导所的女同学，所以我晓得她的名字，但红纸条上仍作"英雄"，不作"巾帼"。我本来很早就去签名，正是因为这种红纸条，让我把签名推迟了好几天，因为我很讨厌这种红纸条。

　　大概11月下旬或12月之初，我到总务处找到这位职员，因为他晚上常来点名，我是认识他的。我告诉他，我是要签名从军的，但是有一个条件，我不愿当红纸条的"英雄"，请不要挂这东西。他脱口而出："啊哟，又来了这样一位。"原来已有人做了与我同样的要求，真是"英雄"所见略同。他当然同意，我签了名，他填写给我一个白色硬纸小片，既作为凭证，也留作纪念。签名以后我悄悄地回到寝室，由于曹慎微给我看过他父亲坚决反对的信，他正在失望之中，所以我没有告诉他，以免他更感不安。当然更不告诉在城内大学先修班的庞世诚。因为曹慎微是个现成例子，假使让世诚知道，最后一定会通到我父亲那里，尽管他鞭长莫及，但何必让他担心。所以签名以后，我心安理得，反正到入伍那天，大家都会知道。当然，对于殷切希望我去赣东教书的那一头，我还得动脑筋写一封信。

　　一个插曲是，签名以后不久，有一天在图书馆外的小坪上听一位经济系姓廖的同学与其他几个人谈话。廖是广东梅县人，平时很活跃，能说会道，可能有海外关系。他谈的是签名从军的事，他说青年远征军可能去印度（其实很可能是从"飞过世界上第一高山"一句中推导出来的），那里有个国际大学，在加尔各答，用英语上课，中国人入学很容易。当时实在是偶然遇到的道听途说，却不料时隔20多年，在那荒唐残酷的年代里，他的这句话竟在水深火热中拯救了我。当时我被禁锢在牛棚之中，忠于毛泽东的革命教师和红卫兵，多次"提审"我，用疲劳轰炸折磨我，其中一个关键问题是我签名参加青年远征军的真正动机。按这帮人的设想和要求，我投笔从戎的动机当然极端恶劣。已经交代了诸如忠于蒋介石、国民党（虽然我不是党员），忠于反动政府等话。但是他们说：拥护蒋介石，拥护国民党反动派，这是你的本质，他们早已知道，用不着你再交代，他们要我交代我参加青年远征军的不可告人的动机。不交代，只有死路一条！我实在想不出用什么话对付，因为我已经说尽了诸如"反动透顶"、"坏到极点"之类的话，但是他们都无动于衷，仍然想尽办法地折磨我。总算上苍保佑，我忽然记及这位姓廖的同学说过的关于印度国际大学的话，同时也想到这帮人心目中的圣人之一列宁说过的话，大意是，在狼的社会中，必须用狼的办法对付他们，于是我就昧着良心作假（当时自然还不知道这张处方能否救得了我的"病"），我装出"思想斗争"的样子，装出一副"痛苦"的样子，在观察了一段火候以后，怯生生地交代：当年，我表面上伪装爱国的模样，实际上我对抗战早已完全丧失信心，中国必然是要让给日本的。因为我打听到印度有所国际大学，所以我的签名从军其实是一种策略，签名时就下定决心，到印度以后就开小差，去上国际大学。到那时，中国亡了我也不必管，反正我已在外国了。我的这张处方居然有效。说明这帮人，毕竟愚蠢。一个红卫兵的小头头对我训话，认为我的这番交代，是我在"思想斗争"中的初步胜利，说明经过七斗八斗，我或许还有挽救的希望。当然，照例又加上一句，说我的问题还很多，要继续思想斗争，继续交代。真要谢谢那位姓廖的同学，从当年他的派头看，他或许不会留在大陆。不管他在天涯海角，我在牛棚中默默地遥祝他一切顺利。

签了名以后当然是等待入伍，但是一直没有消息。过了民国三十四年（1945）元旦，时局紧张起来，我曾向总务处的这位职员打听过。但他说，已经有好些人去问过，他们也向和泰和校本部联系过，却都没有消息，只好再等等吧。

愉快的元旦

民国三十四年（1945）的元旦，或许是我从离开沦陷区以来心境最愉快的日子。也是我毕生回忆所及的过得最好的元旦。

签名从军以后，我心境舒坦，但守口如瓶。因为没有当过"龙岭英雄"，所以许多同学包括同寝室室友都不知道此事。在龙岭，只有陆碧霞有一次在路上和打招呼时提及此事，她当然是从学校办公室了解到的。

但是我耿耿于怀的是上饶那一头，他们特别是史聿光，确实竭诚地欢迎我到那里去，对此我必须做出交代，而且必须说明事实，不能含糊其事。我花了几个晚上考虑写怎样的一封信给史，既要他能理解我的心情，又要他原谅我辜负了他的好意。但我认为写信宜早，因为等到通知入伍再写，那就更晚了。我终于写了一封长信，把我的心情和盘托出，把这几年来的希望和失望也如实相告。我认为信中最坦率的是说出了我即使到赣东，也是一种权宜之计。我不管史本人在上饶已有四五年之久，我向他如实说明了我不喜欢这个地方。我寄发了这封信，总算放下了心上的一块石头，而他的复信来得异乎寻常地快。

他的复信写得比我的去信更长，表示完全理解我的心情。这封复信使我如释重负，成为我能够愉快地迎接元旦的重要原因之一。他的长信首先从战局说起，他认为从历史追索，继"甲午"、"九一八"、"一二八"以后，日本侵略中国没有止境，民族仇恨已经甚深，这场战争是必然要打的，也是有血性的中国人所一致拥护的。蒋委员长是一定要报仇雪耻的。可惜的是，由于某种不幸的原因（原信详述了这种原因），抗战被蒋委员长预见的提早了两年。假使抗战推迟两年开始，我们不会遭受如此的苦难，而我也不会在赣州处于进退维谷的困境。接着他谈了他自己的经历，说他在"八一三"

以前,已经筹划好了在上海开设一家书局,正要开张而"七七"、"八一三"突然来临,一切计划成为泡影,只好吃粉笔灰,在中学里混来混去。他估计抗战胜利还要两三年,一旦胜利,他立刻举家返沪,在他言下,比我更不喜欢赣东这个地方。

对于我,他邀我去祝同中学,原意就是为我找个暂时安身之地。他赞赏我签名从军的行动,但是叮嘱我,他说签名从军的大学生中,有一时冲动的,有投机的,也有自知读书没有出路的,所以要我善于识人,自己珍重。

他在信中最后说,他教书多年,看出我是一个与众不同的,"前途不可限量"。

接到他的信,我确实很感动。回忆在上饶一年,一位以姊辈自居的女同学,一直真心真意地照顾我,最后说出了她所以特别关心(许多场合下是督促)我的原因,因为我以后"大有作为"。另一位是教师,也是一直关心和厚爱我,最后也说出"前途不可限量"的话。这一师一友,算是我在上饶一年的知己,可惜以后都不曾再见面;更为惭愧的是,我碌碌一生,有负于他们对我的期望。

我立刻写了一封简短的回信,表示了我"铭感腑内"之意,而且告诉他入伍在即(我当时确实这样想),请他不要再写信,入伍以后,我会再写信给他。但是以后一直是乏善可告,而且抗战胜利比他预料的要早得多,从此没有再与他联系了。

在元旦以前一礼拜,龙岭就开始活跃起来,准备庆祝新一年的开始。浙江籍的同学大概有 30 人光景,找一个晚上开了个联欢会。因为在这以前,大概是 10 月底,有几位比较活跃的浙江人,在龙岭组织一个浙江同学会,原因是据说泰和也有这样的组织,开过一次成立会议,而且竟选举我担任会长,另一位姓周的温州人和一位忘记了姓名的为副会长,并且雕了图章,不过一切都由那位周同学经管,我记得他是经济系的,高个子,与寝室的两位温州人樊承世和童焕奎很熟,所以常到我们宿舍来。不过要我当会长的事或许是几位浙江同学事前碰过头的,我记得在会上首先由我们宿舍的王斗山提出,接着是陶文渊、周家麟等赞成,这样就算通过了。但以后的事都由几位温州人管,我毫无兴趣,也不过问。

不过元旦前的那次联欢会倒是很热闹愉快的,事情仍然是几位热心的温州同学准备的,备了一点花生、麦芽糖之类的茶点。首先当然由我说几句话,接着是大家谈谈,没有任何拘束。陆碧霞也到了,而且她的发言很诚恳,也很得体。有的唱几句,有的说一个笑话。那个时候的好处是,在这种场合,大家都不会说一句"政治"话,甚至连正在轰轰烈烈进行的签名从军的事也没有人提,尽管浙江同学中签了名的总在 5 人以上,其中除了我因为没有挂过红纸条,不为人知(除了陆碧霞)外,其余几位都是等待着入伍的。联欢会持续了大约两小时,兴尽而散。

接着是各寝室都用红纸贴出了新年对联,因为一幢房子有 3 个寝室,所以中间的一室贴在大门上,而左右两室则贴在各自的窗户两侧。此外如办公室、图书馆等,也都贴出了对联,整个龙岭显现了一片红色。许多同学并且到处参观和评论对联,从内容到书法,都在人们的言谈之中。我们寝室的对联是全室一致通过请文史系的陈珩拟的,内容我忘记了。但我也曾到各室看看,也在自己寝室议论一番,认为最好的对联出在我们寝室后排的一间,这副对联是:

　　　五省五系同居一室;

　　　十全十美共贺新年。

对联在对偶上当然并不工,但10位同学中恰逢5省5系,虽然事属偶合,却为他们的这副对联提供了难得的依据。

　　除夕那天我记得恰逢礼拜天,伙食团把积余拿出来,早餐就出现了花生米和1人1只的松花皮蛋。中午原来也要加餐,因为不少人要上城而作罢。这天晚上是大加餐,有4个菜——红烧肉、鸡块,另外再是两个炒菜,这是我从离开上饶以后吃到的最丰富的一餐。这天晚上,每个寝室都睡得很晚,因为第二天元旦放假,而且伙食团又到每个寝室分了一些花生之类的茶点。大家说说笑笑,气氛融洽,也有人唱个歌,也有人谈自己恋爱和失恋的故事。我讲了几个笑话,也引得大家捧腹大笑。

　　大概是9点前后,分校主任罗容梓、训导主任周维新和总务处的一位职员,到每个寝室看看,向同学们拜年。

　　当时,元旦有3天假期,不少人都上了城,我也上城一次,到大学先修班和庞世诚一起到街上走走。晚上回到寝室,各自谈谈城内见闻。假期中,天气晴朗暖和,就这样地度过了民国三十四年(1945)的元旦。

六、风云突变

别了,赣州

在经过了一个愉快的元旦以后,大家接着是准备迎接不久将要到来的期末考试。由于青年远征军一直没有入伍的消息,我也感到不妨在期末考试后再入伍,这样也算在大学念完一个学期。

寝室是一片怪声怪气念拉丁文二名法的声音,这是因为,全室 10 人都是文科生,数理基础原来不好,而当时规定文科生必须修一门自然科学,全室除我选了高等数学外,大家都以为生物学容易念,选了生物学。我在听了几次高等数学以后,实际上是因为得悉这位教师是国立十九中学的,是到大学来兼课的,所以也改选了生物学。但在期中考试中,全室除我因为记了二名法获得 90 余分的高分(据说在当时全部听课学生中名列第一)以外,只有文史系的陈珩勉强及格,其余 8 人全不及格,所以他们必须在期末考试中争取较高分数,以免下学期重修。

元旦假期过去不过一个礼拜,在寝室里的一片拉丁文二名法声中,邻室一位同学进来通报了一个消息:还念什么二名法,日军要进攻赣州了,专员公署已经在准备撤退计划,蒋专员正在亲自主持这件大事。他是消息灵通人物,同室室友虽然惊愕,但都相信他的话。

我立刻不声不响地到后排宿舍找陶文渊,因为他必有可靠的消息来源。陶把我拉到寝室外面,他是比较持重的,他说,元旦假期结束以后他就获悉了这种消息,学校里应该已经知道。于是他拉我去找陆碧霞,是为了通过她打听学校准备采取的措施。在去学校办公室的路上,陶又告诉我,陆碧霞本人这方面的消息也很灵通,因为她的男朋友是宁都宪兵连连长,他们之间的友情是浙赣战役中那位连长热情帮助陆而建立起来的,但两人都很正派,绝无越轨行为。

陆碧霞也是在办公室外和我们交谈的,她说前线形势确已十分紧张,日军流窜已经开始,从他们的部队调动等规模判断,目标直指赣州,但首先临敌的是泰和本校,所以学校昨天已派人去泰和请示办法,今明或可回来,当会立刻向全校学生宣布办法。她提起了龙岭的浙江同学问题,她知道其中有些人是有靠山的(陶文渊是其中之一),但有不少人要面临困难。等泰和方面有了消息,再看是否采取个别打招呼的办法,让浙江同学有所准备。还是她想得周到,我们不是有个浙江同学会吗,我还算是会长,我又一次感到惭愧,尽管我自己除非马上有入伍的通知外,也是一个走投无路的人。不过陶的意见是,反正学校想必马上就会宣布措施,在这以前还是谨慎为好,免得惊动许多人。

这样过去了一天,而这个消息在学生宿舍实已不胫而走。第二天中饭以后,学校通知每间寝室派一个人去开会。派谁去,我们寝室颇互推了一下,结果大概是铺位排一号的陈珩去了。半小时左右就回来,是主任罗容梓讲了话,大意是,日军流窜,专署已决定赣州疏散。但泰和校本部是首当其冲,学校决定迁移,所以即日起停课。由于消息已经传开,大家人心惶惶,但是日军至少在一周以内打不到赣州,所以不要过分慌张,学校迁移等具体办法,今日下午4时左右详细布告,在这以前,学生不要擅自离校。所以罗容梓是为了安定人心而召集各寝室做此讲话的,而事实是,确实已有一些江西同学准备离开龙岭。

下午4时以前学校贴出了一张大字布告,大概有这些内容:第一,即日起开始寒假(泰和校本部相同),期末成绩由期中考试代替,期中考试不及格者,下学期补考(主要是陈梅生的生物学,期中考试2/3不及格);第二,下学期学校决定在宁都觅址开学;第三,赣州市已进行疏散,本校学生无家可归者,到宁都乡师暂住(但规定要在布告3天后才可去宁都,因沿途接待站尚未就绪);第四,教务处即日起填发肄业证书,有需要者可去领取。

这张布告出来以后,龙岭立刻就乱了,不少有家可归的江西同学,当晚就有束装上城的。有些有亲友可依的外省人(蒋经国的新赣南所属各县用了不少外省人),也打点行李,准备离开。我则当晚就上城找庞世诚商量。大学先修班也已经决定疏散,他本拟明日一早上龙岭找我。由于先修班在赣州原来就是个不重要的单位,他们已决定就地解散。教职员和学生有枝可依者各奔前程,否则就到赣州青年训导所,与他们一起疏散。世诚当然不会再回训导所,所以当晚就决定与我一起去宁都。他也知道了赣州此番必定沦陷,显然有把宁都作为一种过渡,返回赣东之意。并且与我谈了这种意思,我认为他应该回赣东读完高中最后一年,然后再考大学,而我因为学校明确宣布迁址宁都,所以只好留在宁都。其实我在宁都是等待青年远征军入伍,但此事我不能告诉他。最后约定,隔一天他上龙岭与我落实我们离开赣州的日子。

我回到龙岭时间还不晚,每个寝室都很热闹。我们寝室里的室友告诉我,于宝榘曾经找我。时间还早,我立刻去到他的宿舍。他们也每室有灯,正在打点行李。他当然是关心我,问我打算怎样疏散。因为他夫人在正气中学教书,这所中学在赣州以南的信丰县有点基础,学校决定迁信丰。他说学校在宁都觅址开学,还有许多困难。龙岭分校简单,主要是图书馆有些书,搬宁都还算方便。但杏岭校本部尾大不掉,加上路途遥远,要迁宁都谈何容易。他估计即使能在宁都上课,也是四五月间的事了,所以他决定先去信丰,问我是否愿意去信丰,说不定还可以在那里找点工作,到宁都上课时再去。假使我愿去信丰,正气中学有便车可搭,可以和中学一起行动,到那里再说。我实在感激他对我这样关心。说明他并不知道我已经签名从军,我到宁都是等待入伍的。我只好告诉他,刚刚从城里回来,已经和一位亲戚约定,一起去到宁都。他说既然有亲戚同行,去宁都也好,反正到开学时他也要到宁都,还可以再见面。于是我们握手道别,我向他深深地鞠躬。因为我知道,这一别以后,我们不可能再见面。我在上饶一年,有了让我常常萦萦于怀的一师一友;而在龙岭3月,又得到这样一师。在人生道路上,其实都是极大的幸遇。可惜我都有负于他们的期望,偶然想到他们时,常常默默自责,无限惭疚。

隔了一天,庞世诚上龙岭来了,寝室里只有浙江昌化人王斗山还没有走,他的姊姊和姊夫在幼儿师范学校工作,决定跟他们一起走,也算是有枝可依的。我已经整好了东西,抛掉箱子,还是一条棉被和一个书包,几件衣服与棉被扎在一起。我们约定明日一早从赣州步行出发,目的地当然是宁都。

这天下午,王斗山的姐姐和姐夫上龙岭,帮他整了一下行李,我们也互相聊了一会,他们3人就与我道别。王斗山后来仍然在宁都开学后去校续学,直到毕业,但也从此不再见面,直到1996年我在《校友通讯》中写了文章,他从义乌写信给我,知道他毕业后执教于义乌中学,已经退休。祝他有一个很好的晚年。

经管伙食团的几位同学是值得佩服的,这几天来,虽然在饭厅吃饭的人越来越少,但一日三餐还是照开不误。这天晚餐已经只剩了20人光景,仍然开出3桌。晚餐后我散了一会儿步,邻室一位不很熟悉的文史系同学,临走时把一本《四书集注》丢给了我。《四书》是我从小背熟的，但我还是翻着读它，我的桐油灯还满着，为什么不利用呢。整个宿舍区一片死寂，我们这一幢3间寝室只留了我1人。在上床以前，我又在校区走了一转，还有两三间宿舍有灯光，学校办公室也有灯光，其余是一片漆黑。但遥望赣州城内，电灯光还颇明亮，不像是大敌将临的样子。

次日，大概是民国三十四年（1945）1月15日以后的某一天，天不亮，我就起床，我的这盏桐油灯为我做了一次最后的服务。我把棉被和几件衣服包扎妥当，东方已经发白，我吹熄了灯，背着行李离开龙岭。进城到大学先修班，天已大亮，庞世诚已在校门口等我。先修班的学生也所剩无几，留下来的人这天下午就要并到训导所去，但也仍然开饭，并且还有馒头，为了让这些赶路逃难的人吃得饱些。世诚和我就这样在赣州城内最后饱食一顿，离开了这个曾逗留了5个多月的城市。

奔向宁都

我们走上了从赣州到宁都的公路。由于前几天下过一场雪，龙岭积雪不多，城内没有积雪，但公路两边仍然积雪，道路是湿漉漉的，滑而难走。我穿了一双由皮匠补过的力士鞋，世诚的装备比我好，但体力不如我，所以走得较慢。由于不少赣州的机关团体都迁宁都，加上中正大学学生，形成公路上的一条人流。其间颇可见到一些来自江浙的熟人，例如来自绍兴的绍中校友阮茂教和他的女友杨欣兰，他们不知哪里弄来一辆钢丝车，装上两人的行李，男的拉，女的推，道路泥泞，走得极慢，我们赶上了他俩。直到1990年代才听到，杨欣兰后来在美国定居。

这一次逃难比较平静，我们离开赣州时，还没有听到枪炮声，一路也没有敌机骚扰。虽走得慢，但中午时分也到了茅店。"鸡声茅店月"，这是一个富有诗意的地名，但因为村前的一个陡坡和急转，所以常常发生车祸，去年暑期我们搭银行运钞车来时，看到了这个陡坡下的车祸，这次步行到此，又目击了惨重的车祸，据说是曲江亨达利老板一家，车翻到山下，全家遇难，正在处理。我们当然无暇停下来凭吊，但估计曲江在衡阳战役中已经沦陷，这一家一定是从曲江逃到赣州，现在赣州吃紧，再次从赣州逃出来的。这当然是个有资产的家庭，世乱时艰，也难免一劫。

这天傍晚到了一个忘记了地名的小镇，路上就看到了张贴的标志：中正大学赣州分校接待站。进镇后不久就找到，有两间地上铺了稻草的房间，已经有三四位同学到了那里，于是我们就歇下来打开棉被睡觉。由于融雪地湿，我的力士鞋已经渗透，足趾冻得开裂，但弄块干布擦擦，次日早晨湿鞋照穿，照样上路，老来忆及当年之事，真觉不堪回首，但当年却毫不在乎。比这更苦的也无不顶下来了。

　　这天早晨，难得在一个早点小摊上邂逅分校主任罗容梓夫人。庞和我正在买点早食，一位 40 岁光景的女士，穿着朴素而大方，一口浙江话，也在买点什么。在异乡听到浙江话，当然感到亲切，她大概也有同感，见我佩着校徽，马上说，你们是龙岭过来的，我们是容梓家，容梓他要结束分校的一切事务，还要在赣州待两三天。我们立刻称她罗师母，因为我早已听说，他是罗容梓在清华的同班同学，浙江平湖人。她带几个孩子先上路，当然也是到宁都去。不过她还要在这接待站等罗容梓出来。日军已经逐渐逼近，赣州显然危在旦夕了。临别，她非常诚恳善良地嘱我们路上小心。她的诚恳态度和关心语言，使我不胜感慨，一位 1930 年代的清华大学毕业生，从水乡平湖随丈夫到了吃辣椒的江西（罗是南昌人），在家里照管孩子，我感到这也是一种值得尊敬的和纯朴的伟大。

　　这晚拖着疲倦的双腿、湿透而刺痛的双脚和因为背行李而麻木的双肩及手臂赶到雩都，找到了学校的接待站，条件较好，在雩都中学，不仅有开水喝，而且还有一锅热水可以洗脚，雩都是个县城，但是我们已经完全没有心情和力气去看看，摊开棉被在稻草堆上倒头就睡。次日一早起来，打好被包，着上湿透的鞋子，在路上小店胡乱地吃了点东西，走上从雩都东进的公路，却在公路口遇上了陶文渊。

　　陶文渊因为训导所与龙岭两地的关系，加上是同乡，所以是一位熟友。他能上龙岭是一种侥幸，他是赣州大学先修班毕业的（一年制），先修班与龙岭有一种约定，每年可以保送 10 位成绩好的学生上龙岭，他们是我们在龙岭上课一个多礼拜才办好手续的，这中间包括我从初中一直到高中的同班同学陶士坼。他因为当时正患着一种头发脱落的毛病，心里一直不愉快。1950 年我曾在杭州遇着他一次，已经满头黑发了，他告诉我后来一直念到在社教系毕业。以后据说在上海当中学教师。

　　陶文渊因为也住过训导所，所以与庞世诚也认识，他身穿人字呢大衣，身边站着一位挂粉红领章的宪兵中尉，又有一个宪兵替他提了铺盖卷和手提箱。陶立刻为我们介绍，那位中尉是驻雩都的宪兵排长。陶要我们不要走，可以从此搭车去宁都。来往的汽车很多，但这位排长不满意，不久拦下了一辆，排长把押运员叫下来为陶介绍：这位陶先生是第七战区参谋长的公子，他哥哥是三战区的什么处长，到宁都要照顾好。又指我和庞，他们都是中正大学学生，陶先生的朋友，一起去宁都。于是陶立刻登上驾驶室，我和庞就爬上车内，车是外加竹罩的敞车，虽然寒风刺骨，但 3 天的艰苦步行，忽然运气来到，有轮子代步，实在令人高兴。车到银坑暂息，押运员请陶吃饭，我们推说带了干粮，到另外一个小摊吃了一碗清汤（江西人称馄饨为清汤）果腹。爬上车，日落前就到了宁都。

　　宁都乡师距我们下车处很近，我们互相帮着提携行李。3 个人到那里其实是三种心态,陶是先修班的保送生,是一种额外的机会成为大学生的,所以他虽然家庭条件好,很可以回赣东他哥哥那里住一段时期再来宁都,但他却甘心情愿地到这里等候开学。我到宁都其实是等候青年远征军入伍的。庞是因为我的关系住到宁都乡师去的,初到时,他还想看一看,赣州是否会沦陷。因为假使日军流窜了一阵退走了,他还可以回赣州念大学先修班。后来我们在宁都看到其他几位从先修班过来的难友,他们也都是抱的这种希望。

宁都乡师已经为我们腾出了好多间教室,都铺好了稻草,我与庞住在一间,里面已住10多人。陶因为他们同室的一位同学已经为他安排好,所以住在另一间。这里供应开水,但吃饭问题要自己解决。既来之,则安之,反正住在乡师里的基本上都是江浙学生,大家都只好这样逆来顺受。不幸的消息是,在我们离开赣州以后大概七八天,赣州沦陷了。

被窝里的宁都

宁都原来只是赣州府下的一县,但民国以后,它的行政地位有了提高,我们逃难到那里时,它是江西省第八区专员公署所在之地,下辖雩都、兴国等六七个县,中正大学当时传言要选择的校址是石城县,即是宁都辖下的一个山区小县。由于它原来并不是个府城,所以地面毕竟很小,不要说赣州,与上饶也无法相比。我们暂住的宁都乡师也在城内。

住在乡师,没有伙食团,也不发贷金,吃饭问题当然要自己想法子解决。街上小饭店很多,几样现成菜放在盆子里,情况与现在的大排档相似。世诚选好了一家,告诉老板每天都要来吃,要他们在价格上便宜些。讲定以后,我们两人就上这家小店。现成菜,一荤一素加上一碗豆豉汤,饭吃饱。价钱是便宜的,我们每天一付。住在乡师的同学,大概都是这样。因为中、晚两顿饭是放开肚子吃饱的,因此大家都废除了早餐,睡懒觉。但晚上睡得很晚,大家坐在被窝里互相打趣,说笑话。教室有两盏电灯,宁都的电力不能与赣州比,光线很黯淡,但总比桐油灯好,勉强可以看书。

我是带着一包书的,除了《纳氏文法》和《英文典大全》外,都是后来在上饶及赣州买的如商务国学基本丛书《水经注》,还有《春秋经传集解》等少数几本,所以,在宁都的这一个月时间,我坐在席地的被窝中,主要就是看这几本书。

比比这年元旦在龙岭的活跃和愉快,宁都的农历除夕和春节实在太灰溜溜了。除夕那天,要不是同室一位难友提醒,大家实在都不知道,当然,知道了也还是一样,多数人都是阮囊羞涩,照样上小饭店吃豆豉汤。世诚倒是个有心人,这天傍晚我们按常时到小饭店,老板客气,在原来的一荤一素和豆豉汤以外,送了我们一个小小的拼盘,里面有几块鸡、几块肉和另外一点什么。世诚忽然向老板借一只碗,离开座位出去了,我不知他去干什么,原来他去买了一碗江西甜酒,真是苦中作乐。回到乡师坐在被窝里交谈,那些在别家小饭店吃"年夜饭"的人都没有得到我们这样的享受,我们算是幸运者。

大年初一也是一样,照样地睡懒觉。加上这一段时期天气不好,不是小雨就是小雪,天色一直是灰蒙蒙的,增加了阴暗的气氛。这天下午,陶文渊送来一些花生和麦芽糖,大家坐在被窝里吃了一阵,有人提出要他唱个歌,他嗓子好,不少人都知道,他唱了一个 One Day When We Were Young,这或许是这年春节唯一让人愉快的事。

整天坐在被窝里没事,有的同学就以打桥牌过日子,我们室内有一组,他们住下来后就调好铺位以便于他们的作业。陶文渊那间室内有两组,可以说是没日没夜地玩。有的室友颇有微词。但其实也难怪,住在乡师里的多是"天涯沦落人",没有钱,又没地方走,桥牌也算是高尚娱乐,有什么可以责怪的呢。

大约在春节前后,从泰和校本部撤退来宁都的同学也陆续到了,他们是经过兴国来到此地的,但多半也是江浙人,不少人也相当狼狈,宁都乡师又增加了接待住宿的房子。由于泰和是高年级同学,他们的办法要多些,绍兴中学校友如我的堂舅徐信镛以及王文浩、施承基等都没有来。我熟悉的唯一高年级同学是金松,回忆去年暑期在赣州绍中校友叙会时的愉快,但这一次却是在逃难中重逢了。由于沈士英是中正医学院的,撤退的时间不同,所以金松到宁都后,沈士英尚未到达。金松显得很焦急,天天去路上等她。在这样的处境下,我们当然没有聚谈的机会了。

我当然希望青年远征军入伍的日子能早早到来,开始很焦急,但后来知道这事还早着,因为我们这一室中挂过"龙岭英雄"红条子的至少有4位,在他们的谈论中让我知道,因为营房尚未造好,而且部队中的预备官员都要选拔出来到上饶训练。他们甚至说,我们还可以再念半年书呢。

世诚写信到游埠,把我们离开赣州到宁都的事告诉他哥哥、姐姐,我为此也写信给我父亲,因为沦陷区也可以看到"皇军占领赣州"一类的报道。当然,我的信中只好含糊其事,说明学校迁离赣州,我与世诚已经移居宁都了。

春节以后大概一礼拜,阴霾的天气从小雪转为大雪,一连下了几天,马路上的积雪高达二三尺。以后才知道,这场大雪是我国东南地区几十年中最大的降雪。天气奇冷,我们大家都整天地和衣坐在被窝里,打桥牌、说笑、补破袜子。……

元宵节的巧遇

这天上午,世诚去找一位大学先修班的同学,他也是从赣州疏散到宁都的,住在一个朋友家里,处境和世诚相似,已经到乡师来过两次了,当然是为了他们的前程问题。

我坐在被窝中看书,陶文渊进来,拉拉我被头说:"今天是元宵,我请你去吃元宵,走。"我根本没有想到元宵节的事。既然他有兴趣请客,我就套上裤子起来。一同走到街上,转了好几圈,但没有一家有元宵的。陶说,老俵不兴元宵,我们找个好地方吃锅面去。锅面是江西的一种特色,格子上有一个大孔,锅子烧熟了面,就放在这个大孔上,赣东一带也是有的。正走着,忽然对面有人叫我:"陈庆均。"是一位身穿草绿军装,踏高筒马靴,背三角皮带的军官,挂着上尉领章,一面叫,一面举手向我笑。走近一看,哟,魏光征(徵),绍兴中学附属小学的同班同学,算算分别已有 9 年,但大家还认得。"你怎么在宁都,哟,中正大学,大学生了。"他看了我的校徽,显得特别亲热:"吃饭,好好谈谈。"随即进了一家像样的饭馆。3 个客饭,有三菜一汤,对我来说,这是在龙岭元旦前夕伙食团加餐以来的第一顿丰盛饭餐。坐下来后,我才把陶文渊介绍给他,我当然要说及他的父兄,这位挂着上尉领章的老同学,显然肃然起敬。3 位都是绍兴人,所以很说得来,只是魏在说话中已经带了官腔了。

通过餐桌中的谈话,知道他小学毕业曾在稽山中学读了 1 年,抗日战争开始,他回家住了一段时期,考入了中央军校三分校,毕业后就在部队里干。我记得他家在绍兴柯桥附近的湖塘,年纪比我大,念小学时就当寄宿生。他说他的部队现在在上饶,因为中央成立青年远征军,要在部队里抽调各级军官集训一段时期,然后派到远征军充当军官。这次赶到宁都来是为找上官云相。上官是他的老上司,所以找他推荐。吃好饭,陶和他争着付钱,我当然安坐不动,因为自忖无此能力,不必假客气。结果当然由魏付了。

饭后,陶有事先走,约魏晚上到乡师聊聊。魏拉我到宁都宪兵连,原来他到宁都后就住在那里,因为有一位排长是他军校时的同班同学。到了那里,他就与我细说,他是为了想到青年远征军而奔走的,因为作为远征军各级军官的"干部训练团"已经在上饶附近成立,他极望到那里受训。他曾在上官云相司令部当过副官,为上官的叶太太(我估计是姨太太之一)服务,关系不错,去年她患慢性病,就是魏送她到宁都城郊翠薇峰下的一所别墅里疗养的。此番上官的前线指挥部设在宁都,他一定会到叶太太那里去,所以他来此是走内线,通过叶太太让上官保荐他到"干部训练团"受训,这样他进远征军就稳了。昨晚他已到翠薇峰去了,叶太太很热情,而上官也确实去过了。她约他今晚再去试试,假使上官在,她一定帮魏说话。

由于他把他到宁都的事和盘托出,我就告诉他我也已经在中正大学签名参加青年远征军了。并且还和他开玩笑,希望他将来当个连长,我就在他连上当兵,不就可以得到他的照顾吗?我说这话实在有点胡诌,但他却当了真,竟至拍案而起:你真签了名?我把口袋的那个白卡片给他看了。他看来非常激动:到宁都看到你,真是天意。你居然也进远征军,老同学又碰到一起了。他告诉我,到他连上当兵是办不到的,他是军校第十七期,十七期在远征军顶多当个排长。但是,他态度认真地说:"我们在这里碰到真是天意,告诉你,你这块料子不能到连上当兵,你这个大学生知道当兵是怎么一回事?当官,当官,我进了干训团,我来想办法。"我被他弄得莫名其妙,他与我约定,今晚去翠薇峰以后到宁都乡师看我。

晚上他果然来了,先到陶文渊一间席地坐谈了一下,他说叶太太告诉他,上官去广昌了,今晚不会回来。隔日再去看看,叶太太安慰他,远征军需要许多人,他的事是能够成功的。所以魏显得很高兴。接着我和他到外面一间有课桌椅的教室长谈,一直聊到午夜,主要是回忆龙山之下绍兴中学附属小学五六年级的旧事。我的记忆力不错,当年,他和班级中几位大龄同学官午庄、王文樵、董沛然结拜兄弟,以"鸣、吼、嘶、啸"作为各自的结拜名字。他们当时都是十五六岁的成熟少年了,除了官午庄家住城内外,其他3位都是寄宿生。与他们相比,我当时是个小弟弟,但和他们的关系却很密切,因为他们4人都爱好丝竹管弦,而我能吹一口较好的洞箫,所以他们叫我"小(箫)朋友",下课或散学后常常合奏一曲。这个学校规定每周六有一次周会,每次有两个班级联合演出节目,我们4人还登台合奏过《寒衣曲》。我们谈这些,在当时确实好像是昨日之事,彼此都很感动。此外又谈了当时的一些教师和学生,在这方面因为他离开绍兴早,我比他晓得的要多得多。回忆往昔是一种牵动感情的事。当他知道当年的绍中附小,现在已经成了日本部队的兵营,同班同学中升入大学的还只有我一人(据我所知)。他也觉得不胜今昔之感。我们一直谈到午夜,彼此都很愉快。

重返赣东

此后两天不见他再来。第三天晚上,我已经坐进了被窝,他来了,我们又到那个有桌椅的教室里。这一次他很兴奋,因为刚才在翠薇峰见到了上官云相。他开门见山地向上官提出了这种要求,上官说:"远征军不是一句话。"这话当然是不同意,魏很焦急,立正不动。叶太太在这要紧关头就帮了腔。他终于要叶太太拿纸来,写了几个字,要魏到横峰干训团找某人。魏给我看了这个条子,有一股按捺不住的激动。一边搭住我的肩膀说："成功了。"我估计他当然要急奔横峰，就问他："明天可回赣东了?"他立刻跳起来反问："你不同我一起走?"他说他连夜来，就是为了我的事。他说我一个"文学生"（当时部队人对学生的通行称呼），念书念到了大学，功课好，有学问（还是小学里的印象），难道真的下连队当兵？远征军虽然牌头硬，待遇好，但是像我这样的人下连队当兵还是受不了的。他说他进远征军已经定局，我可以由他想办法到远征军当政工人员。哪怕到团部、营部当个书记官（后来知道是一种有军阶的文书，不需要军校毕业），也比下连队强。他的一席话颇使我犹豫，我之所以签名从军，实在是在当时局势下的一种激动和冲劲，一种单纯的报效祖国的思想。要就战死了，但"兵乘楼船归祖国，红颜白发夹道腾欢"的机会也可能是有的。因此，当兵总是一个短时期，我从小受教于祖父，毕竟是个书香门第出身的人。以后总是要做点学问的。在部队里任职，绝非我的愿望。与魏相逢几天，谈谈往事当然十分畅快，但其实他与9年前登台合奏《寒衣曲》的时候已经大不相同，言行举止，都让我感到一股浓重的兵油子气味，这实在是我很不习惯的，难道我将来也成为他一样的人吗？

　　他大概也理解我的心态，认为我既然已经签名从军，当前国内战局不好，但整个盟国的优势明显，胜利属于盟国只是个时间问题。远征军入伍看来还有一段时间，何日出国更不能预期。但进入远征军部队，不管当官当兵，都是远征军的一员。将来胜利回国，远征军光荣都有你一份。回国后，不想当职业军人当然可以复员，要读书，要留学，一切自便。他这一席话颇使我动心。特别是关于入伍还有一段时间的说法与宁都乡师里听到的还可以再念一学期的话相合。让我想到，我是否还可以到赣东再教半年书呢？因为时间已过午夜，我同意考虑一下，明天决定。我返回寝室时，桥牌已经散局，室内一片鼾声，我身旁的世诚这几天虽然也因在宁都念高中还是回到赣东念高中的事而苦恼，但也已熟睡。我却左思右想，辗转反侧，久久不能入寐。

　　清晨，世诚起床的声音惊醒了我，他立刻要外出与他的先修班班友商量念高中的事。我就告诉他，如有便车，我可能今天离宁都回赣东。世诚是知道史聿光要我到祝同中学任教之事的，所以立刻联系到此，但我只好含糊其事，因为我仍然不愿把签名从军之事相告，他一旦知道，此事就立刻会在亲戚中传播开来，并且随即会传到我父亲那里，我不愿让他为此而担心。另外我又奉劝世诚，还是回赣东念高中的好。祝同中学发生的事，无非是教育厅公事公办，没有什么值得耿耿于怀的。因为在宁都是无依无靠的，假使日军再来一次流窜呢。以后很久才知道，世诚还是接受了我的意见，用庞诚的姓名以一张沦陷区学校的转学证书回赣东进了九江中学，并且在那里毕业。

　　以后我的确很怀念世诚，我们在兰溪、金华、上饶、赣州、宁都，相处两三年，除了亲戚关系以外，也算是一对莫逆好友。宁都一别，虽然以后仍通过信，而且还为他办过一件事情,胜利以后,由我出面,经过我父亲转告他父亲(即我的小姑丈),让他们解除父母之命、媒妁之言的订婚婚约,对方是一位名叫章月蝉的阮社人。我在阮社教书时还见到过她,但世诚坚决不愿,又不好意思直接告诉他父母,所以由我出面,总算顺利地办成了此事。

魏光征全副戎装地到了乡师,二话不说,帮我打被包和书包。他说:先到河口,暂住一下,然后由他设法,一切包管没有问题。我没有将我可能到赣东教半年书的事告诉他。因为我觉得现在就告诉他,对他是个"打击"。我深感"同窗"这个词汇的价值,小学同学,能这样为我尽力,而且明知我是一个"文学生",对他实无好处。尽管他一身兵油子气,我还是很感激他的。

打好行装后,魏不忘向陶文渊告别一下,陶感到很突然,但祝贺魏的事情已经办成。并说他不久也有可能到赣东去看看他兄弟。陶一直送我们到路上。我们以后一直没有见面,但听说他转学到建阳暨南大学。所以在我们分别时,他或许已有这种打算了。

到宪兵连,正值他们要开饭的时候,当时一切部队都是一日两餐,以后青年远征军才一日三餐。我们吃了饭,魏要他的同班同学一位中尉排长(可惜忘了姓名)到车站拦车。这位排长是浙江龙游人,非常热情,首先,他认为我的"文学生"打扮是不行的,搭车有困难,他为我去找了一套单军服,衣服勉强穿了,裤子很小,只好脱掉原来衬在裤内的绒布裤,在短裤外只套上这条单军裤,当然冷,但无可奈何。他又为我的这条棉被重新打包,加上一块小小的油布,成为一个背包形式。还用一只麻袋包扎我的书,一切都是为了不让他们看出我是一个"文学生"。这样,我就成了魏的"勤务兵"。不过一到车站,我又立刻成了"官长"。那里有两位宪兵执勤,跑步过来向排长敬礼,排长说:找一辆到河口的酒精车,有两位官长要去河口。我实在纳闷,我这身打扮够得上"官长"吗?魏补充了一句:到鹰潭或上饶都可以,那边我有熟人。后来我知道,魏所称的"熟人",大概都是他的军校同学。

在河口的日子

一路都是高高的积雪,经过这四天寒冷的折磨,第五天午后,这许多南丰蜜橘以及"参谋"和"勤务兵",安然抵达河口。魏在河口确实极熟,马上带我走进一家不小的旅馆,"茶房"(当时对旅馆工友的称呼)都认识他,他要了一个双人房,我总算脱掉让我一生成疾的单军装。叫了客饭在房间里吃了,又拉我上戏院看戏,不买票。倒是京剧,好像是《玉堂春》。回旅馆已经12点,他要我考虑为他写一个报告,他说,明天上午替我安排好食宿之处,下午去看一位朋友,后天要我陪他去远征军干训团所在处的莲荷(属横峰县),他拿上官的条子去见一位名叫倪润之的青年远征军干部训练团东南分团军务处长,他或许会提出要魏打个报告,所以要我先起个草,如有需要,他就让我在莲荷即时誊写上交。

我同意为他起草这个报告,虽然我明知,他去远征军和我去远征军,心态很不相同,但我可以按我的心态为他写。他提供我的唯一一条理由是没有家累,可以安心到印缅前线,我才知道他还没有结婚。至于其他,譬如他现在到底在什么部队和机关,任什么职务,我仍然不得而知。

次日上午离开旅馆,他带我到不远处的一个"军管区司令部"的什么单位,全称很长,记不得了,但其实是个接收新兵的单位,一位上尉连长,也姓魏,江苏无锡人,是魏的军校同期同学,还有一位少尉排长,一位准尉特务长,号称连,其实只有十几个兵,包括一个上士班长。新兵到来时,他们才忙起来,平时很空闲,但后来才知道,这样的连在"军管区司令部"下还有不少,称为"空壳连",新兵接到时,也不过在此过渡个把月,新兵送走以后,又"空壳"如旧。这里当然是一日两餐,魏连长知道我是签名从军的中正大学学生,表现得非常热情,魏光征临别时说:"委屈你在这里吃一日两顿糙米饭,明日一早请把报告的草稿写好,一起到莲荷去。"

次日早上他来了,有一个人帮他背行李,此人是顺路的。我先把草稿给他看了,他很满意,随即一同步行去莲荷。莲荷是个漂亮的地名,而其实既无莲,也无荷,四周的山也是光秃秃的。之所以把训练团设在这里,大概由于土地空旷,可以设置各种实弹射击场。黄埔一期的黄维在此坐镇。走到村边,已经有不少服务性行业如茶馆、饭馆之类出现,魏打发了他那个背行李的人,让我坐在一家茶馆喝茶等他。从大约10点等到正午,仍不见他出来,我心甚为焦急。午后不久,他终于出来,并随同出来一位他同期的同学衢州人王维贤,魏面有得意之色,把王介绍给我,因王比他早一个月进了莲荷,熟悉这里情况,他知道青年远征军政工人员训练班将要招考,报名的条件主要是签名从军者,莲荷有一个考点(其余几个考点在上饶、宁都、南平),算日子还有十几天。决定由王替我在莲荷报名,但报名单需要填上诸如签名日期、地点和证件号码之类的材料,而恰巧这天我换了一件外套没有把那个小卡片带上。因王也熟悉河口这个"空壳连"的魏连长,他随即写了个条子,请魏连长明天派个勤务兵把我的报名单携回莲荷。

魏与王已在干训团吃了饭(这里是一日三餐),于是王请我在面馆吃面。谈话中知道,上官的条子毕竟有用,军务处长倪润之即时收留了他,毋需另外再打报告,倪签了意见,等黄维批一下就可正式报到,到军务处工作,不必经过几个月的训练,就算远征军的军官了。因为事情估计明天就可完成，所以不再返回河口，要我在河口暂住，等到考试之日再去莲荷。从面馆出来，魏由于急需去军务处，王维贤却送了我一程，在谈吐中，我立刻察觉王是个诚恳朴实的人，没有兵油子气。莲荷的日子以后，我与魏不再见面，也无法联系。但与王同事年余，深感我的观察不错，他是个务实的老好人。

回到河口，魏连长次日就派人把我填写的报名单送往莲荷王维贤处，我就在河口过一日两顿的糙米饭生活。但这方面我很满足，因为吃得饱，而且有时间看书。魏连长很热情，要勤务兵在他房中搭了个铺。他投考军校前曾在无锡的一所中学念书，城市沦陷后才跑出来，有一定的文化基础，很会提各种问题，喜欢听我讲故事。对于我的"有学问"，我的老同学已经向他介绍过了。

作为这个"空壳连"的连长，他的生活是很刻板的，每天一早起床，到房前一块小坪上，集合这十七八个士兵，由上士班长叫"立正"交给少尉排长，由少尉排长叫"立正"交给他。他带全体读《军人守则》，然后跑步，叫一、二、三、四，唱"烽火漫天，血腥遍野"，"只有铁，只有血，只有铁血可以救中国"等几只歌，然后再站下来，用无锡腔的官话和基本上老一套的内容训话，然后叫"解散"。天天如此，让我想到，远征军是否也是这样呢？

在河口的生活虽然安定，但心中仍然焦急，首先，虽然报了远征军政工班的名，但这不是考大学，我并无把握，说不定考试是一种形式，他们已经内定了人呢？像魏这样，到宁都找上官云相写个条子，不就立竿见影当了远征军的官了吗？另外，假使考不上，那我得到宁都参加入伍，但从河口到宁都要一笔旅费，我手头已经所剩无几了。怎样到宁都去呢？我曾写了封信给家在宁都的曹慎微，告诉他我在龙岭签名的经过，要他一旦有了入伍的消息后通知我，以便我赶回宁都，虽然我知道入伍的时间可能还要拖延下去。

经济的困窘出乎意料地得到改变，真是天无绝人之路。在河口不到一个礼拜，那天，上午一顿饭后到街上散步。"庆均！"一个熟悉的声音，抬头看到的是朱泽民。我知道他在河口江西裕民银行，他是庞家的亲戚，当然也是我家的亲戚。我离开越城到金华时住在萧山大昌酱园，就是他父亲写的信。3年前的暑期，我住在兰溪，他在金华君毅中学念书，假期也来兰溪，我们相处过一个暑期。后来由于他在裕民银行工作的哥哥不幸去世，按该行制度，他可以顶职。而且我已从庞世诚处听到，他刚刚返绍兴结婚，携带新婚的妻子从绍兴回到江西。我当然不会想到去找他，但这一天在街上邂逅。他拉我到家，刚刚吃过一顿饭，又由这位我应当称她"泽民舅母"的年轻女人烧了一顿丰盛的中餐。我约略地告诉了他学校迁宁都的经过，并且告诉他世诚还留在宁都。言谈中，他问起我的经济来源，因为他知道佩谦哥（指我舅父）已经回绍兴，笑风哥（指我父亲)怎样套汇钱给我。我只好告诉他,眼下确实有困难,假使回宁都没有便车,手头连旅费还没有呢。我说回宁都,指的是我回中正大学念书,因我不能把签名从军的事告诉他。他立刻取出 3000 元,并且说,不必客气,他会通知岷生哥(世诚的哥哥)要笑风哥从他处套汇的。后来,当岷生知道此事后,立刻把此款汇给泽民,而不通知我父亲。这些亲戚实在是很难得的,这笔钱在我到了远征军以后,弄清了事实,由我自己汇款归还。

七、青年远征军

莲荷"状元"

远征军政工班考试的前一天，王维贤派一个勤务兵到河口接我，一同步行到莲荷，魏光征也在，大家聊了很久，王安排我住宿。第二天应考，考试课目与大学考试相仿——国文、数学、英语、理化、史地，考了一天半，因为都是签名从军的人，表格上已经填写明白，所以没有口试。考试试题显然比考大学容易，我只记得作文题："岳武穆云：文官不爱钱，武将不怕死，天下太平矣。"我没有读过岳飞的这句话，但文题浅显，而且也适合时代潮流，所以还不失为一个佳题，当然可以即席拼凑几句，发挥一番。

考试在第二天上午结束，据说隔天就可以发榜，所以这天下午没有回河口，晚上魏和王到住处闲聊，一直谈到半夜。次日起得较迟，漱洗方毕，王维贤直奔而来，大声叫嚷："老陈，发榜了，头名状元。"魏也随即赶到，向王吹嘘："我的同学怎么样？"这天是礼拜六，第二天礼拜，魏、王两人陪我到河口，径到魏连长处向他报喜，邀他一起到一家颇像样的馆子吃饭，算是对我这位莲荷"状元"的庆贺，点了好几个菜，有酒。和眼下相比，3 位陆军上尉请一位"文学生"，实在相当简陋（原来说定魏、王两人请客，但结账时魏连长也坚持出一份，因为请"状元"是难得的机会）。当然，比比那个时代的物质条件和社会风气，这一顿还是相当阔绰了。酒醉饭饱以后，就转回这个"空壳连"，魏连长又派了一个勤务兵帮我提简单的行李，又送了我们一程，下午回到莲荷。

　　由于青年远征军政工人员训练班报到的日子还有两天,我仍然住在王维贤给我安排的那间房子里,白天看书,晚上则魏、王都过来谈天,并且来了一些军务处和军官队的人,多数都是他们在军校的同期同学,莲荷"状元"的称号,在这些人中颇流传了一番。并且遇上了在那里颇有权力的中校军务处长倪润之。

　　这天晚饭后,魏、王和我在路上散步。在莲荷,每人都是单身汉,下班以后的唯一活动就是散步。在散步时忽然迎面遇着一位魏和王都举手敬礼的人,原来就是倪润之,于是就为我做了介绍:政工班的莲荷"状元"。魏另外还吹嘘了一番,诸如小学的同班同学,功课一直领先,英文很好,经常发表文章等等之类。倪听了后很感兴趣,与我友好地攀谈起来,他说他过去也是"文学生",上海人,所以就地读书,在圣约翰毕业。圣约翰以英文著名,但他不念英语系,所以他的英文程度以 Freshman English 告终。他是不是圣约翰毕业当然不一定,例如祝同中学的史聿光,连校长介绍也说他是圣约翰毕业,但他自己写信告诉我,他没有毕业。不过从他所说 Freshman English 一语中,他念过大学是不假的。他说毕业时适逢"九一八"事变,请缨无门,才下了决心投考黄埔,在黄埔八期毕业。魏光征到此来插了一句,他说处长原是上校参谋,到远征军降了一级(确实有不少人到远征军降级或降职,但他们自己心甘情愿),是很委屈的。

　　倪润之说得很坦率,他说我原来签名从军是到远征军当兵,现在当了莲荷"状元"必然要在远征军做官。但是他劝我不要走他的路,职业军人不是我走的路,他自己实在也懊悔当年进黄埔。他说抗战胜利只是时间问题,一旦胜利你们就可以复员,打了多年仗,国家要建设,需要各种人材,我应该继续深造,当一个建设国家的专门人材。

　　穿插一点倪润之的事。他所说的懊悔当年进黄埔的话或许不假。莲荷以后,他去远征军二○八师师部当参谋,军阶恢复了上校。抗战胜利后我在德清,当时王维贤在六二三团战炮连当副连长,常常到我处来聊聊。他在进远征军以前曾与王晏清在一起,和王的关系颇不浅,当时王担任二○八师副师长,他们之间有信件往来,有一天,王维贤拿一封王晏清给他的信让我看,信中有一句是:"润之中途改行,当然吃亏。"这里所说的"中途改行",王维贤告诉我,倪不当上校参谋,到上海做生意去了。

　　再穿插这位少将副师长王晏清。直到民国三十七年(1948)在报上看到"板桥兵变"的事,是什么师不记得了,但领导这次"兵变"的师长就是王晏清。说明他后来当了师长。不禁使我记起了王维贤,他们的关系不错,则王晏清当师长后王维贤很可能跟着走。那么,王维贤想来也是"板桥兵变"中的一员了。王毕业于军校十七期,是个忠厚老实的好人,很以他的下场如何为念。

　　和倪润之谈话以后隔了一天,政工班开始报到,由于有些学员是从宁都、南平等地来的,也还有一些是赣、闽、浙、皖等省如三青团一类的机构保送的,所以报到期有3

天,我当然第一天就去,王维贤送我去的,政工班办公室的人都知道我的名字,报到手续简单,发给我作为一个学员的一切物件,我换上军装,心里颇感得意,因为办公室的好几位人员都说:"第一名来报到了。"说明莲荷"状元"他们都知道。后来想想,这种得意实在幼稚可笑,这个"状元"是怎样来的?我们家乡有句谚语:"矮子堆里挑长子。"实在是因为参考的人水平太低了。一百四五十人考上了不到30人,但这30人其实也都是"矮子"。开学第一天,与我编在同班的一位姓刘江西人和我说:"此番这个作文题目真是出得太好了,但不知岳武穆是谁,此人平时不大听到,不知现在当什么官?"

但是对于莲荷"状元"却不是这样,当王维贤第一个喊出这个名词的时候,我的确有些飘飘然。但第一天学员编班后就发现这个"状元"是什么东西?因为问我岳武穆现在当什么官的人,按老说法就是我的"同年"。我当然不会把所有"同年"们都看得像这位刘君一样。但是我能够当上"状元"的原因,已经心里有数了。政工班开学第一天青年远征军政工人员训练班以赣南来的刘汉清为少将班主任,湖南益阳人,早年在莫斯科中山大学,是蒋经国的同学。还有一位少将总教官詹纯鉴,比利时留学,学农出身,曾任江西农专校长,并当了三青团的江西省干事长,也是蒋经国的人。班部有一个办公室,里面有五六个座位,大概以萧昌乐为首。学员编制是一个大队,大队长黄贤度,江西人,但大队是空架子。下分三个中队,每个中队有指导员1人,干事2人,队长1人,队副1人,分队长2人。譬如我所在第一中队,队长胡静修,上校,浙江乐清人,黄埔三期,资格已算很高,是三战区派来的,没有实权。指导员陈方,上校,贵州人,中央政治学校毕业,属于新赣南系。干事2人,王昇,江西人,楼锡元,浙江萧山人,都是中校,也都是蒋经国的人。

在莲荷,统帅一切的当然是黄维,大家称他黄副监。从军阶说,他是莲荷唯一的中将。不过从机构来说,青年远征军政工人员训练班是独立的,这从顾祝同每礼拜一来主持纪念周时的称呼就可以听出来。他一上台,乐奏三番(因为他是上将)以后,他讲话开头总是:"黄副监,刘主任,各位官长,各位学员。"说明了政工班在莲荷的特殊性质。不过毕业纪念章却是统一的,凡是从莲荷出来的,都发一块圆形的纪念章,上面是三个英文字母OTC,据说这是桂林的传统,三个英文字母是Official Training Camp的缩写。

开学第一天上午主要是编班,一班大概有八九人,但是我现在能记得起的班友只有李传伟(福建人)、郑孟然(浙江人)、余有锄(浙江人)、朱我行(苏北人)、刘贻谋(江西人)、杜永年(江苏句容人)等,还有几位实在记不起了。郑孟然被指定为班长,他是浙江一个县的三青团干事长,这批人并不通过考试,是通过保送进来的。全中队有9

个班，分成 3 个分队，第一分队长由中队副许达是兼，他也是新赣南系统的人，第二分队长姓黄，第三分队长姓汤，都是部队里的人，是三战区派来的。三个分队主要是由指导员和干事领导。他们也正是 3 个人。

开学第一天的下午主要是中队长和分队长指导学员们搞内务。因为这些学员绝大部分都没有部队生活的经验。诸如被头怎样叠，毛巾怎样挂之类，统统需要他们现身说法地指导一遍。

最后一个节目也是大家想不到的，分队长要各班长让每个学员坐上自己的铺位，把刚刚新穿上的军装脱下来，然后取出针线包（也是每人都发的），穿上线，把新军装的任何一粒纽扣包括领上的风纪扣都加固一遍，因为当时从军需厂拿出来的新军装，纽扣是十分容易脱落的。学员中有的人从来就不曾用过针线，也只好勉强学着做。而且说真的，上身不过半天，的确已经有人掉了扣子，成为分队长现场教育的好教材，而且他们备有纽扣，立刻拿来为缺少的人补上。这件工作完成以后，整个营房和每个学员，都显得整整齐齐，一派军营气氛。而炊事班不久就送来晚餐。

整个白天都是几位队长忙忙碌碌，而政工人员即指导员和干事几乎没有露面，因为大家都知道晚上有一出他们导演的重头戏，戏的名称我忘记了，但内容主要是在院子里开一个座谈会，让全中队这 70 多位学员每个人介绍自己。因为大家都是萍水相逢，除了有些从新赣南来的以外，谁都不认识谁，所以开学伊始开这个座谈会是必要的。

晚上的会由指导员陈方主持，但全中队的大小官员都到场，因为大家都需要了解学员的情况。开始是陈方讲话，讲得很简单，因为每个学员都要讲，他不好多占时间。于是就按班次轮流，每人做自我介绍，主要是姓名、年龄、籍贯、学历和经历。有人说得很简单。基本上按上列项目报流水账，3 分钟就说完。有的人花较多时间，这中间一类人是借自我介绍做点吹嘘，例如绍兴人鲁风，不过是个读过中学的人，自我吹嘘是浙江大学化工系毕业，并且曾在三战区一个称为监护团的团部里当过上校团指导员，后来是自食其果。另一类人是年纪大，经历多，用 1950 年代以后的话说，叫作"历史复杂"。例如一位姓韩的海南岛文昌人，当时年已 40 出头，曾经当过两任县长和其他不少大大小小的职务。座谈会结束时，已经过了作息表上的熄灯时间。本来规定要中队长讲几句话。他只说了一句，他说，他带兵带了几十年，从来没有带过这样一批了不起的人。

中队长的话不无道理，这批人中除了当过县长的以外，当过与县长相似的官员者也有好几人。从学历上说，除年龄较大的杨稚伯毕业于辅仁大学外，毕业不久的（当然不计鲁风）按大学名称有光华大学、上海法学院、协和大学、中正大学、英士大学、江苏学院等,大学肄业的当然更多。其中各省保送而来的约有 10 人左右,这些人大概不介绍自己的学历,说明都是没有上过大学的,包括那位当过两任县长的韩氏在内。我的自我介绍当然最简单:中正大学肄业半年。后来我想到,"半年"的话就是言过其实,因为我在龙岭不过 3 个多月而已。我发言以后,王昇替我补充了一句:"他是莲荷考区第一名。"因为王是管我们这个分队的,所以他才说这话,也或许因为莲荷考区"中式"的人在这个中队不多,所以提出此事。在那个晚上听到队上有这许多大学毕业生(当时尚未知鲁风是作假的)和当过官的人,如中队长所说,是一批"了不起的人",我在这些人中间,只是个微不足道的小人物而已。

这一天是青年远征军政工人员训练班开学的第一天,但其实是个开学的预备日,把 3 个分队集中起来的真正开学,要到次日开始。

小人物走红

这个晚上的座谈会以后,我自己心里清楚,莲荷"状元"在这批"了不起的人"中间实在是个小人物。这当然并不是自卑感,回忆当时的思想,实在也很幼稚,因为那些大学毕业生,没有一个出自名牌大学;而那些做过官的人,因为我自己知道,将来不会去干这一行,他们绝非我的同路人。除了佩服他们签名从军这一点外,从心底里还是自命清高的,绝不在莲荷这个地方从俗浮沉。只是希望早点结束训练,去到部队,然后"飞过世界上第一高山",上印缅前线报效祖国。

但是事情的发展却不是这样,这位小人物颇得到一些人的重视。譬如,政工班《班报》的主编立刻前来访问,约我写稿(我当然不会在这种东西上写稿),演讲比赛的主办人,竭诚希望我参加比赛(我认为在为时短促的训练期间这种活动没有必要)。其至一位主管"亲爱社"(干部训练团的俱乐部)的年轻女士,念过大学一年,在我去打乒乓球的时候,主动要求我晚上为她补习英语,因为她将来也要跟远征军走。我不知道她怎么知道我能教她英语。

在中队里,指导员和两位干事,在讲话中几次提到我,仍然重复"莲荷考区第一名"的话。我们这个分队是王昇负责的,按例对每个人做个别谈话。他找我谈话时所说的大意是,这里的人都是有来头的,胜利以后也都是要复员的,他们都有来路,也都有去路。我的来路是个大学生,但是由于既聪明而又有学问,因此我的去路肯定与众不同,必定是要成为一位有学问的名人。我不管这里闲杂事务是对的(我刚拒绝了《班报》的约稿,《班报》头头向他反映了),他完全支持我,不过要我说话婉转些就是了。他特别提出,包括指导员在内的几个人,对我都另眼相看,中队里有些爱多事和出风头的人,我不必与他们计较,不久就看到分晓。王昇说这话并非等闲之谈,因为到最后分配工作时,我的确超过与我同辈和高一辈的人。

后来我也曾做过一点反省,评估一下我这个小人物在政工班走红的原因,按我自己想到的大概有三个方面:

第一,莲荷"状元"当然不无影响,而且我在政工班是最年轻的学员之一。不少人城府深,他们为了分配工作等等原因,在诸如小组讨论和其他场合,说话小心翼翼、四平八稳。但我年轻不懂事,想说就说,记得在小组会上我曾经大骂孔祥熙和他一家,因为据说在香港陷敌前,他女儿离开香港时曾带了洋狗上飞机。也骂了何应钦,说他庸碌无能。有一位年纪大的前辈在一次小组会后,曾拍拍我的肩膀笑着对我说:"童言无忌。"意思是,年轻人,说话过火了。但是后来偶然知道,指导员陈方在背后提及我是"心直口快"。

第二个原因实际上出于偶然,政工班开学时,军官队和政工班一些官员,曾经举行过一次军政联席会议,军官队的一些处长和政工班的指导员和干事等都到了。军务处长倪润之发言,他说老部队里的政工人员被诮为"卖膏药",因为这些人混日子,没有真才实学。如今的政工班中有许多大学生,他们血气方刚,参加远征军报效祖国,值得称赞。例如莲荷考区的头名"状元"陈某人,他就认识,此人不仅有学问,而且英文很好,远征出国,需要的就是这样的人。这件事后来是王昇告诉我的。王问我:"你和倪处长认识?"我老实告诉他,都是我的一位小学同学向倪吹嘘的。至此我才知道,"亲爱社"的那位念过一年大学的女士求我补习英文,恐怕也是同一消息来源。

第三个原因是,我住在河口"空壳连"吃一日两顿糙米饭时,曾经写过一篇题为《漫谈吃》的杂文。或许是因为吃糙米饭的牢骚,也或许是想赚点稿费。因为我知道《前线日报》看得起我,写好后就寄给《前线日报》。想不到在政工班开学后的第三四天,这篇颇长的文章作为副刊的首篇发表了。《前线日报》当天上午就在莲荷见报,并且贴在每个中队的阅报栏上。干事楼锡源这天中午就和我说:"你的大作拜读了,真是入木三分,我们中队的壁报要靠你了。"当时年轻,自视很高,对他的话实在反感,我的文章可以和壁报相比吗?对于当时流行的抗战八股,所谓包(报)赢必(壁)胜,我从来不屑一顾。楼想以此要我办中队的壁报,我当然谢绝。

其实,我的这篇文章假使发表于今天,一定会受到斥责。文章的第一部分是议论中国历来讲究吃的风气,任何一个节日,都有吃的内容,清明吃艾饺,端午吃粽子,中秋吃月饼,大吃大喝的农历过年不久,吃汤团的元宵接着来到。对于这部分,眼下弄饮食文化的先生们一定很有反感:"把我们传统的优越饮食文化说成这样?"第二部分是承前所论,说明当时社会上用"吃"作为一种工作手段:托事,请客;谋职,请客;下属对上司,请客;平头百姓对保甲长,请客;"黄鱼"对司机、押运员,请客。……这一部分要是和今天相比,现在的人一定要说过去的人寒酸小气。所以这一部分显然也不合当前时宜。第三部分引《秦归吟》,说黄巢之乱时,许多人饿死,就是黄巢自己,日子也不好过:"尚让厨中食木皮,黄巢机上到人肉。"又说:"朝餐一味人肝胲。"我的文章说,眼前前方吃紧,后方紧吃,虽然前线战死的和后方饿死的,都是骨瘦如柴,刮不下多少肉来,但肝胲毕竟还是一样的。现在的这些阔老大爷们,何不学学黄巢,换换他们吃腻了的口味。这最后几句,或许就是楼锡源夸赞的"入木三分"。

我到内地后实在已经发过不少篇杂文,但由于此文恰巧刊登在开班之初,又由于内容投合包括中校干事楼锡源一类不满现实的人,所以在政工班产生了不小的影响,在不少人心目中,这个初出茅庐的小人物,也被他们排在"了不起的人"中间了。

这篇杂文又招来了另外一个麻烦。开班不久,班里就号召大家(包括官员和学员)编出一首如同校歌一样的纪念性歌谣,名为《莲荷谣》,请人配上曲子,即使将来到印度、缅甸,甚至胜利归国,永远都可吟唱。稿件在评议后公布,然后配曲,让大家学唱。第一中队的不少人瞩目于我,楼锡源几次催我,甚至指导员陈方也找我说,我们全班的第一中队,要带带头弄个集体荣誉。我实在大为懊恼,我这个从小读熟《毛诗》的人,难道要与这个"谣"字打交道,沦落到引车卖浆者流? 在我的班长郑孟然与我说此事时,我实在按捺不住而形之于色。当时我也想好了几句话,等待王昇就此事开口。而王对此始终不措一辞,让我比较安心。后来想想,当年的确比较幼稚,所以最后一次在班内互相议论的小组会上(类似1950年代的"民主生活"),好几位班友在讲了许多好话以后,说我的主要不足是骄傲,良有以也。

附带把不久以后公布为第一名的《莲荷谣》回忆一下。作者署名"耳氏",不知真名。歌谣的词句是:

　　　　山青青,水泱泱,莲荷山水青,莲荷山水长。

　　　　中华儿女来四方,荷枪执笔聚一堂。聚一堂,练刀枪,远征三岛再还乡。

　　　　再还乡,永不忘,莲荷山水青又长。

在以后的日子里,我的思想有了一些变化,虽然不会把这类东西当作阳春白雪,但也不会把它们视为下里巴人。《莲荷谣》就其措词立意来说还算不错。只可惜《谣》与莲荷的实际并不符合,那里的山水既不青,也不长。

政工班的训练

政工班为期1个月,按训练的主要内容分成4周。第一周称为入伍周,以后3周也各有其名,但我记不得了。

一个月之中,训练主要有三个方面:术科、学科和活动。术科和学科的名目很多,活动主要只有两次。学员在思想上主要看重术科,因为要出国上战场,术科是打敌人也是保护自己的主要手段。术科当然相当苦,但是多数人愿意受这种苦。

现在回忆政工班的一个月训练过程,开始是从一次活动发端的。开学那天晚上的座谈会,虽然也算活动,但这是3个中队分别举行的,而且主要只是自我介绍,不是什么重要的事。第一次重要的活动,也是开学伊始就举行的,或许是第二天,也或许是第三天。吃过晚饭,各人携一只小凳,到附近山上的一块小坪上,3个中队有200人左右,大家围坐着,听王昇讲话,以后才清楚这个活动的名称,所谓"月光晚会"。王昇的讲话内容,是介绍蒋经国的事迹。因为蒋经国是青年远征军政工人员训练班的核心,则为他树立权威这是理所当然。不过王昇在那晚上说的话,其中有不少我在赣州时就已经听到了,对于那些来自新赣南的人,或许属于老生常谈。常常传颂的故事之一,是他一次下乡到农村视察,有一位妇女追上来送他一个小包,里面是3只鸡蛋。返城后打开鸡蛋,蛋黄已经都散了,说明这位妇女是舍不得吃而藏着的,由于敬佩蒋专员才把这三个蛋送上。这类故事主要为了说明新赣南老百姓对蒋经国的崇拜。

这次"月光晚会"的主要目的当然是为蒋经国建立形象,但同时却也为王昇在政工班提高了身份。在整个政工班,像王昇这样的中校干事有6位,而宣传蒋经国的事迹却轮到他。事后我确实听到一些人说,王昇是蒋经国身边的得力人物。

正式的术科和学科是在这次"月光晚会"以后开始的。术科的教官当然都是军校出身的,他们多数从前两年桂林的干部训练团出来的,桂林的训练团是中美合办,用的是美式训练方法,武器也多半是美式武器。我记得最特殊的一种是战车防御枪。由于日军的坦克在战场占优势,而我们缺乏战防炮(平射炮),所以用这种特殊的战防枪代替。其实这种枪在战场上使用恐怕很有困难,因为它不像战防炮那样可以射击坦克车身,必须在坦克行驶经过棱线时射击其暴露的履带车胎。枪身特别长大,枪弹也很大,射击时,后推力十分巨大,射击一次,可以使肩胛痛几天,所以实在是中国战场中的"特殊武器"。政工班在3个中队以外还有1个女学员班,她们不做这种实弹射击,连掷手榴弹都存在危险,一次掷手榴弹,一位女学员竟把弹掷在身边,教官一跃抱住她两人滚入掩蔽体内,总算幸免于难,目睹这个惊险场面,大家为他们捏一把冷汗。

最基本的武器当然是步枪,远征军使用的是一种稍作改进的所谓"中正式"。但使用方法较传统的《步兵操典》有了变化,例如"调整皮带"。在《步兵操典》中,步枪的皮带除了行军时背负以外,不派其他用场。但美式使用兼及射击,所以有"调整皮带"这种训练。因为在战场上,步枪的使用场合千变万化,并不一定有一个理想的阵地让你卧射。"调整皮带"的意思是调节皮带的长度,让它能在你手臂上套牢两转,紧紧地扎住手臂,射击时枪身就能稳定,有利于瞄准。诸如此类的动作,学员都要多次训练,而且教官要检查,你的"调整"是否合适。

术科以外的学科,内容包括军事的和政治的,但以后者为多,其实学员们并不重视,而多数教官的讲授实在不敢恭维。例如第一堂课是黄维亲自讲出的《军纪》。但他除了"军纪是军队的命脉"一句外,两个钟头里实在是东拉西扯。他从军纪一转到远征军的一日三餐。他说现在我们在莲荷吃的伙食标准就是远征军的标准,士兵吃得怎么好,在中国没有前例(的确好,每餐有肉有蛋有蔬菜,有时还有鱼,而且都有数量的规定,非常丰厚)。他说这个问题中央讨论时他在场,委座(指蒋介石)提出远征军要一日三餐,当时有几位熟悉后勤的官员申述了部队中实行一日三餐的难处,委座不再说话,但看样子他似乎还在考虑。后来仍然决定一日三餐,而且伙食标准定得这样高,这些都是委座的主张。一堂重要的"军纪"课,就是这样拉扯过去了。

政治性的学科名目甚多,如《总理遗教》、《总裁言行》等等,还请来中正大学汪大铸讲了《国防地理》,此人,在龙岭时也开过此课,我曾去听过一次,但内容平平,无足称道。此外还有一些专题演讲,如知名学者杨潮(羊枣)讲"国际形势",协和大学教务长檀仁梅讲"欧美礼俗"之类。

从学员听这类政治学科的态度和课后的议论中回忆,可以看得出当时的思想言论,还具有被后来人所称为"资产阶级"或"资本主义"的自由。例如一位讲"总裁言行"的教官,课堂上拉扯到蒋的日常生活的简朴。他说委员长的一日三餐很简单,早餐就爱吃点宁波式的酱菜之类,中晚餐也不讲究,为了保证他的营养,一天用两只鸡,老母鸡炖汤,嫩鸡取肉。课后,我听到不止一二人谈过这样的话:"一只鸡就够了,他吃得了两只吗?"也有人说这样的话:"他自己或许想简朴,但周围的人不会让他简朴。"这些话我都是在许多人闲聊时的公开场合听到的,因为当时并无诸如"汇报"、"小报告"之类的顾忌。而且总的说来,这些教官们的话还不算过分,因为事实上,不管老子、儿子,都是如日中天的时候,但他们在课堂中所讲的,除了个别的不免肉麻之外,还听不出有什么神化的味道。

与学科相配合,还请来一些名流举行座谈会。例如请暨南大学的方光焘等教授来举行了一次漫谈式的座谈,前提是用英语,显然是为远征军出国后要与外国人打交道。这样的座谈会是自由参加的,先由几位教授谈,然后大家谈。我当然比较应付裕如,而据我在会上的"听察",参加者多数人一言不发,发言的除了福州的陈万涛以外,其余的到国外恐怕还得重新再学。

记得在荒唐年代被关押在"牛棚"中时,忠于毛泽东思想的打手们对我进行长时间的审讯,实际上是一种精神威胁和肉体折磨兼而有之的拷问,交代在远征军政工班中的反共行动。假使可以平心静气的说话,此事其实简单,在议会民主或者按马克思的说法"议会痴"的社会里,不同政见的党之间,总是互相"反"的。在不是议会民主的社会里,一个拥有武力的执政党对另一个政见相反而又拥有武力的党,不"反"才是怪事。不过要讲清当时"反"的具体行动,还应当实事求是。"总理遗教"、"总裁言行"等课程,在当时都不是为了反共而开设的。"月光晚会"也不是为了反共,而是为了替蒋经国造声势。一个执政党不为自己的核心人物造声势,难道要它宣扬"奸党"(国民党的有些报刊中确实使用这个名称,政工班中也使用过一次,目的是为了反共)? 在整个政工班训练中,真正反共的活动,就是座谈"奸党的兵运"这一次。

这次活动是分中队进行的,所以规模不及"月光晚会"。记得是一个下午,由一位来自三战区的官员主持,全中队学员围坐在院子中,指导员陈方主持座谈会,他说座谈会内容是请三战区的某官(忘记了姓名职称)与大家谈谈"奸党的兵运"。接着由此人讲了一套话,至此我才明白座谈会的主旨是谈共产党怎样调运军队以反对当道。他讲了不到一个钟头,就让大家发言,有些人的发言是为了趁机表现一下他自己,所以不得要领。有一位苏北人说,他自己在苏北的亲身见闻:国军在那里收编了许多杂牌军,纪律荡然,与"和平军"无异,但共产党的部队纪律好,在当地有良好影响,所以我们这样干是不行的,会失去民心。他发言时,三战区来的那位频频点头,表示首肯。福建人卢翔彩说了一大篇,头头是道,而且充分理解"兵运"一词的意义。卢是陈方和王昇很欣赏的人,而且早已表示过要在远征军和以后的建军工作中干一辈子。所以他的发言估计是事前在陈方或王昇指导下准备好的。座谈会结束前,陈方做了简单的小结,并且表扬了卢的发言。

卢翔彩年纪不大,人聪明,口才也好,我对他颇有好感。但自从在一次公开集会上他表示要为"建军"事业干一辈子后,我就与他疏远了。一个年轻人,在抗战胜利以后仍然留在军队里而不去干一番自己的事业,最后弄得像魏光征那样的一身兵油子气,这有什么意思呢? 当然,我那时幼稚,对"事业"一词的概念也是很模糊的。不过后来我知道,在远征军复员后,王昇的确把他带到国防部预备干部局工作,从他自己来说,他的抱负还是实现了的。

政工班一个月的主要训练内容就是如此,此外当然还有一些活动,例如黄维和顾祝同都曾到班"点名"。当时看来这是一项很重要的事,事前并且让学员"备课",怎样在长官点到名字时立正叫"有"! 并且双目紧盯长官之类。其实不过是部队中的一些形式而已。

政工班的最后一周,学员中哼《莲荷谣》的声音多起来了。此谣已经配上曲子在班内流行一个多礼拜了,但这时候骤然许多人都哼它,因为大家都知道分手的时候到了。人们把它当作骊歌,所以在各个分队,都可以听到《谣》声。

对于不少人来说,哼骊歌这几天是非常紧张的,其中多数人在盼望自己能获得一个较高的军阶、较好的工作。少数人,主要是来自新赣南的人和几个省保送来的人,他们则进行活动,活动的内容包括从内外托人说情,让自己获益;也设法到处打听,自己到底能得到什么军阶。不过应该说,真正钻营的人是极少数,多数人的心态是预测、希望和等待,有些人变得沉默寡言,他们或许是在默祷。

我自己的心态是平静的,到了此时,又想到了这一点,和不少王昇所说的"有来路"的人相比,我不过是个小人物而已。所以仍然一切如常,既不预测,也不打听。而中队内还有人半正经半开玩笑地和我说,说中队的政治领导都赏识我,我必然已经知道了自己的着落,所以可以"笃定"。

大概在宣布每人去向前的三四天,我吃过晚饭,走出中队大门散步,王昇从后面叫我,并且挥手要我继续向前走,他快步上来说:"到我太太那边谈几句。"他太太我知道是女学员队队长,叫胡香棣,我们当然并不认识。到了那里,我按理先向她敬礼,王立刻介绍,说我们是老乡(胡是宁波人),是他见过的难得的聪明人,有学问,将来必然是个人物,现在大家快要散伙,借她房间聊聊。他首先告诉我,我已被破格以上尉连训导员任用,是他提出而获得陈方和楼锡源同意的。与我情况相似的,都作为中尉连干事任用。他嘱咐我,别人说我骄傲,是因为我懂得太多,与班上其他许多人在知识上很不相称,所以我表现出不耐烦与他们打交道,这是他们说我骄傲的主要原因。但是以蒋专员(指蒋经国)为例,他的知识何等丰富,我辈实在无法相比,但他对我们却何等耐心,从不计较我们的幼稚无知。所以我必须向蒋专员学习,他是我们大家的榜样。到了连上,连排长在一般知识方面比政工班学员更不如,但他们有作战经验,我若不与他们合作,在战场上就要吃亏。他又说到战争形势,在他看来,依靠美国的力量,不出3年就可以打败日本,像我这样有才能的人,当然不应留在部队里,应该继续深造,还可以出国留学。他的这一番话说得很诚恳,毫无长官对下属说话的姿态。在离开胡队长室时,他对他太太说:"你们这位老乡了不起,将来不是大使就是教授。"他要我先走,自己与太太说几句话。其实他是为了不让别人看到他与我在一起,真是小心翼翼。

他的这一番话,很久让我感到言犹在耳。对一个小人物做出这样评价,说实话也让我感激他。而且他的评价不是单纯的鼓励,因为实际上是以我不应获得的上尉军阶证明他说话的真实性的。40多年以后,我在《参考消息》上获悉他在台湾受贬,被流放到南美洲一个小国当"大使"。而我在历尽了荒唐年代的各种苦难以后当了教授,回忆他那天的"大使"、"教授"之语,犹言在耳,溯昔抚今,真是不胜感慨。

　　在莲荷的最后一天才宣布各人的结果,青年远征军在东南建立二〇八、二〇九两个师,前者以政工班的总教官詹纯鉴为师政治部主任,后者以班主任刘汉清为师政治部主任。前者的师司令部在江西黎川,后者在广东蕉岭(与福建上杭接壤)。我被宣布任命为二〇八师六二三团第一营机枪连连训导员。在我的中队中,最年轻的几个人里,获得上尉军阶的就是卢翔彩和我两人,许多班友在骊歌声中向我祝贺,我感到,对卢和我两个年轻人来说,任命还是公正的。因卢能说会道,也聪明,而且公开声称要一辈子在部队里干下去。而我则一直表示打了胜仗后立刻退伍,做我自己的事业。虽然除了祖父在我幼年时一再嘱咐的所谓“立德、立功、立言”以外,对于“事业”,我其实一直模模糊糊。

　　在这件事中我当然佩服王昇的处事为人,我曾经报考过中央政治学校外交系以及打了胜仗后退伍的话,都是我自己告诉他的,对于我个人的这种思想,他从来不曾诱导什么,而是采用顺水推舟的方法,鼓励我退伍后继续深造。对于卢翔彩,他们之间谈了什么话我不知道,但是王显然也对他顺水推舟,而且事实上在复员后把他引进到预备干部局。这或许是他的成功之道,至于他最后为什么被贬,就不得而知了。

　　民国三十四年(1945)5月初,我随大伙离开了莲荷。

黎川报到

　　我们被几辆大卡车送到黎川,沿途经过河口、金溪和南城,都稍事停靠休息,当晚到达黎川。黎川是个江西边境的山区小县,师司令部和若干师的直属部队在那里,当晚就由政治部主任詹纯鉴训话,此人是个留洋学农的学者,虽然已在蒋经国之下当官数年,但官气还不多。次日,师长黄珍吾(黄埔一期,中将,海南岛人)、副师长王晏清(少将)、参谋长贺锄非(少将)都来训话,说明了他们对这批新的政工人员的重视,当然,蒋经国的这块牌子起了极大作用。二〇八师辖六二二、六二三、六二四三团,分别由王大钧、王永树、陆静澄任团长,也都是少将衔。六二二团和六二四团分别驻扎在与福建接壤的樟村和横村,靠近赣、闽间武夷山脉的德胜关,六二三团驻黎川城郊的三都,由于营房尚未造好,暂驻南城县的硝石镇。

　　在黎川报到以后,除了师政治部和各直属营留在黎川外,其余都分别到各团部报到。团的政工机构称为督导员室,六二三团中校团督导员张欣歌,原是政工班的中校干事。下设一二两股,第一股少校股长刘晓风,管政治,第二股上尉股长谢志超,管财务,都是新赣南系统的人。上尉股员唐彦扬,写得一手好字;中尉股员牛文初;准尉股员严凌月,是刘晓风的未婚妻,也是政工班学员,因成绩不及格不算结业,所以只以准尉任用。督导员室还有一个俱乐部,设有少校总干事 1 人和干事若干人,总干事杨稚伯,是全团年龄最大的政工人员,老成持重,为人忠厚。各连和团直属营连的政工机构是营指导员室和连训导员室,连训导员室的编制是上尉训导员 1 人,中尉干事 1 人。六二三团的连训导员中,有毕业于厦门大学的杨文生,毕业于协和大学的林汝坤和许步英,毕业于中正大学的章志昌,毕业于暨南大学的陈文沅,毕业于英士大学的姜祥尧和余有锄,毕业于江苏学院的雍万里和刘永生。假冒浙江大学毕业的鲁风,当时尚未被完全戳穿。在中尉连干事中,如傅晓声、林寿朋和江鸿祥,都已在暨南大学肄业 3 年。所以从六二三团来看,政工人员的水平是相当高的,其余各团和师直属营,也大率类此。由于两个师的政工人员靠一期政工班的学员配备,力量仍然不够,所以莲荷又继续办了第二期政工班,第二期政工班在学员的学历上要求更高,没有各省的保送人员,结业后继续补充到这两个师。所以从总体来说,远征军的政工人员是相当充实的。

　　六二三团的全体政工人员用辆卡车送到黎川与南城之间属于南城的硝石镇,硝石是一条长街,督导员室在街口,已由先站人员安排好,到那里稍事休息,全体去街中心的团部,受到团长王永树的接见并训话,王是浙江淳安威坪镇人,军校出来后一直带兵,后又调去陆军大学学习,所以号称陆大毕业。副团长陈佑明,在师部工作,一直不曾到团,却一直挂了名。团副姓阚,后来又来了一位叫廖建英的广东人,都是中校衔。此外到场的还有军需主任、副官,以及一位姓费的卫生队长,他是浙江德清人,少校,不是正规的医科大学出身,但一直在部队当军医,虽然后来与我很熟,但医道并不高明,而他手下的两三位上尉军医,都是签名从军的医科大学毕业生。

　　从团部出来以后又回到督导员室,因为这天下午就要各下连队,张欣歌不免要和大家叮嘱一番。张本人也来自赣南,但估计他是投奔赣州为时不久的人,不知道他有什么学历(当然不是科班出身),但老于世故,湖南人,带了夫人和两个幼年孩子上任。大概由于看到他部下的人都有较高学历,所以说话比较坦率。他说话的意思是,我们到了这里,以融洽关系为第一。在团里,他和团长的军阶相距很大(中校与少将的差距),所以应该恭恭敬敬。各位到连上,训导员和连长是相同的军阶(上尉),可以不亢不卑。但是将来要打仗,我们毕竟都没有上过战场,所以凡事也以尊重连长为好。他的这一席话不无道理,我们签名从军,为的是上前线打仗,一切都应服从这件头等大事。

　　下午又从督导员室去到团部,因为下连队有一个小小的仪式,大概两点光景,各连连长都到团部,首先是团长把督导员介绍给各连长,然后是各连长和训导员互相介绍,最后是连长带了训导员和干事到各连上任,因为各连都驻扎在硝石镇以外的村子里,所以是各走各的路。这一批人,原来都是签名从军的,现在,"从军"成了"从官",我在龙岭签名时,连"龙岭英雄"的条子都不愿挂,是铁了心当兵的,眼下的结局,不仅非我所料及,也并不是我所追求的,当然,我还是下定了决心,到连队以后,要和士兵一起学习使用武器的技术,则去到印缅前线以后也能参加战斗。

机枪一连

第一营机枪连,在团里统称机一连,1个团有3营,所以有3个机枪连,即机一连、机二连和机三连。

附带回忆一下第一营,我到连上后不久就发现,营的建置在训练阶段并不重要。营部的编制也很简单,营长是黄埔八期的上海人蔡轶伦,原来已有上校军衔,到远征军后降为中校,副营长是少校,姓韩。此外是姓张的中尉副官和一位名叫金言的中尉书记。营长后来与我颇熟稔,他告诉我他原来毕业于上海中华商职,是当年一所颇有名气的学校,以后因为想当官,才进了黄埔。金言是文学生出身,大概中学程度,浙江浦江人,在部队也已较久。他常愿在晚上无事时到我房内坐坐聊聊,据他说,不仅因为都是浙江人,主要是因为我没有官气,平等待人。他年岁已不小,带了家眷。在老部队薪饷低,生计困难,但远征军的薪饷比老部队高一倍多,又吃得这样好,一下子变得宽裕了。

连长到团部接我时,曾问起我其他各连训导员都配了连干事,我为什么没有干事。我告诉他,因为政工人员不够,所以六二三团唯独我暂时不配。这其实是王昇的安排,承蒙他认为我有能力,撑得住开创局面,由于政工人员不够,每团都有若干连暂缺干事,到第二期结业一定给我配个好的,我当然只好同意。其实六二三团缺干事就是我1人。不过张欣歌向连长介绍时已经特别提出我是莲荷"状元",所以连长即时理解我是属于"能者多劳"。

到了连部后,我的住处早已安排妥当,机一连在全团中算得上驻地离团部最近的连,离硝石镇不过三四百米,连部其实就是此镇的乡主庙(土地庙)。离营部则不过200米。我稍作安顿后即与连长同到连部,此连尚无连副,但4位排长即刻来到,部队里规矩严格,他们都先立正向我敬礼,然后就座。连长把我做了约略介绍,其实是把张欣歌的话照搬一次:大学生,有学问,莲荷"状元"。这些排长都从莲荷出来,对莲荷都有感情。所以莲荷"状元"到了连队仍能沾光。因为以后连上有些士兵曾对我说,他们听说我是莲荷"状元",这些当然是排长传出来的。

第二天上午,按部队习惯,要举行一个所谓"布达式",由连长把我正式介绍给全连官兵,这样,我才算正式上任了。这天晚上,我独自坐在训导员室内,翻阅全连官兵花名册,不要说当官的个个都比我年长,当兵的也有不少年纪大于我的。我这个虚龄23岁的小伙子,现在成为这个连的第二把手。要不是在宁都与魏光征邂逅,我当然也在二〇八或二〇九师的那个连上当兵,而且心甘情愿。自从我懂事以来,对于读书和考试,我一直信心实足,而且也从来不曾失败过。但现在的事情发展,实非我初料所及,也不是我能力所及,以后的事情,只好走着瞧了。

机一连的情况大概是这样的:

连长李盛宏,是全团唯一的少校连长,湖南汉寿人,是"教导队"出身,不算正式军校,但是身经百战。"八一三"上海之战时他当排长,最后败下阵来,而且他是从大场撤出的,当时的情况,他的目击感慨:"真是兵败如山倒。"后来升了连长,在反攻宜昌之战中,他是少校营长,在接近宜昌城的一座山阜上手臂中弹负伤。他告诉我,当时报载我军曾一度克服宜昌,这是不真实的,因为担任冲锋的先头部队就是他们营,前哨只打到距离宜昌城四五百米之地,其实并未进入城区。伤愈后,他到军校三分校当少校区队长,直到调入远征军。他曾娶妻生子,妻已亡故,儿子在汉寿老家。我与他一直相处较好,从他那里获得许多战争逸闻,可说得益不浅。

第一排中尉排长林家枝,福建人,军校十七期,比较拘谨,也相当矜恃,但为人正直。第二排中尉排长应陶中,浙江乐清人,军校十七期,比较随和,自得其乐。第三排排长姓张,单名,福建人,与我关系很好,比较聪明开朗,知识面较广,也是军校十七期,可惜我忘记了他的名字。3个多月后,他调去师部某直属连,接上来的也是一位张排长,为人也很开朗,福州人,生活在上海,与我的关系也很好,可惜对远征军的紧张生活受不了,抗战胜利消息降临后,他就请了长假(部队里话称离开部队为"请长假")。第四排少尉排长宋景梁,福建莆田人,军校十八期,非常拘谨,但为人忠厚老实,属于一位兢兢业业的职业军人。部队从硝石迁往新营房三都后,又来了中尉连副娄荣明,军校十七期,浙江天台人,为人直爽开朗,和我很说得来。此外还有一位准尉特务长彭辉,管后勤杂务,是原来的老部队留下来的。因为远征军的建立,国军撤销了一个师的编制,全师军官调往他处,士兵则多数留用,例如师部直属的两个辎重连,实际上是挑夫,当然不好让知识青年干,此外,全师各连的炊事班、理发兵、号兵、官长的勤务兵等等,也都由这个师的兵担任,这些老兵,在远征军中称为"杂兵"。但他们留在远征军中,伙食吃得好,薪饷也增加,所以一般都很乐意。

这个连的情况大概就是如此,全连4个排8个班,每班士兵12人,所以正规的兵员全连还不到100人,比其他连要少。其武器配备是每排两挺马克沁重机枪,但我到那里时,全连还只有一挺捷克式重机枪,要等以后陆续运到。

文书和勤务兵

　　我到连上的当天,已有一个勤务兵等候着。连训导员室有两个勤务兵的编制,连长因为事前看到名单,我的名字下没有干事,所以只给我从"杂兵"中选了一个,他问我要不要按编制再加选一个,我说不需要。这个勤务兵叫方吉洪,后来一直与我在一起。

　　连训导员室的编制中还有一名上士文书,这是要从远征军内部挑选的。连长自己已经挑选了文书上士吴文源和军需上士徐九如,据他说都还不错,他因为亲自接收了这些到连上报到的知识青年,和他们相处已有 20 多天,情况比较熟悉。让我自己拿了花名册选,花名册上无非是籍贯、年龄和学历,还不如让他选为好。他花了两三天时间,为我选出了江西星子县人殷考诚,学历是初中二年级。在那个时代,初中在一个县里不多,特别是像星子这样的小县,我叫他来与他面谈了一次,他已经从连长处知道了我的一点"来头",表示很愿意为我工作,我看他虽然幼稚些,没有像连文书上士和军需上士那样老成,但是训导员室的工作不多,而且他看去还是勤恳朴实的,就决定用他了。

　　他接着就到训导员室正式报到,而此后不久,我对他有了较深的了解,他虽然只读完初中两年,但在班上的成绩是优秀的。和我一样,凭一腔热血签名从军。他到训导员室当文书,地位和待遇都有了提高,但顾虑的是能否与连上其他士兵一样学到战斗技术,将来到了印缅,是否能与其他士兵一样到最前线参加战斗。我告诉他,不仅他仍然要参加连上的一切训练,连我也尽可能要参加,将来连干事来了,我也要让他参加。我并且与连长打了招呼,训导员室的文书工作不多,不少抄抄写写的事,我自己也干得了,不是特殊情况,殷考诚一律参加学、术科训练。另外,我托人到南城买来一套初三课本,包括国文、英文、几何学、化学(他初二时已学完物理学)、历史、地理,要他在训导员室自修,因为这些课本,我都指导得了。我对他的希望,其实也和倪润之、王昇对我的希望一样,抗战胜利以后,继续念完初中,然后再念高中,上大学。

　　我之所以这样督促和鼓励他,并不单因为他是我的上士文书,因为我发现他的智力属于中上等,譬如我在开明英语课本上选了一篇安徒生的《皇帝的新衣》让他读,我是主张背诵的,他不久就把课文背了出来。例如化学,他感到比初二念的物理学有兴趣,每一章下的习题也都做了,而且基本上都做得正确。所以我认为他以后继续读书,是能够成材的。总的说来,他在训导员室自学是有成绩的。从硝石到黎川三都,从三都到福州,为时不过 3 个多月,初中三年级的课本已基本自学完毕,平面几何学或许较逊,但三角形和圆这两个重要部分都做了习题。对于国文,我后来干脆放弃了教科书,要他背诵《古文观止》,在《国语》、《左传》、《战国策》三者之中各选两篇精读,读到能背诵,其余的能读能解即可。西汉文精读《报任少卿书》,此外精读的是《李陵答苏武书》、《出师表》、《归去来辞》和《陈情表》,骈体文,只读《滕王阁序》,韩柳文章只精读《柳子厚墓志铭》。我教他国文与别的课程不同,是根据我自己的成见和爱好,例如因为我不爱骈体文,所以只要他读熟一篇,因为他是江西人,所以读了《滕王阁序》。开始读韩柳文章时,他感到趣味不及王勃、骆宾王等,但在精读了《柳子厚墓志铭》后,他感到"文起八代之衰"确是中国文学史上的进步。他特别欣赏韩愈"呜呼,士穷乃见节义"这一段,居然说出这篇文章教他"读书为人"的话,小小年纪说这样的话,未免少年老成,这大概是受我的影响。

从福州到德清以后,我因为新建了家庭而减少了对他的指导,国文我只让他继续念《古文观止》,从绍兴带出一册林汉达编的《高中英语读本》第一册,我只记得开卷第一课是从亚米契斯《爱的教育》中选出的,我只教了他这一课,而且要他读得能背诵。又弄来了吕思勉的《中国通史》让他自学。因为"预备军官教育"紧张,他自学的时间也减少了。所以这3个多月时间,我对他显然放松了。当然,让他在复员以后在沪杭一带进入一所高中的希望,我仍然毫不动摇,而且认为这是不久就可以做到的事。我坚信他已经具备了进入高中的学业基础,这或许是我对他放松的另一原因。

令人不胜遗憾的是,远征军的复员工作并不在驻地德清办理,二〇八师是集中到嘉兴复员的。我则因为家庭私事忙碌,训导员室的事多由干事江鸿祥经管。我经杭州返回绍兴几天,回到德清时,全团所有士兵都作为"预备军官"到嘉兴去集中复员,临别前没有和他好好地谈一次,实在让我后悔。他骤离德清时,据江鸿祥说曾经几次找我,他一定也感到非常失望。

江鸿祥告诉我,他在复员志愿表上填写的志愿并不是读高中而是继续留营。他几次找我,一定是为复员填表的问题。他之所以决定留营而不升学,显然是考虑到家庭经济问题。因为他也是个沦陷区的学生,胜利以后家庭境况不佳,这是我约略知道的,他或许希望自己有点收入可以接济家庭。我当然仍想说服他继续读书,因为他们读书按规定仍有优待。我估计他既已填表复员后留营,总会在嘉兴住一段时期,我们仍有机会在德清、嘉兴或杭州见面。勤务兵方吉洪平时与他的关系很好,知道了我的心事以后,曾自告奋勇,愿意到嘉兴去找他,我没同意他这样做,因为我认为,他们留营想必在以后的"预备军官教育"中担任一点工作,则我们很快会有见面的机会。

以后我也去了嘉兴,但他们早已散伙,他的去向杳如黄鹤。一直要到半年以后,他从青岛写信给我,他在青岛的一个青年军师中当了低级政工人员。果然不出我所料,他的选择是由于家庭经济问题，因为他父亲胜利后返回老家星子，一直处于失业状态。从此以后，我们一直有信札往返。民国三十七年（1948）春季，我到中学任教，当时的青岛实际上已经成为一个孤岛，他仍然不时来信，并表示很想回家看看。但其实到那时候，他已经不大可能回家了。以后就没有了来信。按情况，他不会留在大陆，这对他或许是幸运的。因为一个初中生，又参加了"反共"的部队，留在大陆，一定不会有好下场。但在海外，按照我对他为人品质的评估，他一定可以成为一个安分守己、自食其力的良好公民。

方吉洪

　　方吉洪比我大两岁，安徽祁门人，是抽中壮丁而当兵的，原来那个师的编制取消，他被留下来在远征军当"杂兵"。对他来说是一种运气，一日三餐有肉有蛋有蔬菜，饷银也比原来提高了。他是一个诚恳老实而有点固执的农民，说话有时期期艾艾，但头脑清楚，动作也是利索的。家里务农，很苦。有父母，只念过村里一年小学，出来后就没有与家里通过信，也不知道家里的详细地址。我去弄来了一套小学课本，要殷考诚教他，但收效很小。他在部队里没有与人交往，唯一的朋友是第一连连长的勤务兵胡海秋，也是祁门人，在一批壮丁集中送到兵营里时，因两人在一起，可以讲家乡话，所以熟悉。但胡当过小贩，虽然也忠厚老实，却比方要灵活得多。

　　自从他当了我的勤务兵后，包干了我的一切生活，主要是洗衣服，买零碎东西，为我的房间打扫。因为他和连上的知识兵不同，不需要上操，所以空闲的时间很多。但他耐不住没有事干，总是努力找事，所以我的房间，比连上任何一位官长的房间都清洁。我是到内地后第一次过有薪水的生活，远征军的上尉，每月有3000元收入，我毫无负担，与那些带了家眷的官长相比，花钱当然比较随便。礼拜天休假，我给他10块钱让他上黎川买点吃的，第一次他死活不肯接受，后来殷考诚斥责他：训导员给钱你不收，这是没有礼貌。从此他才勉强接受。拿了钱一定要立正向我敬礼。有一次一连连长韩敬祖对我说，说我的勤务兵身上有钱，自己陆续积下来的饷银，加上我给的，已在千元以上了（当然是胡海秋告诉他的）。他劝我不要给钱，方身上的钱，最好也由我收起来代他保管。他认为这些老兵，有了钱就会开小差。我就率直地告诉韩，我的方吉洪和他的胡海秋，钱再多也不会开小差，可以保在我身上。开小差的老兵确实有（部队里称这些人为兵油子），但直到民国三十五年（1946）夏季复员，他们两人都没有开小差。

　　他也有过几个月的"领导"地位。民国三十五年（1946）3月，准尉特务长向连长

"请长假",连长找了他的老部下一位颇能干的湖南人(姓名忘了)接替这个位置。到任后首先整顿他管辖的炊事班,有一个名叫吴义庸的炊事兵,也是安徽人,来历与方吉洪相似,由于力气小,又不注意身面,属于被遣散之列。他除了回家就没有去处。方吉洪知道训导员室有两个勤务兵编制,到我处为他的可怜同乡说情,我同意了,他立刻去领了走投无路的吴义庸来,吴腼腼腆腆地向我敬礼。我看他穿的一套棉军装,由于在炊事班,已经十分肮脏,我要这位新上任的特务长找一套较好的旧棉服来,特务长见我收留了他,心里也高兴,立刻去找来一套相当好的。过了一会儿,方吉洪把这个原来看不上眼的炊事兵打点得整齐清洁,拉了他再来见我。而且当着我和干事江鸿祥的面"训"他:"以后要听官长的话好好干。"此后,吴义庸就一直归他"领导",当然,方对吴是一片好心,我和江鸿祥都看得出来。可惜日子不长,远征军复员,方决定跟我走,吴的前途怎样,就不得而知了。

　　我和方吉洪在远征军相处整整一年有零,唯一一件不协调的事,也是我对他没有办法的事,是他不愿读书。殷考诚开始时很热心,每天教他一课国语读本,也教他演算术。他咿咿唔唔地用祁门话念着念着,就打起瞌睡来了。开始每天演几道加减法之类的算术题,后来就拖拖沓沓,演不下去了。我曾替他买了一枝低档自来水笔,尽管他一直小心翼翼地挂在口袋上,但实际上用的时候很少。有一次我到第一连去有点事,口齿灵活的胡海秋告诉我,方吉洪和胡闲谈,说他的训导员样样都好,就是要他读书不好。"训导员是顶呱呱的大学生,头名状元(这些话都是连里传闻的),当然要读书。我是当勤务兵的,读书有啥用?"这件事确实让我啼笑皆非,连殷考诚也很懊恼,没有劲头再教他了。

　　民国三十五年(1946)7月以前,我在德清办好复员手续,按复员待遇,我发到了好几套衣服,其中有两套灰布中山装、好几件白棉布衫等等。我嫌多,送了一套灰色中山装给他,他感到很有面子,立刻把它穿起来,天气已经相当热,穿起来实在不合适,但他显得非常得意。我决定到嘉兴青年职业训练班教书,他一定要跟我走,我们之间已经很有感情,我同意他一起到嘉兴。当时,我对他以后的出路有一种模糊的考虑:第一,我尽可对他今后工作和生活负责;第二,他从此脱离部队,不再当兵;第三,因为我自己的打算是在藏书丰富的城市如沪、杭、甬或嘉兴、绍兴等地找一个中学教师位置,让他在中学当校工,或者找一家钱庄或其他行、庄一类的商业字号当个栈司务(这一点我父亲有办法),无论校工或栈司务,他一定会干得十分出色。然后让他成个家。一方面通过一些努力,让他找到祁门老家,以便回家探亲。他是个实足好人,被抽壮丁背井离乡,已经当了大约5年兵了。我为他考虑的这种安排,对他来说,也可算是好人有好报吧。当然,我其实是个书呆子,没有把时局的变化考虑在内。

　　我原来是可以在复员以后找到中学教师位置的,然后教书,读书,著书立说。我开始设想,祖父自幼的教导——"立德、立功、立言",我或许要以粉笔登场和写作生涯实现他老人家的遗训了。但这年5月,复员工作尚未开始,却发生了一件我事前不曾料及的事。师政治部下了一个文件,对全师政工人员做了一次升迁调动。主要是调动,因为当时决定在远征军复员后,各师的编制不撤销,以供内战之需,即以后的所谓青年军。这样就需要让各团和师直属营的政工机构能够保持下来,根据当时已经了解的在复员后愿意继续留营的政工人员,做一番调整,让复员以后每团和每直属营都仍有政工人员的存在。另外是因为政工人员在部队工作已经1年,按部队例,让少数人升一下,作为一种临去秋波。六二三团只升了3位连训导员,我升了少校,九连训导员雍万里和机三连训导员余有锄升为"上尉支少校薪"。这个文件来了以后,我唯一有点诧异的是,全团训导员中,为什么只升我这个资历最浅、年龄最小的人? 对于"少校",我知道最多就当两个月,无非是个"安慰奖"罢了。

　　两三天后,督导员室第一股长叶伟林从师部回来到机一连看我,他是苏州人,毕业于中正大学,属于詹纯鉴的人,调来六二三团接刘晓风的班已有两三个月(刘上调政治部主持政工队),我们相处得很好。他给我送来一个新的"黄边符号"(部队里的符号,尉官用蓝边,校官用黄边,将官用红边),并且和我说了一些话。他说在师部出差时王昇找他说话,王首先告诉叶,陈不会留营,也不值得留营,陈是块可以继续深造做一番事业的料子。王要叶向我转达三点:第一,升少校是公事公办,是政治部几位头一致同意的,我可以心安理得。而且王知道我并不希冀,无非在以后填履历表时有点用处。第二,远征军政工人员,不久将允许参加一次公费出国留学考试,正在和教育部商量,假使我愿意参加,事前就可准备。第三是王要叶嘱托我的,或许就是王找叶转达的重点。王说,9个远征军师复员后,国家要办九所中学和职业学校。二〇八师的中学和职业学校办在嘉兴,但办学的事千头万绪,而士兵复员后恰恰逢上一个暑假,必须安置那些志愿进中学和职校的人,所以各师要办一个夏令营过渡,二〇八师就在嘉兴办第八夏令营。让这些人安顿下来,进中学的和进职校的,都得复习功课,参加编级(中学)和编科(职校)考试。每个夏令营建立两个大队和若干中队,各由队长和指(训)导员管理,队长人选,请师部选派,而大队指导员和中队训导员,当然由原来的政工人员承担。由于大队指导员的军衔必须是少校,所以要我担任嘉兴两位指导员的其中之一。公文不久就会从政治部发出,每个督导员室和我个人都会收到(部队里称这种公文为"日日命令")。但王向叶认真说明,假使我不愿承担,可以拒绝,只要我向叶伟林说一声就是了。

　　自从去年(编按:指1945年)5月初在莲荷分手以后,我和王昇既不曾见面过,也没有任何联系。现在他通过叶伟林转达的这三点，第一点无非说明，我升少校仍然与他有关（因为叶告诉我是王提的名）。第二点当然是美意，但是我当时正是新婚燕尔之时，何况对于国内大学，自己也不知道读什么系科，除了中央政治学校外交系以外，我对念大学的兴趣实已越来越小，即使考上公费留学，我念什么系科呢？第三点实在是他要叶转达的重点，我觉得不忍拒绝他，所以当场就对叶说，要他回督导员室打个电话，说我同意了。听了我这句话，叶伟林顿感如释重负，说明他到我处来，主要是为了完成王昇下达的任务。

叶伟林与我谈话时，方吉洪一直站在室外，我们的谈话他是听到的，叶走后，我索性立刻叫他进来，我问他，我要去嘉兴工作，他是不是愿意跟我走。他显得十分激动，立刻立正敬礼："报告训导员，我当然跟你走！"我告诉他这就定了，但要他不要告诉包括干事在内的任何人。"日日命令"等到半个月以后才发下来，但在这以前，督导员室的许多人都已经知道了。

勤务兵当校工

我同意到嘉兴第八夏令营担任大队指导员，当时就把方吉洪的出路考虑在内。我想让他在学校当个校工或者在某个商业行庄、行中当个栈司务的想法已有很久，而第八夏令营的性质属于两所学校的过渡，则夏令营结束以后让他当个校工的问题是容易解决的。当然，在夏令营中，他仍然当我的勤务兵。

在"日日命令"中，我被发表为第八夏令营第二大队的少校指导员，我知道，第一大队的基础是中学，第二大队的基础是职校。我既然任职第二大队，则夏令营结束后让他当个职校校工或许更为方便。因为我当时对自己的去路尚未决定，在嘉兴，中学和职校我都可以去，此外，我还想在绍兴一带的一般中学里找个位置。但不管到哪里落脚，方总是要跟牢我的，所以关于将来让他在学校当个校工的事，我事前告诉了他，虽然他根本不懂得校工是什么工作，但是他一口同意。因为对于我对他的关心这一点，他是充分了解的。

这年7月上旬，我带了方吉洪到嘉兴上任，我当指导员，他当勤务兵。复员士兵在夏令营的时候，中学和职校的两套人马正在紧张地准备，中学的校名定为嘉兴青年中学，职校的校名定为嘉兴青年职业训练班。前者的校长是原二〇八师政治部副主任孙乐陶，后者的班主任是原政工班第一中队指导员陈方。前者办在原日本侵略军在嘉兴城内的营房中，当时称为西大营。后者办在日本侵略军在距城五里的东郊营房中，当时称为东大营。陈方和我其实就在一起，他立刻要我在夏令营结束后留在由他主持的职业训练班。在这样的情况下，我当然不便推辞。于是，随着夏令营的结束，我就从少校指导员转为底薪 220 元的教师，在陈方的坚持下，还兼了教务处的注册组长。从此，方吉洪就从一个勤务兵变为学校校工。

当时的教务处、训导处和总务处都在一幢楼中，每个处都是两间办公室，配备一个校工。所以和远征军的时代相比，他不仅工作性质变了，而且也更为清闲了。他实在不习惯他的新工作，努力找事做，把每个人案头上的砚台都洗得清清爽爽。还每天管我卧室中的开水，仍然为我洗衣服。我几次告诉他，现在我们俩的身份和关系都已经改变。学校和部队完全不同，他只要管牢教务处两间办公室的打扫就是了。现在我的身份是教师，和其他教师是一样的，与我同楼的好几位教师都是从外面聘请来的，他这样一直跟牢我做事，别人会有看法。他听了我的这番话，忽然变得眼泪汪汪，立正了说："训导员，你一直待我好，我心里明白，我不是没有心肝的人，我一直还要跟牢你，除非你开除我！"当时的确让我左右为难，我只好和他约法三章，叮嘱两件事：第一，这个学校中不少教师是远征军来的，但是更多的教师是从社会上请来的，所以称呼人要叫"先生"，此后不能再当了别人的面叫我"训导员"，他们既听不懂，也听不惯。第二，学校和部队完全不同，对任何办公室里的人，包括天天要见面的教务处长，都不许立正说话。后来，第二点算是做到了，但对我一直叫"训导员"，我也没有办法。

民国三十六年（1947）暑假前，学生都分配了工作，职业训练班宣告结束，教职员工凡是从远征军来的，都可以再转回部队，也就是参加打内战，我自己当然不会到部队去，方吉洪也绝不能让他再当兵。事前征求了他的意见，他说：现在的工作自由，哪里还想再当兵。我由于自己到哪个学校教书的事尚未落实，而嘉兴城内的青年中学还是继续办下去，所以就托人把他介绍到那里当校工。他是这年 6 月初去的，走时，他几乎要哭，把一些零碎物件打包放在我处，一再恳求，假使我到别处工作，一定要把他带走。我自己这个时间正忙，因为妻子怀孕，需要做准备，从一般的教师宿舍搬到家属宿舍，又来来去去地跑绍兴老家，因为职校原址成为青年中学分校，原职校教务处长彭灿担任分校主任，他要我暑期后在此教课，所以也没有再谋求其他学校的工作，以便让妻子在嘉兴安静待产。而方吉洪几乎每逢礼拜天都从城内来到我处，仍然帮我们打扫卫生，并且唠唠叨叨地和我讲些那边的事情。

妻子在这年春节前临盆，产下我们的大女儿，其时按阳历已在民国三十七年（1948）1 月。我们第一次做父母，当然既高兴又忙碌，把我的谋职之事丢在一边。但我离开这所由国防部预备干部局所属的学校的决心，是不会动摇的。当然谋求到另外学校去的事，也有各方面的考虑，例如地点、任教的课程和待遇等，而在当时法币贬值日甚一日的情况下，小家庭有了孩子，开支增加，待遇成了重要的考虑因素。新昌县立

中学请我担任教务主任，兼教高初中的国文和英语，待遇不仅较高而且是发给实物
（稻谷）。现在回忆，当时实在是在名利两者的驱使下去到新昌就职的，因为当教务主
任，开学前就得到校，不得不把妻子和满月不久的女儿暂时留在嘉兴而只身前去，临行
仓促，当然无法告诉方吉洪。春假时，我才到嘉兴把妻子和女儿接到新昌，匆匆来去，
也没有时间和方吉洪通个声气。

　　小家庭在新昌安顿下来以后，我才想起方吉洪，他一定会到东大营青职班去找我，
但现在已成了青中分部，他什么人都不认识了。而且我又无法和他通信，不仅是他实
际上是个半文盲，而且我没有他的具体地址。青年中学是规模极大的一个学校，我虽
然写过一封信，但是毫无回音，他肯定没有接到。

　　这年暑假，我们小家庭回到绍兴老家度假，事前我曾和事务主任石芝瑛打过招呼，
暑假后我可能要带个人到学校当工友，此人绝对勤恳可靠，石一口同意。回到绍兴后
不久，我就去嘉兴，一则因为嘉兴图书馆中我还有几本书没有看完，需要去摘录一些，
此外就是为了找寻方吉洪。图书馆的事只花了一天半就完成，但是方吉洪却无法找
到，我曾经到西大营两次，那里我虽然认识几位教师，但办公室里的人从总务主任到办
事员我不识 1 人。而且由于当时局势混乱，东北长春的一个同样性质的中学用飞机撤
退出来并到嘉兴，学校乱成一团，一位毕业于中正大学的姓丁的教师陪我到处查访，也
有校工知道他，但已好久没有见到他。两次寻索都毫无收获，我就这样和他断了线。

　　岁月悠悠，一晃而年已垂老。除了在七斗八斗的灾难岁月中自顾不暇外，安逸的
时候常常浮现起这个矮墩墩、说话期期艾艾而工作勤快的勤务兵的影子。而且我深
信，不管他在天涯海角，他也一定会常常想起他的这个老上司。或许也会抱怨我，是我
把他丢掉了。我当然也想到，假使我们没有断线，他一直跟牢我，下场显然也不会好。
在荒唐年代里，红卫兵强迫保姆揭发东家的事司空常见。所以这个场面一定会出现，
一批手执"红宝书"的信徒，押着这个"兵痞"，揭发坐着"喷气式飞机"的"反动军官"，
但此人即使打死他也不会揭发。我或许想得太远，一个小人物回忆另一个更小的小人
物，也或许写得太多了。

八、"从官"记略

新营房

我们是在这年6月上旬离开硝石去到三都的,三都是黎川城郊的一个小集镇,从硝石行军经黎川县城不过30华里,三都距县城只有10华里,所以只花大半天时间,除了辎重以外,六二三团各连都进入了新营房。

团部和督导员室在三都镇上,3个营和团直属连则分布在三都外围各村。新营房以连为单位,都是刚刚建成的砖木结构的房子,一个连有一幢宿舍,包括全连士兵的寝室和各排长的寝室。连部又是单独的一幢,包括连长和连训导员的寝室以及连副、干事和特务长的寝室。连长和连训导员寝室之间是一个厅,称为"中正室",后来又改称"中山俱乐部",其实是文娱兼阅览室。此外还有一幢教室(兼膳厅)和一间厨房。机一连的位置离三都镇很近,中间隔一条河流(盱河上游),排长应陶中是工兵科出身,进驻后没几天,就指挥士兵,利用营房周围遍地散堆的建房剩余木料,建成一座十几米的木桥,于是,我们去三都就不必"溯回从之",花10分钟就可以到达那里。

进驻新营房,部队的生活有了许多便利,并且随即就可进行正规的训练,本来是一件值得高兴的事。但进驻后不过一两天,连长就告诉我一件有关新营房的丑闻。是他在师部的一位好朋友到团部来时刚刚告诉他的,有很大的可靠性,在当年,商人或官商联合发国难财的新闻常有所闻,但官场单干这种贪污行为平时听到的不多,所以连长与我的一席谈话,实在使我震惊,而且不胜懊丧。

　　事情大概是这样的:二○八师的新营房是由三战区的一位名叫毛遹功的官员主持的。这或许是一种猜想,从"毛"的这个姓氏来看,他或许出自奉化。每一团的新营房落成时,照例要由另外一个机构派员验收,验收手续完成以后,验收者认为合格,才能付诸使用。这个验收的机构,是直属重庆的。六二三团营房验收时,验收机构来了两位要员,在检查了各种图纸、文件和实地视察以后,毛遹功的人就让这两位要员分两个房间打牌消遣,赌注讲得很大,一个下午时间,两位要员都赢了 10 万元左右,等于一个上尉的 3 年薪金。于是他们签字画押,对新营房做了认可,扬长而去。我当时实在是少见多怪,这种丑闻,使我心境郁闷,眼看一片整齐堂皇的新营房,似乎因此而抹上了一层灰色,立刻想到我的《谈史鉴》这篇文章:"史鉴之不足以为鉴,令人一叹。"

　　干事童沐天毕竟比我年长几岁,见到的这类世面比我多,并且洞察我当时的心境,对我做了开导。他是一个务实的人,仍然以新营房的问题提醒我,他认为新营房一切就绪,但连长与我的这个寝室之间的文娱阅览场所,实在必须充实。当时厅内只有一张方桌和几条凳子(这是全团一律的),很不像样,必须来一个全面的改造。也就是说,要添置一套用于文娱阅览的家什,这在当时是个难题,但他心里有底。

　　事情是这样的:他是在我们暂驻硝石的后期到连上报到的,见到我房间堆满了书,有些是上头发的,但有不少是我自己的,我每晚看书到深夜,书本乱丢在桌上和床上,成为方吉洪整理的重要项目,而且整理也不顶用,因为没有一个地方放书。童沐天居然在连部附近的民居中找到一个木匠,捡了几块木板,让他给我做起一个书架。这个书架在当时看来还算像样,后来带到三都新营房,仍放在我的寝室里。童知道木匠是南昌人,因战争合家逃难到硝石,妻子和孩子不幸在一场流行的瘟疫中死去,现在形影相吊,又经常找不到工作,处境十分可怜。现在,新营房周围到处都是木料,为什么不去找他来呢? 于是,次日天方发白,方吉洪就赶回硝石,下午就带着木匠来了。

　　童沐天让他住在连部后面的旧工棚里,炊事班三餐送饭,让他过上多年来不曾遇到的有肉、有蛋、有蔬菜的生活。童开始设计各式家什,交给他制作,每做成一件,都付给他较高的工资。如他自己所说,这是日本佬打来以后第一次交上好运。于是,原来的一张方桌和凳子全部撤去,换上了两张既可打乒乓球又可开会的所谓台球桌。两边是沙发式的木椅和茶几,还有书报架和杂志架,下棋的小方形棋桌。我和连上的其他几位,都想不到童干事有这一手。这些工作当然要花时间,但由于我们按件付钱的办法,促使他连夜赶工。如他自己所说,现在吃得这样好,晚上不睡觉都没关系。整个"中山俱乐部",除了作为屏风的木雕中国地图(包括台湾,因为在蒋介石、罗斯福、丘吉尔 3 人的开罗会议中,战后中国领土已经明确)外,全部是他的设计。

当我们的"中山俱乐部"摆出一件又一件的新家什的时候,别的连全都仍是一张方桌和几条木凳,他们也常到我们连上参观,但只能"临渊羡鱼",无法"退而结网"。因为,这里木料虽多,但木匠却只有一个。师长黄珍吾曾到团里视察一次,也特地来看了我们的这间房子,他称赞,要把俱乐部布置成这个样子,全师没有别的连能够做到。

营长蔡轶伦也欣赏童的能干,与我商量,营里想办一个军人服务部,其实是个小店,包括一个杂货部和一个饮食部(已经找好了大司务),是否能请童负责。我说只要他自己同意,我一定促成此事。结果童兼管了军人服务部的事,但仍然没有放松他的本职工作。依靠他的努力,新营房中的一个薄弱部分,在机一连获得了充实。

抗战胜利后不久,童获得调升,去到六二四团担任上尉衔(仍支中尉薪)连训导员。从此没有再见面。他文化不高,但社会经验丰富,主要是为人诚恳老实,能埋头苦干,希望他以后的境遇能够顺利。

滥竽充数

进驻新营房后,武器也就随着到来,机一连接到的第一批武器是4挺马克沁机枪,每排都得到1挺,正式训练于是开始。作为重机枪连的连训导员,我当然应该懂得这种武器的使用方法,而且这恰恰是在莲荷未曾学过的。我请张排长当老师,每天中饭以后,他指导我熟悉这种武器,除了射击以外,包括拆卸和组装,以后并参加了几次实弹射击,不过一个多礼拜,我完全掌握了这种武器。说起来算是幸运的,因为到达三都后不过两个礼拜,张排长就奉调到师的直属部队去了。他教我熟悉重机枪,彼此非常协调,可以说是手把手的。因为我们平时关系好,教学过程中,真的如同老师和学生。要是换了其他几位排长,他们都比较拘谨,把我当作上司,一定不能在较短的时间中让我基本上掌握了这种武器。按照部队纪律,在前线作战时,假使连长阵亡,我就得指挥全连作战,我当然不希望出现这样的情况,但是我必须有所准备,所以必须熟悉这种武器。

除了术科以外,学科也开始进行。由于当时部队中的传闻是,我们在新营房训练3个月就去印缅前线,而把营房空出来让下一批入伍的远征军使用。这个传闻促使各连官兵对英语的重视。这样,我就成了全连的英语教官,因为有了教室,事情就好办了,一个礼拜至少有四五个晚上,我教全连学英语,几位排长和新报到的连副也都到教室听课,住在附近的二连和三连,也都有排长前来听课。全团训导员中,大学毕业生至少有六七人,但英语都并不很佳,只有战炮连的章志昌较好,也在连上教英语。曾有几个连邀请我去教课,但连长立刻出面为我挡驾,他宣称训导员是个"文学生",身体不好,吃不消这样的负担。营长也出面说话,并且与团督导员打招呼。不过营长的心态与连长并不相同,连长的挡驾是一种朴素的为我的身体着想,因为我在硝石时一直咳嗽。但营长则唯恐第一营的"人才"外流。不过有他们在上头,我显然减少了许多麻烦。

因为传闻是部队先空运到印度,所以我当时很想学一点印地语,我觉得凭我当年的记忆力和学习外语的经验,学一点粗浅的印地语或许是不难的。但首先必须有学习资料。关于这方面,团督导员室和师政治部的确为我做了努力,六二三团团长王永树还为此给师参谋长挂了电话。但他们经过努力都没有弄到这方面的材料,由于当时认为我们必然要到印度,所以这方面颇使我引为遗憾。这或许也是我于 1950 年代初自学梵语的原因。当然,我的梵语也没有学好。

为了给出国做准备,一些新的课程如《印度史地》、《缅甸概况》、《印缅风俗》等排上了日程,都是请的暨南大学、协和大学、《前线日报》社、《东南日报》社的有关专家前来讲出的。但是按上头规定,还有一门《国际公法》的课程,却请不到专家,而按照远征军的出国准备程序,这门课程是不能缺的。团长与督导员商量的结果,要我滥竽充数。第一个消息是常到团部去的连副娄荣明告诉我的,他是从团部排定的课程表上看到的,我实在不敢相信我的耳朵,我认为连副的话一定说错了,但他声辩他的确在课程表上看到,而且不会看错。

连副传消息以后不过一两天,督导员就找我商量此事,他是个老于世故的人,首先就说明这是不得已的事,他曾经为我挡过驾,但课程不能缺,所以团长做了最后决定。接着团长终于找我,说服我勉为其难。给我一本陆军大学教材《国际公法》,这是他从陆大带回的。我推诿不了,于是就滥竽充数,当了《国际公法》的教官,这件事其实是相当荒唐的。我仔细地钻研了这本陆大教材,发现其中实在也并无多少实际的内容,讲的主要也无非是一些通常的原则而已。好在课程的时数不多,每连只讲两次,我不得已按陆大教材写了一点提纲,凑足两次课的内容,到各连讲出这门连我自己也不懂的《国际公法》。滥竽充数,我实在感到啼笑皆非。

要我充当这个滥竽充数的角色,当然是团长王永树,我虽然遗憾,但后来想想也不必怪他。因为在他的思想上并不存在随意摆布我的意识,倒是作为一种"重用"的措施。他是一个务实的职业军人,据说在打内战时当了旅长,后来去了台湾,我在《参考消息》(2001 年 8 月 21 日)看到一篇谈蒋经国儿子蒋孝武的文章,知道他在台湾还当过蒋经国的"安全局长"。他根本不知道做学问与带兵是两回事。记得他把陆大教材《国际公法》交给我时曾说,陆大的听课是白搭,他虽然听过此课,但现在完全记不起教官讲了些什么。他要我不仅讲出此课,而且好好研究一下,因为部队去印缅以后,每团都有美国顾问,我们不懂他们这一套,将来用得着我的事情还多着呢。

　　他说这话,并非因为要给我额外任务而对我的敷衍之言。因在这以后几天,六二二团团长王大钧到三都,我们连离团部近,走过新架的木桥就到了,团长陪王大钧到连上看看,几分钟前有一个勤务兵跑步来通知(连部没有电话)。连长和我出来迎接。对于连长,团长只有一句话的介绍,说他"八一三"就在上海作战,是全团最有经验的官长之一。但对于我,他说了许多话,说我是团里难得的训导员,英语很好,又懂得许多外国的事情,现在正担任团里《国际公法》的教官。将来到了那边,许多美国佬要来,靠翻译不是办法,因为翻译不是我们自己人,团里必须有自己的人,我们团就靠陈训导员。被他这样一说,王大钧也感到他们团里没有这样的人,引为忧虑。他和王永树开玩笑,能不能把陈训导员借给他们 1 个月?彼此相与大笑。因此,王永树并非胡乱地让我滥竽充数,所以无法责怪他。但事实上是不折不扣地滥竽充数,在全团的政工人员中,他们当面不说,背后必然会有这样的议论。因为任命属于荒唐,这是事实。但另外一种事实是,"秀才遇着兵,有理说不清"。我是无可奈何。

九、抗战胜利

不眠之夜

黄维走后,官兵们还都在即将出国的等待中,我认为章以文的话是有道理的,虽然没有传播,但自己已深信,年内是不可能"飞过世界上第一高山"了。

却来了一个绝未料到的夜晚。

大概是 8 月 14 日或 15 日,我回忆不实了,但这个日子是很容易核查出来的。这天半夜 12 时以前或 12 时以后,因为这涉及前一日深夜或后一日凌晨的问题,当时全连除号兵有一个马蹄钟以外,大家都无表,所以难以核实,但以后一日凌晨的可能性为大,因为我一般都是睡得较晚的。在团部参加战地通讯讲习班的连副娄荣明,突然闯进我的寝室,大叫大嚷,把我推醒。我睁开眼来,根本忘记了他住在团部的事,而立刻想到闹营风。这是连长几次告诉过我的,部队里三更半夜闹营风,官兵一下子无意识地骚动起来,不可抑制。那时节,意志力强的官长,要竭力镇定自己,叫号兵吹集合号,大家边嚷边跑到操场集合,喊"立正",要大家安静下来,然后整队回营房睡觉。但当我还没有分辨清楚之时,连长也进来了,我才知道,他是先到连长房里大嚷的,而这时我才定神听清他的话:"训导员,日本投降了。"

娄荣明一晃就走,他大概是去告诉排长和士兵的。连长将我抱住,眼眶中充满泪水,用拳头狠狠地打我肩膀,摇着脑袋,喃喃地说:"我从大场退下来,现在不退了,我们胜利了。"然后把我摔在床上,向我敬礼,并且大嚷:"训导员,训导员,你不要走,我们一起到上海,到大场去。"

连副在返回团部前果然去告诉了排长和士兵,于是营房沸腾了。首先受到冲击的是军人服务部,机一连近水楼台先得月,服务部所存的全部瓶装酒一扫而空。

我完全清醒过来后看连长已全身戎装,虽然是夏天,我也披上外挂,系好腰带,嫌绑腿讨厌,套上半统马靴。正想到室外观察一下,恰被第一排林家枝排长抓个满怀,他把我按倒在我的床上,撬开我的嘴,用整瓶的江西甜酒灌我,我唯恐醉,随即将他推开,他立刻抓住连长灌。灌了连长后,跑出房门灌别人,逢人就灌。实在已近疯狂,而平时,他是一个十分拘谨的人。我站在连部大门口,许多人不论官兵,都上来拥抱我,有的捶我的背。遥看几里路外的别连营房,也已经闹腾起来,这个消息在一两个钟头中传遍各营房了。

还是连长头脑清醒,在这样激动而无法制止的场合中,他要值班排长把全连官兵在连部大门口集中起来,四排长宋景梁的哨音不管用,叫号兵来吹了号。队伍开始在集中,连长凑到我身旁说:"今天我不行了,要请你撑撑场面了。"按常例,宋排长叫立正,向连长敬礼,报告人数,队伍就算交给连长了。李盛宏站在阶沿上,倒还知道要整一整军装。他说:"我们打胜了,我从上海大场退下来,直到如今。我今天什么话都讲不出,请训导员向大家训话。"

在这样突然的场合里,虽然我也激动得不能克制,但不得不"撑撑场面"。我向连长敬了礼,定了定神。此时,全连官兵倒是屏气凝神,十分肃静。为了增加一点考虑时间,我开始说,抗战胜利了,现在全连官兵跟我呼口号。在呼口号时,情绪又有些激动,有的士兵跳起来。接着我说,胜利的来到比我们预料的早。刚才连副来报告的是日本天皇承认无条件投降,但在中国,这么广大的沦陷区,还驻扎着大量日本军队,难保不发生什么问题,我们庆祝胜利,但还有许多艰难的工作要做,解甲归田的日子还早。我又说,天亮以后,团里想必会有什么通知,连副也一定会赶先来通报,大家要休息一下,静候团的安排。另外,全连官兵黎明后在地图上签名,为了纪念这个重要的日子。

地图签名的事是我在呼口号时一瞬间想到的,这是整个"中山俱乐部"中唯一一件由我设计的家什,拿几块厚木板拼成一块大木板,画上轮廓,用钢丝锯锯下来,台湾和海南岛用小木条连在一起。然后配上一个木架,作为俱乐部的屏风。油漆好以后,原来还想画上简单的河流山脉,但现在突然想到让全连官兵签名留念,就省得再画别的了。我的讲话结束,队伍解散,连长马上拉住我的手,连声说:"好主意,好主意。"

起床号吹了后(其实大家都没有睡),全连官兵集合,用准备好的毛笔在平放着的地图上签名。连长第一个,我清楚地记得他把李盛宏三个字写在地图最高的黑龙江省上。我第二个,不知怎样一想,把名字写在台湾岛,占了整整一个岛。1999 年,台湾中研院请我讲学,在签名后整整 54 年,我总算第一次踏上这个岛屿。这架地图呢? 我们走后,接收的人会不会收藏起来,村民会不会拿走? 实在感慨无穷。客机在台北降落的时候,我禁不住自言自语:54 年,总算到了这里了。连在我身旁的妻子,对我的这句话也是莫名其妙。

团里通知:全团官兵吃过早饭后整队到黎川城内游行庆祝。按营、连步行入城。开路的是乐队,团长和督导员骑马走在前头。黎川是一条三四里长的并不很宽的街道。两旁老少夹道,确是倾城而出,而爆竹在整个游行队伍中燃放,迄未稍停。据说县政府获悉远征军游行,黎明就把全县各镇包括邻邑南城的爆竹购买一空。当时的激动场面,实在难以笔述。

黎川在这一天确是兴奋热闹的,师直属部队由于驻地分散,集合较慢,被六二三团赶了先。六二三团走后,师直属部队继续游行,所以这一天的游行队伍大概要到下午才能走完,在这个山区小城中,或许是空前绝后的。

这天下午我在房内为父亲写了一封较长的信,从去年在中正大学签名从军起,到赣州沦陷前逃难到宁都和以后入伍的事,都告诉了他。远征军原来要去印缅,但现在抗战胜利,当然不会再去。如果部队复员,我当然退伍,可能回到绍兴,但情况还没有确定。最后署了详细地址。和沦陷区的通信原来很不方便,我们在硝石时,团部就告诉我们与沦陷区通信时的地址,六二三团第一营是:江西黎川县吾清乡(黄珍吾和王晏清两人的名字)三保一甲。沦陷区寄来的信,由军邮局送到营部,4 个连合在一起,营部的书记官金言管这事,他会分开送到各连,信的总数是不多的,也少有遗失的事,但手续相当麻烦。我在硝石和三都都收到过父亲的信,但寄递的时间颇长。现在,我们不再是"吾清乡"而是青年远征军第二○八师了。

失落和打算

抗战的骤然胜利,社会上立刻出现了一种只能称为"胜利现象"的快速反应。黎川城内这条三四里街道上有许多商店,这些商店的老板,多数都是南昌人和九江人,现在,他们要打道回府了。于是市面上首先出现的现象是物价剧降。除了店铺营业以外,还出现了地摊,一条大床床毯(棉织品)竟跌到法币 80 元,方吉洪的薪饷可以买 4 条有余。远征军官兵也有上城捡便宜货的。有不少人以为物价就真的要这样跌下去了,所以还看看,不想去买。我当然看出这是一种外地商人急于回家的抛售,只是这些东西我都不要。城里有一家书店,可能也有削价,但这些书我也都不要。

　　这种现象当然也立刻反映到远征军内部，一阵兴奋以后，接着来的就是空虚和失落。抗战胜利了，我们怎么办？"飞过世界上第一高山"的歌，在营房里原来常听到有人哼，但从此不再听到，因为这已经是不可能的事了。立竿见影的事是，训练立刻松弛下来，谁都无法扭转这种局面。形式上还是学科、术科，但教官和士兵都是无精打采，是苦撑。

　　与我关系很好的那位张排长到三都后随即调走，接替的也是一位军校十七期出身的张排长，福州人，但生长在上海，与我的关系也很好，可惜我也忘了他的名字。一个晚上，他到我房里长谈，他是看得出我不会继续留在部队里的，所以到我房推心置腹。他说他家原在上海经商，在老家福州也有经营，抗战开始，他们举家到福州，他在福州读到初中毕业。由于一些同学的怂恿，毕业后考入了军校三分校。其实他一进军校就懊悔，但是进去容易出来难。他生性过不惯这种枯燥刻板的生活，在部队里，从见习排长到排长，从老部队到远征军，他感到度日如年。他说刚刚接到福州家里的信，他父母仍留在城内老家，他兄弟则准备重返上海。最后他说出了和我谈话的目的，他说在连里一直景仰我，愿意与我接近（事实确实如此），这次是放开部队里上下级的规矩来和我畅谈，并且向我告别。他已经写好了"请长假"的报告，预备回福州老家，假使一时找不到合适的工作，则暂时帮他兄弟做生意。

　　他的这一番话当然使我感动。我告诉他，过去国难当头，他投考军校与我的签名从军其实是一回事，都是为了报效祖国。现在抗战胜利了，国家有什么必要养这许多兵？不想继续留在部队里的人离开部队，这也是势所必然。我也老实告诉他，离开机一连的官长，第一位是他，第二位或许就是我。我与他的不同是，他是一位职业军人，就职离职，按理自由。而我并非职业军人，并且负责着一个单位，连训导员室按编制是师政治部系统的机构。我们这部分人，大多数都是签名从军而来。上级想必有一个集体复员的措施，而且恐怕为时不远。但假使这种措施迟迟不下，那我也可能用他的办法离开部队。

　　这一晚我们两人谈了两个多钟头。他感到终于能和我长谈一次，而彼此没有拘束，心愿已足，所以十分高兴。而我也认为他能坦诚相见，而且在离开部队这个问题上又是所见略同，感到十分快慰。但想不到以后在福州还要在他家里见面，而且让他帮助我借读了好些我想读的书。又感到浪迹人生，飘浮不定，许多事都非人们所能逆料。

　　我当然也考虑自己。与整个远征军军营里的现象相比，我感到我的失落感是很小的。"飞过世界上第一高山"当然有一定的诱惑力，但现在胜利由两个原子弹而促成，避免了生灵涂炭和巨大损失，这是一件意想不到的好事。所以我实在没有什么失落感。

但对自己今后的打算却因胜利的来到而感到无时或释。因为原来只打算随部队到印缅打仗,现在却要考虑在即将到来的复员以后做什么事。

记得几个月前在莲荷远征军政工班时,倪润之和王昇都告诉过我,抗战胜利后复员退伍,继续深造。我当时或许也有这样的想法。但在远征军不过4个月,我的思想已经有了改变。想到在龙岭中正大学的几个月所见,在部队里又看到了不少从大学毕业不久的人,而且与他们交谈。让我逐渐感到,除了那些需要实验室或工厂的系科以外,大学并不是真正要读书的人读书的地方。后来,我的这种思想不断累积,直到1991年在我自己当了近40年大学教师以后,我为一位自学出身的奚柳芳所著《奚柳芳史地论丛》一书写了《序》,表达了我在这方面的比较完整的思想。在当时,我总感到,不要说中正大学,即使是名牌大学,我也不耐烦到那里"深造"了。至于原来的强烈愿望,进中央政治学校外交系,至此也已经淡薄。于宝榘在龙岭就表示我不宜到那里去,因为当官总是需要背景。其实他还不知道我的原始动机,是因为听了孙福元和我祖父的一席谈,儿童的好奇心理,促使我想到外面去看看这个中国以外的大千世界。后来我就想到,假使我在外交系毕业,或许成绩不错。但我没有背景,他们又不派我到外国去呢?

祝同中学的史聿光热烈地邀请我到上饶教书,现在我当然不会再到那里去了。但是在绍兴,我祖父去世还不过4年,凭他在世时的声名和关系,我到绍兴找个中学教师的职位,恐怕是没有问题的。我打算倾向于这一着。因为我祖父的藏书虽已荡然无存,但绍兴毕竟是个藏书丰富的地方,离沪、杭又近,我可以一面教书,一面读书,我祖父不也这样生活了一辈子吗?

离家到内地流浪才两年,却又想到了要回家,我曾经把我的这种打算,写信约略地告诉过我父亲。

《啼笑皆是》

次日上船时实已上午8点多,是因为船只调度的问题。船很大,大概是一连一船,机枪连人少,营部就和我们在一起。船顶有一个小舱,归营长和副营长,我看到张副官和勤务兵把我买回的这一大捆书提上小舱,知道营长在这一天的闽江航行中大概要以这些书作消遣了。连长、连副和我坐在后舱的几个座位上,殷考诚也送来一包书,里面就有这本《啼笑皆是》,在闽江上看了好几本书,当时,《啼笑皆是》对我并无多少触动,但后来回忆,实在感慨无穷。

这是一本散文集,或者说杂文集,用这样的书名,是为了讽刺并责骂林语堂的。林氏曾于抗战中期从美国返回一次,在重庆中央大学等校做过演讲,或许是演讲中冒犯了某些人,也或许是某些人原来对他就有成见:我们这里的文人都在参加抗战,你在美国做洋奴,回来一次又指手划脚,你算什么东西? 每篇文章当然有些不同,而基调大致是差不多的。对于林语堂,由于我进初中一年级就用《开明英语读本》,在祝同中学时,英语教师江绍镟,又借我看过林翻译的不少中国古代诗词。所以虽然早就听到过诸如"美国的月亮比中国圆"之类的攻讦,但一直还是佩服他的。当然,我并不了解他和其他一些文化人的恩怨关系,只是认为这些人的批评,或许也有一些道理。闽江航道,过去在地理书上念过:"一滩高一丈,邵武在天上。"但下道以下也是在乱石嵯峨中穿梭似地行驶的,我既看两岸景致也看书,完全是一种消遣。

但现在回头来想这本《啼笑皆是》,真是不胜今昔。此书对林语堂嬉笑怒骂,记得为首的或许是曹聚仁。另外一些大概都是当时被认为是左派文人的人,恐怕也不乏"左联"中的人物。在《啼笑皆是》以后半个多世纪再来检阅一下,在被骂的林语堂这一方,我知道后来他定居在台湾,显然仍然与大陆上的这些人物作对。他死在香港,蒋经国在台北机场恭候他的骨灰。这些都是在当年的一些报道中看到的。1999 年到台湾讲学,又参加了一个汉字古籍电子化问题的国际学术讨论会。会后,一位美籍亲戚邀我们夫妇到阳明山去住了一段时间,我看到林语堂纪念馆正在那里。我在台湾瞻仰了 3 位近代学者的纪念馆,即中研院内的胡适纪念馆和蔡元培纪念馆以及阳明山的林语堂纪念馆。

在骂林语堂的这一方,曹聚仁或许算是例外,因为他本来算得上是个蒋经国手下的红人,以后又走得快,住在香港,幸免于难,并且在一定的政治气候中当了两边的上宾。但这本书中其他几位执笔者的日子就有"啼"无"笑"了。从"胡风分子"到右派,反正都有他们的份,其他各种各样的帽子,也都会戴到他们头上。往事如烟,浮生若梦,人事的变迁原非人们所能逆料,但现在看来,真真能为自己的命运掌舵的还是林语堂。当年如把书名改成《啼笑皆非》,对于曹聚仁和其他那些执笔人,或许更为合适吧。

福州暂驻

上午从下道发船,这种柴油引擎的船又加上下水,船速不小,这天傍晚就到了福州,停泊在南台码头。当时,我生平还不曾到过杭州,所以福州是我一生最早到达的大城市和省会。第一营驻地在南台郊区的一个村子里,距南台约五六里,天色尚明,我们整队去到驻地,一切都已准备就绪,住的是一家姓潘的民居,房子不错,我和江鸿祥同居一室。

在福州大约有 3 个月时间，开始是候船赴台，约摸一个月，就有传言，不到台湾去了。后来证实，上头有了新的主张。这批远征军在大陆进行预备军官教育，然后复员，发给预备军官证书，作为国家的预备军官。国防部成立了预备军官管训处，后来改为预备干部局，由蒋经国出任局长。

在福州的日子是比较清闲的，这个城市以温泉著名，在城内的汤门一带，井水都是滚热的，老百姓家里用不到烧热水，因而澡堂林立，洗温泉澡成为这里的一种生活享受，有的澡堂称为"公司"，规模很大，进去后可以开房间，有单人的浴池，还供应饭食，可以泡上一天。不过我第一次上南台的南星公司洗澡时，就看出了这个城市的社会风气。在浙江，旅馆里的毛巾上往往印上"祝君早安"等吉祥文字。但是在南星公司，我看到从面巾到浴巾，上面印的"盗去死绝"，令人吃惊。我问江鸿祥，他是福州人，情况熟悉。他对福州的社会风气毫不讳言，他告诉我，福州人很浮躁，打肿了脸充胖子，社会上有句挖苦话："不怕家里火烧，只怕自己掉在粪坑里。"意思是，家徒四壁的穷汉，出门仍要打扮得是个阔佬，家里最好的服饰都在他身上，所以家里火烧他不在乎，但自己掉在粪坑里就一切都没有了。其事颇有点像我在硝石写《门面艺术》一文时引用的《孟子·离娄》中的那个乞墓人。在这样的城市里，特别是我们身为远征军人的，确实应该检点和小心，我为此告诫过殷考诚和方吉洪。

福州人讲究吃，我们这些从深山出来的人确实可以一饱口福。南门斗的"小楼"，以各式牛肉著名。城内大街上的"味和"，专门供应各种小吃，品种甚多，后来我到苏州，感到当年在福州的小吃并不逊于苏州。青年会算是一处比较高尚的娱乐场所，但电影却颇差劲，除了周璇和舒适主演的《天长地久》之类以外，无声片如《啼笑姻缘》之类也还在上映。

福州城内有 3 座山，所以福州常被称为"三山"，但我一座都未曾攀登，却到了城郊著名的鼓山，涌泉寺在日占时期没有什么破坏，相当宏伟，协和大学校址就在附近，当时正开始从邵武迁回，尚在整修之中。

由于上头没有正常的工作布置，连、排长必须管好队伍，政工人员就显得逍遥了，不少政工人员在福州的日子就泡在这种吃喝玩乐之中，我却因一个机遇而得以安下心来看书，没有浪费很多时间。事情是这样的：江鸿祥因家在福州，常常回家，有一次他遇到胜利后从我们连"请长假"回家的张排长，他回福州后住在家里，据江鸿祥说家庭条件优裕，他拉江去家里坐了一阵，并说很希望与我见见面，但一个请了长假的排长，到连上来显然很不好意思。他家住苍前山的陈墓头，我向江学会了"陈墓头"三字的福州话发音，上城去看了他。

　　苍前山在南台,原是外国人的住宅区,我敲门进去,他见了我实在相当激动,一定要留我吃饭,并且把我介绍给他父母。他父亲很感谢我在连上时对他儿子的照顾(其实我并无照顾)。由于张已经把我的情况告诉过他父亲,所以彼此交谈比较随便。当我谈及在这里暂驻,实在浪费时间之类的心情时,他父亲就立刻问我是不是想借点书读读,他的邻居好友林先生家中藏书很多,他可以介绍我向林先生借书。我当然非常高兴,于是他们父子随即陪我上了林家,因为他们是很熟悉的朋友。林先生早年也在上海经商,家中的书属于祖传,确实不少,由于家的位置在苍前山这个特殊区域,所以在日军占领时期也未曾受到损失。林先生很慷慨,凡我想读的书,可以随便取去,什么时候还都可以。在林家书斋中,我真是喜出望外。

　　我第一次借的书是石印本《资治通鉴》,此书我在家读过,但还想再读,因我感到读此书好像读小说一样,甚有兴趣,特别适宜于晚上睡眠前在床上读。不过由于部头较大,我第一次只取了1/3。另外几部书记得是《世说新语》、《法显传》、《山海经》和《竹书纪年》。前面3部我祖父曾均有藏,我浏览过,但《竹书纪年》我祖父无藏,而我在读《水经注》时,见郦道元经常引及此书,所以慕名已久,在林家见到此书,部头甚小,所以借下。

　　到张排长家去时,记得尚无不去台湾的传言,说明到福州最多还不过20多天,而从此以后,我就不再上城,真是一种幸运。以后我曾去过林家3次,除《资治通鉴》全部重读一次外,还陆续借了《水经注》、《梦溪笔谈》、《十驾斋养新录》、《大唐西域记》等等,各书多是借了读,读了还,但《水经注》和《竹书纪年》两种,是知道了要行军到浙江的消息以后,最后才奉还的。《水经注》在当时已算我的常读书,我在绍兴老家有从祖父藏书中取出的王先谦合校石印巾箱本和世界书局铅排本,我从林家借此书是为对若干卷篇的细读。《竹书纪年》算是我的额外收获。我在此书中发现了此书与四书五经和《史记》之类文献的矛盾,我似乎感到古本《竹书》比四书五经更有价值。当年记忆力好,我除了动手抄写以外,一个多月之中,把《古》、《今》两本全部读熟。

　　后来回忆,真要感谢这位忘了名字的张排长,因为他的关系,在福州暂驻的日子我总算没有浪费。

士兵作品展览会

　　在福州的3个月中,远征军唯一一次在社会亮相的事是士兵作品展览会,此事由师部出面,政治部主持,各连政工人员也出了一点力气,当时在社会上产生了较大的影响。

向各连征求作品时,我刚刚坐下来读书,觉得实在是一种干扰。而且"作品"的范围很大,短时间内怎能拿得出来? 各连都遇到这种困难,但又总得应付一下。我知道连上有人书法不错,也有人会国画,因此立刻在书画这个题目上动了脑筋,认为这或许能取得事半功倍的效果。于是我就找人买宣纸和颜料之类,请擅长书法的诸暨人俞宗铨写字,另一位国画技术颇佳的安徽广德人郑希坤作画。

结果一切顺利,两人都愿意效力。俞宗铨写字甚方便。四张条幅用行书写,从《中庸》"博学文"起句,写了一大段,填足4个条幅,署名"十九龄二等兵俞宗铨",只花了一天时间就完成,即送城内去裱。郑希坤的国画当然没有这样方便,他加了夜班,一天也能完成一幅,但国画必须题诗,这是我推不了的任务。所以他的临时画室中我每天都到,按他所画考虑诗句,常常是晚上靠在床上,一边读《资治通鉴》,一边考虑为他的画题句。他每天在夜班后完成一幅,此时我尚未睡,就去看他的画,而且要方吉洪弄点夜宵。我是生平第一次为他人的画配句,过去读过一些诗词,或许起了点作用,最后勉强配足了4幅,也请俞宗铨写字。

郑的第一幅画是兰花,除了花蕊以外,其实是不着颜色的墨兰,兰叶婀娜,为全连围观者所称赞,我配了七言一绝:

骨若冰雪肌犹霜,东风还伊旧时装。

文成幽草书有绿,吟到奇花韵亦香。

他的第二幅是鲤鱼,几条鲤鱼在急流中上溯,气势甚佳,我也配了七言一绝:

名利场上多急流,劝君及早登归舟。

莫道老夫工骂座,世间有谁肯回头。

他的第三幅是一只松树下独立的大公鸡,其势正在高啼。我只配了一句:

要与松涛和一韵。

他的第四幅是山水,画面上有一个老渔翁,手持钓竿坐在小舟上垂钓。此画风味极好,我配了两句:

持竿小憩波光里,觉来山水已全非。

结果是最后两句大受干事江鸿祥的赏识,他摇头摆脑地一再诵读,喃喃自语:中国人的文字,真是只可意会,不可言传。江暨南大学三年级,在连里当中尉干事。我不过读了半年大学,却当上尉训导员,与童沐天不同,尽管他的好几位暨大同级同学如傅晓声、林寿朋等,都是任的同一职务。而他恐怕总有点委屈之意。但为画题句以后,他忽然和我说,说我这个人真是看不透,年纪虽小,为什么样样都拿得出一套。我确承担不起他对我的这句话,但因为他是卧室里说的这话的,并非随意恭维。或许出于他的一时感动。但我实际上只是在童年读熟过一些诗词,实在不登大雅之堂,为画面补白而已。

书法和国画裱好后,先在连上挂过一下,然后送到督导员室,却不料获得督导员张欣歌的高度赞赏,认为这是我们团的重点作品,奖赏俞宗铨和郑希坤硬面精致的练习本各一本,封面扉页由张欣歌写了赞语(其实是督导员室擅长书法者的手笔)。最后集中了团里的所有展品汇送师部。

作品展览会在城内一个很大的场所举行了好几天,我也去看了一次,参观的人很多,这一天恰巧师长黄珍吾也到了,说明师里对这件事是重视的。

展览结束以后,我们的8个条幅,分别为师的两位领导看中,被他们瓜分了,每人向作者送书1册,书的分量是颇大的,由督导员室交我转交。我已忘记了书名。或许可以说,我们这样急赶出来的"作品"也算成功了。

但使我十分感伤的是,郑希坤不幸于次年4月在余杭二〇八师野战医院去世,他患的伤寒,这一年伤寒有一些流行,机枪连得病的有郑希坤和程震东两人,郑希坤先得病,送野战医院,由于医院的设备简陋和看护不周而去世。程震东后来也患上此症,团里已经知道了野战医院的医疗情况,把程送到湖州福音医院,结果痊愈返连。郑希坤结业于莲荷军士班,在机一连当班长,为人谦和负责,得到连上官兵的称赞,已结婚,并且有孩子。他的噩耗传到连上时,全连都感到无比震悼,我好几天都恍恍惚惚,不断地念着《旧约圣经》中的一个名句:上帝喜欢的人早死。我曾为他写过几首悼亡诗,也动员连上的好几位为他写了悼亡诗,贴在中山俱乐部,但这些诗都记不得了。

流浪结束

上头终于在12月初下达了正式命令,远征军到浙江进行预备军官教育,为期半年,然后复员,发给预备军官证书。而且包括行军路线、到达地点等都已透露,二〇八师在余杭、德清和湖州一带,二〇九师在杭州和绍兴一带。这个命令当然让我高兴,因为我又可以回到浙江,重返家乡。两年半的流浪生活,终于有了结束的日子。我立刻写信给父亲,而且准备一些应付这种长途行军的必要行装。

我们是在这年的12月中旬离开福州的,行军路线是经过古田到建瓯,到建阳过新年元旦,一切都按规定进行,方吉洪还是按从江西到福州的老样子为我服务。记得第一营是一个上午在建阳的一条河滩庆祝民国三十五年(1946)的元旦,这天部队在建阳休息一天。然后北行进过鼠疫重灾区水吉,我们看到沿途乡村里都没人,许多房屋空着,他们有的死了,有的逃了。因为现在经过检查,鼠疫早已过去,所以我们才敢走这一线。水吉县城其实只不过是个集镇,大疫之后,也是满目荒凉。从水吉到浦城,然后翻越仙霞岭,总算又回到浙江了。

六二三团的预备军官教育基地是德清,时间越来越接近春节,我当然要回到绍兴老家去过这一年春节,虽然流浪年代之中,不在家过春节也无非两次,但现在是个机会,我决定要回家,只是打算着在什么地方离开队伍。

因为是顺路,我还想到兰溪去转一下,这个两年多前曾经血染衣衫的地方,对我而言仍然是值得怀念的。部队是从江山到衢州,然后到严州奔往德清的,于是我向督导员请了假,又向营长和连长打了招呼,在衢州就离开了队伍,坐了一次船,终于在兰溪郊区一个什么镇雇到一辆黄包车,在一个下午到了兰溪。

我径直去到穗茂钱庄,八外公见到我一身军装,不禁吃了一惊,于是坐下来详谈。他当然还是老样子,把希望放在下一辈身上。他已经知道我参加远征军的事,大概是他在中正大学的儿子告诉他的。他老人家的心情看来比较复杂,世诚已考入了中正医学院,对他来说或许是个好消息,但他的儿子,即我叫他宝舅舅的徐信镛已在宁都附近的石城毕业,这个机电系的毕业生,却得不到对口的工作,在江西的一个什么县做一份临时的工作,显然让他失望。他当然关心我的出路,意思我是否就这样能在远征军里飞黄腾达。我告诉他在学校签名从军的约略经过,当时战争形势不好,从军是为了出国作战,现在抗战胜利了,我们不久就要复员。为了不伤害他的心情,我没有告诉他复员后我不想再上大学的话。两年多前他在日军占领的这个城市中,虽然钱庄不能营业,四周有许多恐怖,但他的心情还是比较坦荡的,因为儿子已在中正大学高年级,我和世诚不久也都可进大学。但现在,儿子毕业了,却找不到对口工作,我又当了兵,世诚虽然也进了大学,但毕业还早着,而毕业后是否面临他儿子的遭遇亦不得而知。他的家仍然安在郊区,自己独居在城,钱庄的营业前景也不乐观,所以他的心情并不比两年多以前愉快。

我在兰溪住了两天,一则因为他留我,而我自己也因要回家,总得修整一下如理发、洗澡等。然后坐江船到桐庐。在桐庐江边旅馆住一宿。次日换船到杭州,据说由于这条道路尚不十分安宁,许多客船结伴而行,所以舟行甚慢,直到晚 10 时始抵南星桥。我在福州时,在钟表店购买"爱而近"手表和挂表各一只,虽然都是旧货,但走得甚好,所以现在知道准确时间了。

我是生平第一次到杭州,但我早已看过地图,南星桥只是南边钱塘江沿岸的一个码头区,距离城内街区和西湖还远得很,而且为时也已不早,加上归心如箭,明日一早就要过江,所以决定在附近找个旅馆。没走几步就看到一家名为月宫宿舍的小客栈,每个房间住四五人,但都是单铺,所以就住了下来,明日就可回家,真是心潮起伏,实在是一夜没有睡好。

　　次日一早起来，在街上胡乱吃了一点，提着行李就到江边。从三廊庙到江南岸有轮船拖带的渡船，一般叫作"官渡"，私渡要多花点钱，但风平浪静的时候并无危险。对于钱塘江的风浪，我原来只在《史记·秦始皇本纪》和《资治通鉴》读到过。现在才亲眼看到，我感到并无当年秦始皇害怕的迹象，出于归家心切，我才上了私渡。过江后，不久就等着一辆班车，车当然是逢站就停，衙前、钱清、柯桥，但终于在中午到达绍兴。

　　我从黄包车跳下来后，就快速度地冲入老家，他们刚刚打算吃饭，父亲、母亲和3个妹妹，他们都兴奋得说不出话来。父亲说，估计我会回家，但想不到现在就到，母亲急着烧火加菜。3个妹妹看到一身军装的哥哥，又惊异，又高兴。这天正是腊月二十三日，是家家送灶的日子，已经两年没有参加送灶，竟拣着这个日子闯进来，或许连灶君也没想到吧。

　　回忆两年半前离开越城时，到桑园桥为我送行的，除了我父亲外，还有我的堂妹妹陈漪如和绍兴中学的低班同学胡德芬，这两位随即也见了面，而后者不久就成了我的妻子，我的流浪年代结束了。

第三部　耄耋随笔

耄耋随笔开场白

　　耄耋随笔不用书名号,因为这种随笔最后能不能成为一本书,我已虚龄88,不知能写上几篇,所以就不必多此一举,不用书名号吧。恩师姚轩卿先生(那时学校包括小学,都称"先生",没有"老师"的称谓)遗著,由婿许孔时先生、女姚越秀女士合编注释,于本世纪初在北京燕山出版社出版。越秀女士是绍中校友,事前嘱我在卷首写序。恩师之事岂敢怠慢,我应命作了序,此书恩师在世时就自命为《蠡鷮随笔》(按许孔时先生《后记》,"蠡鷮"二字在恩师家乡诸暨,读音就作"轩卿"),所以我学习恩师,也称"随笔"。当然,恩师的《随笔》多是他考据研究和读书心得的宏文,是价值极高的传世之作。而我写"随笔",只是私事、家事和这些年来的所见所闻,实在是"下里巴人",不能与恩师的"阳春白雪"相提并论。恩师的《随笔》是千古文章;而我的"随笔"则是含有自传性质的回忆。

　　说到自传,最早要我为此的是嘉兴青年中学分部主任彭灿先生,时在1948年春季。他与我于抗日战争时期曾在江西赣州见过一面,知道我是一个没有学历的人,而美其名曰"自学"。但他于1946年诚邀我去嘉兴职校的额外班级所谓"大专班"教英语,我因上课不带教材在课堂上背书而出了名。1947年暑期前后,"大专班"的学生(战时在内地大学签名参加远征军去印、缅的江浙人),为上海暨南大学所接受(少数去杭州之江大学),这年暑期后,由于教师出缺,我就被拉夫到职校电讯科高职班的一个班级教过几个月的国文。课文如《淮阴侯列传》之类,我也照背不误。甚得当时职校名师("大专班"的国文教师)陈承仲先生(曾任持志、大夏等校教授)的器重。而各科教育委员会的国文组主席(当时教育部的规章,中学有各科教育委员会之设,但多数形同虚设,一学期开一二次会而已)陈怀璋先生则尤为赞赏。这年寒假前职校奉命结束,校舍划归嘉兴青年中学,作为分部。彭灿从职校教务长改任这所中学分部的主任。留下了一部分教师,陈怀璋先生因为其家乡新昌县的一所历史悠久、颇有名声的完全中学在这年秋季闹了一点事,家乡人邀请他返新昌担任这所新昌县立中学的校长。而他新上任,必须有一些熟悉的助手,所以坚邀我到该校担任教务主任。当时,我妻子第一次分娩,尚未满月。由于坐月子的保姆非常称职,所以她也敦促我单身先去就任。当时我虚龄刚进 26,实在是初生牛犊不怕虎,就抛下尚未满月的妻女,到新昌上任去了。

4 月春假,我回嘉兴接妻女去新昌,彭灿当时很想留我在他的这个分部,但考虑到分部是个初中部,我是教高中的料子,又考虑到去新昌是担任一所完全中学的教务主任,所以放行。4 月返嘉兴接眷,他非常高兴,请我们到他家吃饭送行,并且与我倾谈。他确认我是一个成功的自学者,所以诚恳地提出要我从事《自学回忆录》的撰写。他是战前中央大学外语系毕业的高材生,他的建议实在是一位长者的嘱咐。我当时表示同意,但其实心中无底,只不过是对前辈的一种承诺而已。此后事务忙碌,而 1950 年以后,又是接二连三的"历次运动"。终日惴惴不安,哪里还有心考虑及此。1955 年"肃反",我因签名参加远征军,并且担任军官,因这个大罪名而被隔离审查。当年彭灿说我自学成才,而此时则成为一个"反革命",如何洗刷自己的"反革命"名头还非常困难,哪里还想得到《自学回忆录》的写作。

后来或许是赫鲁晓夫在苏共二十大的"秘密报告"起了作用。他揭发斯大林这个大暴君的滥杀理论是:社会主义愈接近成功,阶级斗争愈尖锐。这是完全错误的。应该是社会主义愈接近成功,阶级斗争愈缓和。而我们在"肃反"前听的几次省校领导的动员报告,都是按斯大林调子。所以我最后得到上头的结论:不是"反革命"分子,才算从隔离审查中解脱出来。

此后则"助党整风"而"反右"、"肃反补课"、"反右倾",下乡搞"四清","与人斗其乐无穷"的运动一次又一次地进行,而 1966 年 6 月终于发动了"文化大革命",我立刻被"封"为"反动学术权威"。而关入牛棚时,我胸前佩戴的羞辱白布标志,写的还是"反动军官"。

"牛棚"是比监狱还残酷的场所(因为在监狱中总不经常有狱吏如红卫兵那样地来凌辱你),杭州大学地理系的"师生红卫兵"还办了全国著名(后来国外也知道了)的

"活人展览"。我因为是远征军的"反动军官",而且当时已经出版了13本书(当时称"大毒草"),所以在地理系最"罪大恶极",是最后才出"牛棚"的。出了"牛棚"就进入"小牛棚",约摸20个人,上午关在一间房间里读"红宝书",下午服各种苦役,晚上可以回家。家不住学校宿舍的可以回自己房间,算是有了相对的"自由"。

　　1973年降下了一张国务院文件,写明要有翻译力量的9个省市翻译外国地理书,其事由各省市的出版局革委会负责。浙江出版局竟要我这个"牛鬼"主持此事。并且听说我还学过一点梵文,浙江省就承包南亚这一片。于是奉命暂离杭大,为出版局工作,他们出钱,手上又有这样一张大来头文件,可以自由地在国内到处行走,我比其他"牛鬼"幸运得多了。所以1976年的"大新闻",我是在旅馆里译书时听到的。

　　1978年,美国的首席汉学家(美国以当选亚洲学会主席者为首席汉学家)即接费正清(J. Fairbank)班的,在斯坦福大学创办"宁绍研究所"的施坚雅(G. Skinner)主动地把它主编的研究中国历史城市的名著 *The City in Late Imperial China*(《中华帝国晚期的城市》)寄赠给我。日本的著名汉学家斯波义信也主动地用英文写长信给我。而1980年初,施坚雅的宁绍代表团,包括"宁绍研究所"的五六位教授及其他名校教授共十五六人随即来到。当时入境手续严格,必须先到北京按签证验明正身然后搭机到杭州,而省里竟派人请我接待,说明他无非寄了本书给我,省里就知道了我们的关系。他们傍晚抵杭,连西湖都不去看(说明在返程时如有机会再看),次日一早就以一辆当时最新式的日产面包车,满满一车赴绍。住交际处(现绍兴饭店),由于干部尚未"知识化",外办主任介绍情况一口绍兴土话。北京跟来外院女翻译(或许还负有另外任务)立刻站起来:"陈先生,我不能译!"于是我这位接待者又兼任翻译,直到宁波,包括绍兴与宁波的两次与文化人的座谈会,都是如此,她虽不译,但一直在场。在绍兴三宿,去宁波也是三宿。而天一阁的完全敞开,让他们十分满意。来者当然都是汉学家,特别是"宁绍研究所"的,虽然以前都不曾到过这里,但是对这一带的历史、地理和其他掌故,都非常熟悉。例如在抵绍当天,闻悉了府河正在填塞,中餐后即步行到清道桥上观察(当时正填到清道桥),他们都知道这是山阴、会稽两县的界河,而当时绍兴的不少父母官却不知道。他们在桥上的相互对话让我听到,有人说:中国地方大,北京的命令不一定在各地立刻实行,填塞府河,就是"文革"的继续。

　　于是1982年我也应邀出国讲学,因为一口"洋泾浜"的方便,从加拿大、美国,一直讲到巴西(这里以葡萄牙语为国语,但大学师生都懂英语)。1983年起,又被日本聘为大学院(研究生院)的客座教授,在关西、大阪、广岛3所名校的研究生院,分别教课3个学期,其间当然也到东京、京都等名校讲学。除了北海道以外,我们夫妻跑遍了日本全国。一个每日3次在毛主席像下卑躬屈膝,口口声声称"罪该万死"的"牛鬼",现在居然带着夫人,天涯海角地到处跑。《光明日报》还写长篇报道,说我是"三不主义",其中的一个"不",就是带了夫人多次出国,都从未花过国家一分钱外汇。

一个"罪人"一旦变成了忙人,学校又为我特地布置了一间专门接待外宾和外国学者在我处研究进修的专用办公室。在杭大,这是一个特例。所以有朋友就考虑到要我写"自传"的事了。当然,这与当年彭燦先生嘱咐我写的《自学回忆录》是不同的事。其中有的是随意顺口说说的,但有的则是认真诚恳的。我记得起的一位是抗战胜利后在新昌中学当教务主任时的初中部学生盛鸿郎君,因为他学业好,所以全校知名,后来在清华大学水利系毕业。或许是1984年吧,他当上绍兴市水利局长还不久。不知是在杭州抑是绍兴,他向我提过此事,那是认真的。此外也还有几位认真人,譬如我的绍中校友(是后期在绍中就读的),香港科学仪器公司董事长,又兼香港的绍兴同乡会会长车越乔兄。对于这些诚恳者的敦促,我确是感谢而慎重考虑的。但是也有一位1950年代初从北京派来的媒体部门的重要人物,此人不幸在1957年被划成右派。由于原来就是场面上人物,"改正"以后仍在场面上走动。与我也算是朋友,而且我知道他不是随便说话的人,他曾告诉我:不要专看当前轻松自由的一面,在我们这个国家里,再搞一次"文革"还是搞得起来的。他识多见广,又有亲身的教训。所以当时只有少数知识分子忘乎所以,并且出现一种幻想,而多数都仍心有余悸。但既然不少位与我很亲近的朋友,诚恳地要我写,我从1985年在国立大阪大学研究生院任教的一学期,就与陪在身边的夫人商量,她也表示:"你是一个从死亡边缘(指我从沦陷区到内地的一次)出来的人,应该写一点,留给子孙看看也好。"所以实际上我从那年初夏回国以后就动笔了。我是在学校早就提供我的这间当时称得上高档的个人办公室起草的,但由于常常有外国学者(有不少其实不是同行学者)由外办或有关系科陪来谈话,又先后有外国进修和访问学者(同行的)的来到,所以时写时辍,而"轻松自由"之中又确实常有干扰。我在广岛大学研究生院任客座教授时仍然写,但同行的夫人提出了"要写得小心"的劝告。所以一直是写了又涂,拖拖拉拉,直到1992年,绍兴市当权的"文革派"人物下令把状元张元忭府第状元台门所在的这条称为"车水坊"的街道全部拆毁,改建为一条如同纽约华尔街一样的金融街,车水坊长约400余米,两端是张元忭为他父亲张天复所建的两座高大石牌坊及全街包括状元台门和其他不少古宅名宅(如王氏"人瑞"台门)在内的所有屋舍都彻底拆除。不过因为当权者虽是"文革"人物,但时代已经早非"文革"时代。所以对由全街道被拆失去屋舍者必须给以补偿。因而在原莲花桥以东,在1950年代被那些"乌纱帽"下面的脑袋里毫无知识的蠢官填平了的河道上,加上拆掉原平章弄,利用这片空地,造了不少套6层楼的房子以作被拆者栖居之用。状元台门是我们陈氏的,我家虽然已经"铁将军把门",但还有好多房头住着。于是就被勒令搬迁。我们夫妇已经既无时间也无能力奉行这种"勒令"。事情全由我们的大女儿、大女婿操办的。当时,大女儿在杭州大学教书,大女婿担任商业银行一个分行的行长,实在也很忙,只好挤出时间干,幸亏他们已有自己的小轿车,来往方便。我夫人也去过一次,是为了去指点那些应该搬走的家具(只是我们房中结婚时的一张宁式床和几把嵌牙的茶几椅子)。婿女两人选了那边最高楼6楼的一个大套(也不过90平方米),因为知道我们是不常住的。随即是购家具,客厅、大卧室、小卧室、书房、厨房、卫生间、阳台,间间都要布置,装空调、电视和电话、冰箱、洗衣机,一切就绪。其他各房是实际要住的,也都忙乱地搬到此区。其实,"文革派"当权者所霸占的我们的"堂众"房子还有更大的面积:状元府第的大厅和后退堂,约有800平方米的状元府后花园(包括园中的许多树木,其中一棵大樟树必是状元建府时就已存在的千年古树),还有两个用泥墙隔开的小花园(每个约二三百平方米)。在我们这种环境中,"文革"的阴影还未远离,加上曾经当权而知识丰富的那位告诫过:再搞一次"文革"还是可能的。所以这笔账也不必再提了。

新的寓所由他们两位布置好以后,我们夫妇倒是去住过多次,有时由女婿用小车送,但常常是绍兴方面派小车接。我们到达后,我在绍兴的二妹当即为我们找来一位钟点工,所以生活也很便利。虽然要爬6楼,但我照样在这里接待过日本和美国的外宾。由于从四面窗口都可观看绍兴城市和城外河山,我曾称此寓所为"四眺楼"。而我就在这"四眺楼"中誊清了我的这部所谓"自传"。我把此"自传"名为"八十逆旅",包括"生长年代"和"流浪年代"两部,约30余万字,从出生写到抗战胜利回家而止。由车越乔兄拿到香港打印,他并且为我改正了不少错漏字,真要感谢他。这部"自传",后来复印了几部,有一部就藏在去年开馆的绍兴仓桥街的陈桥驿史料陈列馆中。

这部所谓《八十逆旅》其实是很有问题的,记得虚龄80岁那年,首先是嵊县县长陈月亮先生为我在嵊县做寿(开始以为月亮先生接我们夫妇去看看我们的早年读书的崇仁廿八都),但他在宾馆晚餐宴请时,中间都放了大蛋糕,开首就让餐宴者一起唱"祝您生日快乐"歌,才让我们夫妇知道是在我们战时求学之地为我祝寿。接着是绍兴市和香港联合在绍兴为我祝寿,规模甚大,我们事前不知,连当时我们在上海同济大学念书的外孙也招来。预制了印好"八十华诞"的精美瓷碗,与会者每人一套共十只。事前包好宾馆让贺客们住宿,因为晚宴后还有一个游览环城河的节目。陈月亮先生也从嵊县赶来,并带了一对很大的花篮。这年12月初,日本京都大学邀请我们夫妇去参加国际学术会议和讲学,也单独为我祝寿,宴席上有只能由特殊厨师烧制的河豚。返国已是12月下旬,最后是浙大为我祝寿,由学校第二把手郑造桓书记主诗,贺客有来自香港、北京、西安等远地的,祝寿次日,又由嵊县邀请贺客们去该地参观名胜古迹,一宿才返。这一年已经是新世纪的 2002 年,新中国成立已经半个多世纪,但我的"自传",名为"八十逆旅",而内容只写到 1946 年初抗战胜利后我从内地返回绍兴老家。记得 1995 年我们夫妇在绍兴寓所时,盛鸿郎君为我们举办"金婚"宴席。席后曾问起过我,"自传"写得怎样了。其实此时已经陆续交付车越乔先生到香港打印,我只告诉他:已经差不多了。但没有与他说明,1946 年以后的事我只字未写。

我不敢写新中国成立前后的事,是因为我不知所措,也是我的懦弱无能。我是日寇打到贵州省的独山,国家已濒危亡之时,才抱定牺牲决心签名参加青年远征军,预备到印、缅保卫这条唯一的美援生命线,当时手上已经有了上饶祝同中学 1945 年春季开学的聘书。广岛投下的原子弹让我们这一批以美式武器武装起来而且整装待发的小伙子们终止成行。当时是一个竺可桢可以拒绝蒋经国的时代,不少在内地的不著名大学签名而去印、缅回来的大学生(也有像我这样临时不成行者),多是一二年级的,因为都是江浙人,胜利后回江浙,希望转入浙大,这种要求或许是合理的(因为他们曾出生入死)。竺可桢也明知他们的后台是蒋经国,但是他可以说:"一个不收。"(但浙大对从湄潭和龙泉签名而返回的则照收不误,所以也有人说他不公平)我到德清办了复员手续以后就被拉到蒋经国在嘉兴办的职校,而这些被竺可桢先生拒之门外的四五十位男女学生,一时没得去处,只好在职校过个渡,暂居一下(即所谓"大专班"),只开英、国、算 3 门,听不听自由。而我则被"不要学历,只要实力"的教务长彭灿促令去教这个班的英语,因为上课只带粉笔,不带教材(活页文选),在课堂上背书,因而出了名,这些大学生倒是满堂在座地听我的课(后来在 1947 年秋季大部分由上海暨南大学接收,少数进了杭州之江大学)。我则于 1948 年暑假,带妻子和 6 个月的长女回绍兴老家团聚度假,某一个早上下楼,见到门缝里插了封信(绍兴邮局常常这样做),取出来一看是贴了当时罕见的香港邮票的香港信,署什么"学院"(车越乔兄已为我查出,但又忘了)。拆开来:"素仰台端博学","谨聘台端为敝院史地教席"。信不长,但此两句我不会忘记。这时候,母亲在灶间里已经烧旺了火。信在我手上不到 3 分钟,我立刻把它投入火中。新中国成立后历次运动要"交代历史",我的历史是"交代"得纤介无遗,但香港这个学院"谨聘史地教席"的事却从未交代。无人知晓,何必自找麻烦说这件事。直到 1980 年代,我才把曾经发生过的这件事告诉夫人和儿女,他们也一笑了之。当时由于看到共产党在各地的胜利,光明就要到了,我还会到这个殖民地去吗?后来也想过,20 多岁的小伙子,怎会让香港这个学院说"素仰台端博学"。所以估计推荐人一定是职校的陈承仲先生。对于陈老,我只知道他曾任持志、大夏等校教授,确实是有学问的。而且从新昌中学教师苏州人王德昭先生(他父亲与陈熟悉)处得知,他在香港一学院执教。陈老在职校时就非常赏识我,所以此学院的聘函多半是他的推荐。

　　光明在此函以后不到一年就来到,随即又迎接中华人民共和国的建立。回想到那个香港学校的聘函,实在不值一笑。又为陈承仲老先生留在那里,而且把上海的全家都搬去香港(据王德昭先生所告),真是晚年厄运,太可惜了。

　　不过光明虽然迎到,事实并不如我预期。一开始,我从教务主任改任教导主任(因训导处取消),我的责任更大了。学校的军事代表(旋即任校委会主委即校长)金望平一直尊重和照顾我(原是中学的生物教师,地下党员)。但大的客观情况发生了变化。1951年"镇反"时,暑期即去杭州灵隐革校学习,革校(省学习机构)就认为签名参加远征军是错误甚至反动的。从此就背上包袱,惶惶不可终日,1955年"肃反",我果然因此而被隔离审查半年之久。幸亏学校党领导焦梦晓和系党领导夏越炯一直保护我,每次让我过关,而最后大家都进入牛棚。

　　所以,题为"八十逆旅"的"自传",实际只写到虚龄24而止,而这中间,还有不少因各种原因而不予写入的东西。现在,我行年近九,没有什么再可顾虑了,所以在从出生到虚龄24而却名为"八十逆旅"中避而不写的东西,可以在这《耄耋随笔》中和盘托出,感谢上帝给了我较好的记忆力,至今,还能记得出高小毕业班42位同学的姓名和在课堂中的座次。为此,我还能将许多认为可以随笔写一点的文字简单写下。如与我共患难多年的妻子当年所说的:"留给子孙看看也好。"所以在当今凡空闲之时(因为空闲之时仍不多),就提笔写一点,事情只凭记忆,写作也无草稿,真真是所谓"随笔"了。

"自传"的回避

所谓《八十逆旅》的"自传"，实际上只从出生写到虚龄 24 岁之初。我在《开场白》中已经说明了以后不再写下去的原因。而实际上，从出生到 24 岁之间的这两部，也有一些回避。回避的原因主要是因为政治，但也有一些其他缘故，不妨简单地说明几句。

因为1957 年前曾经是权威人士的朋友，在"改革开放"后告诉我：在我们国家里，再搞一次"文革"还是可能的。此话深入我心，为此，我必须笔下留心。

远征军六二三团少将团长王永树和我的关系就是例子。后来彭灿曾告诉我，是王派人到我们受训的远征军政工班选定我。本来是个少尉的料子，却被定为上尉，最后还要以少校作临别赠品。为此，我只好强调了"莲荷状元"的内容，其实，"莲荷状元"不能代替学历。而六二三团全体政工人员初到硝石镇，次日团督导员张欣歌就带我们全体约 30 余人到团部晋见团长，王永树只说了不过 10 分钟话。而最后在大家敬礼散场的刹那间，他说了句：请机一连陈训导员留一下。他怎会知道我的名氏。原来是定好要我当团的翻译官的。而我只写了他要我讲《国际公法》的事。实际上，他认为到了印、缅，美国翻译和中国翻译当然都会有，但我们有自己的翻译就放心可靠。战场上是情况复杂，一丝一毫都不能有错失的。

事实的确如此，从暂驻硝石起，到进入黎川三都新营房，美国人有时是三天两头地来。远征军是他们花的钱：官兵薪饷比普通部队高一倍多。伙食是每天每人半斤肉、半斤鱼、半斤蔬菜、两个鸡蛋。他们有时也会来查,我们也不折不扣地照办。团部内他房间对面是副团长陈佑明的房间,而陈佑明实在是挂个名,人在师部工作,迄未到任的(部队中常有这类事)。所以有好多日子,我是住在陈的房间里的。我当然仍应回机一连去管点事,尽管连上有一位督导员室挑选出来的干事童沐天(此人忠实能干,后来也从中尉连干事升为上尉训导员)。为此,他们在团部和机一连之间的河上,要工兵出身的应陶中排长造一条木桥,让原来要走约半小时的路程,变得不要10分钟就可从团部到连部了。我确实也是因此而学会与美国人讲英语的,到后来竟可说得很流利。

但1980年代的那一年,我偶然在《参考消息》上看到了王永树之名,是蒋经国的侍从室主任,成了个大来头人物。我怎能详记我们的关系。我因"远征军"而被隔离审查半年,"牛棚"里又挂上"反动军官"牌子,假使这个"反动军官"经常和美帝打交道,岂还得了。我扯上与王昇的关系,王昇的确很器重我,但因为我也是在《参考》中看到,他已经失宠于蒋,外放到什么小国当"大使"去了。

我很怕在车越乔兄处的"自传"不慎被人取走在香港出版,所以也很存戒心。因为另一位香港好友吴天任先生(原籍广东台山),是位年谱学家和郦学家,年谱及郦学著作(他是唯一出版了《郦学研究史》并由我作序的)逾20部,与从燕京大学出去曾任香港中文大学副校长的郑德坤相善。因为吴的每种著作,都是台北艺文印书馆出版,曾约略知道我的"自传"在香港打印(他与车不相识),写信和我谈起,他如能获得一部,当也送至艺文出版,所以我就更存有戒心了。

例如,在我的为学过程中,祖父的学生孙伏园先生(祖父要我叫他孙伯伯)曾起过重要作用,这本来是一件应该写入而不关政治的事。之所以只字未提,是为了怕节外生枝。因为在1980年代的某一年,我在上海或别的什么地方遇到一位先生,言谈中说起,他是孙伏园的孙子(或侄孙,忘了),现在在北京任地理研究所副所长。我当时是中国地理学会历史地理专业委员会主任。"学会",其实是在大屯路一所房子内。我担任这个专业委员会主任,每两年举行一次历史地理学的国际学术讨论会(也是因为我在国外结识了一批汉学家,才能开得起这样的学术会议),已经够我操心的了。假使让他知道他的祖辈有功于我,必然会常常请我办什么差使。为了免于节外生枝,所以没有写入孙伏园伯伯之事。实际上,我得到他的恩惠甚多,也非常感激他。

也有的是写完整太费笔墨,反正总是那么一件事,就不多写了。例如我祖父的"长毛举人"之事。当时,家里从喜到恐,乱翻了天,他自己也避灾到东浦坐馆。但光绪末叶,有位对祖父佩服得五体投地的实力人物马谟臣(以后创办绍兴电话公司),到省里为他声辩:蓥公是几房仅有的后代,是被长毛抓去的,在马山(城北一个镇)也只是为他们做做抄写的事,一看到长毛失势就逃回来了,怎能殃及儿子功名？抚署里派人到绍兴为他"正名"(犹如当今的"平反"),来的还是个大员,大明堂(天井)搭了明瓦棚,以后在状元台门口还叫戏班演了一台戏。事情十分复杂,都是五叔祖告诉我的。反正他一直以举人在各种典礼上出面,背后也一直仍有人叫他"长毛举人"。这事可以写一大篇,所以就不写了。

　　至于1937到1938年间,花几个月功夫在破塘上埠的一个山坡上(属会稽山)背熟20篇左右的英语名著之事,此事与我后来在嘉兴职校一举成名有关,也与虚龄二十六到一所完全中学当教务主任有关。但问题是,"背"的时候,实在大部分不懂,真真的"死记硬背"。虽然直到今天,这些名篇我还背得出来,而且直到四五十岁时,还有再到这个地方去看看的心愿。但写起来写不上几笔,因为是天天例行之事。而且也怕人见笑,所以也就不写了。这一事并不算"回避",因为即使和盘写出,也不过每天"小和尚念经"罢了。

"自学回忆录"

第一位要我写点"回忆录"之类的,应该是彭灿先生。

那年(1948 年)初,嘉兴青职因提前结束,而这年年初妻子分娩,我的长女出世。我处于失业境况。但原在此校的同事陈怀璋先生,又是信,又派人从新昌县来,请我去担任他刚接任校长的一所颇有历史声名的完全中学的教务主任。我原来就很想当个教书匠,有人如此聘请我,正中下怀。尚在坐月子的妻子也完全理解我的这种心情,何况家庭经济(由她经管)困难。所以认为既当教务主任,就应该早日去校,管月子的保姆很得力,要我放心。于是我抛下妻子走了。当时在春季开学的这个学期,突然而来的这个位置也甚不容易。因为学校总是秋季开学才聘用教师的。事前讲好,春假开始时到嘉兴接他们去新昌,同院邻居女当家为人很好,也一口应承照顾她们。

新昌的工作和处境很好,我是这年一月底去的,孩子尚未满月。在新昌和妻子通过几信,知道母女在嘉兴都很好。当时是高工资时代,而新昌中学的工资是以学生缴的谷子支付的,更不必担通货膨胀的风险,所以只要到总务处随时开谷票,市场上欢迎学校的谷票,因为学生缴的谷都是上等的。

4 月初春假开始,我立刻去嘉兴,母女确实都好。因为职校自己发电,家家都用电炉,妻子也感到生活很方便。长女已经两个多月,长得很可爱。于是我们打点家什,预备离开嘉兴。绍兴父母要求我们先返老家。因为女儿(我给她取名可吟)是我祖父族下的第一个第三代,理应先回老家,虽然祖父已经故世。

　　彭灿知道我要走,诚恳地邀请我们吃一顿饭送别。当时职校已经停办,校舍并入嘉兴青年中学,作为分部。本部在城内,校长是蒋经国系的留美教授胡昌骐,赏识彭的能力,请他当分部主任。分部的规模不小,教师有百人上下,学生四五百人。

　　他一家还是住老房子。无非是三间陋室,师母是他同乡,我们也熟悉,两个孩子,还都是儿童,当时虽然是高薪制(指正式的公务员和公私立的正规学校教师),但家庭的摆饰之类多不讲究。请吃饭实在也是真正的便饭,无非加两个如湖南辣肉等家乡菜而已。因为他一直很看得起我,原来说好当天晚上要与我谈谈的。却因我的女儿睡着了,师母说让她睡在他们床上,两个多月的孩子就是容易睡的。彭说也好,我们现在就谈,不必到晚上了。

　　这次他和我谈话的主题,就是要写我自学的"回忆录"。所以我印象很深,彭灿先生是毕生第一位要我写这类文字的人。他先是褒赞我:英语、国文都这样好。二十四岁就当上这样名气不小的完全中学教务主任(其实我出生于1923年底,虚龄按绍兴人习惯已经二十六岁了)。接着又替我叫屈,因为1947年初远征军复员人员的一次公费出国留学考试,规定必须有大学文凭才能报考。他是报了考,而且录取了(选择很严格),安排到英国留学,正等待着出国通知(不过后来时局变化,他终于无缘出国)。他鼓励我并且认为假使当时没有学历的限制,我如参加考试,是一定能够录取的。最后他要我平心静气做学问,不要因此而生气,像我这样的年轻饱学之人,出国的机会总是有的(这一句倒是说对了)。我除了祝贺他能去英国深造外,告诉他对去年我不能报名考试的事毫不介意。当时,年轻的妻子正怀着孕,即使规定有"同等学力"名额,我也不会报名的。

　　最后他和我说了原来预备在晚上(我在嘉兴的最后一晚)和我谈的一番话。他认为我是一个自学成才的典型。这是我祖父教的,但我能记得牢,就靠自学。至于英语,于宝榘先生(中正大学英语教师)曾告诉过他一些。但那年在赣州《正气日报》馆他办公室的谈话,从我的会话(现在称为"口语")和词汇量中,他深感我很像是一位大学英语系的毕业生。所以那年请我到职校时他曾说过不要学历要实力的话。他硬说我是一位自学成才已经成功的年轻人。幸亏我的女儿睡得香,妻子也能坐在边上听他的演说。他说古代没有什么大学、学院、中文系、英语系之类,古代的名人,都是自学成才的。现在也有,他举了王云五的例子。

　　这次临别谈话(他认为不久就去英国的)的最终目的,是要我写一本书,书名大概可以称为"自学回忆录"。他是用一口十分有诚意和非常真挚的湖南腔说的,确实是发自内心。我虽然完全没有写这类文字的打算,但是我不忍回绝他,只是感谢他的鼓励和期望。至于写书,现在还不到时候,但是我牢记他这番临别赠言,将来一定写。这番谈话,他看来比较满意,我则记得很牢,因为彭先生是第一位要我写这类书的人,也表达了他对我的希望。

现在计算一下,书确实写了并出版了好几本,但 1948 年 4 月彭先生叮嘱的"自学回忆录"却没有写,他是真心真意的,而我则感到很对不起他。

怀念彭灿

彭灿,字双龄,湖南湘乡人,抗战前夕在中央大学外语系毕业。我不知他年龄,大概总比我长 10 多岁。

1944 年夏季我到赣州,住在政府办的沦陷区青年招待所,每天两干一稀,菜是又差又少,但能够安身,已算不错了。所里办了英语、国文、数学补习班,分高、初两部,每周上课 3 次。但听不听课是自由的。我曾经去听过彭两次课,感到他的英语不错,并从旁知道他是《正气日报》主编。他当然不认识我。

这年,因为敲定我在"会考"(当时高中还存在全省分区"会考"制度)中能得状元的祝同中学,想以我为这所江浙人办的中学扬点名气,却因前线(衢州)的战争消息被老俵同学利用而"会考"举行不成。所以我还是用省立绍兴中学高中两年的转学证书到赣州考上唯——所国立大学中正大学的。但进了大学,还是坐在一张与中学不同的椅子上一堂一堂地听课,与我设想的"大学"完全不同。省立绍中的女同学陆碧霞,也是在战乱中奔波流离,在此校教务处当教务员。于是我问她:中正大学为什么会这个样子? 她告诉我:现在粤汉线被敌人全占了,你去不了内地。凭你的学问,到内地考得上任何名牌大学,但那边除了有名教授外,其他的事和中正大学是一样的。所以我立刻决定退学,并且一辈子不上大学。不过因为食宿都是公费(当时称为"贷金",但其实有贷无还的),所以仍然住在校内。

因为较空闲,去听过于宝榘先生的一堂基本英文,讲的是(活页文选)邱吉尔的

《人类要自杀吗》。因为对一个长句的问题,我在课堂上用英语与他谈了几句。他似乎察觉了我的"与众不同",这天下午邀我到他家去。他是苏北人,北大毕业。我应邀而去,他很亲切,我也只好告诉他一点自学的情况。因为他还不知道我已决心不念大学,所以告诉我,基本英语是必修课,但我以后不必再听课了,学期结束时他给我打一个高分就是了。我表示感谢。以后在路上见面时,我对他很尊敬,他几次邀请我到他家去,但我只在赣州快沦陷前去过一次。

　　为了弄点零用钱,我常利用《四书》特别是《孟子》的一些典故,写点短文,用胡乱的各种笔名(但真名和地址是署的)向《正气日报》副刊投稿,因为这是我在赣州最看得起的报纸,文章大多发表,稿费当然很低。而且他们的做法是,外地作者以邮局汇寄,本地作者只给一纸通知,要自去馆社领取。学校在山上,下去一次,来回要跑十几华里,所以我总是收到几张通知后去一次。这一次手上有3张通知,稿费按当前币值,大概有20元之谱了。手头也紧,所以一个下午就下山去领取此款。领款后出门不到几步,忽见彭灿从外面回来,碰个正着。我生性原来不与陌生人打招呼,但这次却不知怎的叫了他一声彭先生。他看我挂了中正大学校徽,但不是熟人,一面与我握手,一面问我:你怎么认识我的?于是我就用英语说了,我在沦陷区青年招待所听过他的课。他很亲切,也用英语邀我到他办公室坐坐。两人就在他办公室用英语谈起来,没谈上几句,他立刻说:噢,原来于先生说的就是你。我才恍悟,上饶是个商业城,而赣州可以称得上文化城,原来这些高层次的学者,有一种沙龙性质的组织,于宝榘先生已经谈起过中正大学有我这样一个学生了。他于是也问我自学英语的过程,但我说得比较简单。最后他要请我去吃每客18元的"营养饭"(大概相当于现在的10元),是当时常用的请客方式,的确经济实惠。但是我辞谢了,离开报馆回校。这一次算是真的见面,但仅此一次。

　　抗战胜利后回家,打算在家自己读书,并且考虑著书立说,这是我祖父的厚望。但父亲认为继承祖父之业,总得有一份教书的行业,托人请绍兴县中校长施伯侯让我执教英语(县中仅有初中)。而以后果然送来了聘书。但因我是签名从军的,远征军还有一个复员的尾巴,要到德清县去参加,为期长达两个月。不料在德清月余以后,忽然接到彭灿派专人送来的亲笔长信,先是钦佩我的英语和其他学问,告诉我远征军复员后已决定在嘉兴办一所中学和一所职校,规模都不小,他已内定为职校教务长,敬聘我任高职英语教师,但事情复杂,笔难尽言,请我在复员事务结束后即赴嘉兴面谈云云。我当时虽告诉送信专人不一定能去,但心里感到竟有这样的饱学之士赏识,却又有难处。主要是因为新婚的妻子尚在绍兴稽山中学读高商,而父亲函告施伯侯校长聘我于当年秋季任教的聘书已经得到,当然应回绍兴与妻子团聚。所以当时面告这位先生,说我会在适当时候去与彭先生见面,复信就不写了,要他向彭先生代问候。

复员散伙前夕忽然发生了一件对我来说既心烦而以后回忆也有意义的事。嘉兴办中学和职校的事定局了,但从复员到两校开学还有整整一个暑期,怎样安顿一大批决定进入中学和职校的复员青年。当局决定在嘉兴办一个夏令营,由原青年远征军二〇八师负责。建立两个中队,由师部派出两位中校中队长和30位上尉分队长。而政治部也要相应派出两位少校中队教导员和30位上尉分队指导员。散伙前夕,师部下了一纸"日日命令"(部队中常用"日日命令"发布这类事务),我因为是六二三团政工人员中唯一被升为少校的(其实是我为团长充当翻译官之功),所以竟被任为少校教导员之一。我跑到督导员室和团部,当场表示,我不是职业军人,是国家临危而签名从军准备去印、缅的。既然胜利而不去印、缅,我已受聘做学校教师,所以不接受这个"日日命令"。而且语言激昂,他们都无法答复。我也不告诉绍兴,因为妻子一定会非常失望,我自己也渴望与她团聚。

事情发生在一天上午,团部一位副官来找我,说要我去团部接师部(在余杭)的电话,当时全团只有团部才有电话。原来是一直器重我的蒋系要人王昇。开始是许多赞赏我的话,接着说我到家乡执教是"功成身退"的好事,一定会看到我著书立说。但接着说,到夏令营并不影响我回乡教书,因为是暑期,可以把新婚夫人接出来在嘉兴度假。他说他也要到嘉兴帮忙开个头,我们还可以见个面谈谈。

个把礼拜以后,远征军正式散伙,多数人都早已安排好了自己的前程。我不得已带了个勤务兵去嘉兴。王昇已到了作为中学校址的城内西大营,我们畅谈了颇久,但找他的人络绎不绝。于是就找时机与他告别,因为我担任第二中队教导员,在城外东大营,亦即职校校址。不过在与王昇谈话时,有一位先生进来,王昇做了介绍,此人的目的是:"久闻大名,中学敦聘您任教。"倒是王昇替我做了推辞和解释。但此人在握手道别时,语言上并不甘休。我随即与勤务兵到东大营"上任"。

中队长是六二三团中校团副廖建英,已在校门口等我,开口就说:头儿也在等你。原来职校主任是当初我们受美式训练时的上校指导员陈方,也是赣南蒋系人物。当然年长,也较老实,中央政治学校出身,但我的印象是没有什么学问。廖拉我径到陈的办公室,我当然按理向他敬礼。他把我一把拉在座位上:早知道你来当教导员,然后是我请你当职校教师,这一切已定了。

他并不知道彭灿和我的关系,彭派人到德清的事也不知道。但彭正忙着聘教师,当时他正去苏州,请在省立苏中任教的他的中央大学同班同学唐积庆先生(后来用借调的方式请到),过了两天才回来。回来的当晚到我房中长谈,告诉我所谓"大专班"缘由,因为他也是参与去见了竺校长的。他敬佩竺校长,但不免也发了句牢骚:浙大在湄潭和龙泉签名从军的也不少,有一些是从印、缅归来的。这些学生都照样返校,他们难道没有"兵气"吗?

他与我谈这个班在职校其实是过渡的"大专班"教师的配置,国文请陈承仲先生,曾任持志与大夏等校的教授(后来去了香港一个学院)。数学请郑听彝先生,此人水平高,左右两手都能写黑板字(但开课后听他课的人极少,后来当了杭一中的台柱教师,被划为右派,死于劳改)。英语就请我。

我立刻打断他的话:我不行,我不行,我没有学历! 这时,他立刻用浓重的湖南腔说了一句我毕生不会忘记的话:"我不要学历,我要实力!"我对他的敬重和感情,其实是在这晚的长谈中建立起来的。当时,学历高而确有真才实学的英语教师除了唐积庆先生外,还有一位他的同班同学,沙翁翻译家朱生豪的胞弟,省立嘉兴中学的台柱教师朱文振先生(仍兼嘉中的课)。此外还有好几位,都是外语系毕业的(因薪水比中学高,所以教师比较易聘)。我是个小伙子(当时虚龄24),却因"不带教材"而传播到校外,成了"名教师"。彭则在各种会议中为我的"自学成才"而"吹嘘"。不过他说的话是诚恳的,举的例子也是实际的。所以我当然应该感谢他。

1947年有一次公费出国留学考试的事,凡远征军复员者都可报考。也有好些人劝我报考。但我没有一张报名时的大学文凭(这一点大概可以通融),特别是我妻子已经怀了孕。所以我毫不考虑。彭灿报考了,而且在录取比例很小的情况下争取到了去英国的名额。但是由于战事的原因,他终于出不了国。同样的原因,职校提前一年,于1947年底结束。在职校任过国文教师的陈怀璋先生特地派人(先已有挂邮)请我去他家乡新昌县的县立中学(完全中学)担任教务主任,因为他因学校校长出了点事故而在春季开学时当了校长。嘉兴原来也有学校请我,但是总是要到秋季,何况我和妻子都愿意回浙东。所以就留下妻女(有一位很好的保姆),到新昌任职去了,春假时才到嘉兴接她们。彭又请我吃饭送行,当时职校校舍已成为中学分部(初中部),胡昌骐请彭当了分部主任。

后来我们还经常通信。1950年,他从湘乡给我一信,说他已携眷返乡,在湘乡中学教书,情况还不错。我写了回信,从此就再也没有联系了。

但我时常怀念他,我妻子也是这样。他是位好人,有学问,待人诚恳而耿直。后来又常为他担心。因为虽然他是一位讲旧道德的人,绝对不会干坏事。可是在历史上,尽管他是在国家濒危时签名从军,他当时是带眷的,已有了孩子,条件比我困难得多。可是这些是私人的事,从公事上说,他在远征军任过中校督导员,这以前又是《正气日报》的主编。他的境遇恐怕不好,甚至相当糟糕。还不知现在是否还在人间。

他是一个好人,是一位有学问的正人君子。我怀念他。

竺可桢先生的一件事

竺先生是著名的浙江大学校长，我只见过他一次，他倒是叫过我名氏。那是1963年。因为3年"自然灾害"饿死了几千万人，所以开始复苏的1962年，是从1955年"肃反"以来，阶级斗争不很为"纲"的一年，知识分子以为从此松动了，所以学术活动频繁起来。全国地理学会在杭州当时的高级宾馆华侨饭店开了五六天会，会前竺先生曾到杭州大学地理系一次，因为这是他实际上的老底子，而且系主任严德一是老浙大地理系的。接待人中为首的是副校长朱福炘，但五六个人也排上了我。当他和我握手时，介绍者是严德一。竺先生说了一句：我知道，你写了好几本地理书。

接着就在华侨饭店开会，地理系4位代表，我是其中之一。一个节目是花一天时间参观绍兴。几十位代表"戏大街"，多数都着了毛料衣服，店人和路人都侧目而视。其实，这些代表们中不少人还不知道，当时，北戴河上已经发出"千万不要忘记阶级斗争"的号令了。中饭在凌霄社（当时是否已叫交际处我不清楚，即今绍兴饭店）大厅吃，绍兴的陪同人是一位曾任医院院长的副县长，我因为身兼导游，也敬陪末座。八九张席面，我们在中间一席。当有人谈到事物都在"变"时，竺先生又一句插言提了我。他说：确实变得很多，譬如，我和陈桥驿先生本来是同乡，现在就不是了。他是东关镇人，东关原属绍兴，但1949年后上虞辖境跨过曹娥江，东关属于上虞了。后来我回想，他说这句话，可能是对于行政区划的频频改变（有不少改变很不合理）感到不满意的语言。这些都是小事，下面要谈一件大事。

　　抗战胜利,在内地的东南地区人都回乡了。浙大也从贵州湄潭迁回杭州。还有一些当年决心牺牲的青年远征军人,有的从印度、缅甸回来,有的刚整装待发而原子弹在广岛、长崎炸开了而不再出国。其中有不少江浙人,签名从军时都在内地学校,现在当然回家乡续学或就业。嘉兴就办了一所中学和一所职校。因为正值暑期,学校也要筹备,所以办了一个夏令营安顿这些人,职校在离城5华里的东大营,因其事是当时国防部的"预备干部局"(凡签名从军者复员后都给一个"预备军官"的头衔)主持的,局长是蒋经国。而蒋也亲自顾问过,夏令营时,曾到职校一次,三四十人的座谈会上我也在座。他说的话有一句我还记得:白手起家办一个规模不小的职校,当然要花钱,当今百废俱举,花钱的地方很多,所以这里的钱是少了些。但是像把大厨房顶角上的蜘蛛网清扫一下,总不必花钱吧。说明他对职校还不是全不在意的。

　　有一件事在办夏令营中很棘手。大量复员青年到9月份进入中学或职校,这是方便的。但还有四五十位大学生,他(她)们签名从军时都在内地的一些次等大学,我看过材料,如福建邵武的协和大学、江西泰和的中正大学、湖南的蓝田师院、福建的江苏学院等。多数都是一二年级。在印、缅时牺牲的不少,第一批出国时有一批行军从滇缅边境野人山走,路上就"走死"了不少。能凯旋回来的东南江浙人,当然希望回江浙继续上大学,事情是合理的。而一致的要求是进浙江大学。

　　事情是后来任职校教务长的彭灿告诉我的,那年夏季,投靠蒋经国的前中正大学教授胡昌骐(已内定中学校长),赣南的蒋系红人陈方(内定为职校主任),彭灿也在其间,3人去见竺可桢校长,提出这项要求。竺可桢的话是:对于这些青年,他是很钦佩的,他(她)们在国家最危急的时候为了保卫这条唯一的国际援助生命线而签名从军,这是他们的"勇气";但当了几年兵后,身上就有了"兵气"。全国都钦佩他们的"勇气",但学校不能容纳他们的"兵气"。竺要他们向蒋经国报告,对于这些年轻人,浙大很钦佩他们。但让他们到浙大续学,这是不合适的。所以浙大的原则是一个也不接受。

　　结果是,职校办了一个所谓"大专班"让这四五十人过渡,不到一年,都让暨南大学(有几位是之江大学)接收了去。

　　竺可桢让蒋经国吃闭门羹。职校后来有不少教师知道这件事。多数人的议论是:竺校长了不起。

孙伏园先生的恩惠

我从小由祖父包揽读书。6 岁就读背《唐诗三百首》，其实许多字都不识，内容也不懂，但却背得滚瓜烂熟。这就是绍兴人的话："小和尚念经，有口无心。"7 岁就背读《四书》，从《大学》和《中庸》两篇开始。这年吃年夜饭（我们是大家庭，年夜饭有 3 桌，在大厅共聚）时，他宣布：阿均今年已读背《四书》（实际上吃年夜饭时已是我 8 岁之初），7 岁读背《四书》，恐怕绍兴全城也是难得的。他是喜形于色，很为这个孙子得意，但我其实仍是"小和尚念经"而已。

我是虚龄 12 岁暑期在龙山脚下的省立绍兴中学附属小学初小（四年级）毕业的。尚未毕业前约个把月，他早年在敬敷学堂教书时的学生孙福元（福元、福熙是兄弟，敬敷学堂同班毕业生）来拜访他（那时的尊师重道与以后不好比），当时已把"福元"改为"伏园"。坐在大厅里，我总是依偎在他身旁。他向孙伏园介绍我的读书情况，说我如何强记，一个上午就背熟《大学》和《中庸》两篇。现在已经读背了许多书。初小学生，读的书不比你们在敬敷时候少了。孙伯伯（我对他的称呼）摸摸我的头，问我读的哪些书？他好像刚刚从欧洲回来，也感到我或可以"造就"。于是他告诉他老师："请一位家教，让他读英语。""英语！"当时我只说出得学校里的流行浑话："来叫客姆去叫（噶窝），一块洋钿混淘罗，发财就是乃爹爹，卖柴就是乃姆妈。"（绍兴方言）后来当然知道，"发财"是 father 的浑话，卖柴是 mother 的混话。哪里会想到他竟要我祖父让我读英语。

祖父对他这个长孙的读书是包揽的,他从来听不进任何人的意见,我的二叔祖是秀才,有时提点建议。祖父居然会说出"你懂什么"的话。但这一次却出乎意外,他竟接受了孙伏园的建议。祖父对我的读书,本意当然是出于爱,所谓"望子成龙"。但其实已近乎现代词汇的"独裁"。尽管口称"唐诗、宋词、汉文章"。但是他不让我读《古文观止》(二叔祖的建议被他一句话否决),因为他认出此书编选得不好。所以像《柳子厚墓志铭》及《滕王阁序》这类文章,我是偷着背熟的。

孙伏园建议的当天晚上,当时我父亲是一家钱庄的经理,早出晚归,晚上总要到近9点钟才回家。他立刻嘱咐我父亲去找一位英语的家庭教师,每天安排时间教我读英语。他对我父亲说,你们钱庄交道广,要找一位好的来。祖父为人谦和宽厚,但对于我读书的事,他是十分严格的,父亲不敢违命,但是在那个时代,请一位英语家教,岂是容易的事呢。但终于在一个礼拜内请到一位与我父亲年纪相仿的,姓甚名谁我都忘了。据说是在绍兴办得最早的越材中学(旧制中学)念过的。每晚上来,开始教我26个字母的读音和写。要父亲买来一种"三格练习簿",把一格分成三格,中间一格是红线条的,因为像a和c等,都只能写在中间这一格,I则占中格和上格,g占中格和下格,f才占上中下三格。这样读和写好几天,他又拿来一本我记得是周越然编商务出版的教科书,预备一课课地教我。但当他拿了这本书来到时,我祖父已经打听到这位先生越材未毕业就去店铺里当伙计去了,是不可能当我的家教的。随即请到了一位姓寿的,原来是在杭州的,曾在青年会读英语夜课四五年,是可以胜任的。他在杭州念的是林语堂编的开明书店出版的课本,在当时是最流行的,初中3年共3册,于是父亲立刻奉命去买来1套,放在祖父和我合用的书房里。也是每天晚上来教我。这大概就是我学英语的开端,暑期快结束,我就是省立中学附小的高小生了。这事全出于孙伏园的建议,让我学英语比一般人早了两年。让我毕生沾了不少光。

现在回想这两年的关系不小,因为当时学的方法,除了这位老师释义外,此外与读"诗曰子云"一样,仍然是背诵。因为寿的释义与祖父不同,我全部懂得。所以读得快,背熟得也快,到进初中一年级时,寿先生已经教我到第3册了(初中三年级)。林语堂的书的确如我后来所知,开明书店是花了大本钱的。从第2册起就有童话和故事之类,我特别喜爱,也背得特别熟娴,像《卖火柴的女孩》、《皇帝的新衣》、《丑小鸭》等,现在年快9旬了,我还是背得出来。

上大街的收获

孙伏园先生的话，我开始理解为要我单独在城里街上走走，因为我实在是个胆小鬼，在初小时代，连"戏大街"（虽然很想去）也是由大人陪同的。祖母和家里的其他长辈，也都说过"拐子"一类的故事。这也许是养成我胆小的原因。

踏进附小五上级，正值夏季，穿上童子军服装（高段才有这机会），童子军是外来货，英国人贝登堡（我不知其英文原名）创办起来，后来成为世界性的了。中国童子军是全国组织，全国以成立前后编号，附小是九三六团，算是较早的了。高小和初中都把此作为一门课程。中学多有专任的童子军教练，小学大概以体育教师充数了。附小由兰溪人姚砚农负责，他是上海东亚体专毕业的，算是高学历的小学教师了。

我以这样一身打扮，胸口挂上三角形的"绍兴附小"校徽（这是中段即三上级就有的），向祖父要求：我单独上大街走走可以吗？其实祖父是很少提及不要单独上街的，也从未说过"拐子"的事。他立即同意，只是要我不要走得太远太久，路上要小心而已。其实大街上除了人就是黄包车，那个时候连"脚踏车"（绍兴人当年称自行车为"脚踏车"）也是稀物，街上是很安全的。

一个礼拜天下午，我就单独上街了，从我家上大街，一般从府直街转府横街到轩亭口，入大街首先见面的就是建在街心的秋瑾纪念碑。大人领我上大街，一般总是到大善寺转一下就回头了，其实只是走了大街的一半。现在我自由地继续向前，走过水澄桥，右侧就看到"越州书局"。我早听到这个名称，因为第一次家教英语的那位，曾与我祖父说起过,英文字典很多,但最大的一种英文字典,只有越州书局才有,要花块把银圆。而且祖父已决定不久就去买来的。这个书局,双开间店面,是一家大书局,和与它毗邻的儿童书局、墨润堂书苑相比,确实派头很大。

我一直向前走,走到大江桥脚下,想到应该回头了。这一带三层楼的房子最多,我忽然看到马路右侧(东边)有一家"徐瑞隆布店"特别高,竟是四层楼的,这是我生平第一次看到四层楼的房子,当年的这种孩子的好奇和激动,现在还回忆得起来。

在一个人的一生中,年龄确是很重要的,1982 年应邀去美国讲学,当时我家老三(第三个儿子)还在哥伦比亚念博士,他陪我上后来在 911 事件中全毁的世贸中心顶上,摄了影,他又放大了,这张照片还挂在我家中。回忆那年登这座 400 多米的高楼,因为次日是去州立大学讲学,心里考虑的只是还有几个词汇是否适合(因为我是1930、1940 年代自学的英语)。很少想到这在当时是世界第一高楼,插上这一段,属于溯昔抚今的感慨。

从大江桥脚下的回程中,我才进入大善寺,得到这次上大街的第一次收获。因为过去都是大人领着的,没有注意,这次才看到进门左侧有一家锦文堂书店,特别是一张"一折八扣"(过了一年又改为"一折七扣")的告示。看书的人不少,我立刻挤进去。多数是淡咖啡色的翻印古籍,也有新书,都是上海来的。定价极高,当然是有意的,因为经过"一折八扣",售价就很便宜了。我身上是带了点钱的,因为父亲、祖父都常给我一点零用钱,一般在口袋里总有一二个银角子和十几枚铜元。书是五花八门,琳琅满目,一时也来不及细看。但翻到了一本毕沅的《山海经新校正》。因为从初小四上级起,祖父已经要我读《二十四史》了。是他逐篇领着我读的(结果只读到《旧唐书》)。这一年中,《史记》刚刚读完,所以我已经知道,太史公是反对《山海经》的。也回忆起,祖父在更早些时候教我读《禹贡》,嘱咐我要背得很熟,并且说,读熟了这一篇,天下大势就知道了。祖父是个地道的正统派,但是我却具有眼下人所说的"逆反心理"。所以就买了这一本。便宜,我记得给一个小银角,还找回好几个铜元。此书现在我还藏着。

于是就开步回家。但我决定不从轩亭口折回,要走完大街,从鹅行街(今解放南路)到蕙兰桥,然后走酒务桥回家,有一次五叔领我们几个堂兄弟到学坛地的民众教育馆看中学生表演,就是走的这条路,方向和距离与走府直街过莲花桥是一样的。却不料刚到鹅行街(今解放路与清道桥交会处),就看到一家旧书店。我只是大略看了一下,感到其中有好书。旧书店老板对这样一个"童子军"当然是既不在意也不欢迎的。再前进,看到鹅行街真是一条旧书店、摊的街,因为时间已不早,祖父要记挂,但我决定捡日子再来,一定能让我掏到好书,而以后确实如此。这条街给了我许多东西,其中有的或许牵了我一生的鼻子。

"背"与"死记硬背"

　　我从小由祖父指导读书,方法就是"背",也就是反反复复地把书读熟,有的要背得滚瓜烂熟。读古文是这样,后来读英文也是这样。他听了孙伏园伯伯的意见,请了家教读英语,用林语堂的开明英语课本,一共 3 册,也都用背的方法。特别是抗战开始,我家逃难到会稽山北麓的破塘镇,我在一个山坡上背了几个月的英语,背熟了 20 篇左右的名篇。

　　我最后背熟的是古今两本《竹书纪年》,这是抗战胜利后的 1945 年,在福州住了约莫 3 个月,朋友介绍我到那边的高级住宅区苍前山林宅阅书,此家藏书丰富,《竹书纪年》我常闻其名(《水经注》引得很多),但我祖父不藏此书。在林宅骤见甚喜,篇幅不大,那 3 个月闲着无事,我就借下把它背熟了。从此不再背书,关"牛棚"后背《老三篇》是不足道的例外。

　　背书并不一定是读书的好方法,我也有过因背书而出错的事。但也不能说它是坏事。1950 年代以后出现了一个"死记硬背"的词汇,这是一个贬义词汇,而且是针对背书的。既然"死记硬背"是坏的读书方法,那么,好的方法是什么? 于是就有"活学活用"这句话的出台。但是"活学"并不一定排斥背诵,因为背诵并不一定就是"死学"。《老三篇》是政治上的事情,假使不是红卫兵强迫,而是自愿去背,也是好事,不能戴"死记硬背"的帽子。美国总统罗斯福在 1941 年初提出的"四大自由",也是政治上的事情,再早一些,林肯于 1863 年在葛底斯堡(Gettyburg)国家公墓落成典礼上的演说,也是政治上的事情，这些文字（英文），许多知识分子，包括我在内，都背得很熟，当然也不能戴"死记硬背"的帽子。

　　不少知识分子，其中多是老一代的，都用"背"的方法读书，我知道的，有的是认识的，他们用这种方法读书，其中就有获得很高成就的。我虽没有因此而获得成就，但我是始终相信"背"是做学问的重要方法。希望同代的和后一代的人物不要给我们戴上"死记硬背"的帽子。你们牢记"威信最高，威力最大，句句是真理，一句顶一万句"的话，从而"活学活用"，我也不反对。而我和不少知识分子所"背"得滚瓜烂熟的古贤旧籍，包括外国人如林肯和罗斯福的话，我们坚信都是有价值的，虽然并非"一句顶一万句"，但我们是顶礼膜拜的。希望得到反对者的宽恕和谅解。历史是条长河，让以后的历史去评价吧。

"背之误"

我是一辈子用"背"的方法读书的。小学五年级时通过我祖父的介绍,到古越藏书楼(当时挂的牌子称"绍兴县立图书馆")借书,首先借读的是4册《胡适文存》,因为这个大名已经久仰了,第一册的开首两篇是《吾我篇》和《尔汝篇》。才知我读了很多吾、我两字及尔、汝两字,此两字其实有许多差别。而他论证这些差别的不少古书,都是我已经读背的。这当然是因为我是"小和尚念经",读背而不解其义的缘故,可置不论。主要让我有感的是,他文章中提及,他区别这些字眼的差异,有的是睡觉时在枕上思考的。才知一位大力提倡白话文的学者,居然也是背熟了许多古籍的。我给祖父看了此书,他告诉我这就是"做学问"。为此,我虽然感到以前背熟的书,内容多不解,有的几乎是全不解,但同时也感到,我6岁背熟的唐诗,7岁背熟的《四书》,当时完全不解的诗文语句,高小念书时,已经获解了一点,其中也有那么一二句是恍悟获解的,所以仍然习惯于"背"。五年级时请家教学英语,那位任家教的先生也主张"背",祖父虽全不懂英语,但欣然同意,我也毫不犹豫,甚至认为"背"是理所当然,所以不仅是古籍,英语也是"背"出来的。直到虚龄23岁,还在福州最后背熟了一部古书——古今两种《竹书纪年》。

"背"是我深信的一种好的读书方法,而其实,它也给了我不少日后犯错误的机会。大量的这类错误,都是由于自恃"背"得烂熟而发生的。主要的,可以"有案可查"的是自己写文章或为他人作序,在引用古籍文字时因当年早已"背"熟而信手下笔不再核原书。注意此事的时候也是有的，那是极少数。记得有一年与老伴在绍兴老家休闲，忽然有一位友人求序。我早年就说过，序有官序与学序两类，当官的写序，"一句顶一万句"，不管是秘书执笔还是亲自执笔，千把字就是一篇，在我们国家的出版物上，按例置于卷首，称序或序一（这是以下还有比该官小一号的官，或者当不了官的学人的序，就用序二、序三类推），这是为书扬名的。我写的序当然属于学序，是为了对此书做点以褒赞为主的评论，不免要引经据典。那次在绍兴写序，由于一句古人的话唯恐出错，于是就挂电话请我早年的学弟而当时担任市水利局长的盛鸿郎君，因为我知道他是认真为学的，请他找此原书相告，他随即电话告以原文，所以该序就免于出错。但这类事对我只是偶一为之。一般的情况是，由于自恃，原书在身旁书架上都懒得翻核一下，就落笔引用了。结果在出版时发现错误，当然，错误多出现于"之乎者也"（即白话文中"的了吗呢"）的虚字上面，但是由于引文都是在全句前后加了引号的，"之乎者也"之误也是很不应该的，这些都因"背"而且是自恃熟"背"而引起的错误，当时很感后悔，但以后还是再犯，属于屡犯不改。

　　因"背"而犯的另外一种错误是弄错了文章的作者：把苏辙的文章误作苏东坡，王维的诗误作张继，李中主的词误作李后主等等。而我所犯的错误，其中最大的一次就在这个问题上。

　　那是上世纪末的事了。我在念省立绍兴中学高中时，幸遇一位著名的姚轩卿先生的国文恩师，虽然仅在学校已经播迁到嵊县（今嵊州）崇仁镇下一个叫廿八都的村，也就是此校解散时的这个学期。当时我念高秋二，久闻大名的姚先生（当时尚未流行"老师"的称呼）竟就在这个学期执教我的国文，对我们班级近30个学生来说，真是三生有幸。因为姚先生是专教高班的，我们这近30人中，有五六人是初中同班毕业的，仰望已久，但一直轮不着听他的课。而这个学期到5月因为日寇发动浙赣线战役而使这个一再播迁的学校不得已暂时解散，我们在此校能最后得到大半个学期听姚先生的讲授，应该心满意足。我如同父亲所说是个"不读正书"的人，在中学照样如此，但姚先生的课，我是聚精会神地聆听的。例如《正气歌》，我是熟透已久的，但听姚先生讲此课，屋梁如有铿锵之声。他讲到临安城被元军所围，文天祥奉命出城到皋亭山（今临平镇即新余杭市附近），元军以一口烧沸的铁锅和一台铁锯侍候，文拍拍胸膛："某大宋一状元宰相，唯欠一死报国耳，刀锯鼎镬，非所惧也。"不少同学都听得双泪俱下。

　　抗战胜利后，省立绍中仍迁回绍兴城内仓桥旧址。当时我们这一辈多已离开绍兴，没有机会再见这位恩师，而先生的女儿越秀女士却随父求学于绍中。稍后先生在绍中执教中谢世，而越秀女士虽家境清贫，而仍孜孜向学，克服极大困难而入高校，专修葡萄牙语,成绩优秀。在北京从事外事工作。我们原不相识,自1992年省立绍中(当时已改名绍兴一中)95周年纪念以后,绍中高中(绍中于1939年秋始设高中)第一届学长张耀康先生印行《蟊膏随笔》1册分送,始知先生有此遗著,包括各种考据及教学文章90余篇计3万余言。以后我们前期校友才互有联系,并去嘉兴奠祭校长沈金相先生墓。从此开始与越秀女士相识。读了耀康先生印行的恩师此书,感到确是一本难得的杰作,应该正式出版流行。1999年,因《国家大地图集·历史地图集》(我忝为编委)在北京开会,我们夫妇去京。越秀女士伉俪闻讯专程到宾馆为我们夫妇设宴,并讨论正式出版恩师遗著之事。他们甚表赞同,而其事已在筹备,他们伉俪许孔时先生、姚越秀女士并与我们夫妇合影,预备插入恩师遗著卷首,而当场要我作序。当时,我为国内外学者朋友作序已有百万言之谱,但尚未有为恩师作序者(1991年曾为《沈金相先生纪念集》作序,此书印制甚精美,但未曾正式出版),当然遵许、姚两位之命。先生遗著,署姚轩卿著,许孔时、姚越秀编著(因先生《蟊膏随笔》中涉及各类古诗文近2万种,都由许、姚二位考证注释,难度甚大),于2001年在北京燕山出版社出版。这年,香港科学仪器公司董事长车越乔兄(我的校友、好友和同乡)与我合著的《绍兴历史地理》也在上海书店出版社出版。我就将此两书联合在绍兴举行了个首发式。车越乔先生当然到场,越秀女士和孔时先生毕竟路远,没有在事前告诉他们。参加首发式的各方面人士极多,其中最多的是绍中老校友,这当然由于《蟊膏随笔》的号召力。

恩师的遗著获得公开问世,又能在家乡举行首发式,卷首不仅有拙序,还有我们夫妇与越秀女士夫妇的合影,许多受过恩师教导的省立绍中高班同学,会后都向我称赞祝贺。我当时实在有些忘乎所以。

由于在绍兴有个颇为舒适的寓所,所以那几天我们夫妇住在老家。我读拙序,又读许孔时先生的后记,不禁出了一身冷汗。要不是从后记中读到此书曾请北大吴小如教授审阅,要不是吴先生的高明和仔细,那么,我自己出丑在其次,而对不起恩师的罪就不可饶恕了,而病症就出在我的"背"上。我在序中引了我"背"熟的《四时读书乐》,将作者误作了翁方纲,而吴先生为我改正,这是翁森之作。就是我前面记的,由于"背"得烂熟,写作时就懒得再查原书,于是就出现"之乎者也"的错误,更大的是出现原书作者的错误。"背"当然给了我许多方便,但"背之误"却会酿成不可弥补的错误。

《四时读书乐》在我"背"的经历中是较晚的一篇。高小毕业考初中,从校里到家里,都认为我是笃定考入省立中学的。却不料在省中考期前夕竟生了病,体温很高(是夏季常见的绍兴人所称的"发痧")。于是就进了离家最近的承天中学,在承天读了一年,其实从人的一生来说,受益比进省中大得不可计量,但这里不谈这些,只说

"背之误"。从小学到初中，"国语"改成了"国文"，绝大多数不像我那样读了大量"诗曰子云"的学生，立刻发现了国文课本中有了文言文，课本卷首有目录，每篇（不论是仍占大多数的白话文和少数文言文）都是署了作者之名的。那个时代，什么课用什么课本，都是由任课教师决定的。承天用的国文课本是什么书局出的《当代国文》，厚度有当时中华及商务（我与高小同班毕业的近邻比较过）的国文课本的 1 倍。教师教学的方法，则各校相同，也就是选读，而不是像小学那样按课本次序全读。《当代国文》当然也以白话文为多，如俞平伯的《眠月》、绿漪的《秃的梧桐》和冰心的一些文章。文言文则有张岱的《菊海》、蒋士铨的《鸣机夜课图记》等几篇，《四时读书乐》是其中之一。国文教师在第一学期换了 3 位，第一位是中山大学毕业的，在承天已教过两个学期的张先生（忘其名），从二年级同学的口气中，说他教得很好。但此人恐怕很想当官，为我们讲课不满一月就到福建崇安去当官了，临时由他在诸暨请了一位姓杨的老先生代课，由于曾在我的作文本上以颇佳的书法批上"可造材也"，所以祖父倒是很欣赏。但他不过是张先生因走得匆忙而请来代课的，而且年龄确实已经老迈。所以教课不到一月，学校就通过教会请来了一位年轻的蒋屏风先生（据说只在复旦读过一年），但已出版了一两本书（中篇小说，有点鸳鸯蝴蝶派的味道）。他根本不愿讲文言文，所以《四时读书乐》是因我感到不错而自己背熟的。文章可以说是背得滚瓜烂熟，至今仍能朗朗上口，却记错了作者，竟把"翁森"误记成了"翁方纲"。

"背之误"误我不少，而因此受误的读者当然更多。感谢吴小如先生，他给了我这个教训，从此以后，我撰文作序，虽然仍常引我背熟的词句，但都取原书核对了。

遗憾的是，我现在写这些随笔，是好几位朋友敦促我的，我自己当然也愿意。因为写自传时心有余悸和其他一些前已述及的原因，有的确实需要补充更改。但现在是老糊涂了，杂事又不少，多是熟人请我写篇序或题几个字，仍然相当忙碌。加上搬了家，我女儿为我的新居做了很长的特制书架，书的安顿次序也有点移动了。所以旧病复发，又出现只凭记忆而不核原文的毛病。我幼时已由父亲批评我"不读正书"，就是"孺子不可教也"。当时有祖父支持我，而现在则属于"老朽不可教也"，只能请以后偶尔读到随笔的诸君原谅了。

【附记】

为了算准我这个"背之误"，误了多少年，所以特地记下，是 2010 年 5 月 3 日，邱志荣先生挂的电话。他告诉我：我一直说的管仲的话，"越之水，重浊而洎，故其民愚疾而垢"（语出《管子·水地》），冯建荣副市长告诉他，他读《管子》，其中"重浊而洎"作

"浊重而洎"。我当然马上想找一两种版本核对。正想动手,中央电视台的人由颜越虎君带来了,一共来了6位,摆起架子,剥了我的睡衣,好像导演一样,立刻准备开场。虽然几天前已联系过,但我对这类问题实在不感兴趣,勉强凑凑而已。他们大概为了镜头好看,又移动我在写字台和书架上的书稿,把阳台上的花一盆盆地拿出来。而不久前东京东洋文库的12位教授来访谈了整个下午,也拍照,但没有动过我桌案和书架上的一点东西,不到一周,一册关于这个下午的谈话的精致照相本就寄来了,还包括次日上午专程去看我的这个在绍兴的所谓"陈列馆"时与屠剑虹女士一起合摄的在内。日本是日本,中国是中国,不必谈了。不过由于他们来谈了一个对我来说实在并不重要的问题,一直录像录音到中午,所以耽误了我查《管子》事,直到午休以后才记起此事来。

我查了两本,一本是《百子全书》本,另一本是中华书局不久前送我的《中华经典藏书》本。的确都作"浊重而洎"。冯建荣先生读书仔细,我又出了一次"背之误",实在惭愧。冯先生在他任绍兴县长时,曾热情地招待我,我们在现在的县址所在地柯桥相处了大半天。从谈吐中就看得出他是一位学者县长。何况他曾出了别县所未曾出过的《绍兴丛书》,上了《光明日报》,为举世所瞩目呢!

"浊重而洎",凭我的不是很好的记忆力,是什么时候开始"背"《管子》的,倒还可以追溯。显然就是我读高小五下级,当局开始发动"新生活运动"之时。因为"礼义廉耻"这个词汇就是与"新生活运动"同时提出来的。我从小跟祖父念"诗曰子云",并未念到过这个词汇。五上年级当了童子军,童子军的口号是"日行一善"和"人生以服务为目的",奉行的是"忠孝仁爱、信义和平"。《中国童子军歌》是:"中国童子军,童子军,童子军!我们,我们,我们是三民主义的少年兵,年纪虽小志气真,献此身,献此心,献此力,为人群……"我至今仍能全部唱出来,并不涉及"礼义廉耻"。到五下级,"新生活运动"(应该说,这虽然也称"运动",但这种"运动"是很有价值的)开始,于是提出了"礼义廉耻"。我们的级任,也就是附小的教务主任,兰溪人金锡三,在国语课上讲:"礼义廉耻,国之四维。"这话是春秋齐国宰相管仲提出来的。

于是我到大善寺内锦文堂买《管子》,薄薄的一册,只卖十几个铜板。在那个时候,背书已经成了我的习惯和嗜好。背熟这样一本书,实在不在话下。何况买回来时,祖父翻了一下后是肯定的。当然,把"浊重"说成"重浊",显然是错误的,而且一错错了70多年。主要的责任当然应该由我负。但平心而论,"一折七扣"的锦文堂,或许是实际的责任者。因为当我第一次买了几本锦文堂的书回到祖父书房的时候,二叔祖和四叔两人均在。四叔翻了几本后说:不堪卒读,贻误读书人,阿均,你要小心!但二叔祖在旁座,虽然未曾翻书,而说话的口气却不同:价钱到底便宜,用朱笔改一下就可以了。幸亏以后我与锦文堂绝了缘,全部时间和兴趣都转到鹅行街。否则"重浊而洎"的事可能还会多一些呢。

应该谢谢冯建荣先生,也应该谢谢邱志荣先生。

我没有学好书法

　　我家里各位先辈,包括曾祖蓉湖公(我未曾见到他)起,下至我的祖父和几位叔祖,再下及我的二伯(我也未见到他)及多位亲叔和堂叔,都能写出一手颇好的毛笔字。这是什么缘故?原来,从曾祖父开始,我家就有一个练习书法的环境,一套练习书法的设备。其实也很简单,所谓"设备",就是曾祖设置的,在大厅内侧的一把比一般茶几又大又结实的木架框子,上面安放上一块特殊的像当前水泥制的(当时当然没有水泥)的正方形大砖块(绍兴人称为"地平")。旁边放着一个水字、一只笔筒,倒插了几支未曾沾过墨的毛笔。提起毛笔,在水字中浸了水,就在这块大砖上写字,随写随干,用这种方法练习书法,确是一种方便而又实惠的事。而且在时间上也自由,无事则练习,有事则休,即眼下所说的"灵活性"。我幼时,常常看到长辈们有时到这张"茶几"边上动笔,有时就走开了。原来他们是在练书法。小孩子并不理解这件事,大人们也不向我谈,因为当时我全不懂事。

　　到了小学三年级,我已经晓得这张"茶几"的作用了。但祖父并不提及要我像大人那样地到那里去练字。当时,我在书房,祖父也要我临帖写大字和小字,大字是临柳公权的《玄秘塔》,小字则临嘉定童式轨的《星录小楷》。包括拿笔的方法。用食指、中指和向上翘的大拇指,也包括抵住笔的无名指,这叫作"执笔",而且笔杆一定要正直,不能歪斜。我虽照他的指导执笔临帖。但问题是,我的兴趣并不在写字,却被《星录小楷》的文字吸引了。此小楷每篇都是宋词,例如第一篇是秦观的《满庭芳》:"晓色云开,春随人意……"又如李后主的《相见欢》:"无言独上西楼,月如钩……"又如李清照的《凤凰台上忆吹箫》:"香冷重猊,被翻红浪……"结果是,"执笔"学了,《星录小楷》的全部都背熟了,但小楷却不曾写好。

当时,五叔祖好像曾和祖父说起过,让我也到那个架上去试试看。祖父告诉他:年纪还小,到那边去要有臂力,他还没有臂力。在写字台上临帖,用的是腕力,腕力到家了,再练臂力不迟。

大概是到了五下级,祖父才带我到那张茶几样子的地方去。也是先教用笔,和临帖时完全不同。现在是用食指、中指与大拇指捏住笔杆,这不叫"执笔",而叫"提笔"。运用臂力写字,当然不能写小楷,要写大的正楷或行书。

开始,我对此颇感兴趣,因为可以离开写字台,也不必磨墨插笔套,可以如大人们一样地到这里涂写了。而且随写随干,写得不好,也不会留下痕迹。可以随心所欲,乱涂一通,似乎从此写字已获得"自由"了。

假使我确实能够抓紧这个机会练"臂力",那么,在抗战爆发以前,高小一年半,初中一年,两年半的时间,或许是能练出一点名堂来的。但是毕竟还是个孩子。每天放完学回家,到书房把书包一放,走入大厅,弄弄笔筒里的笔,摆弄一下水字,当然也提起笔来写那么一会儿,祖父在隔壁书房里当然听到,我在大厅上练书法了。但是,这套家伙的吸引力,显然抵不过状元府第的后花园和园外的那条小河,写不了多久,我就把笔插入笔筒,跑到后花园和河边去了。有时候,在离开大厅的时候也想到,去玩一会以后回来再练。但一到后花园,看到了堂兄弟姊妹正在做什么游戏,我也就参加到他(她)们的游戏队伍中去了。一直到老嬷嬷来叫吃晚饭才回来。插在笔筒里刚才被我浸过水的毛笔,恐怕也已经干了。

在书房里执笔临帖练腕力,我祖父就在对面,亲眼目睹。但是丢笔不练臂力,在后花园玩各种游戏,祖父却看不到了。

结果是,腕力和臂力都没有练成,我没有学好书法。和我的任何一位家族前辈相比,我实在感到惭愧。

母　爱

"世上只有妈妈好"。这是我们在电视机上常常听到的歌声,这是母爱。的确,母爱是最真挚伟大的。每一个人都是妈妈身上掉下来的一块肉,妈妈爱子女,这是任何其他的爱都不能取代的。除了朱自清的《背影》,许多人认为这是描述父爱的千古文章外,写父爱的文章确实很难得读到。"严父慈母",这既是一种伦理之常,也是一种人情必然。我似乎还记得郑板桥的几句诗:"我生三岁我母无,叮咛难割襁中孤,登床索乳抱母卧,不知母殁还相呼。"这种场景,想想是可怜的。郑板桥3岁失母,他能够回忆得到的母爱,可能极少。

我是6岁失母的,譬如"厌食"之类的事,都是后来二伯母告诉我的。因我不肯吃饭而常常哭泣,这是何等深切的母爱。

我至今能够回忆得的母爱,只有两次。一次是一个大热的夏天,我好像还没有断奶。断奶晚,不知和以后的厌食有无关系。母亲抱我在"吃饭间"的一张竹榻上,我只系一个肚兜,实在是赤身裸体的。听到外面一间即"后退堂"的人声,我从母亲的怀中挣脱下来,说明我已经会走路了还没有断奶。跨过门槛看到后退堂的石门槛一条很长的有点绿颜色的动物在游动,好几位伯母、叔母和家里的嬷嬷(女佣人)站着指手划脚地说话,"青龙菩萨","青龙菩萨"(绍兴人把家里出现这种称为"翠花蛇"作为"家蛇",叫它"青龙菩萨")。我看到它的舌头常常伸出来抖动,而我只要再走两三步就可以拉住它的尾巴。但背后的母亲一把将我抱起来。我因即可到手的这种从来不曾看到过的东西到不了手,立刻放声大哭,而且挣扎着要从母亲手上下来。她索性又把我抱回"吃饭间"坐上竹榻,我还在哭和挣扎,她说:"青龙菩萨哟,拜它还来不及,怎么好去抓它呢。""菩萨"这个词汇我当时已经懂得,因为大人们常常说到的,是要跪要拜的。我不哭了,她还是抱着我,记得是一身汗,但是还是轻轻地拍着我的背:"心肝宝贝,姆妈抱起来。"我能记得这一幕,实在还是因为第一次看到这种后来知道称为"蛇"的动物的缘故。

第二次记得到的母爱是住在外婆家的那一次。外婆家在拜王桥边,离状元台门很近。那次是从拜王桥坐轿去莲花桥为母亲看病。当时还流行这种用布全部遮盖而留有窗帘的轿,当然比黄包车高档。轿杠很长,也是木杠而不是竹杠。两位轿工抬。我当时比"青龙菩萨"的时候可能长了一岁或两岁了,但还是坐在母亲怀里。父亲则跟在轿后走(以后知道这是去见莲花桥下的名医姚晓渔)。我记得她两手抱着我的腰所说的几句话(大概):"你好福气,有个举人爷爷。爷爷说你聪明,已经和你爹说过,阿均长大读书的事由他包管,你爹管不着。唉,可惜现在不行举人的事了,要不你也当得着举人呢。"

除了以上两次,母亲和我说过哪些话,我都记不得了。许多有关母爱的事,都是以后二伯母告诉我的,也有些是祖母告诉我的。我只得到当时短促的母爱,这当然是我的不幸,也可能对我以后的性格很有影响。

厌　食

　　"厌食"，现在有人把它称为是一种病，所谓"厌食症"。我没有患上此病，但从小到老，我应该算得上是一"厌食者"。

　　回忆一生之中，除了某些水果和甜食以外，我对食品兴趣不大，特别是米饭。我生母曾想尽方法，让我多吃一口饭，而且常常因为我不肯吃饭而哭泣。有些话是她去世后，二伯母告诉我的，有些我自己也还有模糊的回忆。大概总是虚龄三四岁时，母亲一手提一小篮子小石块，一手是一小碗配好菜的米饭。携我出后园门。状元台门的园外沿河踏道是很讲究的，所谓"马鞍踏道"，她在踏道上的阶石上为我喂饭，先向河中抛一块石头，我笑了，她趁我开口笑的时候，用调羹喂我一口饭。最后一小碗喂毕，她感到非常高兴。但是站起来一瞧，她就哭了，原来她喂我的饭，我都随即吐在石阶旁的草地上。这类故事，有不少后来都是二伯母告诉我的。但那天河边上的一幕，我虽年幼，似乎还可回忆。

　　不少这类事，后来都是二伯母告诉我的，因为她们姒娌之间相处甚好。二伯父早故，留下一个女儿和一个儿子，我父亲常常照顾他们，所以二伯母平常常和我说起，说我母亲生得齐整(绍兴人叫相貌好，即现在所说的漂亮)，聪明而会说话，但由于我的不肯吃饭，生怕我养不大，所以常常为此担忧，甚至哭泣。病重时还要求她母亲(我的外婆)，要她设法让我多吃几口(饭)，否则阿均这个孩子是养不大的。她32岁就走了，念念不忘的当然是她的这个独养子(绍兴人称独子为"独养子")，主要是我的不肯吃饭。

　　我八九岁时,祖父曾要我父亲去看过几次医生,并且去了轩亭口由裘士东主持的西医医院绍兴病院。医生说我生的是"厌食症",要增加营养。从此开始就吃医房里购来的"麦精鱼肝油"。也吃过据说比麦精鱼肝油更"补"的"青鱼肝油",但是后者很难吃,没有吃几天就不吃了。

　　到了初中,我在仓桥下省立绍兴中学当午膳生。那时的饭菜实在很好,7人一桌,有7碗菜,鱼(包头鱼或鲫鱼)是每餐都有的,每周三还有一碗烧得很烂的红烧肉。同桌同学一般吃两碗饭,也有能吃三碗的。我感到不好意思,好在饭是自己盛的,我就把第一碗盛得很浅,吃完后再去添一点(不到半碗)。我感到我无非是食量小,或许在某种情况下有点厌食,但绝不是什么"厌食症"。

　　结婚以后,我夫人的食量比我大些,后来有了4个孩子,但两个女儿和两个儿子,食量也都不大。"文革"以前,我家一直用保姆,食量最大的当然是她。

　　《绍兴晚报》2010年1月29日的《风尚》版上用《88岁老人的"极简生活"》作标题,其中有一段我的"吃"生活:"每天吃的都很少,早上喝一杯咖啡、一盒牛奶,外加两三块饼干。晚上则是一碗水蒸蛋和一杯牛奶。中午原来是不吃的,但现在被女儿逼着,喝一碗蔬菜粥。"

　　事实确实是这样。但是我实在只是食量小,还够不上不少人说的"厌食"。何况我们全家人的食量其实都不大。所以1959年以后的几年大饥饿时代中,全家都并不感到很困难。

祖　母

祖母与祖父同年龄,清同治四年己丑年(1865)出生,民国二十八年(1939)年去世,享年74岁。她与我祖父可称毕生和谐,白头到老。"人生七十古来稀",在那个年代,70以上,已经是高龄了。当然,假使没有日本帝国主义者的侵略战争,她是还可以再多活几年的。

她与祖父的婚姻是很难得的,中间还有一个插曲,这也是我五叔祖告诉我的。那个时代是早婚的时代,结婚早(我的伯叔包括我父亲,都是18虚龄结婚的),订婚就更早,往往10岁前后就订婚了,还有所谓"指腹为婚"的,朋友之间,假使双方妻子都怀了孕,就可以当场讲定,有的并且办酒(设宴),假使孩子诞生后,双方性别不同,就算是毕生夫妻。此外,当时虽然严格遵行"同姓不婚"的古来训条,这其实是古人的优生学理论,但一般人都不懂。所以在绍兴流行所谓"表姐妹,老婆配"的话,称为"亲上加亲"。我从小学到中学,见到过一些从当今说来IQ很低的同学,这些可能都是"亲上加亲"的结果。这几句是穿此文的插曲,我家没有发生过这样的事。

我五叔祖告诉我,我家后退堂一角,有一个小小的神龛高高在上。大家都不注意。原来是祖父第一次订婚的"遗孀"。祖父是曾祖父的长子,订婚想必还不到10岁。订婚(绍兴人叫"定亲")不到几年,对方因病去世了。但是订了婚,她就算是陈家人,所以她的神位(绍兴叫"木主")必须"嫁"过来。却不宜放在我家侧厅的大神堂中,因而在后退堂给她一个位置。所以祖母王氏,是第二次祖父订婚所娶。王家当然也是当时的一门大户,她有一位名叫王家乐的侄子,是绍兴的名医,也就成了我家的医疗顾问。

祖母生了6个儿子,没有女儿,过去人重男轻女,所以这似乎是她很光彩的事。儿子在家的名字都是"春"字辈,大儿子春钜,15岁就去世了,但他是曾祖父母很宠爱的,所以也有一张"神像"(绍兴人称遗像为"神像"),年三十傍晚照例挂出来(绍兴称此日为"上像"),到正月十五日供过汤团(形状像现在的汤团,但制作方法是用一个细沙馅子,一次又一次地在糯米粉盆子上滚大来的,绍兴人称为"垒大",很结实,所以不能多吃)以后才取下"神像",此日称为"落像"。二儿子(号望滨)因三叔祖早逝,所以很早就过继给老三房,我的二伯母育有一女一子,都由三叔祖母庇护成家,在那个时代,这就是顶了一房香火。所以在状元台门中,他们是另居一处的。祖母亲自掌管的是他的三、四、五、六儿子及儿媳和孙辈。和祖父一样,她特别疼爱我。

她不大说话,但在大家庭中,特别是在媳妇们之中,她是有权威的。例如过年前在吃饭间裹粽子,媳妇们围在一个大扁包裹旁,她坐在旁边远处。我家的粽子很简单,没有高级的,主要是缸豆、豆瓣(即蚕豆)、红枣、白米几种,媳妇们就有点战战兢兢,主要是怕烧起来时"逃粑"(即苎麻上没有扎好,粽子破散),所以每人在苎麻上都有自己的记号。五叔母常常轻轻地和我说:均少爷,你不要希望我们"逃粑"。娘娘(绍兴人叫祖母不叫奶奶,叫娘娘)眉头一皱,我们个个都怕。

但我喜欢吃"逃粑"的,我虽厌食,但"逃粑"的粽子比剥出来的软,用白糖醮着,我吃得了好些(一只多吧)。大家庭,粽子要裹一整天,边裹边烧,要烧好几大锅。而我专等"逃粑"。确实,凡是开锅的时候,她总会走过来瞧瞧。这是媳妇们最担心的时候,也是我最希望的时候。"没有逃粑的",这常常是我的一句失望之言。但是她会随即与媳妇们说:五少奶奶(她知书识字,祖母常常愿意差唤的),你拣快要"逃粑"的给阿均吃,要放"细白糖"(即绵白糖)。但可能是一种逆反心理。五叔母当然立奉命这样做了,可是我总感味道没有"逃粑"的好。

在裹粽子的时节,同时要买年糕,当时,绍兴最有名的年糕店是大街新河弄口的丁大兴,我家要买两担,是一笔大生意,年糕店老板知我家有多少堂兄弟,而且晓得我们的生肖。所以年糕挑来时总附送这种赠品,即用年糕做的小型生肖动物,送给每个孩子。担子总在后退堂歇下。她若在吃饭间,就会出来问:阿均的"猪头"有没有忘记。这么多堂兄弟,她总是首先关心我。

她年轻时或许在家里有人坐馆念过一些书,所以常常教我一点儿歌,而且与我说过"万般皆下品,唯有读书高"的话。而她教的儿歌也都是高雅的。可惜我都忘记了。只记得有一次好几天有雾,她曾告诉我"春雾百花夏雾日,秋雾浓霜冬雾雪"的话。用现代气象学原理解释,当年她的这几句话,也有点道理。

民国二十六年(1937)抗战开始,到"八一三"上海战争爆发以后,绍兴几乎全城人"逃难"下乡,她是跟五叔一家到吼山附近的王墩泾租房子住下的。这是二伯母娘家,二伯母一家也到那里,租房等事当然都是我二伯母料理的。到次年(1938)春,看到城内平安无事,大家又都回来了。但1939年5月起,日寇开始轰炸浙东的这些不设防城市,于是,大家又逃难,祖母还是跟五叔一家到王墩泾,而四叔一家,在抗战开始那年,是逃到笃底里山双江溪的。这次是为了避炸弹,所以也通过二伯母的关系到了王墩泾。我家则去后盛陵,因为目的是为了避轰炸,所以后盛陵虽然接近萧山县境,但毕竟是乡村,此番,不必考虑前线、后方的事了。

省立绍中就在这年5月第一次被敌机炸中两弹,事出仓促,只好在兰亭、栖凫等处分两批讲课。第一批包括高中和初三,轰炸后随即上课。第二批则提前暑假。到暑假时再上课。于是我随父母到后盛陵,而我父亲则因钱庄的生意照做,所以常常在城内的。祖父则由马谟臣包揽在电话公司,那里有水泥建造的讲究防空壕。两个月光景的时间在后盛陵,我主要的还是读英语。但带去了《资治通鉴》,也读了两遍。

暑假开始,第一批上课的高班结束。我是初秋二,属于低班,开始上课,我们几班是安排在城南会稽山下的一个如破塘一样的埠头栖凫(绍兴人叫西埠)。与破塘不同的是,这里是一个徐姓大村,却没有街道店铺,没有上午上市那个拥挤热闹的场面。我们的教室在栖凫小学,因为暑假,他们放假了。宿舍则在附近的徐氏宗祠。栖凫虽不如破塘、平水等那样有街道集市,但这里的文化却是具有特色的,栖凫小学的规模,就比破塘小学大。这里出过一些文化人,例如创办古越藏书楼的徐树兰(1837—1902)就出自此村。古越藏书楼以后经考证还是我国第一所公共图书馆。又如绍兴的早期印刷出版兼图书发售的墨润堂书苑,也是此村人徐氏所创设。

省立绍兴中学的办学是十分认真的。当时校长沈金相先生及几位重要领导正在诸暨、嵊县等地察看迁校之址,以便在这年暑期后开学上课有一个固定的校舍,但暑期中在栖凫的这种临时性低班教学,也是一丝不苟的。如音乐、劳作、体育之类,栖凫没有场所,就在离村2里多的方泉村进行。这里的风景极佳,上下两口,每口面积场逾100平方米的几乎是正方的泉水,排列在村间,两泉中的下泉是公众使用的,可用于洗濯。这里有音乐和劳作教室,每周来一次。但其实,由于夏季洗澡游泳,许多同学几乎每天都到。由于中学在仓桥河沿的5艘小划船也在徐氏宗祠门前河上,我们在下午课余,常常可以划船出游。所以应该说,在栖凫的这个文化村的一个半月求学生活,应该是愉快的,我们还花一个下午时间,翻过一座小丘阜访问了兰亭的低班同学,那里全是简师和初中的一年级,大家在会稽山区见面,心情都很舒畅。

在幽美的山村里,不幸的事开始发生。或许也和农村的卫生环境有关,蚊子很多,但那时学生人人都用蚊帐。所以或许是一种人文灾难(此词因"自然灾难"而套用)。疟疾开始流行,绍兴人有许多别名——"四日两头"、"抖抖病"等,社会上通称"打摆子"。病是老病,富阳大轩氏早有盒子装的红色药丸,名为"四日两头丸"。其实"四日两头"是一种症状,也有隔日发的,也有天天发的。病状先是发冷,大热天也冷得必须盖紧棉被,发冷一两小时后,就是高烧。高烧也是一两小时。于是就自行恢复,但体力损伤。第二天到这个时候再来,或者是隔天再来,或者是隔两天再来,所以称"四日两头"。在栖凫,同学中开始有人发这个病了。年轻人抵抗力好,发一两次,挡得牢。富阳大轩氏的"四日两头丸"也很灵,而且在栖凫的小中药店里也买得到。但他们等校医李大桢(城内名西医,是唯一一位南通医校出身的,在绍城办了"越中医院")每隔三四天来一次的时候,给他们吃奎宁,就可以治愈。其实,大轩氏的红色药丸,必然也是奎宁,当时也称"金鸡纳霜丸"。是从南洋群岛(今印尼)的一种叫作 Senchonia 树中提炼出来的粉状物,制成药丸,叫作奎宁丸,是疟疾的特效药。

绍兴中医界有一种并不科学的成见,用"大轩氏"治疗,他们也明知是必愈的,远比他们在药方中开的"柴胡"要灵。但是他们认为寒热病必须发几次才可服此灵药,他们称服此药治病为"断"(音"短"),此病不能急"断",其实是一种以不科学的意识消耗患者的体力。而暑期快结束以前,此病也轮到了我。我不等校医,自己去买来了"大轩氏"。但是毕竟也受这种流行的"庸医"观念之误,让它发了两次才服药"断",其实很伤元气。记得数学学期考试时,我还是余热未退去应试的。考试结束,祖父派电话公司的脚划船接我到家后园上岸。因为父母都在后盛陵,而我的病后身体(实在没有什么)必须吃莲子进补,所以次日即到上大路卓章轮船公司乘轮船到瓜沥,在老塘上三里路,自己步行回后盛陵。这一切,由于我家有电话,而后盛陵也有徐聚兴花行唯一的电话,都是联系好的。外婆还埋怨:刚刚生过病,为什么不在安昌下船,雇只脚划船回来;既到塘头(当时人们都称瓜沥为"塘头"),为什么不叫部"羊头车"(一种独轮车,当地人叫"羊头车")。于是就用莲子进补,每次十几颗,烧得很烂,并要用冰糖,实在也是一种中医的传统观念。

插了一大堆文字,现在又要回到我的祖母了。我之所以把栖凫流行的疟疾称为"人文灾难",因为原来这年这种病大流行,城内和城外多地都发生,在我家其他几房避轰炸的王墩泾,也流行了此病,我的几位叔母和堂兄弟都轮着了,而最后竟轮上了祖母。

在后盛陵,一个早上,大家都尚未起床,但我已到天井溜达。忽然一位徐聚兴花行的职工赶来:外甥大爷,刚刚你们府上来了电话,老太太昨晚故世了,要你们立刻赶回去。于是我立刻进屋上楼报告噩耗。他们霎时就起来,这完全是突如其来的事。因为是儿、媳、孙、孙女去奔丧的大事,外婆认为一定要用一艘六明瓦的大船,才符合你们的家庭身份。大船当然慢,父亲是船到西郭门就离船跳上黄包车的。

我们在家后门河埠上岸,王墩泾的全部都已回家。祖母则已经挺在状元府大厅的板上,诸凡孝帟、挽联等事,都已办妥。母亲当然跪下来哭(这是例行的),但我却哭不出,心里像有一块石头梗住了,只是凝视祖母的遗容好久好久。

还是这种庸俗的中医观点惹的祸。虽然这一次,识多见广的四叔也在身边,但也是接受了"寒热病"不好立刻用"大轩氏""断"的观念。他的决定是,用大船让王墩泾各房送祖母立刻返城。这天午后到家,祖母还能与祖父谈话。但晚上此病的发冷开端,七十四岁的老人,这次发冷以后,就没有再热起来。

家里在这个大厅堂上乱成一团,孝帟以外,道场已经开始,媳妇们是跪在四周哭,这种哭有一定的调子的。我是欲哭无泪。后来我二伯母赞许我:你爷爷当还在大床上时也呜呜地哭。这是真哭,足见他们老夫妻的深情。

这晚上就是大殓,一切都是早有准备的。灵柩也是最高档的,绍兴人称为"大灰棺材",从置放的后园偏屋里抬出来。亲友们也到了不少,祖母没有女儿,所以客人还算不是很多。我只是坐在大厅角边,默默地沉思。

我随即收到省立绍中通知,本部在诸暨枫桥花明泉,分部在嵊县崇仁廿八都,按时开学报到上课。我告别了祖父,向祖母灵堂跪拜,一个清早,叫莲花桥埠头的一只脚划船,到我家埠头,父亲送我到娄宫。去花明泉的同学已有不少到了娄宫。从此到花明泉有40多市里,同学们有的雇黄包车(从此到枫桥的路虽非公路,但黄包车可通),到枫桥后再雇一个挑夫挑行李走10里路到花明泉。有的就径雇一个挑夫挑行李,自己跟挑夫步行。父亲小心,为我雇了一乘竹桥,又一个挑夫,我乘轿,挑夫跟轿走。在当时这个场合里,我实在是特殊化了。我提出过反对意见,但父亲不同意,他说回家还得向祖父交代。路是经过兰亭、谢家桥,然后越古博岭(一条不高的岭,老百姓叫"虎扑岭")。逾岭就是诸暨地界了,这是我生平第一次出县到外县求学。轿夫在过了岭以后,却没有径直走枫桥,因为向西走汤村,过五婆岭直达花明泉,路要近不少。所以过岭后,只有我的一轿一担了,冷冷清清,我就想到祖母,禁不住流下眼泪来,而且一直流,止不住。想到祖母的一切,而从此我就再见不到她了。

绍中附小

念小学的几年,是很值得回味的。我是"九一八"日寇侵吞东北后的次年,即"一二八"淞沪十九路军和八十八师抵抗日寇的浴血战争这一年进入这个小学二下级的,当时称为省立第五中学附属小学,但一年以后,以旧府属番号为名的11所省立中学,改为以地方名称为名,省立第五中学改为省立绍兴中学,原来私立的绍兴中学,随即改为稽山中学,"五中附小"也相应改为"绍中附小"。

校舍在泰清里的龙山山麓,原来是第五师范校址。第五师范当年也很出名,有不少名师。例如当年颇有名的、由开明书店出版的《龙山梦痕》一书,书内插有杭州艺专李金发的画。此书就是五师的王世颖、徐蔚南合写的,写的都是五师校中或绍兴乡郊(《如快阁里的紫藤花》)的风景故事。

五师停办,校舍全归附小,所以附小是全县校舍最大、设备最全、师资最好的小学。当然,规模虽大,但也只能收容五六百学生,要进入此校也是不容易的。同样,要到此校为师也非正规的高师学历不可,薪水自然也是全县小学教师中最高的。我念完三下级后,因原任主任(校长名义上就是绍中校长,所以只称主任)诸暨人祝志学高攀去杭州了,接任的孙礼成上任前夕就来拜访其师我祖父,所以我听到他们的话,他说,像先生的孙子庆均念的中段,级任教师每月薪水32元。这个数字,高过眼下的大学教授。因为当年教师和公务人员(包括正规的商业职工),所得是高薪制,所以家里只要男人有职业就可以养活一家。附小的教师宿舍里,师母们即使有学历的,也都不参加什么工作。后来一般人都说这是封建残余，我也是这样认为。但 1990 年代应邀到北美两国讲学，因老三、老四都定居北美，一加一美。我们夫妇的行程是先加后美，6 个多月里先后在两家都住过 10 多天。老四因当时执教于路易斯安纳州立大学，家住首邑巴吞鲁日。斜对面一家夫妇，我们窗口看到男的一早开车去上班，然后女的带了两个上学的孩子，又手抱一个小孩，在家门口前 10 多米处等黄巴士（school bus，学校接学生的校车），她家附近刚好有一站。几天后因为熟了，她把孩子送上校车后，就抱着小的和我们聊天，说起他们两夫妻是华盛顿大学的同班同学，结婚后他就到这里的保险公司工作。她大概早已从我们老三处了解中国的情况，所以主动说，她从来没有工作过，现在是 3 个孩子，家里事就够她忙了。这总算不上封建残余吧。北美妇女在大学毕业后，凡结了婚有了孩子的，不工作的很多。高薪制，男的所得就可以养活一家。似乎有些浪费，但孩子能管好，是社会和谐的重要因素。因为附小教师的薪水，又拉出这样一段后来的而且是国外的事。

我进附小，全家都赞成，祖父有点无奈，而且怕我在学校骄傲，瞧不起同学不要说，恐怕也瞧不起教师。这一段时间他老人家想必忧心忡忡，因为上海已在打仗，只是四叔和六叔都在租界里，因来了信，才放心了一些。另外就是我，因为不久就要进小学插班。所以常常以"谦受益，满招损"的我早已读过的书教育我。我的确听祖父的话，但说老实话，同学当然不在话下，对教师，我心里也老想着：你们拿了三四十块银圆的薪水，有哪一个能背得出《唐诗三百首》吗？有哪一个背得出"有女同车，颜如舜英"吗（有一个年级中有个名叫李舜英的女生）？有哪一个懂得"孝者，善继人之志，善述人之事者也"吗？不过，我只放在心中，绝不说这类话。

四年半的小学生活中，只在四上级时出了一次事，但不是骄傲。因为当时正值"九一八"、"一二八"、汤玉麟丢掉热河等等之后，音乐课（低段叫"游唱课"，中高段都称"音乐课"）唱的都是抗敌歌。附小有专用的音乐教室，用小椅子在课堂排成一圈，坐得下全级学生，排队进去时，音乐教师邢爱鹤弹进行曲，最后是学生站齐了，他又弹风琴，全体学生循声唱："邢先生好。"他仍以风琴弹奏而答："小朋友好。"学生坐定后，他就教唱，不写黑板，但发一张油印的歌纸，用五线谱。四上级那学期，曾教唱过这样一首：拿起我的枪，快快儿，赴前方；和那恶虎狼，拼命地，战一场。我们受亏已不少，今天和他算总账。告诉我父母，莫悲伤，莫悲伤；告诉我亲友，莫惊慌，莫惊慌。等到我们打胜了，洋洋得意回家乡。冲过去，冲过去，炮弹儿，飞过来，莫回避。我们肝脑涂地也愿意，只要报国仇，出了这口气。冲过去，冲过去，把生命，交付给国家，来拼命地，战一场，才有最后的胜利。

我在油印的歌纸上，就感到，"炮弹儿，飞过来，莫回避"这一句是很不好的。大家都被炮弹打死,还有什么"才有最后的胜利"呢? 所以开始一句一句地教唱时,这一句我就不唱。教唱几遍后就连唱了,唱到这段时,我就唱:炮弹儿,飞过来,逃得快。用现在的话说,或许是一种逆反心理。唱了几遍后,却不料我边上有一位名叫章祖康的同学,在风琴停歇时举了手,音乐课举手发言的事是极少的,邢先生点了他让发言,他说:"陈庆均在唱:炮弹儿,飞过来,逃得快。"于是全班哄堂大笑。我感到很突然,这下子或许要被罚了,到教师办公室面壁站着,这种处罚,当时叫作"息壁"。所以也随即站起说了我的"道理"。而且加了一句:恐怕书记刻错了(当时附小有两位在蜡纸刻字或其他抄写的,整天都坐在办公室里,名称作"书记")。邢先生立刻拿起一册装璜讲究的十六开原本晃了一下,并说:原本就是这样,哪会刻错! 随即,又弹风琴了,我就也坐下,心里想,大概不会受罚了。再唱了两三遍,下课钟敲了,于是大家出音乐教室。但出了教室以后许多人都高唱:"炮弹儿,飞过来,逃得快!"回到楼上自己的教室,许多人还唱,实在是打趣。但班级里几位年纪较大的也议论,多数的意见是,"莫回避"这一句确实不好,但"逃得快"更不好。

我没有受到"息壁"的处罚,但邢先生还是把此事告诉了我的级任教师杨芝轩。所以过了一天,杨先生就找我谈了话。杨先生是很看得起我的,所以说话很客气,要我以后不要做这样的事。这场差点儿受罚的事(其实我也并不错),就这样过去了。

在附小四年半,虽然如绍兴人所说,我实际上是"眼睛生在额角上",瞧不起人,但还是记牢"谦受益,满招损"的话,没有闹出其他的事。

不读正书

　　父亲对我读书的事，有不少不满意之处。他虽然也念敫学堂（在乡下袍渎，是需要寄宿在校的），也读过"诗曰子云"，但和祖父毕竟是两代人。他感到祖父让我背读这许多古书，对我将来的出路会产生影响。他也认为我记性好，但被祖父误用了。由于大家庭，特别我是长孙，大家都不敢违抗他的意旨。

　　但是有一次，似乎也是三下或四上，他当着祖父和我的面说，附小有教师说我"不读正书"。祖父随即回答："这是我的主意。"又说："不读正书，为什么班级上一直名列前茅，每学期的成绩单不就是证据吗？"父亲当然不再说，袖管一拉，到钱庄去了。

　　当晚上父亲告诉我，"不读正书"是教我们算学课的教师董先振告诉他的，不是父亲随便说说的。董是何许人？是附小的"党义"课教师。教中高段的"党义"课（初小无此），每级每周一节。为什么却教我这一级的算学？按各级常例，国语和算术都是级任教师教的。但我们的级任杨芝轩，大概因为是女教师，兼教中高段的"家事"课，每级每周也是一节。所以我们的算术由董执教，加减乘除的整数四则，按教科书讲，每天都有习题，做在学校规定的作业本上。这样简单的东西，我实在讨厌，根本不专心听课，但不专心听课对我是普遍的，并不专对他，而他当然不高兴。有一次下课，数数作业本，少了一本，他立刻认为是我（实际上最终证明他数错了，没有少），到我桌边要我拿出书包找找。我拿出书包，被他发现了一册《绣像三国演义》，连史纸印线装的，是我五叔祖借给的，他愿让我也看看这些章回小说，曾借我过不少。当时，这个年级的学生,一般还看不懂这类小说。

原来董先振和我父亲早已认识,父亲在鲍景泰钱庄早已出师,由于文理通达,又写得一笔好字,担任"信房"的重要职务,处理一切信件的节录和写复信。全店职工吃饭分内外两桌,他已列入与大傅(经理)张惠扬、二傅(协理)范德芳等高级职员的内桌了。凡是有客人,也请在内桌就座。董大概与张或范有些关系,所以常常去到鲍景泰(在上大路)享受一顿相当丰厚的"免费午餐",因而认识了父亲。不过据父亲实告,他在餐桌上当了合桌人所说关于我的话,总的都是好话:聪明、记性好、功课优等之类,但也说了不专心听课和所谓"不读正书"的话。他那天当着祖父和我说附小教师说我"不读正书"的话,主要大概是对祖父提的意见。所以祖父立刻否决了也,大人们之间的话,我这个小孩不懂,以后才体会领悟。

其实,"不读正书"对我来说是一贯的,直到进了一所国立大学,"不读正书"发展到立刻自动退学,而且发誓一辈子不念大学。

老迈了,往事已矣。

旧地重游

唐贾岛诗:"如闻长啸春风里,荆棘丛边访旧踪。"我很喜欢此诗,因为此诗写出我心中念念不忘、希望能旧地重游的地方。特别是1946年在嘉兴职校时,我常想到"荆棘丛边访旧踪"这一句。可惜那时没有这个闲时间,偶然回绍兴一次,我曾问过父亲,这个地方现在怎么走法,早出晚归,花大半天时间就够了。但父亲说这是毫无意思的事。而且要去的话,一定要有一个人陪同,我也找不到这样的陪同人。但是这个"荆棘丛边",一直是我萦萦于怀、毕生忘不了的地方。1959年曾经有过一次机会,但由于任务在身,而且认为总会有一次让我如愿以偿的,而后来还是无法完成对此旧踪的重游。想起来真是不胜遗憾。

在"前阶段",知识分子中除了少数"有来头"的改造者以外(但这"少数"到以后"多数"下场并不好,甚至很惨),大多数被改造者,都是惴惴不安的,没有外出走走的机会。不要说在历次运动中跌跤的。让你挂了大红花受欢送的,也就是"下放"劳动。以我们这个地理系作例,从"旧社会"来的中年教师,个个都在胸口佩过"下放"的红花,一般是一年。只有我没有佩这朵红花的机会。因地理系有许多要外出的并且是上头交下来的任务,校、系不知怎样都要我干,因此常有机会外出走走,有一次因省民政厅绘制一本全省地图集的任务,单枪匹马,跑了全省几乎1/3的县,经过温州时,还约我在瑞安陶山过每天三顿番薯丝生活的"下放"妻子(浙农院老师),出来到温州玩了3天,去了江心寺。

在那个年代,我这个"被改造者"也轮得到出省的机会,当然玩了开封的各处名胜,并且去看了朱仙镇。

以上是我回忆"前阶段"的事。因为主题是说"旧地重游",在那个时候,绝大多数"旧知识分子",他(她)们的"旧地"就是自己的家乡,而许多人若在外地工作,连到自己家乡"旧地重游"的机会也很难得。在这方面,我或许是幸运者,由于国务院发了一个"大来头"的文件,要翻译一套世界各国的地理或国情的书,我靠了几句洋泾浜,省出版局革委会把这个差使(全国有9个省市按文件有翻译力量)交给了我,所以我1973年就以"牛鬼"身份提前获得了自由,出版局出钱,手上又有一张"大来头"的文件,可以在国内到处走了。所以从这年到1976年之间,我就已走了许多地方,让"后阶段"的再访,都成为"旧地重游"。

"后阶段"的情况和"前阶段"很不相同了,国内国外到处走。多少次(包括港台)常是"旧地重游",而且多数都是有夫人作陪。在国内,多数是邀请的讲学,或是开会。在国外,几乎都是邀请的讲学。因为一口洋泾浜,所以在国外,一个学校是专门邀请的,同一城市或附近城市是绍兴话里的"顺带便",因为用不着像有些声名很高的名流那样要找人翻译,既然我到了那里,也就顺便邀请了。不过在日本却不同,几次去都是名牌大学邀请为大学院(即研究生院)作"客座教授",一去就是一个学期,和其他教师一样地教一门(最多也有两门的)课,按作息时间上下课,本来,我夫人的日语熟娴,可是却派不上正用场,由于各校为了提高研究生的英语水平,事前都说要我用英语讲课。由于去的次数多,时间长,除了北海道以外,整个岛国都跑遍了,多少次都是"旧地重游"。我夫人很喜爱旅游,特别是"旧地重游"。我的性格在这方面与她恰恰相反,对旅游并不感兴趣,对"旧地重游",她感到很亲切,我则感到很讨厌。不过在国内国外,我都和颜悦色地奉陪她。现在,她于去年走了,但一直并不知道,我很不愿"旧地重游"。

我有没有"旧地重游"的意愿,有,就是贾岛诗上所说的"荆棘丛边访旧踪"————一个小山头。我1946年秋季起,就一直想到这个"荆棘丛边"看看,但一直没有机会。我80虚岁(2002)那年,还由夫人陪同到日本,那次是开会和讲学,不到一个月就回国,她感到很高兴,但是我想的是,假使能把这一次日本之行改换到"荆棘丛边",我就满足了。可是这办不到。

事情要从1937年说起,那年我虚龄15岁。念完初中一的时期,"七七"事变发生了,抗日战争开始,这我知道,也兴奋,中日之间总要打一仗的。华北离绍兴远,绍兴人大多期盼这场战争的到来,但除了当时在认购"救国公债"时有些富户曾公众议论外(不够仗义),整个地方还是安谧的。但没有多久,"八一三"上海的战事爆发了。当时,日寇旗舰"出云号"泊在黄浦江中,中国的足球队在各届远东运动会中都是夺冠的,我记得队长是李惠棠,著名的中锋;守门是包家平,有"铁门"的称号。全队有好几位队员都能驾驶飞机,去轰炸"出云号",牺牲了好几位,"铁门"包家平就在其中。绍兴的青年学生都为他们振奋而哀悼。当初,我们开始惨淡经营不过几年的空军,确实表现了大无畏的精神,也立下了许多战功。但毕竟我们在军事力量上还不可能超过他们,在大场战役中,我们被迫退却了。由于我们抗战的决心坚强,又有人提出了"焦土抗战"的口号,加上敌机几次飞临绍兴天空。绍兴城里开始应变。由于乡村广大,许多城里人都有亲友,城内的河道多,船只往来便利。从这年9月中起,城里人为了避开敌机的轰炸,也有从"焦土抗战"这方面设想的,开始用船只载物下乡。满城河港上都是下乡的乌篷船,一般是随带日常生活用品和细软,也有为了预防轰炸搬走家具即绍兴人所谓"硬头木器"的。这种情况当然也引起一些人的恐惧,原来不打算走的人家,也纷纷效仿,想办法下乡了。绍兴有不少人称此为"逃难"。

我们是大家庭,房头多,各房的女当家都是从乡下来的,因此,"回娘家"是一个最好的"逃难"方法。但是我家情况不同,我继母家在后盛陵村,萧绍老海塘脚下,塘外就是南沙,沿塘西行3华里即到萧山瓜沥镇。我们如回到那里去,是越逃越接近前线,所以各房都先后走了,祖母由五叔一家管,好在地点就在城东吼山附近的王墩泾。祖父由绍兴电话公司的董事长马谟臣包揽,马是祖父高度的崇拜者(当时"绍兴电话公司"及"大明电灯公司"都是私营的),决定与五叔祖留家不走。保姆(堂众的)随祖母走了,就把我家婚丧喜庆做厨子的阿桂请来,也颇老了,但他能获得一个住处和一点收入,也很愿意。家里有电话,下乡各房,可按时到附近镇上的"零售"和祖父通话(当时一般镇大多只有某一商号装有电话,属于一种营业,可去使用,也可为外来电话传呼,称为"零售",如"樊江零售"、"陶家堰零售"等,其实均在一家商店之中)。马谟臣每日早晚派同人力车相似的(但是黑色,装潢讲究)"包车"接祖父去电话公司,晚餐后送回。五叔祖反正长期是泡"适庐"茶馆(绍兴的文雅茶馆)的,晚餐由阿桂侍候,全家就这样定局了。

我们一房按兵不动,全家6人,父母与我及四五岁的大妹和断奶不久的二妹,还有一位"阿姑"(绍兴人称年轻的保姆为"阿姑")。我毫不在意,知道父亲当钱庄经理,钱庄必然会在必要时给我们做出安排的。当时,祖父早已花了块把钱叫人到越州书局把平海澜编的《标准英汉字典》买来了。平海澜其人,1950年代初我在浙师院与留美的郑晓沧老先生相熟,他告诉我他们熟悉,平的英语及所编《字典》确实不错,平先生当时还在沪,很受尊重云云。我依靠《字典》把开明英语课本第三册最后的几篇读熟后,祖父还是与我在书房里面对面,他竟从一个灌输"子曰诗云"的老学者变得很欣赏我读英语。他一点不懂，但听到我念英语就高兴，问我：难不难？有没一点长进？像伏园那样，将来到外国走走。我背了一篇第二册的安徒生童话《卖火柴的女孩》给他听，先背诵全篇，然后解释。他很感得意。并且嘱咐："都要背熟。"他读书只有一种方法："背熟。"我其实也是这样。

祖父鼓励我跑锦文堂和鹅行街旧书摊，常常给我点钱，父亲也给钱，所以我的口袋是充足的，好在我从不乱花，食量小，也很少吃零食，何况继母家里富裕，常有各种菜肴和点心送来。所以我的钱主要是花在"一折七扣"书和旧书上。

大家"逃难"，但大街上仍是热闹的，锦文堂也照开不误。不过我的兴趣已经转移鹅行街，旧书摊里有好书，或许看到大家"逃难"，价钱也便宜起来，可以讨价还价了。我学英语，但对我毕生有用的3本书，都是鹅行街的出品：第一本《纳氏文法》，一共是4册，每册都是相同的，由浅入深，第四册是最深的了。是原版书，但还不很旧，它是我日后对英语语法的全盘基础。第二种是《英文典大全》，是一位在中国执教的外国学者为中国人学语法而写的，并不比《纳氏方法》有条理，但对"图解"有详细讲述，它让我日后对很长的、包括几个子句的长句，都能用图解表述，当然，这对教书匠是很有价值的。第三种也是一本原版书，但破旧得连精装的硬封面也已破损而模糊了，是一本英语《短篇小说选》。全书约有20篇短篇小说（Short Story），当然都是名著。包括莎翁的几篇如《罗密欧与朱丽叶》等，此外还有《项链》、《最后一课》、《女士或老虎》等。

写了一大摊，才涉及"旧地重游"的事，这是《短篇小说选》引起的事。全家各房都已走了，我家不动，我倒是很乐意的。直到那年的"国庆节"（10月10日）以后几天，我父亲才说，店里已把我家的避难处找定并租定了。在破塘（又称盛塘，但群众都叫破塘）上埠，房子很好（租金当然很贵，那年乡下人颇获得一笔额外收入），但还得先去后盛陵把你舅母也接来（舅父在兰溪庞氏家族的钱庄当协理，他们尚无子女）。后盛陵离城50华里，我们的乌篷船几乎花整天时间到后盛陵，在那里住了两天，然后在一个黎明起程，到下午才到会稽山麓的破塘。

破塘是会稽山北麓的一个埠头，从绍兴城到山区的航行终点，这样的航行终点，从东到西北，沿途山麓很多，作为茶叶集散地的平水，大概是其中最有名的一处。破塘在平水以西，集镇分下埠和上埠两处，下埠是破塘正街，河两岸大约有50多米的街道，全是各类店铺。从街的尽头转一个小湾，地形明显升高，再前进约300米，河流已经成为小溪，跨过一条小桥，是一个沿溪而列的村庄，就是破塘上埠。上埠的居民，一小部分是下埠街上店铺的，其他就是靠山吃山的农民，从住房中就可看得出来。父亲的钱庄与下埠唯一的米行娄公大是关系户（银钱来往，绍兴人的称法叫"户头"），房子就是娄公大给找定的，上埠小桥边，黑漆台门，姓杨，原来是下埠的一家店主，但两年前去世了。女当家有一个约 10 多岁的儿子，店铺关门了，生活开始拮据，就愿意以高价把住宅租给钱庄，自己搬到村边的陋居去。而钱庄其实只有我们一家入住。安顿后的次日上午，我就出来察看形势，家门口的一条小溪，不过一米多宽，跨过小桥，从几间民居中有一条小路可以上山，山是连绵不断的，但在约百米处有一个崎岖小平坡。这里其实已是这条有痕迹的小路的终点，再上去已无路的痕迹了。人迹罕至，是我选择的读书佳处，背隔山，前观远处平野。于是我到四处搬了一些石块，两边可做我的靠手，前面一块甚重，费了大劲一点点地移过来，而且由于不平衡，又要找小石块垫稳，这就是我的书桌。因为我已考虑过，"逃难"的环境不能多带书，我决心专读那本破旧不堪的英语《短篇小说选》。因莎翁的名篇，我已在其他中文书见过其名。而其中《女士或老虎》一篇，我在家时已用《字典》硬读过，虽然许多文句我都不懂，但已略懂全文之意。这是篇美国人的作品，我感到外国人写小说，意境实在别开生面。所以决定在"逃难"的条件中精读此书。用一只"警报袋"（钱庄里给职工的在一旦敌机到时立刻收藏案上文书账册奔逃的手提小布袋），装上此书和《标准英汉字典》，找一个地方诵读。在破塘上埠，立刻给我获得了会稽山丘阜中的这样一块宝地。下山吃过中饭以后，那天大概是 10 月底了，是我在此读书的嚆矢，我没有表，但估计是快吃晚饭的时候了，我就负笈下山。

我们是次年（1938）4 月离开的，在此近半年，但其间因舅母的娘家人已找到了下方桥附近称为"西宸"的小村"逃难"（娘家原在瓜沥镇），我们全家送她回后盛陵，在那里陪独守的外婆，住了好多天，在连续两天听到两次轰然之声（据说一声是炸闸口电厂，一声是炸建成不久的钱江大桥），亦即杭州沦陷前夕，经过与已"逃难"到双江溪（已与嵊县接县）的四叔（他常常在城）联系，一家人到上灶（与破塘一样的会稽山埠头）与等候的四叔一起乘山轿过日铸岭，经过 40 华里的山路到达当时认为比破塘安全得多的双江溪，在那里住了 10 多天，派专人与破塘的娄公大联系，娄要我们仍返破塘，因为日寇在占领杭州后按兵不动，我们的江防也很严固，还是回破塘为好。于是我们一家又回破塘。这段时间我没读书，此外是陪父亲上城（父亲经常上城，并留居数日）几次（我是看了祖父后次日即返），还有下雨的日子（小雨我还是带了油布雨伞上山）。估计在这会稽山书座读此书的时间约近 4 个月。与早年的"子曰诗云"到底不同了，文章都较长，满篇生字，用《字典》查出以铅笔注上。然后背诵，而且背得很熟。也有与当年"子曰诗云"相似的，就是大量文句基本不懂。到以后年龄渐长，才有时恍悟而通，另外也是我随后读《纳氏文法》之功。

1946 年秋，我在嘉兴职校的"大专班"教英语，用市上购的活页文选，选的就是这些文章，所以全校百余位教师中，唯我只带两根粉笔上课堂，学生看着教材，我则背诵，一边选长句在黑板上"图解"。引起学生们（其中有好多位比我年长）的不胜惊骇。我的教书是这样"出名"的。

　　为此，我这个对"旧地重游"毫无兴趣的人，从那年起，就一直盼望到会稽山破塘上埠这个"荆棘丛边"做一次"重游"，到今天还是这样想，可惜已经做不到了。

错别字的笑话

　　知识分子念错字和别字的事,在中国这个书多、字多的国家实在是难免的。绍兴人在我幼年时代,讽刺念错别字的人:"此人,通他乐林也。"或说:"此人,秦川右取堂也。"其实,把药店上的"道地药材"念作"通他乐林",把大户人家墙角上的石刻"泰山石敢当"念作"秦川右取堂"的是没有的,不过是用在街上常见的字眼挖苦那些念错别字的人了吧。

　　一般人念错别字是常有的,也是应该原谅的。但当教师的人在那个时代念错别字就不能饶恕了。因为与后来不同,后来办了学校,课程多了,数学、物理、化学等等,这些课程的教师,在课堂念错别字也不足怪。但那个时代有许多私塾,私塾里的其实就是国文一门课,塾师念错别字,当然是不可原谅的了。

　　这是一个二叔祖在上坟船里闲聊的笑话,他是清末秀才,也是背熟了不少古书的。下面就是他所说的笑话,当时我已经念高小了,所以听得颇津津有味:

　　　　某个地方学风极盛,村坊里都不只一所私塾,对教书先生以米为束脩,待遇很丰厚,所以外边人都愿意到这个地方当塾师。但这个地方有一个规矩,他们也聘请了几位学问高深的人当督学(民国时代的一种学官名称,省教育厅和县教育局都有,前者轮回查省内中学,后者轮回查县内小学),查察各村私塾,凡塾师念过一个错别字的,束脩中扣米一升,到年终时公布结算。所以束脩虽高,但塾师都小心翼翼,以免因念错别字而被扣,既减少了收入,面子更不好过。

这年年终，几位外地塾师，都把所得的束脩米在当地粜出，换了银子，高高兴兴地回老家去过年了。但也有一位少学乏术的，因为念了不少错别字，扣得只剩斗把米，在当地粜出当然很难为情，反正也并不重，只好自己背上一个小小米袋，趁早上村里人少，溜出村坊回家过年。中途有个路廊，他把小小米袋放在身旁，坐下来休息一会儿。路廊里有一个摆测字摊的老头坐着，但这位教书先生低着头不敢与他打招呼，因为当地人都知道这里的束脩制度。自己背了斗把米，必然是被督学扣完了，哪有颜面和心情与这位测字先生搭讪呢。休息不久，忽然看见一个也是塾师模样的人，扎起棉袍，挑了用担子装的两大袋米，从路廊的另一个口子进来，歇下担子，寒冬腊月还擦额上的汗呢。见到此人坐下来，背斗把米的这位更抬不起头了。因为这就是摆在眼前的对比，能挑这么多米回家过年，说不定挑回家的只是一部分家用的，在村上还有粜出的呢。相形见绌，他就是为了怕丢面子，所以早早地背了袋子出来，却在路廊中狭路相逢，别人满载而归，"书到用时方恨少"，只怪自己当年读书不多，以致出了什么多错别字。束脩米被扣还是小事，贻害学生才真惭愧呢。想到这里，他更不敢抬头，差一点流下泪来。那位挑担子的倒是十分开朗，看到低头坐着的必然是塾师同行，竟随即开口打招呼：老兄是在哪个村执教的？他才不得不抬起头来回答：阁下是哪个村的，饱学之士，佩服佩服。看到他的一大担米，他不得不说几句恭维话。挑担的真是个心直口快的人。哟，从哪里说起呢？这里的督学真厉害，查得这样紧，我这小子当然也是自作自受，错别字确实不少，束脩米被扣完还不算数，因为他们有数目作凭据，一升米一个字，账目摊开来，我还得挑这些米去赔补他们呢。

于是，背斗把米的这位，原来是自惭形秽，现在稍稍放松了些，叹了口气说："真是'秋人不知秋人事'了。"（"秋"是"愁"之讹。）

到此，摆测字摊的老头开口了，他对背斗把米的那位说：你的米袋还可以再轻些，取出两升米放进这位挑担子的，请他为你带到督学那里去，刚才听你念一句诗，又念掉两升了。

两位塾师讲《大学》

莲花桥下太乙堂药号隔壁是丁家,有一位老先生是秀才,年纪和我祖父差不多,我们叫他"仙波先生",这是他的名字。因为常来,我们很熟了。

这天下午又来在大厅中与祖父聊天,我记得当时我已经背熟《学》、《庸》两篇了,虽然基本不懂,但背得很熟。我祖父很为此得意,常常以我在一个上午背熟这两篇向熟人"吹嘘",所以想必是我虚龄8岁甚或9岁之时,因为他们在讲《大学》,所以我在旁听得懂他们说的话。

这是祖父和他聊《大学》的笑话:

两塾师在前后两间房中向学生们讲《大学》(这里让我插一段,《大学》开头有几句:"知止而后有定,定而后能静,静而后能安,安而后能虑,虑而后能得。"),前房的那位讲:知止而后有,定定而后能,静静而后能,安安而后能,虑虑而后能。却发现最后还有一个"得"字,他思考了一番,对学生说:这个"得"字是刊误,把它挖掉。他自带头,把这个"得"字挖下来,用唾液贴在前后两室的门框上,当然认为自己做得不错。

后房的那位也正讲这一段,他讲的是:"知止而后有定定,而后能静静,而后能安安,而后能虑虑,而后能得?"怎么缺一个"得"字呢,现在刊刻的书真不讲究。于是在室内一面向学生埋怨书刊得马虎,一面来来往往时踱步子,踱到两室间门边,抬头看到门框上贴着一个"得"字:"噢!原来'得'字在这里。"于是立刻把这个"得"取下来。高兴地向学生讲："得字被人贴在门框上,找到了。"

　　仙波先生大笑,我也跟着笑。但仙波先生是懂得这几句话的意义的,而我只是"小和尚念经",能背诵而已。后来年龄增长才理解其义。所以估计祖父向他说这个笑话,总是我8岁甚或9岁之年。

对　联

　　在《文字游戏》篇中，说到当年私塾里的"对联"之事，包括"牛"对"先生"的笑话，这是祖父为了在纳凉时让子孙们感到愉快而穿插的，其实他的目的还是在说明"对联"的重要性。"对联"的作用就是为了幼年学生就开始注意文字的对偶，因为在以后，这种功夫对于当时的文化人是很有用处的。

　　这当然是中文字的特色。我们在念英语时，有的教师也用"同义词"和"对义词"的方法来帮助学生记忆词汇，其中"对义词"的性质与中国的"对联"其实相似，但因为文字的结构不同，"对义词"毕竟不能作为中国流行的"对联"。

　　"对联"在中国长期以来是一般家庭客厅中的一种必备的装饰。即使不是文化人，只要家里有一个客厅，对联是必不可少的。作为一副"对联"，首先当然是文字的对偶，此外还要有好的书法。其他也另有许多讲究。时至今日，不少名人书写的对联，已经作为有名的文物，价值连城，有的已由文物单位收藏起来了。

　　我在国外访问讲学，有时去一些华裔家庭做客，看到也有在客厅里挂着对联的，虽然为数不多，但毕竟这个文物也随着华人的外移而流移到了海外。当然，我们三、四两个儿子，现在也都做了华裔，特别是老三，虽然是哥伦比亚的数学博士，但受在国内时的影响，在国外也常以中国古籍做伴的。他们的家里都不挂对联，所以华裔而在客厅挂对联的，毕竟只是少数。

　　至于我的老家，这是明代张氏传下来的状元府第，对联当然是必要的装饰。正厅极大，一般的纸质对联已经不相称了，而是两块很大的泥金壁联，上联是"忠孝传家"，下联是"诗书垂教"。中间是一幅极大的"庐山飞瀑"的画轴。但祖父在平时都不挂出来，因为纸质的画轴容易损坏，一旦损坏，就拿不出另一幅如此大的可以填补，所以只在家里有事对联才挂起来。

祖父（与我合用）的书房里的一副对联较新，是蔡元培写的，上联是"书到右军难品次"，下联是"文成左国自纵横"。署：质夫姻兄和姻愚弟蔡元培。蔡元培的字写得并不好，我四叔父（我的长一辈中以他的书法最好，常常有人请他书写）几次说过，清朝的科举也并不一定注重书法，蔡氏如以其书法，获得连捷（即中举人后下一科就中进士）实在难得。我在高小五六年级时曾向祖父提出此联的对偶问题："右军"与"左国"，在文字上是切对，但"右军"是一个人，而"左国"是两部书。这样做对偶不贴切。但祖父说，我们是亲戚，他是连捷功名之人，不好这样挑剔。不过我倒是欣赏四叔祖的小客厅中那副小小的，题署不是名人而书法尚佳的：书到用时方恨少；事非经过不知难。这副对联，作为装饰，也具有教育意义，应该是比较实用的。抗日战争以前，我随父亲走亲戚，曾看到一位做医生的我祖母内侄王家乐家中客厅上的对联：但愿人皆健，何况我独贫。不管实际情况怎样，但这样的对联挂在医家客厅里，还是值得赞赏的。

在过去，私塾里教学生"对课"，除了日后读对联和拟写对联的功夫外，在撰文和写诗方面，也都用得上这种基本功。从撰文说，六朝以后，特别是在隋唐流行一时的骈体文，非常重视文章中的对偶，王勃的《滕王阁序》中："落霞与孤鹜齐飞，秋水共长天一色。"成为千古绝句，就是一句对偶文章。"初唐四杰"（王勃、杨炯、卢照邻、骆宾王）都有各种功夫，而王勃或许就因这句文章列在首位。当然，后来发生了这方面的"革命"，所谓"文起八代之衰"。韩愈和柳宗元的文章，不用这一套，反而内容丰富，受到读者的欢迎。

再说作诗。古人作诗，除了音韵以外，并不一定需要对偶。即使在重视对偶的唐朝，唐诗之中，也只有律诗需要对偶。律诗的体例，不管是五言或七言（前者称"五律"，后者称"七律"），都是 8 句，其中之间的 4 句，必须是对偶之句，也就是每首诗中有两副对联，例如：

　　黄鹤一去不复返，白云千载空悠悠。
　　三顾频烦天下计，两朝开济老臣心。
都是七律名诗中的对偶。

至于绝诗，因为这种诗的体例，意思是从律诗中截（绝）下来的，所以可以有对偶，也可以不对偶；可以有两句对偶，也可以四句都对偶。随作者之意，比较自由。例如：

　　打起黄莺儿，莫教枝上啼。啼时惊妾梦，不得到辽西。

这就是其诗作者,认为截了律诗的首尾四句,所以全诗都不对偶。又如:

> 白日依山尽,黄河入海流。欲穷千里目,更上一层楼。

这就是其诗作者,认为截了律诗的中间4句,所以全诗4句都对偶。

总的说来,诗是一种有音韵的文学作品,写诗者为了抒述自己的情怀境遇,读诗者为了一种文学享受。如上面所举"白日依山尽"一首,又有韵味,又重对偶,所以后人都喜欢。直到今天,"更上一层楼"之句,仍然常常用于鼓励人们上进。因而有对偶的诗和文章,也可以留作后代的文学研究和享受。当时的塾师教学生一点对偶的功夫,从那个时代来说,这是一种基本功。何况这些具有对联内容的诗文,现在都仍有人欣赏,是我国文学史上的一种久传不朽的财富。

我或许是由于家庭的关系,并不喜欢《尝试集》一类的新诗,尽管我对胡适存在高度的敬仰和崇拜。那年台湾中研院邀请我去讲学,我曾携夫人在胡适墓前做了三鞠躬的敬礼。返回后,曾在《辞海·新知》1999年第4辑上发表了《我说胡适》的文章,附入了我们夫妇在他墓前致敬的照片,用"道德学问"称颂他是一位"有成就的正派学者"。至于我不喜欢他的新诗,这是另一回事。

我虽然读了大量旧诗,也为人写过不少对联,但是我的作品都是次等货,好在人家拿去都是装饰起来放在家里,不会外传,我在这方面可以免于丑名远扬,所以虽然每次都在人情难却之下"逢场作戏",但也能因罕为人见而心安理得。只是有一次,一种在绍兴印刷的期刊要我写一点,我也是在人情难却的情况下,粗制滥造地以一首七律塞责。又是诗,又是对偶,刊物出来以后,让我感到颇难为情。不过全诗只是为了写家乡绍兴。或许也能得到行家的谅解,现在录写于下:

> 绍兴之名天下知,半城河港半城诗;
> 会稽山中传禹迹,投醪河边犒越师;
> 兰亭修禊书集序,沈园邂逅题壁词;
> 应接不暇山阴道,纷纷人物入青史。

为朋友和学生们写过的诗不少,但这一首却是在刊物上为人所见了,诗既不好,对偶也不工。可能是和我没有在私塾里学过"对课"有关。我祖父教我古书时,对此也并不重视。实在不好意思。

温聚民和程懋筠

　　进了中正大学以后，虽然我早已从绍中简师女同学，在那里当教务员的陆碧霞处知道了大学不是我读书之地而很快就决定退学，但还是认识了几位先生。最早的当然是于宝榘，是他要我不必再听他的这门必修课，并且曾应邀到他家做客的。以后几次邀我，我都未去，只是最后赣州告急学校决定疏散前，他到我寝室找我，因他夫人执教的市内某中学决定迁到赣南某县，有木炭汽车，他家一起挤走，他是来邀我是否也挤到那县，或许还能找点工作干。所以这晚上我又去他家一次，是去道谢和告别的。他很看得起我，彭灿就是从他们平时聚会时知道我的。但从离赣州去宁都后，就没有再见面，也不知道他以后是否仍在中正大学。

　　另外一位是基本国文讲师温聚民，我其实没有听过他上的课，只知道他是中央大学毕业的，上课很认真。宁都人，也是老俵，但此老俵为人很好，不知怎样认识了我，我虽实未听他的课，但路上相见，他总表示很关心我，我也必叫他一声温先生。

　　事情很凑巧，那一天我与于宝榘在图书馆相见，随即一同出来，馆的后边有块空地，几块平石可坐憩一下。我们刚坐下，恰巧温聚民和另一位（不知其名，但也是国文课教师）也到来了，大家坐下聊聊。赣州的冬季不冷，但这一年有时会吹出几阵寒风。我因没有垫被，被到寝室特意查看的训育主任周维新看到。其实我素来宗奉"立如松，坐如钟，卧如弓"的话，一条棉被横盖，其一半就做垫被，睡下时，我采用"卧如弓"的话，总是双脚和下腿缩起的。但他还是通过赣州基督教青年会的一位杭州人戚先生给了我一点补助(受补助的不止我一个)。这件事他们几位也都知道。当时大家坐着,正有一股寒风吹过,有点寒意。温聚民此时说了几首古人妻子向出门在外的丈夫送寒衣的诗。都是好诗,感情丰富,可惜我随即忘了。年轻人不管场合,我也说了一首:"不寄寒衣君身寒,欲寄寒衣君不还,寄与不寄间,妾身千万难。"我是好几年前在绍兴听说的,也不知何代何人所作,只是逢场作戏随口说说罢了。但他们几位都称赞此诗有感情,是首送寒衣的佳作。于是温聚民开腔了,而且针对我。他说:陈同学,你有才华,读得多也记得多。可以不必听课。但他想在下周给学生命个《诗歌与人生》的作文题,问我能否写一写交给他,他必然可以作为给其他学生的范文。

既然是他当了几位先生的面提出,而我对诗歌实在颇有兴趣,何况在那里除了写点骗零用钱的小文章以外也别无他事。诗词反正背熟得不少,是现成的,所以的确用了两本直式毛笔写的市购本子写了约两万字光景的一篇交给了他。别人告诉我,他的确用我的这两万字在课堂上宣读,做了范本。然后在约摸十几天后亲自到我寝室送还我,并且说了许多赞赏的话。他的评语是用正楷端写,写在另纸上插附的。我引用诗句甚多,都是当年背下来的,其中有若干我自知是我背错写错的。但他不做改正,而且用另纸写"此诗(词)一作……",以下抄录他的一作字句。起初我想想,因为他知道我读书较多,他的这种用另纸书写的方式,或许是为了不要引起我的不开心。但是后来又想到,这不仅是他的谦虚,也是他做学问的谨慎。是值得学习的一面。

另一位程懋筠,是江西大族,"懋"字是辈分词。同学中论辈称"懋"的也很多。程懋筠是兼课教授,他的本职是市内幼儿师范学院。每礼拜来一次,都有夫人陪同。刚进学校填选课表时,旁边就有人与我说,此课不算学分,但听听他唱歌不就是一种享受吗?中正大学龙岭分校没有任何音乐设备,只有一架手摇唱机,但有时他带几张唱片来也用得上。他夫人则是带了小提琴为他伴奏之用。

第一次去听他课,两个连通的教室挤得满满,发的歌纸是油印的 Santa rou chiye,写的是英文,记得首句是 See how fair it is,但他解说,这是意大利海边民谣,他能唱七种语言的歌。他夫人拉起提琴,让他先用意大利语唱一遍,然后我们用英语唱。第一次听他唱歌(他从来不唱汉语歌),其嗓音的确令人"一曲难忘"。抗战时代的建筑简陋,而他的嗓音对于这些简陋的房子,真是震梁动柱。我在中正旅馆3个月,实在没听过几次课,但他的课我每堂不缺,填选课表时那位同学所说的"享受"一点不错。而听课者中的许多人,其实都是没有填过选课表而自己带了小凳子来"旁听"的。

他是中国国民党党歌的作者。据说当年国民党征集党歌,经过多次筛选,最后选了3首,请3位作者到南京自己解释和唱出,评审组的主持人是胡汉民。胡汉民懂得什么是音乐?程懋筠的歌是以他的嗓音当选的。这话,在听过他的唱歌者之中很起作用。

　　我最后一次看到他的名氏是在"抗美援朝"时代。几种报纸都刊出南京游行声援志愿军"雄赳赳,气昂昂,跨过鸭绿江"的正义行动。"白发苍苍的程懋筠教授也走在南京师范学院的行列之中"(各报字句稍有不同)。但那个时候,各种以"分子"为对象的"运动"还没有展开。程是中国国民党党歌的作者,"党歌"后来有升格为"国歌"(不是"代国歌")。所以估计他是不会有好下场的。

纸面上的"大学"毕业生

鲁风是我的同乡,或许比我大两三岁。后来因为远征军里知道我的人较多,他常来和我接触一下,特别是给我看了他未婚妻从绍兴的来信,信上说道,抗战已经胜利(好像在福州),他(她)们的长辈(信上有具体称谓,姑姑或姨母,但我忘了)要他在回绍兴后就结婚。看了此信,我才知道他的未婚妻是宣根馨,是我在附小二下级的同班同学,也比我年长,是个好学生,不仅功课好,而且和气,常常帮助比她年幼的同学。

当年,尽管是个全县设备最好的小学,但课后的游戏器具,除了"三民游戏场"上固定的秋千、浪船、悬木、翘板等以外,就只有滚铁环、跳绳、打乒乓球等这些供低年级学生课余玩乐的东西。而同学们为了省时省事,自己在那条上山去的石板岭路上玩"造房子"的游戏。因石板是大小均等一块块排列的,几个人用小石块在一块基地上抛掷,然后用一只脚翘行,把这块石头踢下来。事前定好,玩六块石板的叫"六间头",玩八块石板的叫"八间头"。我们家中的堂兄弟姊妹们在大厅外的大明堂(天井)中也常玩。但大明堂石板是平坦的,玩起来容易,而附小岭路是倾斜的,玩起来比较困难。有一次就因为"造"到第七八间的时候,用一只脚跷下来不小心,摔跤了,额上跌了一个大泡,虽然没有跌破,没有出血,但很痛。宣根馨立刻像个姐姐模样地把我扶进教室,当时是冬季,她撩起她的棉袄衣襟为我按摩。一面使劲地按摩,一面要我不要紧张,要耐住痛。这是一个散学前的课外活动时间,所以按摩得很久,结果确有效果,额上的大泡小下去了,疼痛也减少了。最后她还仔细地观察:幸亏没有伤眼睛,以后要小心。完全是一种姐姐对弟弟的关心。她在教室里坐在我的后排（个子比我高），我本来就对她有好印象，尊敬她。自从那一次这样撩起衣襟为我按摩和抚慰以后，就更为尊敬她了。

但鲁风（这个名氏也是为了耸人听闻而改的）却是个在六二三团的政工人员中大家都讨厌的人。记得在1945年大家第一次聚会做自我介绍时，他就伪造学历和经历。当时我并不知道自己已被王永树选定要当翻译官，而且更不知道在这种场合里有人作伪，虚张声势。是到硝石镇后别人告诉我的，这些告诉我的人多是因为到任后才知道我的实际身份与他们不同，而且知道鲁是我的同乡。我才知道他在那天自我介绍时说自己是浙大化工系毕业的，又当过什么政工官。目的当然是为了在分配工作时可以获得较高的军衔（结果是当了六二三团机枪二连的上尉训导员）。但按他的年龄不可能从贵州毕了业然后再到江西来（浙大龙泉分校都是一年级），他所说的"政工官"，懂行的人也知道并无这样的机构。而且特别是到了任上，作风很不好，他的干事曾经诉说：训导员把他当勤务兵用。平时吹牛不断，大话连篇。常以同乡关系接近我。所以与我说鲁的实情者都是看到我初出茅庐，不要受他的骗。而其实我也已经看出他的为人可憎，因为我常住在团部中，他曾露出口风，要我在王永树耳边说些好话。而且向我承认，他只念过大学先修班，的确虚报了学历。但他知道，像我这样天真的人不多，在这里，虚报学历的人有多少呢，我们的头头（指团督导员张欣歌）自称辅仁大学毕业，其实他还没有到过北平呢。

鲁所谓虚报学历的事倒是真话，当时确实如此，不到个把礼拜，我也领教了此事。因为团长要我当翻译官并提高军衔的事，完全是通过王昇的，张全不知道。到了硝石镇才知道我的洋泾浜和殊荣。所以个把礼拜以后，他特地要人叫我去督导室填表。是向团部报的正式履历表。张告诉我，想不到我还有这一手，并且可以住在团部里派这种用场。为此，我原来留在督导室的那份"中正大学一年级肄业"的临时报表应该改填。怎样改填？他已为我起好了草，要我照抄。因为有一位训导员袁承昶是上海光华大学毕业的（真货）。张说我的原表根本不行，不久还要去印绶，这张原表是拿不出去的。我毕竟还是他的直属部下，只好以他给我的报表照抄，我成为上海光华大学的毕业生了。

不过对于我的这种受命作假，也有些人知道，却没有人传播什么贬话。而对鲁风，则到处有人在背后骂他。实在是他的处世为人太令人讨厌了，最后也是他们第二营的人与第三营的若干人联合，给他吃了一次我已在文章上提起的"报应"。当时，我也认为，对这样的人捉弄一番，这是他的咎由自取。但是自从在福州看了他主动给我看的宣根馨的信（他完全不知我和宣同学的事），认为抗战已胜利，他复员后回老家有这样一位贤妻,倒是他的福气,由于宣根馨(虽然我并未告诉他我们是同学的事),我对他却又有些另眼相看了。我想此人虽然为人恶劣(后来知道他的签名从军也绝非临危受命的为国,而是从已签名而走不了的人中冒名顶替的),但有了宣根馨这样的贤妻,一定会逐渐变好的。

岂知事情又出了意外,到德清办复员手续不过几个月时间,他竟在德清街上搭识了一位富商的第几房姨太太,据说这位富商也已经厌弃了这位姨太太,而鲁风此时尚未卸下上尉领章。就把这个女人占为己有了。鲁其实是个不学无术的人,复员以后原来就找不到工作,所以在最后的填表中决定"留营",自甘作为一个职业军人了。德清街上,大家都看到此一对男女亲亲密密地形影相依,就这样成为夫妻了。后来据说女的也着上军装,最后一起随部队去了台湾。但从鲁的为人估计,不论到哪里,总得不到好下场的。

鲁风是值得诅咒的。但是对于宣根馨,虽然只在附小二下级同学半年,但她确实是个好人。她成了鲁的未婚妻,因为当时还是个父母之命、媒妁之言的时代。我不知道她的结局如何?但很为她伤心。

妻子上大学

1946年初，我从内地返绍，我们就结了婚。当时我虚龄24，妻子虚龄20。但是我们陈氏的上一辈，即我的过继给老三房的二伯父，以及我父亲（排行第三）及四、五、六3位叔叔，都是18岁结的婚。当时是个早婚的时代。所以我从内地回来就结婚，家里是老早有此打算的，当时我妻子还在稽山中学高中商科念书。结了婚还是照念，这类事在当时的学校也不是罕见的。

原来，我已由父亲托人担任绍兴县中（初中）的英语教师，校长施伯侯，我们都不认识，但聘书不久送来，1946年秋季开学就可去校执教。但是后来事态变化，因为我是青年远征军人物，必须到德清办理复员手续，而且费时要两个多月。而在德清时，蒋经国办的嘉兴职校教务长彭灿（也是签名加入远征军的）专门派人到德清要我到嘉兴执教。因为我们在赣州曾见过一面，我毫无学历他是完全知道的。

最后还是因种种原因而去了嘉兴，妻子倒也显出了她的能耐，知道我必须落脚嘉兴后，她竟通过一点小小关系，从稽山中学高商转学到杭高商。从杭州到嘉兴很方便，每周都能团聚两天，于是只好退还绍兴县中的聘书。

想不到在嘉兴，彭灿要我执教的其实并不是职校，而是在职校暂时过渡的特别班。一般人称之为"大专班"，其实这个班级并无名称，因为这个班是个暂时的收容班，四五十位男女学生，是在内地上大学时，抱定牺牲决心，签名参加远征军从印、缅回来的（也有少数在整装待发时，如我一样，因原子弹在广岛的爆炸而临时中止出国的）。他们都是江浙人,都是随家迁避或个人出奔去内地上大学的,这些大学一般不是名牌大学,所以他们在胜利后,理所当然地希望回到江浙的大学续学。但因故进不了他们想进的大学而悬起来,为此蒋经国授意让他们暂在职校过渡一下。当然不听职校的课,只开英、国、算3门,而且听课自由。彭竟要我讲这个班的英语。我不得已接受,在这个班用"背"的方法讲课,却因此而出了名。所以职校结束(此班学生在1947年秋已为上海暨南大学及杭州之江大学所接收),我以一个虚龄刚26的小伙子,被邀到历史悠久、颇有声名的新昌县中当教务主任。妻子和诞生不久的长女随即也住到新昌。这所中学以谷子为工资,待遇比他校高,而且不受法币通货膨胀的干扰。又因我常写文章发表,当时的稿费颇高,所以生活优裕。

新中国成立以后,我们看到了这些赤脚着布鞋的领导,当时实在感到惭愧。但后来不久,不少留校继续任教的教师(有相当一些教师,新中国成立前后就被清洗、逮捕甚至"镇压"了),发现虽然革命干部的待遇是"供给制",的确艰苦,自己所得的"薪给制",较之"供给制"高出很多,但比比以前的教书收入,显然也减少得很多,家庭生活开始感到困难了。以前,到总务处开一张谷票,30斤、20斤、10斤,不论多少随你自己的需要(当然不能超过月得总数,但稍为透支一点也可以)。这谷票到市场上是抢手货,马上换成现金或随即购买的商品回家。现在,一个月发一次人民币工资,少数负担重的教师,已经有入不敷出之感了。

新昌全城只有两幢砖木结构的洋房,我们租住在其中的一幢,虽然也感到经济远不如前,但是还吃得消,"我们一天天好起来,敌人一天天坏下去"。我们当时仍然坚定地相信上头说的每一句话,所以毫不考虑到以后的经济问题。

全校只有两位党员,金望平是原来在校的地下党员,现在当了校长,他一直是重视我,信任我,甚至包庇我的。另一位调入的是当时县文教局局长俞渭滨的夫人俞月隐(同姓),她原来是小学老师,调入中学后并不教课,当个职员,但是大家都知道,她是与众不同的人。她也很关心我,曾经问起我:要不要为"师娘"(新昌人称师母为"师娘")找个工作? 我当然谢谢她。其实当时我还根本不曾考虑此事。她现在已经有了两个女儿,家里是隔几天请一位女工帮忙,哪有时间出去工作。我从绍中附小到绍中,师母也有受过颇高教育的,但都在家管孩子,没有出来教书的,更不要说做其他工作了。特别是使我忘不了的是,我在赣州考入中正大学后,在龙岭分校住"中正旅馆"(因进校不久就决定一辈子不再念大学)。分校主任罗容梓通过于宝榘略知了我的一些情况,但他毫不干预。他常常是晚上9点多随同一位总务处职员到各宿舍瞧一下(其实是点名)。他竟叫得出我姓名,曾有一次问我:密司脱陈,你最近在做点什么研究? 他是燕京大学毕业后到美国留学获得学位后回国的江西南昌人。后来,赣州吃紧,我们步行(沿途设好站点)几天到宁都。在雩都时,一个早晨上到小摊吃早点,见到一位女士用浙江话购早点,她听到我也讲浙江话,立刻就问:你也是浙江人,雨雪天走路好累吧。接着又说:我和几个孩子先走,容梓因为学校的事,要过两天才能出来。我立刻领会了,随即改口叫她罗师母,我们谈了好一会儿。我们早知道,她和罗容梓是燕大时同班同学,毕业后未结婚,但彼此已经有了婚约,等罗从美国回来才结婚,而且从一个吃西瓜的富裕水乡平湖跟丈夫到江西生男育女管家庭。我当时就对她肃然起敬。从宏观的理论说,这不是教育资源的浪费。因为子女素质的提高和家庭的和谐,同样是富国强民和整个人类社会素质提高所必需。这方面的反面教训,当前俯拾即是。所以对于我妻子出门工作的事,我当时实在毫无考虑。

1952 年春,因为替孩子做衣服(我妻子从她母亲那里学到一手裁剪和缝纫的手艺),而我母亲(后母)出嫁前在当地用土织机织出了许多土布,都做了嫁妆,这是做衣服里层的好材料,家里曾写信要她便时去自拣。她抱了小女儿坐汽车到绍兴老家一宿。而我父亲则对媳妇讲了一番话,使她很有感触。我父亲的话据妻子回新昌后向我传达的大概是:

> 现在换了"朝代"。共产党对职工实行的薪给制是低薪制。他不反对低薪制,因为这样可以让更多的人就业。而他们的时代与现在相比是高薪制。他在钱庄学徒做满后,当了"信房"(专为钱庄写信),每月薪水就有二十银圆。你们附小(我妻子也读附小)的教员,每月薪水都有三十多银圆,购买力比阿均这个中学教导主任的工资起码高三倍。你(指我妻子)现在不过二十六岁(虚龄),以后还要有孩子出来(后来确实又添了两个儿子),在这个"朝代"里,应该考虑找一份职业了。否则你们以后的日子会很难过的。

我妻子与父亲在那晚谈了很多,很欣赏他是个通情达理和有远见的人。但她认为她不能在新昌这样的小地方工作,认为我也应该离开这个地方。她说自己已读满高商两年,现在我们的经济还宽裕,是不是让她去念大学。

我何尝不想离开新昌,当时,全国只有上海的工资最高,而 1949 年易帜后立刻去沪的前校长陈怀璋和训导主任张孝达,都来信介绍我去沪,工资比在新昌要高几乎两倍。但因为当时教师已经不是自由职业了。文教局长俞渭滨(地下党员,原小学教师)坚决不让我走。所以只好留着。另外,我的经济宽裕。我早就决心毕生以"著书立说"为行业,那时由于精读了那篇《讲话》,十分崇拜其中的所谓"普及"和"提高"之说。所以认为我应遵从此说,著书的事,应从"普及"做起,加上响应"一定要把淮河治好"的号召,所以当时已写好了一本 10 万字的《淮河流域》。为了让妻子读大学,在报上见到上海春明出版社登广告征求"地理知识丛书",我随即把此稿寄给该社(当时该社社长叫孔令境），这是我生平出版的书中唯一一本投稿的书，以后的所有著作，都是应出版社的约稿而问世的。真是立竿见影，春明随即复信出版，以版税支付稿费。

我妻子开始备考，家里用了每天来一次的钟点工，这年暑期，全校教师又要到杭州"学习"，而我因负责全县的考试任务（因为杭州各校也来县招生），金望平派了两位职员做我助手，不让我去杭州洗脑筋。于是，妻子带了大女儿去绍兴老家，自己去杭州赴考。小女儿则留新昌，由我雇人照顾。结果很顺利，她在这年（1952年）录取于南京大学外语系。是在《大公报》上看到发榜的，而我的第一次版税，不久也就收到了。所以她带了两个女儿上大学，由于我们的经济情况称佳，所以毫无顾虑。

她的父母和长兄都在南京，可以得到照顾。但她还是在大行宫附近的四条巷租了两间楼房（与她父母相近），特别是雇佣的一位可靠的扬州保姆十分踏实周到。附近有一所著名小学逸仙桥小学，我大女儿就上此小学，并且当了一年级的班长，小女儿则上此校幼儿园。扬州保姆按时接送，十分可靠。在经济上，我不仅是版税不断，而别的出版社也开始约稿。每月收入甚高（当时上海地图出版社每月给我的审稿费超过学校工资），所以她安心地在南大念书，假期回绍兴老家。等到她1956年毕业时，我已经由省教育厅以"上督落"的文件，在浙江新建的师范学院地理系执教两年了。

"职业学生"

　　我直到 1950 年以后才听到这个名称——"职业学生"。因那几年,每年暑假全省中学教师都要集中到杭州洗脑筋,交代历史。1951 年"镇反"后的暑假,许多中学安排在灵隐,百来人成为一个中队,主要就是交代历史,非常恐怖,也听到有好些人到附近山上找一棵树上吊自杀的。我们新昌中学的教师多数在灵隐寺内大殿侧边的厢房里。新中教师已有公审后枪决的了,或失踪了(当然是处死了),自杀了。所以没有在灵隐山上"悬树"的,但也有一位姓俞的新昌人(平湖师范教师)上山自杀的。因为他在新昌的三个长兄,都已在新昌被"镇"(地主),他可能成为第四者,所以在集中"学习"后不久,就偷偷上山找他的几位兄长去了。

　　在这个把月的"学习"中,才听到自己交代的或被揭发的"职业学生"这个名称。所谓"职业学生",就是披了学生的外衣,其实是国民党、三青团、其他反动组织等,在学校里干反革命的事,当然都是在大学里,有的还是名牌大学,在一次大礼堂听典型的"交代报告",有一个中学教师,自称是西南联大的"职业学生",属于三青团系统的。以拥护抗战为名,行反对"异党"之实。

　　后来我忽然想到,我也当过"职业学生"一年,但不是为了搞反革命,是为了替当时尚存的全省高中"会考"争光彩。所以我没有交代此事。

　　事情的始末是这样:抗日战争开始以后,当今称为"长三角"的地区首先沦陷,当时的军事部门是把全国分成几个"战区"对敌作战,东南地区是第三战区,以顾祝同为司令。司令部设在江西上饶附近的一个什么地方（我忘了）。许多江苏和浙江的青年学生都逃到这个地区，其中有不少属于现时可称"高干子弟"的。当然仍然要在中学念。但他们立刻发现，老俵（江西人相互自称是长期习惯，江浙人这样称具有轻蔑之意）的教育文化水平确实比江浙人低一大截。当地附近的省立中学有上饶中学和从九江迁来的九江中学，另外还有三四所有高中的私立中学，初中则为数更多。内迁的江浙官员和商人，立刻知道了这些江西学校的程度低劣。于是，他们之间有官、有权、有钱，当然也有眼光的人，就顿时想到要办一所中学，供江浙青年就读，他们这些人的子弟当然在内。因为有第三战区的后台，不久就选定在离上饶15华里的灵溪镇（火车有个小站）办学，造了一所颇大的洋式教学楼，几所学生宿舍、图书馆、礼堂和其他作为一所规模较大的完全中学所必需的建筑。校名早已定好用一大片战区的最高领导为名：祝同中学。显然超过上饶中学和九江中学。虽然是所私立中学，但无疑是这一带名气最大的中学。其间，办学者感到困难的是师资，尽管待遇比他校高，但要请到一大批好教师却并不简单，不少中教名师，虽然也内迁，但多不在此停留，转到更远的内地去了。所以难免也混入一些水平不高的。譬如我遇到的一位教高一和初三的江绍镗，自称上海南方大学（野鸡学校）毕业，是汉奸江亢虎的侄子（这当然没关系），应该承认确是英语系毕业的，我们的关系不错，他借给我不少英语书刊。但是我可以毫不吹牛地说，在当时，他的英语肯定不如我。

　　当然也请到了若干好教师，例如我应该称他恩师的史聿光老师（江西的中学通行"老师"称呼，而不称"先生"）。他是苏州人，圣约翰毕业，在无锡、苏州等地中学教过几年书。抗战前夕，曾约同几个亲戚朋友，预备在上海四马路（福州路）创设一家特色书店，事情已经准备就绪。但"七七"特别是"八一三"之变接踵而至，而他们原来的店房也起了波折。于是书店的事只好作罢，但他们已经进了和约了不少货品，为了处理这件事，他只好把家带到上海，在上海一所中学教书。但1941年底珍珠港事件爆发，日本军队随即进入租界，他有几位好友，包括夏丏尊都被日军拘捕。他虽还未到这个档次，但凡是在各校言论上反日的人，都惴惴不安。幸亏没有几天，被捕的学者包括夏丏尊都由内山书店老板内山完造保释出来（所以内山是个很可疑人物），大家才稍稍放心。由于一家都在上海，子女也正在读书，只好仍留上海，当然感到"孤岛"已经成为日占区，绝非久居之地。所以到1942年，日寇为了摧毁衢州机场，做了一次打通浙赣铁路的战役以后，退居金华一线，上饶又获得复苏，他们几家教书朋友，冒险离沪，从皖南到上饶，住在郊区上炉坂。而且立刻被故友推荐，成为祝同中学的台柱教师，他的女儿刚刚高中毕业，让她当了图书馆仅此一人的管理员。祝同中学的校长王鹤斋，是老保定出身、曾任三战区中将参议的老头，在玉山家里养老，完全是挂名的。教务主任叶藩,也是玉山人,大概是王的亲戚,大夏大学出身,没有能力,只教初中一二年级的英语。史进了此校后,教高二高三英语,但学校的事都请教他,成为一位影子校长。后来他告诉我,这些三战区当官的人,想办一个好学校,但江浙学生毕竟有限,学校规模大,全校仍以老佬占大多数,要在一个文化落后的地区办出一个好学校是不可能的。

现在回到当"职业学生"的我。省立绍中迁校在嵊县崇仁镇附近的一个大村叫廿八都的,教师的水平很高,学生也坚持此校校风,虽艰苦而仍孜孜向学。浙赣战役后,诸暨、嵊县都成了沦陷区,学校只好暂解散,我也不得已回绍兴老家当亡国奴。经人指点,于1943年夏到萧山搭日寇修复的浙赣线到金华,因金华陷城内我有亲戚可投,历尽千辛万苦坐日寇火车到金华,在亲戚们的帮助下,几次濒于生死之间,越过敌寇在金华白龙桥最后哨所而到达江西上饶,并以我舅父的介绍信,住入一所以"裕康"为名的布庄,我此行原是打定主意以同等学力投考大学的,但是路途牵延,到上饶早已过了考期,而原来上饶就不是考点。

我从沦陷区与我在贵阳的堂叔陈选芝(二叔祖次子)是有联系的,他战前一直服职于南京当时唯一的一家公共汽车公司——江南汽车公司,抗战后去到贵阳,也从事汽车运输行业,很看得起我,赞同我到内地深造,事前早告诉我,我自己到赣湘之间的界化垅,他就可联系车子让我先到贵阳他处。我到上饶后立刻发了快信,不久就接到他复信,他建议:反正我只看得上昆明西南联大和重庆中央大学(他不知我当时也已看上了中央政治学校外交系),所以如果我愿意,可以径去界化垅。但也说,反正考试在一年以后,既然裕康布庄很欢迎,也可以住下来(裕康经理萧山人李小鹄先生确在我刚到时就这样表态),因为在裕康吃得好,而选叔家里是较差的。贵阳物价高,菜馆里一盘美其名曰"李太白醉月"的名肴,其实是一个鳜鱼尾巴,两边各一个鸡蛋蒸煮而成的。一切由我自己决定,如果去黔,先用快信通知他。我把此信给李小鹄先生看了,但他认为:住我们这里,最早过了阴历年以后再找便车走。否则,不说别的,我对你娘舅就没法交代。

另外一件,绍兴安昌庞氏,兰溪两家钱庄和金华一家钱庄(金兰二地总共就是这三家钱庄)的老板。一位舅辈的但比我小几岁的,原来就读于从杭州迁到金华的两浙盐务中学,初中毕业前就避日寇之难,在他住游埠(属兰溪,一直未沦陷)的亲兄(经商)处居住了一年,当然也自学一点,但资质一般,已先我一月来到裕康,从朋友处弄到一张假的浙西一中的转学证书,竟已录取于祝同中学,到该校高二就读了。我到裕康仅三四天,一个礼拜六他也来了,是为了来吃几顿饭的,不仅是因为这里饭食好,他在金华读书也几年了,差的饭食也受得了,而在祝同受不了的是辣椒,江浙人多是这样。开始是受不了,几年以后就变到没有辣椒就吃不下饭。我反正每顿总一碗或稍零,这个过程不明显。裕康还来不及通知他我已到上饶,所以骤见之下,非常亲热。因为我们原来熟悉。

却不料他返回祝同以后,竟和班上浙江同学谈了我的事。这是因为1940年全校唯一一次省立学校统一招生(可报三个志愿),我高举榜上,成为省立绍中的公费生,所以亲戚们都很赞扬我这个"不读正书"的人。绍兴沦陷后,我在兰溪、金华过暑假和寒假,庞氏家族的人都很愿与我聊天,听我讲故事。

几天以后,选叔从贵阳寄发的快信到了,他要我对何时去黔的事自己作主。我有点进退维谷。随即,我称呼他舅辈的祝同高二生又来了,我当然认为他是来打牙祭的,但他却告诉我一件事:即祝同的台柱老师苏州人史聿光想和我谈谈,因为我刚从省立绍中出来,他是祝同影子校长,很想知道浙江一些名校的事,并要我把绍中的我准备以"同等学力"报考大学的,亦即高中两年的转学证书带去,让他参考一下。此时,他才告诉我祝同创办的缘由以及何因大量老佬的拥入致使学校教学质量和声望并不如预期的概况。说要礼拜一早上一同坐火车去,因为一班从上饶到鹰潭的区间车,时间正好。我因为到上饶后几乎步门未出,趁机会到灵溪看看,就同意了。

礼拜一吃了早点后上火车站,第一站下车,就在一条小街的街头,街上有几间店,全长不到百米,走完就看到"祝同中学"的校门,在当时算是很有气派了。庞领我到教学楼下层的一间"教务主任训导主任办公室",开门的正是姓叶的教务主任,他立刻和我握手。又通知庞,请到"五间头"(顶好一幢教师宿舍)通知一声史老师。庞就走了。训导主任是江苏青浦人章以文,也是此校台柱之一,但这天不在办公室。庞刚出门,史老师其实也已到门口了。庞去听课,我们3人就谈起来,叶为我沏了茶,说话的主要是史。在那里,我已经看出,江浙人是很易于融洽的。他问我是否即去贵阳,那时我很天真,告诉他贵阳的堂叔来了信,要我自己作主,而裕康布庄的经理不让我走,因为反正考大学是明年的事。于是他就说了内地文化教育的落后,顺便要看看我的那张用以报考的转学证书。一张战时的"绿报纸"(纸质差的土纸,颜色呈淡绿),记得除了一个学期是89(有零数)外,其余三个学期的总平均都超过90。我在绍中是录取为公费生的,当时浙江省教育厅有5%的优秀学生为公费生,包括制服费在内的任何费用都不必交。所以公费生总是比较用功的,但我的态度是,录取名单在《东南日报》登了(仅1940年一次),祖父也有了面子了。我在班上还是"不读正书"。实在是,这些课程都很简单。所以这次(2007年)绍兴市为我建立"史料陈列馆"时,比我低一级的前市政协副主席陈惟于先生还提到我当年的"惊人成绩"。我看了他们的《会议纪要》,感到这实在是"过誉",因为课程容易对付,当年还有体育课拖后腿(因课时少,对总平均影响不大),否则分数还可能再高一点呢。在祝同这间房子里,教务主任叶还是几句老俚腔的官话："司令长官（指顾祝同）要我们办一个出色学校（其实并非顾的主张），但我们还不能让他满意。"史毕竟是有学问的江浙人，说话就亲切真实了。他不让叶插言，和我轻谈，希望我留在祝同，当然不必交一切学杂膳食费用，听课也可自由。目的是明年会考这一关。学校办了几年了，会考头名还只得过一次，总的名次虽高，但也不够理想。有我在，明年会考的头名是笃定的。他已去看过，有一间寝室（高中的）里5张双人铺还剩下1张，同学在堆什物，可以清出一个下铺来，挂我的蚊帐被褥。另外，学校在楼下转角的一个小间搭上一张床，也挂上学校提供的蚊帐被褥，我在夜自修结束就寝时可以先到教室做个样子，然后到这单间去，工友会给我准备好灯火（一盏桐油灯）、开水之类的。这样，祝同明年的会考状元就落实了。我回城与李小鹄先生商量了一下。他也认为可以，于是我一面给选叔写了信，一面就上祝同当了这个为了"会考状元"的"职业学生"。但是我尽量循规蹈矩，听课，特别是解析几何和物理学。史老师的女儿，图书馆的唯一人员，她也与我很好，经常为我买一些大学升学考试之类的书，而且送到我的这间单室。而我的这间单室的事，连我的那位舅辈也不知道。

"职业学生"的尾声却不好。1944年会考前夕，我回城住入裕康。却碰上报上登了衢州敌寇蠢蠢欲动的消息。这是老俚们反对会考的好机会，好些学生，其中也有祝同的，在会考前一天就霸占了考场，不准同学们进去。结果是，敌寇没有流窜，但这届会考也考不成。我却当了这一年生活比较优裕的"职业学生"。

后来我由高二一位江苏同学介绍，便车到了赣州，但一直与史聿光老师通讯，直到抗战胜利。

"伪组织"

　　"伪"字已见于《说文》卷八上,"诈也"。但以后也常作"假"字使用,与"真"成为对义字。例如日本帝国主义占领东三省,又从天津把曾任清朝末代皇帝的溥仪偷抢出去,在那里建立了一个"满洲国",这当然是假的,当年,国际联盟(总部设在瑞士)也派了"李顿调查团"来调查此事,证实这是假货,提出了"不承认主义"。我们当然毫无疑问地举国声讨,并称它为"伪满"("伪满洲国"的简称),"伪满"就是一种"伪组织"。抗日战争时期,汪精卫偷偷地从重庆跑到越南河内,发表所谓"艳电",声称与日本言和,与陈公博、褚民谊和他的臭婆娘陈璧君等一批狐群狗党,到南京去建了另一个"国民政府",还搞了臭名远扬的"还都纪念"。仍用"青天白日旗"。我们的口号是"抗战建国",他的"青天白日旗"上面,附加一条黄色小三角形条子,上书"和平反共建国"6字。这是我当年亲眼见到的。汪精卫的"国民政府"当然是一种"伪组织"。

　　想不到1937年初,新昌县也出现了一个"伪组织"。而我恰恰是沾了这个"伪组织"的光而离开新昌的。

　　新昌县很早就有共产党的地下组织,是那时成立的,我当然不知道。但可以说明的是,后来当校长的金望平,他与我同年,是杭州人,却因在新昌有亲戚,抗战开始以后,杭州沦陷,他就到新昌中学念书,新昌后来也沦陷,学校迁避到天台山上的万年寺(我们夫妇曾因天台县修志之事到过这个战时新昌中学落脚的地方)。他是在新昌中学时入的地下党,则这个地下党组织存在的时间显然很长了。

　　金后来也飘荡内地,在中正大学读过年把生物系,胜利后返回杭州。我上任当该校教务主任的 1948 年春,因为该校在 1947 年闹过一点事,据说无非是教师之间的不睦引起了学生的争吵,是一件小事,但校长董国樑为此坚决不愿再留任下去,也有些教师因此而离开了。所以陈怀璋是春季开学任校长的,而坚邀我去当教务主任。我到任后,还缺几位教师,但随即聘到。最后尚缺生物教师。金在校的亲戚就提到了当时杭州的全宝璋(他在新昌读书时的原名),设法把他请到母校来,其时他已改名金望平,到校大概比我晚了近一个月。从此我们就成了同事。我估计,他在重返新昌后,又与他原来的地下党组织恢复了关系。所以 1949 年 5 月易帜不久,他就发表为驻新昌中学的党代表,其实就是校长。从以后在新中国成立时的首任政府要员中,最重要的县府秘书长潘景贤、文教局长俞渭滨,还有另外不少单位的领导包括新昌中学校长,教师多是新昌本地人,而且这些教师是原来就在新昌从事各种职业的。说明这个地下组织是严密和受到上级重视的。而且新昌的各项工作,在绍兴专区之下也都办得很不错。

　　浙江省是“三野”攻克的,“三野”多山东籍人士,所以各县由山东人当领导的很多。但新昌虽有,人数并不多,也说明这个县的地下组织中选拔得出人材。我到杭州后曾听到过一个笑话:一位小学老师给学生讲政治课:小朋友们,你们看,共产党多辛苦,多有功劳,你们将来也应争取当一个共产党员。你们要想想,怎样才能当上一个共产党员?一位小朋友立刻举手,站起来回答:“要会说山东话。”说明当时大家称为“南下干部”的人物中,多数是“三野”转业从政的山东人。他们确实吃苦耐劳,为浙江做出了许多贡献。或许是在 1972 年的什么时候,新昌也来了一位“南下干部”担任县委组织部长,掌握了全县的人事大权。1973 年寒假结束后不久,或许是这年的 3、4 月份,我们学校的金望平和俞月隐一时都不见了,后来才听说像县里最有权的潘景贤、文教局长俞渭滨等一大批老党员,都在县里办学习班,要学习一段时间。这在当时是司空见惯的事,列宁的至圣言语——“学习,学习,再学习”,是当时人的座右铭。不久以后,学习结束,他们都出来了。但有些教师消息灵通,我是一位姓林的语文教师悄悄告诉我的:组织部经过调查研究,新昌县以前的地下组织是“伪组织”,不予承认,所以地下党员,统统削职为民,不算党员了。我对这种突如其来的消息,实在是半信半疑。但金望平毕竟关心我。特地到我房中告诉我,县里开了会,组织部认为新昌原来的地下组织不合法,所有在这个组织入党的党员都不予承认,所以领导班子要大调整,一直把你作为台柱教师而不让你离开的文教局长俞渭滨(金望平的好友)这学期后调绍兴一中当政治教师。但眼下他还在任上,让我打个辞职报告,由他为我转交。因为金知道上海地图出版社多次要以高薪请我到他们社里去。于是我立刻写了给文教局的辞职报告,几天后,金就把俞渭滨批准的报告交给了我。不久暑假开始,我妻子带了大女儿到新昌，这次是从南大径到新昌，为我整顿行李同回绍兴老家的。她在新昌也好几年，同时也去辞别了她过去的一些熟人。

"伪组织"的成员大多下场很不好，俞渭滨到绍中后个把月（当时我已在绍兴），某一个晚上竟死在床上。为什么会这样猝死，我不知道。金望平暂留学校，但1957年被划为右派。

1980年以后，此事平反，不是"伪组织"，金望平又当了几年校长，后来当名誉校长，我们曾多次见面，谈及此事，彼此都不胜感慨。

教学方法

人类的学问是不断发展和提高的。后代人的学问,当然比前代人丰富,但这也是在继承前代人学问的基础上不断加深的。后代人继承前代人的学问,当然有许多途径,但其中很重要的一条是教学。正因为此,所以在老式称谓的"三十六行"中,有一行是教师。

孔夫子是教师这个行业的祖师爷,他教出了大量学生,其中还有许多著名学生。但是在他的著作中,既没有记叙教育的理论,也找不到他的教学方法。一直要到唐朝的韩愈写了篇《师说》的文章,大家对教师这个行业和当时的教育理论,才看出一点端倪。

中国的老式教学,不论是富有家庭请教师坐馆,或者是一般的私塾,其实都是"个对个"的教学,而教学方法,唯一的就是背书。我祖父从小对我的教学就是这样,用个不伦不类的词汇来说,这是一种"手工业"教学。

捷克教育家夸美纽斯(Johann Amos Comenius,1592—1670)发明了班级教学制度,把"手工业"教学发展到"机械工业教学"。这当然是一种很有功劳的大发明。首先是学生的花费大大降低,使许多原来得不到求学机会的人,也可以用低廉的费用获得受教育的机会。以中国而论,从坐馆、私塾发展到学校,学生当然明显增加了。但是学校教学的出现,教学方法也必须相应地改变。当然,"背"的方法仍然存在。教师不要学生"背",而学生仍然有"背"的,包括在国文课以外的数、理、化等理科中也并不消失。

记得我念平面几何时,有的同学就把"密郭尔点"(九点圆)、"西摩松线"等用背的方法记牢。我自己在嘉兴职校一个特殊班级教英语,就是用背书的教学方法而出了名的。不过这显然是因为背的是英语。背国文是绝对背不出名的。那个班级的国文是曾任教授的一位老先生教,由于听课是自由的,所以去听的人很少。

在班级教学中,教学方法至关重要。有的教师学问很好,却因为不讲究教学方法(也有因为口才不佳),学生听得枯燥乏味,教学效果低落。当然,也有因为哗众取宠而在课堂里插科打诨的,学生虽然一时间哄堂大笑,但其实效果同样不佳。笑过了就完了,学业上并无得到什么长进。

修地方志

修地方志是中国的一种优秀的文化传统。但这种传统究竟从什么时候开始，却很难肯定。方志界常有人用《周礼》所说"外史掌书外令，掌四方之志"作为我国修志的开端。但事实上我们并没有看到过《周礼》所说的"四方之志"，所以其说存疑。

在我所读过的古籍中，最早记及具体的"方志"是在《水经注》中，共有两次，其一是在卷二十一《汝水》篇中，其二是在卷二十二《渠水》篇中。按照以书为证，则方志大概是六朝时代开始流行的。我在拙作《郦学札记》(上海书店出版社，2000 年)已经记叙了此事，所以这里不必赘述。

这种修志的传统，一直延续到 1950 年以前，此后，马列的东西来了，修志的事当然靠边站，不再延续。到了"文化大革命"、"红宝书"统治一切，旧的方志连烧掉都还来不及，当然谈不上这件不合时宜的事了。

但中国的传统文化，毕竟不是凭一己之意可以用发动一次"革命"毁灭得了的。

事实是，1980 年以后，用"文革派"或"造反派"的话说，这叫作"死灰复燃"。修志的事不仅延续而且获得了全国性的发展。中国社会科学院建了修志的指导小组，各省也都建立了修志办公室，各市、县的新修地方志纷纷出版了。其中有的卷篇甚多，规模极大，例如《洛阳市志》，字数就超过千万。而且除了方志学所称的以行政区划为基础的所谓"通志"以外，江河、水利等专志，也有大量出版，有的篇幅也很不小，《黄河志》计有 6 大册，即是专志中的巨构之一。此外如森林、湖泊、行政甚至外事等等，也都有志,真可谓极一时之盛。

中国社会科学院于 1997 年曾在北京延聘 20 多位专家,对当时已出版的志书,做了一次全国性的评比。我也忝为评委之一。确实见到了许多佳志。最后经过评委们的审阅和投票,评出了数十部一等奖和二等奖的佳志,以浙江省为例,绍兴、宁波两部市志,均获一等奖,而东阳、桐乡两部县志,获得二等奖。

时至上世纪之末,全国所有市、县都已修成并出版了志书,第一阶段的地方志修纂获得巨大成果,为我国地方志修纂史上的空前成就,方志界把这一阶段出版的志书,称为第一轮修志。由于按照现行的规范,各市、县志书,在出版 20 年后,因为地方形势的发展,需要再次修志,所以从本世纪之初,第一轮修志中完成较早的市、县,又从事续志的修纂,称为第二轮修志。现在,第二轮修志的成果也开始相继出版。以浙江省为例,如浦江、建德、天台、嵊州等市、县的二轮志书都已经出版,还有许多市、县则也正在努力从事,行将出版。中国的地方志修纂事业,达到了前代所未有的高潮。

我其实并非方志学家。但 1958 年浙江师院地理系最高班学生按当时部颁教学计划,有为时一个多月的野外经济地理和城市地理实习。我把实习基地选定在宁绍平原和舟山群岛,在出发前的准备过程中,也涉及这个地区的地方志。而当时的大学生,对过去的旧方志阅读已有困难。因而为他们开了几个礼拜有关旧地方志阅读使用的讲座课程。因此一事,省内在第一轮修志中,省方和其他不少市、县都邀我参与其事。从目录制定,初稿审读甚至全稿完成后的作序,我都常常受到委托。虽然自知实非内行,但也不得不勉力从事。而好事诸君,又把我在这方面若干文字,合成《陈桥驿方志论集》一书,于 1997 年在杭州大学出版社出版。而其实,在第一轮修志中,我所获得的主要是一种对志书修纂的学习机会。

通过第一轮修志,我的体会主要有二者:第一,方志修纂者,特别是方志办公室的领导人,除了对方志的钻研以外,必须还有一门其他的学问或专业,不要让自己成为一个空头的"方志学家"。譬如我有一位研究生,他在大学地理系本科时修过"地图学"课程,在研究生期间又修过"历史地图学"课程,第一轮修志开始不久,适逢他研究生毕业,被延聘到省方志办任职,地图学知识在地方志修纂中原属重要内容,而他在修志之余,又编绘了两种地图集,都由出版社正式出版。获得了公众的好评,又为一个省级方志办显出了业务上的实力。让公众看到这个方志办并不是由一批空头"方志学家"凑合而成的。这对全国各省市县的方志办都具有意义。

第二是方志学界的外语素养。此事实在也是关系重大。中国地方志流传在国外的很多,国际上的汉学家对中国方志多很重视。现在,新修地方志大量出版,他们都很希望获得我们修纂方志的情况和信息。但是曾有几位方志界的人士与我谈起。现在我们的方志界,包括有资格称得上方志学家的人物,能够用英语在国外演讲的,还只有我一人。我在1980年以后,确实多次应邀到国外及港台等地讲学,足迹远达南美巴西。但问题是,我不是方志学家,邀请方面也未曾以"方志学"这个课题提出对我的希望。我确曾在国外讲出过有关中国地方志的课题,但实在都是凑凑数的附带课程。因为我其实并不清楚我国修志的进展和其他实况,所以在顺便做这类演讲时自己感到心底很虚。

方志界必须明白,国际学术界(大学或研究机构)邀请中国学者去讲学,假使受邀者不能用英语讲出,他们必须事前针对你的讲题物色专业翻译。而专业翻译的物色是相当困难的。交际翻译到处都是,但他们是无力承担专业任务的。所以最有效的途径是在我们自己。假使方志学家能够用英语演讲,则对于在国外很受人重视的中国地方志修纂,一定能获得外国学术界的邀请。而我们确实也应把我们在这方面的卓越成就让国际学术界知道。所以我建议今天我们国内的若干培养方志人材的机构,必须重视外语。

"十三类"分子

　　大概是 1994 年,我与夫人又一次从日本回来,家里已经堆了一大叠我助手取回的信(我助手有钥匙)。但我知道系里信箱中还必有很多,这个晚上反正就是专门看这一批堆积的信件了,所以我索性到系里再取一次。走进校门后到系里要经过外办,外办的几位与我都很熟。我走过他们设在"邵逸夫馆"的门边,不知哪一位看到了我,就叫了我:陈先生,你做"九类分子"做够了("文革"时,知识分子统称"臭老九"),现在轮到你做"十三类"分子了。我骤听颇吃一惊,因为早就有权威人物与我说过:在我们这样的国家里,再搞一次"文革"还是搞得起来的。"十三类"分子,是不是我们去日本时,这里又在搞"运动"了。反正每次运动我总逃不了"运动员",管他呢。到系里取了许多信回家,我夫人正在整理从日本带回来的礼品和什物。我却把这个"十三类"分子压在身上。坐在书房粗粗地翻一下积压的这许多信件,立刻看到一封信封形式特殊的、大封套的、由系校人事处发的信。"十三类"分子,大概就是这个了。赶紧拆开来,里面附了省人事厅和国家人事部的信。原来是"封"我做后来被一般人称为"终身教授"的公事信。内容大体是因为我对教育有功,所以不退休,"继续研究,继续著作"。而从省人事厅的这一件来看,全省共有 13 人,我才领悟了外办里那位和我打趣的"十三类"分子的话了。看看这 13 人的姓名,教授只有六七位,其余的都是工程师和医师,而其中我听到过的,并为她的著作评过奖的,只有一位裘筱梅。妇科医师,人家称她"送子观音"。意思是,女人不生育,吃了她的药就能生育了,所以获得这个雅称。

　　"分子"原来是个化学词汇,1950 年以后才普遍使用。除了称文化人为"知识分子"外,其他凡是被封为"分子"的,多半都是倒霉的:四类分子、五类分子、右派分子、右倾机会主义分子、反革命分子。"与人斗其乐无穷",因为有人以此为乐。每一乐,都能乐出许多"分子"来。所以"十三类分子",实在也吓了我一跳。

月 亮

古诗称："日月光华，旦复旦兮。"民国以后，人们据此在上海建立了光华大学和复旦大学。从这诗中，人们认为日和月是等同的一对。所以不少古籍中，常把月亮与太阳相等，称其为"太阴"。在这方面，绍兴人看来比较聪明，因为从我儿时起，大家称太阳为"太阳菩萨"，而称月亮为"月亮婆婆"。"菩萨"和"婆婆"，当然不是对等的称谓。

1990 年代，我又一次应邀到北美讲学，我夫人陪同。由于我的一口洋泾浜，在语言上的方便，常常是一个学校讲了，边上的学校看到此人可以直接用英语演讲，没有翻译的麻烦（专业翻译与一般交际翻译不同，是难以物色的），所以也就邀请。因而在北美拖了大半年之久。好在"讲学"与日本的"客座教授"不同。只要手头有那么七八十来个课题，这边讲了，那边也可讲，所以也就这样拖下来了。

我们到了佛罗里达，访问了"肯尼迪航天中心"（NASA），看到里面有一块地上安放着十几枚火箭，每枚都有好几米长。其中有两枚在边上写了几句标志：这两枚是登月用的，因为登月早已成功，而且登了几次了，以后没有登月计划了，所以这两枚功率强大的火箭，不会再用，就让大家看看吧。

登月，这是对月亮做科学研究，登月成功，还带回了各种标本，这当然是件了不起的大事，可以载入史册的。美国人为了登月，花了多少年的研究工夫，花了多少人力和物力，从而完成了这件已经载入史册的人类对于月亮的科学研究成果。我们当然高度赞赏和钦佩。

不过我当时就想到,我们当然没有可以载入史册的对月亮进行研究的科学成果。但是对于月亮,我们却有大量已经载入诗册的文学欣赏成果。科学研究和文学欣赏,都是人类的文化活动。前者,现在我们还望尘莫及;后者,我们却是成果丰硕。

在中国文学中,月亮真是一种了不起的太空佳品。月圆,当然人人称好,所谓"月圆花好"。记得幼时,中秋节若逢天气晴朗,祖父就会坐在藤椅上吟诗:"月到中秋分外明","一年明月今宵多"。还有好多好多。我总爱静静地听他的诗声。

假使是月缺呢?一样可入好诗。"无言独上西楼,月如钩","缺月挂疏桐,漏断人初静",都是绝妙好词。

月亮升起是好辰光,但月亮降落也是好辰光。"月上柳梢头,人约黄昏后",这词上提及的"花市",就在我久居的杭州。"月落乌啼霜满天,江枫渔火对愁眠",《枫桥夜泊》,这是唐人的名诗。

月色光明当然好。"月明星稀,乌鹊南飞",这是曹操用心求贤之句。月色暗淡也好。"花明月暗笼轻雾,今宵好向郎边去",这是李后主和小周后的爱情故事。

皓月当空当然可以大量入诗。但天无月色,照样可以以月入诗:"月黑雁飞高,单于夜遁逃。"

中国人只要是知书识字的,诵读与月亮有关的诗词歌赋或文章,实在太多了。凡是诵读这些诗词,我都很欣赏,因为这是一种文学享受。但多半是欣赏和享受而已,真真因月亮诗歌而触动感情的,恐怕只有一次。那是在 1944 年我在逃离沦陷区到内地流浪的时候。当时我在江西赣州,住在政府为沦陷区青年设置的招待所里。在这里,大家都在准备升学或就业。"同是天涯沦落人,相逢何必曾相识"。大家都是从敌寇占领的沦陷区出来的,都受过在沦陷区内日寇和汉奸之苦,现在到这个自由天地相聚,当然是幸福的。为此,在这个招待所里,大家也要搞点文娱活动。

这天晚上,招待所的广场上搭起一个台,举行文娱晚会。观众主要就是所内人,也来了一些附近单位的人。当然都是一般的节目。但是对这些从沦陷区(主要是江浙沦陷区)出来的流浪人,也算是一次难得的活动了。

在演出了几个节目的休场过程中,忽然有几位高声叫嚷:请陶文渊同学唱个歌!这是没有安排在节目中的额外加场。当然因为有人知道陶有他的好嗓子,才提出这样的要求。陶是我的同乡绍兴人,生得一表人才。我们很相熟,平时也常常聊聊,但没像以后那样地"交代历史",反正都是来自故乡,彼此都未曾寻根究底。这晚上,他很干脆,接受大家要求,随即登台。他稍说一两句感谢和谦逊的话,随即宣称,合唱一首歌:《一样的月亮》:

　　　一样的月亮,一样的月亮,月亮下面是故乡。

　　　　故乡啊,在何方? 水田墓草可是如常。……

　　"水田墓草可是如常"。则这位作者必定是水乡人,是我们家乡那边的人。当时,我们抬头确是一轮明月,但故乡是什么情况呢。陶的嗓音确实不错,但歌词实在让我对月亮动了感情。读过了许多月亮诗词和文章,这个晚上的"月亮",是我真正地对月亮动了感情。

　　看我沉默不语,站在登月火箭边上的妻子问我:你怎么了? 我只好告诉她,我忽然想起了50年前做流浪汉的事。

会稽山

　　会稽山是名山。但今天来说会稽山，应该有两种概念：一种是科学的会稽山，也就是自然地理学的会稽山。另一种是神话传说的会稽山。

　　自然地理学的会稽山是很容易说清楚的，从其范围来说，今曹娥江以西，包括绍兴、嵊州、新昌、东阳等地的一片丘陵，都可以作为此山绵亘的地域。过去有人称为"山脉"，这当然是错误的，因为按其高度，只能是"丘陵"。绍兴县属境内包括曹娥江以西划入上虞境内的这片丘陵地域，那年我利用一个"大跃进"的机会，用两条腿从陶晏岭入，跑遍群山，然后从日铸岭出，可以说做了一次全面的踏勘。因为有学生背米袋，路上不愁吃的，所以大体上是角角落落都走到了。当年我是想看于越部落酋长"建都"过的地方，所以在车头、塚斜、苦竹等看得比较仔细，但毕竟年代久远，没有什么收获。

　　至于神话传说中的会稽山，因为对此山有关的神话传说很多，所以只能说其中最重要的。对于会稽山的神话传说中，最重要而在历史上具有传统影响的一件大事，是禹在会稽山召开全国诸侯大会。讨论治国大事，即所谓"会计"，而"会计"谐音与"会稽"同，所以"会稽者，会计也"。在这次大会中，由于防风氏到晚了一些时间，禹就对他处以极刑以警戒诸侯。

　　神话传说绝非信史。我的几位研究生互相打趣：因为防风氏的手机正在充电，所以消息晚了一点，造成杀身之祸。我告诉他（她）们：神话传说当然是假的，但是通过这些,我们也可以从一个侧面研究上古的情况。会稽当然不是"会计",这是越语汉译,《越绝书》上还有另一种汉译作"会夷"。不要说一座山名,整个部族和国名,《史记》系统译"越",《汉书》系统译"粤"。这类事,现在我们在学外语时也常可遇着。所以通过神话传说中的会稽故事,我们也可以从中研究出一些上古的人地事物的实况。譬如顾颉刚就从中得出"禹是南方神话中的人物"的结论。这就是一种很有价值的研究成果。

对于现实的会稽山,我虽在那个"大跃进"时从陶晏岭入山,由日铸岭出山,在崇山峻岭之中跑了差不多近10天。那是我为了希望能获得"于越"这个部族的一些遗迹,范围不小,但每天走的并不多,常在一个小区域内考察几天。有的地方是去而复回地走动。

我在会稽山区行走路程最长、跨越地区最广的是我在省立绍兴中学念高一的1941年。那年初夏,日寇突然在一个晚上从绍兴北边的三江口登陆,当晚就占领了绍兴。这天晚上,"八六剧团"(八十六军的剧团)正在觉民舞台演曹禺的《雷雨》,不少稽山中学学生(因此校迁在平水显圣寺,离城不远,所以可以进城看戏)也在城内观剧。城内的一切政府机关和老百姓,都猝不及防。不少人家都已不及逃避,但稽中学生及政府机关人员仓皇逃离,出城时牺牲甚多,县长邓切也在撤离中殉职。

当时,省立绍中本部在诸暨枫桥附近的花明泉村。考虑到枫桥是条绍兴通往义乌和金华的大路。所以当时就做出了向分部(嵊县崇仁廿八都)转移的准备。从花明泉到廿八都走的全在会稽山区之中,是一条自西向东的崎岖山道,足足有两天路程。学校事前在中间去布置了一处息宿站。在绍兴沦陷后的约五六天,情报传来,绍城日寇有向枫桥方向进击的情况。于是,大批师生就连夜奔走。我原已和关系密切的英语教师周有之先生约定同行。但因为同班有一位身带残疾的同学事前也托我在花明泉村内安顿(他不便于行)。所以那天晚上不走,次日早晨我把这位同学安顿妥当后,才与周先生出发。我背了一条薄被和几件随身衣服,周先生则只带几件衣服,当然由我代他背负。

两天路程全在会稽山中行走,这是一条平时也很少行旅的山道。从花明泉东行10余里才有一个称为西坑的山村,这里已经没有大米,村人吃的是一种称为"狼儿"的野生植物中压榨出来的糊状物。我们就在一家中吃了这种"早餐"。然后继续上路,翻越一条很陡的称为上谷岭的山岭。周先生是抗战前的中央大学毕业生,一直过着优裕的生活,从来不曾经过这样的折腾,我捡了一根竹竿为他作手杖,在这种形势下,他也只好艰难地跟着我前进(我特地放慢了脚步)。时近薄暮,我们终于到了学校在中途设置的息宿站,地名称为"严家山头"。从这个地名中可以推想,实在是会稽山中的一个小小山村。由于学校事前的安排,在这里能够吃到一顿一碟咸菜的晚饭。而且由于周先生是绍中的名教师,我们得以被安排在一间铺了稻草的楼房地板上宿夜,初夏天气,两人合用我的一条薄被,由于整天劳顿,躺倒就入睡了。次日的路程更长,所以一早就被息宿站中的工作人员叫醒。为了要赶路,吃的也是干饭。随即上路。

这天的山路确实比昨天更为崎岖,全天路程,实际上是翻越两条陡峻曲折的山岭。第一条是"三望岭"。从岭的名称中就可以想象,整条山岭有三处大的转折,所以有"三望"之名。艰难翻过此岭以后,不久就是另一条"十亩岭"。"十亩",在山民来说是个大数字,岭高路长,也就可以想见。

幸亏许多师生都比我们跑得快,所以到傍晚离廿八都还有五六里山路之时,就有比我们师生两人先到的同学通风报信。那边出来了三四位工友与强壮的学生前来搀扶周先生,我也就把原来负在我身上的他的小包袱交给了他们,在会稽山丛中,从西向东,走了整整两天,从路程和区域范围来说,都已算不小了。

但历尽辛苦到了嵊县这个分部以后,分部里也乱作一团,根本无法复课,虽然三餐照开,但已经没有学校的正常生活。学校的几位领导也正在研究撤离迁校的道路和校址。确实,由于日寇在突袭绍兴的同时,也登陆占领了宁波,包括已经打通了经过余姚的宁绍全线。嵊县也已处在日寇侵略军的前线了。

周有之先生是绍中的台柱教师,我父亲说我"不读正书",但周先生却认为我是他从教十多年来最优秀的学生。在两天会稽山的疲乏行走中,我们师生一直还是用英语交谈。他曾夸赞我,说我的词汇量比他的不少大学同学要丰富(因为我没有告诉他我读背了《标准英汉字典》)。我们在廿八都住了几天,他特地派人要我到他的住处谈话。从而让我知道,他实在是十分重义的人。因为从讲话中,我才知道他是杭州著名的、历史悠久的私立中学安定中学校长孙信的女婿。安定中学早已迁校,落实在缙云壶镇。因为绍兴中学校长沈金相是他的中央大学前辈,所以他宁愿离开比较安定的壶镇,夫人(原是绍中附小教师)和孩子都在那边,他却仍应绍中之聘而到接近日寇的诸暨来。不过这一次他向我透露了消息,沈金相先生长绍中 10 年,成绩斐然,但由于战争关系,下学期已接受浙大龙泉分校郑晓沧之聘,到龙泉执教去了。所以周先生也已决定从廿八都返回壶镇,下学期在安定中学执教了。由于师生从此分别,他也给了我许多称赞和勉励。

既然分部也正在筹划撤离和迁校,住在廿八都就没有必要。我当时就很有溜回沦陷的绍兴城内去看看的希望。因为我的祖父虽然年高,但仍在老家。当时,学校的最高班是高秋三,属于这个学校的第一属高中毕业班。虽然学校已有用月考成绩作为毕业成绩的初步许诺,但他们留在廿八都,不像在花明泉那样有许多熟悉的教师,复课既无希望,自学也无师指导,也是一筹莫展。此班上有一位名叫陶祖杰的同学,他知道我趁学校筹备迁校的时期,有溜回绍兴去看看的打算,而他家住在会稽山区的青坛村,离县城还有几十里,不是沦陷区,所以希望邀个同伴返回青坛老家。而从廿八都到青坛,也正要翻越会稽山。与花明泉到廿八都不同,那条路是西东向的会稽山道,而现在我们如果要走,则是南北向的会稽山道。陶祖杰曾经走过这条路,他说比比从花明泉到廿八都,这条路上的行旅较多,而且路面较宽。我也告诉他,我的第一处落脚点是双港溪,从路程来说,比他的青坛老家要近10里。于是两人就决定再从会稽山区由嵊县暂返绍兴。

廿八都是个很大的村庄,它坐落在会稽山的一块山间盆地中。那天一个清早我们出发从此村北行,比较平坦的道路走不到5里,就开始从有石级的山道上登山,弯弯曲曲地走了甚久,攀登不知多少石级和泥级,到晌午才登上了山。陶祖杰因为已经走过,知道应该在这里吃东西了。其实这里就是一户老奶奶的住所,她为我们做了蕃薯食品,我们吃了就上路,原来已经到了山顶,我们就行走在山脊线上。山脊线看来很长,而且特殊,路的中间是一道土泥墙,约有半米多高,宽也近半米。陶说,这是防风墙,因为山上有时风极大,这土墙就为此而建。风从这边来,你就走那边;反之,就走这边。防风墙的左边一侧是山坡,但右边一侧却是高山上的村落,竟是一片水田,鸡犬相闻,高山顶上的这种"鸡犬桑麻别有天"的情况,大概只有会稽山和四明山存在。山脊线很长,说明这片高山平畴很广,村落也不少。而且从称为"畈会"所张贴的不少标语上,可见这片高山平畴是组织完善的。我能够记得起的"畈会"标语,是为晚上行走的人而写的:"夜间行路,或手持灯笼,或口唱小调。"所以"畈会",显然是民间的一种治安组织。我们一直走在山脊线上,这天无大风,两边走都无妨。走到最后,是山脊线旁的一座山峰,当地人叫作"雄鹅鼻头",后来翻地图,称为鹅鼻峰,因颇似鹅而命名,是会稽山的主峰之一。

从"雄鹅鼻头"开始,山上的平畴不见了,是下山的石级,比上山时的石级又陡又多,走得双腿发软,最后总算到底,是一个颇大的村庄,称为孙噐。为此,当地人称从廿八都上山,包括岭上的大片平畴,总名孙噐岭,是会稽山的著名山岭之一。

陶祖杰对此路颇熟,从孙噐直行约10里,到达一个稍具街道的村庄,当地人称萝卜屯头,地图上作罗镇。罗镇是属于嵊县的最后一个聚落。其尽头就是小舜江,过了竹桥,就是我家1938年曾来避难过10天左右的双港溪,抬头首见的就是著名的舜王庙。

我当时的打算是,因为几年前来过这里,住在我四叔母的亲戚余同泰南货店后进,女主人我们称她三舅母,她的儿子主持此店,小名阿楚,我叫他楚哥。我们都还认识,所以我想到余同泰住一宿,次日再设法回到绍兴城内。陶祖杰与我在走过罗镇竹桥后分手,我进入双港溪街道,一见楚哥在店堂上,立刻相识,他热情接待。三舅母她们闻声也就出来了。

　　一个误会是，他们认为我是因为绍兴沦陷而逃避出来的，后续的必然还有我的四叔母一家或其他亲属。但我告诉他们，那年别后，由于学校几次搬迁，绍兴中学在崇仁廿八都，现在学校解散，我是准备到此一宿，明日潜回沦陷的绍兴城内去的。

　　于是，三舅母和楚哥立刻阻止我，要我暂在他们那里住下。明天绝不能走。因为余同泰的唯一位职工（店员），早几天与一个脚夫去绍城办货。他们也在陷城之中了。估计一定会到四叔母那里去存货存钱，所以一定到了我家中了。在他们回店以前，我必须在双港溪等候，因为他们知道陷城内的情况，以及从哪一条路去到绍兴城比较安全。若明天贸然冒险而云，楚哥说："我怎么对得起三爹（指我父亲）。"既然事情如此，我也只好顺从他们，暂时留在双港溪不走。

　　大约三四天以后，这位去绍城办货的伙计和挑担的脚夫终于回来了，还是办到了一点货物，当然数量不多。而且确实到我四叔家里去存放余款。还看到过我父亲。由于当时我四叔父在丽水（他已受浙江地方银行之邀去丽水分行担任负责工作），家里能出主意做事的仅我父亲。则据他们所见，我也比较放心。

　　至于到绍兴城内去的道路，从上灶或平水不能走，因为那边属于前线，日寇把关甚严。他们是从东关到汤浦回来的，现在一般行旅都走此道。于是我就决定也走此一道。而且现在三舅母他们也留我不住了。于是次日我就从双港溪走汤浦，这是一条在会稽山区自西向东的山道，但比较平缓，因为沿途靠近小舜江，所以多是缓坡。午后不久，我就到了汤浦。进食后，我一鼓作气北行，到何家溇而进入水乡，薄暮赶到东关（竺可桢先生的老家）。

　　在东关一家小客栈中住了一宿，并且在小客栈老板的指导下，我终于在次日下午混进了被日寇占领的绍兴城。一踏进家门，他们不仅喜出望外，而且感到惊异。因为城里人在花明泉读书的不少，他们已经到各家各户打听，都还不知下落，而我却突然回家，实在是意料不到的。我约略告诉了他们我的行历。我五叔祖跷起大拇指：到底是阿均有本领！

　　这一次确实是我在会稽山行走路程最长和区域最广的一次。但我也得到了一些有利的条件：我有了陶祖杰这个熟悉行程的同伴；我有双港溪这样一个落脚点。当然，假使没有这两者，我也能做得到溜回老家，但路上一定要增加不少困难。

　　在家里住了一个多月，知道日寇显然是为了兵力的原因，最后仅占领从宁波到绍兴的一线。绍中结果还是在嵊县崇仁廿八都复课。我一个多月后又溜出陷城，到兰溪舅父的钱庄里去住了一段日子，最后仍回廿八都，当时我已经高中秋二了。

　　这次回到陷城，虽然做了一个多月的"顺民"，但最大的收获是与我的祖父团聚。

我回家时一本书也未带。他以 20 册装的《合校本》最后对我的《水经注》研究做了指导。而这套 20 册装的《合校本》虽非名本佳本,但至今仍留在我手上,这是我祖父的大约 20000 册藏书中最后尚留人间的。

我联系好去兰溪的行程后,向祖父告别,他因能与我相见,也得到了慰藉,但下半年我在廿八都上课时,父亲来信:祖父去世了。

这篇文字原是为了说一说会稽山,却又说了许多题外话。最后还要提及我在廿八都上山后所见的山顶的大片平畴、水田、村庄等等,这种情况,在曹娥江以东的四明山上也存在。这是一种称为"第四纪夷平面"的事物,属于地质学研究的范畴,这里就不说了。

60 年前的两首"小骂"诗

　　1980 年代,高等学校开始从事职称评审工作。那个时候的这项工作现在看来是认真的。一位讲师要成为副教授要过四关:系、学科组(由性质相似的几个学科组成,如我所在的地理系就与生物系合成)、校评委、省评委。我不幸地被选为这四关的各关负责人,系、学科组都是主委,校评委是成员之一(但每位评委要教育部批准),省评委分成 10 多个组,我是气象、地质、地理组的组长。每一关评审都要开几次会。特别是最后一次,都是找的大宾馆,记得也到刘庄这个外人进不得的地方评审过一次,住好几天,花许多钱。

　　但期间也有一次巧遇。不知是在什么宾馆,当时担任中文组副组长的金华浙师院长蒋风先生忽然找到我:你就是陈桥驿先生,年轻时写过"进步诗",我当年就剪贴起来了。您若丢了,我可以复制寄您。后来他果然复制寄来一首,并说当时剪下两首,但另一首一时找不到,等找到了再寄。

　　从我的整个文字生涯中,事情是有些冤枉的。因为我确实写过诗,但是都是旧诗,不仅注意平仄音韵,而且重视对偶(律诗)。可是,若要人不知,除非己莫为。我确实于 1948 年初在《大公报》上写过两首诗。却被蒋先生剪下来了。《大公报》,自从抗战以来,我们不少同学都是赞赏的,但"进步"的文化人称它为"大捧小骂"。尽管这些叫它"小骂"的进步人士,后来连赞美也被当作"骂",不少人戴上"右派"帽子,那是过去的事,不必说了。

1948 年我在新昌中学当教务主任,对时局实在看不惯,竟用真姓名(含有我写诗我负责之意)写了两首新诗。第一首是蒋先生一时找不着没有复制寄下的,但是这点记忆力我还是有:

过年小景
送　灶

终年坐在灶膛里,是否看到了我们没柴没米?

今天,我们怀着沉重的心情,用一把火送走你。

永不再来! 我们没有这闲情,空着肚皮向您献祭。

(原诗是每行分开的,各诗均如此。)

谢　年

满桌案酒菜,菩萨永远吃不着这丝毫。

不妨再开张空头支票:

要是明年更发财,谢年的酒菜加倍了。

爆　竹

"破"的一声,跳得比谁都高。

在天空,得意地欠一欠身,

刚刚响出第二声,

自己埋藏的炸药,就毁灭了它自己。

走马灯

暗淡的烛光,带着这样一批人马,

团团地走着一条永远走不通的路。

偃旗息鼓吧,烛光快熄灭了。

这一首因为完全是回忆,其间可能个把字眼与原来发表时有点不同,但下面一首,蒋先生复制寄给了我,是一字不讹的:

春野小唱
风　筝

这是它上天的时候,在天空得意地摇尾摆头。

其实它也并不自由,东西南北得看风势,

上下高低要随牵线人的手。

(题外附注:此首当时是针对李宗仁的,因为蒋宣布下野,李当了"代总统"。)

扫　墓

骷髅年年在增加,却也年年有人向他们凭吊。

今年,凭吊骷髅的人们,

该带个好消息去给他们——

那些专门制造骷髅的人有祸了。

(题外附注:因为中共公布了"战犯名单"。)

锄　头

它不懂:那些从来没见过它的人,

靠着它享尽荣华,

那些从来没有离过它的人,

却丢掉它一批批饿杀。

它奇怪:田野变了样子了,

跟它接近的,都是些老人、小孩和妇女。

年轻的小伙子们呢?

　　两首诗都是1948年过了春节不久在《大公报》一个什么副刊上发表的。让我想不到的是,地下党员金望平竟收藏了这两份报。到了他上任当校长以后,每个教师都从此有了"档案",他竟把这两份报放在我的档案中。他是一直看重我,保护我的。当年他把我的这两首"小骂"诗收入我的档案,或者有两种动机:其一是,因为他当了一校之长,可以借此证明,我们学校里在1950年以前是有进步教师的。其二是,因为他知道我在抗日战争最危急的时代签名参加过远征军。恐怕以后有什么麻烦,可以从档案中取出来,以此为证。

　　金望平把这两首"小骂"诗放入我的档案,并非我的猜测,因为以后的事实证明,此两诗确实在我的档案之中,在那个时候,除了他,是不会有人留意及此的。

　　为什么我知道这两首"小骂"诗在我的档案之中?因1966年"十年灾难"开始,在地理系,系主任与我是最早进入"牛棚"的。一个下午,系"造反派"领导宣布开批斗会,把我们两个头号"牛鬼"和其他一批"准牛鬼"都带入系里的大教室,全系师生到场,而黑板上贴着用一张大白纸抄下的诗,就是我当年写的"小骂"诗中的第一首《过年小景》。由我的教研室的一位姓周的"造反派"助教对此进行批斗。真是天大的胡说八道。说这首诗是陈某人眼看国民党快要撑不下去了写起来拯救国民党的。这是全系的第一次批斗会,而这些诗,无疑是从我档案中搜寻出来的。我弯腰屈膝地恭听他的胡说八道。竟拉拉扯扯地批斗了一个多钟头。

　　我当然做好思想准备,第二次批斗会必然还要批斗另一首《春野小唱》了。但形势改变了,"造反派"也并不懂得上头要发动这场"大革命"的主要目标。知识分子算什么? 要抓要杀易如反掌,1957 年不是已经开过刀了吗? 要在这些人身上搞点"阳谋",随时随地都好办。比较困难的是所谓"走资派"。这一批人有帮有派,要抓要杀不像对知识分子那样容易。所以这第一次针对"反动学术权威"的批斗会以后,上头忽然提出"走资派"这个名称来了。系里的这些"造反派",说实话不过是一批应声虫,他们立刻花力气去搜集上头开始点名的刘、邓资料,包括省内的一些最高"走资派"的资料。写大字报,游行,花了许多工夫,而对于"反动学术权威"却暂时搁下。他们之中也有一些比较聪明的人,他们或许已经看出,上头发动这场"大革命"的真正意图了。

　　蒋风先生在 1980 年代复制剪寄给我的《春野小唱》,至今还压在我的座位玻璃板下,蒋先生在当年无疑也是"牛鬼蛇神"。都是通过"阳谋"和各种批斗而活下来的,已经好久没有联系了,祝他们健康长寿。

"终身教授"

　　我从 1994 年起身陷入"终身教授"的名号之中。其实,我在《"十三类"分子》这篇文字上所写的,即国家人事部给我的那张文件中,并无"终身教授"的名称,大意无非是因为有点贡献,所以不退休。不退休干什么? 文件上有 8 字我是记得的:"继续研究,继续著作。"但绝无"继续教学"的话,这显然是说明,我可以不再讲课了。

　　"终身教授"这个名称,第一次是从我们当时校长沈善洪教授口中放出来的。那也是 1994 年,外语系在校外举行一个什么会议,到了省内不少文化人。外语系的副系主任王宝平先生在讲台上介绍在座的某些人,当他介绍到我时,不知怎样在"教授"之上的形容词有点结结巴巴,"著名的"、"众所周知的"……,于是,坐在我附近的沈善洪校长就站起来说:"终身教授。"

　　接着就进午餐,餐厅里,"终身教授"的名称就传开了,因为这话出于学校校长口中,当然是有所根据的。与我熟悉的顾志兴先生就过来问我:是教育部的文件吧。我只好如实回答他:是国家人事部的文件。但文件上其实并无"终身教授"字样,因为校长既然这样说了,我也不便再说在"十三类"分子的这张文件中我记得起的一些话了。"十三类"分子就是 13 个人,其中教授不过六七人,怎么能说是"终身教授"呢?

　　但是由于从此校、系都这样称谓,他们又特意通知我,以后的名片交往,必须把这个头衔标明。所以我不得不印了(第一次记得还是别人为我印制的)杭州大学"终身教授"的名片。后来院系又一次调整,我就相应成了浙江大学的"终身教授"。

　　在某一次由当年主管此事的杭州大学第一把手党委书记郑造桓先生主持的什么会议上，与会的"名人"写在一张榜上，而我位居第一，写的是"国务院终身教授"。让我感到，这样的称谓，实在受不了。偶然向郑书记提起，您这样写法，不甚妥当吧。于是他告诉了我为什么这样写的实际情况。因为事情是1993年下半年，各大学奉命办理的，而杭州大学当然由他主持。学校的几位书记和校长认真讨论后上报，对外是完全保密的。上报以后，国家人事部经过研究，于1994年才发下文件。这中间，当时的浙江大学由于在学校讨论中，大家的意见不一致，所以没有上报。农大是上报的，但因条件不合（据后来游修龄先生告诉我，不符合的条件是"缺乏国际知名度"），所以一个也没有批准。郑书记又说：大学是没有聘请"终身教授"之权的，而国家人事部是国务院直属机构，所以写"国务院终身教授符合事实"。

　　后来又有一位外地担任大学领导的先生与我在一次什么会后谈起。他说，他完全知道此事的始末，或许是为了奉承我，他认为当年人事部指定的"终身教授"都是货真价实的。因为他认为，这件事幸亏只在1993年搞了一次。假使像"院士"一样地经常搞，那就完了。他以这样的意见抬高我，我实在感到惭愧。不过他对我国的"院士"做这样的评论，是不是因为美国哈佛大学教授邱成桐先生在北京大学做报告，郑重提出：中国应该取消院士制度。或许是邱先生对他的影响吧。

校　歌

　　我是在老家绍兴完成小学学业和念过一段时期的中学的。按我的记忆,小学是没有校歌的。比如我念的绍兴中学附属小学就没有校歌。不过有的小学有一类大家必唱的歌,学生在毕业后都能记得,具有"校歌"的意义。例如附小六级的《毕业歌》:"几年欢聚一堂,仿佛家庭模样,同学犹如兄弟,先生如家长……"以下我忘记了几句,但最后一句是"人海渡慈航"。当时,高小毕业生继续升学的只占很少数,大部分是就业的。我忘记的几句,意思大概是就业中会遇到各种困难,所以还希望得到先生的指导,让就业者得到"人海渡慈航"。此歌是附小多年不变的毕业歌,凡是高小毕业的都唱过。仅在毕业这个学期的音乐课中唱,唱那么两三个礼拜,所以虽然在此校毕业,记得起全歌的毕业生恐怕不多。

　　我在省立绍中高二时(1932年)由于日寇攻陷了金华一线,迁校在嵊县乡下的绍中只好暂时解散。我回到绍兴,由于有一点背景,到一个老县政府和伪县政府都管得着(当时称为"吃两口水")的阮社小学当了一年校长。这所学校历史悠久,但也没有校歌。不过在每天中午和傍晚散学时,都要在操场排队,由值日教师领唱散学歌后才打开校门各自回家。而且散午学和散晚学的散学歌是不同的。我因为当校长,从不主持散学的事,只听到或许是散晚学的歌中有"先生再会,同学再会"一句。学校有6名教师,我虚龄20岁,是年纪最小的校长。

　　由于凡是在此校念书的,午、晚两首散学歌,每天都要唱一次,所以这两首歌,不仅具有校歌的意义,而且比一般校歌更为熟习,因为有校歌的学校,唱校歌的机会实际上是很少的。所以阮社小学的散学歌,对于毕业生来说,比校歌更具有纪念意义。

事实果然如此。1980 年以后,我们"开放"了,美国夏威夷大学的章生道教授回国来,到过杭大,也到了绍兴。他是阮社人。他的简单经历据他告诉我的是:在阮社小学毕业,跟父亲到金华,到台湾,从台湾去美国。他知道我当过阮社小学校长,就把此校午、晚两首散学歌唱给我听,我虽然不会唱,但声调是熟悉的,他一唱,我就回忆起我在那里当校长时的情况。所以这两首散学歌,完全具有阮社小学校歌的意义,即使当时此校有校歌,也不会像此两歌要学生每天都唱一次。

现在回到"校歌"本题。那时,绍兴只有 4 所中学:省立绍中、稽山、越光、承天。后 3 者都是私立的。此外在南街柔遁弄中还有一所只有几十位女学生的浚德女中。即使在当时,也是不少人不知道的。这当然是所贵族学校,那时,在小学中,也有一所成章女子小学,办在县立第二小学附近。但此两所女校,都不知所终(浚德女中据说后来并入越光中学)。

校歌的事是本世纪之初由绍兴文理学院附属中学提出来的。此校的前身是承天中学,由于那年是文理学院附中的多少周年校庆,他们要追索校史。承天中学他们当然是知道的,此校现在的学校办公楼,还是承天旧物。但承天中学的校歌,却无法找到。我的初中一年级是在承天念的。当时,承天的同学在绍兴和杭州都有,但找来找去,只有我还唱得出当年的校歌。大家都忘记了,原因很简单,当年此歌是由一位名叫丁兆恒的教师,在中山厅(承天的礼堂,实际上是教室楼中的几间教室)用口琴教的,教了以后,从来就没有在什么场合唱过。所以大家忘记,这亦不足怪。而其实,校歌的歌词倒是颇好的:

> 山水从来推越中,灵秀古今同,栽培子弟名崇隆,毋忘陶铸功。承天,承天,乃是我母校,越山南,浙水东,弦歌声中,后起是英雄。

省立绍中的校歌,显然更为庄重:

> 蕺山风高,姚江流长,于越文明漱古芳。承前启后,努力精进,沐浴科学之颖光。溯开创,多少热血,毋忘,毋忘。

我是"八一三"上海战争发生,避难以后才插入绍中初中秋二的。初一是不是教唱校歌,我不清楚。我对此歌的意见是,"多少热血"不如改为"多少心血"为好。

越光中学也有校歌,此校原是旧制的越材中学改制建成的,校歌是否继承旧制越材,内容如何,我都不清楚。

稽山中学有校歌,歌词也不错,但说起来令人懊恼。当时或许是作歌人或学校领导的一念之差,他们把美国电影《魂断蓝桥》主题歌的歌谱作为校歌的歌谱。实在是个大错误,现在也不必再说了。

赞美诗

　　我在附小毕业那年,因为生病不能应绍中的入学考试而进了承天中学。这是一所中华圣公会资助的教会学校,从校长到几位重要教师都是基督徒。每天早上第一节上课以前有 30 分钟的朝会(各中学都有,但内容不同)。朝会开始是唱赞美诗,学校借给每人一册,很厚实,名为《普天颂赞》,收入的圣诗总在百首以上。唱了一首或几首以后,值日教师就讲一次话。若此教师是基督徒,他常利用《圣经》:有《圣经》的请翻《新约》什么什么,第几页。然后他念几句,按这几句发挥,做一番处世为人的解释。然后听钟声散会。这本《普天颂赞》就一直放在每个学生抽斗里,学期结束放假前交还,下个学期开学时再借给。我开始对这半小时的朝会很反感,但唱了几首赞美诗后,觉得这些歌都很好,也就习惯了。后来进入省立绍中,绍中里在课前也有那样一场,是全校学生站在操场上听一位教师做演说。这一节称为"精神讲话"。当然不用《圣经》,但目的都是道德教育。

　　再说赞美诗的事,这里又要附入一点题外话。唱赞美诗要用风琴伴奏(承天没有钢琴),每天坐在讲台旁风琴上弹琴的是最高班初三的一位唯一女同学张锡嫒。生得很漂亮,但衣着朴素(女生不着童子军服装),成绩很好,因为承天每次月考都是排名次公布的,初三的名次,第一名都是王诗棠,而第二名必是她。稍后听说她是张光耀的女儿,张光耀是绍兴早期的歌唱教师(那时尚无"音乐"这名),说明她出于音乐世家,所以,每晨按五线谱弹风琴,弹得很好。估计她们是一个基督徒家庭,因为听说张光耀后来一直在教会里工作。

后来抗日战争开始，我家在到破塘避难以后，我插班考入省立绍中，对承天的事也就淡忘了。

1942年春季，绍兴突然沦陷，当时已迁校在诸暨花明泉的绍中，因枫桥是条交通大道，所以立刻连夜向嵊县崇仁廿八都分校撤退。爬山过岭走两天到廿八都，那边也很慌乱，不能上课。我不得已暂潜回绍兴城内沦陷区做"顺民"。到绍兴不久，我的五叔母告诉我，他的哥哥史庭超与张光耀两人，日军进城不久就被抓去。从此没有下落，听说是被日寇杀了。因为他们都是替政府工作而留在沦陷的城内的，日寇知道此事，所以就捕杀了他们。这样说来（因史是我五叔母亲兄，五叔母当然是知道的），张光耀是为抗战而牺牲，张锡媛应该算是"烈属"。不过在绍兴城内不过一个多月，就辗转接获通知，绍中暑期后在崇仁廿八都分校复课。我立刻潜出，到兰溪（当时浙赣铁路通车到义乌苏溪）舅父那里过了暑假，即返崇仁廿八都复学，因为高一用月考成绩代替学期考试，所以不受损失，我在廿八都与许多同班同学见面，念高秋二。当然不会再想到张光耀和张锡媛等事件了。

1950年代以后，我进了浙江师范学院地理系任教。记得大概是1954年春季，学校办了个"初中教师培训班"。见到了我初中同班毕业的女同学沈传贞，她在校时是成绩优秀的好学生，现在进了这个培训班。她告诉我，她后来也因战争而辍学，胜利后一直在绍兴当小学教师。这次被选拔出来培训半年，到绍兴的一个什么初中担任数学教师。按她与我同学时的成绩，她去初中当数学教师是可以愉快地胜任的。在这个培训班中，我也看到了张锡媛。我们当然没有打招呼。但是立刻想到，她如果到那个中学教音乐课，无疑是个响当当的好教师。同时也想到，她当年并不因父亲为国牺牲而获得什么优待，大概顶多念了高中。因为我当年看到她时已经初三，以后念高中是必然的。但是当年天天为我们唱赞美诗弹琴的一幕，却让我很感佩她。

现在再回过头来说赞美诗的事。因为每天早上都要唱一两首，唱了一年。几乎把这百来首都唱遍了。其中有几首我喜欢的，我有闲时拿出《普天颂赞》自己唱。后来，俞宝山（级任兼图书馆员）让我进书库，我又看了英文本的赞美诗。当时我一年级，但英文由于家教而已经有三年级程度，所以每篇的英文题目我都看得懂，而且与中文的对照，让我在赞美诗这个课题上，不仅相当熟悉，而且很有兴趣，也有了不少心得，让我毕生受用。

记得被关在"牛棚"里的年代，一天三次，在系的"忠字室"门口（"牛鬼"是不能进入"忠字室"的）的墙边向毛主席请罪，每次都要说自己"罪该万死"，弯腰屈膝，唱"大海航行靠舵手……毛泽东思想是不落的太阳"。由于"牛鬼"有10多人之多，大家唱

这首歌,我就混在里面低声地唱赞美诗:

世上如有两军对峙,就是恶与善,我必决心,坚守一方,不能中间站。我是耶稣基督亲兵,必随我主帅。敌虽凶恶,主能保护,有胜必无败。阿门。

我设法把"阿门"与"不落的太阳"同步结束。我唱赞美诗,鼓励了我在这个悲惨残酷的"牛棚"中活下去的勇气和信心。我们的"棚"是个小间,住了8个"牛鬼",其中一位上吊,一位服毒,一位跳楼(我们是当时地理系的三层楼)。是赞美诗让我决心活下去,结果出了"牛棚"。

1990年代,又一次应北美之邀去加、美讲学。在美国时我们在定居在路易斯安那州巴吞鲁日的小儿子家住了几天,适逢圣诞,小两口与我们夫妇到附近一家在保险公司工作的朋友家里去,正逢他们在做圣诞树,我们夫妇就接过来帮他们做这工作。工作中,我不经意地唱了一句:"听哟天使高声唱,荣耀归于新生王。"女东家虽然不懂中文,但这是赞美诗的唱腔,她当然知道。立刻把男东家叫过来:"他们二位也是尊奉基督的。"于是男东家立刻打开钢琴,要我唱一首。我因为在承天图书馆内的英文本中看过目录,并记得一点。就说,那么就唱一首"Whiter Than Show"吧(中文本题为《白超乎雪》),于是他翻出此篇弹,并请我用中文唱,因为他们也想听听中文唱的赞美诗,女东家立刻也出来,我就随着他的琴声唱:"白超乎雪,洁白超乎雪……"他们很高兴。女东家已经准备好了一顿点心。我们夫妇和陪我们去的小两口吃得很愉快,然后道别。

去年12月,绍兴市为我建造的陈桥驿史料陈列馆开馆。为了此事,我已经逊谢了一年多。但是都不获成功,绍兴市委宣传部并且发了"红头文件"。市城建档案馆馆长屠剑虹研究员专门主持此事。开馆的日子,是与香港方面商量决定的。那天,浙大由一位副校长以两辆车带队赴绍,我的大小两位女儿、女婿,我在绍兴的妹妹和妹夫等都参加,绍兴市则有一位市委副书记和好几位其他领导出席,在这个"陈列馆"门前的台阶上举行"开馆仪式",并有香港和韩国过来的朋友,街上挤满了人,十分热闹。一定也要我说几句话,我无法推辞,讲了大约10分钟的话,主要是感谢绍兴市对我的逾格厚爱。对我自己,除了说我实在承当不起外,为了报答家乡的厚爱,我还要在这垂老之年努力工作,我唱了一句歌:"赶快工作夜来临。"这句歌也是赞美诗里的。

大家讲了话,于是开启大门,许多人就涌入参观。后来,剑虹女士常与我通电话,最多的一天,参观者达1000多人,其中还有国际友人。一位比利时人写的留言,她复制寄给了我,但我不懂此国文。我只是牢记赞美诗上的词句:"赶快工作夜来临。"

车水坊的大宅

我家的这座状元台门，是明隆庆五年（1571）状元张元忭府第。张氏以后很少出名的人物，明末清初的张岱，算是最有名的了。清嘉庆年间，此宅售给我们陈氏，一直为我们居住，直到整条称为车水坊的街道全部夷平为止。

我家台门口的这条街道称为"车水坊"（当时绍兴城称"坊"的街道很多），是一条西东走向的街道，西端已接近大郎桥和小郎桥，我们称为"行牌头"，因为有张元忭为他父亲张天复建造的一座高大的石牌坊（绍兴人统称行牌），东端也有同样的一座行牌，但由于其尽头，即与五马坊口交界处有一座或许是过水涵洞上铺以石板、宛如桥梁的建筑，称为车水桥。从行牌头到车水桥，全长估计约近500米。在这500米之中，与我家并列的坐北朝南的古建筑大宅共有3座。

状元台门当然是最著名的，在3座中居中，台门口两侧，当年竖旗杆的基石，包括基石以上竖旗杆的3块都尚存在。至于内部的情况，我在屠剑虹女士所著《绍兴老屋》一书的《绪论》中已经约略记叙了。

状元台以东的一座古老大宅，门上挂着"大夫第"横匾，此宅后进的墙与我三叔祖母宅后的天井相共，而其后园与状元府第的后花园也只隔一堵泥墙。不过我并不知道他们的来历。只知道他家姓杜。好像当家人夫妇在我念高小时不过是中年人，其他尚有个把女佣或孩童，此外就无所悉了。

状元台门以西隔几幢是"人瑞"，是王家人的，比大夫第大得多。因为他家有位比我低一二班的附小同学王炎武,散学时常常同行,所以熟悉。但后来不见了,在过了几个学期以后,他又回附小,我当然问他到哪里去了,他告诉我去了南京,在南京山西路小学就读,可能是跟父母去的,但现在又回来了。他家也有一个后园,他曾邀我进他家过一次,是桑果成熟的季节,他们后园有好几棵大桑树,我们是爬到树上吃桑果去的。以后由于我毕业后念中学,后来接着发生了抗日战争,也就疏远没有来往了。不过到1990年代初这条车水坊被夷毁后,我们夫妇有时到我们在风仪路与宣化坊交界的新寓所去住几天,亲戚朋友们往往送来《绍兴日报》让我们看看,我曾看到王炎武的名氏,是一位有名的小学老师。他们的古老大宅"人瑞"当然也被拆了。

上面说的是车水坊这条街上的3所古老大宅。几句题外话是我家后园外,即所谓"马鞍踏道"的这条小河对面,与我家的"踏道"稍斜一点也有一座"马鞍踏道",这是属于"孙府"的。"踏道"靠边的"孙府"是一座大门上悬着"两都冢宰"大块横匾的"孙府",指的是的孙铖(余姚人)以及后来迁到绍兴的他的子孙孙铲。我念附小二下级时,同级还有一位名叫孙芝仙的比我年幼的女同学,就是"孙府"里人。不过我在上述《绍兴老屋》中提到,"孙府"当时已经破落,府内住了一些外姓住户,说明已经不是属于孙氏一家了。但在他们的正厅中,正月元宵还要悬挂他们祖上的神像,我虽没有去看过,但这些神像在当年是让公众参观的,像幅特别大,绍兴称为"呆话大神像"。说明当时孙氏大宅虽然已经分割出卖或出租,但主要的部分包括展出神像的大厅,还是属于孙氏后裔的。当然,现在也已经拆毁了。这也是建于明代的古宅。

后来也有人说,车水坊包括其间的这些古老大宅,假使再保留3年(是1992年的"红头文件"拆毁的),就能够保留不拆了,这是因为"乌纱帽"下面的脑袋瓜儿,不好隔3年,3年后的这些脑袋瓜儿,肯定比3年前要通情达理。这些话或许也有点道理。

马鞍踏道

绍兴是个水城,大部分人家的住宅,都是前门是街,后门是河。当时,虽然没有公开颁布的种种规章条例,但社会上有一种传统的、大家都自觉奉行的准则,或者可以说是一种公德心。大家都不会在河上倾倒垃圾或其他污物,所以河水是清澈的,大河小河都是一样。

绍兴人称河流为河港。城内的河港对这个城市的作用或许要超过街道。说句或许不是过分的话,街道是河港养着的。一般前门街后门河的人家,假使没有后门的河,生活上的许多问题就难以解决。至于商业区,以"大街"(今解放路)与后街(会稽县大街,今已废)为例,全街商铺林立。街上行人和黄包车来来往往。但假使没有两街之间的这条府河(今已填废),则他们的商品用什么方法运来呢。

河港不仅是人们出门行动时所必需,因为脚划船比黄包车顶事得多。一家几口一起出门走亲戚,3 个人如在街上,就得 3 辆黄包车,而且不能载重物。在河港里,一只小划船就解决了。办更大的事(如扫墓等),就得用大船,四明瓦、五明瓦,最大的是六明瓦。这是必须依靠河港的。此外,十分重要的是,城市中每天的废物数量很大。这些称"废物"的东西,其实都是可以卖钱的。第一项就是粪便,绍兴人通常称"料"(有"肥料"之意)。当时一家几口马桶,并在适当地方安量一只粪缸。每天把马桶里的粪便倒入粪缸中,就由农民买去作田间的肥料。第二项是灶下余烬,绍兴人多以稻草烧饭,灶下都用石板围出一个舱,贮藏稻草灰。绍兴人都简称作"灰",每天也有很大的数量。"灰"也是农民需要的一种肥料（当然其价值远低于粪便），也由农民来买去。

每天一早，许多空船进城，就是为装粪便和稻草灰（或柴灰）来的。中午前后，这许多满装粪便和稻草灰的船就纷纷出城。假使没有满城大小河港，这两项事物就无法解决。而农民若无粪便和稻草灰（当时绝无化肥），农事也就无法进行。而这两项，就都是借河港进行的。

既然简述了河港对于这个城市的重要性，与河港密切关联的，就要说到河岸上的"踏道"。所谓"踏道"，从字面上就可以看出，是供人们在河岸上起落的道路。由于这种道路是设置在河岸上，是用石级砌成的，人们使用时，需要一级一级地踏着下去，一级一级地踏着上来，所以绍兴人称为"踏道"。实际上就是依附在河岸上的石级。因为屋基总比河岸高，所以"踏道"就是从河岸到屋内的一种阶梯。犹如二层楼的人家，从一楼到二楼的楼梯。绍兴人称傍河住宅为"跨脚上岸"，意思是船只可以到家边，行动方便。但"跨脚上岸"，实际上是跨脚上"踏道"。沿河家庭淘米洗菜，也都要利用"踏道"。

多数的沿河家庭，"踏道"都和屋舍相连，有的就与灶间（厨房）相连，因为灶间里的许多事都要用水，打开灶间门，走下几级"踏道"，既可取水，又可洗濯，非常方便。当然，这些"踏道"结构简单，用石条铺成，视屋基高下，有的十几级，有的五六级。这些"踏道"，在现在尚存的城内河港两旁，而且都仍然为住户所利用。

前面已经用二层楼房子的楼梯比照了河边的"踏道"，绍兴城内的沿河"踏道"，确实与楼梯相似，当然，楼梯是木料制作的，但"踏道"是石料制作的。而且多数"踏道"，石级都较少，也及不了二层楼房的楼梯。

但我们家住的是状元府第，河岸上的"踏道"就非同一般，称为"马鞍踏道"。即使在1950年以前，许多河港都未曾填废的时代，沿河的"马鞍踏道"也是不多的。

因为状元府第不比一般民间住宅。河岸与屋舍并不相连。府第的正屋以外，还有一个后花园，后花园与河岸之间建有围墙。开出围墙门（我们称为"后园门"）才是河岸。而建在河岸上的这座"踏道"就是"马鞍踏道"。之所以称为"马鞍"，因为一般的"踏道"，如上所述，都和楼梯一般，是单向的。而"马鞍踏道"则形如"马鞍"，是双向的。"踏道"当然建在河岸边上，中间是一块用石板拼成的，大概有2平方米的平台，平台的左右两侧都建有石级，所以是双向的两组"踏道"，因而称为"马鞍踏道"。

实际上，这两组"踏道"，左右两组，相距不到2米。但我们家的老规矩，据说还是我曾祖母传下来的，右侧的用于淘米洗菜，左侧的用于洗衣服或其他物件，不能相混。而在这条河港存在之时，除了偶逢某个干旱夏季，即所谓河干水浅外，10米左右的这条小河，都是水清见底，游鱼成群的。

　　不过现在回忆起来，左右两组"踏道"，虽然相距甚近，但右边因为用于淘米洗菜，有点残余可供鱼虾啜食，所以岸上多有水族，而左边由于用作洗涤衣物，因而岸上少有鱼虾水族。所以我们幼时，常在右侧"踏道"边上捕鱼摸虾，成为我们的一种散学后的玩乐之处。

　　值得回忆的是，我的大女儿也曾经享受过这种乐趣。因为这条小河在1950年以后尚保留了几年，而她因祖父母的宠爱曾回老家住过。于是就在她的小姑母（当时还是初中生）帮助下，到"踏道"岸边捕虾。据说，由于岸边的虾甚多而且大，一个上午捕到的，她祖母可以为她蒸煮一小碗，供她午膳佐餐。至今她还记得起当年的这种玩乐呢。

　　但是时过境迁，1950年代后期，这条河流，开始被那些有权无知的人填塞。而到了1990年代之初，整个状元府第，包括后花园在内，被一纸愚蠢的"红头文件"完全夷平。"马鞍踏道"早已成为一件往事了。

后　记

　　通常一本外文书，卷首的《序》以下，往往有一篇《感谢》。因为我也几次被这些外国汉学家的著作列入《感谢》这一篇的名单之内，所以对这种程式颇有体会。

　　在这部自传的《前言》中已经提及，《自传》（编按：指第一部《生长年代》和第二部《流浪年代》）和《耄耋随笔》，前后两者在写作时间上虽然间隔了20年光景，但后者不过是前者的补充，两者其实都是我的传记。所以在序跋的程式工作上做了点变通，把《前言》列于《自传》之首，而把《后记》置于《随笔》之末，《后记》有些模仿外国汉学家著作的《感谢》，我也在此篇中表达了一些对几位女士和先生的感谢之意。

　　不少我的真正朋友在1980年后就促我写自传。我当时也比较天真，也有一切敞开的思想。所以这里首先要感谢的是我不提姓名，但现在仍然健在的一位先生，尽管他并不知道不少正直的朋友希望我写自传的事，但或许是因为他听了我在某些公开场合的发言，所以郑重地提醒我：不要单看当前轻松自由的一面，也不要专门重视《实践是检验真理的唯一标准》之类的文章，这些当然都是好事，但还得看到，在我们的制度下，再来一次"文革"仍是可能的。这实在是按他自己的遭遇对我的爱护和忠告，确实是一番值得感谢的好意。

　　香港科学仪器公司董事长（兼那边的绍兴同乡会永久名誉会长）车越乔先生，他是我的省立绍兴中学校友（他入此校或在抗战胜利以后，属于我的晚期校友），在绍中95周年的庆祝会上，与我一见如故，并且知道我的一点经历，他不仅是我写自传的鼓励者,而且在当时就我来说,即使写成初稿,诸如打印装订之类的设备都一无所有。他慨然承诺此事,从此以后,我每写几篇,就托便送港,打印当然不是他的事,但他都先做细读,录出我原稿的错漏,每次都与打印件一起送回。他的辛勤和关爱,使我的这部大约30万言(编按:指本书第一部和第二部)的稿本,得以基本无讹。

在香港,还有一位值得感谢的是吴天任教授。他与曾任中文大学副校长,顾颉刚、洪煨莲先生的高足郑德坤相善。郑是受顾先生之命而从事《水经注》研究的,是成就卓著的郦学家。所以有好几部郦学著作,都是他们两人共同署名的。吴氏除郦学研究外,并且是一位著作丰硕的名人年谱学家,其中《杨惺吾先生年谱》(台北艺文印书馆,1975 年),实为眼下流行的几部杨守敬年谱的翘楚。我曾于 1979 年应陈布雷先生哲嗣陈砾先生(当时任天津人民出版社社长)之邀,去天津图书馆阅读全祖望《水经注五校钞本》,消息传开,而又适逢禁锢解除,他才知道我是杭州大学中人,随即将他与郑德坤合作及他个人独著的约近 10 种著作邮寄给我而我当时还没有大部头的郦学专著可以回报。但从此两人信件往来开始了。他是唯一撰写并出版《郦学研究史》(此书由我作序,台北艺文印书馆,1990 年)的学者,一部五六十万言的巨构,把世界各国的郦学研究写得如数家珍,而其中对我的研究推崇备至,令人不敢当。可惜此书出版后不久,他就因病谢世,我们算是神交。

他与车越乔先生并不相识,而不知为何知道我的自传正在港地打印,曾恳切地写信给我,希望得到一本,并要求我同意在台北艺文印书馆出版。我确在台湾出版书,但均是纯学术著作,与此书不能相比。复书婉转谢绝,而他的雅意还是值得感谢。此后,我应台北中研院之邀,由夫人陪同前去讲学,曾在该院的"傅斯年图书馆"读书四五天,其间也曾有两三家书局专程前来求取自传,我都礼貌谢绝。车先生为我打印的稿本,现在收藏于绍兴市为我建成的陈桥驿史料陈列馆中。

我当然更要感谢我的家乡父老朋友,因为我从出生到抗日战争爆发,一直居住在城内家中。后来日寇开始滥炸不设防城市,1939 年 5 月,省立绍兴中学仓桥校舍被炸两处(我们已因当时政府的通知,于 4 月分开将分级早出晚归到郊区上课)。而学校不得已于 1939 年暑假以后,迁往诸暨及嵊县(今嵊州)乡间,但寒暑假时期仍然回城度假。直到《自传》第二部分《流浪年代》,日寇投降,战争结束,我的"流浪"也就结束,回家完婚,并准备到绍兴县立初中任教。所以这年(1946)年初,又在老家合家团叙,过了农历年。要不是后来情况改变,我或许毕生能在家乡工作呢。遗憾的是,由于职业上的几度播迁,最后被省教育厅授命,安顿在浙江师范学院,从此(1954 年初),我就一直供职杭州,失去了为家乡服务的机会。但每年仍有几次回家,其中有多次是因公返乡,所以我对家乡的感情实在是非常深厚的。

我家住在明隆庆五年（1571）状元张元忭的府第中，这是清嘉庆年间张氏后人出卖给陈氏的。在我懂事时，我们的大家庭由我祖父（清末举人）当家，我自幼的读书事宜，也由他包揽（虽然堂亲兄弟姊妹有约 10 人之多）。而状元府第内的一切讲究装置，我在城建档案馆长屠剑虹研究员的专著巨构《绍兴老屋》（西泠印社，1999 年）卷首的《绪论》中已经大体概括了。尽管这座明代的古宅在"文革"中幸存了下来，因为我国的文化精深而广大，"文化大革命"虽然以破坏为主要目的，但由于要受命破坏的文化太多，一时还来不及破坏比最高指示次一等的事物。但各地其实都有"文革派"潜伏下来，时至 1992 年，他们秉承这种"革命"的旨意，下了一道"红头文件"，以改建美国式的华尔街（金融街）为名，把状元府第所在的这条称为车水坊的长约 400 米的街道（其间还有如王氏"人瑞"、吴氏"大夫第"等不少古代建筑）一举夷平。这些潜伏的"文革派"头上戴了权力极大的乌纱帽，但帽下的脑袋瓜儿上除了"破四旧"、不要"温良恭俭让"等等"其乐无穷"的教条和行径以外，根本没有其他知识。

但当时与那个"不是请客吃饭"、"不是绘画绣花"的时代毕竟因为没有了带头人而有了区别，拆街毁屋，还得给受害者一定的补偿，让这些失去故居者搬到另一处他们指定的地方去。我家早在杭州落户，但府第中仍有我们关门落锁的一套，至于其他家族（叔伯兄弟），多数都还住在那里，当然只好服从命令，匆促搬家。我家按理也有他们指定的一套。我原来准备放弃，一个在"牛棚"中受尽折磨的人，"牛鬼蛇神"的人生烙印，是毕生无法解脱的。当年"造反派"进来，可以随口骂你，随手打你。眼看"棚人"一个个跳楼、悬梁、服毒，一套房子的事算得什么呢？但我们大女儿和大女婿，却认为不能放弃。他们也忙，一位在大学里教书，一个在银行里当行长。但还是挤出时间，自己用小轿车一次又一次地跑。最后终于把一切该装置的设备都完成了，我们是绍兴人，在绍兴还算有一套房子，而我和夫人的确回"家"去住过几次，事前通知我妹妹，我们一到，一位钟点工也到了，所以还算便利。当然，我们并不以在家乡还有一个居处而高兴，因为在世界上任何国家都知道值得保留的这座明朝的状元府第，却满足了这些潜伏者的"其乐无穷"而影迹全无了。

我在这里还有一件事必须深深地感谢家乡的父老朋友。那是 2007 年，家乡政府的哪一个部门，专门派人来到杭州舍下。告诉我，绍兴是个名市和大市，特别是这个市的文化渊源，深厚而悠久，所以市领导考虑要让它成为一座文化特强名市。在绍兴，已故的名人故居、纪念馆已经不少了，所以人们又想到要为一位在世"名人"建一座馆。而也是以文化为这座馆的特色，他们认为我已经出版了大量专著和译著，手上必然还有许多文稿，又是人事部 1994 年下文所"封"的（新中国成立以来仅此一次）的所谓"终身教授"。所以市里经过研究，要为我在新建的文化街（原仓桥街）造一座"陈桥驿史料陈列馆"。我当然感到承当不起,当时就婉言谢绝。但家乡的父老朋友却很坚持,随即由绍兴市城市建设档案馆馆长屠剑虹研究员统筹,倾全力建馆,筹馆期间组织省、市的不少知名人士对陈列馆的文化架构,在绍兴进行了多次讨论(有详细的《讨论会纪要》),最后由市里发文,决定建立此馆,并在《浙江日报》(2008年7月5日)刊登报道:"绍兴为在世学者树碑。"陈列馆的设计、装饰则是请了绍兴在这方面最有才华和经验的大师负责。不久以后,据绍兴来杭的目击者相告,一座全盘绍兴式的新楼已经落成了。我的全部著作、译作、点校书,包括我为别的学者卷首作序的文献,都由他们先后搬运到该馆,屠剑虹研究员还千方百计地到处搜罗我各个时代的照片之类,在馆内做了精心的布置。最后由这些热心人士商量,决定于我的2009年生日(12月10日)举行开馆仪式。我真是既感激,又惭愧。但一切安排均已就绪,我也唯有恭敬不如从命了。

开馆这一天,浙大由一位副校长领队,送我的研究生和在杭的家族等悉数赴绍兴参加,馆上高悬"陈桥驿先生史料陈列馆开馆仪式"的大红横幅,我在绍兴的家族和亲朋好友也都来到。接着,绍兴市委一位副书记和其他领导也纷纷到达。由于马路上人多拥挤,我们就在台阶上举行了一个简单的仪式,市委副书记等几位领导都致了简短的贺词。我当然也应该讲话,由于时间和心情激动,以我这样的年龄,只说了少年时代在《赞美诗》上唱到的"赶快工作夜来临"这一句。仪式结束,打开大门,拥挤在街上的许多人就立刻拥入。他(她)们除了参观以外,都要与我合影。我当然接受并感谢,所以整个上午,我实在是在与朋友们(许多是不相识的)的合影中度过的。

中餐以后,从杭州去的需要返回,所以随即离开。但外地参观者仍很拥挤,并且还不断地有新客到来。这天,也有来自香港和韩国的宾客,实在使我更不敢当。由于展馆有常驻的管理人员,并且包括双休日在内,都敞开接纳,据说参观者最多的一天逾千人。特别要感谢剑虹女士,她的本职工作已经很忙,还要挤时间去照顾此馆。她曾把参观者的留言题字复制寄我,其中并有外宾以外文书写的。我于是立刻挂电话谢她,并告诉她此后不要再复制寄来,这会增加管理人员的许多工作量的。

此日以后,由于市外县邑的若干媒体和电视台等,当日未曾赶到现场,有些女士、先生们在参观了以后,索性又赶到杭州舍下,与我合影,又与我研讨我的写作工作。我虽然欢迎,但毕竟年岁已高,一连多日,上下午连续接待,实在力所不胜。加上我在文化界的朋友以及在远处工作的研究生不少,那几天我家电话也接连不断。电话有来自港、台的,我当然要认真接听回答,确实有筋疲力尽之感。但是想到所有这些都是家乡父老朋友们给予我的荣誉,我实在由衷感谢这个生养我、培育我的家乡。

绍兴确实是个著名的文化之邦,家乡对我的厚遇,我虽然明知逾格,但绝无稍有

"蜀中无大将"的想法。因为不久以后接着又发生了另外事件,浙江大学于今年5月27日评定我荣膺4年一度的"竺可桢奖",此事首先发表于浙大网上,次日才见于报章。读"网"的人到底还是不多,但家乡立即传闻,见网之夕,家乡的父老朋友,挂电话祝贺,直到11时以后,也或许是他们体谅我年老需要休息。几天以后,学校在玉泉校区正式向我授奖,虽然不少媒体如著名的《光明日报》都有报道,但家乡的电视台和其他媒体,都是亲临现场的。不仅报道了现场的过程,而且穿插了当时的照片。校长对我的褒词中有"两岸连山,略无缺处"的话。当代的家乡记者是有水平的。《绍兴晚报》的一位女记者就在报道中指出:校长说了《水经注》上的话,因为我是研究《水经注》的。不错,这话出于《水经·江水注》。

正是因为家乡与我的这种唇齿关系,所以在我最近写成的传记《耄耋随笔》中,有不少篇都以家乡为题。当然,其中有的是题在家乡而意有另寓。但总的说来,我实在感谢家乡对我的厚爱。

在这篇《后记》末尾,还有一件重要的事必须说明。我年已近90,里里外外的杂事仍然不少,做点有关学术的事,实在已经力不从心,我眼下的一切稍涉学术的工作,完全是依靠我的大女婿周复来君襄助的,他与我大女儿虽然都算是出于书香门第,但大女儿毕业于"四校合并"前的浙大,退休前也是浙大的教师,对我的这方面是难于帮忙的。周复来的父亲周采泉老先生是唐诗专家(特别是对杜甫的研究),并兼长版本目录之学。他曾经赠我几部杜诗研究专著,由于搬了家,在逾万藏书中,眼下只找到《杜诗书录》上下册,近90万言(上海古籍出版社,1986年)。当年他担任杭大图书馆的古籍部负责人,杭大古籍由于承受了几所大学的收藏,所以十分丰富,当年是国内具有"馆际互借"的少数几所图书馆之一。但他管的是"旧",我求的也正是"旧","旧"在当年是最犯上事,所以我们不在馆内讨论什么。在那个年头,学术上有同好的人,假使自知不符上意,只好道路以目而已。

复来与我大女儿是同班同学,但是因为出于这种"资产阶级知识分子"家庭(其实我们都一样),当然属于"上山下乡"的料子,被遣送到一个称为"兵团"的农场里去服苦役了。此役整10年。

知青返城后因学的是经济管理,便在杭大财经金融系工作并任系办主任,后又调入杭州商业银行,在分行行长任上退休。

我因为是国家明文规定不退休的教授,所以校内外的工作实在不少,加上家乡对我的逾格厚遇,其实早已力所不胜。幸而复来虽然最后从事金融界的工作,但毕竟家学渊源,功底相当深厚,许多事都得依靠他的襄助,特别是最近10年以来,所有我的工作,都有他的贡献在内。多年前的《自传》和近年的《耄耋随笔》,也都经过他的整理、修饰和电脑处理。

他为我做的这类工作实在不少。譬如绍兴市的"陈列馆"开馆，他当然也尽了力。开馆后不几天，我国的最大出版机构，即北京的人民出版社，联系要为我出版全集的事，这是我事前毫不知情的。问题是，《陈桥驿全集》，字数逾千万，而且其中有不少已由"陈桥驿史料陈列馆"存于绍兴，我手头已无复本。学校虽然随即提供了不少支持，但此事实非容易，结果如此庞杂的工作仍然是在他的调度指挥下才得以完成的。为了稳妥可靠，全稿集中以后，也是由他指派的人员专程携赴北京。他在此《全集》上付出的精力，实在很难计算。

此外，由他经手的我的其他学术著作尚有不少，例如北京中华书局正在排制一部我当年所编但字迹潦草的工具书(《〈水经注〉地名汇编》)，都是由他直接与中华随时联系的。此书的规模较大，他已经花了不少精力，而中华书局也很信赖他的工作。

以上就是我在这篇《后记》中必郑重说明的事。

　　　　　　　　　　　　　　　　　　　　　　　　　　　　陈桥驿
　　　　　　　　　　　　　　　　　　　　　　　　　　2010 年 9 月
　　　　　　　　　　　　　　　　　　　　　　原著中华书局 2011 年版

附　录

一、鉴山越水根，史地邺学人
——纪念恩师陈桥驿先生

阙 维 民 [*]

恩师陈先生于 2015 年 2 月 11 日安详地走了。2 月 15 日的"陈桥驿先生告别会"上，在浙江大学领导诵读的生平介绍之后，陈先生长女直白而深情的泣悼，感动了在场的所有送行者，让在光环笼罩之下的陈先生，享受了作为凡人的天伦之尊。

自 1984 年陈先生出任中国地理学会历史地理专业委员会主任起，我即在陈先生身边连续学习与工作了近十年，亲历其学术生涯的最辉煌时期，是他引领我进入了历史地理学术界，其言传身教，使我受益至今。1993 年 9 月后，我因访学读博而辗转他乡，又因转职院校而离开西湖，这让我能在更大尺度的时空视野中感受陈先生的学术人生。泪别陈先生之际，特撰悼文，铭谢恩师。

陈先生的学人特色

陈先生在童年与少年时期，经其祖父启蒙引导，打下了传统儒学基础与英语基

---

* 作者为北京大学教授。

础。青年时期，陈先生通过自学掌握了地理学基础知识，虽无大学文凭，却胜任新昌县立中学教导主任。在中学任教时期，陈先生即开始基础地理研究，编著出版了《淮河流域》[①]《黄河》[②]《欧洲资本主义国家地理基础》[③]等书。1954年调入浙江师范学院（杭州大学前身）地理系任教后，陈先生又连续编著出版了《祖国的河流》[④]《中国地理基础》[⑤]等基础地理著作，逐渐在中国地理学界展露才华。1962、1965与1980年，陈先生先后在《地理学报》发表了有关绍兴历史地理的3篇学术论文，[⑥⑦⑧]所用的现代历史地理学研究方法，深受侯仁之先生赏识，[⑨]并在中国历史地理学界产生重大影响。可以说此3文是中国历史地理学从历史学的附庸成为地理学独立分支学科的早期标志性学术成果，从而奠定了陈先生在继三老之后出任中国历史地理学界学科带头人的学术基础。自1964年始，陈先生对《水经注》的地理学研究正式发端，[⑩]"文革"期间他虽经磨难仍坚持研究，故"文革"一结束，当绝大多数学者，在学术研究的起跑线上开始整装待发时，陈先生已经迈出大步飞奔。自1978年始，[⑪]陈先生的郦学研究成果似井喷状连年问世，其学术影响，波及海外，再经媒体报道其研究《水经注》的传奇经历后而溢出学界。

自此，陈先生从一名普通的中学教师，自学成才，成功转型为现代历史地理学研究的知名学者。他的治学经历，在陈先生的同辈学者中，极少有其类者，而后辈学人，更无法复制。

陈先生的学术之根

陈先生的学术之根，无疑是历史时期涌现众多流芳千古人物的鉴山越水这方土地。他的学术生涯无不烙下了深深的家乡印记。

陈先生的智商基因，直接传自其祖父。正是这位清末举人、绍兴知名师爷，在陈先生的孩童年代，激发了陈先生对《水经注》的浓厚兴趣，为其日后的郦学研究，开启了通向学术殿堂的智慧之门。

陈先生在中国历史地理学界奠定其重大学术影响的上述3篇《地理学报》论文，其内容即为历史时期绍兴的农田水利、天然森林与城乡聚落。对最熟悉的家乡或久居之地作为最初研究主攻区域，是最明智、最可取，也是最符合历史地理学术研究规律的成功途径。[⑫]

2009年12月落址于绍兴市区中心仓桥直街、距陈先生位于状元府第的故居一河之隔的"陈桥驿先生史料陈列馆"，收藏了陈先生一生的个人档案，也是陈先生一生学术研究著述成果的归根之地。生于斯、长于斯的陈先生，最终以其学术成就的物质载体,反哺了家乡的历史文化建设。

陈先生的学术影响

学者的学术影响有多种评价标准,其中包括所任学术职位与所获学术荣誉。

陈先生曾经获得的学术荣誉分别是:第三届中国高校人文社会科学优秀成果一等奖(2003 年,《水经注校释》,[13]中国教育部授)、"竺可桢奖"(2010 年 5 月,浙江大学授)、"第六届吴玉章人文社会科学奖"优秀奖(2012 年 10 月,《水经注校证》,[14]中国人民大学授)、"中国地理科学成就奖"(2013 年 10 月,中国地理学会授)、"中国水利遗产保护个人奖"(2013 年 11 月,中国水利学会与中国文物学会合授)。

陈先生曾经担任的全国性学术职位是:中国地理学会历史地理专业委员会主任(1985 年—1996 年)。他还先后获国务院颁发的"从事教育工作突出贡献"证书而享受政府特殊津贴(1991 年)与国家人事部批转浙江省人事厅颁授的"无限期不退休"教授(1994 年)。

在上述学术职位与学术荣誉中,最能代表陈先生学术影响的,是中国地理学会历史地理专业委员会主任的学术职位,他连续 3 届共 12 年任此职位的现象,在中国历史地理学界,其前无人,其后也很难再有来者。

在中国历史地理学的现代发展历史中,陈先生的影响是深远的,除长期担任学科带头人外,着重体现在中国历史地理学学科期刊《历史地理》与《中国历史地理论丛》的创刊建设上。他是《中国历史地理论丛》第三辑[15]主编,《历史地理》第 1—4 辑编委、第 5—11 辑副主编、第 12—15 辑主编(与邹逸麟共任)、第 16—30 辑顾问(与侯仁之、史念海共任),他在两刊共发表数十篇论文,对中国历史地理学科的推动与发展,做出了不可磨灭的历史贡献。

陈先生的学术关怀

作为知名学者,陈先生对学术问题、学术现象与学术环境(如历史地理学科的属性、[16]对学风、[17]学官、[18]学术腐败[19]与学术科研体制[20]),都有专文发表,详细明确地阐述了他的观点与立场。

此外,陈先生对后辈学者、助手与学生的学术成长,给予了尽其所能的关心、帮助与提携。陈先生是当今中国历史地理学界许多知名学者的博士学位论文答辩委员会主席或成员,[21]他曾花费大量时间,为许多学者的历史地理新著撰序[22]写评,为他们的晋职、评奖、申报课题撰写推荐信。

陈先生对助手与学生所倾注的关心，使他们都由衷地崇敬与感激陈先生。自1978年以来，陈先生先后有6位助手，[23]以最初两位（叶光庭、吕以春）与最后一位（范今朝）最为得力。

原杭州大学外语系的叶光庭和历史系的吕以春两位先生，均于1957年被划为"右派"、下放农村劳动改造而远离教学科研一线，后虽回校但因原系不敢收留而充当勤杂人员，是陈先生将两位调入地理系，让他们回到教学科研队伍一线，使他们在退休前的最后10年，重拾学业并焕发了学术青春。叶光庭先生是《地理学的性质》[24]的中译者，曾协助陈先生翻译《中华帝国晚期的城市》；[25]吕以春先生曾协助陈先生编著《浙江地理简志》[26]《中华人民共和国地名辞典·浙江省》[27]《杭州市地名志》[28]《浙江古今地名词典》[29]等著，并在浙江省地方志及钱塘江流域历史地理研究方面，有许多重要著述。他们对陈先生的感激溢于言表。[30][31]

我于1984年—1987年从学陈先生期间，陈先生为我们讲授了多门历史地理专业基础课程，并让我参与了其主编志书[32]的资料编撰与编著[33]的撰稿，还让我随同他带外籍访问学者堤正信（日本，1985年）与萧邦齐（美国，1986年）赴宁绍地区野外考察。1986年暑期，陈先生让我们两位学生带着他的亲笔信笺，外出一路拜访了史念海先生（史先生在他寓所，接待我们谈了一个小时）、河南大学校长李润田教授（李校长安排一个下午时间，请历史系教授给我们讲授了开封历史地理）、黄河水利委员会王涌泉总工（他带我们参观了黄河水利史博物馆）等许多知名学者，最后抵兰州参加了中国历史地理学国际学术讨论会，让我们结识了历史地理学界的许多前辈，开阔了眼界。

除言传身教外，陈先生还嘱咐吕以春先生对我的毕业论文进行逐字逐句地反复修改，这使我的撰稿能力有了质的提升。1987年毕业留校后，陈先生即安排我接任叶光庭先生的《地理专业英语》课程，由于没有现成教材，故在自编教材的过程中，使我较早接触了西方地理学暨历史地理学著述。虽然为了争取理想的教学科研环境，我先后离开了地理系与浙江大学，但我从心底里始终感激陈先生，是他当年利用他的学术影响与学术资源对我的学术培养，为我此后的学术研究奠定了基础。

陈先生的学术遗产

陈先生的学术研究涉猎甚广，主要涉及地理学暨历史地理学、郦学、方志学、地名学、地图学、古都学、水利史学等领域。而倾注了陈先生毕生心血的郦学研究著述，无疑最具分量和代表性，是陈先生学术遗产的重要且主要组成部分。通过媒体宣传，业已广为世人所知。

陈先生的郦学研究成果,在对《水经注》版本与郦道元生平考证的基础上,对《水经注》进行了全面的校释与校证,并获得了中国社会科学界的公认(如前述《水经注校释》与《水经注校证》两著的获奖),但其超越往日考据学者的重大贡献,是以现代地理学的学科体系对《水经注》进行的梳理与分析。虽然有人对陈先生校释校证的细节有商榷,[33]但对陈先生以地理学视野进行的《水经注》创新研究,没有争议。

陈先生用毕生精力,将《水经注》研究从传统考据学高峰推向了现代地理学新高峰,他用他的智慧与勤奋,完美地完成了他的历史使命。他丰硕的《水经注》地理学研究成果,为郦学界暨学术界留下了一份珍贵的学术遗产。如何学习与利用好陈先生这份厚重的学术遗产,值得我们学生与后辈学者深思。如果后辈学者能够利用新技术新方法将《水经注》研究推向新的学术高峰,则无疑是继承与发扬陈先生学术遗产的最佳方式与最理想结果。而目前已知的 IT 技术、云数据处理技术与 ArcGis 软件,在理论上,为达到这样的理想结果,已开启了创新途径的通闸。

除了郦学研究成果,陈先生与学界同行的来往信件,特别是 1985 年—1996 年间其担任中国历史地理专业委员会主任期间的来往信件,不仅是陈先生的学术遗产,也是重要的历史档案。保存、挖掘、整理和分析这份珍贵财富,必将丰富和完善当代中国历史地理学的发展史。

最后,请允许我向恩师说两句话。

陈先生:我本该在羊年正月给您拜年,您却在马年岁末离我们而去。在向您告别的前一天上午,我先去您家拜望了"您",您书房的一切场景都如您走之前,就连您审阅到第二页的审稿,还摊放在您的沙发桌上;下午又去绍兴"陈桥驿先生史料陈列馆"再度浏览了您的一生著述,您的所有手稿档案,均已更换为高度仿真复制品,原件已安全地库藏于绍兴城建档案馆。

陈先生:您安心地走好,代我向师母问好!

注释:

① 陈桥驿《淮河流域》,(上海)春明出版社 1952 年版。

② 陈桥驿《黄河》,(天津)益知书店 1953 年版。

③ 陈桥驿《欧洲资本主义国家地理提纲》,(上海)地图出版社 1953 年版。

④ 陈桥驿《祖国的河流》,(上海)新知识出版社 1954 年版。

⑤　陈桥驿《中国地理基础》,(上海)春明出版社 1954 年版。

⑥　陈桥驿《古代鉴湖兴废与山会平原农田水利》,《地理学报》1962 年第 3 期,第 187—202 页。

⑦　陈桥驿《古代绍兴地区天然森林的破坏及其对农业的影响》,《地理学报》1965 年第 2 期,
　　第 129—141 页。

⑧　陈桥驿《历史时期绍兴地区聚落的形成与发展》,《地理学报》1980 年第 1 期,第 14—23 页。

⑨　陈桥驿《永记导师侯仁之先生的教导》,《中国历史地理论丛》2014 年第 1 辑,第 5—8 页。

⑩　陈桥驿《水经注的地理学资料与地理学方法》,《杭州大学学报(哲社版)》1964 年第 2 期。

⑪　陈桥驿《论〈水经注〉的佚文》,《杭州大学学报(自然科学版)》1978 年第 3 期,第 85—
　　93 页。

⑫　阙维民《陈桥驿先生学术研究的绍兴之根》,引自浙江大学地球科学系、浙江大学社会科学
　　研究院编《古越之子·水经传人·史地名家——陈桥驿先生九十华诞庆贺纪念册》,2011
　　年,第 199—203 页。

⑬　陈桥驿《水经注校释》,杭州大学出版社 1990 年版。

⑭　陈桥驿《水经注校证》,中华书局 2007 年版。

⑮　陈桥驿主编《中国历史地理论丛》(第 3 辑),陕西人民出版社 1988 年版。

⑯　陈桥驿《学论与官论——关于历史地理学的学科属性》,《学术界》2001 年第 2 期,第 148—
　　153 页。

⑰　陈桥驿《学问与学风》,《杭州师范大学学报(社会科学版)》2008 年第 6 期,第 1—4 页。

⑱　陈桥驿《"学而优则仕"以后》,《领导文萃》1997 年第 10 期,第 20—22 页。

⑲　陈桥驿《论学术腐败》,《学术界》2004 年第 5 期,第 132—141 页。

⑳　陈桥驿《"恐诺症"——兼论科研机构及高校的体制问题》,《学术界》2008 年第 5 期,第
　　131—134 页。

㉑　陈先生是中国历史地理学界第一批毕业两位博士周振鹤(《历史地理》主编)、葛剑雄(历
　　史地理专业委员会前主任、复旦大学中国历史地理研究所所长)以及现任历史地理专业
　　委员会主任吴松弟的博士论文答辩委员会成员;是满志敏(历史地理专业委员会前副主
　　任)、辛德勇(《历史地理》主编)、韩茂莉(历史地理专业委员会副主任)、张伟然(历史地理
　　专业委员会秘书长)和历史地理专业委员会委员吴宏岐(暨南大学教授)、李令福(陕西师
　　范大学教授)、周宏伟(湖南师范大学教授)等的博士学位论文答辩委员会主席。

㉒　陈桥驿《中国历史地理·序》,湖南大学出版社 1987 年版。陈桥驿《历史地理学概论·
　　序》,河南大学出版社 1993 年版。陈桥驿《洞庭历史地理·序》,山西人民出版社 1993 年
　　版。陈桥驿《中国历史文化地理·序》,湖南教育出版社 1993 年版。陈桥驿《西域历史地
　　理·序》,新疆大学出版社 1988 年版。陈桥驿《中国历史地理简论·序》,陕西人民出版社
　　1987 年版。陈桥驿《地理学思想史·序》,《中国历史地理论丛》1989 年第 3 期,第 1—10
　　页。陈桥驿《中国水系大辞典·序》,青岛出版社 1993 年版。陈桥驿《中国珍稀鸟类的历
　　史变迁·序》,湖南科技出版社 1994 年版。陈桥驿《区域历史地理的空间发展过程·序》,

陕西人民教育出版社 1995 年版。陈桥驿《中国历史时期植物与动物变迁研究·序》,重庆
出版社 1996 年版。陈桥驿《历史时期苏北平原地理系统研究·序》,华东师范大学出版社
1996 年版。陈桥驿《中国历史地理·序》,广东教育出版社 1997 年版。陈桥驿《流域历史
地理研究的理论与实践·序》,《中国历史地理论丛》2013 年第 1 期,第 155—157 页。

㉓　自 1978 年以来,陈先生的助手,先后是叶光庭、吕以春、阙维民、侯慧粦、汪波、范今朝。

㉔　[美]理查德·哈特向著,叶光庭译《地理学的性质——当前地理学思想述评》,商务印书馆
1996 年版。

㉕　[美]施坚雅著,叶光庭译,陈桥驿校《中华帝国晚期的城市》,中华书局 2000 年版。

㉖　陈桥驿、吕以春等《浙江地理简志》,浙江人民出版社 1985 年版。

㉗　陈桥驿、吕以春等《中华人民共和国地名辞典·浙江省》,商务印书馆 1988 年版。

㉘　陈桥驿、吕以春等《杭州市地名志》,浙江人民出版社 1990 年版。

㉙　陈桥驿,吕以春等《浙江古今地名词典》,浙江教育出版社 1991 年版。

㉚　叶光庭《陈桥驿教授改变我的一生》,《中华读书报》2004 年。

㉛　吕以春《剑锋磨砺出,梅香苦寒来——记陈桥驿教授的学术业绩》,《科技通报》1989 年第 2
期,第 56—59 页。

㉜　陈桥驿主编《浙江灾异简志》,浙江人民出版社 1991 年版。

㉝　陈桥驿主编《当代世界名城》,浙江人民出版社 1987 年版。

㉞　宋震昊《陈桥驿〈水经注校证〉校点商榷》,《中国历史地理论丛》2010 年第 2 辑,第 99—103
页;韩凤冉《〈水经注校证〉淮水篇纠误》,《南京理工大学学报(社会科学版)》2008 年第 4
期,第 12—15 页;王勇《〈水经注校释〉校勘疑误商议》,《语文学刊》2006 年第 1 期,第 56—
58 页。

原载《中国历史地理论丛》2015 年第 2 辑

二、历史地理学家陈桥驿先生的学术与人生

范 今 朝[*]

陈桥驿先生的生平及主要学术活动

陈桥驿先生是中国当代杰出的历史地理学家、郦学家,因病于 2015 年 2 月 11 日在浙江大学医学院附属第一医院辞世,享年 93 岁。

陈桥驿先生,初名"庆鎏",后因字形较繁,改为"庆均",小名"阿均"。1923 年 12 月 10 日(农历十一月初三戌时)出生于浙江省绍兴县(今浙江省绍兴市越城区)。"陈桥驿"是 20 世纪 40 年代末 50 年代初期先生发表文章和出版书籍时所署的笔名,因 1953 年底当时的浙江师范学院(1958 年浙江师范学院与新建的杭州大学合并,定名为杭州大学)派专人送署此名的聘书延请先生至该校地理系任教,遂沿用并以此名行世。

陈桥驿先生幼承家学,后断续入家乡的小学、中学读书。1942 年 5 月曾短期至绍兴柯桥阮社小学任校长。1944 年 9 月入读国立中正大学社会教育学系;3 个月后退学,参加"青年远征军",任所在部队英语教官。1946 年受聘于嘉兴青年职业学校,

---

* 作者为浙江大学副教授。

1948 年春应聘至新昌县立中学任教,并担任教务主任。1954 年受聘于浙江师范学院地理系,任讲师,1957 年任经济地理教研室主任。1978 年,任杭州大学地理系副教授,1983 年晋升教授。1984 年组建杭州大学地理系历史地理研究室(后改为杭州大学历史地理研究中心),任主任。1994 年由当时的人事部批准定为终身教授。1998 年 9 月起为浙江大学地球科学系教授。

陈桥驿先生继谭其骧、侯仁之、史念海 3 位先生之后,对中国现代、当代历史地理学的建立和发展,做出了卓越贡献。他积极参与了现代阶段历史地理学的学术研究实践和学科理论建构的过程,并在新时期与有关学者一起,组织、领导了历史地理学的学术团体、研究机构的恢复和建立,以及主要学术期刊的创编和若干重大项目的进行;他长期担任中国地理学会历史地理专业委员会的主任委员(1985 年—1996 年),大力推动学术活动的正常开展。陈桥驿先生也是改革开放后较早参与国际学术交流的地理学者,为中国的地理学和历史地理学走向世界做出了重要贡献。

陈桥驿先生勤于著述,一生笔耕不辍,正式出版各类著作 70 余部,公开发表论文和各类文字 500 余篇。他在郦学研究领域与以绍兴为中心的吴越史地研究方面,有精深的造诣;在历史地理学理论、城市研究与古都学、地方志和地名学等方面,亦取得卓著成就。

陈桥驿先生的历史地理学研究是从对宁绍地区的研究起家的。他从小区域入手,进行区域历史自然地理和人文地理的综合研究,揭示了宁绍地区的水系演变、植被更替、土地利用、聚落分布、城市兴衰等的规律,有关研究堪称典范。他还进一步对江南和长江下游地区环境演变进行研究,阐发了三次"海进"、"海退"说,并深入分析了本区域远古文明兴衰的地理原因,论述了古越族群的人口、语言、聚落、经济等方面的特征以及流布状态。同时,他秉持"经世致用"的理念,对国家、地方(尤其是对家乡绍兴)的经济社会发展、文化建设、生态保护等方面,也倾注了大量的热情和心力。相关研究成果集中体现在其论文集《吴越文化论丛》之中。①

在对宁绍地区历史地理进行深入研究的基础上,陈桥驿先生进一步扩展研究领域,对浙江省不同地区乃至国内其他地区,也进行过若干宏观性研究,并形成了其对历史地理学诸如学科属性、研究方法等若干理论问题的观点。其中最为重要者,是其在1970 年代末期,协助谭其骧、史念海等先生主持编撰的《中国自然地理·历史自然地理》,②并执笔撰写了总论部分和植被、水系的部分章节。该书标志着历史自然地理学作为历史地理学分支学科的确立和成熟,也是中国历史地理学在现代阶段所取得的最高成就之一。

在历史人文地理学诸多分支学科中,陈桥驿先生尤其对历史城市地理学(包括

"古都学")用力最多。他较早对宁绍地区乃至浙江省的聚落、城市等的发展、演变,进行了系统的研究,对中国的城市、古都等也进行了宏观的论述,主持编写、翻译了一批有影响的著作,如先后主编《中国六大古都》、《中国历史名城》、《中国七大古都》、《中国都城辞典》等,主持翻译了《中华帝国晚期的城市》等。尤其他对"古都"、"大古都"的标准所进行的论述以及对中国"大古都"的认定,得到学术界和社会各界的接受和认可。

陈桥驿先生还较早系统地展开对方志学、地名学的研究。他在 1950 年代末期就曾经在大学地理系开设方志学方面的课程;1980 年代以来,他长期参与指导地方志、地名志的编纂工作,引进了多部流失海外的地方志。他发表了大量关于地方志、地名学研究的论述,并且提出了很多具有建设性的意见;如方志编纂中卷目设置上的"自然地理卷"应为"自然环境卷"的观点,动植物名称应统一用"二名法"和志书应编制"索引"等主张,以后都为地方志修撰实践所接受;在关于《水经注》的地名学成就、越语方言地名等方面也有深入的论述。他还直接参与修撰实践,主编了多部志书与地名词典等。

在陈桥驿先生诸多研究领域之中,最受世人瞩目的是他的"郦学"研究成果。先生早年即对《水经注》产生了浓厚的兴趣;从事学术活动之后,最初从地理学的角度加以深研,系统整理了《水经注》中的各类地理学资料;进而对文献流传的过程进行探究,厘清诸多郦学史上的疑案;再进一步而从思想、文化角度,对郦道元其人、其书以及在文化史、地理学史上的重大意义等做了精辟的阐释,并提出了"地理大交流"的观点。在此过程中,还整理、出版了多种《水经注》的点校、注释的新版本。这些学术成就,集中体现在他的 4 部《水经注研究》等论文集以及如《水经注校证》等新版本中。正是这数十年持之以恒、终身以之的深钻精研,陈桥驿先生成为中国当代最负盛名的《水经注》研究学者,并将郦学研究推向一个新的高峰。

陈桥驿先生在历史地理学和郦学的多个领域都有重要建树,学术成果丰硕,得到海内外学界的公认和社会的认可。由先生担任主编之一的《中国自然地理·历史自然地理》1986 年荣获"上海市 1979—1985 年哲学社会科学著作奖",连同整个丛书"中国自然地理"系列于 1986 年 11 月荣获中国科学院科学技术进步奖一等奖;点校的《水经注校释》于 2003 年荣获教育部颁发"第三届中国高校人文社会科学研究优秀成果奖"一等奖。1991 年 10 月 1 日先生被国务院授予"为发展我国高等教育事业作出突出贡献"的学者,并享受政府特殊津贴;1994 年又由国家人事部批准定为终身(不退休)教授;并先后被收录于《剑桥国际名人录》等五六种国际名人录中。2010 年 5 月,浙江大学授予先生浙大最高学术荣誉"竺可桢奖";2012 年 10 月,所著《水经注校证》

荣获"第六届吴玉章人文社会科学奖"优秀奖;2013 年 10 月,中国地理学会授予其中国地理学界的最高荣誉"中国地理科学成就奖"。

陈桥驿先生自 1954 年起即在大学执教,1980 年起,开始培养历史地理专业的硕士研究生。1980 年至 2000 年间,还曾多次受聘参与全国各地历史地理专业的博士、硕士研究生的论文评阅及答辩工作。教书育人,奖掖后学,不遗余力。

陈桥驿先生是改革开放后中国大陆较早参与国际学术交流的学者。先生曾作为中国地理学会代表团成员出席 1982 年在巴西里约热内卢召开的国际地理联合会(IGU)的学术讨论会。1983 年、1985 年和 1989 年分别应邀赴日本关西大学研究生院、国立大阪大学历史系、广岛大学地理系讲学,应聘为 3 校的客座教授和客座研究员,并参加了 1983 年于日本京都举行的国际第 31 届人文科学学术讨论会。1995 年赴美国、加拿大多所院校讲学。1999 年,应邀赴中国香港、台湾地区访问、讲学。2002 年底,出席在日本京都召开的"国际东亚都市形态与文明史学术研讨会"。

陈桥驿先生热心学术活动,积极推动学科发展,特别是对历史地理学 1977 年以来在中国的发展起到了非常突出的作用。他于 1985 年至 1996 年连续 3 届出任中国地理学会历史地理专业委员会主任,1984 年至 2000 年连续 4 届出任浙江省地理学会理事长;亦曾任国际地理联合会(IGU)历史地理专业委员会咨询委员,英国剑桥国际传记中心荣誉委员,中国古都学会副会长,中国地名研究会学术顾问,浙江省中国文化研究会会长,浙江省乡土教育研究会会长等;还曾担任过《历史地理》、《中国历史地理论丛》等学术刊物的副主编、主编、顾问等。

对于陈桥驿先生在中国历史地理学发展中所起的重要作用,葛剑雄先生曾经这样评价:

> 1980 年代初百废待兴,也青黄不接,历史地理学界还靠谭师(1911 年出生)、侯仁之先生(1911 年)、史念海先生(1912 年)三位元老掌舵,而出生于 1935 年前后的一代都还是讲师,副教授也是凤毛麟角,介于其间且年富力强的陈先生(1923 年)经常起着独特的作用。无论是历史地理专业委员会恢复活动、《历史自然地理》的编撰、《历史地理》的创刊,还是第一次国际会议的召开,陈先生不仅大多参与,还起着协调、应急的作用。③

2011 年 10 月,在陈桥驿先生 90 华诞庆贺会前夕,时任全国人大常委会副委员长的路甬祥先生为先生题词:"史地巨子,郦学大家"。

2015 年 2 月,在先生辞世之际,全国政协副主席、九三学社中央委员会主席韩启德先生也发来亲笔挽词:"陈桥驿先生是中国优秀知识分子的代表,他的品格和风范在当今形势下显得尤为可贵。陈桥驿先生是九三楷模,所有九三学社成员都要了解他,向他学习。"

陈桥驿先生著述的基本情况及其所反映的治学经历

(一)著述的基本情况

据不完全统计,先生从事学术活动 70 余年来,至今已经出版各类著作逾 70 种(含独著、合著、主编、点校、译校等各种类型),公开发表各类文字逾 2000 余万字(含点校类的原文及各著重复收入的文稿)。有《淮河流域》、《祖国的河流》、《水经注研究》(一集、二集、三集、四集)、《郦道元评传》、《郦学札记》、《绍兴地方文献考录》、《吴越文化论丛》等学术专著 30 余种;主编《中国自然地理·历史自然地理》、《中国七大古都》、《中国历史名城》、《中国都城辞典》、《浙江古今地名词典》等书籍 20 余种;另有点校古籍及古文今译、外文翻译类著述 20 余种,如《水经注校释》、《水经注校证》等。

同时,先生还有为数众多的各类散篇文字公开印行;主要包括在《中国社会科学》、《历史研究》、《地理学报》、《地理研究》、《历史地理》、《中国历史地理论丛》、《文史》、《中华文史论丛》、《光明日报》等学术期刊和报纸上发表学术类论文 200 余篇,以及各类序跋、引论、概述、词条、书评等 300 余篇。

此外,先生还有如回忆类、书信类、诗文类等文字,以及日记等,尚未正式刊行。可谓著作等身,洋洋大观。

(二)著述所反映的陈桥驿先生的治学经历和主要成就

1. 陈桥驿先生的治学历程

陈桥驿先生的学术活动与社会环境变化有紧密联系:(1)"文革"之前的 20 世纪五六十年代,先生虽有论著问世,但相比于 1980 年代之后,数量明显偏少,且多数是编纂类或科普读物,原创性成果还较少。这表现了早期的研究初创特点。(2)"文革"10年中,先生没有论著发表,这与当时的社会大环境有着密切的联系。(3)1977 年之后至今,先生的论著洋洋大观,几乎每年都有著述发表,1985 年至 2007 年处于高峰期。总之,先生的学术生命路径与 1949 年后中国历史地理学发展的路径大体相当。

1)科普与地理教育时期(1952 年—1960 年)

1960 年以前先生的主要精力在科普地理和地理教育方面,此时期他写作了一些中国主要河流简介、中国地理和世界地理简介等地理科普类书籍。这一方面反映那时先生的地理学研究刚处于起步阶段,并未表现出他的专长,而主要是作为一个地理教育者的身份来对地理学和地理知识做些普及的工作；另一方面也反映在 1950 年代很多学科的共同点，即对本学科基础知识和基础教育内容的梳理。

2）历史自然地理与郦学研究的初步收获时期（1961 年—1965 年）

1961 年至 1965 年这段时期，是先生专业研究的初步收获时期，此时开始关注历史自然地理和《水经注》的相关研究。相关著述表明，此时先生逐渐选择了自己的研究领域，其历史地理研究者的形象也有了端倪。这个时期的两篇关于宁绍平原鉴湖、森林变迁的历史自然地理的论文是他早期的代表作（1962 年发表《古代鉴湖兴废与山会平原农田水利》，1965 年发表《古代绍兴地区天然森林的破坏及其对农业的影响》），在中国历史地理学史上也是两部具有相当分量的名篇。正是由于这两篇文章，引起历史地理学几位前辈大师如谭其骧、侯仁之等先生的关注，这对于他以后的学术历程是非常重要的，也奠定了他在中国历史地理学界中的权威地位。而 1964 年发表的《水经注的地理学资料与地理学方法》一文，标志着先生在水经注研究方面也已经正式起步。此一阶段先生在吴越史地研究与郦学研究这两大领域均取得重大进展，亦是其后漫长岁月中研究关注的重点所在。

3）专业研究的"停滞"与沉潜时期（1966 年—1976 年）

1966 年至 1976 年为"文革"时期，先生的学术研究从发表文章情况来看，似乎处于"停滞"阶段，这当然是当时的大环境所决定。但事实上，在此期间，先生的学术研究仍一直在继续，郦学研究就是这时期整理出了大量手稿，这为以后他的学术大发展奠定了基础。只是限于当时条件，诸多成果无法公开发表、出版。

另外，从 1973 年起，他开始主持当时浙江省所承担的南亚地理著作的翻译工作。利用工作间隙，他也访问了国内的许多大的图书馆和知名学者，为水经注和历史地理研究持续努力。

4）历史地理学与郦学研究的继续深化和扩展时期（1977 年—1984 年）

1977 年至 1984 年为先生专业研究的继续深化和扩展时期。在此期间，先生在原有的科普地理创作、历史自然地理研究和《水经注》研究的基础上，进一步深化已有研究（如历史植被和历史河流、湖泊变迁的研究等有关历史自然地理的研究，水经注地理学内容的整理等郦学研究），同时扩展到新的领域（如历史聚落地理、历史民族地理等历史人文地理研究），数十年沉潜、厚积而一朝勃发，开始涉及几乎所有他以后所研究的领域。

先生的关于宁绍地区的历史地理研究和水经注研究的代表性成果，以及一些主要学术观点，亦均在此时期出现和形成。

5）专业研究继续深入，同时多样化开拓学术领域时期（1985 年—2015 年）

经过前几个时期的探索和积累，从 1985 年开始（也正是在这一年，经谭其骧、侯仁之、史念海等历史地理学前辈大师的推荐,由先生担任历史地理专业委员会主任的职务,先生开始领导和推动中国历史地理学的发展,也是从这时起,先生的研究几乎涉及历史地理学的所有分支学科),先生开始在此前专业研究深化的基础上,开始了他的全面深化、也是多样化蓬勃发展的时期,一直持续至生命的尽头。这个时期不论是就其写作的数量抑或种类而言,都是先生学术生命中的巅峰时期。郦学与徐学、中国历史地理学、古都学、宁绍史地与吴越文化、方志学、地名学,这几个重要方面几乎年年都有研究成果问世。相比之下,早期的科普地理或通论性的著述已经很少见,即使再出现也是为一些当代地理著作写的序言、书评,或是对当代地理学研究进展的评介。而这一时期,先生论著中的"其他"类一直出现,这主要是先生晚近时期一些历史、文化方面的非学术性文章逐渐增多,同时诸如针对学术腐败及自身治学经历的文章也连续问世,这一方面反映学风下降引起学者心忧,另一方面也是先生对自己治学经历的回顾及对后辈和学术发展的一种期望。

2. 陈桥驿先生的研究重点与突出成就

先生的主要学术成就体现在郦学、吴越史地研究、中国历史地理学理论及历史自然地理研究、历史城市地理与古都学、方志学、地名学以及学术规范等方面,其中,以郦学和吴越史地研究两个方面最为突出。兹按照时间顺序分述如下:

1)科普地理、地理教育与域外地理研究

先生是著名的历史地理学家,他自己也一直认可自己的地理学者身份,其学术生涯也是从地理学的研究开始的。从1950年代初开始,首先是一般性的地理学数据汇编和通俗性解说,以"区域地理学"为主;再逐渐选定历史地理和宁绍地区为自己的主攻方向,进行专门性的深入研究。对于总体性、一般性的地理学问题,先生后期未再专门进行讨论,但散见于各类论文、书评和序跋中。

先生的此类著述大体上可分为早期和近今两个时段。早期(1953年—1960年)多为编译、编写的通俗性、科普性著作。得益于对《水经注》的研究,先生首先编著了《淮河流域》、《黄河》、《祖国的河流》等介绍水系的著作,"《祖国的河流》一书4年内竟9次再版,成为新中国成立后最畅销的地理书,陈桥驿因此出名"。[④] 后陆续编写了有关全国和各省概况的科普读物,如《祖国最大省份新疆省》、《江淮流贯的安徽省》、《民族融洽的贵州省》等;以及简介外国地理常识的《欧洲资本主义国家地理》、《英国》、《日本》、《高中外国经济地理》、《世界煤炭地理》等;1958年又出版了对地理教育的论述《小学地理教学法讲话》。这些虽为通俗性作品,但已经以其流畅的文笔、新颖的资料而引起学术界的注意。

1966年后,由于众所周知的原因,先生受到了不公正的对待。直到1973年,因外事部门需要翻译一批外国地理著作,才任命他为浙江省外语翻译组组长主持翻译工作,先后翻译或主持翻译了《尼泊尔地理》、《马尔代夫共和国》和《不丹》等,之后又主持编写了《印度农业地理》等。

2)宁绍史地和吴越文化研究

先生以"历史地理学家"名世,他真正从事严格意义上的学术研究,并在学术界确立其地位且获得广泛赞誉,也是从历史地理学的研究开始的。至此,历史地理学成为先生一生为之奋斗的研究领域。

陈先生20世纪80年代的科研助手吕以春先生指出:"早在60年代,他就发表了《古代鉴湖兴废与山会平原农田水利》、《古代绍兴地区天然森林破坏及其对农业的影响》等文章,立刻受到历史地理学界的瞩目。"[5]此后,先生主要围绕宁绍地区,展开了涉及历史自然地理、历史人文地理等多方面的研究。这些成就,除了散见于大量的学术论文和若干专著之外(如《绍兴史话》、《绍兴历史地理》、《绍兴简史》等),还集中体现在1999年中华书局出版的论文集《吴越文化论丛》一书之中。同时,先生还进行了宁绍地区地方文献的搜集、整理和研究,如整理出版《绍兴地方文献考录》,共有"书篇目录1200余种,分作18类","这本书成为绍兴地区方志编纂和历史地理研究的必备参考书";[6]从海外引回并点校乾隆抄本《越中杂识》,该书"在国内排印出版时,我国负责古籍整理领导工作的李一氓先生,曾以十分喜悦的心情说,这'对古籍整理是很大的贡献'";[7]2005年,先生又指导翻译了国外汉学家研究宁绍地区的专著《湘湖——九个世纪的中国世事》。

除收入《吴越文化论丛》的论文之外,另有关于吴越文化的书评、序言等,如《评〈浙江文化史〉——兼论古代越史中的几个问题》、[8]《〈越国文化〉序》、[9]《〈绍兴古桥〉绪论》,[10]也有许多独到的见解;对吴越文化的总体研究,如《越文化研究的回顾和展望》、[11]《越文化研究四题》、[12]《简述越文化研究的历史》[13]等亦引起学术界的较大重视,也是国内同类研究中具有创始意义的论文。

3)中国历史自然地理和历史地理学理论

先生的历史地理学研究是从对宁绍地区的研究起家的,老一辈史学家杨向奎先生为史念海先生的《河山集三集》所作的序言中写道:

> 陈桥驿先生是从研究宁绍平原起家的,他六十年代在《地理学报》上发表的两篇关于宁绍平原鉴湖、森林变迁的论文,立即引起了注意。以后对宁绍平原的城市、聚落、水系变迁的研究都被认为是宁绍平原研究的权威。

先生的历史地理学研究立足于宁绍地区,但也对更大的区域范围做过论述,并进而深入探讨了中国历史地理学若干理论问题。

　　在对宁绍地区历史地理进行深入研究的基础上,先生扩展自己的研究领域,对浙江省不同地区、乃至国内其他地区,进行过若干专题性的研究,也有许多独到的见解。尤其重要的是,在 1970 年代末期,他协助谭其骧、史念海等先生主编《中国自然地理·历史自然地理》,该书是国内对历史自然地理研究最权威的著作之一。此后,他在这方面的工作主要转向组织、指导全国的历史地理学科的宏观发展方面,写了大量论文和序跋,也提出了许多精辟的观点。直到 2008 年,仍以主编的身份,主持了《中国运河开发史》的撰著工作。

　　先生长期担任中国地理学会历史地理专业委员会主任,承担了大量组织、领导本学科发展的任务。在此过程中,他有大量文章、讲话、序跋等,涉及到对历史地理学的发展方向、研究重点等的思考,如《〈中国历史地理〉序》、[14]《〈西域历史地理〉序》、[15]《〈中国历史地理简论〉序》、[16]《评〈西汉人口地理〉》、[17]《评〈黄淮海平原历史地理〉》、[18]《读〈河山七集〉》[19]等。

　　4)历史城市地理学与古都学

　　在历史人文地理学诸多分支学科中,先生尤其对历史城市地理学(包括“古都学”)用力最多;他是较早对此进行系统研究的学者,若干研究和观点也具有开创意义,并为学术界所广泛接受。其贡献表现在 3 个方面:第一,对宁绍地区乃至浙江省其他地区的聚落、城市等的发展、演变,如绍兴、杭州等,进行了精深的研究。第二,对城市、古都等理论和中国的城市、古都发展等方面,进行了宏观的论述,主持编纂、翻译了一批有影响的著作,对中国当代的相关领域研究有很大的推动作用。如先后主编《中国六大古都》、《中国历史名城》、《中国七大古都》、《中国都城辞典》等书,主持翻译了国际上关于中国历史城市地理研究的名著《中华帝国晚期的城市》等。第三,若干学术观点有较大的创新性,如对“六大古都”、“七大古都”的认定,以及对“古都”、“大古都”的标准和界定的论述等。

　　1985 年,先生出任中国地理学会历史地理委员会主任,他意识到,“除了在全国范围领导这门学科以外,我必须建立我自己在这门学科中的特色。于是我就把我涉猎较多的历史城市研究纳入其中”,“当时正值中国古都学会建立,史念海先生任会长,我任副会长。从此我就在这个领域中投入了较多的力量。”[20]基于他对历史城市地理研究的积累,他先后主编了《中国六大古都》、《中国七大古都》,这也是新中国古都学最重要的成果之一。在《论绍兴古都》[21]一文中,提出了两条作为古都的标准;后又发表《中国的古都研究》[22]和《聚落·集镇·城市·古都》,[23]补充了一个现代城市可以称为大古都的条件。这几条标准一直为古都学和历史城市地理研究者所接受和认可。

　　5)郦学

　　这是先生一生为之钟情的领域,始则出于兴趣,长则围绕所从事的地理学专业而以地理学者的眼光、角度来研判,终则扩而广之,成为汪洋恣肆、包罗宏富的庞大体系,涵盖了诸多学术领域。

1950 年代中期之后,在从事了地理学专业的教学、科研工作以来,先生发现了传统郦学研究中的不足和薄弱环节;因此,他最初对《水经注》的研究,是从地理学角度所展开的,比较注重用现代地理学观点与方法研究《水经注》。为此侯仁之教授说此"为《水经注》研究开拓了一个新途径",史念海教授称这是"用新方法研治郦注,别开生面,为郦学一大转折点"。在此基础上,围绕新出现的一系列问题,也随着研究环境的宽松和学术视野的扩大,先生对《水经注》的研究也向宽、深的领域扩展,涉及到版本、校勘和郦学史等等诸多方面。这样的学术路径和学术成就,集中体现在其 4 部《水经注研究》论文集和点校的各种《水经注》新版本中。

先生的 70 多部公开印行的各类著作中,仅郦学著作就有将近 30 部,还有大量的郦学研究的论文和相关文字,这些成果奠定了先生在"郦学"史上的地位。先生说过:"胡适在生命最后 20 年研究《水经注》,而我研究它已经有 25 个年头了。可以说《水经注》就是我的生命。"[24]阙维民在其文章中也称:

> 陈先生视《水经注》如玉石,对其研究可谓精雕细凿,从细微分析《水经注》记载的各种自然地理和人文地理现象入手,然后扩展到搜寻《水经注》的版本和佚文、探索郦学家和郦学研究学派、分门别类辑录汇编《水经注》所涉资料,最后逐条逐句校释和译注《水经注》。正是凭着这种细致钻研的精神,陈先生的郦学研究获得了丰硕的成果。[25]

先生可以说是从小就与《水经注》结缘,高中时已经开始对它自学研究,甚至在"文革"时期依然坚持不懈。他的郦学研究包括了传统的对《水经注》版本、目录、校勘、辑佚、翻译、郦学家、郦学史等的研究,还从地理学、历史学、地名学、评介等方面对《水经注》做了更加广博精深的研究。这些研究成果可以与全祖望、赵一清、戴震、杨守敬、熊会贞、胡适等前辈大师成就比肩,某些方面更能有所超越。因此,王守春称誉:"而在众多的研究《水经注》的学者之中,没有谁像杭州大学陈桥驿教授那样取得成果之丰。这些都是中国史学研究上的罕见奇观。"[26]

截止辞世之前,已有近 20 家出版社出版了先生的 30 余种郦学著述。先生对《水经注》的研究,涉及到许多领域,概括起来主要有以下 9 个方面:①《水经注》版本学的研究;②《水经注》地名学的研究;③郦学史的研究;④《水经注疏》版本及校勘的研究;⑤赵(一清)、戴(震)《水经注》案的研究;⑥对历代郦学家的研究;⑦《水经注》校勘、考据与辑佚研究;⑧《水经注》地理学的研究;⑨《水经注》地图学的研究。

有趣的是,也可以算是郦学研究的一项副产品,后来针对徐霞客研究在国内的兴起,先生最早在学术界提出"徐学"的概念,并进一步论述了徐霞客研究中的若干方向性的问题,如《论徐学研究及其发展》、[27]《扩大徐霞客研究》、[28]《关于"徐学"的兴起与当前研究》、[29]《为"徐学"松绑》[30]等。

6）方志学

先生在他的《陈桥驿方志论集》序言中说道:"我不是方志学家,生平并未系统地研究过方志学这门学问……",他又多次说到自己是方志的"大用户"。先生在自己治学过程中经常用到大量的方志资料,并且从20世纪50年代就开始在大学地理系开设方志学的课程。虽然他并没有"系统地研究过方志学这门学问",但是这并不影响他对方志学的贡献和所取得的成就。他多次参加领导地方志的编纂工作,发表了大量关于地方志研究的论文,还引回了多部流失海外的地方志,并且提出了很多在新方志修编中具有建设性的意见,例如地方志记载的动物、植物名称统一用"二名法"、地方志要编"索引"等,以后都成为地方志修撰的标准。正因为先生在方志学领域的成就,全国各地的地方志修撰工作者只要有机会,都会请他指导、为志书写序等,浙江省很大一部分地方志都是先生写的序言。

7）地名学

先生是我国地名学史研究的翘楚。他在20世纪70年代末,撰写《论地名学及其发展》[31]一文,成为我国全面系统研究地名学史的先驱,华林甫称此文"为中国的地名学史研究奠定了基础"。[32]先生主编了多部地名词典与地名志,而后更是在关于《水经注》的地名学成就、越语方言地名,以及中国地名学发展和地名中诸多现象等方面率先展开研究并取得较高理论成果。同时,先生长期指导和关心地名普查和地名典志的编纂工作,承有关方面所请,为大量的地名志等撰写序言或评介文章。

8）历史地图学

先生对历史地图方面也进行过较为深入的研究。早在20世纪五六十年代,先生就为有关出版社审定过地图,并用英文撰写了《中国古代的地图绘制》(Map-making in Ancient China),发表在当时国内出版的英文杂志《中国建设》(China Reconstructs)1966年第4期上。1980年代中期,当谭其骧先生主编的8卷本《中国历史地图集》正式出版后,先生即多次撰文给予评论。[33]此后,又先后对侯仁之先生主编的《北京历史地图集》、史念海先生主编的《西安历史地图集》等加以评论,[34]指出历史地图绘制中的一些经验、问题和规律。

先生一直对家乡的古旧地图的整理和历史地图集的编绘等极为关注,多次撰文论及,如2006年为《杭州古旧地图集》所写的《序》,[35]2012年为屠剑虹编著的《绍兴历史地图考释》所写的《绪论》[36]等。在其85岁高龄的2007年,更专门撰写《关于〈浙江省历史地图集〉的编绘》一文,对浙江省历史地图集的编绘问题,提出了精辟见解和殷切期望。[37]

9）治学经历与学术规范、中外学术交流等

进入1990年代后,学术界出现了许多所谓"学术不端"或"学术腐败"现象,先生对这些学术丑恶现象深恶痛绝。因此,他在后期的学术生涯里,一方面大力提携后学,在文章、序跋中介绍自己的治学经历,如《为学的教训》、[38]《我的为学经历》[39]等;另一方面,针对社会上的丑恶现象和学术界的不端行为,口诛笔伐,直言批判。2004年,先生在《学术界》发表《论学术腐败》的文章,[40]指出学风不良、学术腐败远比刑事犯罪和伪劣商品更为严重,它可以从根本上斫伤我们民族的元气。另外如《学问与学风》、[41]《"恐诺症"——兼论科研机构及高校的体制问题》、[42]《读〈亘古男儿——陆游传〉有感——兼论学术界的"伪作"》[43]等,也是这一方面的代表作。

先生还充分利用自己英语水平较高的优势,积极参与对外交流、沟通,将中国的学术研究状况介绍给西方,并引进和介绍了若干西方汉学界的新观点、新学说,如《韩国的汉学研究》、[44]《中日两国文化交流的体会》[45]等。这些工作为我国学术文化在国外的传播,以及促进中外汉学的交流等方面,都发挥了积极的作用。

10）其它的回忆性文稿和诗文碑记等非学术性撰著

先生天资聪颖,记忆力惊人,兼以个人勤勉为学,博览群书,打下了坚实的传统文化根基,具有很高的古典文学修养,又兼具较高的英文造诣。因此,除了前述学术性的著述外,先生还留下了大量的回忆性、记游性文稿和诗词碑记等文字,具有很高的存史意义和一定的文学欣赏的价值。

先生从1980年代初期就断续开始了自传的写作,先后完成了第一部《生长年代》和第二部《流浪年代》,2000年代中期又完成了《耄耋随笔》,于2011年由中华书局以《八十逆旅》为题正式出版;[46]还有一些回忆学生生活、回忆自己老师的文稿,也已经由先生生前编定,并于2016年初正式出版。[47]此外,还有大量的回忆性文字,散见于各处。在先生的这些自传和回忆性文字等中,除了记录自己所经历的人和事外,并花了大量篇幅,记叙了家乡的日常生活和不同时期的环境风貌,因此,既是自身人生经历的描述,也是一幅20世纪绍兴等地生活图景的再现。先生文字洗练,感情真挚,注重细节描写,于平实中见深情、寓褒贬。

在几十年的研究、教学和游历过程中,先生往往有感而发,或应有关方面所请,还写下了许多抒情性、描述性的文字和诗文碑记等,具有很高的艺术水平。有若干记游或回忆的文章,如《我与图书馆》、[48]《回忆在承天中学的一年多岁月——〈百年华诞〉序〉》;[49]还有应约而撰写的一些记文,如《东瀛散记》系列、[50]《北美散记》系列[51]等;也有大量即兴而写的古体诗词以及直接吟咏绍兴风物的大量诗文。先生的这一类文字，条理清晰，行文平实，感情非常真挚，文笔自成风格。

总之，先生的著述量算是洋洋大观了，但是这些著述都绝不敷衍应景，甚至他给地方志或者其他学者的专著写的序文，都是先阅读其著述，经过缜密的思考，然后纵论古今，品评优劣，每一篇都堪称是一篇上好的论文。先生从 20 多岁起就开始发表著述，一生笔耕不辍，他的学术生命一直延续至生命的终点。在他学术生命中的每个时段都有里程碑式的文章和著作，说明先生一直都保持着思想活力和"学术活性"。早年的文章持论谨严，法度严整，而晚年的文章更添直抒胸臆，有挥洒自如之感，犹似行云流水，酣畅淋漓。这些特点，一方面说明他积累深厚，另一方面也说明他年届耄耋，已经"从心所欲不逾矩"了。

"稽山青青鉴水长"——陈桥驿先生的学术之根与情感之源

历史地理学的研究有很强的地方性，当世的几位历史地理学大家也均有自己的重点研究区域，像谭其骧先生之于上海，侯仁之先生之于北京，史念海先生之于黄土高原和古都西安，不胜枚举。但是像陈桥驿先生这样，把自己的学术研究领地与自己的家乡如此紧密地联系在一起，而且对家乡如此充满深情厚意，并直接作出巨大的贡献，一直到生命的终点都始终念念挂牵，还是非常少见的。当然，家乡绍兴也没有忘记这位古越之子，给予了先生崇高的礼遇。

2015 年 2 月，陈桥驿先生逝世后，辛德勇先生曾撰文悼念，就曾点到先生的学术与家乡绍兴的关系：

> 悼念学者的离世，多称述其学术成就。在这一方面，很多人会首先提到先生的《水经注》研究。研究《水经注》，耗费先生后半生的主要精力，成就斐然，但就先生所从事的学科——历史地理学来说，陈桥驿先生还有比这更大的建树。

> 中国的历史地理学科，是在承受传统沿革地理学余绪的基础上，于上个世纪五六十年代创建发展起来的一门学科。在创立这一学科的过程中，侯仁之、史念海、谭其骧三位先生堪称开山祖师，陈桥驿先生则是紧随其后、贡献最为卓著的学者。

> 历史地理学与传统沿革地理学的区别，关键在于引入地理学的观念和方法。20 世纪 60 年代前期，陈桥驿先生在《地理学报》上相继发表的《古代鉴湖兴废与山会平原农田水利》(1962 年) 和《古代绍兴地区天然森林的破坏及其对农业的影响》(1965 年) 这两篇文章，在总体上，把历史学的根底和地理学的手段，紧密融

为一体；在具体研究过程中，还把历史自然地理的要素和历史经济地理的内容，联结成为有机的统一体。文章眼光独到，论证精湛，至今仍有典范意义；特别是对于在历史地理学研究中占有很大比重的地方性区域研究来说，更是无与伦比。先生这些研究，对创立和推动这一学科发展的贡献，与三位祖师差可比肩，而且随着学术的进一步发展，弥久而弥光。㉜

作为陈桥驿先生的亲炙弟子，阙维民先生对此更有深刻的体认。2011 年，他就在题为《陈桥驿先生学术研究的绍兴之根》一文中论及：

> 事实上，陈先生的学术研究具有很深的绍兴烙印，这不仅表现在他与人交流和学术演讲中浓重的绍兴口音中，更重要的是体现在陈先生对绍兴的学术研究成果中。㉝

2015 年陈先生逝世后，阙维民在其题为《鉴山越水根，史地郦学人——纪念恩师陈桥驿先生》的悼念文章中，再次论及：

> 陈先生的学术之根，无疑是历史时期涌现众多留芳千古人物的鉴山越水这方土地。他的学术生涯无不烙下了深深的家乡印记。
>
> 陈先生的智商基因，直接传自其祖父。正是这位清末举人、绍兴知名师爷，在陈先生的孩童年代，激发了陈先生对《水经注》的浓厚兴趣，为其日后的郦学研究，开启了通向学术殿堂的智慧之门。
>
> 陈先生在中国历史地理学界奠定其重大学术影响的上述三篇《地理学报》论文，其内容即为历史时期绍兴的农田水利、天然森林与城乡聚落。对最熟悉的家乡或久居之地作为最初研究主攻区域，是最明智、最可取，也是最符合历史地理学术研究规律的成功途径。
>
> 2009 年 12 月落址于绍兴市区中心仓桥直街、距陈先生位于状元府第的故居一河之隔的"陈桥驿先生史料陈列馆"，收藏了陈先生一生的个人档案，也是陈先生一生学术研究著述成果的归根之地。生于斯、长于斯的陈先生，最终以其学术成就的物质载体，反哺了家乡的历史文化建设。㉞

在近几年协助整理先生"全集"以及先生逝世后编辑先生"纪念文集"的过程中，我们深深感到，先生和家乡的关系，先生对家乡绍兴的感情，比我们之前所了解的，要更深厚，更密切。我们曾经称呼先生为"古越之子"，先生真是当之无愧。这种密切的关系，一直伴随着先生学术活动的始终。大致说来，可以从 4 个方面来看：

——从 1960 年代初期先生的两篇成名作（1962 年的《古代鉴湖兴废与山会平原农田水利》和 1965 年的《古代绍兴地区天然森林的破坏及其对农业的影响》）开始，先生的学术研究，就始终与绍兴有关。之后，举凡历史水系、历史植被、环境变迁等历史自然地理的研究,和历史城市地理、古都学、地名学、方志学等历史人文地理的研究,都与绍兴这片土地有关。绍兴,成为先生的学术之根,学术之源。

——先生对宁绍地区的研究,直接推动了国内、海外对宁绍地区的研究,开现、当代宁绍史地研究之先河,引领了一时之风气。对将绍兴史地研究推向全国,乃至成为海内外的热点研究领域,做出了很大的贡献。

——同时,先生直接参与了家乡绍兴的城市、水利、环境、文化等建设工作,殚精竭虑,贡献卓著。

——再进一步的,在先生的直接带动和言传身教下,培养了一批本土人才,在地方史志修纂、水系整治、文化遗产保护等各个方面,发挥了重要作用。

而先生之所以有这样的动力,持久地进行学术研究,并无私地关心家乡的各项事业,在其中一以贯之的,正是先生对家乡的挚爱深情。所以,先生的学术之根在家乡绍兴,而先生的生命之源、情感之源,亦在家乡绍兴。某种程度上,学术研究各有所见、所识,某些结论、观点也容有争论、修正,而这份深挚情感,则具有永恒的价值。

先生各个时期的文字中,多有写及家乡的;而每每提及家乡,先生都充满感情,读来真是感人至深。例如,1986 年,先生就吟咏:

于越流风远,埤中在暨阳。西子音容邈,典范照故乡。

之后又题咏家乡:

神禹原来出此方,茫茫洪海化息壤。应是人定胜天力,稽山青青鉴水长。

2011 年,先生自题 90 寿辰《清平乐》词一首:

九旬年纪,诸事在眼底。磨砺不移躬耕志,一樽还酹天地。

家乡恩情深记,稽山镜水梦忆。冥顽不灵如我,犹以越人自励。

2003 年,先生出版了《水经注研究四集》,在《序》中明确指出:

从 1985 年起,我开始出版《水经注》研究论文集,已经先后出版了三集。现在出版第四集,或许也是我有生之年出版的最后一本《水经注》研究论文集。由于这一集是为了纪念家乡绍兴环城河与古运河的整治成功而整理付梓的,所以这是我对蒸蒸日上的家乡水利事业的一点心意;也是我学郦数十年,对家乡父老朋友们的一番交代。

2002 年,先生在为邱志荣著《鉴水流长》所做的《序》中,直接表明了家乡对自己的深刻影响以及自己回馈家乡的心愿:

我从小生长于鉴水之畔,受鉴水哺育成人。千岩竞秀,万壑争流;山阴道上行,如在镜中游,这是我自幼心旷神怡的自然环境,鉴水灌润的膏腴之地,这是我衣食所持的生存环境。我从家教以至小学、中学,一直受到许多鉴水名师(包括历史上的和当代的)的作育栽培,这是我日后略知读书明理、处世为人的社会环境。生我者鉴水,育我者鉴水。我离开鉴水六十载,曾浪迹于海内外许多地方,但无论何时何地,让我念念不忘的就是鉴水。鉴水赐与我何其多,而我能报答鉴水的却何其少,常常扪心自愧。⑤

邱志荣先生在《跟随陈桥驿先生做学问》一文中,有这样中肯的评价:"陈先生所作《鉴水流长·序》,我百读不厌,每读一次都很感动和受启发。陈先生研究宁绍平原,尤其是在研究鉴湖上所取得的成就,与其对家乡对鉴湖的深厚感情是难以分开的。"诚哉斯言。

侯甬坚先生也曾经在先生辞世后,撰文论及此点:

> 每个人都有一个属于自己的心灵港湾,许多人的心灵港湾或许就是自己的家乡故里,如钱穆先生在台北思索良多的无锡县七房桥那样,或如吴宓先生人生归宿地的泾阳县安吴堡那样,再如陈桥驿先生心中回映的绍兴城车水坊状元台门那样。拥有这样的心灵港湾的人士是幸福的,将自己的学识运用到这一心灵港湾的人士更是幸福无比。⑤

绍兴是先生的故乡。先生对故乡绍兴怀着深厚的感情。绍兴的稽山鉴水既养育了先生,也直接催发了先生的学术创造活力,成为先生的学术之根,学术之源。反过来,先生又以自己的学术成果和一片深情,无私地奉献给家乡的各项事业,可以说是殚精竭虑,死而后已。这份对家乡的拳拳深情和无私奉献,让人感佩不已。

此次先生全集的整理,限于时间等因素,重点是将已经公开发表的著述加以结集,主要以学术性内容为主。先生逝世的突然,其学术活力一直保持到生命的终点;所以,先生还有各个时期与各界人士的通信以及散篇的回忆性、记游性文稿和诗文碑记等,散见各处,需要花费时日加以整理。这里面主要是两部分,一类是与国内外学术界的交往,主要涉及学术问题;另一类,就是与绍兴地方人士的交往,更多地体现出先生的情感,先生对家乡的深情。

所以,后续我们的一项重要工作,就是尽可能将这些尚未公开发表、散见各处的文字,尤其是先生这些表达对家乡深情的直抒胸臆的感性的文字,以及诗词、题词、碑记等,收集起来,整理付梓。这些,对了解先生、理解先生,会更有助益。

"先生之风,山高水长"

2015年2月11日上午11时16分,陈桥驿先生安祥地辞别了人世。

先生天资卓异,心性纯良,虽未完整接受正规大学教育,中年之前又多遭流离之苦及动荡之害，但仍矢志不渝，致力问学，终成一代大家。先生从少年时期起，就接受中国传统儒家文化熏陶，服膺终身；后又受到基督教信仰的影响，喜读《圣经》。先生一生坚守古代士人传统，又兼容现代观念，古今会通，中西融贯。即使耄耋之年，仍坚持每日伏案，辛勤笔耕，直至生命的终点。先生的一生，可以说是丰富多彩，甚至是波澜壮阔。尤其是晚年的时间，亦充盈而富有质量，可谓"华枝春满，天心月圆"。

追思先生，音容宛在，诸多往事也历历在目。感触最深的，还是先生的读书人本色。即使在先生生命的最后时分，先生仍与书、笔相伴，不曾须臾分离。先生自己曾经说过，"读书、写作，是我一生的习惯，也是我生命的乐趣和寄托，没有了这些，生命也就没有了意义"。先生更有诗曰：

　　　　一生不谙消遣事，春夏秋冬唯读书。

　　　　老来犹喜读书乐，读书之乐乐何如。

道尽一生追求。

至今还清晰地记得先生在 2014 年 11 月初接受凤凰卫视采访时，给同学们所上的"最后一课"的情景，耳旁也依然回荡着先生那仿佛用生命所发出的掷地有声的话语：

　　　　我们大家都是读书人，今天我们就讲读书。

　　　　我们中国长期以来，第一美好，也可以说在全世界来讲，第一个美好的，就是读书。……

先生在这次讲课的最后，仍然谆谆告诫我们：

　　　　所以我们中国长期以来的优秀传统，就是读书。

　　　　所以希望大家读了书以后，都是读书明理，做一个好的文化人，做一个好的读书人，或者，再简单一点，做一个好的文人。

是的，先生，您就是一个好的文化人，好的读书人，您就是读书人的楷模，真正的学人、文人。您留给我们的学术成就和精神财富，是丰厚的，也是有永恒价值的。您那博大精深的学术和思想，那高洁超逸的品行和风骨，会一直陪伴着我们。

先生的生命，已经融入古越山水，神州大地；先生的学术、风范，也定会长存世间，泽被后人。

注释：

① 中华书局 1999 年版。

② 科学出版社 1982 年版。

③ 葛剑雄《稽山仰止，越水长流——怀念陈桥驿先生》，载《中国历史地理论丛》2015 年第 2

辑,第5—7页。

④　叶辉《陈桥驿:寻山问津治郦学》,载《光明日报》2006年10月29日。

⑤　吕以春《剑锋磨砺出,梅香苦寒来——记陈桥驿教授的学术业绩》,载《科技通报》1989年第2期,第56—59页。

⑥　颜越虎《陈桥驿方志学说与修志实践研究》,载《广西地方志》2004年第4期,第3—9页。

⑦　诸葛计《稀见著录地方志书概说——关于合力编纂〈中国稀见著录方志提要〉的建议》,载《中国地方志》1999年第3期,第68—76页。

⑧　《浙江学刊》1993年第2期。

⑨　方杰主编,上海社会科学出版社1998年版。

⑩　屠剑虹著,中国美术学院出版社2001年版。

⑪　《杭州师范学院学报(社会科学版)》2004年第2期。

⑫　载车越乔主编《越文化实勘研究论文集》,中华书局2005年版。

⑬　载费君清主编《海峡两岸越文化研究》,人民出版社2005年版。

⑭　张步天著,湖南大学出版社1987年版。

⑮　苏北海著,新疆大学出版社1988年版。

⑯　马正林著,陕西人民出版社1987年版。

⑰　《历史地理(第7辑)》,上海人民出版社1990年版。

⑱　《地理学报》1991年第4期。

⑲　《陕西师范大学学报(哲学社会科学版)》1999年第4期。

⑳　陈桥驿《我的为学经历》,载《浙江学刊》2000年第1期,第150—153页。

㉑　《历史地理(第9辑)》,上海人民出版社1990年版。

㉒　《杭州师范学院学报》1994年第1期。

㉓　《河洛史志》1994年第3期。

㉔　周能兵、钱玲《陈桥驿:自学而成的国学泰斗》,载《绍兴晚报》2008年4月18日。

㉕　阙维民《精雕细凿,孜孜不倦——拜读陈桥驿先生郦学研究新著有感》,载《中国历史地理论丛》2003年第1辑,第5—7页。

㉖　王守春《陈桥驿与郦学研究》,载《史学月刊》1993年第5期,第19—23页。

㉗　《浙江学刊》1988年第2期。

㉘　《浙江学刊》1992年第4期。

㉙　《徐霞客在浙江》,浙江教育出版社1998年版。

㉚　《徐霞客研究(第16辑)》,地质出版社2008年版。

㉛　《中国历史地理论丛》1981年第3辑。

㉜　华林甫著《中国地名学源流》,湖南人民出版社1999年版,第6页。

㉝　《评〈中国历史地图集〉》,载《中国社会科学》1985年第4期;另有英文 The Historical Atlas of China,载1986年英文版的《中国社会科学》(Social Sciences in China,Summer 1986)。

㉞　《评〈北京历史地图集〉》，载《历史研究》1989 年第 5 期；《北京地区历史早期人地关系研究的重大成果——〈北京历史地图集二集〉评介》，载《地理研究》1998 年第 1 期；《评〈西安历史地图集〉》，载《历史研究》1997 年第 3 期。

㉟　杭州市档案馆编《杭州古旧地图集》，浙江古籍出版社 2006 年版。

㊱　屠剑虹编著《绍兴历史地图考释》，中华书局 2013 年版。

㊲　《关于〈浙江省历史地图集〉的编绘》，载《杭州师范学院学报（社会科学版）》2007 年第 2 期，第 54—58 页。

㊳　《高教学刊》总第 10 期，1990 年。

㊴　《浙江学刊》2000 年第 1 期。

㊵　《学术界》2004 年第 3 期。

㊶　《杭州师范大学学报（社会科学版）》2008 年第 6 期。

㊷　《学术界》2008 年第 5 期。

㊸　《浙江学刊》2009 年第 5 期。

㊹　《韩国研究》（第 3 辑），杭州出版社 1996 年版。

㊺　《浙江省中日关系史学通讯》2002 年第 5 期。

㊻　陈桥驿著《八十逆旅》，中华书局 2011 年版。

㊼　陈桥驿著《我的老师》，杭州出版社 2016 年版。

㊽　《浙江九三》2004 年第 6 期。

㊾　《绍兴文史资料》第 22 辑，2008 年。

㊿　《联谊报》1994 年 2—5 月。

51　《野草》1996 年 3、4、5 期。

52　辛德勇《悼念陈桥驿先生》，载《中国历史地理论丛》2015 年第 2 辑，第 7—9 页。

53　阙维民《陈桥驿先生学术研究的绍兴之根》，引自浙江大学地球科学系、浙江大学社会科学研究院编：《古越之子·水经传人·史地名家——陈桥驿先生九十华诞庆贺纪念册》，2011 年，第 199—203 页。

54　阙维民《鉴山越水根，史地郦学人——纪念恩师陈桥驿先生》，载《中国历史地理论丛》2015 年第 2 辑，第 16—19 页。

55　邱志荣著《鉴水流长》，新华出版社 2002 年版。

56　侯甬坚《住在杭州城的乡贤教授——陈桥驿先生之心境》载《中国历史地理论丛》2015 年第 2 辑，第 20—23 页。

三、陈桥驿先生生平著作年表简编

1923 年　1 岁

12 月 10 日(民国十二年农历十一月初三戌时),出生于浙江绍兴(绍兴城内车水坊状元台门。该宅原为明隆庆状元张元忭府第,清嘉庆间售于陈氏)。因按生日时辰推算,五行缺土少金,所以取名"庆鋆"。后因字形较繁,改为"庆均",小名"阿均"。

1927 年　5 岁

夏夜,祖孙天井纳凉,祖父陈质夫(清举人)教之唐诗:"松下问童子,言师采药去,只在此山中,云深不知处。"仅一遍就能背,并懂诗的大意。祖父信心大增,从此教诗不止。

1928 年　6 岁

已能熟背整本《唐诗三百首》。被族人誉为"好记性"。

1929 年　7 岁

祖父试教《大学》、《中庸》二篇,一个上午就能熟背,祖父大喜,即教《论语》、《孟子》。同时又读《神童诗》、《千家诗》、《幼学琼林》、《诗经》;自看《三国演义》、《水浒传》、《红楼梦》,尤喜《三国》,《水浒》次之,《红楼》兴趣不大。开始背《五经》。时年除夕,祖父宣布阿均是陈氏家族中第一个背熟《四书》的孙子。

1932 年　10 岁

入省立第五中学附属小学二年级。

1934 年　12 岁

升入同校高小五年级。读《苦儿努力记》、《木偶奇遇记》、《鲁滨孙漂流记》,读了日本监谷温的《中国文学史概论》,读《胡适文存》并甚佩服,问祖父,祖父说"这就是做学问",从此立下"做学问"的宏愿。

1935 年　13 岁

祖父学生孙伏园从欧洲回来,认为仅学"子曰诗云"不够,建议再学英语,遂请家教以林语堂的《开明英语读本》作教材。

1936 年　14 岁

高小毕业,考入承天中学。遵祖父意,通读《史记》、《汉书》,略读《通鉴》、《旧唐书》。幼时听祖父讲故事,发现不少故事都出自巾箱本《合校水经注》,遂将祖父 20 册巾箱本归为己有。祖父藏书逾万册,经常翻阅。中学时,几乎每天下午入中学图书馆,读了不少茅盾、冰心、巴金、周作人、鲁迅的小说。还经常到旧书摊淘书,淘得英文原版《短篇小说选集》、《英文字典大全》、《纳氏文法》、《标准英汉字典》。因喜欢《李后主词》,用毛笔抄录并熟背。

1937 年　15 岁

抗战爆发,举家逃难,发现《中国地图集》有全国地名,很实用,熟背全国各县地名;闲时,还背中华书局的《辞海》。

1938 年　16 岁

插入省立绍兴中学初二班。一直不读"正书",泡图书馆读《万有文库》、《丛书集成》等。

1940 年　18 岁

入花明泉高中读书。

1941 年　19 岁

绍兴沦陷,逃往嵊县,入崇仁廿八都分校读书。后回绍兴,在祖父指导下读《水经注》。

1942 年　20 岁

嵊县沦陷。祖父去世。中学复学无期,至绍兴柯桥阮社小学任校长。

1943 年　21 岁

仍在阮社任校长。暑期出奔,冒险越金华日军防线。原拟到后方以同等学力投考大学,因道路险阻,出沦陷区后已逾考期,在上饶读完高中三年级。

1944 年　22 岁

秋,从上饶经赣州拟去内地投考大学,因衡阳失陷,道路断绝,在赣州考取国立中正大学社会教育学系。年底,战事更紧,一腔热血,认为"国家兴亡,匹夫有责",遂弃学从军,参加"青年远征军",预备到缅甸或印度。部队考试一举夺冠,被分配到"青年远征军"208 师 623 团任英语教官。

1946 年　24 岁

秋,到嘉兴青年职业学校高职部任英语教师,至 1947 年。

1948 年　26 岁

春,任新昌县立中学教导主任,兼教地理,至 1953 年夏。

当时,发现上海一家出版社出版的地图有不少错误,于是连续在《大公报》副刊《读书与出版》上发表批评文章。上海地图出版社社长写信邀其去该社,因学校不允,未成。

1952 年　30 岁

《淮河流域》由上海的春明出版社出版。

1954 年　32 岁

春,到浙江师范学院任地理系讲师(时校园在杭州市六和塔附近的原之江大学校址处)。因教学需要,自学梵文。

1957 年　35 岁

任浙江师范学院地理系经济地理教研室主任。

1962 年　40 岁

发表《古代鉴湖兴废与山会平原农田水利》,载《地理学报》1962 年第 3 期。

1964 年　42 岁

发表《水经注的地理学资料与地理学方法》,载《杭州大学学报(哲学社会科学版)》1964 年第 2 期。

1965 年　43 岁

发表《古代绍兴地区天然森林的破坏及其对农业的影响》,载《地理学报》1965 年第 2 期。

1973 年　51 岁

因国务院〔国发(73)143 号〕文件,全国 9 省市出版局准备翻译外国地理书籍,从"牛棚"提出,外借到浙江省出版局,负责浙江翻译工作。

1978 年　56 岁

杭州大学地理系副教授。

1979 年　57 岁

发表《论水经注的版本》,载《中华文史论丛》1979 年第 3 辑。

1980 年　58 岁

为美国匹茨堡大学高年级学生举办文化学习班,用英语讲《杭州地理》课程。

是年起开始招收历史地理专业硕士研究生(9 月入学)。

发表《我读水经注的经历》,载《书林》1980 年第 3 期。

1981 年　59 岁

发表论文:

《评森鹿三主编水经注(抄)》,载《杭州大学学报(哲学社会科学版)》1981 年第 4

期,译载于日本关西大学《史泉》第 57 号;

《水经注记载的城市地理》,载《中国历史地理论丛》1981 年第 1 辑;

《小山堂抄本全谢山五校水经注》,载《杭州大学学报(哲学社会科学版)》1981 年第 4 期;

《我国古代湖泊的湮废及其经验教训》,载《历史地理》1981 年创刊号。

1982 年　60 岁

在巴西出席国际地理学会议,用英文写成《一千年来杭州的城市建设与经济发展》,引起与会者的极大兴趣。是年秋,应邀到美国讲学。

《中国自然地理·历史自然地理》(中国科学院《中国自然地理编辑委员会》主持,谭其骧、史念海、陈桥驿主编)由科学出版社出版。

《绍兴史话》,由上海人民出版社出版。

发表论文:

《编纂水经注新版本刍议》,载《古籍论丛》(福建人民出版社 1982 年版);

《水经注记载的热带地理》,载《热带地理》1982 年第 3 期。

1983 年　61 岁

杭州大学地理系教授。

先后担任日本关西大学、大阪大学、广岛大学等校客座教授,并赴日本、美国、加拿大等多所大学讲学。

《绍兴地方文献考录》、《浙江分县简志》(参编)、《越中杂识》(点校),由浙江人民出版社出版。

《中国六大古都》(主编),由中国青年出版社出版。

发表论文:

《评台北中华书局影印本杨熊合撰水经注疏》,载《杭州大学学报(哲学社会科学版)》1983 年第 3 期;

《论郦学研究及其学派的形成与发展》,载《历史研究》1983 年第 6 期。

1984 年　62 岁

发表论文:

《关于水经注疏不同版本和来历的探讨》,载《中华文史论丛》1984 年第 3 辑;

《水经注金石录·序》,载《山西大学学报(哲学社会科学版)》1984 年第 4 期;

《爱国主义者郦道元与爱国主义著作水经注》,载《郑州大学学报(哲学社会科学版)》1984 年第 4 期。

1985 年　63 岁

受聘担任日本国立大阪大学客座教授一学期,并在东京、京都、广岛等地大学讲学。

担任中国地理学会历史地理专业委员会主任(直至 1996 年卸任)。

《水经注研究》,由天津古籍出版社出版。

发表论文:

《熊会贞郦学思想的发展》,载《中华文史论丛》1985 年第 2 辑。

1986 年　64 岁

发表论文:

《编绘出版〈水经注图〉刍议》,载《地图》1986 年第 2 期;

《水经注戴赵相袭案概述》,载《郑州大学学报(哲学社会科学版)》1986 年第 1 期;

《胡适与水经注》,载《中华文史论丛》1986 年第 2 辑;

《港台水经注研究概况评述》,载《史学月刊》1986 年第 1 期;

《水经注文献录·序》,载《杭州大学学报(哲学社会科学版)》1986 第 3 期,并转载于《新华文摘》1987 年第 1 期。

1987 年　65 岁

《郦道元与水经注》,由上海人民出版社出版;

《水经注研究二集》,由山西人民出版社出版。

发表论文:

《戴震校武英殿本水经注的功过》,载《中华文史论丛》1987 年第 2—3 辑合刊;

《郦学概论》,载《文史哲》1987 年第 5 期。

1988 年　66 岁

《中华人民共和国地名词典·浙江省》(主编),由商务印书馆出版。

发表论文:

《郦道元生平考》,载《地理学报》1988 年第 3 期;

《郦道元》(Li Daoyuan, f l. c. 500. A. D), 载英国《地理学家传记研究》第 12 卷 (GEOGRAPHERS: Biobibliographical Studies, Vol. 12(1988):125 – 131);

《关于水经注疏定稿本的下落》, 载《中国历史地理论丛》1988 年第 2 辑;

《水经注军事年表·序》, 载《杭州大学学报(哲学社会科学版)》1988 年第 4 期。

1989 年　67 岁

受聘担任日本国立广岛大学客座教授, 并在九州、福冈等地讲学。

《水经注疏》(上、中、下册)(杨守敬、熊会贞合撰, 段熙仲点校, 陈桥驿复校), 由江苏古籍出版社出版。

发表论文:

《王国维与水经注》, 载《中华文史论丛》1989 年第 2 辑;

《地理学思想史·序》, 载《中国历史地理论丛》1989 年第 3 辑(该文是为刘盛佳编著《地理学思想史》所作的序言, 华中师范大学出版社 1990 年出版)。

1990 年　68 岁

武英殿本《水经注》(点校), 由上海古籍出版社出版;

《杭州市地名志》(主编), 由浙江人民出版社出版。

发表论文:

《读水经注札记(之三)》, 载香港《明报月刊》1990 年第 10 号;

《为学的教训》, 载《高教学刊》1990 年第 2 期;

《郦道元和水经注以及在地学史上的地位》, 载《自然》1990 年 3 月号;

《郑德坤与水经注》, 载《中国历史地理论丛》1990 年第 3 辑;

《历史地理学家杨守敬及其水经注研究》, 载《中国历史地理论丛》1990 年第 4 辑;

《水经注的歌谣谚语》, 载《郑州大学学报(哲学社会科学版)》1990 年第 1 期。

1991 年　69 岁

获国务院颁发"从事教育工作突出贡献"证书并享受政府特殊津贴。

国际地理学会(IGU)聘任为历史地理专业委员会咨询委员。

《浙江古今地名词典》(主编), 由浙江教育出版社出版;

《浙江灾异简志》(编著), 由浙江人民出版社出版;

《中国七大古都》(主编), 由中国青年出版社出版。

发表论文：

《评胡适手稿》，载《中华文史论丛》1991 年第 47 期。

1992 年　70 岁

《郦学新论——水经注研究之三》，由山西人民出版社出版。

发表论文：

《钟凤年与水经注》，载《陕西师范大学学报（哲学社会科学版）》1992 年第 3 期；

《吴天任与水经注》，载《中国历史地理论丛》1992 年第 2 辑。

1993 年　71 岁

发表论文：

《全祖望与水经注》，载《历史地理》1993 年第 11 辑；

《赵一清与水经注》，载《中华文史论丛》1993 第 5 辑。

1994 年　72 岁

被国务院评为终身教授（杭州大学转发国家人事部转省人事厅文件，规定无限期不退休，"继续研究，继续写作"）。

《郦道元评传》，由南京大学出版社出版。

发表论文：

《民国以来研究水经注之总成绩》，载《中华文史论丛》1994 年第 53 辑。

1995 年　73 岁

2 月 16 日下午偕夫人寻踪到涿州市郦道元村。

应邀去加拿大和美国访问讲学半年。

《水经注全译》（无原文本），由山西人民出版社出版。

发表论文：

《水经注·洳水篇笺校》，载《韩国研究》1995 年第 2 辑。

1996 年　74 岁

应《中国地方志》邀请，撰写《北美汉学家论中国方志》。

《水经注全译》（上下册，附原文本），由贵州人民出版社出版。

发表论文：

《汪辟疆与水经注》,载《史念海先生八十寿辰学术文集》,陕西师范大学出版社出版。

1997 年　75 岁

应聘为英国剑桥国际传记中心荣誉委员。

《陈桥驿方志论集》,由杭州大学出版社出版。

1998 年　76 岁

发表论文:

《关于水经注校释》,载《杭州师范学院学报(哲学社会科学版)》1998 年第 5 期;

《评介英文版〈徐霞客游记〉》,载《徐霞客研究》1998 年第 3 辑。

1999 年　77 岁

应邀赴香港、台湾访问讲学。在台湾"中央研究院"作《水经注》研究讲座。

《中国都城辞典》(主编),由江西教育出版社出版;

《吴越文化论丛》,由中华书局出版;

《水经注校释》,由杭州大学出版社出版。

发表论文:

《我说胡适》,载《辞海新知》1999 年第 4 辑。

2000 年　78 岁

《郦学札记》,由上海书店出版社出版;

《郦道元》,由花山文艺出版社出版;

《〈水经注〉评价》,载林德宏主编《科技巨著(第一册)》(《中国典籍精华丛书》第 9 卷),由中国青年出版社出版。

2001 年　79 岁

《水经注》(简化字本),由浙江古籍出版社出版。

发表文章:

《记一本好书的出版》,载《中华读书报》2001 年 7 月 4 日;

《学术腐败——中国科学的恶性肿瘤》,载《中华读书报》2001 年 11 月 14 日。

2002 年　80 岁

《水经注・黄河之水》由台湾古籍出版有限公司出版；

《水经注・汾济之水》由台湾古籍出版有限公司出版；

《水经注・海河之水》由台湾古籍出版有限公司出版；

《水经注・洛渭之水》由台湾古籍出版有限公司出版；

《水经注・淮河之水》由台湾古籍出版有限公司出版；

《水经注・沔河之水》由台湾古籍出版有限公司出版；

《水经注・长江之水》由台湾古籍出版有限公司出版；

《水经注・江南诸水》由台湾古籍出版有限公司出版。

2003 年　81 岁

《水经注校释》获第三届中国高校人文社会科学优秀成果一等奖。

《水经注图》（校释），由山东画报出版社出版；

《水经注研究四集》，由杭州出版社出版。

2004 年　82 岁

发表论文：

《论学术腐败》，载《学术界》2004 年第 3 期；

《我校勘水经注的经历》，载《杭州师范学院学报（哲学社会科学版）》2004 年第 5 期。

2005 年　83 岁

发表论文：

《关于创建世界第一流大学》，载《黄河文化论坛》第 13 辑；

《从商、入仕、做学问——读杨守敬学术年谱》，载《学术界》2005 年第 6 期。

2007 年　85 岁

8 月　绍兴筹建"陈桥驿先生史料陈列馆"。

《水经注校证》，由中华书局出版。

2008 年　86 岁

《中国运河开发史》（主编），由中华书局出版。

《水经注论丛》,由浙江大学出版社出版。

2009 年　87 岁

7 月　31 日,夫人胡德芬女士病逝,享年 83 岁。

12 月　绍兴"陈桥驿先生史料陈列馆"正式开馆。

《水经注》(陈桥驿译注,王东补注),由中华书局出版。

2010 年　88 岁

5 月　浙江大学授予陈桥驿先生"竺可桢奖"。

《水经注撷英解读》,由台北三民书局出版。

2011 年　89 岁

11 月　12、13 日,浙江大学和绍兴市人民政府隆重举办"陈桥驿先生九十华诞庆贺会暨历史地理学发展学术研讨会"。路甬祥副委员长题词"史地巨子,郦学大家"。

《新译水经注》,由台北三民书局出版。

《陈桥驿方志论文续集》,由中华书局出版。

《八十逆旅》(自传),由中华书局出版。

2012 年　90 岁

7 月　《钱江晚报》发表专访《陈桥驿:俯仰山河》(《钱江晚报》2012 年 7 月 13 日第 1、2 版)。

10 月　《水经注校证》(中华书局 2007 年版)一书,荣获"第六届吴玉章人文社会科学奖"优秀奖。10 月 3 日,陈先生至中国人民大学领奖。

《〈水经注〉地名汇编》,由中华书局出版。

2013 年　91 岁

1 月　21 日,中共绍兴市委办公室、绍兴市人民政府办公室发文〔绍市委办发(2013)11 号〕,确定"陈桥驿先生史料陈列馆"为"第七批市级爱国主义教育基地"。

5 月　7 日,陈桥驿先生参加浙江大学地球科学系历史地理学专业研究生何沛东同学硕士论文答辩会。这是陈先生最后一次参加学生的论文答辩。

10 月　中国地理学会授予陈桥驿先生中国地理学界的最高荣誉"中国地理科学成就奖"。

11 月 30 日,在由中国水利学会和中国文物学会主办的"中国大运河水利遗产保护与利用战略论坛"上,因其对浙东运河绍兴段的卓越研究,以及对水利遗产保护和利用有突出贡献,而荣获 2013 年度"中国水利遗产保护个人奖"。

12 月 10 日,浙江大学地球科学系、中国地理学会、浙江省地理学会在浙江大学举行颁奖仪式,浙江大学副校长罗卫东和中国地理学会秘书长张国友共同为陈先生颁发第四届"中国地理科学成就奖"。与会人员并为陈先生庆贺生日,恭贺陈先生 90 大寿。

2014 年 92 岁

2 月 《庆贺陈桥驿先生九十华诞学术论文集》(罗卫东、范今朝主编),由浙江大学出版社出版。

11 月 5、6 日,陈桥驿先生在家中接受香港凤凰卫视中文台"我的中国心"栏目组专访。12 月 27 日,专题片《半在清溪半在山——陈桥驿》在凤凰卫视中文台播出。

2015 年 93 岁

2 月 11 日上午 11 时 16 分,陈桥驿先生在杭州逝世。15 日下午,在杭州殡仪馆举行"陈桥驿先生告别会"。

十二届全国政协副主席、九三学社中央主席、中国科学技术协会主席韩启德先生于 2015 年 2 月 12 日为陈桥驿先生逝世题写挽词:"陈桥驿先生是中国优秀知识分子的代表,他的品格和风范在当今形势下显得尤为可贵。陈桥驿先生是九三楷模,所有九三学社成员都要了解他,向他学习。"

3 月 27 日上午,举行陈桥驿先生骨灰安放仪式。陈桥驿先生的骨灰和夫人一起安放于杭州基督教公墓。

12 月 10 日,在绍兴举行"陈桥驿先生铜像揭幕暨九三学社全国传统教育基地落户仪式"。陈桥驿先生铜像安放在绍兴"陈桥驿先生史料陈列馆"。

2016 年 去世后 1 年

2 月 27 日,在浙江大学玉泉校区邵逸夫科学馆举行"陈桥驿先生逝世一周年纪念座谈会暨浙江省历史地理学发展研讨会"。

3 月 16 日,"纪念陈桥驿先生逝世一周年暨《我的老师》赠书仪式"在绍兴的"陈桥驿先生史料陈列馆"举行。绍兴市委宣传部、市教育局、市建设局向全市部分中小学校、高中、大学、图书馆、档案馆赠送了陈桥驿先生的遗作《我的老师》。陈桥驿先生家属出席仪式。

3 月 25 日,由"陈桥驿先生史料陈列馆"和"蕙风书会"联合举办的"稽山青青鉴水长——深切缅怀陈桥驿先生书法作品展",在绍兴博物馆开展。

4 月 18 日,《我的老师》第二次赠书活动由绍兴市教育局、绍兴市鉴湖研究会、陈桥驿先生史料陈列馆联合举行。

8 月 《山水契阔——陈桥驿先生学行录》(罗卫东、范今朝主编),由浙江大学出版社出版。

2017 年 去世后 2 年

12 月 10 日,绍兴市在"陈桥驿先生史料陈列馆"举行"纪念陈桥驿先生诞辰 95 年暨绍兴历史文化名城保护座谈会"。绍兴市人大常委会副主任、九三学社绍兴市主委丁晓燕及绍兴市相关部门和人士,浙江大学地球科学学院党委书记王苑和浙江省有关方面,以及陈先生家属和学生代表等 30 余人参加了座谈会。

(范今朝整理、续编)

说明:本年表(2008 年之前)主要据《水经注论丛》所附"陈桥驿年表"(陈桥驿著《水经注论丛》,浙江大学出版社 2008 年版,第 490—499 页)补充修改编定,2008 年后由范今朝续编。

四、陈桥驿先生正式出版著作及《全集》收录情况一览表

（包括独著、合著、点校和主编、合编、主译、译校等）

序号	书名及署名	出版社及出版时间	《全集》收录情况
1	《淮河流域》（著） （新地理知识丛书）	（上海）春明出版社 1952 年版	第十三卷。
2	《欧洲资本主义国家地理》（编著）	（上海）地图出版社 1953 年版	第十三卷。
3	《黄河》（著）	（天津）益智书店 1953 年版	第十三卷。
4	《祖国最大省份新疆省》（编著） （地理小丛书）	（上海）地图出版社 1954 年版	第十三卷。
5	《江淮流贯的安徽省》（编著） （地理小丛书）	（上海）地图出版社 1954 年版	第十三卷。
6	《祖国的河流》（著）	（上海）新知识出版社 1954 年版	第十三卷。
7	《民族融洽的贵州省》（编著） （地理小丛书）	（上海）地图出版社 1954 年版	第十三卷。
8	《英国》（编著）	（上海）新知识出版社 1955 版	第十三卷。

序号	书名及署名	出版社及出版时间	《全集》收录情况
9	《日本》（编著）	（上海）新知识出版社 1956 年版	第十三卷。
10	《高中外国经济地理》（编著）（自学参考用书）	浙江人民出版社 1957 年版	第十三卷。
11	《小学地理教学法讲话》（著）	浙江人民出版社 1958 年版	第十三卷。
12	《世界煤炭地理》（编著）	商务印书馆 1960 年版	第十三卷。
13	《尼泊尔地理（自然、经济、文化与区域）》（译校）	浙江人民出版社 1978 年版	未收。
14	《马尔代夫共和国》（编译）	浙江人民出版社 1979 年版	第十三卷。
15	《不丹：自然与文化地理》（译校）	浙江人民出版社 1980 年版	未收。
16	《中国自然地理·历史自然地理》（合编）	科学出版社 1982 年版	撰写部分收录第九卷。
17	《绍兴史话》（著）	上海人民出版社 1982 年版	第八卷。
18	《越中杂识》（点校）（浙江地方史料丛书）	浙江人民出版社 1983 年版	第八卷。
19	《中国六大古都》（主编）（地理小丛书）	中国青年出版社 1983 年版	撰写部分收录第九卷。
20	《浙江分县简志》上、下（合作编撰）（浙江简志之一）	浙江人民出版 1983 年版（上册）、1984 年版（下册）	撰写部分收录第九卷。
21	《绍兴地方文献考录》（著）	浙江人民出版社 1983 年版	第八卷。
22	《水经注研究》（著）	天津古籍出版社 1985 年版	第一卷。
23	《浙江地理简志》（合作编撰）（浙江简志之三）	浙江人民出版社 1985 年版	撰写部分收录第九卷。
24	《浙江省地理》（合作编著）（中国地理丛书，区域地理类）	浙江教育出版社 1985 年版	撰写部分收录第九卷。
25	《中国历史名城》（主编）（中国地理丛书，人文地理类）	中国青年出版社 1986 年版	撰写部分收录第九卷。
26	《郦道元与水经注》（著）	上海人民出版社 1987 年版	第三卷。
27	《水经注研究二集》（著）	山西人民出版社 1987 年版	第一卷。
28	《当代世界名城》（主编）	浙江人民出版社 1987 年版	撰写部分收录第九卷。

序号	书名及署名	出版社及出版时间	《全集》收录情况
29	《当代中国名城》（主编）	浙江人民出版社 1988 年版	撰写部分收录第九卷。
30	《中华人民共和国地名词典·浙江省》（参与主编）	商务印书馆 1988 年版	未收。
31	《浙江地名简志》（指导编撰）（浙江简志之九）	浙江人民出版社 1988 年版	撰写部分收录第九卷。
32	《水经注疏（上、中、下册）》（复校）	江苏古籍出版社 1989 年版	卷首《排印〈水经注疏〉的说明》收录第一卷。
33	《杭州市地名志》（特约主编）	浙江人民出版社 1990 年版	撰写部分收录第九卷。
34	《水经注》（点校）	上海古籍出版社 1990 年版	卷首《排印武英殿聚珍版本〈水经注〉的说明》收录第一卷。
35	《浙江灾异简志》（编著）（浙江简志之六）	浙江人民出版社 1991 年版	第九卷。
36	《浙江古今地名词典》（主编）	浙江教育出版社 1991 年版	撰写部分收录第九卷。
37	《中国七大古都》（主编）	中国青年出版社 1991 年版	撰写部分收录第九卷。
38	《郦学新论——水经注研究之三》（著）	山西人民出版社 1992 年版	第二卷。
39	《郦道元评传》（著）（《中国思想家评传》丛书）	南京大学出版社 1994 年版	第三卷。
40	《水经注全译》无原文本（主译）	山西人民出版社 1995 年版	卷首《〈水经注全译〉序》收录第二卷。
41	《印度农业地理》（主编）（世界农业地理丛书）	商务印书馆 1996 年版	未收。
42	《中国历史大辞典·历史地理卷》（副主编）	上海辞书出版社 1996 年版	未收。
43	《水经注全译》上、下册（译注）（中国历代名著全译丛书）	贵州人民出版社 1996 年版	卷首《题解本〈水经注全译〉序》收录第二卷。
44	《陈桥驿方志论集》（著）	杭州大学出版社 1997 年版	第十卷。

序号	书名及署名	出版社及出版时间	《全集》收录情况
45	《水经注校释》（校释）	杭州大学出版社 1999 年版	卷首《民国以来研究〈水经注〉之总成绩（代序）》、卷末《〈水经注校释〉跋》，收录第二卷。
46	《中国都城辞典》（主编）	江西教育出版社 1999 年版	撰写部分收录第九卷。
47	《吴越文化论丛》（著）	中华书局 1999 年版	第九卷。
48	《郦道元》（著）（人与自然旅行家系列）	花山文艺出版社 2000 年版	第三卷。
49	《郦学札记》（著）（当代学人笔记丛书）	上海书店出版社 2000 年版	第二卷。
50	《中华帝国晚期的城市》（译校）（世界汉学论丛）	中华书局 2000 年版	《后记》收录第十一卷。
51	《水经注》注释简化字本（注释）（《百部中国古典名著》普及丛书）	浙江古籍出版社 2001 年版，2013 年再版	《后记》收录第二卷；《再版后记》收录第十一卷。
52	《绍兴历史地理》（合著）	上海书店出版社 2001 年版	第八卷。
53	《水经注》（一）黄河之水（译注）（中国古籍大观）	台湾古籍出版有限公司 2002 年版	同 1996 年版《水经注全译》繁体字本。
54	《水经注》（二）汾济之水（译注）（中国古籍大观）	台湾古籍出版有限公司 2002 年版	同 1996 年版《水经注全译》繁体字本。
55	《水经注》（三）海河之水（译注）（中国古籍大观）	台湾古籍出版有限公司 2002 年版	同 1996 年版《水经注全译》繁体字本。
56	《水经注》（四）洛渭之水（译注）（中国古籍大观）	台湾古籍出版有限公司 2002 年版	同 1996 年版《水经注全译》繁体字本。
57	《水经注》（五）淮河之水（译注）（中国古籍大观）	台湾古籍出版有限公司 2002 年版	同 1996 年版《水经注全译》繁体字本。
58	《水经注》（六）沔淮之水（译注）（中国古籍大观）	台湾古籍出版有限公司 2002 年版	同 1996 年版《水经注全译》繁体字本。
59	《水经注》（七）长江之水（译注）（中国古籍大观）	台湾古籍出版有限公司 2002 年版	同 1996 年版《水经注全译》繁体字本。
60	《水经注》（八）江南诸水（译注）（中国古籍大观）	台湾古籍出版有限公司 2002 年版	同 1996 年版《水经注全译》繁体字本。

序号	书名及署名	出版社及出版时间	《全集》收录情况
61	《水经注研究四集》（著）	杭州出版社 2003 年版	第二卷。
62	《水经注图》（校释）	山东画报出版社 2003 年版	第三卷。
63	《文化浙江》（5 册）（总撰稿人）	浙江人民出版社 2004 年版	撰写部分收录第九卷。
64	《绍兴简史》（合著） （绍兴历史文化丛书）	中华书局 2004 年版	第八卷。
65	《湘湖——九个世纪的中国世事》（译校）	杭州出版社 2005 年版	卷末《回忆与汉学家萧邦奇相处的日子——兼论其他几位国际汉学家的汉学研究》收录第十二卷）
66	《水经注校证》繁体字本（校证）	中华书局 2007 年版	第四卷。
67	《中国运河开发史》（主编）	中华书局 2008 年版	撰写部分收录第十卷。
68	《水经注论丛》（著） （百年求是学术精品丛书）	浙江大学出版社 2008 年版	序言等收录第二卷。
69	《水经注》译注简体字本（译注） （中华经典藏书）	中华书局 2009 年版	《前言》收录第十一卷。
70	《水经注撷英解读》繁体字本（著）	（台北）三民书局 2010 年版	第四卷。
71	《新译水经注》繁体字本（注译）	（台北）三民书局 2011 年版	第五卷。
72	《陈桥驿方志论文续集》（著） （绍兴县史志学术丛书）	中华书局 2011 年版	第十卷。
73	《八十逆旅》（著）	中华书局 2011 年版	第十四卷。
74	《〈水经注〉地名汇编》（编著）	中华书局 2012 年版	第六卷、第七卷。
75	《水经注校证》简体字（校证） （中华国学文库）	中华书局 2013 年版	为 2007 年版《水经注校证》的简体字版。
76	《我的老师》（著）	杭州出版社 2016 年版	第十四卷。

索引(地图索引)

第一卷

第三卷

第八卷

第九卷

第十卷

第十三卷

后　记

　　《陈桥驿全集》系统展示了陈先生对中国地理学界、特别是历史地理学界的杰出贡献，是先生留给学术界和后人的一份丰厚的遗产。与先生的学术成就同样熠熠生辉的，是他在跌宕起伏的一生中所展现出来的高尚品格和严谨刻苦的治学作风。

　　先生一生志存高远，与民族同命运，共奋进，在动荡坎坷的生涯中始终一身正气。当日寇铁蹄肆虐中华大地、国难当头之际，他毅然投笔从戎，加入青年远征军，义无反顾地奔赴抗日前线。

　　先生一生恪守正义，敢于担当。在"右派改正"的大势尚不明朗的1978年，先生顶住压力，在无一先例的情况下，把原杭州大学的两位"大右派"调到自己身边，作为科研助手，使这两位怀才"右派"在劳改21年后重拾学问，并取得显著的成绩，从根本上扭转了两位教师的后续人生轨迹，并挽救了两个几近绝望的苦难家庭。先生这一行为令很多人对他的胆识和担当肃然起敬，深为感佩。

　　先生在大是大非前固守原则，刚直不阿。"文革"时期先生也被卷入了原杭州大学一桩轰动一时冤假大案中，尽管完全是子虚乌有的"某某集团"，但是在当时的恐怖气氛里，已经造成一位教师自杀身亡，两位教师自杀未成的可怕局面。在这种极度的恐怖中，先生置自身生死于度外，愤慨地以"枪毙"为代价，断然否定了这无中生有的"某某集团"，使这桩冤假大案戛然搁浅，避免了事态的进一步恶化。至今不少当事人忆及此事仍心有余悸，对先生在事件中的不惜玉碎的大义和勇敢，崇敬之情溢于言表。

　　先生一生勤勉，为中华文化学术的传承、延续和发展奉献了他的全部。他在做学问上的一丝不苟、孜孜不倦的刻苦精神，是常人无法企及的。先生在经济地理学、历史地理学、环境地理学、郦学、地图学、方志学、古都学、地名学等等领域都有着扎实的研究，造诣精深，成绩斐然。先生兢兢业业地教了一辈子书，勤勤恳恳地"传道，授业，解惑"，有教无类地关爱每一个学生，竭尽全力帮助提携后起之秀。先生真可谓桃李天下。如今他的学生们已遍布世界各地，在文化、教育、科研等领域中辛勤耕耘着。

　　先生历来重视浙东运河的研究。20 世纪 90 年代，在深入全面了解了这条春秋战国时期已存，现仍在使用并有着巨大生命力的河流的基础上，科学地否定了当时"京杭大运河"的狭隘定义，据实论证了京杭运河和浙东运河在历史上就是一条以宁波为南端和出海口的完整大运河。又通过学术论证，将原本只注重内陆航运功能的短浅目光，引领延展到大运河海上通道的开阔视野，精准地还原了其承担海上丝绸之路功能的真实历史，并首次把它命名为"南北大运河"，这为以后的"中国大运河"的申遗成功奠定了坚实的理论基础和技术支撑，全面提升了中国运河的地位，使世人刮目相看，心悦诚服。

　　先生对故乡绍兴有着深厚感情，终生关切。他开创了用现代科学的方法，对宁绍地区地理、历史、水利、城市、地名、史志等多学科的研究，取得了卓越的成就。先生以窥一斑见全豹之功力，还原古代鉴湖之历史面貌和演变规律，其成就被誉为学界典范。面对 20 世纪后期日益严重的水污染和环境破坏，先生大声疾呼"还我蓝天，还我碧水"，振聋发聩，提升共识；又竭尽全力，以理服人，唤起民众，使古城绍兴的河网系统得以尽可能地保护，避免被大规模粗暴填埋的噩运。先生不同意将绍兴美誉为"东方威尼斯"，而正之为"威尼斯是西方的绍兴！"这是先生不愿历史名城贬负于异国，亦可见其强烈的爱乡、爱国之情。在先生精心指导下的绍兴河道整治工程，以出色的环境、文化、园林完美融合走在时代前列。先生为家乡之良师和学术领袖，有口皆碑；先生一生心系桑梓，倾其全力直至生命最后时光。

　　故乡也给了先生无限的厚爱，在绍兴繁华的文化街上为先生建造了"陈桥驿先生史料陈列馆"，枕河临街，建筑幽雅，详尽地收藏和展出先生一生的全部资料。陈列馆自 2009 年 12 月正式开馆以来，仅 2010 年一年，就接待社会各界人士、机关干部、教师学生、国内外学者等 6 万余人。人们高度评价先生的学术成就、治学态度及虚怀若谷、诲人不倦的高尚品德，表达对这位学界前辈的崇高敬意。陈列馆现已成为绍兴市爱国主义教育基地、九三学社全国传统教育基地等。

　　先生道德文章皆为世人楷模，愿先生的学问、治学风格和为人品德能久久地陪伴国人，影响大众，期待中华民族传统的文化道德得以复兴。

为人若此,庶乎近焉!

　　先生一辈子潜心学问,虽已著作等身,却仍研究不止,笔耕不辍。特别是"文革"以后,先生更惜时如金,意欲追还被劫掠的时光,常年夜以继日,甚至通宵达旦。追念此情此景,每每令人动容。9 年前,得知人民出版社将为他出《全集》一事,能让一辈子的心血得以串珠成集,是先生所愿。如今先生已过世将近 3 年,虽不能亲眼目睹《全集》付梓,但经过那么多人、那么多年努力的巨作终于问世,先生也一定会含笑天国的。

　　在此《全集》出版之际,我们要衷心感谢关心和支持《全集》出版工作的所有工作人员、学者、友人。特别要感谢浙江大学罗卫东副校长,人民出版社负责此项目工作的张秀平编审,先生的研究生浙江大学范今朝教授以及刘见华、刘姿吟、何沛东、潘锦瑞、叶榕和张春阳同学。同时还要特别感谢绍兴市人民政府冯建荣副市长,绍兴市水利局领导邱志荣先生,绍兴市城市建设档案馆屠剑虹馆长。

　　谢谢大家为《全集》不计其数的付出。

周复来　陈可吟　谨记

2017 年 12 月 28 日

图书在版编目（CIP）数据

陈桥驿全集 / 陈桥驿著 .
– 北京：人民出版社，2010
（中国国家历史地理 / 黄书元，于青主编）
ISBN 978–7–01–009505–9

Ⅰ .①中… Ⅱ .①黄… ②于… ③陈… Ⅲ .①历史地理—中国—文集
Ⅳ .① K928.6–53
中国版本图书馆 CIP 数据核字（2010）第 241143 号

陈桥驿全集（1—14）

CHENQIAOYI QUANJI

作　　者：陈桥驿
丛书主编：黄书元　于　青
丛书策划：张秀平　关　宏

本书主编：罗卫东　周复来　范今朝
策划编辑：张秀平　关　宏
责任编辑：关　宏　张秀平
装帧设计：蔡立国　徐　晖

ISBN 978-7-01-009505-9

9 787010 095059 >

人民出版社出版发行
地　　址：北京市东城区隆福寺街 99 号金隆基大厦
邮政编码：100706　http://www.peoplepress.net
经　　销：新华书店总店北京发行所
印刷装订：北京新华印刷有限公司
出版日期：2018 年 3 月第 1 版　　2018 年 3 月第 1 次印刷
开　　本：787 毫米 ×1092 毫米　1/16
印　　张：750.25
字　　数：21600 千字
书　　号：ISBN 978–7–01–009505–9
定　　价：2990.00 元（全精）